헤겔연구 제30호

칸트와 헤겔

*이 학술지는 2010년도 정부재원(교육인적자원부 학술연구조성 사업비)으로 한국연구재단의 지원을 받아 출판되었음

헤겔연구 제30호

칸트와 헤겔

한국헤겔학회 편

발간사

그사이에 우리 학회는 두 번에 걸쳐 공동 심포지엄을 열었다. 인접 학술단체와 교류함으로써 헤겔 철학의 현재성을 조명한다는 취지에서 공동 학술대회를 가진 것이다. 6월에는 '헤겔, 근대성 그리고 그 너머'라는 주제로 '사회와철학연구회'와 만났으며, 10월에는 '칸트냐 헤겔이냐－실천철학을 중심으로'라는 주제를 가지고 '칸트학회'와 함께했다. '종교적 근대성', '기술적 근대성', '근대적 정치'의 문제가 대두되었는가 하면, '자유주의와 공동체주의', '소유론', '형벌이론', '국제관계론' 등이 심도 있게 논의되었다. 특히 칸트학회와의 대화에서는 여느 때처럼 열띤 논쟁이 벌어졌으며 많은 물음이 과제로 남겨졌다.

비슷한 시기 독일에서도 국제헤겔연맹(Internationale Hegel-Vereinigung)이 주최한 국제학술대회가 개최되었다. 5년마다 한 번씩 열리는 학술대회의 금번 주제는 '자유'였다. '제일자연과 자유', '심미적 자유', '자유와 결정론', '공화주의적 자유', '자기법칙 부여로서의 자유', '사회적 자유와 개인적 자유', '자유와 시장', '자유와 법', '자유와 제2자연', '자유의 종교'가 대표적인 화두로 등장했다. 두 학술대회를 함께 조망해보면 한국과 독일이라는 공간적 차이는 그리 크게 느껴지지 않는다. 양자 모두 헤겔의 '현재성'에 대해 고민하고 있는 것이다.

'무한한 대결'로 불릴 수 있을 만큼 늘 평행을 이루는 칸트와 헤겔의 논쟁은 이번에도 양자의 공통분모와 함께 상이한 방향성에서 이루어졌다. 그 어떤 경우에도 '이성의 본성'을 포기하지 않고 오로지 이로부터 출발하려는 칸트와, 이성의 본성을 '이성의 현실성'으로 구체화하려는 헤겔의 모습은 모든 논의의 공통점이다. '도덕성'과 '인륜성'의 대립과 화해의 문제 역시 현재 진행형이다. 새로운 점이라면 '형식주의'에 대한 헤겔의 비판을 칸트의 '덕이론'과 '법이론'의 의무들로 변호하려는 시도를 들 수 있겠다. 그렇지만 이 점도 형식적 원리로부터 구체적인 행위를 도출하는 점에서 이성의 본성만을 실천의 고유한 영역으로 인정하는 테두리를 벗어나지 않고 있다.

이번에도 헤겔 실천철학의 백미는 '인륜성 이론'에서 확인되었다. 헤겔에게는 그 어떤 행위의 기준도 현실과 무관한 것이 없다. 이론과 실천의 교차 및 자유로운 의지와 현실의 교차는 심지어 신적인 지평에 이르기까지 지속된다. 존재신적(ontotheologisch) 사변은 현실과 역사의 진행에서도 예외 없이 작동된다. 인륜성이 보여주는 이성의 현실 연관성이 심지어 프래그머티즘의 화용론적(話用論的) 사유와도 일맥상통한다는 것은 오늘날 헤겔 철학의 지평 확대로 해석되기도 한다. 이 점을 이번 공동 학술대회에서 주목하지 않았다는 점이 아쉬움으로 남는다.

『헤겔연구』 제30집에는 '인륜성'과 '세계사', '국가'와 '역사 발전'을 다룬 논문들이 다수 실리게 되었는데, 이것은 우연한 일만은 아닌 것 같다. 굳이 심포지엄과 연결 짓지 않더라도, 철학하는 활동이 항상 구체적인 삶의 현실과 연관되어 있음을 헤겔 철학은 잘 보여주고 있기 때문이다. 다가오는 2012년은 『논리학』(제1권) 출간 200주년이 되는 해이다. 헤겔 스스로 철학과 숫자의 연결을 경계했지만 그럼에도 출간 200주년은 책의 의미와 현재성을 되짚어볼 수 있는 계기임이 틀림없다. 헤겔 연구자와 사유의 벗들이 만들어내는 새로운 향연을 기대하면서 우리의 내면을 채근하고 싶다.

2011년 11월

한국헤겔학회 회장 최신한

차례

3부 부록

제1부

칸트와 헤겔

칸트 윤리학의 옹호

-나종석의 비판에 대한 반론-*

이 충 진

요약문

나종석은 헤겔의 이름을 빌어 칸트 윤리학을 강력히 비판했다. 이 논문은 그의 비판을 칸트의 입장에서 재비판하기 위한 시도이다. '비판과 재비판'은 모두 4개의 맥락에서 이루어진다. 첫째, 형식주의 윤리학으로서의 칸트 윤리학은 '질료적-구체적 행위를 규제할 수 없다'라는 의미에서 공허하다. 이에 대한 반론으로 이 논문은 '칸트 윤리학은 구체적 행위들을 비경험적-원리적으로 제시-규제하고 있다'라고 주장한다. 둘째, 보편주의 윤리학으로서의 칸트 윤리학은 '도덕적 갈등상황에서 행위자에게 아무런 구체적-개별적 행위를 제시할 수 없다'라는 의미에서 무력하다. 이에 대한 반론으로 이 논문은 한편으론 어떤 윤리학도 그러한 역할을 할 수 없음을 주장하며 다른 한편 이른바 도덕적 갈등상황이 잘못 이해되고 있음을 지적한다. 셋째, 심정윤리학으로서의 칸트 윤리학은 '부도덕한 현실에 직면한 행위자로 하여금 도덕적 극단주의나 도덕적 냉소주의에 빠지도록 만든다'라는 점에서 위험하다. 이에 대한 반론으로 이 논문은 '칸트 윤리학과 도덕적 극단주의/냉소주의 사이엔 단지 개연적 연관성만이 있을 뿐인바, 그러한 비판은 지나치다'라고 주장한다. 넷째, 칸트 윤리학에 내재한 한계들은 대부분 칸트의 이원론 자체에 기인하되, 특히 자유 실현의 가능조건들이 올바로 논의될 수 있는 여지가 칸트 윤리학 안에 전혀 존재하지 않는 바, 이런 점에서 칸트 윤리학은 극복되어야 할 체계이다. 이와 같은 평가에 대해 이 논문은 윤리학의 근거지움 논의와 윤리의 세분

* 본 연구는 2010년도 한성대학교 교내연구비 지원과제임.

화 논의(윤리학의 체계화 논의)를 서로 구분할 것을 제안한다. 그와 함께 '칸트와 헤겔 중 어느 쪽이 더 바람직한 윤리학 체계인가'를 결정하기 위해 지금 우리에게 필요한 것은 (칸트가 아닌) 헤겔 윤리학 체계의 세분화임을 주장한다.

● 주요어 : 윤리학, 형식주의, 칸트, 헤겔, 도덕성과 인륜성

나종석은 2003년의 논문 「정언명법과 칸트 윤리학의 기본특성에 대한 고찰」에서 칸트 윤리학 일반에 대한 강력한 비판을 제기하였다. 이러한 비판은 4년 후 발표된 그의 기념비적인 저서 『차이와 연대』 제5장에서 심화·반복되고 있다. 나는 이 논문에서 나종석의 칸트 비판에 대해 칸트의 입장에서 대답해보고자 한다.[1)]

나종석이 자신의 논의를 전개하기 위해 '헤겔의 칸트 비판'에 기대고 있듯이, 나는 나의 논의를 전개하기 위해 '나종석의 칸트 비판'에 기대고자 한다. 이와 같은 방법상의 편리함은 논의의 불필요한 확산을 예방함으로써 논점의 명확함을 확보하기 위함이다. 논의의 방법과 범위를 제한한 또 다른 이유는 이 주제에 관한 연구 성과들이 낱낱이 흩어지지 않고 축적되기를 바라기 때문이다. 동일한 이유에서 나는 나종석의 헤겔 이해가 올바른 것인지를 논의하지 않을 것이다.

Ⅰ. 형식주의 윤리학의 공허함

칸트 윤리학은 형식주의 윤리학이다. 칸트 자신은 이에 대해 자긍심을 가졌지만, 칸트 비판자들은 그것을 모든 오류의 원천으로 여겼다.[2)] 나종석 역시 자신의 비판을 형식주의에 대한 비판에서 시작한다. 비판의 요체 중 가장 중요한 것은 "칸트 형식주의는 자체 내에서 어떤 구체적인 도덕규범을 이끌어낼 수 없[다]"라는[3)] 점이다. 이런 비판은 대략 다음과 같이 상술될 수 있을 듯하다: 도덕의 최고

1) 나는 이 논문에서 『차이와 연대』만을 염두에 두고 논의를 전개했는데, 왜냐하면 나종석은 이 저서에서 2003년 논문과 동일한 입장을 유지하고 있기 때문이다. 이 주제와 관련된 나종석의 또 다른 연구로는 다음과 같은 것이 있다: 「칸트 『도덕형이상학』에서의 실천이성, 법 그리고 국가의 상호 연관성」, 한국칸트학회, 칸트연구, 2003; 「정언명법과 칸트 윤리학의 기본특성에 대한 고찰」, 『철학연구』, 철학연구회, 2003.

2) 김수배는 칸트의 덕의무(Tugendpflicht) 및 도덕적 판단력에 주목함으로써 형식주의 윤리학 비판에 내재한 오류와 한계를 명확하게 제시하고 있다. 참조: 김수배, 「칸트의 『도덕 형이상학』과 형식주의」, 『칸트와 윤리학』, 한국칸트학회, 민음사, 1996. 그의 선행연구에 나 역시 크게 빚지고 있다.

3) 나종석, 『차이와 연대』, 231. 인용문 안에 [ ]은 필자가 임의로 삽입한 것임. 이하 같은 방식으로 표시.

근본원칙은 의지행위의 형식에만 주목하고 있는바, 따라서 의지행위의 내용에 대해선 아무런 지침을 줄 수 없고, 결국 형식과 질료를 두 개의 본질적 요소로 가지고 있는 구체적 행위를 규제할 수 없다.

이러한 비판으로부터 칸트 윤리학을 옹호하는 가장 간단한 방법은 칸트 윤리학 안에서 발견되는 구체적 도덕규범들과 의무들을 제시하는 것이다. 『도덕철학서론』에 있는 4개의 의무들 및 『덕이론』에 있는 십 수 개의 덕의무들은 그를 위한 직접적 증거들이며 『법이론』에 등장하는 법적 의무들 역시 넓은 의미에서 증거의 자격을 가질 수 있을 것이다. 이러한 제시만으로도 우리는 "칸트 윤리학은 질료적 의무들을 근거지울 수 없다"라는 "비난"이 "지속될 수 없음"을[4] 확인할 수 있다.

비판가들은 물론 이러한 주장에 동의하지 않을 것이다. 특히 헤겔과 같은 체계철학자들의 눈에는 칸트의 의무들이 아무런 원칙 없이 "경험적으로 긁어모은"[5] 것으로 보일 것이며, 그런 한에서 질료적 의무들의 현존이 곧 그것들의 근거지움을 담보할 수는 없다고 생각할 것이기 때문이다. 그러므로 칸트 윤리학을 옹호하기 위해 요구되는 것은 칸트가 '오직 원칙에만 의거하여, 다시 말해서, 경험에 의존함 없이 단지 이성적–논리적으로만' 그와 같은 질료적 의무들에 도달하였음을 제시하는 것이다.

모든 행위의 원리 따라서 가장 보편적이고 유일할 수밖에 없는 원리는 칸트가 『실천이성비판』에서 "순수한 실천이성의 근본법칙"이라고[6] 부른 바로 그것이다. 이 원리는 그것이 행위의 질료를 도외시하고 오직 행위의 형식에만 주목하고 있다는 의미에서 형식적이다. 이러한 형식적 원리로부터 다수의 질료적–구체적 규범들을 도출(ableiten)하기 위해선 원리에는 포함되어 있지 않은 일종의 '매개념'이 필요하다. 이 매개념을 확보하기 위해 칸트가 『도덕철학서론』에서 선택한 기준은 두 가지이다. 첫째 기준은 행위가 일어나는 맥락인바, 이에 의거하면 모든 행위는 '나 자신에게 향하는 행위'이거나 아니면 '타인에게 향하는 행위'이다. 둘째 기준은 행위의 두 가지 본질적 요소 즉 '사유' 및 '의욕'이다.[7] 이에 의거하면 행위는 '생각 가능한 행위'이거나 아니면 '의욕 가능한 행위'이다. 이 기준들에 따르면 모두 4 종류의 행위가 존재한다: ① 사유될 수 있는 자기지향적 행위 ② 사유될 수 있는 타자지향적 행위 ③ (사유될 수 있으면서 동시에) 의욕될 수 있는 자기지향적 행위 ④ (사유될 수 있으면서 동시에) 의욕될 수 있는 타자지향적 행위.

---

4) Kant, *Metaphysische Anfangsgruende der Tugendlehre*, 뒤표지.
5) 헤겔, 『믿음과 지식』. 나종석, 『차이와 연대』, 236에서 재인용.
6) 칸트, 『실천이성비판』, 33.
7) 참조: 칸트, 『도덕철학서론』, 215-218. 이곳에 등장하는 "완전한 의무와 불완전한 의무로 구분하는 보통의 분류"를 칸트는 『덕이론』 등에서 더 이상 채택하지 않았다. 참조: Mary Gregor, "Kants System der Pflichten in der Metaphysik der Sitten", In: Kant, *Tugendlehre*, XXX.

각각의 종류에 해당되는 행위로 『도덕철학서론』의 칸트가 선택했던 것은 자살, 거짓말, 자신의 소질 계발, 타인을 도움 등이다. 이 행위들은 구체적-질료적 행위들인바, 이것들의 선악 여부는 형식적 원리에 의해 결정된다. 이 원리는 행위들의 도덕적 질(質, Qualitaet)로서 일반화가능성(Universalisierbarkeit)을 요구하는바, 이에 따르면 일반화가능한 행위는 도덕적으로 선하며, 일반화가능하지 않은 행위는 도덕적으로 악하다. 이렇게 하여 우리는 하나의 도덕적 인식(가령, 일반화가능하지 않은 자살 행위는 도덕적으로 나쁜 행위이다)을 획득하며, 이 인식을 토대로 하여 하나의 도덕적 규범(가령, 인간은 자살해선 안 된다!)에 도달하게 된다. 다른 3개의 행위들 및 그를 규제하는 규범들 역시 마찬가지이다.[8)]

이와 같이 칸트는 하나의 형식적 원리로부터 다수의 구체적 행위들 및 그것들을 규제하는 구체적 규범들을 도출해 낸다. 도출의 전 과정은 행위들의 내용에 의존하지 않으며 단지 논리적-형식적 기준에만 의존하는바, 도출의 논리적 무결함은 도출결과의 진리성을 보증한다. 도출된 결과란 물론 네 개의 도덕적 행위들 및 그것을 규제하는 도덕규범들이다. 도출과정과 도출 결과의 오류를 지적할 수 없는 한 우리는 앞서 이야기했던 의미에서의 '형식주의 윤리학의 공허함'을 더 이상 주장할 수 없다.

비판가들의 잘못된 주장은 아마도 형식적 원리에 대한 잘못된 이해 즉 일반화가능성에 대한 잘못된 이해에 기인한 듯이 보인다. 이를 확인하기 위해 우리는 '위탁물의 경우'에 주목해보자. 이것은 나종석에 의해 재구성된 헤겔의 칸트 비판을 대표하는 사례이기도 하다.[9)]

이곳에서 등장하는 일반화된 준칙은 대략 다음과 같다: 위탁품임이 증명될 가능성이 없는 위탁품은 더 이상 위탁품이 아니라 주인 없는 사물일 뿐이다.(그러므로 누구든 그 사물을 임의로 취할 수 있다). 이러한 준칙은 '위탁물임의 증명 가능성'이 하나의 사물을 위탁물로 만드는 본질적 요소라고 생각하고 있는 것이다. 하지만 이것은 위탁품의 본성에 어긋나는데, 왜냐하면 하나의 사물이 위탁품이란 지위를 갖게 되는 것은 위탁자와 피위탁자 사이의 법적 행위(계약) 자체에 의존하기 때문이다. 위의 일반화된 준칙은 위탁물의 주관적-우연적 가능근거를 그것의 객

8) 비판가들은 '질료적-구체적 행위규범이 형식적 원리 자체로부터가 아니라 질료적-구체적 행위로부터 도출되고 있는바, 따라서 형식주의의 공허함에 대한 자신들의 비판은 여전히 유효하다.'라고 주장할 것이다. 이러한 주장은 인간 행위에 대한 그들의 잘못된-미흡한 이해에 기인할 뿐이다. 인간 행위는 그것이 윤리적 평가의 대상이 될 수 있으려면 반드시 의지행위이어야 하며, 이러한 의지행위는 반드시 의지행위의 대상(das Gewollte)을 언제나 포함하고 있다. 대상을 포함하지 않는 의지행위는 존재하지 않는다. 의지행위 일반에 대한 이해는 다음을 참조: 폴커 게르하르트, 『다시 읽는 칸트의 영구평화론』, 김종기 옮김, 백산서당, 225-233.

9) 참조: 나종석, 『차이와 연대』, 232-233.

관적 가능근거로 간주하는 오류를 범하고 있으며, 따라서 위의 준칙에 따르면, 위탁물은 위탁물로서 존재/성립할 수 없게 된다.(그러므로 위의 준칙은 일반화될 수 없다 즉 위탁물의 가능근거로서 작동하는 보편법칙이 될 수 없다.)

동일한 사태를 행위자 관점에서 다시 이야기해보면 무엇이 문제인지가 보다 분명해진다. 타인이 자신에게 특정 사물을 위탁하고자 하고(제안) 피위탁자가 그것에 동의하면(수용) 특정 사물과 관련된 하나의 계약이 성립하게 된다. 계약 성립과 함께 피위탁자에게는 '그 사물을 위탁품으로 대우해야 하는 의무'가 부과되는데, 이러한 의무부과는 계약행위의 적법성에만 근거하되 계약체결 이후 사물 및 주인의 (물리적–경험적) 변화에 영향 받지 않는다. 다시 말해서 계약행위 자체가 피위탁자에게 특정한 의무(사물을 위탁품으로 대우해야 하는 의무)를 부과하되, 이러한 의무부과는 '위탁물임의 증명 가능성'에 의존하지 않는다. 그런데 위의 준칙이 일반화되면, 피위탁자는 위탁물 계약과 관련하여 위탁자와는 전혀 다른 개념을 갖게 된다. 피위탁자는 위탁자에게 '위탁품임의 증명'을 하나의 의무로 부과하는 것이 되, 위탁자는 그러한 책무를 가지고 있지 않다고 생각하기 때문이다. 그런 한에서 두 사람 사이에 위탁 계약은 이루어질 수 없다.(결과적으로 "위탁물이 전혀 존재하지 않"게 된다.)

나종석은 헤겔의 말을 빌려 "그러나 위탁물이 전혀 존재하지 않는다고 하면 여기에 무슨 모순이 있겠는가?"라고 말한다. 하지만 위탁물의 성립불가능성은 '잘못된' 일반화의 결과를 지시하되 일반화 불가능의 '이유'를 지시하는 것은 아니다. '여기에 존재하는 모순'은 오히려 행위자의 자기모순을 말한다. 이때 행위자란 계약 체결에 의해 성립하는 '보편적 의지'를 말하는바, 그는 하나의 동일한 사물에 대해서 '위탁물임'과 '위탁물이 아님'이라는 서로 모순된 주장을 하고 있는 셈이다.[10] 이것은 이성적 행위가 아니며 따라서 의지행위가 아니며 도덕적 행위가 아니다. 결국 이른바 "칸트 윤리학에 대한 표준적인 이의"[11]란 잘못된 이해에 근거하여 행해지고 있는 비난일 뿐이다.

이상의 논의에 토대해서 우리는 나종석이 제기하고 있는 비판들 중 몇 개를 쉽게 논박할 수 있다.

첫째, '위탁물의 사례'에서 헤겔은 "[위탁물 및] 소유가 존재해야 한다는 것을 입증"해야 하되 그것을 전제 내지는 "요청"하는 것은 잘못이라고 말한다.[12] 물론

---

10) 이것이 칸트 이론철학에서의 모순 개념이다.(참조: 칸트, 『순수이성비판』, 174-175) 칸트 실천철학에서의 모순 개념에 관해선 다양한 논의가 존재하는바(참조: 나종석, 『차이와 연대』, 234-235), 이에 관해서는 별도의 논의가 필요하다. 이 논문에서는 지면상의 이유로 생략했다.

11) R. Dreier의 표현. 참조: 나종석, 『차이와 연대』, 233.

12) 나종석, 『차이와 연대』, 234.

위탁물의 가능성이 입증된 후에야 비로소 위탁물과 관련된 법적 행위가 성립한다는 것은 맞는 말이다. 하지만 그렇다고 해서 위탁물을 전제하고서 관련 논의를 하는 것이 불합리한 것은 아니다. 비판자가 이곳에서 저지르고 있는 오류는 칸트가 이야기하고자 하는 바와 전혀 무관한 것에 초점을 맞춘 후 '칸트의 논의는 오류다'라고 말하는 일종의 논점이탈의 오류이다. 이러한 비판은 기껏해야 '큰 것은 작은 것 보다 크다.'라는 명제는 오류인데, 왜냐하면 '큰 것의 개념이 선행적으로 규정되지 않았기 때문이다'라고 말하는 것과 다름없다.

둘째, 헤겔에 따르면 칸트가 이해한 바의 형식적 원리는 "모든 가능한 행위의 준칙과 양립 가능"하고 따라서 "비도덕적인 규범들 역시 정당화할 수 있[는데]" 왜냐하면 그것은 "모순 없이 보편화될 수 있는지를 [유일한] 도덕 원리로 간주하기 때문"인바,[13] 결국 형식주의 윤리학은 그러한 불합리에서 벗어날 수 없다. 하지만 이에 대한 반론 역시 어렵지 않다. 형식적 원리는 행위자에게 보편화가능한 행위(및 준칙)를 명령하되, 보편화되어야 할 것은 행위(및 준칙)의 내용이며 따라서 보편화가능성은 행위 내용에서 자유롭지 않다. 가령 '자살'이란 하나의 행위는 그것의 내용이 어떻게 규정되느냐에 따라 보편화될 수도 있고 그렇지 않을 수도 있다. 예를 들어 『도덕철학서론』의 첫 번째 사례에 등장하는 사람의 행위를 우리가 자살이라고 부른다고 할지라도, '전쟁터에서 명예를 지키기 위해 스스로 목숨을 끊는 행위'를 동일한 의미에서 자살이라고 말할 수 있을지는 의문스럽다. 칸트는 전자는 비도덕적 행위라고 말하지만 후자는 그렇지 않을 것이기 때문이다.[14] 칸트에게서 모든 가능한 행위의 준칙이 다 일반화가능한 것은 아니다.

셋째, 나종석은 칸트가 『도덕철학서론』에서 특정한 도덕규범들에 주목하는 것을 지적하면서 "왜 하필이면 [그것들인가를] 되묻지 않을 수 없다"고 말하고 있다. 이러한 그의 지적은 곧 "자신[칸트]의 윤리학의 역사적 발생조건들에 대한 [칸트의] 이해 부족과 긴밀하게 연관되어 [있다]"라는 주장을 거쳐 "서유럽의 도덕적 관점을 반영하고 있는 규범들을 보편적으로 타당하다고 주장하는 자문화 중심주의적인 오류를 범하고 있다"라는[15] 비난에로 이어진다. 하지만 이러한 비판 역시 하나의 허수아비 공격하기에 불과해 보인다. 『도덕철학서론』의 4개의 행위는 다른 것들 가령 '자해, 살인, 마약복용, 감사한 마음을 가짐'으로 등으로 대체된다고 해도 칸트는 그에 전혀 반대하지 않을 것이기 때문이다. 또한 "도덕성의 최상 원리의 발견 및 그것의 확립"을[16] 유일한 과제로 삼고 있는 『도덕철학서론』의 칸트가

13) 나종석, 『차이와 연대』, 232.
14) 참조: Kant, *Eine Vorlesung der Ethik*, 160-167.
15) 나종석, 『차이와 연대』, 236 & 237.
16) Kant, *Grundlegung zur Metaphysik der Sitten*, AA, 392. 참조: Kant, *Tugendlehre*, 'Inhalt' VII-X.

'자신의 윤리학의 역사적 발생조건들'에 관심 가질 이유는 전혀 없기 때문이다.

Ⅱ. 보편주의 윤리학의 무기력

칸트 윤리학은 보편주의 윤리학이다. 보편주의는 도덕규범들의 보편성을 주장하며 "도덕적 의무가 전적으로 즉 예외 없이 관철되어야 한다는 것을 옹변"한다. 칸트 자신은 이에 대해 의심하지 않았지만 칸트 이후 지금까지 적지 않은 사람이 이러한 보편주의 윤리학에 대해 의혹의 눈길을 보내왔다. 그와 관련된 비판을 상징하는 단어가 이른바 "무기력(Ohnmacht)"이다. 이때의 무력함이란 '보편주의 윤리학은 "도덕규범들의 갈등 상황"에 처해 있는 행위자에게 아무런 도움을 제공하지 못한다'라는 것을 의미한다. 달리 표현하자면 이러한 무력함은 "[윤리학이] 다양한 의무들 사이의 충돌을 해결하는 데 아무런 합리적 절차나 방법을 제공해주지 못한다"는 사실을 의미한다. 나종석은 이러한 의미의 무력함을 "칸트 실천철학의 내재적 한계"라고 부름으로써 그것의 중요성을 부각시키고 있다.[17]

'무력함'을 제시하기 위한 논의의 소재로 나종석은 코스탕에 대한 칸트의 답변을 선택했다. 내용은 대략 다음과 같다: A가 B의 집에 숨었는데 잠시 후 C가 B에게 와서 A의 소재를 물었다. B는 C가 A를 죽일 거라고 확신하고 있다. 이러한 상황에서 B는 어떻게 해야 하는가?[18]

코스탕은 '칸트 윤리학에 따르면 B는 C에게 A의 소재를 말해야 한다라는 말도 안 되는 결론에 도달하게 된다.'라며 칸트를 비난한다. 하지만 이 사례를 보는 나종석의 시선은 그와는 조금 다르다. 그가 관심을 갖는 것은 이 상황에서 칸트 윤리학은 일종의 불합리를 포함하고 있다는 사실이다. 즉 그의 해석에 따르면, 칸트 윤리학은 'B는 C에게 A의 소재를 말해야 한다'(진실성의 의무, 거짓말 금지 의무)와 'B는 C에게 A의 소재를 모른다고 말해야 한다'(선행의 의무)라는 상충하는 두 행위를 모두 정당화시킬 수 있다는 것이다. 이러한 불합리는 그 자체 하나의 이론적 무력함이자 결과적으로 (행위자 B에게 아무런 해답도 제공하지 못하는) 실천적 무력함이기도 하다.

만일 우리가 칸트 텍스트의 논의 범위를 벗어나지 않는다면, 우리는 무력함에 대한 비난으로부터 칸트 윤리학을 쉽게 옹호할 수 있다. 칸트는 코스탕에 대한 답변을 담은 자신의 글에 "Ueber ein vermeintes Recht, aus Menschenliebe zu

17) 나종석, 『차이와 연대』, 276 & 273 & 275.

18) 참조: 나종석, 『차이와 연대』, 276-277; 이에 관한 칸트의 논의는 Kant, "Ueber ein vermeintes Recht, aus Menschenliebe zu luegen" 참조.

luegen"라는 제목을 붙였는데, 대략 '인간애 때문에 하게 되는 거짓말은 정당하다 라는 잘못된 주장에 관하여' 정도로 번역될 수 있을 것이다. 제목에서 알 수 있듯이 칸트는 이 사례를 일관되게 권리/법의 문제로 이해했으며, 법철학자의 눈으로 논의를 펼치고 있다.[19)]

칸트에 따르면 여기서 제기되는 물음은 두 가지이다: (1) "우리는 진실 되지 않을 unwahrhaft 수 있는 권한(권리)을 가지는가?" (2) "나를 위협하고 있는 악행으로부터 나 자신을 보호하기 위해 또는 다른 사람을 보호하기 위해, 나는 진실 되지 않게 말해야 하는 의무를 가지는가?" 두 번째 물음에 대한 칸트의 답변은 간단명료하다: "진실 되게 말하는 것은 모든 사람에 대한 형식적 의무이다." 형식적 의무란 가령 그것의 위반/불이행이 "비록 어떤 다른 [특정의] 사람을 해치는 것은 아닐지라도, 그것이 법의 근원을 무력하게 만듦으로써 인간성 일반을 해치는바, 따라서 언제나 다른 [모든] 사람을 해치게 되는"[20)] 그런 의무를 말한다. 만일 위의 상황에서 B가 C에게 A의 소재를 알려준다면, 그의 행위는 이러한 형식적 법의무에 적합한 행위이며 국가는 그의 행위 및 그것의 결과에 책임을 묻지 않는다. 반면에 만일 위의 상황에서 B가 C에게 A의 소재를 모른다고 이야기한다면, 그의 행위는 형식적 법의무에 적합하지 않은 행위이며 (이 행위를 국가가 처벌할 수 있는지에 대해선 이론이 있을 수 있지만) 그러한 불법적 행위의 결과에 대해서 국가는 그에게 법적 책임을 물을 수 있다.[21)] 이러한 대답으로부터 첫 번째 물음에 대한 답변이 우회적으로 도출된다: "만일 [나 또는 타인의] 이익을 위해서라면 거짓말이라도 해야 한다 라는 것을 타인에게 요구할 수 있는 권리라는 것이 있다면, 그와 같은 권리로부터 합법성에 정면으로 배치되는 요구가 귀결될 것"이다.[22)] 이때의 '반(反)합법적 요구'란 곧 타인에게 불법적인 의무를 부과하는 행위, 지금의 경우, 제3자(국가)가 B에게 '거짓말 할 것'("진실 되지 않게 말해야 하는 [것]")을 법적 의무로 부과하는 행위를 의미한다. 이러한 요구엔 'B가 거짓말 하지 않는 경우 그는 법적으로 처벌가능하다'라는 요구가 함축되어 있음은 물론이다. 이것이 불합리함은 두말할 필요 없다.

이러한 칸트의 대답에 대해－코스탕은 어떨지 몰라도－나종석이 만족하지 않을

19) 이점은 칸트의 몇몇 표현 가령 "긍정을 하든 부정을 하든 둘 중에 하나를 반드시 대답할 수밖에 없는 그런 경우에 직면하였을 때", "어떤 말을 하도록 부당하게 강요받고 있는 상황에서라면" 등에서도 어려움 없이 확인될 수 있다.(Kant, "Ueber ein vermeintes Recht, aus Menschenliebe zu luegen", 202)

20) Kant, "Ueber ein vermeintes Recht, aus Menschenliebe zu luegen", 202.

21) 참조: "선의의 거짓말 역시 우연적 요인(casus) 때문에 시민법[국가법]에 의해 처벌될 가능성을 가지고 있다. 또한 단지 우연에 의해 처벌을 모면한 행위라도 외적 법칙[강제법, 자연법]은 그것을 여전히 부당한 것Unrecht으로 판결할 가능성을 가지고 있다."(Kant, "Ueber ein vermeintes Recht, aus Menschenliebe zu luegen", 203)

22) Kant, "Ueber ein vermeintes Recht, aus Menschenliebe zu luegen", 204.

것임은 분명하다. 따라서 그가 이야기하는 '무력함'에 상응해서 칸트의 입장을 제시하려면 우리는 『도덕철학서론』에서의 칸트의 눈으로 이 사례를 보아야 한다.-먼저 B가 C에게 A의 소재를 말한 경우를 생각해보자. 이때 B는 진실을 말하지 않는 것 즉 "비진실성(Unwahrhaftigkeit)은 자기 자신에 대한 의무의 위반이다"라고 생각하고, 이에 의거해서 행위를 한 것이다. 이때의 B의 행위는 합의무적 행위이다. 다음에 B가 C에게 A의 소재를 사실과 다르게 말한 경우를 생각해보자. 이때 B는 '어려운 처지에 있는 사람을 돕는 것은 타인에 대한 의무이다'라고 생각하고, 이에 의거해서 행위를 한 것이다. 이때의 B의 행위 역시 합의무적 행위이다.[23)]

이러한 분석으로부터 우리가 합리적으로 이끌어낼 수 있는 결론은 다음과 같다: (1) 각 행위의 합의무성 여부를 결정하는 기준이 두 경우에 서로 다르다. (2) 각각의 기준(진실성 의무 및 타인 원조 의무)은 보편화가능한 의무행위, 역으로 말하면, 보편적 형식 원리로부터 논리적으로 도출될 수 있는 일반적 의무행위이다. (3) 두 개의 의무행위는 서로 병존 가능하다 즉 어느 하나가 다른 것을 부인함 없이 성립할 수 있다. 그런데 만일 우리가 행위자 관점을 취한다면, 위의 분석으로부터 또 다른 부분을 이끌어낼 수 있다: (1) 나는 두 개의 가능적 개별 행위들 중 어느 하나를 선택해야 한다. (2) 두 개별 행위들은 모두 도덕적으로 올바른 행위이다. (3) 두 개별 행위들은 상충한다 즉 두 행위들 중 어느 하나는 다른 것을 폐기함 없이 존재할 수 없다. 이렇게 정리를 해놓고 보면 이제 우리는 서로 상충하는 것이 무엇인지를 분명히 알 수 있다. 그것은 보편 규범들에 의해 지시된(hinweisen) 일반적-추상적 의무행위들이 아니라 (그것에 해당되는 것이라고 판단된) 두 개의 개별적-구체적 행위들이다. 칸트 식으로 이야기하자면, 서로 상충하는 것은 실천이성에 의해 행위자에게 제시된 의무행위들이 아니라 행위자가 그러한 의무행위에 해당된다(pflicht-gemaessig)라고 경험적으로 판단하고 실제로 하게 될 행위들이다. 결국 칸트가 확언하듯이 "[보편적] 의무들과 구속력들의 충돌은 결코 생각할 가능성이 존재하지 않[으며]" 따라서 "[보편적] 도덕적 의무들 사이의 충돌을 어떻게 해결할 수 있는가?"라는[24)] 물음은 사실상 불합리한 물음(quasi-frage)일 뿐이다.

아마도 나종석이 중요하다고 생각하는 물음은 '윤리학은 도덕적 갈등상황에 빠져 있는 B에게 무엇을 이야기해 줄 수 있는가?'라는 물음인 듯하다. '무엇'이란 물론 두 개의 개별행위들 중의 어느 하나일 것이다. 만일 그렇다면, 나종석이 이해하는 바의 무능력이란 '이 경우 형식주의 윤리학은 현실의 행위자에게 이성적-구체적 행위를 제공할 수 없음'을 의미할 것이다.

---

23) Kant, "Ueber ein vermeintes Recht, aus Menschenliebe zu luegen", 202 각주. 여기서 말하는 '비진실성'은 도덕적 의미의 거짓말이되 법적 의미의 거짓말(사법상의 불법 행위로서의 詐欺 및 공법상의 불법 행위로서의 위증)은 아니다.

24) Kant, *Rechtslehre*, AA VI, 224; 나종석, 『차이와 연대』, 280.

칸트 윤리학은—내가 아는 한—어떤 경우에도 행위자에게 '지금 여기'에서 해야 할 개별 행위를 제시하지 않는다. 칸트가 할 수 있는 것은 가령 거짓말이 나쁘다고 말하는 것과 왜 그것이 나쁜지의 근거를 제시하는 것과 그때의 거짓말이 어떤 내용을 갖는가 등을 규정하는 것뿐이다. 칸트의 용어로 표현하자면 거기까지가 이성의 영역이며 헤겔의 용어를 빌리자면 거기까지가 보편성의 영역이다. 그 영역의 외부에는 무한히 다양한 경험의 영역이 펼쳐 있는바, 이곳에서 인간은 단순히 이성적이기만 한 존재가 아니라 그 이상의 존재이기도 하며 또 그래야만 한다. 다시 말해서, 그곳에서 행위자는 선을 이해하는 능력 이외에도 '지금 여기'에서 가능한 행위들 중 어느 것이 선한 행위에 해당되는지를 판단할 수 있는 능력 즉 도덕적 판단력 역시 갖고 있어야 한다. 이러한 행위자에게 윤리학은 도덕적 판단력의 중요성을 이해시키고 그것을 획득할 수 있는 규칙을 제시할 수 있지만, 판단의 결과를 미리 규정해서 행위자에게 제시할 수는 없다.[25)]

'지금 여기'에서 일어나야 할 개별 행위를 윤리학이 제시할 수 있다고 주장하는 것은 도덕적 행위 및 인간 본성으로서의 자유에 대한 잘못된 이해에 기인할 뿐이다. 만일 윤리학자가 '지금 여기'의 행위를 규정하고자 시도한다면, 그것은 자율적 행위자로서의 도덕적 인간에 대한 모독이 될 것이다. 그것은 동료 인간이 이성과 자유를 가진 존재자임을 부인하는 것에 다름 아니기 때문이다. 도덕규범의 보편성이 모든 개별 행위들의 상호 일치성을 보장하지는 않는바, 비판자들이 말하는 윤리학의 무능력은 오히려 윤리학의 겸허함을 의미해야 한다.[26)]

칸트라면 위의 행위자인 B에게 무슨 말을 할 수 있을까? 칸트가 말하고 있듯

---

25) 『도덕철학서론』의 4개 사례에 관한 논의를 보면 알 수 있듯이, 준칙의 정식화가 준칙의 보편화가능성 검토에 논리적으로 선행하는바, 전자가 올바르지 않다면 후자 역시 올바로 이루어질 수 없다. 준칙을 정식화하는 단계에서 행위자는 행위의 해석을 위한 일종의 자유로운 활동공간(freier Spielraum)을 갖게 되는데, 바로 그곳에서 도덕적 판단력이 작동한다. 이것은 아리스토텔레스가 말하는 '실천적 지혜'와 유사한 것이며, 그에 관한 칸트의 논의는 『덕이론』 『인간학』 『실천이성비판』 '방법론' 등에서 산발적으로 등장한다. 가장 명확한 언급은 아마도 『덕이론』의 도덕교육론(Kasuistik)에 관한 언급들일 것이다.

26) 윤리학의 무능력은 헤겔처럼 생명권과 재산권의 위계를 설정한다고 해서 해결될 수 있는 것도 아니다. 좋음들 사이에 객관적 위계가 존재하는 것은 분명하지만, 그것을 확정할 수 있는 경우에 못지않게 그럴 수 없는 경우 역시 많다. 가령 생명 가치와 재산 가치의 위계를 부인할 수 없겠지만, 진실성 가치와 타인 도움 가치 사이의 위계는 쉽게 결정할 수 있는 것이 아니다. 위의 경우에서 어떤 사람은 타인을 구하기 위해 기꺼이 거짓말쟁이가 되겠지만 다른 어떤 사람은 타인의 목숨보다 자신의 명예심/자존심을 더 중요시해서 그것을 위해 자신의 목숨을 위험에 빠뜨리는 것을 감수할 수도 있을 것이다. 대부분의 사람에게 후자는 별난 사람으로 보이긴 하겠지만 그렇다고 그가 부도덕한 사람이라고 말할 수는 없다. 어느 가치를 더 중요시하는가는 행위자의 가치관에 따라 결정될 것이되, 상이한 두 가치관 사이에 어느 쪽이 다른 쪽보다 더 합리적이라고 말할 수 있는 절대적 기준은 많은 경우 존재하지 않는다.

이, 법적 의무의 이행은 그것의 가치가 (0)이고 불이행은 (−)이되 도덕적 의무의 이행은 그것의 가치가 (+)이고 불이행은 (0)이다.[27] 이에 상응하여 칸트의 대답을 추정해보면 다음과 같다: 만일 당신이 A의 소재를 말한다면, 당신은 어떤 경우에도 국가로부터 처벌을 받지 않고 (정직함에 대한 도덕적 칭찬이 있을 것이되) 이웃들로부터 타인을 돕지 않았다는 도덕적 비난은 없을 것입니다. 반면에 만일 당신이 A의 소재를 말하지 않는다면, (당신은 부정직함에 대한 도덕적 비난은 없을 것이며) 타인을 도왔다는 도덕적 칭찬을 받을 것입니다만 대신에 법적인 처벌 위험을 감수해야만 합니다. 법적 의무(성실성)와 도덕적 의무(타인을 도움) 중 어느 쪽을 우선시할 것인가는 전적으로 당신의 몫입니다. 아마도 칸트는 그렇게 말할 듯하다.

Ⅲ. 심정윤리학과 부도덕한 현실

칸트 윤리학은 심정윤리학이다. 심정윤리학은 선악의 기준을 오직 행위자의 심정에만 두되 행위의 결과에 두지 않는다. 심정윤리학은-'심정'과 '의지' 그리고 '양심'을 넓은 의미에서 동의어로 이해하면-"선의지 자체만이 절대적으로 가치 있는 것"이라고 주장하며 "심정의 순수성[을] 강조"하는 윤리학이다. 나종석은 이러한 심정윤리학에 의구심의 눈길을 보내는데, 왜냐하면 심정윤리학은 "주관적 양심의 절대화로 흘러갈 위험성" 및 "현실의 이성적 성격을 평가절하 하는 경향"을 가지고 있기 때문에 자칫 "양심에 의한 테러"로[28] 귀착될 위험에서 자유롭지 못하기 때문이다.

칸트 윤리학을 심정윤리학으로 특징짓는 것은 일면적이기는 해도 잘못된 것은 아니다. 하지만 칸트 윤리학을 주관적 양심의 절대화로 연결하는 것은 잘못된 것이며 공정하지 못한 해석의 결과물이다. 불공정함의 원인은 칸트 윤리학에 대한 편협한 이해에 기인한다.

칸트는 기회 있을 때마다 행위의 선함은 행위자 심정의 순수성에 있음을 강조한다. 심정의 순수함이란 행위 주체가 행위를 하는 이유의 순수함 즉 주관적 동기의 순수성을 말한다. 칸트는 이러한 순수성을 『도덕철학서론』에서는 '의무이기 때문에 aus Pflicht'라고 표현했으며 『실천이성비판』에서는 '법칙에 대한 존경심에 기인하는 aus der Achtung des Gesetzes'이란 말로 표현했다. 하지만 칸트에 따르면 하나의 행위가 선일 수 있기 위해선 이것만으로는 부족하며 또 다른 조건을

27) 참조: Kant, *Rechtslehre*, AA VI, 227.
28) 나종석, 『차이와 연대』, 245.

충족시켜야 하는데, 『실천이성비판』에서 칸트는 그것을 "의지(능력)의 객관(행위)의 선"이라 불렀고 그런 의미에서 객관적 선으로 이해했으며, 그것에 상응하는 『도덕철학서론』에서의 표현은 '의무에 적합한 pflicht-(ge)maessig'이다. 그러므로 칸트가 이해하고 있는 선한 행위란 객관적으로도 또 주관적으로도 선한 행위이며 칸트 용어로 표현하자면 '의무에 적합하면서 동시에 의무이기 때문에 행해진 행위'를 말한다.[29)]

칸트는 행위자에게 객관적으로 선하면서 동시에 주관적으로도 선한 행동을 할 것을 요구한다. 심지어 칸트는 주관적으로 선한 행동(의무이기 때문에 하는 행동)을 하기 위해선 객관적으로 선한 행동(의무)이 어떤 것인지를 먼저 알아야 한다고 요구한다. 이성적-인지적 활동이 감성적-감정적 활동(존경심)에 선행하되 그 역은 아니기 때문이다. 칸트는 결코 주관적 확신을 행위의 선함을 위한 보증수표로 간주하지 않았다. 이런 모습을 가지고 있는 칸트 윤리학이 "오로지 개인의 주관적 감정을 무엇이 선하고 옳은가를 결정하는 최종심급으로 내세우는 것으로 귀결"될 가능성은 전혀 없어 보인다. 따라서 만일 우리가 칸트 윤리학의 어느 일면만이 아니라 전체 모습을 올바로 본다면, "칸트 윤리학이 [⋯] 순수한 심정에 의한 테러리즘으로 전락할 가능성"도, "현실에 대한 파괴적 열정의 묘판 역할"을 할 가능성도 전혀 없을 거라고 단언할 수 있다. "도덕적인 옳고 그름의 문제를 신념과 열정의 문제로 대체하려는" "근대의 주관성의 병리적 현상"은[30)] 분명 칸트 윤리학에는 해당되지 않는다.

이른바 '양심의 테러'의 대척점에 있는 것이 '도덕적 냉소주의'인데, 이것은 현실에서의 "도덕적 무기력과 도덕의 공허함"을 경험한 인간이 그러한 현실을 대하는 태도를 지칭한다. 나종석에 따르면, 심정윤리학은 도덕적 냉소주의로 귀착될 가능성이 많다. 왜냐하면 심정윤리학으로서의 칸트 윤리학은 당위-존재의 이원론에 토대하고 있으되, "영원히 실현 불가능한 도덕적 당위에 대한 믿음은 머지않아 도덕에 대한 환멸로 바뀌기 쉽[기]"[31)] 때문이다. 하지만 칸트 윤리학을 도덕적 냉소주의와 연결시키는 것 역시 너무 성급한 평가인 듯하다. 성급함의 원인은 칸트 이원론의 실천적 함의에 대한 잘못된 이해에 기인하는 것처럼 보인다.

예지계-현상계의 이원론은 도덕적으로 선한 행동이 행위자인 인간에게 당위의 모습을 갖고 등장하게 만드는 요인이다. 당위란 '마땅히 해야만 함'이라는 의미의 필연성을 의미하며, 이러한 필연성은 그것의 실현 여부에 의존하지 않는 필연성이다. 당위는 자신의 실현가능성을 전제하는 것이 아니라 자신의 실현을 명령하는바,

---

29) '의무에 적합한 pflichtmaessig'과 '객관적 의미의 선 objektiv-gut'은 동일한 의미를 각기 다른 맥락/관점에서 표현하고 있는 것이다.

30) 나종석, 『차이와 연대』, 249 & 260 & 250.

31) 나종석, 『차이와 연대』, 260.

이러한 명령은 실현불가능성의 외적 원인(현실적 여건)도 내적 원인(행위자의 무능력)도 전혀 고려하지 않는다. 따라서 현실의 부도덕성은 이성에 의해 제시된 당위를 무력화하기 보다는 도리어 그것과의 차이성을 더욱 도드라지게 만들며, 칸트의 표현을 변용(變容)하자면, 현실이라는 "딱딱한 껍질"이 두꺼우면 두꺼울수록 그 안에서 "자연이 가장 조심스럽게 보호하고 있는 싹" 즉 당위가 "계발"될 가능성 역시 그만큼 커질지도 모른다.[32] 이렇게 보면 부도덕한 현실은 인간으로 하여금 당위의 무력함보다는 당위의 '당위다움'에 눈뜨게 만드는 것일지도 모른다.

비판자의 잘못된 이해는 또 다른 곳에서도 발견된다. 만일 인간과 달리 순수하게 이성적인 존재자가 있다면, 그에게는 객관적으로 선한 행위가 주관적으로 선한 행위로 되는데 아무런 어려움이 없을 것이다. 그가 해야만 하는(muessen) 행위와 그가 기꺼이 하는(wollen) 행위 사이엔 불일치가 없을 것이기 때문이다. 반면에 절반만 이성적인 인간에게는 사정이 다르다. 인간이 가지고 있는 비이성적인 부분은 경우에 따라선 이성에 의해 제시된 것을 행하는데 방해요소로 작용한다. 그러므로 우리 인간은 그러한 방해를 극복해야만, 달리 말해서, 방해를 이길 수 있는 강함(Staerke)을 가지고 있어야만 이성적 행위를 할 수 있다. 반(半)이성적 존재자인 인간이 자신의 반(反)이성적 본성을 이겨내고 이성이 제시한 바의 행위를 한 경우, 그러한 행위는 좋은(gut) 행위일 뿐만이 아니라 동시에 훌륭한—유덕한(tugendhaft) 행위이기도 하다. 그러므로 지금의 맥락에서 보자면, 현실의 부도덕함은—많은 경우 현실의 행위자를 좌절시키기도 하지만—행위자를 유덕한 존재로 만들 기회를 제공하기도 하며 심지어 그를 위한 필수 조건이기도 하다. 결국 "도덕의 무기력과 (…) 도덕에 대한 냉소주의 사이"엔 나종석이 말하듯 "어떤 내적인 연관"이[33] 존재하기 보다는 외적—개연적 연관성만이 존재하는 셈이다.

'당위의 무력함(Ohnmacht des Sollens)'은 칸트 윤리학의 한계를 상징하는 대표적인 표현이다. 이에 버금가는 부정적 표현은 아마도 '요청의 윤리학(Moral des Postulates)'일 것이다. 비판가들의 눈에 당위의 윤리학은 당위의 현실화를 요청만 할 뿐 더 이상 아무 것도 할 수 없는 무력한 윤리학으로 보였다. 나종석은 이러한 현실적 무력함을 도덕적 광신주의 및 도덕적 냉소주의의 원인으로 생각했다. 하지만 앞서 보았듯이 객관적 선에 관한 칸트의 논의 및 선 개념과 훌륭함 개념의 차이에 주목하는 것만으로도, 우리는 그러한 비판으로부터 칸트 윤리학을 옹호할 수 있다.

32) 인용 및 참조: 칸트, 「계몽이란 무엇인가?에 대한 답변」, 21-22.
33) 나종석, 『차이와 연대』, 266.

Ⅳ. 원리의 정당화와 체계의 세분화

설사 위에서 시도된 칸트 윤리학의 옹호가 성공적이었다고 해도, 다시 말해서, 나종석이 나의 반론을 모두 받아들인다고 해도, 그는 여전히 자신의 비판을 거두어들이지 않을 것이다. 왜냐하면 심정윤리로서의 칸트 윤리학에 대한 비판에서 확인할 수 있듯이, "존재와 당위의 이원론적인 구별은 그[칸트]의 실천철학에 근본적인 결함을 만드는 논리적인 주요 배경"이되,[34] 위에서 시도된 나의 옹호는 그와 같은 본질적 부분에 가 닿아 있지 않기 때문이다. 그러므로 나종석의 정당한 비판으로부터 칸트 윤리학을 옹호하고자 한다면, 우리는 지금까지와는 다른 맥락/차원에서 그의 비판을 다시 검토해보아야 한다.

2003년의 논문을 확대-심화하면서 나종석은 2007년의 논의에 '도덕성과 인륜성'이란 제목을 새롭게 붙였는바, 이로써 그는 칸트 윤리학에 대한 자신의 비판이 지난 200년 동안의 논의선 상에 있음을 분명히 했다. 그런데 연구자들 중 일부는 두 철학체계의 차이점을 드러내기 위해 '칸트인가 아니면 헤겔인가?'라는 이분법적 표현을 사용하기도 하는바, 이와 같은 '칸트인가 아니면 헤겔인가?'라는 물음과 함께 연구자는 두 철학자 중 어느 한편에 설 것을 강요당하게 된다. 왜냐하면 이 물음을 제기할 때 연구자들이 염두에 두고 있는 것은 각 철학체계의 어느 한 부분이 아니라 그것의 가장 핵심적인 부분이기 때문이며 따라서 이러한 물음에 대한 대답은 여타의 다른 물음들에 대한 대답을 결정적으로 규정하고 결과적으로 체계의 특성을 결정적으로 규정하기 때문이다.[35]

윤리학자는 두 개의 윤리적 관점을 동일한 가치를 가진 채 선택할 수 없으며, 하나의 관점은 하나의 윤리학적 원리만을 허용한다. 칸트 윤리학은-나종석이 말하고 있듯이-"자유롭고 평등한 개인을 실천철학의 출발점[원리]으로 삼는다." 그 결과 칸트는 도덕의 보편성 및 도덕적 존재자의 자유(자율)를 확보할 수 있었는데,

---

34) 나종석, 『차이와 연대』, 242.

35) 칸트와 헤겔의 '원리상의' 차이점을 임홍빈은 다음과 같이 정확하게 묘사하고 있다: "(칸트적인 의미에서의) 절대적인 선은 객관성이 결여될 경우 당위성으로 머무른다는 그[헤겔]의 견해는 결국 도덕성에 대한 단순한 부정이 아니라, 도덕성을 실현해야 한다는 당위성이 도덕성의 근거를 구성하는 자유 의지와 자율성의 구조에 내재한다는 것이다." "헤겔은 이성적인 주체들의 상호 작용으로서의 현실상의 행위의 차원에 주목"하는데, 왜냐하면 헤겔은 "[주관적] 자기의식과 행위의 객관성이 분리된 순수한 실천 이성이 아닌, 행위에 의해서 구현되는 자유 의지가 […] 보다 상위의 도덕적인 관점을 대변한다"라고 생각하기 때문이다.(임홍빈, 「칸트의 도덕성 개념에 대한 헤겔의 비판은 과연 정당한가?」, 『철학』, 한국철학회 제35호, 1991, 175.)-이러한 차이점에 주목해서 말하자면, 헤겔의 실천철학은 칸트의 실천철학에 비해, 나종석이 말하듯, "보다 더 내실 있는"(나종석, 『차이와 연대』, 218) 것이라기보다는 유일하게 참인 철학체계라고 말해야 할 것이다.

왜냐하면 도덕적 존재자로서의 개인은 모든 경험적-자연적 조건들로부터 벗어나 있는바, 그런 한에서 그의 행위는 자유로우며 그의 사유는 비경험적-보편적이기 때문이다. 하지만 나종석에 따르면, 그와 같은 원리를 선택하도록 만드는 윤리학적 관점은 칸트로 하여금 "도덕 원리의 정당화 작업과 그 구체적인 실현의 문제를 함께 문제 삼지 못[하고]" 결과적으로 "각 개인의 자유로운 전개와 자유 실현의 조건들을 반성적으로 숙고"하는 데까지 나아가지 못하도록 만들었다. 결국 "칸트는 개별화되고 사적으로 자율적인 행위 능력을 지닌 주체들을 근대의 자율적인 도덕의 출발점으로 삼고 있다는 점에서 인간들이 속해 있는 공동체나 여러 가지 타인들과의 관계 자체의 내재적인 가치를 제대로 평가하지 못"했다는[36] 것이다.

칸트가 자신에게 부과했던 최우선적 과제는 '실천철학 원리의 확보' 및 '실천철학적 체계의 구축'이었기 때문에, 경험을 함께 고려해야만 하는 실현 조건들에 관한 이론은 그에게 부차적인 지위를 가질 수밖에 없었다. 비록 칸트가 자유 실현의 조건들을 법철학, 정치철학, 역사철학 등에서 논의하고 있기는 하지만 그런 논의들이 실천철학의 원리에 관한 것이라고 볼 수 없는 것은 바로 그 때문이다. 그러므로 칸트 윤리학에 대한 나종석의 평가에는 이론의 여지가 있을 수 없을 듯하다.

그런데 칸트 윤리학의 문제점을 찾아가는 나종석의 시선은 여기에 그치지 않는다. 그가 보기에, 실천철학자로서의 칸트가 선택한 관점과 원리는 비판주의 철학자로서의 그가 선택한 관점과 원리에 토대한 것이며, 전자에서 발견되는 한계는 후자에 내재한 한계가 반복되고 있는 것일 뿐이다. 그의 표현을 빌려 말하자면, "예지계와 감성계의 구분은 칸트 도덕철학에서 결정적인 전제조건"이고 이에 토대한 "자유와 자연 필연성의 이원론적인 구별은 많은 실천철학적 문제들을 낳는"바, 이러한 문제들 중 하나는-앞서 논의된 칸트 윤리학의 '한계들' 이외에도-"역사적 사회적 현실이 지니는 독자적인 영역으로서의 의미"가 "충분히 인식하[되]고 있지 못[하는]"것이며, 또한 "자연과 도덕 사이의 긍정적인 상관관계"가 "체계적이고 일관되게 전개"되지 못[하고]"있다는 점이다. 이것은 "인간을 그 총체성 속에서"[37] 탐구해야 하는 윤리학에겐 심각한 오류이며, 칸트 윤리학은 바로 그런 한계를 가지고 있다.

이곳에서 나종석이 말하는 칸트 실천철학적 문제는-칸트에 호의적으로 해석하자면-칸트 윤리학의 결함이라기보다는 그것에서 발견되는 결핍을 의미하며, 따라서 그의 비판은 칸트 윤리학의 보완-보충의 필요성을 지적하는 것으로 받아들일 수 있다. 만일 그렇다면, 그의 지적은 비판이라기보다는 학문적 요구인 셈인바, 우리는 그에 대해 적극적 반론보다는 그의 요구를 충족시키기 위한 이론적 작업을

36) 나종석, 『차이와 연대』, 268 & 270.
37) 나종석, 『차이와 연대』, 263.

모색하는 것이 옳을 것이다. 이러한 시도들이 적지 않게 지속되고 있다는 것을 지적하는 것 외에는 그의 '비판'에 답할 수 있는 방법이 지금은 달리 없을 듯하다.[38)]

반면에 칸트 실천철학적 문제들의 원인으로서의 이원론은 사정이 다르다. 나종석에 따르면, 칸트의 윤리학은 인간 본성 내지는 능력으로서의 자유에 토대하고, 자유는 인간 및 세계에 대한 이원론적 이해에 토대한다. 그러므로 이원론이 거부되면 결과적으로 인간 자유 및 그에 관한 학문인 윤리학 역시 토대를 잃어버리게 된다. '이런 의미에서' 이원론은 칸트 윤리학의 최초의 전제이며 최고의 원리이다. 따라서 만일 나종석의 지적이 옳다면 우리는 칸트 윤리학을 포기해야 할 것이다. 하지만 이러한 비판은 중요한 지점에서 핵심을 이탈하고 있는 듯이 보인다.

칸트 윤리학과 관련하여 이원론이 문제시되는 곳은 자유에 관한 칸트의 이해이다. 칸트는 자유에 관한 종래의 이론들이 서로 상충하면서도 동시에 각각 자체적으로 참일 수 있음을 제시했다. 즉 칸트는 '자유는 가능하다'와 '자유는 가능하지 않다'라는 두 주장 중 어느 한쪽을 받아들이고 다른 한쪽을 거부할 합리적-이성적 이유가 존재하지 않는다는 점을 제시했다. 이와 같은 이율배반적인 상황에서 칸트가 주목했던 것은 '자유의 불가능성이 증명되지 않는다.'라는 사실이었는데, 왜냐하면 칸트는 윤리학을 위해선 이점을 확보하는 것만으로 충분하다고 생각했기 때문이다.

만일 우리가 윤리학을 보편적-필연적 인식들(및 인식들의 근거지움 논의)의 체계로 이해한다면(협의의 윤리학), 윤리학의 원리(체계의 출발점)는 인식들의 체계에 내재해야 한다. 반면에 우리가 윤리학을 체계 전체의 근거지움(정당화) 논의 역시 포함하는 것으로 이해한다면(광의의 윤리학), 윤리학의 원리(근거)는 인식체계(근거지워진 것)의 외부에 존재해야 한다. 협의의 윤리학의 원리(출발점)는 칸트에게서는 의심의 여지없이 이성사실로서의 도덕법칙이다. 그것으로부터 모든 도덕적 법칙들이 연유한다는 의미에서 그러하며, 그것의 근거지움에 대한 요구가 제기될 수 없다는 점에서 그러하다. 반면에 광의의 윤리학의 원리는 (근거지워져야 하는 바의) 도덕법칙의 근거로서의 자유이며, 그런 의미에서 광의의 윤리학은 자유에 관한 이론이다.

두 개의 윤리학(협의의 윤리학과 광의의 윤리학) 사이의 관계는 두 가지 상이한

---

38) 이러한 시도로는 아펠과 하버마스 등을 들 수 있다. 이들은 '칸트인가 아니면 헤겔인가?'라는 방식의 물음을 거부하고 "헤겔 철학의 중요한 통찰을 칸트의 보편주의적 윤리학과 매개"함으로써 "헤겔과 칸트 철학의 장점들을 종합하려고 시도"한다. 나종석은 이러한 시도에 대해 대체로 부정적이다.(인용 및 참조: 나종석, 『차이와 연대』, 217) 다른 방식이긴 하지만 칸트와 헤겔을 종합하려는 입장은 임홍빈의 입장이기도 하다.(참조: 임홍빈, 「칸트의 도덕성 개념에 대한 헤겔의 비판은 과연 정당한가?」, 176, 185f.) 나종석이 이런 입장을 공유하는지는 불분명하다.(참조: 나종석, 『차이와 연대』, 218 & 283-284)

방식으로 이해할 수 있다. 첫째는 후자를 전자의 가능조건으로 이해하는 것이다. 이 경우 선악에 관한 이론은 자유에 관한 이론에 의존하게 되며, 역으로 말하면, 자유가 이론적으로 입증되지 않는 한 인간 행위의 선악에 관한 탐구는 성립하지 않는다. 둘째는 두개의 윤리학을 종적으로(spezifisch) 다른 두 개의 이론체계로 보는 것이다. 이 경우 선악의 이론(협의의 윤리학)은 자기준거적 이론으로서 자유 이론(광의의 윤리학)에 의거하지 않게 된다. 이 경우, (협의의) 윤리학은 자유의 참임을 전제한(voraussetzen) 후 그것의 증명을 시도하는 것이 아니라 자유를 참으로 받아들인(annehmen) 후 선악의 문제를 논의한다.39) 칸트는 후자의 입장을 취했다.

칸트의 이해에 따르면, (협의의) 윤리학은-규범 윤리학인 한-자유를 어떻게 이해할 것인가에 관한 형이상학적-경험과학적 탐구에 의존하지 않으며 의존해서도 안 된다. 윤리학은 인간 자유를 참으로 전제하고 시작하는 것이 아니라 그것을 사실로 받아들이고 시작하되, 자유라는 사실을 받아들임과 관련해서 윤리학자에게 중요한 것은 받아들임의 정당성을 확증하는 것이 아니라 받아들여선 안 되는 근거를 논박하는 것이다. 그러한 논박을 칸트는 이원론에 의거해서 수행했으며, 윤리학을 위해선 그것으로 충분하다고 칸트는 생각했다. 칸트의 이원론적 자유 이론은 '윤리학자가 자유를 선택(받아들임)하는 것'을 방해하는 요소를 사전에 제거하는 이론철학적 작업인 셈이었으되, 이러한 자유에 관한 이론철학적 작업의 성공 여부가 실천철학(윤리학)의 가능 조건을 형성하는 것은 아니었다.40) 오늘날 용어로 말하자면, 윤리학은 '(이론철학으로서의) 형이상학 없는 윤리학(Ethik ohne Metaphysik)'이어야 하되, 칸트는 정확히 그러한 모습을 가진 윤리학을 추구하였다.41)

윤리학의 원리에 관한 물음 즉 '윤리학은 무엇에서 출발해야 하는가?'라는 물음에 대해서 칸트는 '윤리학은 사실로서의 도덕법칙에서 출발해야 한다'라고 말한다. 반면에 헤겔과 나종석은 '윤리학은 인간 자유에서 출발해야 한다'라고 대답할 것이다. 윤리학의 원리에 대한 상이한 이해는 윤리학적 과제의 상이성을 귀결시킨다. 칸트에게 주어진 (최초의) 윤리학적 과제는 도덕법칙의 현존을 제시하는 것이지만, 반면에 헤겔과 나종석의 과제는 자유의 현존을 제시하는 것이다. 칸트와 달리 그

39) 독일어 'voraussetzen'과 'annehmen'은 모두 '전제하다'로 번역되지만, 그것들이 이론 안에서 수행하는 역할은 상이하다. 이에 관한 논의로는 다음을 참조: Albrecht, Michael (1978): *Kants Antinomie der praktischen Vernunft,* Diss.

40) 마찬가지로, 인간의 자유가 본질 상 선험적 자유인지 아니면 인륜적-인정된 자유인지에 대한 물음과 대답은 윤리학의 과제가 아니라 이론철학의 과제이다. 이러한 이론철학적 과제들은 윤리학에 본질적인 것이 아니라 외적인 것이다.

41) 간단히 정리하면 다음과 같다. 규범윤리학으로서의 칸트 윤리학의 원리는 이성사실로서의 도덕법칙이다. 이러한 이성사실의 발견과 이해는 오직 인간에 관한 이원론적 이해라는 전제조건 아래서만 가능하다.-그렇다고 해서 이원론이 윤리학의 원리 내지는 가능조건은 아니다.-윤리학의 원리로서 도덕법칙을 택함으로써 귀결된 결과 중의 하나가 '칸트 윤리학은 현실연관성을 갖지 못한다'라는 것이다.

들에게는 윤리학을 위해 자유를 사실로 받아들일(전제할) 자격이 없기 때문이다.

이러한 맥락에서 보자면, 칸트 윤리학에 대한 비판은 그것의 한계나 내적 모순을 지적하는 것으로가 아니라 그것을 대신할 윤리학의 합리성을 증명하는 것으로서만 완수될 수 있다. 물론 이러한 증명의 책임은 헤겔과 나종석에게 있다. 그가 이야기하는 "새로운 도덕이론"은 칸트에선 가능하지 않은 "자연과 자유의 화해를 시도"해야 하고 칸트에게선 발견되지 않는 "개인화와 사회화의 상호의존성"에 대한 "통찰"을 포함해야 하며 결과적으로 칸트와는 달리 "윤리학은[을] 정치적 윤리학으로 확장"시켜야 한다. 그것은－선언적으로만 표현하자면－칸트 윤리학과 마찬가지로 "자율성의 이념에 기초한 보편주의적인 윤리학"이면서도 동시에 칸트 윤리학과는 달리 "보편적인 이념을 현실 속에서 살아 숨 쉬게 할 수 있는 여러 전제조건들을 반성하는 작업"을 포함하는 이론이어야 한다. 칸트는 후자의 작업과 전자의 작업은 종적으로 다를 뿐만 아니라 둘 사이엔 명확한 위계가 존재하고 만일 이들을 면밀히 구분하지 않으면 후자가 전자를 필연적으로 침해한다고 생각했다. 하지만 나종석은 "[윤리학의 원리인] 자율성의 이념을 (…) 칸트와는 다르게 발전"시킨[42] 헤겔에게서 우리는 그 둘을 종합하는 윤리학을 확보할 수 있다고 생각하는 듯하다. 만일 그렇다면 '도덕성인가 아니면 인륜성인가?'라는 물음에 대한 대답의 책임은 칸트가 아닌 헤겔에 있다고 해야 할 것이다.

나종석이 이야기하고 있듯이, "칸트와 헤겔의 생산적인 대화의 시도는 현재의 실천철학을 발전시키는 데 중요한 기초가 될 것"이다.[43] 지난 200여 년 동안 연구자들은 그러한 믿음을 공유해 왔으며 지속적인 노력을 기울여 왔다. 그들의 연구 성과를 고려해 보면 현시점의 연구는 응당 두 철학체계의 상이성을 부각시키는 단계를 넘어서야 할 듯이 보인다. 지금 우리에게 요구되는 것은 칸트 윤리학에 대한 헤겔의 비판을 넘어서 헤겔 윤리학에 대한 칸트의 비판에로 나아가는 것이다. 그것의 선결조건은 물론 '새로운' 이론으로서의 헤겔 윤리학이 제시되는 것이다. '새로움' 중 가장 중요한 것은－칸트 입장에서 볼 때－인륜성 내지는 인정이론에 토대한 윤리학이 어떻게 보편성을 확보할 수 있는가의 문제일 것이다. 인륜성의 윤리학은 가능한 모든 비판에 자신을 드러내기에 충분할 정도로 자신을 구체화시켜야 한다.

"칸트와 헤겔을 더 잘 생각하는 것은 어떤 방식으로든 칸트나 헤겔과 다르게 생각하는 것"이라는 어느 이론가의 말에 나종석은 동의를 표하지만, 나로선 의구심을 거둘 수 없다. 그가 말하고 있듯이 "칸트를 품고 있는 헤겔"에는[44] 이론의 여지가 없지만 헤겔의 외부에도 여전히 그것에 버금가는 실천철학이 있는지에 대

42) 나종석, 『차이와 연대』, 272 & 265 & 272 & 284 & 283.
43) 나종석, 『차이와 연대』, 284.
44) 나종석, 『차이와 연대』, 284.

해선 회의적이기 때문이다. 만일 나의 생각이 옳다면 지금 우리에게 필요한 것은 ‘칸트 대 헤겔’의 양자택일적 구도를 극복하는 것이 아니라 오히려 올바른 선택을 위한 사전작업에 주력하는 것이다. 즉 지금 우리는 헤겔 실천철학의 “세분화된 접근 방식의 필요성”에[45] 직면해 있는 셈이다.

45) 이충진, 「칸트의 도덕성과 헤겔의 인륜성」, 307. 이 단락에서 나는 실천철학의 원리에만 주목하고 논의했는데, 그것은 논점을 하나로 명확하게 만들기 위해서였다. ‘실천철학의 세분화된 접근 방식의 필요성’은 원론적으로만 말하자면 칸트철학과 헤겔철학 모두에 해당되겠지만, ‘칸트인가 아니면 헤겔인가?’ 내지는 ‘도덕성과 인륜성’의 논의맥락에서 보면 헤겔에게 더 많이 해당되는 것으로 생각된다. 가령 ‘위탁물’, ‘거짓말 할 권리’ 등에 대해 인륜성의 윤리학이 제공하는 대답이 구체화되어야 한다. 그것은 윤리(학)의 보편성과 특수성의 종합이 어떻게 가능한가라는 물음과는 다른 차원의 물음이되, 그에 대한 대답으로부터 어느 윤리학도 면책될 수 없는 물음이기도 하다.

참고 문헌

나종석, 「칸트 윤리학에 대한 헤겔의 이의 제기에 대한 연구」, 한국헤겔학회, 『헤겔연구』, 2003.

나종석, 『차이와 연대』, 도서출판 길, 2007.

이충진, 「칸트의 도덕성과 헤겔의 인륜성」, 『칸트와 독일 이상주의』, 한국칸트학회, 2000.

이충진, 『이성과 권리』, 철학과현실사, 2000.

칸트, 『도덕형이상학원론』, 최재희 역, 박영사.

칸트, 『실천이성비판』, 최재희 역, 박영사.

칸트, 「계몽이란 무엇인가?에 대한 답변」, 칸트, 『칸트의 역사철학』, 이한구 편역, 서광사, 1992.

헤겔, 『믿음과 지식』, 황설중 옮김, 아카넷.

헤겔, 『법철학』, 임석진 역, 한길사.

Kant, I., "Ueber ein vermeintes Recht, aus Menschenliebe zu luegen", In: Kant, *Kleine Schriften zur Geschichtsphilosophie, Ethik und Politik*, Hrsg. K. Vorlaender, Felix Meiner Verlag, 1797.

Kant, I., *Metaphysische Anfangsgruende der Rechtslehre*, Hrsg. B. Ludwig, Felix Meiner Verlag, 1797/1986.

Kant, I., *Metaphysische Anfangsgruende der Tugendlehre*, Hrsg. B. Ludwig, Felix Meiner Verlag, 1797/1988.

Ein Versuch, Kants Ethik gegen die Kritik von Hegel zu verteidigen

Lee, Choong-Jin

Zusammenfassung

Prof. Na J-S kritisiert, im Name von Hegel, an die Kantische Ethik. Sie ist, nach ihm, als eine formalistische nicht in der Lage, konkrete Handlung zu regeln, mangelt als eine allgemeine an den Ohnmacht und geht als eine Gesinnungsethik zum moralischen Fanatismus oder Zynismus. Die vorliegende Arbeit ist ein Versuch, Kants Ethik gegen seine Kritik zu verteidigen. Sie zeigt dafuer erstens, viele Pflichtshandlungen von einem Prinzip systematisch abgeleitet zu werden. Und sie bringt es ans Licht, dass die Begriffe 'Ohnmacht' und 'Konflikt der Pflichten' von dem Kritiker missverstanden werden. Dann beweist sie, dass es kein inneres Verhaeltnis zwischen der Kantischen Gesinnungsethik und dem moralischen Fanatismus/Zynismus gibt. Die Arbeit beendet sich mit einem Vorschlag, zwei Kantische Argumentationen von einander zu unterscheiden: die eine ueber die Begruendung der Ethik und die andere ueber die Entwicklung des ethischen Systems.

Schlagwörter : Ethik, Formalismus, Kant, Hegel, Moralitaet und Sittlichkeit

• 투고일: 2011.10.05. 심사완료일: 2011.10.20. 게재확정일: 2011.10.23.

칸트 윤리학을 넘어 헤겔 인륜성의 철학에로

-이충진의 반론에 대한 응답-*

나 종 석

요약문

이 글은 이충진의 반론에 대한 글이다. 그는 필자의 칸트 윤리학 해석에 대한 비판을 통해 칸트 윤리학을 옹호하고자 한다. 그의 반론에 응하면서 필자는 칸트 윤리학에 대한 헤겔의 비판이 어떤 점에서 여전히 의미가 있는가를 입증하고자 한다. 특히 헤겔의 칸트 윤리학 비판을 통해 헤겔의 인륜성 철학의 기본적 통찰들이 무엇인가를 해명하는 방식으로 글을 서술한다. 헤겔의 인륜성 철학은 칸트의 경우처럼 도덕의 물음을 오로지 사람들의 동등대우라는 보편적 원칙에 환원하지 않고 연대성과 사랑 및 배려라는 관계 역시 보편적 권리 인정 못지않게 인간의 바람직한 삶을 가능하게 하는 삶의 도덕적 지평임을 강조하고 있다. 그리고 이런 인륜성 철학은 오늘날 큰 영향력을 행사하는 자유주의적인 정의이론이나 하버마스적인 절차주의적인 민주주의 이론보다도 인간의 삶의 역사성과 현장성을 바탕으로 모든 인간의 의미 있는 삶의 가능성에 대한 보다 풍요로운 시야를 제공해줄 수 있는 유력한 사상이다. 그러므로 이 글에서는 칸트의 보편주의적인 도덕이론 및 권리 중심의 사유로부터 헤겔의 인륜성 철학으로의 이행의 필연성에 대한 몇 가지 주요한 논거들이 제시될 것이다.

● 주요어 : 도덕성, 인륜성, 인정투쟁, 형식주의 윤리학의 공허성, 보편주의 윤리학의 무의미, 역사적 · 사회적 세계이론

* "이 논문은 2008년 한국연구재단지원을 받아 수행된 연구임"(NRF-2008-361-A00003)

들어가는 말

이충진의 글, 「칸트 윤리학의 옹호–나종석의 비판에 대한 반론」은 우리 철학계에서 보기 드문 것이다. 그는 이 글에서 필자의 글을 칸트 윤리학의 근원적 통찰을 옹호하기 위한 방편으로 삼고 있기 때문이다. 서양철학을 전공한 학자들이 서양학자의 글을 참조로 해서 학문을 수행하는 관행은 너무나 강력해서 그런 글 쓰는 형식의 틀을 넘어서는 것은 쉽지 않다. 그런데 서구이론을 우리 학문 수행의 거의 유일한 준거틀로 설정함으로써 우리 지식인은 우리의 현실에 대한 독자적인 고민은커녕 우리 지식인의 학문적 연구 성과를 둘러싼 진지한 논의와 대화의 장을 튼튼하게 형성해내고 있지 않다. 예를 들어 필자가 헤겔 법철학을 해석하는 글에서 독일이나 영미에서 활동하는 유수한 학자들의 해석을 동원한다고 해도 그리고 그런 해석의 문제점에 대한 비판을 지적한다고 해도 이런 작업은 공허한 메아리에 지나지 않는다. 유럽이나 미국의 헤겔 연구자들이 나의 연구 업적을 접할 가능성은 제로에 가까우며 설령 그럴 기회가 있다손 치더라도 그들이 나의 연구 경향이나 결과를 그들의 학문적 논의의 장으로 끌고 갈 가능성 역시 존재하지 않는다. 우리 학문의 대외적인 종속성에 대한 성찰은 어제 오늘의 일이 아니지만, 우리 학계에서 학문의 식민성을 탈피하여 스스로의 사유의 힘을 통해 서구철학뿐만 아니라 우리가 당면하고 있는 문제들을 성찰하고자 하는 움직임이 이어지고 있다.

칸트가 계몽의 가능성을 홀로 수행하기는 힘들지만 다수의 시민들이 참여하여 자유롭게 논의하는 공론의 장을 형성함에 의해 성취될 수 있다고 믿었듯이 우리의 주체적 학문 탐구 정신은 그 어떤 지식인의 폐쇄된 공간에서 이루어지지 않을 것이다. 계몽적인 성숙의 길에서 그리고 독자적인 사유의 길에서 필연적으로 요구되는 사유의 동반자의 중요성은 아무리 강조해도 지나침이 없을 것이다. 사유의 동반자와 함께 논의와 대화를 매개로 해서 형성되는 학문적 공론장의 형성은 스스로 사유함의 필연적 조건이라고 믿기에 이충진의 필자에 대한 반론이 이런 논의의 장을 형성하기 위한 노력의 일환이라고 생각된다.

이하에서 나는 이충진의 글에 대한 반론을 하고자 한다. 반론은 학자에 대한 최고의 예우일 터인데 이런 예우가 극진할 수 있도록 나의 반론도 선을 넘지 않으면서도 날카롭고 격이 있었으면 하는 바람이다. 글은 이충진이 제기한 반론의 순서를 따르면서 그가 제기한 질문들에 답하는 형식을 취할 것이다. 그래서 필자는 논문의 장의 제목을 이충진의 논문의 그것과 동일하게 채택했다. 이충진의 반론에 대한 재반론을 하면서 나는 가능한 한 칸트 윤리학에 대한 헤겔의 비판이 지니는 타당성을 좀 더 설득력 있게 서술하는 기회로 삼고자 한다. 이충진 역시 칸트에 대한 헤겔의 비판을 필자의 해석에 입각하여 옹호하고 있듯이 나도 이충진의 칸트윤리학의 옹호를 매개로 하여 칸트 윤리학에 대한 헤겔의 비판이 어떤 점에서 여전히 의미가 있는가를 좀 더 분명하게 보여주고자 한다. 이 때 특히 필자가 주목하는 것은 헤겔 인륜성 철학의 실천철학적 함의들이다.

필자는 그 동안 헤겔의 변증법적 사유를 매개적 사유[1]로 재해석하면서 이 매개적 사유를 '사회인문학'의 철학적 기초로 설정하려는 작업을 수행했다. 그리고 이 매개적 사유의 정치철학적 표현이 헤겔의 인륜성 철학이자 인정투쟁 이론임을 강조하였다.[2] 인륜성 철학은 칸트의 경우처럼 도덕적 물음을 오로지 사람들의 동등대우라는 보편적 원칙에 환원하지 않고 연대성과 사랑 및 배려라는 관계 역시 보편적 권리 인정 못지않게 인간의 바람직한 삶을 가능하게 하는 삶의 도덕적 지평임을 강조하고 있다고 보기 때문이다. 그리고 이런 인륜성 철학은 자유주의적인 정의이론이나 하버마스적인 절차주의적인 민주주의 이론보다도 인간의 삶의 역사성과 현장성을 바탕으로 하면서도 모든 인간의 의미 있는 삶의 가능성에 대한 보다 풍요로운 시야를 제공해줄 수 있는 사상이라고 생각된다. 그러므로 이 글에서는 칸트의 보편주의적인 도덕이론 및 권리 중심의 사유로부터 헤겔의 인륜성 철학으로의 이행의 필연성에 대한 몇 가지 주요한 논거들이 제시될 것이다.

Ⅰ. 형식주의 윤리학의 공허함

칸트 윤리학은 형식주의 윤리학이다. 그런데 헤겔에 의하면 칸트의 형식주의 윤리학은 "자체 내에서 어떤 구체적인 도덕규범을 이끌어낼 수 없다."[3] 행위의 내용과 무관한 도덕의 형식적 법칙추구, 달리 말하자면 행위가 추구하는 목적에 대한 고려를 배제한 채 오로지 행위의 형식적 법칙성 유무에서 도덕성의 최고의 원리를 해명하려는 칸트 윤리학은 우리가 무엇을 해야만 하는가라는 질문에 아무런 내용도 알려주지 못한다. 그런 점에서 칸트의 형식주의 윤리학은 공허하다고 헤겔은 본다.

---

1) 헤겔의 변증법적 사유를 매개적 사유로 이해하려는 시도로는 다음 글 참조, 나종석, 「매개적 사유와 사회인문학의 철학적 기초」, 김성보 외 지음, 『사회인문학이란 무엇인가? : 비판적 인문정신의 회복을 위하여』, 한길사, 2011, 103쪽 이하 참조 바람.

2) 사회인문학은 연세대학교 국학연구원 HK사업단이 학술 아젠다로 내건 이론인데, 사회인문학은 위기에 처한 인문학을 극복할 대안적 인문학으로 이해된다. 사회인문학에 대한 기본적인 설명으로는 다음 책이 있다. 김성보 외 지음, 『사회인문학이란 무엇인가? : 비판적 인문정신의 회복을 위하여』, 같은 책.

3) 나종석, 『차이와 연대』, 길, 2007, 231쪽.

1. 형식주의 윤리학의 공허성 문제

이러한 반론에 대해 이충진은 "칸트 윤리학 안에서 발견되는 구체적 도덕규범들과 의무들을 제시하는" 것에 의해서 칸트 윤리학을 옹호할 수 있다고 응수한다. 그는 다음과 같이 말한다. "[도덕철학서론]에 있는 4개의 의무들 및 [덕이론]에 있는 십 수 개의 덕의무들은 그를 위한 직접적 증거들이며 [법이론]에 등장하는 법적 의무들 역시 넓은 의미에서 증거의 자격을 가질 수 있을 것이다."[4] 그러나 이충진은 이런 반론으로 헤겔에 호의적인 칸트 윤리학 비판자들을 충분하게 설득할 수 없을 것이라고 말한다. 실제로 헤겔의 비판은 형식과 내용을 분리하고 형식 속에서 오로지 도덕의 원리를 발견할 수 있다고 주장하는 칸트 윤리학은 역설적이게도 구체적 도덕적 의무들을 경험적인 방식으로, 그러니까 칸트의 선험철학적 방법과 무관하게 끌어들이지 않을 수 없다는 주장에 이르기 때문이다. 달리 말해 칸트 윤리학은 의무의 내용을 산출할 때 그것들을 "경험적으로 긁어모으고" 이런 경험적 내용들에 필연적인 외양을 부여하지 않을 수 없다고 헤겔은 비판했던 것이다.[5] 이런 상황을 염두에 두면서 이충진은 "칸트 윤리학을 옹호하기 위해 요구되는 것은 칸트가 '오직 원칙에만 의거하여, 다시 말해서, 경험에 의존함 없이 단지 이성적-논리적으로만' 그와 같은 질료적 의무들에 도달하였음을 제시하는 것"임을 강조한다.

이충진은 칸트가 "순수한 실천이성의 원칙"[6]이라고 한 형식적 원리로부터 다수의 구체적 도덕적 규범들을 연역 혹은 '도출'(ableiten)한다고 본다. 그에 의하면 자살, 거짓말, 자신의 소질 계발, 타인을 도움 등과 같은 구체적 행위들의 선악 여부는 그것들이 일반화될 수 있는지의 여부를 검사하는 방법에 의해 결정되는 바, 칸트는 이렇게 "형식적 원리로부터 다수의 구체적 행위들 및 그것들을 규제하는 구체적 규범들을 도출해 낸다"는 것이다. 그리고 "도출의 전 과정은 행위들의 내용에 의존하지 않으며 단지 논리적-형식적 기준에만 의존하는바, 도출의 논리적 무결함은 도출결과의 진리성을 보증한다." 그러므로 이충진은 "도출 과정과 도출 결과의 오류를 지적할 수 없는 한 우리는 앞서 이야기했던 의미에서의 '형식주의 윤리학의 공허함'을 더 이상 주장할 수 없다"고 결론을 짓는다.

쟁점은 이것이다. 일반화 가능성으로 이해되는 형식적인 도덕의 최고 원리 혹은 순수한 실천이성의 원칙으로부터 구체적 도덕적 행위 규범들이 연역될 수 있다는 주장이 과연 얼마나 타당한가하는 것이다. 나는 헤겔의 칸트 윤리학 비판의 합리적 핵심 중의 하나가 형식주의적 윤리학인 칸트 윤리학이 일반화 가능성의 원리

4) [ ]은 이충진이 내용을 더 분명하게 하기 위해 삽입한 것임.
5) 나종석, 『차이와 연대』, 앞의 책, 236쪽 참조.
6) 임마누엘 칸트, 『실천이성비판』, 백종현 옮김, 아카넷, 2002, 86쪽.

에 입각하여 구체적 행위의 도덕적 타당성 유무를 충분한 방식으로 해명하지 못함을 지적한다는 데에 있다고 주장하였다. 그런데 이충진에 의하면 이런 반론은 "형식적 원리에 대한 잘못된 이해 즉 일반화가능성에 대한 잘못된 이해에 기인한 듯이 보인다." 형식적 원리에 대한 잘못된 이해를 분명하게 하기 위해 이충진은 헤겔이 든 '위탁물의 경우'를 다시 거론한다. 필자 역시 '위탁물의 경우'를 통해 헤겔의 칸트 비판을 다루었다.[7)]

이충진은 헤겔의 칸트 비판은 도덕의 형식적 원리에 대한 잘못된 이해방식으로 초래된 오류임을 입증하고자 한다. 필자는 칸트의 정언명법의 일반화 원칙, 즉 도덕의 최고 원칙에 대한 헤겔의 비판을 두 가지 점에서 설명한다. 하나는 칸트가 말하는 모순이 어떤 성격의 것인가 하는 점과 다른 하나는 도덕 법칙을 해명하는데 과연 보편화의 원리가 필요하고도 충분한 조건인가 하는 것이다.[8)] 칸트는 어떤 행위의 준칙, 예를 들면 위탁물을 자신의 것으로 삼는 것이 도덕적으로 타당한지 그렇지 않은지를 평가하고 판단하는 것을 그 준칙이 법칙으로 성립할 수 있는지의 여부, 즉 보편화 가능성이 있는지의 여부로 설명한다. 그리고 어떤 행위의 준칙이 보편화될 수 있는지의 여부는 그것이 모순적인지 아닌지의 여부와 동일한 것으로 칸트는 설명한다. 달리 말하자면 돈을 빌려야 하는 상황에서 거짓으로 나중에 그 돈을 갚을 것이라고 약속하면서 돈을 빌리는 준칙이 과연 도덕적인가 하는 문제는 그 준칙이 설립될 경우 자기모순에 처하기 때문에 보편화될 수 없다는 것이며, 따라서 그런 행위의 준칙은 도덕적으로 타당하지 않다는 것이다. 그리고 이런 성찰은 평범한 사람이면 누구나 다 이해하고 있고 실제로 수행하고 있다고 칸트는 말한다.[9)]

여기서 구체적으로 문제가 된 위탁물의 예는 칸트와 헤겔이 모두 사용하면서 그에 대해 완전히 다른 해석을 보여주는 예이다. 위탁물의 사례와 관련해서 헤겔이 위탁물의 존재 자체, 즉 결론을 연역 혹은 도출하는 추론이 아니라, 그 전제의 타당성 여부를 문제 삼는 것도 보편화 원리가 도덕을 해명하는데 충분하지 못하다는 판단을 보여주는 예이다. 물론 이 설명에서 헤겔이 칸트의 모순 개념을 지나치게 특정한 방식으로, 그러니까 순수 논리적인 모순(분석적 모순)으로 치부하는 것에 대해 반론이 있을 수 있다. 칸트가 준칙이 보편적 법칙의 형식과 일치하는가의 여부를 판가름할 때 사용하는 모순 개념의 성격이 무엇인지를 제대로 이해하

---

7) 나종석, 『차이와 연대』, 앞의 책, 232-233쪽.

8) 나는 일반화 혹은 보편화의 원리라는 표현처럼 일반화와 보편화를 일단 동의어로 사용한다. 칸트는 '일반적'(generell)이라는 용어와 '보편적'(universell)이라는 용어를 구별한다. 임마누엘 칸트, 『실천이성비판』, 앞의 책, 98쪽과 임마누엘 칸트, 『윤리형이상학 정초』, 백종현 옮김, 아카넷, 2005, 139쪽 참조.

9) 임마누엘 칸트, 『윤리형이상학 정초』, 같은 책, 94, 96쪽 등을 참조 바람.

는 작업은 매우 중요하다.[10] 하여간 헤겔은 위탁물을 돌려주지 않는 행위, 혹은 위탁물을 부정하면서 그 물건을 자신의 재산으로 삼아도 되는가 하는 준칙을 정언명법의 법칙 형식과 일치하는가를 탐색하는 작업은 문제가 있다고 본다. 정언명법에서 문제가 되는 것은 도덕의 보편타당성인데 위탁물의 사례는 사유재산이 정당하다는 특정한 조건, 그러니까 조건 지워진 타당성만을 보장할 것이기 때문이다. 그러므로 헤겔은 위탁물이 존재하지 않는 경우를 상정하는 것에 아무런 모순이 존재하지 않는다고 주장하는 것이다. 이런 맥락에서 발생하는 모순의 문제는 보편화 법칙에 대한 호소를 통해 해결될 수 없다는 것이 헤겔의 반론의 핵심이다. 즉 헤겔이 궁금해 하는 것은 자살을 해도 된다는 준칙 혹은 자살금지의 준칙이 과연 보편법칙의 정식과 불일치하는지의 여부를 보편법칙의 형식성에 입각하여 설명할 수 있는가 하는 문제이다. 달리 말하자면 보편법칙의 정식은 특정한 규범의 타당성을 해명하지 못하고 어떤 특정한 규범의 정당성이 문제가 되지 않는 것처럼 전제하거나 가정할 때 그 기능을 제대로 할 것이라는 점이다.

앞에서의 설명을 전제로 한다면 정언명법의 보편타당성은 가설적 혹은 가언적 명령에 지나지 않는 것으로 될 것이다. 그러므로 "도출의 전 과정은 행위들의 내용에 의존하지 않으며 단지 논리적-형식적 기준에만 의존하는바, 도출의 논리적 무결함은 도출결과의 진리성을 보증한다"는 이충진의 주장은 헤겔의 이해방식과 다르다. 거듭 말하지만 헤겔은 논리적 도출의 출발점의 보편타당성 자체가 해명되지 않은 채 그저 전제되어 있다는 점을 지적하고 있는 것이다. 연역적 추론의 논리적 과정의 무결함과 추론의 전제 자체의 자명성에 대한 질문은 구별될 필요가 있다. 그러므로 "도출 과정과 도출 결과의 오류를 지적할 수 없는 한 우리는 앞서 이야기했던 의미에서의 '형식주의 윤리학의 공허함'을 더 이상 주장할 수 없다"는 이충진의 결론을 필자는 전적으로 수긍하지는 못하겠다. 물론 이런 반론에 대해 필자가 칸트의 정언명법의 여러 정식들 중 유독 보편화 정식에 대해 몰두하는 것은 공평하지 않다고 이의를 제기할 칸트 연구자들이 존재할 것이다. 이 이의 제기는 매우 중요하다. 애링턴이 지적하듯이 정언명법의 여러 정식들 중에서 어느 정식은 비도덕적 준칙들을 배제하지 않는 것처럼 보이지만 다른 정식, 예를 들어 인간을 목적으로 대해야 한다는 정식에 비추어 고찰하면 다른 결론이 도출될 수 있기 때문이다.[11] 필자는 『차이와 연대』에서 앞에서 거론된 문제와 연관해서 A. 우드(Wood)의 해석을 하면서 헤겔의 칸트 비판의 일면성을 지적하였다.[12] 그리고

10) 이에 대해서는 나종석, 『차이와 연대』, 앞의 책, 234-235쪽 참조 바람.
11) 로버트 L. 애링턴, 『서양윤리학사』, 김성호 옮김, 서광사, 2003, 447쪽 참조.
12) 그러나 이런 헤겔의 일면성 역시 정언명법의 정식들 사이의 관계에 대한 칸트 자신의 모호한 설명에 기반을 두고 있음이 언급될 필요가 있다. 이에 대해서는 나종석, 『차이와 연대』, 앞의 책, 240쪽 참조.

우드의 해석과 달리 필자는 헤겔이 칸트 윤리학을 형식주의적으로 비판하지만 인간을 목적으로 대해야 한다는 칸트 윤리학의 핵심적 이념과 자율성의 이념을 비판적으로 계승하고 있음을 강조했다. 그래서 필자는 '형식주의와 목적의 정식 사이의 괴리'에 관한 글을 다음과 같이 결론을 지었다. "위에서 언급된 것들을 종합해볼 때 칸트는 도덕법의 주체로서의 인격을 목적 그 자체(Zweck an sich selbst)로 규정하는 것으로부터 의미 있는 내용을 '아무데서도 체계적으로 전개시키지 않았다'는 비판에 직면한다."[13)]

2. 형식주의 윤리학과 비도덕적 규범의 결합 가능성

이충진은 칸트 윤리학의 형식주의에 대해 헤겔이 제시하는 또 다른 반론을 반박한다. 이 두 번째 반론에 의하면 칸트 윤리학은 지나치게 형식주의적이어서 공허할 뿐만 아니라, 보편법칙에의 호소라는 형식주의적 도덕 원리는 "모든 가능한 행위의 준칙과 양립 가능"하며 따라서 "비도덕적인 규범들 역시 정당화할 수 있다."[14)] 이 반론을 이충진은 쉽게 반박할 수 있다고 본다. 그는 이에 대해 다음과 같이 반론한다. "형식적 원리는 행위자에게 보편화 가능한 행위(및 준칙)를 명령하되, 보편화되어야 할 것은 행위(및 준칙)의 내용이며 따라서 보편화 가능성은 행위 내용에서 자유롭지 않다. 가령 '자살'이란 하나의 행위는 그것의 내용이 어떻게 규정되느냐에 따라 보편화될 수도 있고 그렇지 않을 수도 있다. 예를 들어 『도덕철학서론』의 첫 번째 사례에 등장하는 사람의 행위를 우리가 자살이라고 부른다고 할지라도, '전쟁터에서 명예를 지키기 위해 스스로 목숨을 끊는 행위'를 동일한 의미에서 자살이라고 말할 수 있을지는 의문스럽다. 칸트는 전자는 비도덕적 행위라고 말하지만 후자는 그렇지 않을 것이기 때문이다. 칸트에게서 모든 가능한 행위의 준칙이 다 일반화 가능한 것은 아니다."

그러나 보편화 원리가 비도덕적 규범을 정당화하지 않는다는 주장을 옹호하기 위해 이충진이 내세우는 논거가 충분하지 않다. 가령 그는 "'자살'이란 하나의 행위는 그것의 내용이 어떻게 규정되느냐에 따라 보편화될 수도 있고 그렇지 않을 수도 있다."고 말한다. 그러면서 『도덕철학서론』(*Grundlegung zur Metaphysik der Sitten*)에서 칸트가 고려하는 자살의 사례와 '전쟁터에서 명예를 지키기 위해 스스로 목숨을 끊는 행위'를 동일한 의미의 자살로 볼 수 없다고 말한다. 필자 역시 이런 문제에 대해 공감할 수 있다. 그러나 문제는 '전쟁터에서 명예를 지키기 위해 스스로 목숨을 끊는 행위'를 자살로 볼 것인가의 여부가 아닌 것 같다. 자살이

13) 같은 책, 242쪽.
14) 같은 책, 232.

라는 개념을 자의적으로 사용하지 않아야만 한다는 것 그리고 자살의 정의에 속하는 행위를 분명히 해야만 한다는 것은 당연하다. 그러므로 만약에 칸트가 '전쟁터에서 명예를 지키기 위해 스스로 목숨을 끊는 행위'를 자살의 개념에 속하지 않는 현상으로 보았다면 그는 자살의 개념을 나름대로 정의하는 것이다. 물론 이런 정의 방식에 대해 이의가 있을 것이다. 어떤 사람은 '전쟁터에서 명예를 지키기 위해 스스로 목숨을 끊는 행위'도 자살로 보고 그런 행위를 자살금지의 준칙에 해당되는 상황으로 볼 수 있을 것이기 때문이다. 그러므로 칸트가 '전쟁터에서 명예를 지키기 위해 스스로 목숨을 끊는 행위'를 자살로 규정하지 않았다고 해서 자살금지의 준칙에 어떤 예외가 허용될 수 있는지 궁금하다. 그러므로 칸트에 의하면 『도덕철학서론』에 나타난 자살은 비도덕적 행위이지만, '전쟁터에서 명예를 지키기 위해 스스로 목숨을 끊는 행위'는 비도덕적 행위가 아닐 것이라는 주장은 논의의 맥락에서 벗어난 것이다.

물론 여기에서 이충진이 칸트의 『도덕 형이상학』의 경우처럼 개별적인 도덕적 행위(의무) 자체, 즉 덕들(Tugenden)과 도덕성의 근거를 해명하는 장치인 도덕법칙의 형식을 구별하고 도덕적 판단력의 문제를 다루고자 하는 것으로도 이해될 수 있다. 그렇다면 칸트는 『실천이성비판』이나 『도덕 형이상학 정초』 등의 저서에서는 도덕성의 보편타당성의 근거만을 해명하는 작업에 몰두하지만, 『도덕 형이상학』에서는 좀 더 분명하게 도덕법칙의 합리적 근거 해명작업과 이런 도덕성을 구체적 현실에 적용하는 문제에 몰두하면서 자신의 윤리학을 종합적으로 접근하는 것으로 볼 수 있을 것이다. 규범의 보편화 가능성에 주목하여 도덕규범의 타당성 여부를 검사하는 도덕적 관점은 주로 정당화 문제에만 국한된 것이고, 정언명법의 정당화 원칙에 합치하는 규범들의 구체적 현실에의 적용의 문제는 별개의 것으로 사유되어야 한다는 지적은 매우 중요한 문제이다. 정당화의 문제와 도덕적 규범의 적용 및 실현의 문제를 분리해야 한다고 보는 입장에서 칸트 윤리학에 제기된 형식주의 비판에 대한 반론이 가능할 것이기 때문이다. 그럼에도 그때그때의 역사적 맥락과 연관되어 있는 판단력과 보편적 규범들의 탈맥락화를 강조하는 실천이성 사이의 관계에 대한 체계적인 이론이 칸트 철학 내에 존재하는지에 대해서는 회의적이다. 그러므로 필자는 여기에서 일단 하버마스의 다음과 같은 지적을 언급하는 것으로 만족한다. "칸트적 유형의 윤리들은 정당화의 문제를 전문적으로 다루기 때문에, 적용의 문제들은 대답되지 않은 채로 남아 있다."[15)]

앞의 논의로 다시 돌아가자. 만약에 칸트가 '전쟁터에서 명예를 지키기 위해 스스로 목숨을 끊는 행위'를 자살로 규정하면서도 그런 행위를 도덕적인 것으로 간주했다면, 필자가 보기에 칸트는 여기에서 자신의 도덕성의 최고원칙과 상충되는

15) J. 하버마스, 『담론윤리의 해명』, 이진우 옮김, 문예출판사, 1997, 31쪽.

주장을 하고 있다. 그 어떤 경우에도 거짓말을 해서는 안 된다는 주장에서 보듯이 그리고 도덕법칙은 보편적으로 타당한 것으로 그 어떤 상황에 의해 그 행위의 타당성이 중지되어서는 안 된다는 그의 반복된 주장에서 보듯이 모두 도덕법칙의 예외 없는 보편타당성을 옹호하고 있기 때문이다. 칸트는 실제로 도덕의 원리는 인간들 뿐 아니라 "모든 이성적 존재자들 일반에게도" 필연적으로 타당해야만 한다고 주장한다.(AA Ⅳ, 408)[16] 도덕에 대한 예외의 인정이 도덕 자체를 파괴할 수 있다는 염려는 정당하다. "진실성은 계약에 근거하고 있는 모든 의무들의 기초로 간주되어야만 하는 의무이기 때문에, 만약에 우리가 진리성에 단지 가장 사소한 예외라도 허용한다면 그 법칙은 동요하고 불필요한 것으로 된다."(AA VIII, 427) 간단하게 요약한다면 칸트에게 있어 도덕적 의무에서 예외를 허용하는 것은 보편성을 파괴하는 것으로 자기모순에 지나지 않는다.(AA VIII, 430) 그러므로 "칸트에게서 모든 가능한 행위의 준칙이 다 일반화 가능한 것은 아니다."라는 이충진의 주장은 자살의 준칙이 일반화될 수 있는지 그렇지 않은지의 여부를 판가름하는데 도움이 되지 않는다.

만약에 칸트가 '전쟁터에서 명예를 지키기 위해 스스로 목숨을 끊는 행위'를 자살행위로 규정한다고 가정할 때, 그가 그런 행위를 도덕적 행위로 이해할지는 매우 의심스럽다. 사실 이충진이 인용하는 '전쟁터에서 명예를 지키기 위해 스스로 목숨을 끊는 행위'와 같은 사례를 칸트는 자살이라고 보지 않는다.[17] 이는 이충진도 마찬가지이다. "'전쟁터에서 명예를 지키기 위해 스스로 목숨을 끊는 행위'를 동일한 의미에서 자살이라고 말할 수 있을지는 의문스럽다"고 주장하고 있기 때문이다. 그러면서도 이충진은 "'자살'이란 하나의 행위는 그것의 내용이 어떻게 규정되느냐에 따라 보편화될 수도 있고 그렇지 않을 수도 있다."라는 주장을 동시에 함으로써 필자로 하여금 혼동을 불러일으킨다. 이 문장에 의하면 이충진은 '전쟁터에서 명예를 지키기 위해 스스로 목숨을 끊는 행위'를 자살이라고 보는 것 같다. 물론 "동일한 의미에서"라는 구절을 본다면 자살 현상이 다양하고 그에 따라 자살의 의미가 다르다는 점을 인정하는 것처럼 보인다. 그러나 자살이든 거짓말이든 동일한 의미에서 규정되지 않는 채로 논의를 시작한다면 그것은 칸트 윤리학의 핵심적 사항을 이해하는 데에서 뿐만 아니라 그런 윤리학에 대한 상이한 해석 가능성을 둘러싼 논쟁에 큰 도움이 되지 않을 것 같다.[18]

16) 칸트의 저서는 *Kant's gesammelte Schriften*, hg. v. der Königlich Preußischen Akademie der Wissenschaften, Berlin 1902ff.를 인용한다. 이 때 필자는 전집 권수를 로마자 대문자(예, AA. Ⅴ)로 쓰고 그 뒤에 쪽수를 기입한다. 그 외의 저서는 별도로 인용한다.

17) I. Kant, *Lectures on Ethics*, edited by Peter Heath and J. B. Schneewind, translated by Peter Heath, Cambridge University Press, 1997, 146쪽 참조.

18) 칸트는 『도덕 형이상학』의 제2부 『덕론의 형이상학적 제일 원칙들』에서 조국을 위해

Ⅱ. 보편주의 윤리학의 무기력

1. 실천이성과 판단력

이 장에서 다루어지는 쟁점은 칸트적인 보편주의 윤리학과 연결된 문제들이다. 이충진은 필자가 칸트적인 보편주의 윤리학이 초래하는 문제점들로 제시했던 여러 문제점들 중에서 도덕규범들의 갈등상황과 관련한 것을 집중적으로 다룬다. 칸트의 보편주의적 도덕의 무력함에 관한 쟁점을 다루면서 이충진은 필자가 예로 든 살인자 앞에서도 거짓말을 해서는 안 되는지의 여부에 관한 이야기를 소재로 삼는다. 이 쟁점은 칸트 윤리학의 지나친 엄숙주의를 비판하기 위해서 칸트와 동시대의 프랑스 철학자인 벵자맹 콩스탕(Benjamin Constant)이 제시한 예이다. 주지하듯이 이때 물음은 살인자에 의해 쫓겨 자신의 집에 숨어 들어온 어느 사람의 위치를 그를 추적해 온 살인자에게 진실 되게 말해야만 하는가이다. 진실의 의무는 살인자 앞에서도 엄숙하게 관철되어야 하는 도덕적 명령이라는 점에서 이런 사례는 칸트의 정언명령이 비합리적임을 입증하는 것으로 여겨질 것이다. 그런데 이 문제와 관련하여 이충진은 콩스탕의 이의 제기에 대해서 칸트를 충분히 변호할 수 있음을 설명한다. 그가 정당하게 주장하듯이 칸트는 콩스탕의 사례를 "권리/법의 문제"로 이해했기 때문이다, 이런 상황을 감안하여 필자는 이 사례를 보기로 해 도덕적 규범들의 갈등 상황에 대한 칸트의 윤리학의 무기력을 문제 삼았던 것이다. 이충진의 표현을 빌리자면 필자는 이 사례를 통해 칸트 윤리학이 진실성의 의무 혹은 거짓말 금지 의무와 어려움에 처한 사람을 도아야 한다는 선행의 의무라는 "상충하는 두 행위를 모두 정당" 한 것으로 볼 수밖에 없어 논리적으로 불합리할 뿐만 아니라, 결정하기 어려운 상황에서 초래되는 실천적인 문제 해결에도 무기력함을 보여주고자 했다.

도덕규범들의 갈등 상황에서 칸트 윤리학은 무기력하다는 이의에 대해 이충진의 반박의 출발점은 추적하는 살인자(A)에게 B(집 안에 도망자를 숨겨둔 사람)가

서 목숨의 위험을 무릅쓰는 행위나 순교의 행위가 자살인지 그렇지 않은지 등의 물음들을 다룬다.(AA, Ⅵ, 423) 칸트가 이런 논의를 통해 보편적인 도덕적 금지에 예외를 허용하고 있는지에 대해서는 해석이 갈린다. 김수배, 「칸트의 『도덕 형이상학』과 형식주의」, 『칸트와 윤리학』, 한국칸트학회 편, 민음사, 1996, 65쪽, 각주 66 참조. 칸트가 다루는 사례들의 경우에도 "자기를 죽임은 더 이상 자신에 대한 의무를 수행할 가능성을 없애버리는 것이고, 또 자신이 보기에 적합한 목적을 위한 한갓 수단으로만 자신을 처분한 것이 아닌가 하는 의구심이 따른다"고 백종현은 말한다. 임마누엘 칸트, 『실천이성비판』, 제 2부 「『실천이성비판』연구」, 앞의 책, 490쪽.

C(도망자)의 소재를 말하는 경우와 B가 진실을 말하지 않는 경우 모두 의무에 합당한 행위라는 점이다. 즉 전자는 진실의 의무이고 후자는 어려운 처지에 있는 사람을 돕는 타인에 대한 의무로서 이 두 의무는 모두 "합의무적 행위"라는 점을 긍정하고 논의를 전개한다. 그리고 이런 분석으로부터 그는 다음과 같은 추론의 과정을 설명한다. "이러한 분석으로부터 우리가 합리적으로 이끌어낼 수 있는 결론은 다음과 같다: (1) 각 행위의 합의무성 여부를 결정하는 기준이 두 경우에 서로 다르다. (2) 각각의 기준(진실성 의무 및 타인 원조 의무)은 보편화 가능한 의무행위, 역으로 말하면, 보편적 형식 원리로부터 논리적으로 도출될 수 있는 일반적 의무행위이다. (3) 두 개의 의무행위는 서로 병존 가능하다 즉 어느 하나가 다른 것을 부인함 없이 성립할 수 있다. 그런데 만일 우리가 행위자 관점을 취한다면, 위의 분석으로부터 또 다른 부분을 이끌어낼 수 있다: (1) 나는 두 개의 가능적 개별 행위들 중 어느 하나를 선택해야 한다. (2) 두 개별 행위들은 모두 도덕적으로 올바른 행위이다. (3) 두 개별 행위들은 상충한다 즉 두 행위들 중 어느 하나는 다른 것을 부인함 없이 존재할 수 없다. 이렇게 정리를 해놓고 보면 이제 우리는 서로 상충하는 것이 무엇인지를 분명히 알 수 있다. 그것은 보편 규범들에 의해 지시된(hinweisen) 일반적-추상적 의무행위들이 아니라 (그것에 해당되는 것이라고 판단된) 두 개의 개별적-구체적 행위들이다. 칸트식으로 이야기하자면, 서로 상충하는 것은 실천이성에 의해 행위자에게 제시된 의무행위들이 아니라 행위자가 그러한 의무행위에 해당된다(pflicht-gemaessig)라고 경험적으로 판단하고 실제로 하게 될 행위들이다." 이런 추론에서 이충진은 정언명법에 의해 보편타당한 규범들로 검증된 의무들 사이에 충돌이 있을 경우 어떻게 해결할 것인가 하는 물음 자체는 "사실상 불합리한 물음(quasi-frage)"에 지나지 않는다고 결론을 내린다.

도덕적 규범들의 충돌 상황에 관련하여 필자가 제기한 물음이 '사이비 물음'이라는 결론을 도출하는 여러 전제들을 여기에서 상세하게 검토할 수 없다. 이 전제들에는 앞에서도 등장했던 구체적 개별 행위들과 보편화 원리에 의해 정당화 된 일반적 행위 준칙을 구별하면서 도덕적 판단력의 문제를 다루고자 하는 이충진의 의도가 놓여 있다고 본다.[19] 달리 말하자면 그는 보편화 원리와 이로부터 연역되는 일반적 의무들을 다루는 윤리학의 영역과 구체적 상황 속에서 보편타당한 의무들의 적용의 가능성을 판단하는 영역들을 구분하고 있다. 그러므로 다음과 같은

19) '보편적 형식 원리', 이 원리에 의해서 정당화되는 '일반적 의무 행위' 그리고 '개별적-구체적 행위'를 구별하면서 이충진은 좀 오해의 여지를 허용한다. 예를 들어 그는 "보편 규범들에 의해 지시된(hinweisen) 일반적-추상적 의무행위들"이라는 구절을 사용한다. 이런 용법에 의하면 '보편 규범들'과 정언명법(보편화 원리 혹은 '보편적 형식원리'를 동의어로 이해된다. 그러나 필자가 보기에 보편 규범들이라는 개념은 일반적 의무 행위와 같다.

이충진의 주장을 읽어보면 그의 의도가 보다 한층 분명해진다. "칸트 윤리학은-내가 아는 한-어떤 경우에도 행위자에게 '지금 여기'에서 해야 할 개별 행위를 제시하지 않는다. 칸트가 할 수 있는 것은 가령 거짓말이 나쁘다고 말하는 것과 왜 그것이 나쁜지의 근거를 제시하는 것과 그때의 거짓말이 어떤 내용을 지니는가 등을 규정하는 것뿐이다. 칸트의 용어로 표현하자면 거기까지가 이성의 영역이며 헤겔의 용어를 빌리자면 거기까지가 보편성의 영역이다. 그 영역의 외부에는 무한히 다양한 경험의 영역이 펼쳐 있는바, 이곳에서 인간은 단순히 이성적이기만 한 존재가 아니라 그 이상의 존재이기도 하며 또 그래야만 한다. 다시 말해서, 그곳에서 행위자는 선을 이해하는 능력 이외에도 '지금 여기'에서 가능한 행위들 중 어느 것이 선한 행위에 해당되는지를 판단할 수 있는 능력 즉 도덕적 판단력 역시 갖고 있어야 한다. 이러한 행위자에게 윤리학은 도덕적 판단력의 중요성을 이해시키고 그것을 획득할 수 있는 규칙을 제시할 수 있지만, 판단의 결과를 미리 규정해서 행위자에게 제시할 수는 없다."

도덕적 판단력이 작동하는 방식에 대한 설명을 우리는 주석 35번에서 발견한다. 이충진은 칸트 윤리학에서 특정 준칙을 정식화하는 작업은 그런 준칙이 보편화될 수 있는가를 검토하는 작업에 선행한다고 말한다. 그러면서 전자, 즉 '준칙의 정식화'가 올바르지 않다면 후자, 즉 '준칙의 보편화 가능성 검토'에 논리적으로 선행하는바, 올바르지 않다면 후자 역시 "올바로 이루어질 수 없다"고 말한다. 그러면서 행위자는 준칙을 정식화하는 단계에서 '행위의 해석을 위한 일종의 자유로운 활동 공간(freier Spielraum)을 갖게 되는데, 바로 이런 상황에서 "도덕적 판단력이 작동한다"고 말한다.

이제 왜 이충진이 칸트의 도덕이론에 대해 헤겔이 제기한 비난, 그러니까 보편주의적인 칸트 윤리학은 내용이 없고 추상적이어서 구체적 상황에 적용될 수 있는 아무런 실천적 지침들을 제공하지 못하는 무기력한 이론이라는 비판에 대해 칸트를 옹호할 수 있다고 보는지가 선명해졌다. 그는 엄밀한 의미에서의 윤리학을 보편타당한 도덕규범들의 정당화 작업에 종사하는 것으로 보고 이런 제한 설정이 보다 더 합리적이라고 간주한다. 그리고 구체적인 경험적 상황에서 결정을 내려야 할 행위들에 대한 숙고는 도덕의 영역에 해당되는 것이라기보다는 도덕적 판단력의 관할 영역으로 이해되어야 한다는 것이다. 그러므로 그는 다음과 같이 주장한다. "'지금 여기'에서 일어나야 할 개별 행위를 윤리학이 제시할 수 있다고 주장하는 것은 도덕적 행위 및 인간 본성으로서의 자유에 대한 잘못된 이해에 기인할 뿐이다. 만일 윤리학자가 '지금 여기'의 행위를 규정하고자 시도한다면, 그것은 자율적 행위자로서의 도덕적 인간에 대한 모독이 될 것이다. 그것은 동료 인간이 이성과 자유를 가진 존재자임을 부인하는 것에 다름 아니기 때문이다. 도덕규범의 보편성이 모든 개별 행위들의 상호 일치성을 보장하지는 않는바, 비판자들이 말하는 윤리학의 무능력은 오히려 윤리학의 겸허함을 의미해야 한다."

행위의 준칙과 행위 자체의 구별은 칸트의 『도덕 형이상학』에서의 덕이론을 염두에 두면 일정한 근거가 있는 반론이다.20) 그리고 도덕적 판단력의 행위 영역에 대한 고려는 매우 중요하게 다루어져야 할 문제라는 점에서 필자는 이충진의 반론에 일정한 설득력이 있다는 데 대해 동의한다. 그러나 이런 반론 역시 많은 난문들을 포함하고 있다. 다음에서 다루는 것처럼 존재와 당위 그리고 필연과 자유의 이원론의 문제가 적절하게 해결되지 않은 경우에 도덕적 판단력의 문제와 도덕적 규범들의 정당화 문제 사이의 틈이나 갈등의 문제는 여전히 남는다.21) 이런 반론들을 구체적으로 다루기 전에 일단 필자는 헤겔의 반론의 적실성을 제한된 방식으로나마 정당화시키고자 한다. 이충진처럼 보편타당한 도덕적 규범들의 정당화 작업과 그것들의 적용의 문제를 구별하는 데 대해 동의한다고 해도 헤겔의 반론은 여전히 타당하다. 왜냐하면 필자가 지금 칸트와 이충진의 이론과 해석을 '자비의 원리'에 의거해서 이해하고자 하는 것처럼 칸트적인 보편주의적 윤리학의 무기력과 추상성에 대한 헤겔의 비판과 반론을 선의로 대한다면 그것 역시 나름대로 중요한 지적임을 알 수 있을 것이기 때문이다. 그러므로 "정당화를 위하여 끌어 댄 일반적 규범들의 탈맥락화가 적용과정에서 다시 보충되지 않는다면 아무런 도움이 되지 않는다"22)는 하버마스의 주장은 타당하다. 우선 헤겔이 보기에 칸트 윤리학은 지나치게 도덕적 정당화의 물음에 몰두한 나머지 도덕적 규범들의 실현과 적용의 문제를 괄호에 넣고 있기 때문이다. 더구나 우리가 경험 세계 속에서 살아가고 있고 그런 경험 세계에서 등장하는 여러 도덕적 문제들의 해명에서 실천이성이 수행하는 역할을 판단력에게 맡긴다면 어떤 의미에서 보편주의적인 도덕규범들에 대한 이론적 정당화가 필요한가는 여전히 의구심으로 남는다. 그리고 이런 물음들이 이원론의 문제 및 도덕이론과 도덕적 판단력의 역할 분담에 대한 체계적인 설명의 부재 등을 고려한다면 칸트의 저서들에서 발견되는 도덕적 판단력에 대한 중요한 숙고들에도 불구하고 헤겔의 비판은 여전히 타당하다는 것이 필자의 생각이다.

---

20) 『도덕 형이상학』에서의 덕이론과 형식주의 문제에 대해서는 김수배, 「칸트의 『도덕 형이상학』과 형식주의」, 앞의 글, 참조 바람.

21) 지면상의 문제로 상세하게 다룰 수는 없겠지만 이충진이 도덕적 판단력과 관련해서 강조하는 '행위자의 관점'도 쉽게 해명되지 않는 난문에 처한다. 『판단력 비판』이나 『학부간의 논쟁』에서 칸트는 판단력을 무관심성의 측면에서, 즉 관찰자의 측면에서 이해하면서도 『인간학』에서 행위자의 관점을 취하는 것으로 보이기 때문이다. 이에 대해서는 한나 아렌트, 『칸트 정치철학 강의』, 김선욱 옮김, 푸른숲, 2002, 312쪽 이하 참조.

22) J. 하버마스, 『담론윤리의 해명』, 앞의 책, 31쪽.

2. 보편적 도덕 규범의 탈맥락화와 적용의 변증법

나는 보편주의적 도덕의 정당화 장치와 도덕적 판단력의 문제 사이의 결합이 매우 중요한 실천철학의 문제라고 본다. 이는 칸트 윤리학에 대한 비판을 통해서 헤겔이 지향하고자 한 근원적 통찰인 '선과 정의'(혹은 요즈음의 자유주의와 공동체주의의 논쟁의 용어를 빌려 표현한다면 옳음the right과 좋음the good의 결합이라고도 할 것이다)의 결합 혹은 정의와 연대성의 종합의 문제이기도 하다. 왜냐하면 보편적 원칙을 구체적 상황에 적용하는 곳에서든 아니면 주어지지 않은 보편적인 것을 찾아가려는 것이든 도덕적 판단력은 세계에 대한 공통의 이해를 전제하지 않을 수 없기 때문이다. 그리고 공통의 공유된 세계이해라는 것은 특정한 역사적·사회적 세계에서 살아가는 구성원들 사이에 상호주관적으로 공유된 생활형식과 관련이 있기 때문이다. 그런데 본래 칸트는 보편주의적 윤리학을 지향하는 과정에서 특정한 사회에서 공유된 가치이해를 도덕과 전적으로 무관한 것으로 설정했지만, 나중에는 도덕적 판단력의 문제나 실질적인 덕의무에 대한 이론들을 전개함에 의해 그의 도덕이론은 "단순히 의무론으로 분류하기에는 다양한 요소들을 포함하고 있다"는 평가를 받게 된다. 그러므로 칸트의 도덕이론에는 의무론과 목적론 혹은 정의와 선의 이분법을 넘어서는 풍부한 사상들이 존재한다고 평가하는 데에 대해 필자는 공감한다.[23)]

그럼에도 필자는 헤겔의 이론이 보편성과 특수성의 결합의 가능성, 그러니까 정의와 선 혹은 정의와 연대의 결합의 가능성을 보여주는 더 좋은 사례라고 생각한다. 왜 그런지에 대해서 필자는 대략 다음 네 가지 이유를 들고자 한다. 1) 칸트 윤리학의 독특성과 장점은 도덕에 대한 종합적인 이론의 추구에 있는 것이 아니다. 그것은 도덕이란 불편부당한 관점에서 우리의 행위의 준칙을 보편화함에 의해 가능하다는 점을 이론적으로 명료화하는데 크게 기여했다는 데 있다. 이런 보편주의적인 도덕의 원칙을 인간의 존엄성의 인정과 연결시킴으로써 칸트의 도덕이론은 인류 지성사에서 가장 강력한 도덕이론의 하나로 수용될 수 있었다. 그러므로 칸트가 여러 곳에서 구체적인 덕들에 대한 이론을 전개했기에 그의 이론이 공허하다거나 추상적이라거나 하는 반론은 지나치다는 주장을 제기하는 것은 일정 정도 수긍할만하지만, 올바른 혹은 정의로운 행위의 문제와 행복의 문제를 결합하는 이론을 발견하고자 한다면 칸트 윤리학의 맥락을 넘어 헤겔에게서 더 많은 자양분을 얻을 수 있다고 본다. 2) 모든 인간을 자유롭고 평등한 도덕적 주체로 동등하게 대우하는 관점을 유일하게 타당한 도덕적 관점으로 보는 칸트와 달리, 헤겔은 의미 있는 삶의 여러 조건들에 대한 고려 속에서 보편적 권리의 승인만을 도덕적

23) 로버트 L. 애링턴, 『서양윤리학사』, 앞의 책, 458쪽.

관점으로 보지 않고 사랑 및 배려 그리고 연대성 등을 동등대우의 원칙이라는 도덕적 관점으로 환원되지 않는 고유한 도덕적 영역에 속하는 것으로 이해하고 있다. 3) 자연과 인간의 주관적 정신작용의 영역과 별도로 존재하는 역사적·사회적 세계에 대한 이론(객관정신 이론)을 발전시키고 있는 헤겔의 인륜성 철학은 칸트 철학이 애매하게 처리하고 있는 자연과 자유 등의 갖가지 이원론의 문제를 해결할 수 있는 보다 더 적절한 관점을 획득하고 있다. 4) 도덕적 원천의 다양성에 대한 복합적 이론의 단초를 제공하는 인륜성 철학은 사회화와 개인화의 상호연관성에 대한 이론을 통해 정의와 연대의 공속성에 대한 풍부한 통찰을 제공하고 있다. 그러므로 필자는 이미 헤겔 인륜성 철학의 독창성을 선윤리와 의무윤리 사이의 종합을 추구하는 데에서 찾고자 했다.[24)]

Ⅲ. 심정 윤리학과 부도덕한 현실

‘심정의 윤리학과 부도덕한 현실’이라는 제목으로 이충진은 필자가 제기한 두 가지 문제를 다룬다. 그것은 존재와 당위의 이원론에서 출발하면서도 보편타당한 도덕규범들에 대한 강한 신념은 구체적 현실의 도덕적 가치의 평가절하를 가져오게 된다는 것과 도덕과 무관한 현실에 대한 맹목적 태도로 귀결될 수 있다는 위험성이었다. 첫 번째 문제는 심정의 윤리학이 현실에 대한 파괴적인 열정과 결부되어 극단적인 정치적 테러의 행위도 도덕의 이름으로 정당화할 가능성을 안고 있다는 것인데 반해, 두 번째 문제는 정반대로 현실과 격리된 도덕에 대한 요청은 도덕의 무기력을 초래하여 도덕적 냉소주의로 귀결될 가능성에 관한 것이다.

1. 심정의 윤리학과 양심에 의한 테러

이충진에 의하면 칸트 윤리학을 심정윤리학으로 이해하는 것은 “일면적이기는 해도 잘못된 것은 아니다.” 그러나 “칸트 윤리학을 주관적 양심의 절대화로 연결하는 것은 잘못된 것이며 공정하지 못한 해석”이라고 그는 비판한다. 이런 잘못된 결론은 “칸트 윤리학에 대한 편협한 이해”로 인한 것이다. 그러므로 그에 의하면 “만일 우리가 칸트 윤리학의 어느 일면만이 아니라 전체 모습을 올바로 본다면,” 필자의 다음과 같은 주장, 그러니까 “칸트 윤리학이 […] 순수한 심정에 의한 테러리즘으로 전락할 가능성”이라든가 “현실에 대한 파괴적 열정의 묘판 역할”을 할 가능성을 지니고 있다는 주장은 근거가 없다. 그뿐만 아니라 “도덕적인 옳고 그름

24) 나종석, 『차이와 연대』, 앞의 책, 272쪽 이하.

의 문제를 신념과 열정의 문제로 대체"하는 "근대의 주관성의 병리적 현상"[25] 역시 칸트 윤리학과 관계가 없다고 그는 반론한다.

일단 "만일 우리가 칸트 윤리학의 어느 일면만이 아니라 전체 모습을 올바로 본다면" 칸트 윤리학을 양심에 의한 테러의 주범으로 보는 지적은 타당하지 않다는 이충진의 반론에 나는 동의한다. 그래서 나는 칸트 윤리학이 실제로 순수한 심정에 의한 정치적 테러리즘에 이바지한다는 헤겔의 주장을 다루면서 칸트 심정 윤리학의 "테러리즘에로의 전락할 가능성"이라는 조심스러운 표현을 사용했다.[26] 그리고 양심에 의한 테러의 문제를 다루면서 필자가 중점으로 다룬 현상은 칸트 윤리학이 아니라 칸트 윤리학의 영향에 의해서 전개된 극단적 형태의 낭만주의적인 심정의 윤리학이었다. 그래서 필자는 프리스(Fries)의 심정의 윤리학을 "극단적인 형태로 변형된 칸트주의적 주관성의 윤리학"으로 규정했다.[27] 그러나 이런 제한 설정에도 불구하고 필자는 "주관적 양심의 절대화는 칸트 윤리학의 형식주의 및 무내용성이 발단"이라는 헤겔의 지적에 대해 수긍하였는데, 이충진의 반론에도 불구하고 아직 필자의 태도는 동일하다.

그리고 필자는 양심에 의한 테러에로 칸트의 심정윤리학이 전도될 가능성을 예지계과 감성계의 이원론적인 분리와 결부시켜 헤겔의 비판을 좀 더 설득력 있게 설명하고자 했다. 그래서 나는 다음과 같이 주장했다. "존재와 당위의 이원론적인 구별은 한편으로는 현실의 이성적인 성격에 대한 평가절하의 경향과 다른 한편으로는 이성과 현실의 매개의 가능성을 차단하여 도덕의 무기력과 무의미함에로의 전락을 초래할 가능성을 지니고 있다. 전자의 가능성을 우선 살펴보자. 현실을 도덕과 무관한 것으로 치부하는 태도는 보편타당한 도덕적 규범들에 대한 유토피아적인 호소에 입각하여 현실에 대한 무차별적인 부정과 일종의 로베스피에르적인 정치적 테러의 심정을 부추기는 문화를 생산할 수 있다는 점에서 위험하다. 즉 윤리적인 요청은 그것이 현실과 매개될 가능성을 지니지 못한다면, 현실에 대한 도덕적인 분노를 양산시키고 순전히 테러와 같은 전략적인 극단적인 정치적 행위와 결합될 싹을 지니고 있다."[28]

도덕적 냉소주의 문제로 이행하기 전에 간단하게 칸트적인 윤리학이 왜 부도덕한 현실에 대한 낭만주의적인 저항과 거부의 태도와 결부될 수 있는가를 설명해보자. 이전에 제시된 설명이 있기에 중복을 피하기 위해 낭만주의와 칸트의 연관성에 대해서만 언급할 것이다. I. 벌린(Berlin)에 의하면 낭만주의는 서구 근대 세계의 삶과 사고방식을 "근본적으로 바꾼 가장 광범위한 근대의 운동"이

25) 같은 책, 249쪽, 260쪽 그리고 250쪽.
26) 같은 책, 244쪽
27) 같은 책, 245쪽.
28) 같은 책, 243쪽 이하.

다.[29] 이 운동은 서구에서 1760년부터 1830년 사이에 본격적으로 대두되었다. 이 시기에 서구에는 그 이전에 볼 수 없었던 독특한 사고방식과 삶에 대한 태도가 등장했다. "전심전력을 다하는 태도, 성실함, 영혼의 순수함, 무엇이든 관계없이 자신의 이상에 헌신하는 능력과 망설임 없는 자세"에 대한 태도 전환이 바로 그것이다. 이제 이런 태도들은 사람들의 칭송을 받기 시작했다.[30] 예를 들어 유럽 전체를 파멸로 몰고 간 16세기의 종교전쟁 기간에도 순교는 존경을 받았으나, 그 당시 순교는 늘 참다운 종교나 진리를 위한 순교로 받아들여졌다. 그런데 19세기에 들어 유럽에서는 "마음가짐이나 동기가 결과보다 훨씬 중요"하다는 관점이 널리 수용되기 시작했고, 그 결과 마음의 순수함이나 헌신 및 전념 자체에 대한 열광과 칭송이 더욱 더 확산되기 시작하였다.[31] 이런 낭만주의 운동의 "진정한 아버지"로 벌린은 헤르더와 칸트를 든다. 칸트 자신은 낭만주의에 대해 비판적이었지만 그의 저작은 역설적이게도 "낭만주의의 이념을 크게 발전시켰다."[32] 낭만주의에 의해 이제 인간에게 결정적으로 중요한 것은 객관적으로 가치가 있는 목적이나 진리가 아니라 자신들이 옳다고 믿는 가치들에 대해 그들이 보여주는 헌신과 자세와 신념이었다. 이렇게 헌신과 신념 자체가 행위하는 주체들의 옳고 그름을 결정하는 결정적인 기준으로 격상되어 간다. 헤겔이 지적하는 것처럼 낭만주의는 모든 것을 '의도와 신념'에의 충실성으로 정당화하려는 태도를 통해 근대적 주관적 자유의 이념에 존재하는 병리적 현상을 보여준다.

2. 도덕적 냉소주의

필자는 도덕적 당위가 현실 속에서 아무런 의미를 지니지 못하고 그 세계가 오로지 인과적 사슬에 의해 결정되는 세계로 이해되는 한, 그 세계에서 살아가는 인간은 극단적인 현실 부정과 극단적인 도덕 허무주의 사이에서 갈등할 수밖에 없다고 생각한다. 특히 현실을 인간의 자유를 억압하는 질서로 보고 이를 완전히 파괴하여 새로운 도덕적 질서를 구성하려고 하는 사람일수록 현실의 두꺼운 벽을 경험하기 쉽고, 그 경우 현실에 재빨리 투항하는 경우도 자주 발생한다고 본다. 현실에서 도덕의 무기력을 경험한 사람은 도덕을 뒤로하고 차가운 현실에 몸을 내맡긴다. 따라서 필자는 '도덕적 당위의 무기력과 도덕적 냉소주의의 내적 연관성'이 존재한다고 보았다.[33]

29) I. 벌린, 『낭만주의의 뿌리』, 강유원 · 나현영 옮김, 이제이북스, 2005, 10쪽.
30) 같은 책, 19-21쪽 참조.
31) 같은 책, 22쪽.
32) 같은 책, 95쪽.
33) 나종석, 『차이와 연대』, 앞의 책, 259쪽 이하.

이런 문제에 대해 이충진은 새로운 해석 가능성을 제시한다. 그에 의하면 도덕과 현실의 분리는 도덕적 냉소주의로 귀착될 가능성보다는 도덕의 소중함에 대해 자각하게 되는 계기가 될 수 있다. 그러므로 예지계와 현상계의 이원론에서 도덕적 냉소주의를 도출하는 것은 지나치게 성급하며, 그 성급함은 "칸트 이원론의 실천적 함의에 대한 잘못된 이해" 때문이라고 이충진은 바라본다. "현실의 부도덕성은 이성에 의해 제시된 당위를 무력화하기 보다는 도리어 그것과의 차이성을 더욱 도드라지게 만들" 것이라는 그의 해석은 칸트 이론의 재해석을 통해 상당한 설득력을 지닌다. "현실이라는 '딱딱한 껍질'이 두꺼우면 두꺼울수록 그 안에서 '자연이 가장 조심스럽게 보호하고 있는 싹' 즉 당위가 '계발'될 가능성 역시 그만큼 커질지도 모른다.[34] 이런 논증 외에도 이충진은 당위와 현실의 분리 속에서 살아가는 인간 존재에게 비도덕적 현실은 도덕적 당위의 실현을 방해하는 것으로 작동하지만 그것은 또 인간이 스스로의 노력에 의해서 도덕적 강함을 단련하고 훈련할 수 있는 기회를 제공한다는 논거를 사용한다. 그러므로 "현실의 부도덕함은-많은 경우 현실의 행위자를 좌절시키기도 하지만-행위자를 유덕한 존재로 만들 기회를 제공하기도 하며 심지어 그를 위한 필수 조건이기도 하다"고 이충진은 강조한다. 더구나 이충진이 강조했듯이 칸트의 저서들에는 "객관적 선"에 관한 논의들과 "선 개념과 훌륭함 개념의 차이에 주목하는" 중요한 통찰들이 존재한다. 이런 논거들을 갖고 그는 도덕적 냉소주의와 도덕의 무기력 사이에는 내적 연관성이 존재하는 것이 아니라 "외적-개연적 연관성만" 존재한다는 결론을 도출한다.

이런 반론에 대해 필자는 절반은 공감을 하고 절반은 공감하지 않는다고 앞에서도 말했다. 칸트 저서 전체-이 때 과연 칸트가 이들 저서들 속에 존재하는 상충되는 주장들을 해결하는 정합적 논리를 전개했는가 하는 물음을 제외한다-를 고려할 때 칸트 윤리학을 양심에 의한 테러리즘의 이론으로 그리고 도덕적 냉소주의를 부추기는 이론으로 보는 것은 부당하다. 필자도 칸트의 윤리학이 그렇다고 주장하기보다는 존재와 당위의 이원론이 사회적·역사적 세계에 대한 독자적인 이론의 결여 및 구체적 생활세계의 맥락과 독립적인 보편타당한 도덕규범의 정당화에 몰두하는 경향들이 종합적으로 작용하면 부도덕한 현실에 대한 파괴적인 도덕적 열정을 불러일으키기도 하고 다른 경우에는 현실에 대한 맹목적이고 무비판적인 냉소적인 태도를 양산할 수도 있다는 약한 주장을 했다. 그러므로 이충진이 당위의 무기력과 도덕적 냉소주의 사이의 "외적-개연적 연관성"을 인정한 것에 필자는 만족한다. 내적 연관성인가 아닌가는 필자에게는 결정적인 문제가 아닌 것처럼 보이기 때문이다.

---

34) 이충진은 칸트의 「계몽이란 무엇인가에 대한 답변」의 표현을 활용한다.

이충진의 반론에 대한 체계적인 재반론은 사실상 전방위적으로 수행되어야 한다. 예를 들어 자연개념이 칸트에게 어떻게 변화되는 것인가 하는 물음이나 『판단력 비판』에서 수행된 자유와 필연의 결합 시도가 어떤 결과를 가져오는지 그리고 그런 시도가 후기의 역사철학적 저서들이나 정치철학적 저서들에서도 지속적으로 유지되는지 등등에 대한 상세한 검토 없이는 재반론은 생산성이 없다. 그럼에도 필자는 자연을 인관적인 법칙에 의해 지배되는 것으로 보는 칸트의 인식은 후기에서도 반복해서 등장한다는 점만을 지적하고 싶다. 자연의 인과성에 대한 이론은 그가 시도하는 역사에서의 이성과 자유의 발현에 대한 이론을 체계적으로 수행하는 데에서 결정적인 걸림돌로 작용하고 있다는 것이 필자의 생각이다. 그러므로 도덕적 무기력의 문제를 둘러싼 쟁점에 대한 이충진의 반론에 대한 재반론을 자연의 인과성의 문제가 어떤 점에서 역사철학에서 해소되기 힘든 딜레마를 초래하는지를 보여주는 것으로 만족하고자 한다.

1784년의 「세계시민적 관점에서 본 보편사의 이념」에서 칸트의 다음과 같은 주장은 사람들을 의아하게 생각한다. "우리가 의지의 자유라는 개념에 대해 형이상학적인 관점에서 무엇을 주장하든지간에, 의지가 외부로 나타난 현상이 인간 행위이며, 그것은 여타의 자연적 사실들과 마찬가지로 일반적인 자연의 법칙에 따라 규정된다."(AA. Ⅷ, 366쪽 참조) 이렇게 역사적으로 경험 가능한 모든 인간의 행동들도 철저하게 자연적 인과성의 사슬에 의해 결정되고 있다고 주장하는 칸트의 입장은 사회적 공간과 역사적 시간 속에서 움직이는 인간들의 행동들에 대한 이해의 불충분성을 보여준다. 그리고 칸트 철학에서 결여되어 있는 역사적·사회적 세계에 대한 체계적인 이론이 없이는 자연과 자유의 이원론의 문제는 해결되기 어려울 것이다. 우리는 칸트가 생각하는 것처럼 역사적·사회적 세계와 독립된 선험적이고 자율적인 주체에 대한 상을 견지할 수 없다. 그런 자율적 주체의 형성 과정을 역사적인 방법으로 재구성할 수 있을 때 비로소 우리는 자유롭게 활동하고 결정하며 그런 행동들에 대해 책임을 기꺼이 지고자 하는 주체들에 대한 상을 성공적으로 이해할 수 있을 것이기 때문이다. 그러므로 『순수이성비판』의 선험론적 변증법(transzendentale Dialektik)의 세 번째 이율배반인 자유와 인과성의 양립 가능성의 문제, 즉 자유의 가능성을 확보하기 위한 시도로서 칸트가 제안한 물자체와 현상계 혹은 자유와 자연 필연성의 이원론은 궁극적으로 당위의 무기력에 빠질 수밖에 없다는 점을 아펠은 다음과 같이 요약한다. "그러므로 칸트적인 체계의 단초의 결과로부터 경험 세계의 영역, 예를 들어 경험적인 인간학과 정신과학의 영역에서－그것이 긍정적 의미이든지 아니면 부정적인 의미이든지간에－도덕적 현상과 같은 것은 결코 인식될 수 없다는 점이 분명해진다. 그리고 이로부터 귀결되는 결론은 다음과 같다. 인간의 행위는 도덕법칙의 의미에서 도덕적으로 적극적인 방식으로 동기가 부여될 가능성은 없다는 결론이 그것이다. 그럼에도 처음에 암시한 것처럼 이런 두 가지 주장은 당위의 요청의 의미와 양립할 수 없다."[35] 또 "도덕적 통찰들이 동기들의 추진력과 제도들의 공인된 사회적 타당성에 의지할 수 없다면, 그것들은 실제로 아무런 성과가 없을 수밖에 없다."는 하버마스의 지적에 대해 부인하기는 어려울 것이다.[36]

그럼 자연 세계에서 자유를 불가능하게 하는 현상들을 매개로 해 인간들의 잠재적인 본성이라고 할 수 있는 인간의 도덕적 소질의 계발 가능성에 대해 살펴보자. 이미 언급했던 것처럼 나는 19세기 이후 정신과학의 영역이라고 불리는 이론 속에서 비로소 우리는 자유로운 행위자들의 도덕적 의미와 그들의 상호작용에 대한 보다 분명한 이해에 도달할 수 있다고 생각한다. 바로 그렇기 때문에 필자는 사회적·역사적 세계에 대한 독자적인 이론이 충분하지 못한 칸트의 실천철학이 해결할 수 없는 딜레마와 난문을 남겨두지 않을 수 없었다고 지적했던 것이다. 구체적인 인간의 현실 속에서 자유 및 도덕의 실현의 물음은 도덕철학의 정당화 작업과 무관하거나 그와 독립적인 응용의 문제인 것처럼 생각하기 쉽다. 그러나 현재의 맥락에서 보면 자유 실현의 문제에 대한 고민은 도덕적 원리의 철학적 정당화 작업 자체의 가능조건 및 그 유의미성의 조건에 대한 탐구임이 분명해진다. 그리고 도덕에 대한 불신과 냉소가 도덕의 무기력한 모습의 이면이라고 주장하는 것도 이제 좀 분명해진 것 같다.

이충진이 주장하듯이 현실의 부도덕함은 인간에게 도전으로 다가오고 그런 것이 역설적으로 인간의 잠재적인 가능성을 일깨울 수 있는 조건으로 작동할 수 있다는 점은 명백하다. 그러나 이런 주장은 역사적 세계 속에서 인간의 도덕적 잠재력이 점진적으로나마 실현될 수 있다는 점을 가정하지 않으면 안 된다. 그런 주장은 도덕과 실천이성이 구체적인 경험적 현실에서 실현된다는 점을 입증하는 과제이기도 하다. 그러므로 이런 주장이 실질적으로 가능하기 위해서는 역사에 대한 목적론적 이해나 아니면 문화와 생활세계의 다양성에 대한 해석학적인 감수성의 적극적인 수용이 요구되는 것처럼 보인다. 칸트는 적어도 역사철학적 저서들에서 자연의 목적론적 해석에 입각하여 실천이성과 현실의 접합 가능성을 이론적으로 입증하고자 노력했다.[37]

칸트는 거친 현실 속에서 점차적으로 실현되어 가는 자유의 이념을 설명하기 위해 '자연의 의도'라는 개념을 활용한다. 이를 통해 칸트는 인간의 의도[38]와는

---

35) K. O. Apel, *Diskurs und Verantwortung*, Frankfurt am Main 1992, 77쪽 이하.
36) J. 하버마스, 『담론윤리의 해명』, 앞의 책, 33쪽.
37) 칸트가 옹호하는 역사에서의 진보를 도덕에서의 진보가 아니라 정치적-법적 관계에서의 진보로 이해하는 입장이 존재한다. 이런 논의에 대해서는 나종석, 「공공성의 역사철학-칸트 역사철학에 대한 하나의 해석」, 『칸트연구』제26집, 2010, 102쪽 이하 참조 바람. 예를 들어 김석수도 역사에서의 진보가 도덕과 법적 관계 양 차원에서 이루어지는 것으로 해석한다. 『칸트와 현대 사회철학』, 울력, 2005, 120쪽 참조.

무관하게 역사에서의 진보를 추동하도록 현실 속에서 작동하는 메커니즘을 설명하는 것이다. 인간의 존엄성과 가치는 도덕법칙에 따라 자신의 의지를 규정할 수 있는 능력에 달려 있기에 이런 이성적 능력과 소질이 발현되어야 한다. 이런 인간의 도덕성은 완전히 실현될 수는 없으나 부분적으로 발현될 수는 있다. 자연의 의도에 의해 인간의 잠재적인 이성적 능력의 성숙은 갈등과 투쟁의 계기들을 매개로 한다. 이것이 그 유명한 "반사회적 사회성"(ungesellige Geselligkeit)로 표현되는 것이다. "자연이 인간들의 모든 소질을 계발시키기 위해 사용하는 수단은, 이 항쟁이 궁극적으로 사회의 합법칙적인 질서의 원인이 되는 한에서, 사회 속에서의 인간들 상호간의 항쟁(Antagonism)이다."[39] 인간은 지배욕이나 소유욕 등에 의해 갈등과 투쟁을 벌이지만 그런 행동들은 자연의 섭리에 의해 역사적인 진보, 그러니까 인간의 도덕성의 소질의 계발로 이어진다는 것이다.

인간들 사이의 갈등이 역사에서의 진보의 촉매 역할을 하도록 자연의 메커니즘은 은밀하게 움직인다는 사고방식은 전쟁에 도덕적 의미를 부여하는 데까지 이른다. 영원한 평화를 세계사의 궁극 목적으로 설정하는 칸트의 풍모와는 어울리지 않는 것 같지만 이는 사실이다. 칸트는 『판단력 비판』에서 인간의 용기를 칭찬하면서, 고도로 문화가 발달한 곳에서도 존재하는 군인에 대한 특별한 존경심에 주목한다. 칸트는 미적 판단의 관점에서 볼 때 정치가보다는 군인이 더 큰 존경을 받아 마땅하다고 말한다. 그러면서 칸트는 전쟁의 숭고함을 찬양한다.[40] 지속적 평화가 인간의 미덕을 해체시킨다는 주장과 더불어 전쟁의 도덕적 의미와 숭고함을 언급하는데 그치지 않는다. 그는 전쟁을 인류 문화의 번성을 가능하게 하는 인간의 모든 재능의 발현을 도와주는 동력으로 간주한다.[41] 전쟁의 도덕성에 대한 긍정적인 평가는 인간을 목적으로 대하라는 칸트의 탁월하고도 지속적으로 영향력을 행사하는 주장과 상충된다. 인간의 목숨을 수단으로 해서 발휘되는 인간의 도덕적 잠재력이라는 주장에는 쉽게 동의하기 어려운 역설과 모순이 존재한다. 차가운 현실에서 느끼는 도덕적 냉소주의보다 도덕의 이름으로 이루어지는 폭력의 긍정이 도덕 자체에 대한 근원적인 회의와 냉소적 태도를 초래한다고 나는 생각한다.[42]

---

38) 김석수는 이 자연의 의도는 헤겔에서의 '이성의 간계'(List der Vernunft)와 동일한 것이라고 본다. 『칸트와 현대 사회철학』, 같은 책, 123쪽.

39) AA. Ⅷ, 20.

40) 임마누엘 칸트, 『판단력 비판』, 이석윤 옮김, 박영사, 1986, 130쪽 이하.(AA Ⅴ, 263쪽)

41) 같은 책, 341쪽.(AA Ⅴ, 433) 인간성을 고귀하게 만드는 전쟁의 위대성에 대한 언급은 『영원한 평화를 위하여』(*Zum ewigen Frieden*)에서도 발견된다.(이한구 옮김, 서광사, 1992, 49쪽 참조. AA Ⅷ, 365쪽)

42) 도덕철학과 역사철학 사이의 긴장과 이에 대한 대안적 해석으로 나는 '공공성의 역

Ⅳ. 원리의 정당화와 체계의 세분화

역사철학과 도덕철학의 긴장, 그러니까 자연의 의도라는 역사철학적 구도는 인간을 수단으로 삼는 반도덕적 태도를 보여준다는 사실로부터 자연과 자유의 이원론이 칸트를 지속적으로 어려운 상황으로 몰고 감을 알 수 있다. 그러므로 이충진 역시 자신의 반론이 성공했다고 해도 존재와 당위의 이원론에 대한 해결책이 없는 한 그것은 필자를 충분하게 납득시킬 수 없을 것이라고 말한다. "존재와 당위의 이원론적인 구별은 그[칸트]의 실천철학에 근본적인 결함을 만드는 논리적인 주요 배경"[43]을 이루는 "본질적 부분"이라고 이충진도 동의한다. 그러면서 이제 그는 지금까지와는 다른 차원에서 칸트 윤리학을 옹호하려고 한다.

이제 필자가 칸트의 실천철학의 여러 난문들을 양산하는 이론적 배경으로 거론한 이원론에 대한 해석상의 차이를 다루어 보자. 이충진은 필자의 입장을 이원론이 거부되면 칸트 윤리학이 포기되어야만 한다는 입장을 옹호하는 것으로 해석한다. "반면에 칸트 실천철학적 문제들의 원인으로서의 이원론은 사정이 다르다. 나종석에 따르면, 칸트의 윤리학은 인간 본성 내지는 능력으로서의 자유에 토대하고, 자유는 인간 및 세계에 대한 이원론적 이해에 토대한다. 그러므로 이원론이 거부되면 결과적으로 인간 자유 및 그에 관한 학문인 윤리학 역시 토대를 잃어버리게 된다. '이런 의미에서' 이원론은 칸트 윤리학의 최초의 전제이며 최고의 원리이다. 따라서 만일 나종석의 지적이 옳다면 우리는 칸트 윤리학을 포기해야 할 것이다. 하지만 이러한 비판은 중요한 지점에서 핵심을 이탈하고 있는 듯이 보인다."

이충진의 해석은 오해이다. 필자는 칸트 윤리학의 근본이념인 자유가 이원론이 존재하지 않는다고 해도 허물어지지 않는다고 생각한다. 필자는 칸트가 자유의 이념의 가능성을 옹호하기 위해 이원론을 제시했으며 그런 이원론으로 인해 수많은 실천철학적 난문들이 발생함을 지적했을 뿐이다. 오히려 이충진의 반론은 칸트 윤리학에 돌려져야 한다. 필자가 제대로 이해했다면 칸트는 예지계와 현상계의 이원론을 자유의 이념을 구출하기 위한 유일한 방법으로 서술했다. "이성적인, 그러니까 예지 세계에 속하는 존재자로서 인간은 그 자신의 의지의 원인성을 자유의 이념 아래 말고는 결코 생각할 수 없다. 왜냐하면 감성 세계의 규정된 원인들로부터의 독립성이 자유이기 때문이다."[44] 칸트와 달리 그리고 이충진의 오해와 달리 나는 자유의 이념을 옹호하는 것과 이원론을 포기하는 것이 양자택일이라고 주장한 적이 없다. 이충진 역시 이원론의 틀을 고수하지 않는다

사철학'을 제안했다. 「공공성의 역사철학－칸트 역사철학에 대한 하나의 해석」, 앞의 글, 특히 103쪽 이하 참조 바람.

43) 나종석, 『차이와 연대』, 앞의 책, 242쪽.

44) 임마누엘 칸트, 『윤리형이상학 정초』, 앞의 책, 192쪽.

면 자유의 이념, 즉 윤리학은 포기되어야 한다고 보는 것인지 궁금하다. 각주 40에서 이충진은 다음과 같이 주장한다. “규범윤리학으로서의 칸트 윤리학의 원리는 이성사실로서의 도덕법칙이다. 이러한 이성사실의 발견과 이해는 오직 인간에 관한 이원론적 이해라는 전제조건 아래서만 가능하다.－그렇다고 해서 이원론이 윤리학의 원리 내지/가능조건은 아니다.－윤리학의 원리로서 도덕법칙을 택함으로써 귀결된 결과 중의 하나가 ‘칸트 윤리학은 현실연관성을 갖지 못한다’라는 것이다.”

이성의 사실로서의 도덕법칙에 대한 이해가 ‘인간에 대한 이원론적 전제 조건 아래에서만 가능하다’라고 주장하면서 이원론이 윤리학의 가능 조건이 아니라는 주장은 상충하는 주장으로 여겨진다. 이런 상충되는 주장을 포기해야 한다는 것이 필자와 헤겔의 입장이라는 점이며, 여기에 이충진과의 차이점이 존재한다. 왜냐하면 그 역시 “윤리학의 원리로서 도덕법칙을 택함으로써 귀결된 결과 중의 하나가 ‘칸트 윤리학은 현실연관성을 갖지 못한다’”는 점을 인정하고 있기 때문이다. 필자가 주장하는 것 역시 도덕법칙을 예지계와 현상계의 이원론 속에 위치지우고 정당한 법칙형식의 준수만을 도덕성의 최고원리로 삼는 칸트적 윤리학은 현실 연관성을 획득할 수 없을 것이기 때문에 공허하다는 것이었다. 다만 필자는 윤리적 이념인 자율과 자유의 이념을 이어받고 그것을 실현할 수 있는 필수적 조건들에 대한 성찰들로 나가는 헤겔을 칸트의 윤리학의 비판적 계승자로 생각하는데 반해, 이충진은 이런 시도를 과도한 것이거나 위험한 것으로 보는 것 같다. 그는 “윤리학은 사실로서의 도덕법칙에서 출발해야 한다”고 생각하며 또 윤리학(협의의)은 그 선에서 멈추어야 한다고 생각하기 때문이다. 그 뿐만 아니라 필자가 헤겔의 독창성과 장점이라고 보는 시도, 그러니까 “자율성의 이념에 기초한 보편주의적인 윤리학”을 포기하지 않으면서도 “보편적인 이념을 현실 속에서 살아 숨 쉬게 할 수 있는 여러 전제조건들을 반성하는 작업”[45]은 이충진에게는 별개의 작업을 혼동하여 전자를 “필연적으로 침해”하는 것으로 보이기 때문이기도 하다.

이제 마지막으로 언급되어야 할 문제는 과연 헤겔이 시도한 ‘자유의 현존’을 증명하는 작업이 얼마나 구체적으로 서술되었는가 하는 것이다. 이충진은 인륜성 내지는 인정이론에 토대한 윤리학이 보편성을 확보할 정도로 충분히 구체화되지 않았다고 보는 것 같기 때문이다. 칸트가 전개한 보편주의적인 윤리학을 포기하지 않으면서도 자율성의 이념을 현실 속에서 살아 숨 쉬게 할 수 있는 여러 전제 조건들을 반성하는 작업, 그러니까 헤겔이 시도한 작업이 왜 필요한 것인가는 소극적인 방식과 적극적인 방식으로 입증될 수 있다. 소극적인 방식은 칸트의 보편주의 윤리학의 여러 모순들을 보여주면서 자율성의 현실성의 추구라는 방식을 정당

45) 나종석, 『차이와 연대』, 앞의 책, 283쪽 이하.

화하는 길이다. 이 방법은 이충진의 반론을 재반론하면서 사용된 것이었다. 그러므로 이때까지의 필자의 반론과 설명이 칸트 윤리학의 문제점들을 분명하게 보여주는데 성공했다면, 적어도 소극적으로나마 칸트 윤리학이 변경되어야 함이 입증되었다고 믿는다.

긍정적인 방식으로 헤겔의 길을 정당화하는 작업은 이 글의 범위를 넘어선다. 그럼에도 필자는 적어도 『차이와 연대』 6장 이후에서 헤겔의 인륜성 철학의 여러 내용들을 재구성하고자 했음을 말하고 싶다. 그러므로 필자가 헤겔의 인륜성 철학의 합리적 핵심들을 통해 칸트 윤리학의 발전적인 계승의 작업을 수행하지 않은 것은 아니다. 이렇게 본다면 다음과 같은 요구, 즉 "인륜성의 윤리학은 가능한 모든 비판에 자신을 드러내기에 충분할 정도로 자신을 구체화시켜야 한다"는 주장은 필자를 좀 당혹스럽게 한다. 물론 『차이와 연대』가 많은 한계를 지니고 있기에 필자의 시도가 불충분하다고 판단해서 나온 주장으로 이해될 수도 있다. 그러나 이충진은 그런 불충분성에 대한 불만이 아니라 마치 그런 시도 자체가 수행되지 않은 것처럼 말하고 있는 것 같다. 예를 들어 이충진은 '위탁물' 이나 '거짓말 할 권리' 등등의 주제에 대한 대답이 구체화되어야 한다고 강조하면서 칸트 대 헤겔의 대립 구도를 극복하려는 것보다 올바른 선택을 위한 사전 정지작업의 필요성을 강조하고 있다. 그런데 위탁물의 사례에 대한 헤겔의 설명을 제외하더라도 사유재산의 정당성에 대한 헤겔의 고유한 이론은 물론이고 가치들의 서열에 대한 헤겔의 입장에 의거하여 도덕규범들의 상충 상황을 돌파할 수 있는 이론은 『차이와 연대』에 존재한다. 그러므로 이 글로 인해 이충진이 필자가 제시하고자 한 인륜성 철학의 합리성에 대한 재반론의 글을 작성할 동기를 갖게 되기만을 희망할 따름이다.

참고 문헌

김석수, 『칸트와 현대 사회철학』, 울력, 2005.

김수배, 「칸트의 『도덕 형이상학』과 형식주의」, 『칸트와 윤리학』, 한국칸트학회 편, 민음사, 1996.

나종석, 「매개적 사유와 사회인문학의 철학적 기초」, 김성보 외 지음, 『사회인문학이란 무엇인가? : 비판적 인문정신의 회복을 위하여』, 한길사, 2011.

나종석, 「공공성의 역사철학－칸트 역사철학에 대한 하나의 해석」, 『칸트연구』 제26집, 2010.

나종석, 『차이와 연대』, 길, 2007.

백종현, 「『실천이성비판』연구」, 『실천이성비판』, 백종현 옮김, 아카넷, 2002.

이자야 벌린, 『낭만주의의 뿌리』, 강유원 · 나현영 옮김, 이제이북스, 2005.

한나 아렌트, 『칸트 정치철학 강의』, 김선욱 옮김, 푸른숲, 2002.

로버트 L. 애링턴, 『서양윤리학사』, 김성호 옮김, 서광사, 2003.

위르겐 하버마스, 『담론윤리의 해명』, 이진우 옮김, 문예출판사, 1997.

Apel, K. O., *Diskurs und Verantwortung*, Frankfurt am Main 1992.

Kant, I., *Kant's gesammelte Schriften*, hg. v. der Königlich Preußischen Akademie der Wissenschaften, Berlin 1902ff.

Kant, I., *Lectures on Ethics*, edited by Peter Heath and J. B. Schneewind, translated by Peter Heath, Cambridge University Press, 1997.

임마누엘 칸트, 『윤리형이상학 정초』, 백종현 옮김, 아카넷, 2005.

임마누엘 칸트, 『실천이성비판』, 백종현 옮김, 아카넷, 2002.

임마누엘 칸트, 『영원한 평화를 위하여』, 이한구 옮김, 서광사, 1992.

임마누엘 칸트, 『판단력 비판』, 이석윤 옮김, 박영사, 1986.

From Kant's Ethics to Hegel's Philosophy of Ethical Life

-Reply to Lee, Choong Jin-

Na, Jong Seok

Abstract

The article addresses Lee, Choong Jin's counter-arguments. Lee aims to support Kant's ethics by criticizing the author's interpretation of Kant's ethics. The author aims to counter Lee's arguments and to confirm the ways in which Hegel's criticism of Kant's ethics holds meaning to this day. In particular, the author will identify and define the basic ideas of Hegel's theory of ethical life(Sittlichkeit) through Hegel's criticism of Kant's ethics. The fundamental idea of Hegel's theory of ethical life is that the questions of ethics are not limited to the universal principle of equal treatment for all humans, as Kant asserts, but that solidarity, love and care are ethical horizons that enable good life for humans, just as the fulfillment of the universal rights do. Furthermore, the theory of ethical life is very promising in that it can provide a broader perspective regarding the possibility of meaningful life for all humans based on the reality and historicity of human life; a broader perspective than the liberal theories on justice or Habermasian proceduralistic democracy theory (both of which are currently influential) offer. Therefore, this article will propose several key bases regarding the necessity to move on from Kant's universal moral law and reflections focused on rights to Hegel's theory of ethical life.

Key Words : morality, ethical life, struggle for recognition, the emptiness of formalistic ethics, the meaninglessness of universalistic ethics, a theory of historical and social world

• 투고일: 2011.10.10. 심사완료일: 2011.10.20. 게재확정일: 2011.10.23.

국제관계론에서 칸트와 헤겔의 전선

-칸트의 세계시민사회에 관한 헤겔의 비판에 기초하여-

이 정 은

Ⅰ. 서론
Ⅱ. 칸트의 고유한 문제의식-인간학 또는 윤리학으로
Ⅲ. 인간학 또는 윤리학에서 정치 철학으로
Ⅳ. 국제관계의 목표-영원한 평화를 위한 세계시민사회
Ⅴ. 칸트의 세계시민사회의 딜레마-여전히 공법 체계가 필요한가?
Ⅵ. 헤겔 국제관계의 기반-국가의 특수성과 차이
Ⅶ. 자연의 섭리에 대한 헤겔의 비판-국가는 자유의 산물
Ⅷ. 칸트와 헤겔에게서 공법 체계의 본질적 차이
Ⅸ. 결론

요약문

이 글은 칸트와 헤겔의 국제관계의 이념과 목표를 비교하면서, 그들의 국제관계론이 현실정치에서 어떤 중요성을 지니는지, 현대사회의 정치적 변화양상 가운데 어떤 의미를 지니는지를 살펴보는데 목표를 둔다.

칸트 국제관계의 목표는 외형적으로는 세계평화 실현이지만, 철학적 문제의식에 비추어 보면 '정치와 도덕의 갈등'을 극복하고 정치의 도덕화를 이루는 것이다. 그래서 국제관계를 이해하려면, 도덕적 인간과 정치-역사적 인간의 관계를 조명해야 한다. 칸트는 세 가지 철학적 질문의 근간으로 인간이란 무엇인가와 더불어 인간이 행복할만한 가치가 있는 존재인가를 탐구한다. 인간은 정신적 존재이면서 동시에 육체적 존재이기 때문에, 전적으로 이성적 인간, 전적으로 도덕적 존재로 살아가지 못한다. 그래서 자연이 꾀를 내어 인간을 도덕적 존재로 이끌어 가면서 도덕적 존재의 정치적 실현인 공화제적 헌법 체제, 즉 시민사회로 나아간다. 여기에서 칸트는 정치와 도덕의 관계를 아리스토텔레스와 달리 설정한다. 칸트는 좋은 인간뿐만 아니라 나쁜 인간도 공법체제를 만들 수 있으며, 악마종족도 좋은 정치체제와 좋은 국제관계 기반을 만들 수 있다고 본다.

공법은 일국의 국내법에서 국제법, 세계시민법으로 나아가며, 세계시민법에 기초하는 세계시민사회로 전진하는데, 국가 간에 공법체제를 취하면서 도덕적 존재를 실현하는 추동력은 전쟁이다. 칸트는 전쟁은 도덕적인 것에 대한 최대의 장애물이지만, 동시에 정치와 역사 진보의 필수조건이라고 본다. 세계평화는 이성적 자기규제가 아니라, 국제관계에서 펼쳐지는 전쟁을 통해 이루어지며, 전쟁은 인간성 실현 및 전면적 도덕화의 기반이다.

칸트는 세계평화와 도덕적 자유의지가 실현되려면 국가 간 경계를 넘어서는 세계시민사회로 나아가야 한다고 하는데, 여기에서 딜레마가 발생한다. 국제법과 세계시민법은 어떤 차이가 있는지? 정치와 역사의 추동력은 이성이 아니라 자연인가? 정치학과 도덕학의 원리가 같다면 세계시민사회에서도 공법체계가 필요한가? 만약 그렇다면 정치학의 공법체제는 '실천 이성적 도덕의 필연적 도구이면서 도구가 아니라고 할 수 있다.

헤겔은 국제관계를 단일한 하나의 국가로 통폐합하는 것은 현실적으로 불가능할 뿐만 아니라, 일종의 폭력이라고 생각한다. 국가는 인간 같은 '인격'적 존재라서, 세계시민사회 내지 세계국가로 통폐합하는 것은 국가의 자립성과 독립성을 무시하는 것이 된다. 국가 간에는 특수성을 만들어내는 특수한 민족정신이 있고, 이로 인해 인륜적 국가들의 차이가 만들어지며, 그 속에서 국내법이 국가의 성격을 드러내게 된다. 차이 때문에 국가들은 타국과 배타적 관계를 지닐 수밖에 없으며, 국가의 안녕과 복지를 위해 국제관계에서 국제법을 만든다고 해도, 국제법은 국내법보다 상위법으로 현실화될 수는 없다. 국제법은 지켜야 하는 것이기는 하지만, 자국의 특수성을 견지하기 위해 현실적으로 문제가 생겼을 때는 전쟁이 발생하는 것을 막을 수 없다.

헤겔은 인륜적 국가들의 차이를 보존하면서 이성성과 자유를 실현하는 방법으로 국가 간에 본질적으로 상호 인정구조를 지녀야 한다는 점을 보여준다. 국가의 자유로운 정신은 자기동일성과 자기부정성을 지니기 때문에, 타자와 부정적 관계를 지니지만 자기실현을 위해 동시에 타자와의 인정구조를 필요로 한다. 타자 부정적 국가는 타국과의 관계가 없이는 현실적 개체가 될 수 없으므로, 타국과 인정관계를 실현해야 한다.

이를 통해 실현하는 국가의 이념은 자유이며 국제관계에서 국가의 목적은 복지(안녕)이지만, 양자 속에서 자유를 구체화하는 형식은 법률이다. 헤겔에게 법은 국가의 총괄개념이다. 그래서 법은 '권리' 이상의 외연을 지닌다. 법은 국제관계에서도 절대적으로 지켜져야 하지만, 국제법의 실제적 실현은 국가의 견해와 의지에 따라 달라진다. 그래서 국제관계에서 법은 칸트처럼 '당위 형식'임을 천명한다. 당위 형식이지만, 헤겔에게 국제관계 법은 세계사적 전개를 통해 구체화된다. 법 실현의 추동력도 칸트 같은 자연이 아니라, 객관정신과 절대정신의 괴리이다.

인륜적 국가들은 특수성과 차이를 지니며 이를 보존해야 하는데, 그렇다면 국제관계 내지 세계사적 전개에서 보편성을 논할 여지가 있는가라는 문제가 발생한다. 절대정신의 세 계기인 예술, 종교, 철학과 달리, 헤겔에게 정치체제는 시대마다 다르다. 절대정신의 세 계기는 논리적 원환구조를 지니며, 그래서 고대(철학 및 여타)는 근대(철학 및 여타)의 토대가 된다. 그러나 법은 역사전개에서 누적적 진보를 이루지 않으며, 고대법은 근대법의 토대가 되지 않는다. 국가의 자유와 국제관계를 법의 역사적 전개 차원에서 논하면, 보편성을 논할 여지가 없다.

그래서 헤겔은, 국가와 세계사의 이념이 자유라고 할 때 자유 실현을 위한 근간으로 '종교'를 제시한다. 종교는 국가법과 국가 이념의 토대가 된다. 일국의 인륜성을 만드는 중요한 요인은 종교이며, 종교의 자유정신, 특히 프로테스탄트교는 법률체계가 실현하고자 하는 국가의 자유와 맞물린다. 법률의 비순환적 구조는 논리학과 비교하면 체계의 불일치성을 야기하는데, 헤겔은 객관정신과 절대정신의 관계, 특히 종교와의 관계를 통해 이를 극복하고 보편성의 기반을 만든다.

칸트에 비해, 헤겔의 국제관계와 세계사적 전개는 닫혀있으면서 열려있다. 칸트는 세계시민사회를 추구하지만, 헤겔은 인륜적 국가의 특수성을 견지하며, 국가의 이념인 자유 실현을 근대 게르만 민족국가 및 법체계라고 주장하지만, 떠오르는 아메리카를 미래의 나라라고 규정하고 법체계의 전형으로 제시하면서 동시에 비판하기 때문이다.

● 분 야 : 정치철학, 역사철학, 법철학, 사회철학
● 주요어 : 정치, 도덕(성), 법(률), 공화제, 인륜적 국가, 특수한 민족정신, 특수한 민족국가

Ⅰ. 서론

칸트는 국제관계 글을 왜 썼을까? 정치 철학을 위해서, 아니면 역사 철학을 위해서? 이 상황에서 현대 철학의 주요 주제는 "정치와 철학의 관계이다."라고 화두를 던진다면, 거부 반응이 일어날까? 오히려 "경제와 철학의 관계이다." 내지는 "과학과 철학의 관계이다."라는 말이 더 친숙할까? 과거로 더 거슬러 가면 "정치경제학과 철학의 관계이다."를 만나게 되는데, 물론 칸트와 헤겔을 고려하면, "역사와 철학의 관계이다."가 적절할 것 같다.

여기에서 칸트는 정치 철학자와 역사 철학자, 어디에 속하는지를 양자택일하는 것이 의미가 있을까? 이 의문은 헤겔에게도 동일하게 적용할 수 있다. 정치 철학과 역사 철학은 다르지만, 정치 철학을 실현하려면 역사적 시간 경과가 필요하며, 국가들 간의 세계사적 영향 관계를 거쳐야만 평화와 자유의 완전한 실현이 가능하기에, 칸트에게도 헤겔에게도 정치 철학과 역사 철학은 서로 맞물려 있다.

칸트는 후기에 프랑스 혁명을 겪으면서 독특한 정치적 저술들을 남겼고, 헤겔과 맑스에게서 '프랑스 혁명의 철학자'[1])로 일컬어지기도 한다. 자유와 평등이 기저에 깔려있는 칸트의 국제관계론 목표는 불화(Unvertragsamkeit)와 갈등 속에서 끊임없이 발생하는 '전쟁'을 종식하여 '영원한 평화'[2])를 실현하는 것이고, 반면에 헤겔은-"물질의 실체가 중력이듯이, 정신의 실체, 본질은 자유"[3])이며 "자유는 자유가 수행하는 목적이고, 그리고 정신의 유일한 목적"[4])이기에-자유와 그 자기의식을 실현하는 것이다.

영원한 평화를 실현하려면 그에 준하는 정치체제가 필요하다. 왜 그러한가? 칸트에게는 평화와 대립하면서 불화, 갈등과 전쟁을 야기하는 인간의 "사악함은 공민적 법적 상태에서는 정부에 의해 규제됨으로써 나타나지 않기"[5]) 때문이다. 동시에 "각 개인은 자유의 원리에 따라 합법적인 체제 아래에서 생활하고자 하는 의지를 갖고 있다."[6]). 후자와 유사하게, 헤겔에게도 개체가 실체적 정신과 통일되는 주관성과 객관성의 통일을 추구할 때, 그 통일은 이성적으로 전개되는 국가의 '법적' 현실 세계에서야 가능하다.

법적 상태를 위해, 칸트는 정치체제의 선험적(a priori) 원리를 고민하게 되는데, 그 원리는 미발의 단계에서 끊임없이 개선이 일어나는 계몽과 진보의 척도이다. 영원한 평화를 실현하고자 하는 칸트의 정치체제는 공화제적 법(공법)으로 구현되며, 공법은 모든 국가와 세계사로까지 확장되는 '세계시민사회'를 궁극적으로 겨냥한다. 헤겔은 칸트의 세계시민사회 또는 세계국가[7])를 국가의 인격(Person)이라는

---

1) 칸트가 프랑스 혁명을 어떻게 평가하는지에 대해서는 대립되는 주장들이 있지만, 프랑스 혁명을 "인류의 도덕적 성향을 드러내 주는 우리 시대의 한 사건"이라고 언급하면서, 혁명에 '공감'하고 '동참하려는 (관객들의) 욕구'를 '인류의 도덕적 소질'로 규정한다. I. Kant(이한구 편역), 「다시 제기된 문제: 인류는 더 나은 상태를 향해 계속해서 진보하고 있는가?」, 『칸트의 역사철학』, 서광사, 2005, 121-2쪽을 참고하라. 그리고 최인숙은, 칸트가 프리드리히 빌헬름 2세 치하에서 제재조치를 겪으면서 '개인 삶과 사회 체제의 관계'를 고민하고, '인간의 이념'과 '최선의 제도'를 관련지음으로써 '현실성'을 지니는 역사철학을 마련하게 되었다고 주장한다. 최인숙, 「칸트의 역사철학의 현실성」, 『칸트연구』, 제17호, 한국칸트학회, 2006, 341쪽 이하를 참고.

2) I. Kant, *Zum ewigen Frieden. Ein philosophischer Entwurf*, Koenigsberg: Friedrich Nicolovius, 1796. 이한구 역, 『영원한 평화를 위하여』, 서광사, 1992. 앞으로 인용은 eW로 약칭하고, 번역판 쪽수를 제시한다.

3) G. W. F. Hegel, *Vorlesungen ueber die Philosophie der Geschichte. G. W. F. Hegel Werke in zwanzig Baenden*, Frankfurt a/M.: Suhrkamp Verlag, Bd. 12, 1986, S. 30. 번역은 김종호 역(『역사철학강의』, 삼성세계사상, 1993)과 임석진 역(『역사에서의 이성』, 지식산업사, 1987)을 모두 참고했다. 앞으로 인용은 VPG로 약칭한다.

4) G. W. F. Hegel, VPG, S. 33.

5) I. Kant, eW, 32쪽.

6) 앞의 책, 63쪽.

7) 세계시민사회가 세계국가 또는 국제국가인가 아닌가에 대해서는 논란이 있다. 칸트

차원에서 비판하면서 민족국가 내지 주권국가의 현실적인 법의 실현을 논증한다.

애초의 질문으로 다시 돌아가 보자. 칸트는 말년에 국제관계 글을 왜 썼을까? 칸트는 국내법으로는 세계 평화 실현이 불가능하기 때문에, 공법을 국제법과 세계시민법으로 확장하고, 과도기적 장치인–헤겔이 군주 동맹(Fuerstenbund)[8]이라고 바꿔서 지적한–국제 연맹(Voelkerbund), 그리고 국제 국가(Voelkerstaat)를 위한 논의를 전개한다. 그러나 국제관계 글을 쓴 의도를 더 잘 이해하려면, 칸트의 고유한 문제의식을 살펴볼 필요[9]가 있다. 그래서 이 글에서는 칸트의 고유한 문제의식과 관련하여 국제관계의 위치와 문제점을 알아보고, 헤겔과의 차이를 살펴보려고 한다.

칸트 국제관계론에서 가장 부각되는 점은 '**정치와 도덕의 갈등**'이다. 철학적 이념에 준해서 국제관계를 펼칠 때, 칸트의 주 관심사는–정치학과 윤리학의 갈등이므로, 평화와 자유에 기초하여–전쟁과 평화, 자연과 도덕, 자연과 실천 이성의 관계를 어떻게 설정할 것인가이다. 이에 반해 헤겔에게는–정열과 이성의 갈등 속에서–주관적 의지와 객관적 의지, 국가의 특수성과 세계정신의 보편성, 객관정신과 절대정신의 관계이다. 칸트에게 초점은 '보편적이지만 추성적인 개인'이 인간 본성이 노정하는 문제를 어떻게 극복하는가에 있고, 헤겔에게는 자유로운 인격을 지니는 개인이 자기 부정성 속에서 타인과 관계하듯, 자립성과 자기 부정성을 지니는 국가가–타국과 배타적 관계를 지님에도 불구하고–타국과의 관계에서 실체적 자유를 어떻게 실현하는가에 있다. 헤겔은 국가의 '객관적 정신'[10]을 강조함으로써, 국제관계의 목표를 개인적 도덕으로 환원시키지 않는다는 점이 칸트와 다르다.

동시에 칸트 정치 철학에 대한 헤겔의 비판에서 중요한 것은 국가의 특수성과 차이를 강조하는 것이며, 그래서 전 세계 국가는 하나로 통폐합할 수 없고, 세계시민사회 또는 세계국가라는 발상은 받아들일 수 없게 된다. 이로 인해 헤겔에게는 국제관계에서 특수성과 보편성을 통일시키는 척도가 문제가 되며, 그 척도는 자유 및 이성성이라고 할지라도, 특수성과 차이를 견지하는 가운데서 보편성을 가능케 하는 근거를 마련하는 것이 중요해진다. 헤겔은 이를 객관정신과 절대정신의

는 세계시민사회를 궁극 목표로 지향하면서도 동시에 국제국가가 실현되었을 경우에 생기는 폭력을 지적하고 있기 때문이다.

8) G. W. F. Hegel, *Grundlinien der Philosophie des Rechts(1821). G. W. F. Hegel Werke in zwanzig Baenden*, Bd. 7, Frankfurt a/M: Suhrkamp Verlag, 1986. § 324 추가. 번역은 임석진 역, 『법철학』, 한길그레이트북스, 2010을 참고한다. 앞으로 인용은 GPR로 약칭한다.

9) 칸트의 고유한 문제의식과 관련해 국제관계를 살피면, '철학(자)의 역할'에 초점이 맞춰진다. 그러므로 정치와 철학의 관계, 국제관계에서 철학자 역할에 대한 탐구가 필요하다. 그에 대해서는 다른 논문에서 다루겠다.

10) G. W. F. Hegel, GPR, § 258.

관계, 자유와 종교의 관계, 그리고 국가의 본질인 법의 보편성을 통해 해결해 나가는데, 이것이 칸트와의 변별점으로 나타난다.

Ⅱ. 칸트의 고유한 문제의식 – 인간학 또는 윤리학으로

칸트 국제관계의 목표는 후기 저작 제목에서처럼 '영원한 평화를 위하여'이다. '세계 평화' 내지 세계사적 평화 실현이다. 그는 '영원한 평화'라는 말의 출처를 '네덜란드의 어느 여관집 간판에 새겨져 있는 풍자적 표제'[11] – 통상적으로는 '묘비 문구' – 라고 밝히면서 서론을 시작하기 때문에, 영원한 평화가 실현되기 어렵다는 먹구름을 전제하는 듯하다. 일단 먹구름을 차치하면, 세계 평화는 한 국가의 평화를 실현하기 위한 것이고, 한 국가의 평화는 '개인의 행복' 실현과 연결된다.

물론 세계 평화의 외연은 개인이 아니라 "지상에서 사회를 이루고 민족으로 나뉘어 살아가고 있는 인간 전체(universorum)로서의 인류"[12]이다. 이것은 칸트 정치 철학에서도, 그리고 인간 종 전체의 자연적 소질을 계발하여 세계사적 진보를 탐구하는 역사 철학에서도 공히 전제하는 지평이다. 그런데 이 모든 과정은, 인간 종 전체가 "이성을 통해서 창조한 행복과 완전함"[13]을 실현하는 것이므로 개인의 행복 문제와 직결된다.

세계 평화는 공법에 기초하는 정치체제를 한 국가에서 세계 전체로 확장하는 데 있으며, 직간접적으로 정치체제에 영향을 받는, 그런 관계 속의 개인은 '정치적 인간'이다. 그리고 영원한 평화가 실현되려면 개인의 의지만으로는 불충분하고, 모든 사람이 그것을 의욕하는 '통일된 의지의 집합적 통합'[14]이 요구된다. 사회적 의지를 창출하고 총괄하는 시민사회 즉, 법률적 상태를 조성하는 힘이 필요하다. 정치적 인간이 요구하는 정치체제를 실현하려면, 일국 안에서도 시간 경과가 필요하며, 일국의 번영과 발전은 타국 상태에 영향을 받기 때문에 "완전한 시민적 정치체제를 확립하는 문제는 합법적인 국제 관계의 문제에 의존하며, 이 후자의 해결 없이는 해결될 수 없다."[15]. 그래서 타국 모두를 대상으로 하는 세계사적 전개를 동반하기에, '정치적 인간'은 세계사적 진보와 맞물리는 '역사적 인간'[16]으로 나아간다.

---

11) I. Kant, eW, 11쪽.
12) I. Kant 「다시 제기된 문제」, 114쪽.
13) I. Kant(이한구 편역), 「세계 시민적 관점에서 본 보편사의 이념」, 『칸트의 역사철학』, 서광사, 2005, 27쪽.
14) I. Kant, eW, 63쪽.
15) I. Kant, 「세계 시민적 관점에서 본 보편사의 이념」, 33쪽.

칸트에게 세계사가 진보했다는 척도는 문화화, 문명화이고, 정치 철학적으로는 법제화이지만, 그가 추구하는 아킬레스건은 '도덕화'[17]이다. '역사적 인간'이 결과로서 기대하는 것이면서 동시에 '정치적 인간'도 시도해야 할 척도는 '도덕화'이다. 역사 철학을 마무리하는 논문에서도 칸트는, 인류가 전체적으로 진보하고 있는가라고 반문하면서, 이때 논의 대상은 "인간에 관한 자연사가 아니라 도덕사"[18]임을 분명하게 천명한다. 칸트에게는 역사적 인간이든 정치적 인간이든, 그 준거점은 언제나 '도덕적 인간'이다.

'도덕적 인간'은 칸트 철학의 핵심이며 실천 이성의 도덕 법칙을 따르는 윤리적 인간이다. 그러나 국제관계론을 다루려면, 정치적 인간과 역사적 인간을 분석해야 하므로, '**정치적 인간 내지 역사적 인간이 도덕적 인간과 어떤 관련이 있는가?**'가 관건이다. 이를 위해 칸트의 고유한 철학적 과제를 살펴보자.

칸트는 형이상학적 허구를 만들어내는 철학사를 비판하면서 새로운 미래 형이상학[19]을 위해 1. 내가 무엇을 알 수 있는가? 2. 내가 무엇을 해야 하는가? 3. 내가 무엇을 희망할 수 있는가?라는 질문을 던진다. 1은 『순수이성비판』, 2는 『실천이성비판』의 문제의식인데, 관건은 3이다. 3은 2와 달리 행복 추구와 행복에 대한 기대를 논할 여지를 지닌다. 칸트는 무엇을 알 수 있는가라는 질문을 던지고, 『순수이성비판』에서 인식할 수 있는 것 이외에 인식할 수 없는 '이성의 초월적 이념'을 설정한다.−이렇게 해서 남게 되는 현상과 물자체의 이원론을 극복하기 위해−초월적 이념에서 논의되는 자유를 『실천성비판』에서는 예지계 문제로 다룬다.

실천 이성에서 자유 의지를 지니는 개인이 양심에 기초하여 도출한 도덕 법칙은 '절대적 의무'이지만 인간의 '목적'은 아니다. 그러나 이성은 목적에 무관심할

---

16) 김석수는 칸트의 전 저작을 고려하여 '종교철학'으로 나아가는 과정을 소개하는데, 그것을 의미있게 수용하면, '도덕적 인간', '정치적 인간', '역사적 인간', '종교적 인간'(김석수, 「칸트 세계시민사상의 현대적 의의」, 『칸트연구』, 제14호, 한국칸트학회, 2004, 252쪽 참고)으로 추가 분류가 필요하다. 그러나 종교적 인간은 도덕 신학이라는 맥락에서 '도덕적 인간'을 확장한 것이기 때문에, 이 글에서는 따로 분류하지 않았다.

17) 칸트는 인류 역사의 출발을 추측할 때도 생명 발생부터가 아니라 성인 남녀를 전제한 상태에서 시작하는 이유도 다음처럼 제시한다. "나는 그러한 숙련을 필수적으로 전제하고 있는 인간의 모든 행위에서 도덕의 발전 과정을 고찰하는 것이 목적이기 때문에, 그러한 숙련이 이미 갖추어져 있는 것으로 간주하겠다."(I. Kant/이한구 편역, 「추측해 본 인류 역사의 기원」, 『칸트의 역사철학』, 서광사, 2005, 78쪽).

18) I. Kant, 「다시 제기된 문제」, 114쪽.

19) I. Kant, *Kritik der reinen Vernunft*, Hamburg: Felix Meiner Verlag, 1956, BXXXvi에서, 칸트는 '형이상학의 미래 체계'를 주장한다. 여기에서 주의할 점은, 칸트가 형이상학의 체계를 세우는 것이 아니라, 기존 형이상학을 비판하는 '체계를 위한 예비학' 내지 '건축술'을 논하고 있다는 점이다. 백종현은 칸트의 비판 철학을 '존재의 학'이 아니라 '이념의 학'으로서 '자기 분수를 아는 새로운 형이상학'(백종현, 『시대와의 대화−칸트와 헤겔의 철학』, 아카넷, 2010, 57쪽)으로 규정한다.

수 없기[20] 때문에, 의무(도덕 법칙)와 목적(행복)을 결합하는 궁극적인 것으로서 '최고선' 이념을 상정한다. 인간은 '도덕 법칙 입법자'임에도 불구하고, 인간 목적과 통일을 이루지는 못한다. 통일을 이루는 유일한 존재는 '신'이다. 인간은-신이 없어도-누구나 내면의 양심에 기초하여 도덕 법칙을 도출할 수는 있지만, 법칙 실천을 결단하는 자유 의지를 발휘한다고 해서 반드시 행복해지는 것은 아니기[21] 때문이다. 신이라면, 최고선과 행복이, 법칙 실천과 행복이 일치하겠지만, 인간은 그렇지 않다. 게다가 인간은 항상 실천 이성에 따르는 의지와 자유를 행사하는 것만이 아니라, 이성을 일탈하는 자유를 행사하기도 한다. 이러한 **인간이 무엇을 바랄 수 있는가? 그리고 행복을 희망할 수 있는가?**

행복을 장담할 수는 없어도, 인간이 행복을 희망할 수는 있다. 그렇다면 '행복을 희망할만한 근거'는 무엇인가? 칸트에게는 '**내가 희망할만한 가치가 있을 때**', '그럴만한 가치가 있는 존재일 때'이다. 실천 이성과 그 도덕 법칙을 따르는 '도덕적 인간'을 구현할 때, 나는 가치가 있는 존재이며 미래의 행복, 더없는 행복으로서 지복을 희망할만한 존재이다. 그래서 칸트에게 가장 큰 불행은 '그럴만한 가치가 없는 것'이며, 가치가 없는 인간은 경멸받아 마땅하다. 칸트에게 가장 두려운 것은 '**자기 경멸**'이다. 즉, **도덕적 인간 상태로부터 일탈하는 자유를 행사하는 것**이다.

칸트의 철학적 과제 1, 2, 3은 궁극적으로 도덕적 인간에 대한 논의로, 도덕적 인간의 행복에 대한 희망으로 나아간다. 희망할만한 가치를 지닌 자는 인격적 존엄성을 지니는 존재이다. 칸트에게 인간은 누구나 실천 이성을 지니는, 누구나 존중받을 수 있는 존엄한 존재[22]이므로, '**정치적 인간과 역사적 인간을 논하는 것**'은 결국 '**도덕적 인간의 재확인 또는 재구축**'이다.

인간 존중, 인류 자체의 존엄성을 일관되게 강조하는 칸트의 문헌들을 섭렵하면서, 아렌트는 칸트의 고유한 철학적 과제에는 1. 2. 3 이외에 네 번째 과제가 덧붙

---

20) I. Kant, *Die Religion innerhalb der Grenzen der blossen Vernunft*, im: *Immanuel Kants Werke*, Bd. Ⅵ(*Schriften, 1790-1796*), Hrsg. von E. Cassirer, Berlin: Verlegt bei B. Cassirer, 1923, S. 143. 신옥희 역, 『이성의 한계 안에서의 종교』, 이대출판부, 2001, 서문을 참고하라. 인용은 RGV로 약칭한다.

21) 앞의 쪽.

22) 칸트는 청년기부터 루소의 영향 아래서 인간의 존엄성, 인간을 존중하는 법을 배웠고, 인류 존중에 기초하여 인간의 보편적 권리를 실현하는 도덕적 인간을 추구한다. 인간 존중은 정치와 도덕 모두에 적용된다. "인간애와 인간의 권리에 대한 존중, 이 둘은 모두 의무이다. 그러나 인간애가 조건적 의무인데 반해, 인간의 권리에 대한 존중은 무조건적이며 절대적으로 명령하는 의무이다…정치는 첫 번째 의미에서의 (윤리학으로서의) 도덕과 쉽게 결탁하여, 사람들의 권리를 통치자를 위해 포기토록 한다. 그러나 정치는 자신이 무릎을 꿇을 수밖에 없는 (권리의 학으로서의) 도덕과 연계되기를 기피하며, 도리어 그 실재 자체를 부인한 채, 의무를 단순한 자선으로 해석하고자 한다."(I. Kant, eW, 85쪽).

여져야 한다고 천명한다. “칸트는 한 강의와 자신의 글 가운데에서 이 세 질문을 종합할 수 있는 네 번째 질문을 추가하였다. 바로 ‘인간은 무엇인가?’라는 질문이다.”[23]. 도대체 ‘인간이란 무엇인가’는 1. 2, 3을 총괄하는 인간학적 질문이면서 칸트의 근본 지평이기 때문에, 인간을 존중하고, 보편적으로 존중하는 법에 대해 논하는 것은 4로 귀결된다.

1, 2, 3끼리에서는 문제의식이 3을 향하며, 3에서 ‘행복’을 ‘희망하는－희망할만한 가치가 있는’ 자는 ‘도덕적 인간’이다. 자신의 자유를 도덕 법칙 실현에 몰입하는 ‘이성적 인간’이다. **그러나 인간은 언제나 ‘이성적 인간’으로서 자유를 행사하는 것만은 아니다**. 구체적 삶의 현장에서 우리는 어떻게 행동하는가? ‘도덕적 인간’이 철학적 의무이어도, 인간 삶에서, 정치적 실천에서 얼마나 ‘도덕적 인간’으로 살아가는가? 결단만 내리면 선한 인간으로 살아갈 수 있겠지만, 인간은 이성으로만 이루어진 존재가 아니라서, －육체적 존재로서 감성적이고 욕망하는 존재이기도 해서－전적인 이성적 인간으로 살지는 못한다. 그래서 자유를 마음대로 행사하여 타인을 억압하거나 지배할 수도 있다. 불화와 항쟁을 일으키는 자유를 제어하지 못해서, 인간은 지옥을 만들 수도 있다.

인간은 『단순한 이성의 한계 안에서의 종교』에서처럼 이성 이외에도 **성향**(Hang)과 **자연적 소질**(Anlage)－동물성 소질, 인간성 소질, 인격성 소질[24]－을 지닌 존재이기에 소질 작용에 따라 도덕성 실현[25]이 달라지며, 「세계 시민적 관점에서 본 보편사의 이념」에서처럼 **‘본성이 굽어있는 나무’라서 지배자를 필요로 하는 동물**[26]이기도 하다. 그러므로 도덕적 인간의 이성적 요소를 완전히 실현하려면, 삶의 현장에서 선한 인간, 좋은 인간을 묻게 되고, 좋은 인간의 ‘점차적 실현 과정’을 고려하게 된다.

Ⅲ. 인간학 또는 윤리학에서 정치 철학으로

개개인은 모두가 존중받아야 할 평등한 존재이지만, 자신의 자유를 실천 이성에

---

23) H. Arendt, *Lectures on Kant's political Philosophy*, The University of Chicago, 1982. 김선욱 역, 『칸트 정치철학 강의』, 푸른숲, 2002, 56쪽. 이에 대해서는 백종현, 『시대와의 대화－칸트와 헤겔의 철학』, 아카넷, 2010, 54쪽도 참고했다.

24) I. Kant, RGV, S. 164f.

25) 인간 본성을 이해하려면, 소질과 이성의 관계를 살펴봐야 한다. 소질과 악의 관계에서 나타나는 악 개념에 대해서는 다음을 보라. 이정은, 「감성과 이성의 관계를 통해 본 칸트의 악 개념」, 『시대와 철학』, 제19권 3호, 한국철학사상연구회, 2008, 63-102쪽.

26) I. Kant, 「세계 시민적 관점에서 본 보편사의 이념」, 32-33쪽 참고.

준해서 행사하지 않거나, 자연적 성향과 소질이 이성을 좌우하여 '이성과 감성의 전도'(근본악 문제)를 야기하기도 한다. 자연적 소질이－"동물로서의 인류를 위한 소질과 도덕적 존재로서의 인류를 위한 소질"[27]을 구분해야 하지만－이성을 무력화시키는 것 때문에, 인간은 '**전적인 도덕적 인간**'이 되기 힘들다. 이렇듯 전도되는 인간의 '도덕화'를 보편적으로 실현하려면, 도덕성의 양의 증가가 아니라, "의무에 충실한 행위 속에 존재하는 합법성의 증가"[28]가, 합법성을 야기하는 정치체제 내지 법제화의 확산이 필요하다. 그래서 칸트는 "오직 완전한 시민적 정치체제(모든 문화가 추구하는 최종적인 목표)"[29]를 선험적 원리로 제시한다.

좋은 인간의 점차적 실현은－(도덕적 인간 같은) 한 개인의 문제로 환원할 수 없는－(국가 공동체의) 법제화와 (세계사적 내지 인간 종 전체의) 역사화를 요구한다. 왜냐하면 인간 삶은 (실천) 이성이나 도덕 법칙 자체에 따르는 것만이 아니라, 감성적 욕구와 자연적 소질이 공히 작용하여 자유 및 이성을 대립되는 분지들로 이끌기도 하므로, 칸트는 정치－역사 철학에서－개인과 공동체의 관계를 포괄하여－'**이성과 자연의 충돌**', '**도덕과 정치의 충돌**'을 부각시키며, 그런 충돌을 해소하기 위해 인간학 내지 도덕학(윤리학)이 정치학과 맞물리는 논의를 도입하면서 좋은 인간 문제로 나아간다.

좋은 인간을 윤리학과 정치학의 관계를 통해 설명하는 것은－물론 아리스토텔레스와 칸트에게서 좋은 인간의 의미는 다르지만－일찍이 아리스토텔레스에게서 나타난다. **아리스토텔레스**는 "**좋은 인간은 좋은 국가에서만 좋은 시민이 될 수 있다**."[30]고 한다. 그러므로 좋은 국가의 좋은 시민을 논하는 정치학은 윤리학의 좋은 인간을 실현하기 위한 기반이다. 그에 반해 **칸트**에게는 **좋은 인간만이 아니라 "나쁜 인간도 좋은 국가에서 좋은 시민"이 될 수 있다**. 즉, 『영원한 평화를 위하여』에 따르면, "도덕적으로 좋은 사람은 아니라 할지라도 부득불 좋은 시민이 되지 않을 수 없게 된다."[31]. **나쁜 인간조차도 한 국가 안에서 좋은 시민이 되고 좋은 국가를 만드는 데 일조한다**. 더 나아가 세계 평화를 실현하는 국제 관계에서도 그러하다. **나쁜 인간도 좋은 국제 관계를 형성할 수 있고, 세계 평화를 실현하는 데 기여할 수 있다**. 칸트는 심지어 "**국가를 조직한다는 것이 아무리 어렵다고 하더라도, 악마의 종족에서조차 (그들이 오성을 소유하고 있기만 한다면) 가능할 수 있다**."[32]라고 한다.

---

27) I. Kant, 「추측해 본 인류 역사의 기원」, 86쪽 각주.
28) I. Kant, 「다시 제기된 문제」, 129쪽.
29) I. Kant, 「추측해 본 인류 역사의 기원」, 86쪽 각주.
30) 윤리학에서 아리스토텔레스는 '최고의 선이 정치학의 목적'이라고 한다. Aristotles (손명현 역), 『니코마코스윤리학/정치학/시학』, 동서문화사, 2007, 26쪽 참고.
31) I. Kant, eW, 51쪽.
32) 앞의 쪽.

지금까지 살펴보았듯이, 칸트 정치 철학은 '도덕과 정치가 충돌'한다. 이성의 도덕과 자연적 소질이, 이성과 자연이 충돌한다. 그래서 역사 철학에서 칸트는 인간을 다음처럼 규정한다. 인간은 "어떤 일을 성취하고자 할 때 짐승들처럼 단순히 본능적으로 행동하지는 않으며, 그렇다고 전적으로 이성적인 세계시민(Weltbuerger)과 같이 보편적으로 약정된 계획에 따라 행동하지도 않으므로, 인간에 의한 어떤 계획적인 역사(꿀벌이나 비버의 경우에서처럼)도 가능하지 않은 것처럼 보인다."[33].

전자도 후자도 아닌 얼치기 인간은 이성의 자율적 자기 규제를 벗어나서, 의지와 자유를 함부로 행사하여 비이성적 행동으로, 이기적이고 악한 행동으로 나아간다. 어떻게 하면 이기적이고 악한 행동을, 그렇게 나아가는 자유를 규제하여 '도덕적 인간'이 되도록 할 수 있을까? 도덕 법칙이 좋은 줄은 알면서도 도덕적으로 행동하지 않는 것처럼, 시민사회 정치체제가 좋은 줄은 알면서도 그런 정치체제를 의식적으로, 이성적으로 만들지 않는 상황에서 인간에게 무엇을 기대할 수 있는가? 이런 상황에서, 칸트는 실천 이성에 따르는 도덕적 인간만이 '행복'과 '미래'에 대한 '희망'을 현실화하는 체제를 만드는 것은 아니라고, 즉 나쁜 인간도, 심지어 '악마의 종족'[34]도 좋은 사회를 만들 수 있고, 나쁜 인간도 좋은 시민이 될 수 있다는 정치 철학을 『영원한 평화를 위하여』에서 개진한다.

칸트는 인간 본성을 논하면서 '이성과 감성의 대립', '이성과 자연의 갈등', '도덕과 자연의 갈등'을 드러내고, 정치 철학과 역사 철학에서 '도덕화' 내지 '도덕의 개선'을 개념화하지만, 실제로 그가 생각하는 '**윤리학과 정치학의 근본 관계**'는 다음과 같다.

> "도덕은 우리가 그것에 따라야만 하는 무조건적인 명령적 법칙의 총체이기 때문에, 객관적인 의미에서 그 자체로 이미 실천적인 것이다. (…) 실천적인 법의 이론으로서의 정치학과 이론적인 법의 이론으로서의 윤리학 간에는 어떤 갈등도 존재할 수 없다."[35]

그럼에도 불구하고 칸트는 정치학과 윤리학의 갈등을 개진하고, 이와 동시에 '**나쁜 인간도 좋은 시민이 될 수 있는 정치체제**', 게다가 '**나쁜 인간도 만들 수 있는 정치체제**'를 제시한다. "**나쁜 인간이 어떻게 좋은 정치체제를 만들 수 있는가?**". 자연이 인간 본성에 비추어서－인간이 무의식적이지만, 좋은 정치체제와 도덕적 개선에 이르도록－간교한 꾀를 내어 인간을 끌고 가는 **자연의 계획**(Plan der Natur 또는 자연의 섭리)을 마련했기 때문이다. 헤겔에 비유하면 '**자연의 간**

---

33) I. Kant, 「세계 시민적 관점에서 본 보편사의 이념」, 24쪽.
34) I. Kant, eW, 51쪽.
35) 앞의 책, 62쪽.

지'(List der Natur)이다. 인간은 누구나 이기적 이해관계가 있고, 이를 충족시키려고 하면 인간들끼리 충돌, 즉 항쟁(Antagonismus)이 생겨난다. 항쟁 가운데서 자신의 욕구를 관철시키려고 노력하면, 자연적 소질이 점차 계발되고, 소질 계발의 결과, 사회 전체가 문화화, 문명화된다. 이러한 이기적 이해관계는 '반사회적'이지만, 이기성 발휘가 결국 사회와 역사의 발전을 가져오기 때문에 **'반사회적 사회성**'(ungesellige Geselligkeit)[36]이다. **반사회적 사회성이 계속 진행되면서 자연성을 극복할 법적 장치, 즉 공법화가 실현된다**. 자연의 간지는 이기적 이해관계를 관철시키고자 하는 인간의 욕구를 이용하여, 인류의 자연적 소질을 완전히 계발하고-문화화, 문명화와 더불어-**공법화**를 이룬다.

공법화는 법적, 정치적 장치인데, 윤리학이 요구하는 도덕화와 어떤 관련이 있는가? 공법화는 '도덕화'와 맞물려야 하고, 세계사적 진보는 도덕적 개선을 야기해야 하는데, 자연의 간지는 이성 내지 도덕과의 접점을 어떻게 마련하는가? 악한 경향으로 나아가는 자유를 규제하려면 합법적 정치체제가 필요하고, 합법적 정치체제를 통해 도덕화와 도덕적 개선을 의도할 수 있다. 그러나 칸트는 문화화, 문명화라는 세계사적 진보에도 불구하고 "우리 자신이 이미 도덕적으로 성숙해 있다고 간주하기에는 아직 많은 것이 부족한 실정이다."[37]라는 속내를 드러내기도 한다. 게다가 좋은 정치체제와 도덕화를 야기하는 추동력, 즉 **주체는 인간이 아니다**. **실천 이성도, 도덕적 의식도, 도덕적 인간도 아니다**. 본성이 굽어 있는 인간을 자연이 꾀를 내어 끌고 간 것이다. **정치 철학과 역사 철학의 목표로 자연이 인간을 끌고 가고 있으니, 실천 이성적인 자율적 자기 규제대신 비이성적, 비자율적, 비도덕적 요소가 전면화된다**.

칸트의 고유한 문제의식에서 정치-역사 철학적 분석으로 나아가면, 이렇듯 도덕과 정치의 대립, 이성과 자연의 대립이 설정되며, 그 대립을 해소하기 위해 국제관계와 영구평화가 문제시된다. 칸트의 인간 이해는 고유의 철학적 문제의식에서 출발하여 영원한 평화를 도입하고 세계사적 진보 및 도덕화로 이어진다.

Ⅳ. 국제관계의 목표-영원한 평화를 위한 세계시민사회

칸트가 국제관계론에서 노리는 목표는 무엇인가? 그것은 "실천적인 법의 이론으로서의 정치학과 이론적인 법의 이론으로서의 윤리학 간에는 어떤 갈등도 존재할 수 없다."[38]는 것을 입증하여, 이성과 자연의 대립을 극복하는 것이라고 추정

---

36) I. Kant, 「세계 시민적 관점에서 본 보편사의 이념」, 29쪽.
37) 앞의 글, 37쪽.

할 수 있다. 그러나 칸트에게는 국제관계론과 영구평화론을 진행시키는 원동력 또한 여전히 '이성과 자연의 대립'이다.

어떤 국가가 문화화, 문명화를 통해 법제화로 나아갈 때, 그 국가는 공법으로서 국내법을 지니는 시민사회가 된다. 그러나 만약 이웃 나라가 야만국이면, 야만국의 공격에 의해 시민사회 정치체제는 언제든지 깨질 수 있다. 국가 간 공격 가운데서 시민사회를 지켜내려면 다른 국가도 공법 체제가 되어야 한다. 다시 말하면, "완전한 시민적 정치체제를 확립하는 문제는 합법적인 국제 관계의 문제에 의존하며, 이 후자의 해결 없이는 해결될 수 없다."[39]. 이때 문제는, 다른 국가도 자국처럼 법제화를 의식적으로, 이성적으로 실현하기는 쉽지 않다는 점이다. 다른 국가도 자국의 이기적 이해관계를 관철하려는 자연적 욕구를 지니며, 자연과 이성의 대립이 상존한다. 그래서 **자연은 개인 관계에서처럼 국가 관계에서도 법제화 수단으로-꾀를 발휘하여-국가 간 이해관계가 충돌하는 '전쟁'을 활용한다**.

전쟁은 기본적으로 "도덕적인 것에 대한 최대의 장애물"[40]이다. 전쟁 자체는 실천 이성적 도덕 행위와 대립하는 것이면서 동시에 역사 진보를 방해한다. 왜냐하면 "국내의 전쟁이나 국가 간의 전쟁은 그때까지 존재해 온 모든 합법적인 정치체제를 파괴해 버리기 때문이다."[41]. 그러므로 한 국가가 시민사회 정치체제인 것만으로는 부족하고, 다른 국가도 시민사회 정치체제가 되어야 한다. 더 나아가 국가들 간에 야만적 상태가 일어나지 않도록 하려면, 평화와 안보를 유지한다는 '확신'도 있어야 한다.

전쟁은 '도덕적인 것에 대한 최대의 장애물'이지만, 그러나 칸트는 **서로가 공법 체제를 요구하면서 '평화와 안정을 실현하는 수단' 또한 '전쟁**'이라고 본다. 야만적 전쟁은 이미 형성한 공법 체제도 와해하고 인류 발전도 방해하는 것처럼 보이지만, **'전쟁에서 야기되는 사악함(das boese und uebel)'은 오히려 '사악함을 벗어나기를 의지하도록' 만들며**, 게다가 **타국의 사악함을 이기기 위해 군비강화 경쟁을 하는 가운데서 국가를 발전시키기 때문이다**.

각국은 전쟁 상태가 아니어도 언제 발생할지 모르는 전쟁에 대비해 군사력(동

---

38) I. Kant, eW, 62쪽.

39) I. Kant, 「세계 시민적 관점에서 본 보편사의 이념」, 33쪽.

40) I. Kant, 「다시 제기된 문제」, 132쪽.

41) 앞의 글, 125쪽. 김상봉은, 헤겔 국가관에 따르면, 영구평화를 꿈꾸지 않는 것이 그리고 전쟁 종식을 꿈꾸지 않는 것이 칸트와 달리 헤겔이 지닌 보다 더 일관된 입장이라고 평가한다. 그러나 헤겔과 달리, 칸트는 전쟁 발생의 "자연적 필연성과 전쟁을 극복해야 할 도덕적 필연성을 구별한다."(김상봉, 「법을 넘어서-칸트의 영구평화론에 대한 비판적 고찰」, 『철학연구』, 68/1, 철학연구회, 2005, 55쪽)는 점도 강조한다. 그에 반해 박진은 전쟁의 목적론적 반성(박진, 「전쟁과 평화-혁명과 전쟁에 관한 칸트의 상충하는 입장」, 『칸트연구』, 제9호, 한국칸트학회, 2002, 149쪽 이하를 참고하라)과 섭리의 정당화를 더 중요하게 강조한다.

맹력, 경제력, 기술력)을 키우려고 노력한다. 그러다 보면 '전쟁 준비'는 전쟁보다 더 무서운 악이 되기도 한다. "실제의 전쟁보다는 오히려 미래의 전쟁에 대비한 지속적이면서 점점 더 증가하는 준비가 더욱 그러한 악의 근원이 된다."[42]. 칸트가 영원한 평화를 위한 '예비조항' 3에서 '상비군 폐지'[43]를 주장하는 것도 이와 관련된다. 상비군은 전쟁 반발 시 자국을 보호하기 위한 것이다. 그러나 '군비 경쟁'을 하다 보면 '전쟁의 화근'이 되므로, 전쟁을 소멸하려면 화근을 제거해야 한다.

이런 우려에도 불구하고 전쟁 발발이 계속되면서, 사람들은 전쟁 때문에 인간성에 더 가까워지고 인간성을 보호할 장치를 고민하게 된다. **전쟁은 인권을 침해하기 때문에, 침해당하는 인간의 인간성에 더 주목하도록 만든다**. 그래서 전쟁 횟수를 줄이려는 노력이 생겨나며, 침략 전쟁을 야기하지 않는 방법을 강구하게 된다. "전쟁을 도발하지 않는, 말하자면 공화적인 정치체제를 추구"[44]하는 방향으로 나아가며, 이렇게 해서 국제법이 형성된다.

물론 국가 간의 국제법은 국내법과 달리 실현의 한계가 있다. 개인이 자신의 자유를 보호하기 위해 법에 귀속되기를 원하듯이, 국가도 '공민 체제와 비슷한 체제'에 귀속되기를 원할 수는 있다. 그러나 현재 진행 중인 전쟁을 끝내기 위해 맺는 국가 간 '평화 조약'은-의도의 진정성이 있어도-전쟁을 근본적으로 종식시키지는 못한다. 평화 조약을 강화하기 위해 국제 연맹과 그에 준하는 공법으로서 국제법을 창출해도 그러하다. 왜냐하면 "**각 국가는 이미 그 자체 안에 내적인 법률 제도를 갖고 있기 때문이며, 따라서 다른 국가로 하여금 자신의 권리 개념에 의해 좀 더 확장된 법률 제도를 준수하도록 강요할 수 없기 때문이다**."[45]. 국제법을 국내법처럼 적용하는 것은 일종의 옥상옥이다. 그러다 보니 국가들끼리 권리가 충돌하면, '국제법 소송'보다는 '전쟁'을 하게 된다. 각 국가는 '국가의 위엄'이 있기 때문에, 서로가 '대항할 수 있는 권리'를 지니며 "어떠한 외적인 법적 강제에도 굴복하지 않는다."[46] 이런 상태에서 "야만적인 (무법의) 자유를 포기하고 그들 스스로를 공법의 규제에 내맡기는"[47] 국제 국가 내지 세계시민사회로 이행하는 것은 쉽지 않다. 어쨌든 '평화 조약'은 전쟁 상태를 영원히 종식시키지는 못하기 때문에, "영원히 모든 전쟁을 종식"시키는 데 과도기적으로 도움이 되는 '특별한 종류의 연맹', 즉 '평화 연맹'[48]을 만들게 된다. '평화 연맹'은 자유로운 국제 연맹

42) I. Kant, 「추측해 본 인류 역사의 기원」, 91쪽.
43) I. Kant, eW, 15쪽.
44) I. Kant, 「다시 제기된 문제」, 125쪽.
45) I. Kant, eW, 33쪽.
46) 앞의 책, 31쪽.
47) 앞의 책, 35쪽.
48) 앞의 책, 34쪽.

체제이며, "이성은 자유로운 연방 체제를 필연적으로 국제법의 개념"[49]과 결부시키게 된다.

국제 연맹을 거쳐서 "각 국가의 자유를 제한하는 보편적으로 타당한 공법"[50]으로 발전하며, 그럴 경우 '국제 국가'로까지 발전할 수 있다. 칸트는 하나의 국제 국가에 대해 부정적으로 평가하기도 하고, 실현 불가능성 내지 당위적 접근을 주장하기도 한다. 그럼에도 불구하고 중요한 것은 국제 국가는 불화를 수단으로 하여 국가 간 대립을 넘어서는 평형 법칙을 발견하고자 하는 욕구에서 나오는 것이다. '**평화와 안정 상태**'를 찾아내려는 욕구와 노력이 세계시민사회 구축을 야기한다. 이때 영원한 평화가 가능하려면, 평화를 대비하는 국가 간 협정조항이 필요하며, 그래서 칸트는 영원한 평화를 위한 '예비조항, 확정조항, 추가조항'[51]을 제시한다.

그런데 왜 세계시민사회로까지 가야 하는가? 거기에서야 인간의 자연적 소질이 완전히 계발되어 자연의 간지가 필요하지 않기 때문이다. 더 이상 자연이 아닌 이성이, 자연의 간지가 아닌 실천 이성적 자유 의지가, 자연이 아닌 도덕 법칙이 행동의 동력이 되고, 이성의 자기 규제가 가능해진다. 국가 관계에서도 더 이상 전쟁이 아니라 공법 체계가 권리 실현의 토대가 된다.

이때 세계시민은 '**전적인 이성적 인간**'으로, '**전적인 도덕적 인간**'으로 행동하며, 도덕 법칙을 주체적으로, 자율적으로 실천하는 '**실천 철학**'**의 실현**이 가능해진다. 달리 말하면 정치와 도덕의 일치가 도덕화를 통해 실현되는 지점이다. 국제관계에서 자연과 이성의 갈등을 해소하고 정치와 도덕의 일치를 실현하는 것은 국제법으로는 불충분하기 때문에, 전 세계가 하나의 국가처럼 작동하는 세계 국가,

---

49) 앞의 책, 35쪽.

50) 앞의 쪽.

51) **국가 간의 영원한 평화를 위한 예비 조항**-1. 장차 전쟁의 화근이 될 수 있는 재료를 암암리에 유보한 채로 맺어진 어떠한 평화 조약도 결코 평화 조약으로 간주되어서는 안 된다. 2. 어떠한 독립 국가도 (크고 작고에 관계없이) 상속, 교환, 매매 혹은 증여에 의해 다른 국가의 소유로 전락될 수 없다. 3. 상비군은 결국 완전히 폐지되어야 한다. 4. 국가 간의 대외적 분쟁과 관련하여 어떠한 국채도 발행되어서는 안 된다. 5. 어떠한 국가도 다른 국가의 체제와 통치에 폭력으로 간섭해서는 안 된다. 6. 어떠한 국가도 다른 나라와의 전쟁 동안에 장래의 평화 시기에 상호 신뢰를 불가능하게 할 것이 틀림없는 다음과 같은 적대 행위, 예컨대 암살자나 독살자의 고용, 항복 조약의 파기, 적국에서의 반역 선동 등을 해서는 안 된다.

국가 간의 영원한 평화를 위한 확정 조항-1. 모든 국가의 시민적 정치체제는 공화정체이어야 한다. 2. 국제법은 자유로운 국가들의 연방 체제에 기초하지 않으면 안 된다. 3. 세계 시민법은 보편적 우호의 조건들에 국한되어야 한다.

제1추가조항 영원한 평화의 보증에 대하여—영원한 평화를 보증해 주는 것은 참으로 위대한 예술가인 자연이다.

제2추가조항 영원한 평화를 위한 비밀 조항—공적인 평화의 실현 가능한 조건에 대한 철학자들의 준칙을 전쟁을 위해 무장한 여러 국가들은 충고로서 받아들여야 한다.

그에 준하는 세계시민법이 요구된다. 세계사적인 세계시민 체제로서 공법 체계가 필요하다.

이렇게 등장하는 **세계시민사회는 '실천 이성의 형식적 원리가 지배하는 사회'와 다르지 않다**. 칸트는 『영원한 평화를 위하여』의 부록 1에서 실천 철학은–선택된 목적이 아니라–'순수 이성의 형식적 원리'(네 의지의 준칙이 보편적 법칙이 되게 할 수 있도록 행동하라)에서 출발해야 하며, 이것은 '공법의 원리와 관련된 (따라서 인식 가능한 정치와 관련된) 도덕'에도 그대로 적용된다고 한다.

실천 원칙과 정치 원칙의 관계에 관한 칸트의 결론적 입장을 정리해 보자.

1) "우선 **순수 실천 이성의 왕국**과 그 정의에 도달하려고 노력하라. 그러면 **너의 목표(영원한 평화의 은총)**는 필연적으로 달성될 수 있을 것이다." 2) "(한 국가 안에서나 또는 국가와 국가 사이의 관계)에서 선천적으로 주어지는 보편적 의지가 있어서, 이 **보편적 의지가 인간들 사이의 법을 결정**"한다. 그러므로 3) "인간은 공법 개념에 대한 복종을 거부할 수 없다(이것은 국제법의 개념에서는 더욱 그러하다)." 4) 궁극적으로 "**정치적 준칙은**" 한 국가의 안녕, 행복, 목적이 아니라 "**정의에 대한 의무의 순수 개념(그것의 원리가 선천적으로 순수 이성에 의해서 주어지는 당위)에서 도출되어야 한다**."[52].

칸트가 국제관계에서 추구한 목표로서 '영원한 평화 상태'는 '**실천 이성적 도덕의 전면화**'이다. 이곳에서 인간은 전적으로 이성적 인간으로 행동하기 때문에, '**희망할만한 가치를 전적으로 지니는 존재**'가 된다. 인류 종 전체의 작동이면서 동시에 개인 하나하나가 행복을 희망할만한 존재가 된다.

V. 칸트의 세계시민사회의 딜레마–여전히 공법 체계가 필요한가?

전쟁뿐만 아니라 적대 행위를 중단하고, 더 나아가 평화 상태를 보증하고 보증을 이행하는 것을 칸트는 '오직 법적 상태에서만 가능하다'[53]고 본다. 그래서 공화제적 헌법에 기초하는 국내법뿐만 아니라, 국제법, 세계시민법이 전개된다.

그런데 왜 칸트는 공화정체를 보편화하려 하는가? 칸트에게 '인간의 사악성은 실천 이성과 불일치'하며, 이 불일치는 '정치 철학 및 역사 철학과 윤리학 간의 불일치'도 야기한다. 그러므로 사악성을 극복하는 정치제제에 대한 고민이 생겨난다.–

---

52) I. Kant, eW, 70-74쪽을 보라.

53) 앞의 책, 23쪽. 칸트는 전쟁 도발을 정당하는 발언, 법적 구속력이 없는 발언을 하는 법학자의 얘기에도 불구하고 사람들이 법 개념에 최대한의 경의를 표하기 때문에, 그것만으로도 인간에게는 악의 원리를 극복할 수 있는 도덕적 성향이 있으며, 국내법에서 국제법으로 진행될 수 있다고 본다(앞의 책, 32-3쪽 참고).

정치체제는 개인 관계뿐만 아니라, 공동체간 문제까지 고려하는 통합된 의지를 필요로 한다. 개인의 행복과 완전함은 국가 평화와 관련되며, 국가 평화는 세계 평화를 필요로 한다.－개인의 행복을 잠식하는 사악성의 최고치는 국가 간 전쟁인데, 전쟁을 막을 수 있는 방법은 궁극적으로 공법이라고 보기 때문이다.

이 대목에서 칸트가 표방하는 **정치정체 성격**을 간략하게 정리해 보자.

1. 헌법에 근거한다. 2. 헌법은 군중이 하나의 국민으로 되는 일반 의지의 표출이다. 3. **입법부로부터 집행권(행정권)을 분리시키는 정치 원리**이다. 4. 대의적이지 않은 모든 정부 형태는 형식을 갖춘 것이 아니다. 5. 민주제는 필연적으로 전제정체이다. 6. **대의성이 커질수록, 공화정체에 가까이 갈 가능성이 커지며**, 7. 그 체제는 점진적 개혁에 의해 결국 공화 정체에 다가갈 것이다.[54]

이러한 공법이 국내법을 넘어서서 국제법으로 나아가도, 국제법은 국내법과 같은 효력을 발휘하지 못한다. 그래서 공법 효력의 철저화를 위해－인간의 자유, 권리, 행복과 완전함을 총괄하여 세계 평화를 실현하는－세계시민법으로 나아가게 된다.

세계시민법은 실천 이성을 '전적으로는 따르지 못하는' 인류가 '전적으로 따르는' 존재가 되도록－즉, 희망할만한 가치가 있는 존재가 되도록－자연이 끌고 가는 목표 지점이다. 여기에서는 더 이상 자연과 도덕의 대립, 자연과 이성의 대립, 욕망과 의무의 대립이 존재하지 않는다.

그런데 **만약 자연과 이성의 대립이 세계시민사회에서 해소된다면, 여전히 "대의제가 유효"할까**? 달리 말하면 **여전히 "지배(자)가 필요"할까**? 인간 본성에 따르면, 인간은 실천 이성에 의해서만 행동하지 않기 때문에, 실천 이성과 대립하는 자연의 계획이 필요했다. 그러나 대립이 해소된 세계시민사회라면 자연의 작동이 필요하지 않다. 지배(자)의 작동도 필요하지 않다. 그렇다면 자연의 역할 및 (대의제적) 공법의 유효성도 재고해야 하지 않는가? 칸트가 국제관계론과 영구평화론을 펼치는 이유가－필자의 추정대로－정치와 도덕 간에 어떤 갈등도 없다거나 그럴 가능성을 보여주는 것이라면, 세계시민사회는 갈등이 소멸되는 곳이어야 한다. 정치학과 윤리학의 갈등은 인간 본성에 기인하는 자연과 이성의 갈등이기 때문이다.

A). 정치학의 완전한 전개가 인간에게 본질적인 것이라고 해도, 칸트에게 정치학 자체는 애초부터 윤리학으로 환원될 가능성을 지닌다. 만약 후자라면, **세계시민법에서는 정치학 내지 정치는 소멸해도 된다**. 정치학과 윤리학의 구별이 사라져도 된다. 세계시민법이라는 정치학적 법 개념도 사라져도 된다.

B). **A의 반론**－만약 후자라고 해도, 칸트에게 정치학은 여전히 유효하다. 왜냐하면 칸트가 『영원한 평화를 위하여』에서 "각 개인은 자유의 원리에 따라 합법적

54) 앞의 책, 28-9쪽 참고.

인 체제 아래에서 생활하고자 하는 의지를 갖고 있다."[55]라고 했을 때, 그 의지는 순수하게 실천 이성에만 몰입할 때도, 즉 '전적인 이성적 인간'조차도 그러하다는 것이 아닐까? **그렇다면 정치학은 자연의 계획이 아니어도, 불가분하게 발생한다**.

C). 칸트는 『영원한 평화를 위하여』에서 "영원한 평화를 모색할 때 가장 본질적인 질문이 무엇인가?"라고 묻고서 다음처럼 대답한다.

"**인간 자신의 이성이 인간에게 의무로서 부과한 목적을 위해서 자연은 무엇을 해왔는가?** 즉, 자연은 인간의 도덕적 의도를 뒷받침하기 위해서 무엇을 해왔으며, 그리고 인간이 자유의 법칙 아래에서 행해야만 하지만 아직 하고 있지 않은 것들을 앞으로는 하게 될 것이라는 것을 (인간의 자유를 손상시키지 않은 채 강제력에 의해), 자연은 어떻게 보장하겠는가?"[56].

곧바로 이어지는 말은 '공법의 세 단계, 국내법, 국제법, 세계시민법'과의 관련성이다. 그리고 **자연이 공법을 의도한다고 해도, 결국 그것을 해내는 것은 '인간'이며, 이를 강력하게 밀고 나간다면 '인간의 자유로운 실천 이성'이 다시 중요해진다**. 자연적 성향과 소질 자체는 근본적으로 악한 것이라기보다는 선택 의지에 의해 악으로도 선으로도 기울어질 수 있다. 실천 이성이 성향과 소질을 통제하여 도덕적 인간으로서 의지의 자유를 행사하게 한다. 자연적 소질을 통제하고, 자기 규제를 전면화하는 것은 '**인간의 몫**'이다.

D). A, B, C를 통틀어 고려하면, **칸트의 본래 의도는 인간의 역할, 인간의 책임을 전적으로 강조**[57]**하는 데 있는가?** 그렇다면 칸트의 다음과 같은 얘기는 세계시민법 상태에서는 어떻게 읽혀야 하나?

"객관적으로는 (이론적으로는) 도덕과 정치 사이에 아무런 갈등도 없다. 그러나 주관적으로는, 다시 말해 인간의 이기적 성향에 있어서는 (이 성향은 이성의 준칙에 근거하고 있지 않기 때문에 실천이라고 부를 수 없다.) 도덕과 정치 사이에 갈등이 계속 존속할 것이고 또 존속해도 좋다. 왜냐하면 그 갈등은 덕을 갈고 닦는 숫돌의 소임을 하기 때문이다."[58].

세계시민법 상태에서도 법은 소멸할 수 없는가? 실천 이성의 전면화에서도 인

55) 앞의 책, 63쪽. 김종국은 영구평화 상태는 '전략적 계약의 산물'이 아니기 때문에 '비가역성'이라고 한다. 게다가 '도덕성에 근거를 둔 평화'라고 하면서 "칸트에 있어 '도덕성에 근거를 둔 평화'의 본질적 요소는 '법 상태'이다."(김종국, 「이성에 의한, 자연을 통한 평화」, 『철학』, 제63호, 한국철학회, 2000, 136쪽)라고 주장한다.

56) I. Kant, eW, 50쪽.

57) 「추측해 본 인류역사의 기원」에서, 칸트는 이미 다음처럼 얘기했다. "인간으로 하여금 자신을 억압하는 악 때문에 섭리를 비난해서는 안 된다…그러한 행위의 발생은 전적으로 자기 자신에 의해 이루어진 것으로서 인정되어야 마땅하며, 그리고 자신의 이성을 잘못 사용함에서 비롯되는 모든 악의 책임은 전부 자신이 져야 한다."(I. Kant, 「추측해 본 인류 역사의 기원」, 94쪽).

58) I. Kant, eW, 74-75쪽.

간은 얼마든지 자연의 사악성으로 전락할 수 있는가? 그렇다면 칸트는 세계시민사회에서조차 모순을 해소하지 못한 것인가? 정치 체계와 국제관계의 도덕화가 '전적으로 인간의 몫'일 수 있는 상황은 세계시민사회여야 하지 않겠는가? 칸트가 보여주는 스펙트럼을 모두 담아서 한 문장으로 이렇게 정리할 수 있는가? 정치학의 공법체제는 자연의 간지이면서 동시에 인간(이성)의 기획인가?

"**정치학의 공법체제는 실천 이성적 도덕의 필연적 도구이면서 동시에 도구가 아니다.**".

E). 세계시민법은 국가들의 관계, 즉 국제관계에서 만들어지는 법이다. 그러나 그 근간은 도덕이고 실천 이성이므로, '한 개인의 자연과 이성의 대립'을 극복하여 '전적인 이성적 인간', '전적인 도덕적 인간'을 실현해야 한다. 이것은 실천 이성적 도덕과 자연의 대립이고, 달리 말하면 '개인의 한 면과 다른 면의 관계'처럼 보인다.

그래서 국가 대 국가가 거대한 국제기구를 준비하여 세계시민법을 도출해도, 세계시민법은 '**국가 대 국가의 계약**'이 아니라 '**개인 대 개인의 계약**'이라는 생각이 든다. 세계시민사회는 어떤 사회인가? 국가 간 경계가 의미를 지니는 사회인가? 도덕에 기초하는 개인 간의 경계가 버전을 달리할 뿐인 사회인가?

Ⅵ. 헤겔 국제관계의 기반-국가의 특수성과 차이

헤겔이 보기에, 칸트 국제관계의 문제점은 A)에서 출발하는 것이고, 그래서 결국 E)의 난제로 귀착된다. E)와 관련하여 생겨나는 의문? 세계시민사회는 한 국가인가? **전 지구에 걸쳐서 흩어져 살고 있는 개인, 그 개인이 속하는 국가는 어떻게 되는가? 여전히 다양한 국가로 남아있는가? 아니면 하나의 국가로 통폐합되는가?**

헤겔은 인간의 권리 및 자유 실현을-『법철학』과 『역사철학강의』에서-정치 철학과 역사 철학의 유기적 관계를 활용하여 전개한다. 객관 철학을 다루는 『법철학』에서-사회계약론과 칸트 윤리학이 지닌 형식주의를 비판하면서-인륜적 국가를 제시하는데, 제3부 인륜성은 가족, 시민사회, 국가로 구별되며, 국가는 다시 국내법, 국제법, 세계사로 전개된다. 국제법에서 세계사로 이어지는 논리적 과정은 『역사철학강의』를 압축한 것이다.

헤겔은 『역사철학강의』에서 '자유', '세계사적 자유', '자유의식의 진보', '발전 법칙'과 '발전 법칙의 필연성'을 논하지만, 역사 철학이 정점에 도달해도-근대에는 주권 국가로서-'**민족국가**'라는 단위는 살아있다. 그래서 **세계사의 어느 시기이든, 하나로 통폐합되지 않는 국가의 차이, 국가의 특수성이 '각기 고유한 민족정**

신'으로 견지된다.

이것은, 헤겔이 **국가**를 '**하나의 인격**'으로 보는 것과 관련된다. '자유 의지를 지니는 개인'은 하나의 '인격'[59]이다. 헤겔에게 인격의 강조는 일단 인륜성의 해체를 야기한다. 그러므로 개인은 자기의식과 의지를 훈육하여 신, 자연과 정신이 투명하게 알려지는 의식으로 고양되어야 하며, 의식의 고양 속에서 인륜적 보편성이 계시된다.

인격을 지니는 개인은 자기 정체성과 자유를 지니는 정신적 존재이다. 이때 헤겔이 생각하는 자유는 "보편적이고 실체적인 대상들 및 법(권리)과 법칙(법률)을 알고 의지하는 것(의식)이며, 그에 적합한 현실성, 즉 국가를 산출하는 것(의식)"[60]을 의미한다. 개인의 자유가 인륜적 국가에 매개된 인륜적 자유를 통해 가능하다는 것은 자유와 법의 연결을 통해 드러난다. 이때 **자유로운 정신은 '자기동일성'과 동시에 '절대적 자기부정성'을 지닌다**. **자기 부정성을 지니기에 개체는 타자와 부정적 관계를 지닌다**. 이것은 하나의 '인격'으로서 국가에도 동일하게 적용된다. "**국가는 개체이며, 개체성에는 본질적으로 부정의 활동이 포함**"[61]된다. 인격을 지니는 개체로서 국가는 자기 대립을 산출하기에 타국에 대해 '배타적 국가 관계'를 지닌다.

자기 부정적 관계를 지니는 인격적 존재는 다른 인간과 통폐합되지 않는다. 그러나 통폐합되지 않는 자기부정은 타인과의 관계를 자기실현의 계기로 동반한다. **한 개인은 다른 인격과의 관계가 없으면 자기 정체성을 현실화할 수 없다**. **타인과의 관계를 통해 인정 구조를 형성하면서 자기 정체성을 실현한다**.

그렇듯이 **'하나의 인격'으로서 국가도 타국과의 관계, 타국과의 인정 구조를 현실화한다**. "개개인이 다른 인격과의 관계가 없이는 현실적 인격이 아니듯이(§ 71과 그 밖의 몇 군데), 국가도 다른 국가와의 관계가 없이는 현실적 개체가 아니다."[62]. 국가는 각기 '실체적 이성'을 지니는 현실적 정신이며, 독립적 주권과 절대적 권력으로 인해, 당연히 다른 국가와 대립할 수밖에 없다. 그러나 자신의 인격이 실현되려면, 다른 국가와의 인정 관계가 실현되어야 한다. "**다른 국가에 대치하면서 바로 그 다른 국가에게 인정받는 것이 국가의 으뜸가는 절대적 권한이다.**"[63]. 그래서 헤겔은 앞의 각주(Zusatz)에서 국가의 정통성을 실현하기 위해 다음 세 가지를 논한다.

1. 국가의 군주권의 정통성은 전적으로 국내를 향해 있는 관계라서, 타국의 내

---

59) G. W. F. Hegel, VPG, S. 81.
60) 앞의 책, S. 82.
61) G. W. F. Hegel, GPR, § 324 Zusatz.
62) 앞의 책, § 331 보충.
63) 앞의 책, § 331.

정에 개입하면 안 된다. 2. 본질적으로 **타국에게서 인정받음으로써 완벽한 것**이 되지 않으면 안 된다. 3. **인정을 받으려면, 상대국에게 자국의 인정을 요구하는 국가 또한 상대국을 동일하게 인정한다는 보증을 해야 한다**. 4. **인정을 요구하는 상대국의 내부에서 어떤 일이 벌어지는지에 대해 무관심할 수 없다**[64].

헤겔은 국가 성격을 이렇게 규정지으면서 국제법을 논한다. 국가들 간 상호 인정을 위해 쌍방의 자의에서 출발하는 '계약'이 있고, 계약에 의해 '국제법'이 형성된다. **국제법**은 실정적 조약으로서 특수한 내용을 지닌다기보다는 **"국가 간에 절대적으로 타당해야만 할 보편적인 법"**[65]이다. **국가들끼리 상호 의무의 기초가 되는 조약이므로, 국제법은 절대적으로 지켜져야 한다. 그러나 '현실적으로' 그러한지 여부는 각기 다른 주권 국가의 '견해와 의지'에 좌우된다**. 그래서 헤겔도 **'당위의 형식**'(die Form des Sollens)[66]을 언급한다.

칸트는 국제법과 세계시민법을 구분하고, 세계시민법을 통해 영원한 평화를 실현하려고 하면서도, 국제법과 세계시민법의 명확한 구분 내지 상세한 설명을 제시하지 않음으로써 논란의 여지를 남겼다. 세계시민사회는 정치학의 영역이고 그 근간은 윤리학이기 때문에, **칸트의 정치 철학과 역사 철학의 목표**는–'정치와 도덕의 일치' 문제로 인해–**당위**로 처리된다. 비록 철학적 이념이나 목표는 다르지만, '하나의 인격'으로서 국가가 국제관계에서 특수성을 견지하면서 동시에 보편적 자유를 실현하려고 할 때, 헤겔 또한 부딪치는 고민이 세계시민사회와 같은 **'하나의 세계국가를 거부**'하는 방식과 **'당위 문제**'로 나간 것이다.

헤겔에게 중요한 것은 국가의 특수성의 보존이다. 그래서 국제관계는 국가 주권을 기초로 하는–'민족국가'로서–'특수한 의지'를 지니며, 국제법이 작동해도–국내법과 달리–"집정관이란 존재하지 않고 기껏해야 중재자나 조정자가 있을 뿐"[67]이다. **국가의 특수성과 차이를 살려내려고 하다 보니, 헤겔은 국가 간의 '배타적 관계'와 '상호 인정'이라는 두 축을 잡게 된 것이다**.

영구 평화를 위해 국제 연맹과 거대한 국제기구를 마련하는 선험적 원리로서 **칸트의 국제법이나 헤겔의 인륜적 국가도 "특수한 주권자의 의지에 기초한 것이기 때문에 어디까지나 우연성에 매여 있다**."[68]. 우연성을 제거 내지 제어하지 못하면, 달리 말하면 **"국가 간의 분쟁은 쌍방의 특수한 의지가 합의에 이르지 못하는 한, 오직 전쟁에 의해 결정될 수밖에 없다**."[69]. 헤겔은 단지 '선험적 원리'로서

---

64) 앞의 책, § 331 보충 참고. 헤겔은 여기에서 '문화 정도가 낮은 유목민족도 국가로 간주해야 하는가?'라는 문제도 제기한다.
65) 앞의 책, § 333.
66) 앞의 책, § 330.
67) 앞의 책, § 333 보충.
68) 상동.
69) 앞의 책, § 334.

가 아니라 '현실 국가에 대한 역사적 분석'에 기초하여 국제관계를 전개하다 보니, 현실 국가가 지닌 우연성과 자의 때문에 전쟁이 발생하는 것을 수용하게 되고, 그래서 전쟁옹호론자처럼 비친다. 게다가 헤겔은 "오래도록 바람이 불지 않으면 바다가 부패하듯이 지속적인 평화나 심지어 영구적인 평화는 국민을 부패시킨다."[70]는 맥락에서, **전쟁은 '국민의 윤리적 건전성'을 위한 필수불가결한 수단**으로 설명하며, 이것은 '**전쟁의 인륜적 측면**'을 부각시키는 것이기도 하다. '전쟁의 인륜적 측면'을 주장한다면, 전쟁옹호론자라는 심증은 실증으로 굳어지게 된다.

그러나 이런 논의에 뒤이어서 헤겔을 전쟁옹호론자로 치부할 수 없는 측면[71]도 나타난다. 헤겔은 주권 국가들이 서로를 '국가로서 인정'하려면 "**서로가 절대적인 존재로서 인정하는 기반이 존속**"[72]해야 하며, 그래야만 전시에도 전쟁은 금방 '지나가버릴 일시적인 것'으로 간주할 수 있다는 점을 잊지 않고 덧붙인다. 헤겔이 역사 발전의 주체로 제시하는 세계사적 영웅(알렉산터, 케사르, 나폴레옹)은 대체로 전쟁 영웅이라서, 칸트처럼 세계사적 발전의 원동력도 전쟁처럼 보일 수는 있다. 그러나 헤겔은 세계사적 전환의 계기를 전쟁 이외에도 근대 혁명, 경제력, 본래부터 지니는 자유정신, 종교개혁처럼 다양하게 제시하기 때문에, '전쟁'을 역사의 동력으로 부각시켜서는 안 된다.

중요한 것은, 어떤 단계이든, 어떤 방법을 사용하든, '**국가라는 단위**'와 '**국가의 인격**'은 민족정신을 본질로 하여 국가 간 차이와 특수성을 만들어내며, '**특수한 민족정신을 지니는 민족국가**'가 국제 관계의 근간이 된다는 점이다. 그래서 각 국가가 주권자의 의무로서 '국민 전체의 복리' 내지 복지(안녕)를 국가 이념으로 실현할 때도, 복리를 위해 각 "정부가 짜내는 지혜도 상황에 따른 특수한 지혜(eine besondere Weisheit)이지, 세계 어디에서나 통하는 섭리는 아니다."[73].

Ⅶ. 자연의 섭리에 대한 헤겔의 비판-국가는 자유의 산물

헤겔이 국제관계에서 칸트를 비판하는 것처럼 보여도, 칸트와 유사한 발언이 나타나기 때문에, 미묘한 어려움이 노정된다. 그러나 미묘해도 분명한 차이 중 하나

70) 앞의 책, § 324 보충.

71) 나종석은 헤겔이 전쟁을 수용하는 이유를 애국심 이해에 기초하여 살펴본 뒤에, 헤겔 입장은 '제한전쟁이론'(나종석, 「헤겔의 전쟁이론에 대하여」, 『헤겔연구』, 제19호, 한국헤겔학회, 2006, 298쪽)이라고 규정한다. 남기호는 칸트와 달리 헤겔 전쟁론을 '실재론적으로'(남기호, 「세계시민의 영원한 평화를 위한 단서조항(但書條項)」, 『시대와 철학』, 제21권 4호, 한국철학사상연구회, 2010, 145쪽) 분석한다.

72) G. W. F. Hegel, GPR, § 338.

73) 앞의 책, § 337.

가 '섭리 비판'이다. 신의 섭리를 '자연'으로 바꾼 칸트의 '자연의 계획' 내지 '자연의 섭리'에 대한 비판이다.

'섭리' 비판은 달리 말하면 '운명적 필연성' 비판[74]이다. 헤겔은 『법철학』§ 324 보충에서, 국가 운명은 '점유나 생명'처럼 우연적인 것에 적용되는 필연성이 아니라고 본다. **국가는 '자연의 폭력'에 의해 사멸해야 하는 필멸적 존재가 아니기 때문에, 필연성은 오히려 '자유의 성과'가 된다**. 국가는 인륜적 실재성을 지니는 정신의 자유로운 공동체라서 "자연의 폭력성은 박탈되고 필연성은 자유의 성과라고 할 인륜적인 것으로 고양된다."[75]. 인륜적 실재는 이성의 자기의식적 작용과 부정의 변증법을 통해 필연성을 실현해낸다. 그리고 세계사적 자유의 진보를 실현하는 역사에서도 자유가 현실 역사에서 어떻게 실증되고 법제화되는가를 논증하기 때문에, 칸트에게 선험적(a priori) 원리로만 제시되는 '국제 관계, 영원한 평화를 향한 공법'의 원동력인 자연의 섭리는 '인식될 수 없는 불가해한 것'[76]이며, 불가해한 것으로 남기를 좌초한 셈이 된다.

헤겔이 섭리를 거부하면서 동시에 거부하는 것은 '정치와 도덕의 관계'이다. 인륜적 공동체 안에서 도덕을 실현하는 것 자체를 거부한다는 것이 아니라, 정치를 도덕으로 환원하고, 정치학을 윤리학과 동일한 원리로 천명하는 것을 비판하는 것이다. 자연과 이성의 대립 속에서 평화를 지향하는 칸트의 정치와 역사는 자유를 목표[77]로 삼지만, 평화를 부각시키다보니 오히려 '자유' 개념이 전면화하는 것을 희석시킨다. 칸트에게 국제관계는－정치와 도덕 관계의 다른 표현인 자연과 이성의 대립 때문에－'평화와 자유의 이원화'처럼 보인다. 국제관계의 목표는 단도직입적으로 실천 이성의 '자유'여야 하는데, 칸트는 '평화'에 초점을 맞추느라 자율적 자기 규제로서 '자유'를 충분히 강조하지 못했고, 인륜적 자유를 주장하

---

74) 남기호에 따르면, 헤겔은 '역사철학 강의원고'에서 '이성의 간지(교지)'라는 단어를 한 번도 사용하지 않았고, 그래서 "*역사*철학의 고유개념으로 간주될 수는 없다."(남기호, 「헤겔 철학에서의 이성의 교지(巧智) 개념」, 『시대와 철학』, 제20권 4호, 한국철학사상연구회, 2009, 51쪽)고 하면서, 역사 철학보다는 '실천철학적', '논리학의 목적론적' 개념으로 간주해야 한다고 주장한다. 이런 해석은 역사 철학에 대한 일반적 해석과 충돌한다. 목적론적 해석에 대한 논의로는 다음을 참고하라. 유헌식, 「이성의 지배와 역사 혁신의 가능성: 헤겔의 '이성의 간지'와 관련하여」, 『역사이성과 자기혁신』, 철학과 현실사, 2009.

75) G. W. F. Hegel, GPR, § 324 보충.

76) 앞의 책, § 343 보충.

77) 황순우는, 칸트가 『순수이성비판』에서 언급한 '자유의 초월적 관념성'을 보편사에 적용하면서, 보편사의 이념은 "'목적 없는 자유'로부터 '법칙적 자유'로의 이행의 전개와 그 필연성"(황순우, 「칸트의 항쟁성 개념」, 『칸트연구』, 제11호, 한국칸트학회, 2003, 236쪽)이라는 바람을 갖게 만든다고 하면서, 심지어 자연의 의도도 자연 자체의 기획이라기보다는 "자유 자체의 모순성을 통한 이성의 기획"(상동, 251쪽)이라고 한다.

는 헤겔과는 다른 방향으로 나아간다. 게다가 '정치학과 윤리학의 일치' 또는 '윤리학으로 정치학의 환원' 때문에 세계시민법이 실현되는 사회가 '국가 간 관계'인지, '개인 간 관계'인지도 불분명해졌다.

헤겔에게 국가와 세계사는 모두 도덕-그리고 평화-의 실현보다는 자유의 실현이다. "자유에 관한 정신의 의식의 발전이고 그러한 의식에 의해 산출되는 (자유) 실현의 발전"[78]이다. 『법철학』에서도 그러하다. 헤겔은 **국가**는 '**인륜적 이념의 현실태**'이며 인륜(Sitte), 즉 "**습속에서 그의 직접적 실존을 마련**"[79]하는 인륜적 정신 내지 '객관적 정신'이다. 이때 **개인은 자유 의지를 지녀도 "국가 성원인 한에서만 객관성, 진리와 인륜성을 지닐 수 있다.**"[80]. 달리 말하면 국가는 개인들로 구성된다고 해도 개인으로 환원되지 않는 인륜적 공동체 정신을 지니며, 그 정신은 개별자의 자기의식 활동과 매개된다. **개인은 주관적 의지나 주관적 자유를 지녀도 공동체의 객관적 의지나 객관적 자유와 매개된다**. 국가는 **내용 면**에서는 '개인적인 주관적 의지(자유)와 실체적인 객관적 의지(자유)의 통일'이며, 국가의 **형식적인 면에서 개인은 "사유된, 즉 보편적 법률이나 원칙에 준해서 스스로를 규정하는 행위 안에 있다.**"[81]. 헤겔은 국가 내지 국가관계의 출발점에서 주관적 의지와 객관적 의지의 통일이라는 '개인과 공동체의 매개'를 논하고서 그것을 '법' 논의로 밀고나간다. 그와 달리 칸트는 개인과 공동체의 매개에 초점을 맞추지 않기에 세계시민사회에서 국제관계가 오히려 절멸될 해석을 낳고 있다.

자유는 실천 이성의 자기 규제적 자유가 아니라 공동체에서 구체화되는 자유이다. 국가에서만 현실화될 수 있는 자유이다. **자유 실현의 구체적 근간, 자유 의식의 구체화는 '선악, 동시에 법칙(법률)'**[82]**에 대한 의식이며, 법칙을 통해 인륜적 상태가 실현된다**.

자유는 한 국가에서는 개인이 인륜적 실체의 실현으로, 국제관계에서는 국가의 특수성을 견지하는 보편성 실현으로 나타나는데, 보다 발전된 단계로 나아가는 보편적 규정성 또한 '**특수한 민족정신**'(eine besondere Volksgeist)[83]이다. 특수한 민

78) G. W. F. Hegel, VPG, S. 86.
79) G. W. F. Hegel, GPR, § 257.
80) 앞의 책, § 250.
81) 앞의 책, § 258.
82) G. W. F. Hegel, VPG, S. 81.
83) 앞의 책, S. 87. 헤겔은 특수한 민족정신을 주장하지만, 세계사를 논하기 위해 '특수성의 보편'을 다시 언급한다. 이때 특수성이 한 민족의 원리를 이룬다는 것은 "경험적으로 파악되고 역사적으로 증명되어야 한다."(상동). 그런데 역사적 증명이 가능하려면, "숙달된 추상능력뿐만 아니라 숙지된 이념도 이미 전제한다."(상동). 헤겔은 한 예로 케플러를 제시하는데, 과학(지성)과 철학(이성)은 분명 다르지만, 모든 것이 가능하려면, 비본질적인 것에서 본질적인 것을 구분할 수 있어야 하는데, 그러려면 "본질적인 것을 알고 있어야 한다. 세계사가 전체적으로 고찰될 때, 본질적인 것은…자

족정신은 "각 단계가 다른 단계들과는 상이한 것으로서 각 단계에 규정된 본래적인 원리를 지니는 것"[84]이며, 특수한 본래적 원리들이 각 국가의 본질을 이룬다. 특수한 민족정신을 견지하는 국가의 본질과, 그러한 국가들의 상호 작용을 통해 드러나는 것이 역사이며, 역사의 이념은 자유 실현이다.

이러한 "국가는 개인이 그 속에서 자유를 향유하는 현실성이다."[85]. 이때 **오해해서는 안 될 점은 "개인(개별자 Einzelne)의 주관적 의지가 보편적 의지를 통해서 실현되고 향유"[86]된다기보다는 "법률(법칙), 인륜성, 국가, 이것들만이 자유의 적극적 현실이고 충족이다."[87]라는 점이다**. 달리 말하면 국가는 자유가 목적이며, 각 개인으로서 "인간은, 그가 지니는 모든 가치, 모든 정신적 현실성을 국가를 통해서만 지닌다."[88]. 그 현실성은 법률[89]로 드러나는 국가의 보편성이다. 자유가 객관성을 획득하는 것은 국가에서이며, 국가의 객관성 실현은 법률을 통해서이다. "법률은 정신의 객관성이고, 진리 속에 있는 의지이다. 법률에 순종하는 의지만이 자유이다. 왜냐하면 의지(법률에 순종하는 의지-보충)는 자기 자신에게 순종하고, 자기 자신 곁에 있고, 자유롭기 때문이다."[90].

그러므로 법률에 순종(복종)하는 자는 자신의 자유를 실현하는 것이고, 필연성과 일치하는 것이다. 법률에 대한 순종 속에서 자유와 필연성의 대립이 사라지면, 자유로워진다. 그러므로 **이러한 자유는 마치 자연적으로 주어지거나 자연 상태처럼 직접적인 것이 아니라, "습득되고 획득되어야 하며, 게다가 지와 의욕의 훈육이라는 무한한 매개를 통해 획득되어야 한다**."[91]. 자유는 무제한적 자유나 방종이 아니라 자유에 대한 제한을 통해서 실현되는 것이며, 자유 제한이면서 자유 실현의 근간은 인륜적 법이다. 그러므로 "**법(권리)과 인륜성은 그 개념상 자유에 속한다**."[92].

자유를 객관적으로 실현하는 과정에서 개인적 도덕은 뒷전으로 물러선다. "국가의 인륜성은 개인적 신념이 좌우하는 도덕적인 것, 반성된 것이 아니기 때문이

유 의식이고, 자유 의식의 발전 속에서 이러한 의식의 규정성이다."(상동).

84) 상동.

85) 앞의 책, S. 55.

86) 상동.

87) 앞의 책, S. 56.

88) 상동.

89) "국가에서 보편적인 것은 법률(법칙) 안에, 즉 보편적이고 이성적인 규정들 안에 있다. 국가는 지상에 현존하는 신적 이념이다. 그래서 국가는 세계사 일반이 보다 상세하게 규정된 대상이고, 그 속에서 자유는 그의 객관성을 획득하고, 이러한 객관성을 향유한다."(앞의 책, S. 57).

90) 앞의 책, S. 57.

91) 앞의 책, S. 58-9.

92) 앞의 책, S. 59.

다."[93]. 헤겔은 『역사철학강의』에서는 더 극단적으로, 역사적 영웅이 진보를 위해 나아가는 길에서 무고한 생명을 짓밟는 일은 어쩔 수 없는 노릇이라고까지 한다.

그렇다고 해서 **헤겔이 '비도덕'이나 '반도덕'을 옹호하는 것은 아니다**[94]. 헤겔이 생각하기에 **'인륜적 실체'가 문제시되는 곳이면—국가이든 세계사이든—도덕보다 더 높은 기반을 지닌다**. 국가 이념이 국제관계를 통해 실현되는 모습을 보여주는 "**세계사는 도덕성이 주거지로 삼는 기반보다도, 즉 사적 심정, 개인의 양심, 개인의 고유한 의지와 행동보다도 더 높은 기반에서 움직이기 때문이다**."[95]. 헤겔에게 "세계사는 도덕성이 속하는 영역과는, 그리고 이미 자주 말했듯이 도덕과 정치가 구별되는 영역과는 다르다."[96]. 개인적으로 도덕적인 사람은 역사에서 그렇지 않은 사람보다는 도덕적인 면에서는 더 가치가 있지만, 세계 변화와 발전 측면에서는 그렇게 평가할 수 없다.

헤겔에게 『법철학』과 『역사철학』에서 중요한 것은 정치와 도덕의 대립이 아니라 '**정치와 문화의 분열**', '**객관정신과 절대정신의 분열**'이다. 이때 **인간 권리의 구체적 존재 양식은 인륜적 실체의 '습속'이다**. 한 국가가 전시에도 평화 시기에도 다른 국가에게 취하는 상호 태도는 "주로 국민의 습속"[97]에 의해 결정된다. 습속은 국가의 특수성을 창출하는 근간이기 때문에, 국가관계와 국제법에도 영향을 미친다. 헤겔은 "유럽의 국민들은 입법, 습속 및 교양의 일반적 원리 면에서 하나의 가족을 형성"[98]한다고 할 정도로 공통성이 많지만, 그럼에도 불구하고 보편화된 각 국가의 특수성과 특수한 이해관계 때문에, 국제관계는 그때그때마다 요동칠 수밖에 없다고 본다.

국제관계는 요동을 중재하기 위한 '집정관'이나 '법무관'이 없고 단지 '중재자나 조정자'가 있을 뿐이라서, 조정의 난제가 계속 대두한다. 그렇다면 중재 이상의 가능성, 중재를 위한 절대적 존재, 즉 법무관에 준하는 것은 없을까? **각 민족국가는 주권 국가로서 독립성과 배타적 관계를 지니며 그래서 특수한 개체로서**

93) 앞의 책. "인륜성은 의무이고, 실체적 권리이고, 제2의 천성이다."(상동).

94) 헤겔은 독특한 선악관을 지니고 있어서 '선과 악의 동일성과 비동일성'을 논해야 한다. 그리고 악의 지양은 세계사적 전개를 통한 공화제적 법, 인륜적 구조의 실현과 동시에 고찰되어야 한다. 악에 대한 헤겔의 독특한 이해에 대해서는 이정은, 「헤겔의 문화—역사 발전과 악의 관계」, 『헤겔연구』. 제24호, 한국헤겔학회, 2009, 78쪽 이하를 참고하라.

95) G. W. F. Hegel, VPG, S. 90-1. 헤겔에게 이성의 구체적 형태는 '도덕성, 인륜성, 종교성(경건성)'(상동, S. 50)이다.

96) 앞의 책, S. 91. 헤겔의 세계사적 전개는 독특한 선악관에 기초하여 악의 지양의 역사라고 해석할만한 면이 있기는 하다. 그러나 그 부분만 강조한다면 칸트처럼 정치 내지 역사의 '도덕화', 『이성의 한계 안에서의 종교』의 교회공동체로서 '현실적—정신적 교회'의 보편화를 주장하는 것과 근사치에 이르는 문제를 야기한다.

97) G. W. F. Hegel, GPR, § 339.

98) 앞의 책, § 339 Zusatz.

제한성을 지니기 때문에 제한을 극복하는 변증법, '정신의 유한성을 드러내는 변증법'이 작동한다. 국가 간에 변증법을 통해 극복되는 귀결은 **'오직 절대적 존재와도 같은 보편적 정신, 즉 세계정신'**[99]이며, **세계정신은 세계사에서 밝혀진다**.

세계정신이 자유를 세계사에서 전개할 때, **각 시대는 "세계사의 현재를 대변하는 민족"**[100]**이 있고, 그러한 특수한 민족국가가 인륜적 자유를 실현하는 '법제화된 체계'를 그 민족의 수준에서 드러낸다**. 세계사 도정은 『법철학』의 끝인 국가장-국내법, 국제법, 세계사로 구분된다.-에서는 세계사 부분에서 간략하게, 그리고 『역사철학』에서는 본격적으로 4단계-동양세계, 그리스세계 및 로마세계, 기독교/게르만세계-로 전개되고, **게르만세계(게르만 민족국가들)**[101]**에 이르러야 비로소 정신이 "스스로의 진리를 사상 및 법적 현실 세계로 산출하고 인식한다**."[102]. 물론 매 단계는 그 단계에 부합하는 법적 체계가 있고, 그 법적 체계에 준하는 민족정신과 그 국가가 등장한다.

그런데 여기에서 모호한 지점이 나타난다. 헤겔은 "참다운 화해가 객관적인 것으로 등장하는 가운데 국가가 이성에 어울리는 모습을 하고 현실에 전개된다."[103]고 한 뒤에, 이 문장에 뒤이어서 다음처럼 주장한다.

"이러한 국가 속에서 자기의식은 현실에 뿌리박힌 실체적인 지와 의욕을 유기적으로 발전시켜 나가면서, 종교에서는 정신의 진리에 대한 감정과 표상이 이념의 본질에 맞추어 표현되고, 학문에서는 정신의 진리가 국가, 자연, 이념의 세 영역에 걸쳐 상보적인 관계에서 동일한 진리를 나타내는 가운데 자유로우면서도 개념적으로 인식된다."[104].

이것은 『법철학』의 객관정신에서 예술, 종교, 철학이라는 절대정신으로 이행하는 것을 의미한다. 객관정신과 절대정신의 관계를 표명하는 것인데, 이때 **'이성에 어울리는 국가'가 게르만세계인지, 게르만세계 이후에 진행되는 단계인지, 아니면 절대정신으로 이행인지, 절대정신 이후 단계인지**를 가늠하기가 힘들다.

이런 어려움은 『역사철학강의』에서 다시 나타나며 동시에 어려움이 해소된다. 헤겔은 그 책의 서론(Einleitung)에서 이념을 실현하는 수단인 '국가'를 다룰 때,

---

99) "이 변증법적 운동에서 나타나는 것이 곧 무제한의 보편정신, 즉 세계정신으로, 이 세계정신이야말로 세계법정이라고도 할 세계사 속에서, 각이한 민족정신에게 그의 옳고 그름을 판정하는 법-즉 최고의 법-으로 군림하는 것이다."(앞의 책, § 340).

100) 이에 관해서는 G. W. F. Hegel, GPR, § 346 이하를 참고하라.

101) G. W. F. Hegel, VPG, S. 405 참고. 게르만 민족들 중 '프로이센' 민족국가이다. 왜 '프로이센'인지에 대해서는 프로테스탄트교와 관련해 설명가능한데, 이에 대한 간략한 소개는 다음을 참고하라. 이정은, 「헤겔의 문화-역사 발전과 악의 관계」, 『헤겔연구』. 제24호, 한국헤겔학회, 2009, 76쪽 이하.

102) G. W. F. Hegel, GPR, § 353.

103) 앞의 책, § 360.

104) 앞의 책, § 361.

'국가의 종교'에 관해 논하면서 국가와 '예술, 종교, 철학'의 관계를 해명하려고 하기 때문이다.

Ⅷ. 칸트와 헤겔에게서 공법 체계의 본질적 차이

칸트와 헤겔의 차이를 분명하게 정리하려면, 두 가지를 더 보충, 비교해야 한다. 하나는 헤겔에게서 **객관정신(국가의 인륜성)과 절대정신(예술, 종교, 철학)의 관계**이며, 하나는 **대의제와 민중의 관계**이다.

대의제와 민중의 관계와 관련하여, 헤겔의 입장을 뽑아내면 다음과 같다. "**국가에 의해 그리고 국가를 위해 행해지는 모든 것에 모든 개인이 동의해야 한다면, 실제로는 어떤 헌법도 존재하지 않는 것이다.**"[105].

헤겔은 국가의 본질적 사태를 형성하는 것은 민중(Volk)이 아니라-루소가 그다지 강조하지 않았음에도 불구하고, 루소의 '**고도의 지성**'을 연상시키는-'**도야된 인식**'(세련된 통찰 gebildete Erkenntnis)[106]이라고 하면서 대의제로, 대의제에서 드러나는 통치자와 피통치자 관계로 나아간다. 국가의 헌법체계에서는 명령자와 복종자의 구별(der Unterschied von Befehlenden und Gehorchenden)이 생긴다. 즉, 통치자와 피통치자의 구별(der Unterschied von Regierenden und Regierten)이 생긴다.

명령자와 복종자라는 '구별' 자체에만 주목한다면, 헤겔과 칸트 간에 차이는 없다. 한 개인의 인격을 존중하는 것도 동일하다. 그러나 칸트는 지성적 인간의 평등을 주장하는 데 반해, 헤겔은 고도의 지성을 논함으로써 '개인 간의 위계' 또는 '철학자와 대중의 위계'를 연상시킨다. 인격 존중에도 불구하고, 보편과 개별의 관계를 어떻게 규명하는가에 따라 변수가 생긴다.

차이 가운데서 어떻게 보편성을 견지하는가? 보편성을 도출함에도 불구하고 차이를 어떻게 보존하는가? 헤겔의 인륜적 공동체는 '차이', '특수성'을 보존하는 보편성 실현에 의미가 있다. 국가 간 차이, 국가의 특수성 보존에서도 마찬가지이다. **특수성을 보존하면서 보편성을 실현하기 위해, 헤겔이 의도하는 것은 '통치자와 피통치자 간 구별의 정당화'가 아니라, 구별의 '매개'와 '매개의 매개'이다**. 그래서 **개인과 공동체의 '매개'를 실현하는 변증법과 그에 준하는 정치체제가 중요하다**.

헤겔이 분류하는 정치정체는 군주제, 귀족제, 민주제이며, 그것들의 '**다양한 변형 가능성**'과 '**자유로운 선택여지**'가 부각된다. 물론 여기에는 "**이론상으로는 일반적으로 공화제**(die Republik)**가 유일하게 정당하고 참된 헌법으로 간주된다**."[107]는

105) G. W. F. Hegel, VPG, S. 61.
106) 상동.

점이 깔려있다. 헌법에 따른 정체는 족장제 왕국에서 귀족정과 민주정으로, 끝내는 군주정으로 이행하는 **논리적 전개** 과정의 산물이다. 그리고 헤겔은 **역사적으로,** 헤겔 당시에 비추어서 다음처럼 덧붙이기도 한다. "현 상황과 민중(Volk)의 도덕적 상태에 따르면 군주제적 헌법(군주제 die monarchische Verfassung)이 가장 유용한 것이다."[108]).

그러나 헤겔은 주어진 상황과 외적 우연성에 따라 달라지는 이런 단계 구분은 오성적 반성(Verstandesreflexion) 수준을 넘어서지 못한다고 비판한다. 그렇다면 공화제, 군주제적 헌법을 거부한다는 것인가?

초점은 '자유로운 선택'에 그치지 않고 '민족정신'에 부합하는 정체인가 아닌가가 중요하다. 헌법은 법적 차원만을 대표해서는 안 되고 예술, 종교, 철학과 일체가 된 내용이어야 한다는 점이다. "한 민족(Volk)의 헌법은 민족 종교, 민족 예술과 철학이나, 적어도 민족의 표상과 사상, 즉 민족의 문화(교양 Bildung) 일반…과 더불어 하나의 실체, 하나의 정신을 형성한다."[109]). 그러므로 **헌법은 절대 정신의 세 계기로 일컬어지는 예술, 종교, 철학에 의존하지만, 동시에 세 계기의 '모든 힘들의 총괄 개념'**[110])이 된다. "국가는 민족의 삶의 여타의 구체적 측면들인 예술, 법(권리), 인륜(관습), 종교, 학문의 근저이고 중심이다."[111]). 국가에서 출현하고 의식되는 보편자 형식은 한 민족의 교양(Bildung)을 형성하며, **국가 정체를 형성하는 법은 '민족 자체의 정신'이다.**

'모든 힘들의 총괄 개념'이 국가(법)이기에, 예술도 철학도 '문명화된 공동생활'을 필요로 한다. "철학조차도 틀림없이 국가 생활에서 출현한다."[112]). **예술, 종교, 철학을 가능케 하는 국가, 그리고 (새로운) 절대 정신으로 도야(Bildung)하는 국가, 이러한 국가의 도야는 문명(Zivilisation) 내지 문화의 보편성 실현이다. 그리고 실현의 척도는 새로운 '법률'과 그 정치 체제이다. 이때 '법률의 보편성'은 공화제적 법을 실현하는 민족정신이다.**

그런데 국가의 특수성에도 불구하고 법률의 보편성이 가능한가? 이런 질문과 관련하여 더욱 당혹감에 휩싸이도록 하는 주장이 나타난다. 헤겔은 예술, 종교, 철학은 '하나의 원리'로 전개할 수 있지만, 정체는 그렇지 않다고 한다. **각 정체는 '원리 차이'가 있으며, 새로운 정체로의 변화는 '원리 자체의 차이'에 기인한다. "고대 철학은 근대 철학의 근저이다**…예술에서조차 희랍 예술은, 있는 그대로, 최

107) 앞의 책, S. 64.
108) 상동.
109) 앞의 책, S. 64-5.
110) 앞의 책, S. 65.
111) 앞의 책, S. 68.
112) 앞의 책, S. 93.

고의 모범(Muster)이다. **그러나 헌법을 고려하면, 전적으로 다르다. 여기에서 고대와 근대는 본질적 원리를 공유하지 않는다.**"[113]

각각의 민족정신은 각 단계에서 다양하게 등장한다. 그들의 구별은 다양한 법체계 내지 다양한 정치체계로 나타난다. 이때 법적, 정치적 체계들은 과거 회귀적 연결고리처럼 '하나의 원리'에 따라 움직이지는 않는다. 각 시대마다, 지역마다 공동체 정신이 형성되고, 그 정신을 구현하는 '민족국가'가 대두하고, 그 중에서 세계사적 전개를 대표하는 특수한 민족이 시대를 장악한다. 특수한 민족은 정신의 총괄개념으로서 법률과 정치체제로 승화된다.

민족정신의 특수성이 견지되고, 게다가 정체는 세계사의 전개 가운데서 원리를 공유하지 않는 방식으로 진행되는데, 그렇다면 세계사적 진보를 하나의 원리로 논하면서 국제관계를 다룰만한 보편적 근거는 무엇인가? 국가의 차이를 견지하는 '특수성'에도 불구하고, 그리고 역사 전개 속에서 '법의 누적적 진보'를 논할 수 없음에도 불구하고, '보편성'을 주장할 근거는 무엇인가?

국가의 법이 예술, 종교, 철학 같은 '모든 힘들의 총괄 개념'이라고 하면서, 동시에 **국가의 특수성을 창출하는 '민족정신'**을 논한다면, 헤겔에게 법을 통한 자유실현 속에서 보편성을 정립할 근거는 무엇인가? 헤겔은 '**종교**'를 통해 가능성을 보여준다. 즉, 국가의 의식적 통일의 정점은 '종교'이며. "예술과 철학은 동일한 내용의 상이한 측면이고 상이한 형식이다."[114]. 왜 종교인가? **왜 철학이 아니고 종교인가?** 헤겔이 보기에, "종교는 국가의 원리와 가장 밀접하게 관련된다."[115]. 왜냐하면 '**종교와 자유의 관계**' 때문이다. "자유는, 개체성이 신적 본질 안에서 적극적인 것으로 인식될 경우에만 있을 수 있다."[116]. 달리 말하면 세속적 존재로서 개체 국가는 신의 본질의 규정 및 현존재일 경우에 정당성을 획득하게 되며, 그래서 "국가는 종교에 기초한다."[117].

국가가 먼저 있고, 거기에 종교가 개입되거나 종교를 이식시키는 것이 아니라, —서양 역사와 헤겔 당시에 비추어 볼 때—종교는 이미 있고, "국가는 종교로부터 발생했고, 지금도 줄곧 종교로부터 발생한다는 것, 즉 국가의 원리는 즉자 대자적으로 타당한 것으로 간주되어야 하고, 신적 본성 자체의 규정으로 인식되는 한에

113) 앞의 책, S. 66. 유헌식은 "민족정신의 구체적 형태인 헌법의 변화는 보편적인 토대나 연역적인 방식에서 이루어지지 않는다."고 하면서, 헌법의 불연속성에 대한 이유를 '세계사적 민족의 발생'의 불연속성으로 제시한다. 유헌식, 「헤겔의 역사철학에 나타난 '세계사적 민족'의 출현구조」, 『역사이성과 자기혁신』, 철학과 현실사, 2009, 특히 176쪽 이하를 보라.

114) G. W. F. Hegel, VPG, S. 69.

115) 앞의 책, S. 70.

116) 상동.

117) 앞의 책, S. 71.

서만 그러하다. 따라서 종교의 성격을 이루는 것은 국가와 국가 헌법의 성격을 이룬다."[118]. 헤겔은 "국가 헌법을 종교와 무관하게 세우고 실행하는 것"[119]은 어리석은 일이라고 지적한다. 헤겔은 다른 어떤 종교보다도 "프로테스탄트 원리에 내재하는 국가의 합법성(Gerechtigkeit)과 인륜성"[120]을 부각시킨다.

국가는 종교에 기초하며, 종교는 예술, 철학처럼 시대 전개 속에서도 견지되는 '하나의 원리'를 지닌다. 그 '하나의 원리'가 민족정신으로 드러나고, 한 국가의 이성적인 것을 실현해낸다. 물론 헤겔에게 예술, 종교, 철학의 관계는 예술의 종언과 종교의 종언을 논해야 할 만큼, 예술과 종교보다는 철학이 더 중요한 위치를 차지한다. 헤겔은 『미학강의』 같은 데서조차 근대 이후 자신의 시대를 '사유의 시대'[121]라고 하면서 철학을 전면화한다. 그런데 정치체제를 논하는 이곳에서는 '종교에 대한 강조'가 일어나고 있다.

역사 철학에는 철학 체계의 비일관성 내지 내적 논리의 균열이 나타나는 것이 아닌가? 이것은 칸트가 공법을 다루면서 자연과 이성의 갈등을 견지하고, 그래서 '법론과 덕론의 통일'을 고민함에도 불구하고, "**정치학의 공법체제는 실천 이성적 도덕의 필연적 도구이면서 동시에 도구가 아니다.**"라는 이율배반을 노정하는 것과 비교할 수 있다. 헤겔의 인륜적 실체에 기초하는 인륜적 자유는 절대 정신의 세 계기를 총괄하는 것이고, 총괄의 꽃은 국가의 헌법이고 법률이다. 국제관계는 총괄 개념의 특수성을 견지하면서 이루어진다. 우연성과 그에 따르는 전쟁은 자기 국가의 독립성과 특수성을 견지하는 데서 '**현실적으로 나타나는 끊임없는 밀고 당김**'이며, 헤겔은 밀고 당김을 세계사를 통해 보여주고자 했던 것이다.

Ⅸ. 결론

지금까지 칸트와 헤겔의 국제관계를 정치 철학과 역사 철학을 아울러서 살펴보았다. 칸트의 궁극 목표는 실천 이성적 도덕의 실현이고, 정치와 국제 관계의 목표도 세계사적인 도덕의 실현이라는 맥락에서 세계 평화이다. 칸트에게 정치학의 판단 척도는 윤리학 원리로 환원되지만, 현실적으로 생겨나는 분열을 극복하기 위해, 정치와 도덕의 갈등, 자연과 이성의 갈등, 평화와 자유의 이원화로 나가고 있다. 이런 갈등이 국제관계를 펼치는 근간이 되지만, 칸트는 자신이 서있는 지평이

118) 상동.
119) 상동.
120) 상동.
121) G. W. F. Hegel, *Vorlesungen ueber die Aesthetik*, Ⅰ. *G. W. F. Hegel Werke in zwanzig Baenden*, Bd. 13, Frankfurt a/M.: Suhrkamp Verlag, 1983, S. 24 참고.

개인주의적 도덕이다 보니, 세계시민사회와 세계시민법이라는 국제관계 모델이 결국은 애초에 상정한 인간 본성 문제를 다시 고민하게 만든다. 정치와 도덕의 일원화 때문에 생겨나는 문제들, 일원화에도 불구하고 일원화가 가능한지라는 의문, 개인적 주체와 공동체적 주체의 갈등, 세계시민사회에서 계약 주체의 불투명성이 생긴다.

헤겔의 강점이라면, 국가들을 통폐합하는 세계시민사회를 상정하지 않고, 국가의 특수성과 차이를 인정하는 것이다. 정치학을 개인주의 윤리학으로 환원시키지 않는 지평인 '인륜', '관습', '습관'을 개인과 매개시키는 것이다. 이로 인해 정치와 도덕의 갈등, 합법성과 도덕성의 갈등을 넘어선다.

헤겔에게 인륜적 국가 발전의 원동력은 정치와 문화의 갈등, 객관 정신과 절대 정신의 분열, 헌법과 절대 정신 세 계기간의 관계를 통해 실현되는 '자유'이다. 국제관계의 목표는 칸트의 세계 평화에서는 자기 규제적 자유의 보편화이고, 헤겔의 자유에서는 정신의 자유로운 법적 실현이다. 이때 헤겔은 '현실 국가'에서 그 자유를 실증해내기를 원하며, 특수성을 지니는 국가의 현실적 존립 및 독립성을 견지한다. 그러다 보니 국가가 실제 역사에서 충돌을 무한히 만들어내는 구조[122)]를 저버릴 수 없었다. 배타적 국가들 간에 실재하는 전쟁뿐만 아니라 자기 부정성을 실현하는 인정구조는 현실 국가에 대한 천착 속에서 의미를 살려낸다.

국제관계는 공화제적 헌법이라는 국내법에 기초하여 전개된다. 헤겔은 역사의 정점을 '민족국가', 게다가 '게르만세계'의 '민족국가'로 주장하지만 당대에 세계사적 국가로 새롭게 부상하는 신세계를 구세계 유럽의 민족국가와 대비시키는 것도 빠트리지 않는다. 이것은 인륜성에 기초하는 '법적 정치체제'를 부각시키려는 의도를 담고 있다.

구세계 유럽의 '민족국가'와 달리 "**아메리카는…세계사적인 중요성이 계시되는 (계시되어야 할) 미래의 나라이다.**"[123)]. 왜냐하면 북아메리카는 구세계와 비교할 때, "**공화제적 헌법의 영속적**(perennierenden) **사례가 거기에서 발견**"[124)]되는 곳이기 때문이다.

그러나 헤겔은 세계사 분석에서 아메리카를 배제한다. 왜냐하면 역사 또는 세계사는–철학처럼 '영원한 현재'를 다루는 것이 아니라–이미 있었던 것(과거)과 지

122) 헤겔 이후, 현대 사회에서도 나타나는 이런 문제들을 칸트의 세계시민사회가 아닌 NGO 활동을 통해 극복하는 노력에 대해서는 김석수(「칸트 세계시민사상의 현대적 의의」, 『칸트연구』, 제14호, 한국칸트학회, 2004)의 글 후반부를 참고하라. 현재 세계질서를 비판할 수 있는 규범적 사회비판 이론 내지 규범적 준거점에 대한 고찰은 문성훈, 「칸트의 세계시민사회이념과 인정」, 『사회와 철학』, 제19호, 사회와 철학연구회, 2010의 글을 보라.

123) G. W. F. Hegel, VPG, S. 114.

124) 앞의 책, S. 112.

금 있는 것(현재)만을 다루기 때문에, 아직 있지 않은 것(미래)은 논의 대상이 될 수 없다[125]는 이유에서이다. 물론 역사가 철학적 고찰 대상이 되려면, "이성성이 세계적 존재 안에…의식, 의지와 행위 안에 출현"[126]하고, 정신이 이성성을 의식해야 한다.

정신이 추구하는 자유를 실현하기 위해 '국제관계'로 나아갈 때, '이미 있는 것과 지금 있는 것'에 기초하는 법제화가 논의되고, 법제화는 '공화제적 헌법'을 지니는 '미래의 나라'를 통해 규명되어야 한다. 그러나 미래의 나라도 여전히 한계는 있다. '미래의 나라'가 '공화제적 헌법의 영속적 사례'를 지닌다고 해도 아메리카는 '개인주의'적이기 때문이다. 헤겔에게 개인의 자유 실현은 인륜적 자유를 통해서이기 때문에, 개인주의는 기본적으로 인륜성이 해체된 모습을 견지한다. 그러므로 미래의 나라에서 자유의 진보, 자유의식의 진보를 어떻게 구체화하고, 국제관계를 설명할 것인가가 의문으로 남는다. 이러한 한계에도 불구하고, 정치와 도덕의 갈등을 해소하고, 도덕을 넘어서는 법률체계 및 인륜적인 '특수한 민족정신'들의 상호 작용 속에서 자유를 실현하는 것이 국제관계의 의미이다.

국제관계의 구체성을 추적하는 헤겔 『역사철학강의』는 '미래의 나라'로 인해, 세계사적 진행이 열려 있다. '자유'와 '자유의식'은 민족국가, 게르만 민족국가를 통해 정점에 도달한다고 함으로써, 헤겔이 '닫힌 체계'를 그린 것처럼 보이지만, '공화제적 헌법의 영속적 사례'인 미래의 나라가 언급되면서 '열린 체계'가 가능해진다. 역사철학은 논리학의 완결적 구조와 내적 불일치를 일으키는 것처럼 보이는데, 헤겔이 『역사철학강의』를 그렇게 그리는 것은 국제관계에서 국가의 '특수성'과 '차이'를 보존하기 위해서이다. 물론 국가법의 근간을 '종교'로 제시할 때 불일치를 만회할 여지가 있기는 하지만.

헤겔의 국제관계는 세계사를 통해 논의되지만, 세계사는 국제법으로 회귀하는 구조를 지닌다. '공화제적 헌법의 영속적 모델'을 지니는 특수한 국가이면서 '인륜적 자유를 실현하는 국가'로 완성되려면, 『법철학』의 국내법과 국제법 논의로 다시 회귀하고, 그 회귀 속에서 국제관계를 성찰하는 과정이 필요하다. '미래의 나라'로 논의되는 '공화제적 헌법의 실현'은 여전히 국제관계에서 발생하는 우연성을 견뎌내야 하고, 세계사는 국내법 및 국제법과 연대를 맺어야 한다. 역사는 여전히 진행 중이고, 국제관계도 여전히 진행 중이다.

---

125) 그러나 세계사가 아니라 '세계사에 대한 사유'가 문제이며, 인간 정신이 세계사에 대해 사유하는 '철학적 역사'를 다루기 때문에, "역사는 철학적 반성의 대상이 될 때, 실제로 역사적, 역사철학적이 된다."고 할 수 있다. 과거와 현재의 세계사는 '영원한 현재'를 사유하는 정신과 관계해서 논의된다.

126) G. W. F. Hegel, VPG, S. 81.

참고 문헌

김상봉, 「법을 넘어서-칸트의 영구평화론에 대한 비판적 고찰」, 『철학연구』, 68/1, 철학연구회, 2005.

김석수, 「칸트 세계시민사상의 현대적 의의」, 『칸트연구』, 제14호, 한국칸트학회, 2004.

김종국, 「이성에 의한, 자연을 통한 평화」, 『철학』, 제63호, 한국철학회, 2000.

나종석, 「헤겔의 전쟁이론에 대하여」, 『헤겔연구』, 제19호, 한국헤겔학회, 2006.

남기호, 「헤겔 철학에서의 이성의 교지(巧智) 개념」, 『시대와 철학』, 제20권 4호, 한국철학사상연구회, 2009.

______, 「세계시민의 영원한 평화를 위한 단서조항(但書條項)」, 『시대와 철학』, 제21권 4호, 한국철학사상연구회, 2010.

문성훈, 「칸트의 세계시민사회이념과 인정」, 『사회와 철학』, 제19호, 사회와 철학연구회, 2010.

박진, 「전쟁과 평화-혁명과 전쟁에 관한 칸트의 상충하는 입장」, 『칸트연구』, 제9호, 한국칸트학회, 2002.

백종현, 『시대와의 대화-칸트와 헤겔의 철학』, 아카넷, 2010.

유헌식, 『역사이성과 자기혁신』, 철학과 현실사, 2009.

이정은, 「감성과 이성의 관계를 통해 본 칸트의 악 개념」, 『시대와 철학』, 제19권 3호, 한국철학사상연구회, 2008.

______, 「헤겔의 문화-역사 발전과 악의 관계」, 『헤겔연구』, 제26호, 한국헤겔학회, 2009.

최인숙, 「칸트의 역사철학의 현실성」, 『칸트연구』, 제17호, 한국칸트학회, 2006.

황순우, 「칸트의 항쟁성 개념」, 『칸트연구』, 제11호, 한국칸트학회, 2003.

Arendt, H., *Lectures on Kant's political Philosophy*, The University of Chicago, 1982. 김선욱 역, 『칸트 정치철학 강의』, 푸른숲, 2002.

Aristotles(손명현 역), 『니코마코스윤리학/정치학/시학』, 동서문화사, 2007.

Hegel, G. W. F., *Grundlinien der Philosophie des Rechts(1821). G. W. F. Hegel Werke in zwanzig Baenden*, Bd. 7, Frankfurt a/M: Suhrkamp Verlag, 1986. 임석진 역, 『법철학』, 한길그레이트북스, 2010.

______, *Vorlesungen ueber die Philosophie der Geschichte. G. W. F. Hegel*

Werke in zwanzig Baenden, Frankfurt a/M.: Suhrkamp Verlag, Bd. 12, 1986. 김종호 역, 『역사철학강의』, 삼성세계사상, 1993. 임석진 역, 『역사에서의 이성』, 지식산업사, 1987.

______, *Vorlesungen ueber die Aesthetik*, Ⅰ. *G. W. F. Hegel Werke in zwanzig Baenden*, Bd. 13, Frankfurt a/M.: Suhrkamp Verlag, 1983.

Kant, I., *Kritik der reinen Vernunft*, Hamburg: Felix Meiner Verlag, 1956.

______, *Die Religion innerhalb der Grenzen der blossen Vernunft*, im: *Immanuel Kants Werke*, Bd. Ⅵ(Schriften, 1790-1796), Hrsg. von E. Cassirer, Berlin: Verlegt bei B. Cassirer, 1923. 신옥희 역, 『이성의 한계 안에서의 종교』, 이대출판부, 2001.

______, *Zum ewigen Frieden. Ein philosophischer Entwurf*, Koenigsberg: Friedrich Nicolovius, 1796. 이한구 역, 『영원한 평화를 위하여』, 서광사, 1992.

______, (이한구 편역), 『칸트의 역사철학』, 서광사, 2005.

The battle line between Kant and Hegel in the theory of international relations

–on the basis of Hegel's critique on Kant's world civil society–

Lee, Jeong-Eun

Abstract

I make an essay to compare Kant with Hegel about theirs theories of international relations in this treaties. Kant assert that all countries should make world civil society (or world state as a unitary state) for the realization of the world peace. Such civil society (i.e. country) is based on a republican form [system] of government and the law.

They all insist that the idea and aim of what a country ought to be is formed in liberty. Hegel's assertion also is similar to Kant's theory in the importance of the law within the country. But Hegel emphasize that there is a difference between countries in his own person and a nationally particular spirit. So, Hegel criticize the concept or conception of world civil society (or world state as a unitary state).

Subject Sphere: political philosophy, historical philosophy, philosophy of the law, social philosophy.

Key Words : politics, morality, law, republican system(government), ethical state, nationally particular spirit, nationally particular state.

• 투고일: 2011.10.02. 심사완료일: 2011. 10. 10. 게재확정일: 2011. 10. 11.

헤겔 『정신현상학』의 시원(始源)문제에 대한 방법적 반성*

유 헌 식

Ⅰ. ‘단순성으로 가려진 전체’의 부정성
Ⅱ. 기억과 외화의 동행: 현재의 기억을 통한 재구성
Ⅲ. 목적론적 원환구조와 시원의 양가성
Ⅳ. ‘시간에 외화된 정신’의 한계

요약문

이 논문은 헤겔의 『정신현상학』서문을 중심으로 이 저작의 서술적 시원(Anfang)이 지닌 방법적인 특성을 비판적으로 살펴보고자 한다. 『정신현상학』은 ‘정신의 현상학’이면서 동시에 ‘의식의 경험학’으로 불리기도 하는데, 이러한 명명상의 특징 속에 이미 ‘시원’에 대한 양가적인 평가가 함축되어 있다. 헤겔은 이 저작의 서문에서 ‘새로운 시대’의 탄생을 예고하면서, 당대에 도달한 정신의 수준에 입각하여 회고적으로 과거를 재구성하여, 겉으로는 양립할 수 없을 것처럼 보이는 정신의 기억과 외화를 하나의 방법적 틀 안에서 통일시킨다. 외화는 시간적으로 과거의 정신이 점차적으로 현현하는 양상인 데 반하여, 기억은 현재의 정신이 자신의 과거를 되돌아보는 행위로서 그 의미가 다를 수밖에 없다. 그런데 헤겔은 ‘시원’에, 현재 도달한 시대의 정신과 과거의 시초적인 정신 모두를 담음으로써 시원에 대해 이중적인 의미를 부여하고 있다. 이에 따라 『정신현상학』의 출발점을 이해하는 데에서 방법적으로 참여자와 관찰자의 입장에서 두 개의 층위를 구분할 필요가 있게 된다. 여기서 관찰자로서 현재에서 과거로 향하는 ‘기억의 층위’가 참여자로서 과거에서 현재로 진행하는 ‘외화의 층위’를 주도하는 한에서 『정신현상학』의 변증법적 운동에서 출현하는 ‘새로운 대상’이 과연 ‘새로운 것’인지를 의심하게 만든다.

● 주요어: 헤겔, 정신현상학, 시원문제, 시대, 새로움, 원환논리

* 이 연구는 2011학년도 단국대학교 대학연구비 지원으로 연구되었음.

헤겔은 『정신현상학』서문에서 자신의 시대를 "탄생의 시기, 새로운 시대로 이행하는 시기"로 규정한다(*Phänomenologie des Geistes*, 18).[1] 당시의 시대정신을 경험하면서, 봉건제사회의 몰락과 프랑스혁명의 이념이 확산되는 것을 목도하면서, 인간 정신은 이제 더 이상 과거의 낭만주의적 방식이 아니라 새로운 고전주의의 방식으로 이해하고 구성해야 한다고 확신한다.[2] 시대의 변화에 대한 헤겔의 열망은 "새로운 철학"의 출현을 예고하며, 새로운 형태의 철학만이 "그 시대에 합당한 관심을 위한 조건을 확보할 수 있다"고 말한다.[3] 자신의 시대를 새로운 세계로의 이행기로 진단하는 태도에서 헤겔의 실천철학적 의지를 확인할 수 있을 뿐만 아니라 『정신현상학』의 서술의 특성과 방향을 좌우하는 실마리를 가늠할 수 있다. 그렇다면 새로운 시대가 정신에게 나타나는 첫 모습은 어떤 것일까? 정신이 새로운 시대를 포착하는 초기양상을 살피는 일은 『정신현상학』의 차후적인 진행을 결정짓는 단서를 찾는 일과 관련하여 중요한 방법적 의미를 지닌다. 『정신현상학』의 「서문」을 중심으로 이 주제를 살피는 게 이 글의 일차적인 목적이지만, 이를 바탕으로 『정신현상학』의 '시원(Anfang)'에 대한 헤겔의 학적인 설명의 한계도 따져보기로 한다.

Ⅰ. '단순성으로 가려진 전체'의 부정성

새로운 시대의 탄생 혹은 새로운 정신의 출현을 헤겔은 아기의 출생에 빗대어 설명한다. "우리시대의 정신은 잠시도 쉬지 않고 전진하지만, 아기의 경우처럼 오랫동안 고요히 영양분을 섭취하고 난 후에야 첫 번째 호흡이 지금까지 태아에게 진행되어온 점진적인 발육과정을 박차고 나와 질적인 도약을 이룸으로써 아기가 탄생하듯이, 스스로를 도야하는 정신은 천천히 그리고 소리없이 새로운 형태를 숙성시키면서 앞서간 세계의 구성요소들을 차례로 허물어간다"(18). 정신은 양적이고 점진적인 진행 속에서, 변화될 것 같지 않던 전체적인 상을 점차적으로 허물다가 급기야는 "섬광"처럼 단번에 "새로운 세계의 상"을 이루어 놓는다(19). 새로운 시

1) *Phänomenologie des Geistes*는 Suhrkamp판 20 권짜리 헤겔전집 3권. 이하 괄호에 숫자만 표기된 것은 이 책의 쪽수를 가리킨다. 헤겔의 다른 저작도 이 전집에 근거한다.

2) 당시의 시대적 상황과 관련하여 헤겔은, 독일제국의 정치적 후진성에 대해 비판하면서 정치체계를 프랑스혁명의 이념에 따라 개혁해야 한다는 입장을 견지하였다. 그의 이러한 생각은 특히 "Daß die Magistrate von den Bürgern gewählt werden müssen"(Bd. 1 268f. 참조), "Die Verfassung Deutschlands"(같은 책, 461ff. 참조) 그리고 "Verhandlungen in der Versammlung der Landstände des Königreichs Württemberg im Jahr 1815 und 1816"(Bd. 4, 496ff. 참조)에 잘 나타나 있다.

3) Hegel, *Vorlesungen über die Geschichte der Philosophie I* (Bd. 18), 75/65.

대정신이 동터올 때, “미지의 것에 대해 지금까지와는 다른 어떤 것이 다가오고 있다고 막연히 예감”하는데, 이 미지의 것은 우리에게 “단순성으로 가려진 전체(das in seine Einfachheit verhüllte Ganze)”로 나타난다(19). 그런데 급작스럽게 나타난 “단순성으로 가려진 전체”란 무엇인가? 정신에게 ‘직접적으로 나타난 것’의 정체는 무엇인가? 이 정체불명자의 초기위상을 파악하는 일은 ‘알려지지 않은 전체’의 실상을 파헤치려는 『정신현상학』의 전반적인 기획과 맞물려 있다.

지금 출현하고 있는 ‘단순성으로 가려진 전체’는 새로운 시대의 징후이기는 하나 아직 현실성을 띠고 있지 않아 단초만 있을 뿐 전체 모습은 밝혀지지 않고 있다. 여기서 헤겔은 ‘단순한 전체’의 구체적인 형태를 파악하기 위해 ‘기억’을 통해 과거로 돌아가는 전략을 구사한다. “새로운 정신의 시원은 다양한 문화형태들의 광범위한 변혁의 산물이며, 여러 겹으로 엉킨 발전경로 그리고 다각적인 긴장과 노력의 산물이다. 시원은 시간적인 계기와 공간적인 확장에서 자기로 되돌아간 전체, 전체가 생성된 단순한 개념이다. 하지만 이렇게 단순한 전체의 현실성은 계기로 화해버린 형태들이 다시금 새롭게, 그렇지만 그 형태들이 새로운 요소로 생성된다는 의미에서 스스로 발전하고 형태를 부여하는 데 있다”(19). 이 대목에서 새로운 시대에 ‘단순한 전체’로 나타나는 새로운 정신의 정체는 현재의 상태가 도래하기까지 이미 계기로 작용해 온 형태들에게 사후적으로 새로운 의미/생명을 부여하는 데에서 밝혀진다는 사실을 확인할 수 있다. 이 사실은 『정신현상학』의 소위 ‘시원 문제’를 규명하는 데 실마리를 제공한다는 점에서 중요하다. “의식은 새로 출현하는 형태에서 내용의 확산과 특수화가 빠져 있으며 또한 형식의 발양이 이루어지지 않고 있다는 사실을 확인하고 아쉬워한다”(19)고 서술된 장면에서도 새로운 시대의 ‘단순한 전체’에 구체적인 내용과 형식이 결여되어 있으며, 이러한 결핍은 이전의 전개상황을 구체적으로 파악함으로써 보충될 수 있다고 믿는다.

새로운 것은 번개처럼 갑자기 나타나는 한에서, ‘직접성’은 분명 정신에게 새로운 세계의 최초의 징후이다. 갑작스럽게 출현한 것은 “지금까지의 연속적인 맥락을 박차고 나오는 새로운 것”이다.[4] 헤겔에게서 시원적인 새로운 것의 출현은 헤겔의 논리학과 사회이론에서도 항상 직접적인 것과 갑작스러운 것으로 서술되고 있다.[5] 새로운 것의 갑작스런 출현은 동시에 그것의 무규정성을 뜻한다. 그것은 정신에게 뜻하지 않은 사건으로서 정신의 반성의 산물이 아니다. 그것은 정신의 직접적 현존재인 의식에게도 낯선 것, 즉 소외된 것이다. 이 소외는 극복되어야 한다. 헤겔에게서 정신의 유일한 관심은 소외에서 벗어나 자유로워지는 것, 즉 절대적인 분열의 지양이기 때문이다. 소외된 직접성은 매개되어 규정되어야 한다.

---

4) M. Theunissen, *Sein und Schein,* Frankfurt/M., 1980, 201.

5) 같은 책, 202f. 참조.

역사의 이행기에서의 정신의 초기양상은 그것이 의식에게 전적으로 낯선 것이라는 점에서 '전적으로 부정적인 것'이다. "정신의 직접적인 현존재"로서의 의식은 "지"와 "지에 부정적인 대상성"이라는 두 계기를 지닌다는 점에서 '정신의 분열된 자기(das entzweite Selbst des Geistes'이다(38). 의식에게 '직접적으로 주어진 새로운 세계'는 소외되고 물화된 세계로서, 그것이 정신적인 개념으로 전환되지 않는 한 그 안에서 의식은 자유로울 수 없다. 정신의 운동의 초기단계에서 의식은 이미 지와 그 대상의 대립적인 양상을 품고 있다. 초기의 새로운 것은 아직 매개되지 않은 존재라는 점에서 즉자적이고, 이 즉자존재는 자기의 대립태를 자기 안에 품고 있다. "주체로서의 실체는 순수하고 단순한 부정성이며 바로 그렇기 때문에 단순한 것의 분열상이다. 이 분열상은 대립적인 이중화로 나타나는데, 이는 무관심적인 구별과 단순한 것의 대립의 부정이다. 이렇게 자기산출하는 동등성 혹은 타자존재 안에서의 자기내 반성이 곧 진리이다"(23). 의식의 경험의 출발점에서 운동을 시작하는 주체로서의 실체는 그 자체가 그냥 '단순한 것'이 아니라 '분열성을 띤 단순한 것'이다. '순전히 부정적인 것'으로서의 단순한 것 혹은 직접적인 것은 의식의 경험을 통해 부정되어야 한다. 시원은 싹부터 이미 부정적이다. 그것은 가상(ein Schein)으로서 그의 비진리성은 의식의 경험을 통해 폭로되어야 한다. 직접적이고 단순한 것은 의식에 의해 매개되어 가상에서 벗어나 대자성을 띤 새로운 것이 되어야 한다.

직접적인 것은 '순전히 부정적인 것'으로서 정신이 새로운 시대를 포착하는 초기양상이다. 이는 의식의 경험에서는 지와 그 대상의 대립으로 나타나지만, 그것의 현실적인 분열상은 새로운 시대에 부합하는 사유와 그에 어긋나는 현실의 차이이기도 하다. 정신은 결국 현실에서 '소외된 자기'를 확인하게 되는데 이러한 양상은 헤겔의 초기 정치철학적 단편에서 그 시대의 사회제도와 주체적 사유의 차이로 서술된다. 사유는 이미 와 있는데 국가가 그에 해당하는 현실을 수반하지 않을 경우, 낡은 정치-경제제도는 새롭게 구성되어야 한다는 것이다.6)

6) <독일헌법>에서 헤겔은 사유국가(Gedankenstaat)와 현실국가 간의 차이를 다음과 같이 서술한다. "독일은 국가가 아니면서 국가이기도 하다는 것이 어떻게 가능한지 하는 문제는 다음과 같이 쉽게 해명할 수 있다. 사유에서는 국가인데 현실에서는 국가가 아니라는 것, 형식적인 것과 실재적인 것이 분리되어 국가가 공허한 형식성에 치우쳐 있으면서 실제로는 국가가 존재하지 않기 때문이다"(505). 같은 글, 525쪽도 참조.

Ⅱ. 기억과 외화의 동행: 현재의 기억을 통한 재구성

헤겔의 논리학적인 저술에서와 마찬가지로 『정신현상학』에서도 그는 학의 출발점에서 모든 매개작용을 거부한다. 학적인 진행의 엄밀성과 객관성은 제 3자의 개입을 거부하고 순전히 자체적인, 자기추동적인 운동을 통해서만 확보될 수 있다는 전통적인 방법론에 충실하고 있다. 하지만 메타적인 수준에서 『정신현상학』의 출발점 혹은 시원은 처음부터 '시간적인 현재'에 의해 매개되어 있다고 보인다. 말하자면 헤겔에게 '현재'는 '과거를 서술하기 위한 준거점'으로 기능한다. 과거의 사실은 현재를 기점/목적으로 해서만 서술될 수 있다. '직접적으로 주어지는 새로운 세계'에 대한 이해는 과거의 현재 연관 혹은 준거를 배제하고는 성립할 수 없게 된다.

과거의 현재연관은 현재가 과거를 끌어안고 있을 때에만 가능하다. 정신의 현재는 자신의 과거를 이미 자기 안에 지니고 있다. "지나간 현존재는 이미 보편정신이 획득한 소유물이다"(32). 따라서 『정신현상학』의 출발점으로서의 '직접적인 것'은 과거가 결과로서의 현재와 맞물려있는 상태라고 할 수 있다. 정신은 지금 과거를 자기 안에 끌어안고 있는 현재와 마주하고 있지만 그것의 정체를 아직 파악하지 못하고 있는 한에서 그것은 정신에게 '단순한 전체'로 다가온다. 단순한 전체를 규명하기 위하여 정신은 기억을 매개로 하여, 지나온 과거의 의식을 자신의 현존재로 삼아 그 의식이 행하는 경험과정을 통해 자기를 외화시키고자 한다. 기억을 매개로 한 정신의 자기외화과정은 정신에게는 자기의 형성과정이지만 이 과정을 구체적으로 겪는 경험의 당사자인 의식에게는 현재 정신이 도달한 결과를 향해 자기를 서술하고 부정하는 여정이다. 결국 정신은 기억을 통해 자기의 현재를 알게 되는 한편, 의식은 지금 출현한 정신의 결과에 비추어 자신의 과거를 검증하여 점차적으로 새로워지게 된다.

정신의 기억과 외화는 동행한다. 기억은 현재에서 과거로 향하고 외화는 과거에서 현재로 이행하는 듯하지만 그 내용에서는 차이가 없기 때문이다. 기억의 주체는 현재의 정신이지만 그 내용은 정신이 현재까지 거쳐 온 자기를 드러내는 것이기 때문이다. 이러한 사정은 『정신현상학』의 시원에서 직접적인 것으로서의 즉자존재의 특성을 이해하는 데에서 정신의 '현재'가 차지하는 비중을 가늠하게 한다. 소위 헤겔의 '즉자－대자'의 개념적 진행에 따르면, 논리적으로 볼 때 전제로서의 즉자 안에 포함되어 있지 않은 것은 결과인 대자에서 나타날 수 없다. 그런데 최초의 즉자존재가 『정신현상학』에서처럼 시대/시간에 의해 매개되어 있을 경우 양상은 달라질 수 있다. 시간이 최초의 존재에 관계하고 또 시간적으로 현재가 과거와 맞물려 있다면, 가능태로서의 즉자존재에서 현실태로서의 대자존재를 도출하기 위해서는 추가적인 단서가 요구된다. 출발점에서의 현재의 의식이 과거의 현존재를 끌어안고 있는 한에서, 현재 속의 과거를 고려하지 않을 수 없으며 따라서 겉으로 드러난 현재적 요소만을 형식적으로 분석하는 것은 '단순성으로 가려진 전체'를 파악하는 데 미흡하기 때문이다.

풀다(F. Fulda)의 견해에 따라 변증법적인 진행이 체계적인 "의미변형"을 서술하는 것이라면, 의미의 변형은 기계적으로 진행되지 않고 현재의 관점에서 각각의 주체에게 새로운 의미가 부여되어 재구성되는 과정이라 할 수 있다.7) 주체는 이미 와있지만, 그의 현존이 추상적으로만 알려져(bekannt) 있을 뿐 구체적으로는 아직 인식되지(erkannt) 않고 있다. 단순한 전체의 베일에 가려 있는 개별적인 주체에게 새로운 의미가 부여되기 위해서는 선행하는 과거가 현재 달성된 관점을 통해 새롭게 인식되어야 한다. 이렇게 현재의 주체 혹은 자기가 선행하는 개별적 현존재와 직접적으로 연관되어 있는 상태가 『정신현상학』의 출발점을 이룬다.

철학적 사유의 기본개념들은 사유가 자기자신을 단순히 성찰하는 데에서 생겨나지 않으며 또한 판단의 선천적인 범주에 이미 선취되어 있지도 않다.8) 그것들은 "시대진단"에서 비로소 획득되는 것이다.9) 시대를 고려하지 않은 사유의 자기반성은 공허하다. 철학적 반성은 현실, 즉 역사적으로 존속하는 것에서 출발해야 한다. 철학의 현실/역사연관성은 사유가 자기의 시대를 포착하는 경험과 분리될 수 없다. 자신의 시대에 대한 헤겔의 진단은 『정신현상학』에서 의식이 각각의 시대를 경험해 온 과정을 통해 서술된다. 하지만 의식이 행하는 각 시대의 경험은 외적인 세계에 대한 직접적인 지각이 아니라 각각의 역사적 맥락에서 그 시대의 자기동일성을 그의 시대정신으로 파악하는 일이다. 시대정신을 파악하는 일은 일차적으로 그 시대의 전반적인 문화적 요소들을 개념적으로 포착하는 일이지만, 이 활동은 헤겔에게서 '현재 도달한 정신'의 수준에 비추어 과거를 비판적으로 서술하는 일이기도 하다. 그런 한에서 지나간 역사를 되돌아보는 데에는 현재 드러난 정신의

---

7) H.F. Fulda, "Unzulängliche Bemerkungen zur Dialektik", in: *Seminar: Dialektik in der Philosophie Hegels*, hg. v. R.-P. Horstmann, Frankfurt/M., 1978, 43ff. 참조.

8) 의식의 역사연관성을 헤겔의 언어철학에까지 확대시켜 이해하는 지몬(J. Simon)은 대상 일반의 개념에 적용되는 칸트의 범주개념에 반대하여 헤겔을 옹호한다. "헤겔에 따르면 문장의 실제적인 운동에서는 범주들 가운데 어느 하나도 순수하게 무규정적인 다양성에 관계하지 않으며, 본질적으로 선행하는, 즉 (역사적으로) 이미 발생한 규정, 그러니까 다른 범주와 관계한다"(J. Simon, "Die Bewegung des Begriffs in Hegels Logik", in: *Die Wissenschaft der Logik und die Logie der Reflexion*, hg. v. D. Henrich, Bonn, 1978, 73).

9) M. Theunissen, *Negative Theologie der Zeit*, Frankfurt/M., 1991, 16-21 참조. 토이니센은 여기서 헤겔의 모토, '철학은 사상으로 포착한 그의 시대'를 끌어들여 헤겔이 시대진단과 기초철학을 양자택일의 문제로 보지 않고 하나로 통일시키고자한 점을 높이 평가한다.

수준을 고려하는 일이 필수적이다. 헤겔에게서 현재는 과거의 목적이기 때문이다.

헤겔에게서 정신이 '자기내면으로 향해 가는 것(In-sich-gehen)'은 곧 정신이 자기를 알아가는 과정이라고 할 때, 이 자기는 현재적인 주체와 과거의 현존재라는 두 계기의 통일체이다. 하지만 과거의 현존재가 현재의 보편적인 정신 안에 이미 들어와 있는 한에서 이 정신은 자기 밖으로 나갈 필요가 없다. 정신은 스스로 뒤를 돌아보아 갈고닦음(도야)으로써 자기 안에 들어와 있지만 아직 드러나지 않은 개별적 현존재에게 생명을 불어넣는다. 그래서 "실체로서의 보편정신의 측면에서 볼 때 도야란 스스로에게 자기의식을 부여하여 생성과 반성을 스스로 산출하는 것"이다(33). 그리하여 『정신현상학』의 목적은 외부에서 아무 것도 추가되지 않은 채 순전히 내재적인 운동에 의하여 단순한 추상체로 주어진 것을 세부적으로 규정하여 보편정신의 운행 안에서 구체적인 위상을 정립하는 일이다. "학이란 이렇게 세부성과 필연성에 따라 자기를 형성해 가는 운동이며 또한 이미 정신의 계기와 소유로 화한 것에 형태를 부여하여 서술하는 행위이다"(33). 정신이 자기 내면을 향해 가는 것은 단순히 과거의 현존재를 다시 인식하는 행위가 아니라 현재의 정신이 자기 안에 이미 지니고 있으면서도 아직 인식하지 못하고 있는 자신의 과거의 현존재에게 새로운 의식을 부여하는 일이다. 이를 통하여 지금까지 부정적인 성격을 띠고 죽어 있던 과거의 현존재가 이제 긍정적인 것으로 탈바꿈하여 되살아난다.

헤겔은 정신의 계기로 화한 현존재를 "가능성으로 소실된 현실(die zur Möglichkeit getilgte Wirklichkeit)"이라고 묘사하는데, 이는 "억눌린 직접성(die bezwungene Unmittelbarkeit)"으로서 여기서는 모든 형태들이 축약되고 단순한 사유규정으로 전락한다(34). 주어진 즉자존재로서의 현존재는 이제 직접적인 가능성이 되어, 매개된 현실로 전환되기를 기다린다. 사유된 것은 이제 정신적 실체의 소유물로서 "더 이상 즉자존재의 형태를 띤 현존재가 아니며, … 이미 기억된(내향적인) 즉자존재는 대자존재의 형태로 전환되어야 한다"(34). 내면화된 즉자존재가 대자존재로 전환되는 것은 곧 '과거를 직접적으로 자기 안에 간직하고 있는 현재'가 구체화되는 과정이다. 내면화된 즉자존재의 현존재는 시간의 측면에서 볼 때 '현재를 구성한 과거'와 현재의 직접적인 통일체이다. 여기서 실체의 주체성은 시간적으로 '현재하는 과거'와 '현재'라는 서로 다른 층위의 두 요소를 동시적으로 내포한다. 이러한 양상으로 인해 직접성은 내재적으로 이중적인 성격을 띠게 되는데, 현재의 의식은 '지'에, 그리고 현재적인 과거의 의식은 '지에 부정적인 대상'에 각각 상응하여 양자는 의식 일반에게 '대상과 대상지(知)의 대립'으로 나타난다. 이 대립은 의식의 경험과정을 통해 외화되어 상호 매개/통일되어야 한다.

정신의 운동은 '시간 안에서의 자기외화'로 나타난다. 정신의 시간적인 외화를 대변하여 구체적인 생성에 참여하는 주체가 '의식'이다. 헤겔에게서 외화란 자기의 대상화, 자기의 타자화 이에 따른 자기의 분열을 의미하는 한에서 직접적으로 주어지는 시원적인 의식은 애초부터 분열되어 이중적일 수밖에 없다. 정신의 최초의 부정태로서 시원적인 의식은 자기자신으로부터 소외되어 있는 셈이다. 현재의 정신에게 '단순성으로 가려진 전체'로 나타난 것이 정신의 직접적인 현존재인 의식으로 전환되면서 스스로 소외되고 분열된 의식의 형태를 띠게 된다. 따라서 『정신현상학』의 시원적 양상으로서의 직접성은 지와 대상의 단순한 통일이 아니라 양자가 잠재적으로 분열되어 있는 즉자존재이다. 여기서 현재의 정신은 의식의 경험을 매개로 하여 이 분열상을 극복하여, 즉 부정적인 것을 다시 부정하여 자신의 동등성을 회복한다.

헤겔에게서 기억(자기 안으로 들어가는 것)과 외화(자기 밖으로 나가는 것)는 결국 동전의 양면처럼 동행한다. 기억은 현재의 정신이 과거로 향하는 과정인 반면, 외화는 기억이 시원적인 과거로 돌아가 그 과거의 현존재를 의식으로 설정하고 그 의식이 스스로를 부정하여 자신의 분열상을 극복하는 과정이다. 하지만 이 과정에는 기억이 동행하여 외화의 구체적인 내용을 제시한다. 과거에 대한 기억이 외화의 내용을 이루기는 하지만, 이는 프루스트의 『잃어버린 시간을 찾아서』처럼 의식의 자동기술적인 서술이 아니라 현재 도달한 '정신'의 관점에 따라 과거의 현존재를 비판적으로 재구성한다.

Ⅲ. 목적론적 원환구조와 시원의 양가성

시원에서의 직접성은 겉으로는 비록 추상적이긴 하지만, 의식의 경험과정에서 전개될 모든 것을 자기 안에 포함하고 있어야 할 것처럼 보인다. 그래야만 "결과는 시원과 동일한 것인데, 이는 시원이 바로 목적이기 때문"(26)이라는 헤겔의 원환논리에 따라 '시원과 결과의 동일성 테제'가 성립할 수 있기 때문이다. 더구나 시원이 결과의 목적일 경우 시원에는 결과에서 도출되는 모든 것이 이미 포함되어 있어야 할 것처럼 생각되기 때문이다. "직접성이 목적으로서 자기 혹은 순수한 현실성을 목적 안에 지닌다"(26)면, 의식의 경험과정은 시원적인 직접적인 것을 단지 풀어 펼쳐놓는 것에 불과하여 정신의 역사성은 한낱 공허한 말에 지나지 않게 될 것이다. 그럴 경우 역사에서 출현하는 새로운 것은 시원에 이미 선천적인 형식으로 잠재해 있던 결론이 현상으로 도출되는 선험주의적인 전략에서 유래한 것과 본질적인 차이를 보이지 않게 될 것이다. 그리하여 칸트의 후예로서 헤겔이 선험적 지평을 전제하고 정신의 선천적인 형식을 경험적 내용을 구성하는 데 단순히 적용한 것이 아닌가 하는 의구심을 야기할 수 있다. 이러한 사정은 『정신현상학』

의 출발점에서 언급된 '새로운 것'이 진실로 '새로운' 것인가 하는 의문을 야기할 뿐만 아니라 헤겔의 사유에 부정적인 의미의 '관념론'이라는 꼬리표를 달게 하는 빌미를 제공하게 된다. 정신의 타자화가 시원적인 구조를 서술적으로 전개하는 것을 뜻한다면, '새로운 것'이라는 어휘 자체가 민망할 수밖에 없으며 또한 헤겔 자신이 벗어나고자 하는 주관적 관념론의 테두리에 머물게 될 것이기 때문이다.

"결과가 시원과 동일한 것은 바로 시원이 목적이기 때문이다. 다시 말해 현실적인 것이 자신의 개념과 동일한 것은 직접적인 것이 목적으로서 자기 혹은 순수한 현실성을 자기자신 안에 지니고 있기 때문이다. 따라서 실현된 목적 혹은 현존하는 현실적인 것은 운동이며 전개된 생성이다. 하지만 이렇게 끊임없이 움직이는 것이 곧 자기이다. 앞서 말한 직접성과 시원의 단순성이 같은 이유는 결과, 즉 자기에게로 되돌아간 것이 바로 자기이며 이 자기는 자기자신과 관계하는 동등성이며 단순성이기 때문이다"(26). 여기에서 '목적으로서의 시원'이란 대체 무엇일까? 또한 직접성이 시원의 단순성과 같다는 것은 무슨 뜻인가? 직접적인 것이 자기를 목적으로 자기 안에 지닌다고 할 때 그 자기는 어떤 자기인가? '자기'를 풀어 '순수한 현실성'과 같은 것으로 규정한다면, 이 '순수한 현실성'은 '지금 도래해 있지만 아직 그 정체가 밝혀지지 않은 현실성'이라고 해야만 할 것이다. 그렇지 않을 경우 시원의 직접적인 것이 왜 특정한 방향을 향해 운동해야 하는지 그 이유가 설명되지 않기 때문이다.

시원 문제를 해명하기 위해서는 헤겔의 방법적 원리인 원환논리의 내용을 세밀히 검토할 필요가 있다. 실체와 주체의 동일성을 말하는 대목에서, 진리는 근원적인 통일이나 직접적인 통일이 아니라 "스스로를 재산출하는 동등성(die sich wiederherstellende Gleichheit) 혹은 타자존재 안에서의 자기 내 반성(die Reflexion im Anderssein in sich selbst)"으로 규정하고, 이어서 진리는 "자기자신의 생성"으로서 "종말을 자신의 목적으로 삼으면서 동시에 시원으로 삼아 구체적인 전개를 거쳐서만 그 종말이 현실적일 수 있는 원(Kreis)"이라고 서술한다(23). 앞에서는 시원이 목적이었는데 여기서는 종말이 목적이다. 이런 서술상의 혼란은 어디에서 오는 걸까? '구체적인 전개를 거치고 난 후에야 종말이 현실적'이란 무슨 말인가? '종말'은 무엇을 가리키는 것일까? 시원과 목적의 동일성은 종말을 시원의 자리에 옮겨놓으면 아무런 문제가 되지 않는다. 하지만 어떻게 종말을 시원의 자리에 갖다놓을 수 있을까? 종말은 앞에서 설명한 '현재 도달해 있는 정신의 상태'로서 '단순성으로 가려진 전체'를 의미한다. 현재의 정신은 이 종말의 정체를 파악하기 위해 종말의 단순성을 시원의 직접성에 위치시킨다. 그럴 경우 종말과 시원은 시간적인 거리는 있지만 내용에서 차이를 보이지 않게 된다. 이 시원의 직접성이 부정되어 구체적으로 전개될 때 비로소 종말도 자신의 정체를 파악할 수 있게 된다. 이것은 결과적으로 현재의 정신이 '자기를 재산출'하는 것이며, 정신의 직접적인 현존재인 시원의 의식이 경험하는 타자존재 속에서 스스로를 반성하는 것이기도 하다. 이 과정은 종말의 정신이 시원의 의식으로 전치되면서 시원이 종말을 목적으로/향해 진행하지 않을 수 없는 필연적인 운동이다. 의식의 경험과정은 그래서 현재의 정신이 자기를 알아가는 과정이며 생성해 가는 과정이다.

'단순성으로 가려진 전체'는 자기의 현재는 알지만 그 현재가 어떻게 출현하게 되었는지는 아직 모른다. 결과로 드러난 '자기'는 있지만 그 '자기'가 어떤 과정을 거쳐 산출되었는지는 알지 못한다. '현재의 자기'는 결과로 드러난 한에서 '과거의 자기'의 '목적'이었다는 사실이 밝혀졌지만, 과거의 자기가 구체적으로 전개되기 전까지는 자기가 무엇인지 알지 못한다. 그런 한에서 투겐타트(Tugendhat)의 헤겔 비판, 즉 헤겔은 증명되어야 할 것을 전제하는 '선결문제요구의 오류'에 빠져 있다는 비판은 헤겔에게 해당되지 않는다. 『정신현상학』에서 보이는 시원과 결과의 동일성 테제에서 양자는 형식적인 추론관계에 있지 않으며 내용적인 선후관계에 있기 때문이다. 내용적인 선후관계에서 시원은 결과를 내용적으로 포괄하고 있지 않으며 시원의 자체적인 운동에 따라 비로소 내용이 산출된다. 그런데도 헤겔에게서 시원과 결과가 동일한 이유는 시원이 지향하는 방향(목적)이 결과이기 때문이다. 여기서 고려해야 할 점은 현재 드러난 결과가 시원에서의 운동을 추동시키는 원동력이라고 해서 그 내용이 선험적으로 미리 결정되어 있지 않다는 사실이다. 어떤 내용으로 채워질지는 의식의 경험이 진행되기 전까지는 현재의 정신 자신도 알지 못한다. 그런 한에서 그는 수동적으로 시원적인 의식의 진행상황을 지켜볼 따름이다.

'결과는 시원을 목적으로 삼는다'를 '시원에 포함되지 않은 것은 결과에 나타날 수 없다'로 이해하는 한, 정신의 내재적인 운동에 상응하지 못하는 낯선 것은 애초부터 논의에서 제외될 수밖에 없다. 시원-결과 관계를 이런 식으로 해석할 경우 『정신현상학』의 서술체계는 시원에 이미 존재하는 것을 기계적으로 풀어내는 연역체계가 되지 않을 수 없다. 그리하여 시원의 전개과정은 시원적인 맹아를 단순히 서술하는 것에 지나지 않게 된다. 하지만 『정신현상학』의 서술은 직접적으로 주어진 시원을 단지 세부적으로 규정하는 작업이 아니다. 그 서술은 시원을 목적적으로 분석하는 일이 아니라 시원이 목적으로서의 종말을 향해 진행하도록 비판적으로 재구성하는 과정이다. "사태의 핵심은 그 목적 안에 남김없이 담겨 있지 않고 오히려 그의 구체적인 전개(Ausfürung)에서 드러날 뿐이며, 결과 또한 실질적인 전체가 아니라 여기에는 전체가 생성되는 과정이 함께해야만 한다"(13). 따라서 시원에 대한 정신의 관계는 양가적이다. "시원에 대한 본래적이고 긍정적인 서술적 전개는 거꾸로 시원에 대한 부정적인 태도, 즉 시원이 지닌 한낱 직접적이고 목적에 지나지 않는 일면적인 형식을 거부하는 것이기도 하다"(28). 시원에 대한 정신의 양가적인 태도를 고려할 경우, 결과는 시원을 생산적으로 부정한 것으로서,

이는 “가상으로서의 직접성을 파괴하여 이 직접성의 매개를 그의 진리로 재구성” 한 것이다.[10)]

시원 그 자체가 결함을 지닐 수밖에 없는 것은 정신의 초기상태가 매개되지 않은 직접성의 양상을 띠고 있다는 점에서 뿐만 아니라 시원이 역사/시간적으로 현재의 정신에 의해 조건지어져 있기 때문이다. 정신의 입장에서 보면 시원은 순수한 논리적 범주가 아니라, 이미 정신 속에 들어와 있는 역사연관적인 의식이다. 정신의 근원적인 역사연관성은 의식의 경험의 시초에서 지와 그 대상간의 대립으로 묘사되고 있다. 정신의 직접적인 현존재로서의 의식은 지와 대상이 대립해 있는 시간연관적인 의식이며, 따라서 그 자체로 부정적인 것이다. 시원의 의식이 운동을 할 수밖에 없는 것은 처음부터 부정적인 것을 자체에 포함하고 있기 때문이며, 따라서 의식은 자기이외의 다른 것을 외부에서 끌어들일 필요가 없게 된다. 직접적인 것으로서의 시원이 스스로를 부정하는 전체로 정립되어 있기 때문에 의식은 이 전체 밖으로 나아갈 이유가 없다.

단순성으로 가려진 전체는 그 자체가 부정적인 것으로서 어떠한 외적인 것도 의식에 대립해 있지 않으며, 오직 현재적인 의식의 내적인 상태를 지시할 따름이다. ‘우리’는 새로운 시대 안에 이미 와 있다(sein). 그러나 ‘우리’는 그것이 무엇인지 아직 알지(wissen) 못한다. 시대의 존재가 우리의 의식 안에 잠재해 있는 한에서 새로운 시대는 자기의 정체성을 드러내는 과제를 우리의 의식에게 부여한다. 여기서 의식에게 낯설게 나타나는 직접적인 것은 외적인 것이 아니라 의식이 자신의 현재 안에 지니고 있는 내적인 것으로, 여기서 의식은 스스로를 낯선 것 혹은 부정적인 것으로 인식하여 이를 현실적인 자기의 의식으로 정신화하기에 이른다. “의식이 외적이고 생소한 방식으로 자신에게 낯선 존재를 지양하려는 희망을 포기한 후에야 비로소, 생소한 방식의 포기가 곧 자기의식으로의 복귀이기 때문에 자기자신, 즉 자기 고유의 세계와 현재로 향하게 되며 또한 이 세계를 자신의 소유로 발견하게 되는데, 그럼으로써 지적인 세계에서 하강하거나 아니면 그 세계의 추상적인 요소를 현실적인 자기로 정신화하는 첫 발걸음을 내딛게 된다”(586).

낯선 존재 혹은 타자존재가 ‘외적인 방식으로’ 지양된다면, 타자는 현실의 피안에 머물러야 하며, 그럴 경우 의식은 항상 그 타자에게 소외될 수밖에 없다. 타자는 의식에게 자가자신의 타자이다. 의식은 스스로 소외되어 있다. 의식의 타자성은 원칙적으로 의식의 직접성에서 비롯한다. 처음에는 우리에게 낯선 것으로 알려지는 타자를 우리는 그 본질이 무엇인지 아직 인식할 수 없는 새로운 것으로 경험한다. 새로운 것이 우리 안에 이미 들어와 있는데도 ‘단순한 전체’로서만 알려질 때, 의식은 그것을 부정/매개하여 스스로 베일을 벗기고자 한다. 결국 매개/부정의

10) G. Kimmerle, *Sein und Selbst*, Bonn, 1978, 100.

근거는 의식 자기자신이며 그 대상 또한 자기자신이다.

이 맥락에서 헤겔이 서술상 방법적으로 구별한 '우리에 대해(für uns)'와 '의식에 대해(für es)'의 차이에 주목할 필요가 있다. '우리에 대해'는 현재 드러난 결과를 알 고 있는 '우리', 즉 '현재에 도달한 정신'의 입장으로서 '우리'는 여기서 관찰자(철학자)의 시각인 데 반하여, '의식에 대해'는 현재가 도달되기까지 전개되어 온 의식, 즉 '아직 현재에 도달하지 않은 정신'의 입장으로서 참여자(독자)의 시각을 대변한다. 이 차이는 기억의 주체가 현재의 정신이며, 외화의 주체가 과거로부터 진행해 온 의식이라는 점을 분명히 한다. 이는 '정신의 현상학'과 '의식의 경험학'이 왜 동일한 의미인지를 드러낸다. 의식이 경험하는 과정은 정신이 현상하는 과정과 일치한다. 하지만 그 내막을 들여다보면, 이미 현재에 도달한 정신이 자기를 찾아가는 과정(기억)에서 의식을 자신의 현존재, 즉 구체적인 대변자로 하여 자기 쪽으로 끌고 있다는 사실을 확인하게 된다. 이러한 양상은 의식에게는 끊임없이 새롭게 생성되는 과정이지만 정신의 입장에서는 자기의 추상적인 동일성을 구체화시키기 위해 스스로를 생성하는 과정이다.

"이러한 즉자대자적 존재는 하지만 우리에 대해(für uns) 혹은 그 자체로(an sich)만 그런 것이다. 즉 그것은 정신적인 **실체**일 따름이다"(28). '우리에 대해서'만 즉자대자적이란 무슨 뜻인가? 현재의 관찰자적 관점에서 보면 즉자대자적이지만 의식의 입장에서는 그렇지 않다는 것, 즉 'an sich'하다는 것이다. 이러한 사정은 '정신적 실체'에서 '정신적'이 아니라 '실체'에 방점을 찍은 데에서도 드러난다. 주체적 활동성을 뜻하는 '정신적'에 대해 상대적으로 고정적 성격을 띠는 '실체'를 부각시킨 것은 즉자대자적 존재의 즉자성을 드러내기 위한 조치로 해석할 수 있다. 그래야만 이어지는 대목을 이해할 수 있다. "정신적인 것은 자기자신에 대해(für sich selbst) 이것이어야 한다. 즉 정신적인 것에 대한 지(知)이며 자신을 정신으로 아는 것(知)이어야 한다. 다시 말해 그것은 스스로 대상으로 존재하면서도, 직접적으로는 지양된 대상, 즉 자기 내로 반성된 대상이어야 한다. 정신은 그의 정신적 내용이 그 자신을 통해 산출되는 한에서만, 정신이 스스로도 대자적인 한에서만, 우리에 대해 대자적이다. 그럼으로써 이러한 자기산출, 순수한 개념은 정신에게 동시에 대상적인 요소이며, 이 안에서 정신은 자신의 현존재를 지닌다. 정신은 결국 이런 방식에 따라 자신의 대자적인 현존재 안에서 자기 내로 반성된 대상이다. 그렇게 발전하여 스스로를 정신으로 아는 정신이 곧 학(學)이다"(28f.). 이렇게 볼 때 정신은 현재의 기점에서는 이미 완결된 즉자대자적 성격을 띠지만 그것은 어디까지나 '우리에 대해' 그런 것일 뿐 실제에서 정신은 자기를 대자적으로 완결시켜야 할 과제를 짊어지고 있다. 그러기 위해서 현재의 정신은 자신의 과거를 기억(내면화)하여 과거의 의식에게 그 임무를 떠맡긴 뒤, 의식의 경험과정을 지켜보면서 자기를 알게 된다.[11]

결국 시원은 ‘우리에 대해’와 ‘의식에 대해’에 따라, 현재의 정신에게 ‘직접적인 단순성’으로 주어지는 시원과 그 정신이 자신을 알기 위해 과거의 의식으로 투사/전환한 ‘부정적인 단순성’으로 구별할 수 있다. 그런데 ‘우리에 대해’는 현재의 정신으로서 의식의 생성을 주도하는 이성성이기는 하지만 자신의 현존재인 의식의 구체적인 활동이 수반되지 않으면 한낱 추상체에 지나지 않는다. 따라서 시원의 의식이 변증법적 운동의 구체적인 주체라면, 시원의 정신은 추상적인 주체라고 할 수 있다. 시원의 주체인 정신이 기억을 통해 회고적으로 재구성하는 과정에서 시원의 의식은 그 구체적인 행동대원인 셈이다. 행동대원이 없다면 정신은 그 존재성을 보장받을 수 없다. 이성의 간계이다.

Ⅳ. ‘시간에 외화된 정신’의 한계

역사란 “시간에 외화된 정신(der an die Zeit entäußerte Geist)”(590)이라고 할 때, 이 ‘시간’은 일차적으로는 시원부터 결과까지의 계기적인 시간을 일컬을 것이다. 하지만 이것은 어디까지나 결과론적인 설명일 뿐 그 ‘정신’이 나아가야 할 방향은 이미 정해져 있다. 시원이 결과를 목적으로 삼는 한에서 앞의 ‘시간’은 이차적으로는 ‘현재의 시간’으로도 이해할 수 있다. 그럴 경우 시원은 ‘현재 도달해 있는 정신’의 수준을 미리 전제하고 그 전제에 맞추어 자신의 시간을 재구성 혹은 재조율한다고 할 때, 『정신현상학』의 ‘시간’의 진정성을 의심하지 않을 수 없다. 그 ‘시간’은 실질적인 의미의 역사적 시간이 아니라 현재화된 시간에 맞추어 가공된 가상의 시간일 공산이 크기 때문이다.

물론 『정신현상학』의 ‘시간’은 역사학적인 시간이 아니다. 그것은 “개념으로 파악된 역사(die begriffene Geschichte)”(591)라는 점에서 역사에 대한 철학적 시간이다. 의식의 경험과정에서 학적인 개념에게 낯선 것은 역사적 의미를 지닐 수 없다. 여기서 개념은 역사적 사실의 여과장치로 기능한다. 역사에서 나타나는 모든 사실

---

11) 이러한 설명은 『정신현상학』을 순전히 ‘내재적인 자기산출’로 읽어내려는 시도에 저항한다. 『정신현상학』 서문에서 “의식이 자기 자신에 접하여, 즉 자기의 지와 대상에 접하여 행하는 변증법적 운동은 본래, 이 운동에서 새롭고 참된 대상이 출현하는 한에서 경험이라 일컫는다”(78)고 했을 때, 이 ‘경험’은 참여자로서의 의식의 경험을 뜻하는 것으로, 이것만 가지고 『정신현상학』의 서술의 특징을 ‘내재적’이라고 평가할 수 없다. 여기에는 현재의 정신이 자신을 과거로 투사하여 자신에 맞춰 과거를 재구성하는 관찰자의 관점이 결여되어 있기 때문이다. 헤겔의 서술 방법에서 ‘의식에 대해’와 ‘우리에 대해’가 어떻게 관련되어 있으며 또한 구별되고 있는지에 대해서는 나의 논문 「새로운 의식의 출현과정과 그 서술의 문제－헤겔 『정신현상학』의 서론 분석－」(졸저, 『역사이성과 자기혁신』, 철학과 현실사, 2009, 특히 127쪽 이하)을 참조 바란다.

이 개념적으로 의미를 지니지는 않는다. 정신의 반성은 역사에서 의미있는 것과 우연적인 것을 분별하여 자기 것으로 삼는다. "헤겔에 따르면 정신은 한낱 반성의 위력을 통해서는 모든 현상들을 자기 것으로 삼을 수 없지만 … 그 현상들에게서 의미있는 것은 자기 것으로 삼을 수 있다. 자기 것으로 삼을 수 없는 것을 헤겔은 의미없는 우연으로, 즉 역사진행 혹은 담론적인 사유에 아무런 결실을 주지 않는 것으로 치부한다."[12] 엄밀한 학으로서의 철학은 개념에 무관하게 우연히 나타나는 낯선 것에게 아무런 자리를 마련하지 않는다. 그것은 개념학의 권한과 능력 밖에 있다. 정신의 개념과 합치하는 한에서만 그것은 새로운 것으로 파악/판단될 수 있는 여지가 생긴다. 그런 의미에서 역사에서 출현하는 새로운 것은 정신의 개념적인 운동에 철저히 닫혀 있는 셈이다.

의식의 경험과정에서 예기치 않은 새로운 것이 출현한다 해도 그것이 정신의 학적인 체계로 진입하지 않는 한 아무런 의미를 지니지 않는 우연적인 것에 머물 수밖에 없다. "진리를 담지하고 있는 참된 형태는 오직 학적인 체계뿐"이다(14). 역사에서 새로운 것으로 인정받기 위해서는 정신의 학적인 체계에 적합해야만 한다. 그런 한에서 새로운 것의 출현은 학적인 개념의 범주에 합당한 한에서만 유효하다. 개념으로 파악될 수 없는 것 혹은 개념과의 관계에서 소원한 것에 대해서는 학적인 인식을 요구할 수 없다. 그것에 대해서는 언표조차 불가능하다. 차이의 논리에 따라 개념의 저편에 언표불가능한 차원이 있다고 생각할 수 있다손 쳐도 그것은 개념이 아니라 신앙의 소관사항이다.[13]

여기서 『정신현상학』에서 언급된 'die begriffene Geschichte'를 '개념적으로 선취되어 있는 역사'로 해석할 수 있는 여지가 생긴다. 어떤 역사를 취사선택할지가 개념적으로 이미 정해져 있어서, 개념에 부합하는 것들에게만 역사적 의미가 부여된다. 의식의 개별자적인 활동은 학의 개념적인 전체를 구성하는 계기로 화하는 한에서만 내재적인 자기운동이 가능하다. 이러한 사정은 '지(知)의 활동'을 헤겔이 '간계(die List)'라고 표현한 데에서도 드러난다. "지(知)는 내용이 자신의 고유한

12) H. Arendt, *Vom Leben des Geistes*, München, 1979, 43.
13) 헤겔은 셸링의 신앙개념을 자신의 사변개념과 구별하여 다음과 같이 이의를 제기한다. "인간오성이 한정자를 기억하여 이를 의식으로 정립하듯이 이 의식에게 무한정자는 한정자에게 절대적으로 대립한다. 절대자에 대한 한정성의 관계를 신앙이라 칭한다고 할 때 이 관계에서 신앙은 오직 의식 안에서의 대립에 반하여 동일성을 넘어서 완전히 의식이 없는 상태(Bewußtlosigkeit)를 지시한다"(Hegel, "Differenz des Fichteschen und Schellingschen System der Philosohie" (in: Bd. 2, 32). "그러나 사변은 건전한 인간오성에게 의식이 없는 동일성을 의식으로 고양한다. 다시 말해 사변은 통상적인 오성의 의식 안에서 필연적으로 대립하는 것을 의식적인 동일성으로 구성한다"(같은 글, 33). 셸링에 대한 헤겔은 반문한다. 무한정자가 주-객 관계를 넘어서 있는 무관심점으로서 의식과 관계하지 않고 이 관계에서 독립해 있다면, 그렇게 완전히 낯선 존재를 학적으로 어떻게 정당화할 수 있겠는가?

내면으로 복귀하는 것을 보면서 지의 활동은 오히려 내용으로 빠져들게 된다. 지의 활동은 내용의 내재적인 자기인 동시에 자기 안으로 복귀하기 때문에, 혹은 타자존재 안에서의 순수한 자기동등성이기 때문이다. 그런 한에서 지의 활동은 간계(die List)라고 할 수 있는데, 그것은 자기를 보존하는 활동인 듯 보이면서도 … 거꾸로 자기자신을 해소하여 전체의 계기로 만드는 행위이기 때문이다"(53f.). 지의 자기보존 혹은 자기구체화는 전체를 구성하기 위한 계기로서만 자기자신으로 생성될 수 있다. 지의 활동이 간계인 이유는 자기의 보존(긍정)과 자기의 해체(부정)가 동시적으로 진행된다는 데 있다. 하지만 이러한 자기 긍정과 부정의 근거는 개념적으로 선취된 전체이다. 여기서 우리는 다시 서두에서 언급한 '단순성으로 가려진 전체'를 만나게 된다.

학의 시원인 '단순성으로 가려진 전체'는 구체적인 개념을 드러내고 있지는 않지만 잠정적으로는 이미 개념을 확보하고 있는 상태이다. 학적인 대상의 적합성 여부에 따라 무엇이 개념적으로 파악될지가 잠정적으로 정해져 있는 셈이다. 사정이 이렇다면, 『정신현상학』의 '역사'는 '파악된 역사(die begriffene Geschichte)'만을 지시할 뿐 '파악될 역사(die zu begreifende Geschichte)'까지를 포함하지는 않는다.[14] 결국 지의 자기 긍정과 부정의 준거점은 '현재 도달된 정신의 개념'이며, 지의 운동은 이 개념의 과거지향적 재구성의 결과이다. 이에 대해 헤겔은 보다 높은 정신을 소유하고자 하는 자에 빗대어 설명한다. "보다 높은 단계의 정신을 실체로 삼는 개인은 이러한 과거의 제 형태를 거쳐나가는 바, 이는 더 높은 학문을 지향하는 사람이 그가 오래 전부터 지니고 있던 예비지식을, 그 내용을 현재화하기 위해 두루 거쳐 가는 것과 같다. 여기서 그는 예비지식에 대한 기억을 불러내는데, 그렇다고 해서 그것에 자기 관심이 쏠려 머물지는 않는다"(32). 이미 선취하고 있지만 아직 현실성을 띠지 못하고 있는 지식을 현재로 불러내어 자기를 고양시키는 수단으로 삼는다.

이렇게 볼 때 『정신현상학』의 시원은 '현재의 정신'이 잠정적으로 소유하고 있는 개념에 묶여 있다. 헤겔이 역사적 시간을 철학적 시간으로 전환시키는 데에서 '단순성으로 가려진 전체'로서의 '시원'은 '아직 자신이 무엇인지 모르는 현재의 정신(이성)'과 이 정신이 과거로 투사되어 '그 자체가 부정성을 띤 직접적인 것'이라는 이중성을 띠게 된다. 이러한 방법적 전략은 결과를 목적으로 삼아 시원이 정립됨으로써, 결과적으로 시원과 결과가 동일성으로 이어지는 원환구조를 낳아 빈틈없이 짜여 진 학적 체계를 구성할 수 있는 토대를 마련한다. 그러나 이러한 목적론적 원환구조는 결과를 통한 사후 정당화의 논리가 깔려 있다. 현재 도달된 정

---

14) 그런 의미에서 헤겔의 '역사'는 오직 '파악된 역사'에 국한된다는 비판이 가능하다. 참고, A. v, Cieszkowski, *Prolegomena zur Philosophie*, Hamburg, 1981 그리고 E. Angehrn, *Geschichtsphilosohie*, Stuttgart, 1991.

신을 목적으로 삼아 시원의 운동을 재구성할 경우 그 역사는 이미 정해진 개념의 역사일 수는 있어도 시원의 자율적인 운동일 수는 없다. 방법적으로 특히 '우리에 대해'의 관찰자적 관점이 '의식에 대해'의 관점과 동행하면서도 의식의 활동 방향을 목적적으로 주도한다고 할 때 의식의 경험과정은 타율적일 수밖에 없다. 이러한 문제점은 헤겔이 '현재의 정신'을 준거로 한 회고적 재구성의 방법을 취하는 한에서 불가피하다고 보인다.

시원의 이러한 특성으로 인해, 결국 『정신현상학』의 '역사'는 열려 있지 않다. 이러한 '닫혀 있음'은 우선, 이미 발생한 역사 가운데에서 현재 도달한 정신에게 유효한 개념에 합당한 사실들만 역사 안으로 들어올 수 있을 뿐이며, 다음으로 현재를 기점으로 한 회고적 재구성이어서 미래가 열려 있지 않다는 것을 뜻한다. 이런 점에서 헤겔의 역사적 시각은, 현재의 정신에 부합하지 않을 뿐만 아니라 역사의 뒤안길로 사라져간 이름 없는 인물들의 의미를 되살려 내고자 하는 벤야민(W. Benjamin)의 역사이해와 '아직 아닌 것(das Noch-Nicht)'에서 역사의 희망을 찾고자 하는 블로흐(E. Bloch)의 역사철학적 시각과 본질적으로 대조를 이룬다.[15)]

---

15) 블로흐는 "변증법학자"(Dialektiker)로서의 헤겔과 "고서학자"(Antiquar)로서의 헤겔을 구별하고, 헤겔에게서 이 양자의 "모순"은 해소되지 않고 있다고 지적하면서(Bloch, *Subjekt und Objekt: Erkärungen zu Hegel*, Frankfurt/M., 1962, 228f.), 헤겔의 이론체계는 "미래, 새로움, 개방성을 차단함으로써, 모든 지(知)는 잊은 것을 다시 기억하는 것이라는 플라톤의 상기설과 다를 바 없다"고 비판한다(Bloch, *Über Methode und System bei Hegel*, Frankfurt/M., 1975, 57).

참고 문헌

1차 문헌

Hegel, G.W.F., *Phänomenologie des Geistes*, G.W.F. Hegel Werke in zwanzig Bänden 3, hrsg. v. E. Moldenhauer u. K.M. Michel, Frankfurt/M. 1969ff.

______, "Daß die Magistrate von den Bürgern gewählt werden müssen"(위의 전집 Bd. 1, 268ff.).

______, "Die Verfassung Deutschlands"(in: 위의 책, 461ff.).

______, "Verhandlungen in der Versammlung der Landstände des Königreichs Württemberg im Jahr 1815 und 1816"(in: 위의 전집 Bd. 4, 496ff.).

______, *Vorlesungen über die Geschichte der Philosophie I* (위의 전집 Bd. 18).

______, "Differenz des Fichteschen und Schellingschen System der Philosohie"(in: 위의 전집 Bd. 2, 9ff.).

2차 문헌

유헌식, 『역사이성과 자기혁신』, 철학과 현실사, 2009.

Angehrn, E., *Geschichtsphilosohie*, Stuttgart, 1991.

Arendt, H., *Vom Leben des Geistes*, München, 1979.

Bloch, E., *Subjekt und Objekt: Erkärungen zu Hegel*, Frankfurt/M., 1962.

______, *Über Methode und System bei Hegel*, Frankfurt/M., 1975.

Cieszkowski, A. v., *Prolegomena zur Philosophie*, Hamburg, 1981.

Fulda, H.F., "Unzulängliche Bemerkungen zur Dialektik", in: *Seminar: Dialektik in der Philosophie Hegels*, hg. v. R.-P. Horstmann, Frankfurt/M., 1978.

Kimmerle, G., *Sein und Selbst*, Bonn, 1978.

Simon, J., "Die Bewegung des Begriffs in Hegels Logik", in: *Die Wissenschaft der Logik und die Logie der Reflexion,* hg. v. D. Henrich, Bonn, 1978.

Theunissen, M., *Sein und Schein,* Frankfurt/M., 1980.

______, *Negative Theologie der Zeit*, Frankfurt/M., 1991.

Die methodische Reflexion über das Anfangsproblem der Phänomenologie des Geistes Hegels

Yoo, Heon-Sik

Zusammenfassung

Hiermit handelt es sich um die kritische Auseinandersetzung mit dem Anfangsproblem, das in der Vorrede Hegels *Phänomenolgie des Geistes* behandelt worden ist. Für *Phänomenolgie des Geistes* läßt sich so wohl die Phänomenolgie des Geistes als auch die Wissenschft der Erfahrung des Bewußtseins zu nennen. In dieser Bennenung is die amvibalente Bedeutung des Anfangs enthalten. Indem Hegel in der Vorrede dieses Werkes 'die Geurt der neuen Zeit' proklamiert, rekonstruktiert er die Vergangenheit gemäß seiner Gegenwart, wobei die scheinbar unverträglichen geistigen Handlungen, nämlich die Erinnerung und die Entäußerung des Geistes, in eins gesetzt hat. Während 'Entäußerung' eine vorschreitende Bewegung des Geistes ist, ist 'Erinnerung' eine retrospektive Beweging desselben. Jedoch hat Hegel dem Anfang die doppelte Bedeutung angegeben, einerseits die Gegenwart des zeitgenössischen Geistes und andererseits der anfängliche Geist der Vergangenheit. Danach ist ein doppelter Gesichtpunkt zu unterscheiden, der des Beobachters und der des Teilnehmers, um zu verstehen des Anfangsmodus der *Phänomenolgie des Geistes*. Insofern die Erinnerung des Geistes als der Gesichtspunkt des Beobachters methodisch die Entäußerung des Geistes leitet, kann man zweifeln, ob der 'neue Gegenstand' in der dialektischen Bewegung der *Phänomenolgie des Geistes* wirklich 'neu' wäre.

Schlagwörter: Hegel, Phänomenolgie des Geistes, Anfangsproblem, Zeit, das Neue, die kreislaufende Logik

• 투고일: 2011.08.16. 심사완료일: 2011.10.04. 게재확정일: 2011.10.07.

헤겔 『정신현상학』의 시원(始源)문제에 대한 방법적 반성 논평

이 종 철

1. “헤겔 『정신현상학』의 시원(始源)문제에 대한 방법적 반성”이라는 유 헌식 선생(이하 필자)의 논문은 시원의 방법론을 다루는 이상으로, 적어도 평자가 이해하기에는, 시원에 대한 해석을 통해 『정신현상학』을 역사 철학적 테제로, 또 그러한 역사철학(개념으로 파악된 역사 die begriffene Geschichte)이 지닌 폐쇄성을 비판하고 있다. 자신의 시대를 “탄생의 시기, 새로운 시대로 이행하는 시기”로 파악한 헤겔을 따라 필자는 정신의 현실 연관, 역사 연관에 주목하면서 이 새로운 시대가 정신에게 어떤 모습으로 드러나고, 그 의미가 무엇이고 또 그것을 헤겔은 어떻게 포착하는가를 밝히는 일로 『정신현상학』의 서설을 해석하고자 한다. 그리하여 첫째, 현재의 기억을 통해 시원을 재구성하고, 둘째 목적론적 원환구조에 비추어 시원의 양가성을 조명하고, 마지막으로 시간으로 외화된 헤겔의 정신의 역사가 갖는 한계를 밝히려고 한다. 먼저 쉽지 않은 필자의 글을 이해를 위해 요약해보고, 가능하다면 이러한 해석이 갖고 있는 논쟁점을 드러내보자.

2. 필자는 오랜 진통 끝에 등장한 이 새로운 세계상의 최초의 모습을 ‘단순성으로 가려진 전체’로 본다. 이러한 전체는 정신에게는 낯설고, 직접적이고, 소외되고, 부정적인 것이어서 극복되고, 매개되고, 인식되어야 한다. 정신은 기억을 매개로 이러한 작업을 수행하는데, 기억이란 정신이 자기 안으로 내면화(Erinnerung)하는 것이자 동시에 지나온 과거의 의식의 경험을 통한 정신의 외화(Entäußerung)이다. 그리하여 필자는 정신의 기억과 외화는 동행한다고 보는데, 형식적으로는 기억이 현재에서 과거로 향하고, 외화가 과거에서 현재로 향하는 차이가 있어도 정신이 자기를 발견하는 과정이라는 점에서는 내용적으로 동일하기 때문이라고 말한다.

필자에 따르면, 현재적 정신에는 정신의 지나온 과거가 매개되어 있다. 때문에 단순한 전체로서의 이 현재를 고립적이고 추상적으로 파악할 수 없다. 이를 파악하기 위해서는 선행하는 과거가 현재 도달된 정신의 관점에서 새롭게 인식되어야 한다. 정신의 현 상태를 현재와 과거의 통일로 보고 있기 때문에, 정신은 자신을 알기 위해서 자기 밖으로 나갈 필요가 없이 순전히 자신의 내재적 운동 속에서 자신이 구체적 위상을 정립하면 된다. 이 과정은 기억된(내면화된) 즉자 존재가 반성된 대자 존재로 바뀌는 것이자 현재가 구체화되는 과정이다. 필자는 여기서 의식의 외화 경험을 정신의 기억이 동행하면서 규정하고, 그러한 경험을 정신의 현재적 수준이 결정하는 한계가 있다고 본다.

3. 필자는 이러한 한계를 헤겔적 정신의 운동이 갖는 독특한 원환적 구조와 관련해서 본다. 헤겔에 따르면 "시원이 목적 자체이기 때문에 시원과 결과는 동일"하다. 하지만 이러한 동일성 테제에 따를 경우 의식의 경험은 시원의 직접적인 것을 반복할 뿐 정신의 역사성이나 새로운 경험이라는 말은 허구에 불과할 것이다. 이러한 동일성을 형식적이고 추상적인 동일성으로 이해할 것인가? 필자는 시원과 결과의 동일성을 "스스로를 재산출하는 동등성 혹은 타자 존재 안에서의 자기 내 반성"의 의미로 이해할 것을 제안한다. 즉 시원과 결과가 동일하다 할지라도 그것은 시원의 직접성이 부정되는 과정을 통해 다시 수립된 단순성이며, 이 과정을 통해 정신은 자기 자신을 인식하고 생성하는 과정이라는 것이다. 때문에 이러한 동일성은 첫째 추론적 동일성이 아니며, 결과의 내용이 선험적으로 결정된 것도 아니다. 둘째 시원에 포함되지 않은 것은 결과에도 없다고 할지라도 결과는 시원에 대한 단순한 세부적 규정이 아니라 시원의 직접적 형식에 대한 부정적 재구성을 통해 수립된 것이다. 필자에 따르면 이 시원은 시간적으로 현재에 의해 매개되어 있기 때문에 부정적인 것이며, 이러한 현재는 시원의 의식을 구성하고 있기도 하다. 때문에 의식은 자기를 정립하기 위해 자기 밖의 타자를 필요로 하지 않는다. 필자에 따르면 헤겔적 의식에게는 초월적 타자가 없으며, 의식의 자기 매개 운동은 철저히 내재적이다. 필자는 『정신현상학』의 서술과정에서 드러나는 'für uns'와 'für es'의 관계도 내재적 관계의 연장에서 파악한다. 즉 의식의 경험과 정신의 현상은 다르지 않으며, 다만 정신이 자신을 찾아가는 과정(기억)에서 의식을 대리인(행동대원)으로 이용하는 것일 뿐이다 (이성의 간계).

4. 마지막으로 헤겔의 '개념으로 파악된 역사'에 관한 설명을 보자. 필자에 따르면 과거는 도달된 정신의 현재적 개념에 의해 파악되고 구성된 것, 즉 정신의 개념에 부합된 것만 취사선택되며, 이 때 비로소 학적 체계의 필연성도 보장된다고 본다. 때문에 『정신현상학』의 역사는 과거의 '파악된 역사'만을 지시할 뿐 미래의 '파악될 역사'는 배제되어 있다. 이러한 역사는 단순한 전체로 모호한 상태에 있는 것에 의미를 부여하고 현재화하는 회고적 재구성의 역사, 목적론에 의해 타율적으로 구성된 역사라고 볼 수는 있을지 몰라도 미래에 의해 열려 있는 역사는 되지

못한다는 것이 필자의 결론이다.

5. 지금까지의 요약으로 미루어볼 때 필자는 『정신현상학』이 새로운 시대의 전체상을 파악하려는 관심에서 출발했지만, 그것은 정신의 현상 방식에 대한 기억의 회고적 재구성과 시원과 종말의 원환구조의 폐쇄성 그리고 개념적 역사의 폐쇄적 구조라는 측면에서 한계를 보이고 있다는 것이다. 사실 필자의 이러한 시도는 『정신현상학』의 '서설'에 대해 문자적 해석을 넘어서 일정한 역사철학적 테제의 가능성을 모색하고 있다는 점에서 대단히 의미 있는 것이라고 볼 수 있지만, 헤겔철학에 대한 일반적 평가를 반복하고 있다는 점에서 아쉬움도 없지 않다. 이하에서는 평자의 입장에서 몇 가지 질문을 던져 보고자 한다.

1. 먼저 개념상의 모호한 점을 지적해보자. 평자가 아둔한 탓도 있겠지만 '시원'의 의미가 쉽게 이해되지 않는다. 96쪽의 인용문의 시원은 새로운 세계의 첫 모습을 의미하는데 반해, 97쪽의 시원은 정신의 운동이 시작되는 과거의 시원을 의미하고 있다. 시원의 모호함으로 인해 헤겔의 논의와 필자의 해석이 갈라지고 있는 듯하다. 『정신현상학』원문[1](19쪽)의 맥락에 따르면 새로운 세계가 출현하는 첫 모습(현재의 세계)을 대할 때 의식은 다만 과거를 기억하고만 있을 뿐 그것의 풍부한 내용이나 파악할 수 있는 형식이 없기 때문에 '학문'의 필요성을 요구하고 있다. 반면 필자는 후자의 의미로 사용하면서 이러한 시원이 부정적인 것이며, 시간적 현재에 의해 매개되고 있고, 현재는 과거를 서술하는 준거점이 된다고 말한다. 이 본류의 시원을 파악하기 위해 정신은 '기억'을 필요로 한다는 것이다. 필자의 이러한 해석은 기억과 외화의 변증법으로까지 확장되는 창의성을 발휘하는 근거가 되고 있다. 그러므로 문제를 구체적으로 제기해보자. 즉 필자가 의미하는 '시원'은 시간적 의미의 기원이자 본류(本流)로서의 최초를 의미 하는가 혹은 의식의 경험이 이루어지고, 정신의 외화가 이루어지는 현재라는 출발점으로서의 처음이자 시원을 말 하는가? 정신의 현상과 의식의 경험이 각각 과거와 현재를 지향한다면, 여기서도 시원은 각각 달라지는 것은 아닌가?

2. 정신과 의식의 관계가 어떻게 되는가? 필자에 따르면 기억의 주체는 정신이지만, 이 정신의 운동은 시간 속에서의 자기 외화로 나타나며, 이 때 외화를 대변하여 구체적인 생성에 참여하는 것이 의식이라고 한다. 정신의 기억은 외화 하는 정신의 과거의 행적을 내용으로 삼고 있으므로 기억과 외화는 동행한다고 필자는

1) Hegel, Phänomenologie des Geistes, suhrkamp, Band 3, Werke in 20 Bänden, Frankfurt 1969-71.

말한다. 그러나 다른 한편으로 기억이 의식의 외화의 전 경험을 주도하며, 그것을 'für uns'라는 철학적 관점과 동일시하기도 한다. 만일 이렇게 해석한다면 의식의 경험을 내재적으로 해석하려는 필자의 의도와 다르게 또 다른 초월적 주체의 섭리가 가정되는 것은 아닌가? 필자는 그것을 이성의 간계로 보고 있을지라도 그렇다. 동행과 주도의 차이, 의식의 경험과 정신의 현상의 동일성에 대한 필자의 좀 더 분명한 답변을 듣고 싶다.

3. 앞서의 문제의 연장이다. 『정신현상학』은 그 탄생 과정에서 보듯 '정신의 현상학'이라는 측면 못지않게 '의식의 경험의 학'의 측면도 중요한 비중을 차지한다. '서설'(Vorrede)이 전자를 대변한다면 '서론'(Einleitung)은 후자를 대변하고 있다. 전자는 실체가 주체로 정립되는 과정을 서술하고 있다면, 후자는 분열된 주체가 통일과 절대를 모색하는 과정을 서술하고 있다. 헤겔은 특히 회의와 절망으로 점철된 경험을 통해 끊임없이 새로운 세계를 편력하는 분열된 의식(주체)의 변증법적 경험의 논리를 '서론'에서 잘 보여주고 있다. 여기서 헤겔의 변증법은 닫힌 체계라기보다는 새로운 대상을 끊임없이 받아들이는 열린 체계의 모습을 잘 보여주고 있다. "의식이 자기 자신－즉, 자신의 앎과 자신의 대상－에서 수행하는 변증법적 운동이 의식에 *새로운 참된 대상*을 산출하는 한, 이 운동은 *경험*이라 불린다."(『정신현상학』, 78쪽) 이러한 변증법적 경험은 경험주의와 선험주의를 넘어서 미래로까지 확장될 수 있지 않을까? 또 이 '서론'을 배제한 상태에서 '서설'에 국한된 필자의 해석은 너무 일방적이지 않은가?

4. 앞서 요약 3에서 제시했듯, 필자는 시원과 결과의 관계를 적극적으로 해석하면서 양자의 동일성이 형식주의의 동어반복이 아니라고 말하며, 결과로 재구성된 시원의 동일성은 처음보다 훨씬 풍부하게 규정되었다고 한다. 이러한 의미가 수사학적인 차원을 벗어나려면 결과가 시원과 질적으로 다른 무엇을 담고 있어야 하지 않는가? 하지만 필자가 보기에 헤겔에게는 질적으로 다른 타자가 존재할 여지가 없다. 의식의 타자는 여전히 자기 자신의 타자이고, 매개의 근거와 대상은 여전히 자기 자신이다. 그렇다면 추상적이고 직접적인 것을 구체적이고 매개된 것, 잠재적인 것을 현실적인 것으로 제시한다는 정신의 경험은 어떤 차별성을 제시하고 있단 말인가?

5. 헤겔의 개념으로 파악된 역사에서 '우연성'이 끼어들 틈은 없는가? 역사란 "시간 속에서 외화된 정신"이라 본다면, 이 시간 속에는 우연성과 낯선 타자의 경험이 들어올 수밖에 없지 않는가? 헤겔이 시간을 "현존하는 개념 자체"(『정신현상학』, 46쪽)로 볼 때는 현존의 시간적 우연성과 개념의 초시간적 보편성 양자가 똑

같이 중요함을 염두에 두고 있는 것은 아닌가? 또 이것이 헤겔 철학이 갖는 장점이 아닌가? 헤겔 역시 절대 정신의 역사를 우연성의 측면과 철학적 이해라는 필연성의 측면 양자를 아우르는 것으로 간주하고 있지 않은가? (『정신현상학』, 591쪽) 사정이 이러함을 고려한다면, 우연성과 새로움을 배제하려는 필자의 해석은 『정신현상학』의 개념적 역사를 통상의 '신정론'(Theodicy)에서 보듯 너무 도식적이고 폐쇄적인 것으로 해석하는 것은 아닌가? 너무 멀리 나가는 질문일지 몰라도 필자가 생각하기에 『정신현상학』의 긍정적이고 생산적 측면은 어디서 찾을 수 있으며, 어떤 식으로 현재화할 수 있다고 보는가?

6. 마지막으로 인용된 헤겔 원전 번역 상의 몇 가지 문제점을 지적해보자. 그것은 『정신현상학』에 대한 정확한 번역이 중요하면서도, 여전히 쉽지만은 않다는 문제의식과 관련되어 있다. 다음은 필자가 본문에서 제시한 번역에 대한 평자의 번역이다. 인용된 쪽 수는 헤겔 원문 쪽 수이다.

1) "새로운 정신의 시원은 다양한 문화형태들의 광범위한 변혁의 산물이며, 여러 겹으로 엉킨 발전경로 그리고 다각적인 긴장과 노력의 산물이다. 시원은 시간적인 계기와 공간적인 확장에서 자기로 되돌아간 전체, 전체가 생성된 단순한 개념이다. 하지만 이렇게 단순한 전체의 현실성은 계기로 화해버린 형태들이 다시금 새롭게, 그렇지만 그 형태들이 새로운 요소로 생성된다는 의미에서 스스로 발전하고 형태를 부여하는 데 있다"(19)(필자)

1') "새로운 정신의 시작(첫 모습)은 다양한 문화형태들의 광범위한 변혁의 산물이며, 여러 겹으로 엉킨 발전경로 그리고 다각적인 긴장과 노력의 산물이다. 그것은 (시간적) 연속과 (공간적) 연장으로부터 자기 안으로 복귀하면서 생성된 정신의 단순한 개념이다. 하지만 이 단순한 전체의 현실성은 계기로 화한 저 (현실의) 형상들이 다시금 새롭게, 하지만 새로운 지반 속에서 (새롭게) 형성된 의미로 발전하고 형태가 주어지는 데 있다."(평자)

2) "의식은 새로 출현하는 형태에서 내용의 확산과 특수화가 빠져 있으며 또한 형식의 발양이 이루어지 않고 있다는 사실을 확인하고 아쉬워 한다"(19)(필자)

2') "의식은 새롭게 출현한 형태 속에서 내용의 (풍부한) 확장과 (구체적인) 특수성을 놓치고 있으며, 더욱이 내용이 확실하게 규정되고 확고한 관계 속에서 배치될 수 있는 바의 형식의 정교함도 놓치고 있다."(평자)

3) 헤겔은 정신의 계기로 화한 현존재를 "가능성으로 소실된 현실(die zur Möglichkeit getilgte Wirklichkeit)"이라고 묘사하는데, 이는 "억눌린 직접성(die bezwungene Unmittelbarkeit)"으로서 여기서는 모든 형태들이 축약되고 단순한 사유규정으로 전락한다(34). 주어진 즉자존재로서의 현존재는 이제 직접적인 가능성이 되어, 매개된 현실로 전환되기를 기다린다. 사유된 것은 이제 정신적 실체의 소유

물로서 "더 이상 즉자존재의 형태를 띤 현존재가 아니며, … 이미 기억된(내향적인) 즉자존재는 대자존재의 형태로 전환되어야 한다"(34).(필자)

3') (거대한 세계사의 노동을 통해 현실이 즉자적으로 완성되어 있기 때문에 개인이 정신과 똑 같은 노력을 기울일 필요가 없다는 의미에서 현실의 내용은) "가능성으로 축소된 현실성, 강제된 직접성이다. (현실의) 형태는 현실의 축약판, 단순한 사유규정으로 전락했다. (그것은) 이미 사유된 것(Gedachtes)이어서, (현실의) 내용은 실체의 소유물이 아니다. 그것은 즉자의 형식을 띤 현존재가 아니며, 원초적인 것이나 현존재 속에 침잠된 것도 아니다. 오히려 이 기억된(내면화된 erinnerte) 즉자는 대자의 형식으로 전환되기를 기다리는 것이다." (문맥상 이어질 내용은 이미 정신의 내면으로 들어와 낯설지 않은 이 즉자를 사유규정을 통해 보편적 형식으로 파악하는 것, 즉 학문을 수립하는 것이다.)(평자)

헤겔에게서 민족, 국가와 세계사

윤 병 태

Ⅰ. 서론
Ⅱ. 민족, 국가와 세계사
Ⅲ. 세계사 발전 단계
Ⅳ. 나오는 말

요약문

이 글은 헤겔의 역사철학에서 개인이 어떤 조건으로 국가와 민족을 구성하며 그것을 지속하는지, 그리고 민족정신과 국가는 어떤 관계에 있으며, 이것이 세계사로 편입되는 조건은 무엇인지를 밝히려고 기획된 것이다. 이의 규명을 위해 세부적으로 다음의 문제들에 주의를 집중하였다. 1. 인륜성 형성이 왜, 그리고 어떻게 이성의 자기전개 과정에 일치하는가? 또 이 일치에 어떤 계기들이 요구되는가? 2. 인륜성에 토대를 둔 민족문화가 어떻게 이성국가를 형성하는가? 3. 또 우연적, 필연적 환경과 습속과 감성에 토대를 둔 민족문화는 어떻게 이성국가를 형성하는가? 4. 국가가 쇠망하지 않고, 대·내외적으로 계속 생존하려면, 어떻게 국민을 교육시키고 시민을 도야해야 하는가? 5. 또 올바른 국민교육과 도야의 조건은 무엇인가? 끝으로 헤겔 역사철학의 중심테마 중 하나인 세계사 발전의 단계와 자유의 양(量)적 범주의 관계와 그 관계의 내면적 의미가 무엇인지 찾아보고자 한다.

● 주요어 : 개인, 교양, 교육, 국가, 국민, 도야, 문화, 민족, 민족정신, 발전, 쇠망, 세계사, 역사, 우연, 이성, 인륜, 정신, 필연

Ⅰ. 서론

헤겔 역사철학의 주제는 "철학적 세계사" 서술이다.[1] 철학적이라는 말은 세계사를 분석하고 정리하되 그 분석과 정리가 단순한 시간적 나열이나 내용 전달이 아니라 "세계사의 개념"의 발전적 전개 과정의 추적이라는 문제의식과 결부된 것이다.[2] 세계사의 개념은 헤겔이 『법철학』에서 제시한 "세계정신" 또는 "보편정신"과 같은 의미 영역을 가진다.[3] 법철학은 어떻게 자유로운 인간(인격)과 인간(인격) 관계의 중첩에서 생존의 권리와 규범이 산출되며 인륜으로 정착되어가는지를 밝힌 철학적 인간 권리의 학이다. 자유 인격체로서의 개인이 자신의 자유 인격을 유지 보존 하고자 하는 당위가 필연적 상호 인정을 귀결시키고 인정의 다양한 형태를 인준하는 과정을 일컬어 개념과 개념의 실재화 운동이라 한다. 한 개인이 성장하여 가정을 꾸리고 가장이면서 시민으로 국가와 사회 속에서 노동과 직업을 통해 자녀를 양육하고 생계를 꾸리면서 부와 풍요와 문화를 누리고 그렇게 함으로써 다시 가정과 사회와 국가가 정의를 실현하는 것, 그리하여 개인 또는 시민은 바로 자신의 생과 문화의 토대가 되는 국가가 누란의 위기에 처할 때 기꺼이 조국을 위해 희생하게 되며 이때 민족정신이 만개한다. 민족정신이 국가를 형성하고 그 구성원인 개인을 형성하는 것이 아니라 의식 있는 개인과 개인들의 집단이 의식 있는 문화와 인륜을 형성하고 이 전체가 통일적으로 민족정신의 현현체로서 형성되는 것이다.

그러나 민족정신이 만개하여 이성국가를 형성한다 해도, 그 국가의 존립이 국민들의 단합된 희생적 조국애만으로 가능한 것은 아니다. 국제 관계는 온갖 나라들이 제각기 고유한 특수 사정과 이익에 따라 처신하고 행동할 수밖에 없으며, 따라서 죽살이치는 투쟁과 갈등은 불가피하다. 개인들의 열정과 수단과 목적과 폭력과 불법과 야바위가 뒤범벅이 되어 한 나라, 한 사회에서 역동적으로 일어나는 것과 마찬가지로 이런 일이 이제 국제사회에서 일어난다. 한 사회에서 그것을 조정할 법과 법정과 국가가 있는 것과 달리 국제사회에는 이 갈등을 조정할 절대권력을 지닌 보편적 법무관이 존재하지 않는다. 이 때문에 국제 관계에서 한 나라의 운명은 우연과 혼란과 야수적 무력에 좌우된다. 예나 지금이나 국제법이 당대 강대국의 들러리 역할을 하는 것은 역사가 증명하는 사실이다. 이처럼 우연과 유한성이 민족정신과 국가의 존폐를 결정하는 최고 법정을 헤겔은 세계정신이라 한다. 그리

1) Hegel, *Vorlesungene über die Philosopjhie der Weltgeschichte*, Bd.I, *Die Vernunft in der Geschichte*, hrsg. von J. Hoffmeitser, Hamburg, 1955, (=VG), 3쪽.
2) 같은 곳.
3) Hegel, *Grundlinien der Philosophie des Recht*, Werke in zwanzig Bdn, neu ed. von E. Moldenhauer und K. M. Michel, Bd.7, Frankfurt am Main, 1970, (=RP), §340.

고 이 세계정신이 바로 세계 법정으로서 세계사이다. 세계사야 말로 민족과 국가의 운명이며 현재이며 미래이다. 세계사 속에서 민족과 국가의 존재 가치가 평가되고 심판되기 때문이다.[4)]

이 글은 헤겔 사유에서 개인이 어떤 조건으로 민족과 민족문화를 구성하며, 그 문화가 어떤 방식으로 이성국가를 형성하는지, 그리고 국가에서 대내외적으로 자기 지속을 위한 교육과 도야의 본성과 그 조건은 무엇인지를 밝히고자 기획된 것이다. 이에 따라 헤겔 역사철학의 중심 테마 중 하나인 세계사 발전의 단계가 왜, 그리고 어떻게 자유의 양(量)적 범주의 순서를 따르고, 따라야 하는지가 드러날 것이다. 끝으로 이러한 주장의 내면적 의미가 무엇을 뜻하는지를 음미해 보고자 한다.

Ⅱ. 민족, 국가와 세계사

1. 인륜적 국가와 민족정신

논의에 앞서 역사철학의 중심 개념 중 하나인 'Volk'의 번역어와 의미 규정을 미리 말해야 할 것 같다. 필자는 이 용어를 다음의 이유 때문에 때로는 '민족'으로, 때로는 '국민'으로 혼용해서 사용하고자 한다. 헤겔은 'Volk'를 'Natio'와 같은 말로 사용한다. 'Natio'는 고대 로마에서 탄생의 여신 이름이다. Natio는 Natura와 마찬가지로 '태어나다', '탄생하다'라는 의미인 'nasci'에서 유래한다. 그러니까 국가 'Nation'과 자연 'Natur'는 같은 뿌리에서 나온 두 줄기인 셈이다. 고대인들이 국가의 형성 역시 자연의 무수한 현상들 중 하나로 믿었던 때문인지도 모른다. 고대·중세를 거치며 다양한 의미 변천에도 불구하고 특히 18세기에 이르러 Nation과 Natio의 정치철학적 규정이 강조된다. Natio에서 '자연적'이라는 의미가 제거된 것이 헤겔 고유의 생각인지는 알 수 없으나, 그는 그 대용어 Volk에서 자연 규정을 거부한다.[5)] 이것은 Volk가 역사에 자연스럽게 생겨나고 사라지는 씨족이나 종족이 결코 아니라는 뜻이 아니고, 비록 자연적 씨족이나 종족이라 하더라도 그 자연성을 극복하고 인륜적 국가를 형성하는 경우만을 역사철학에서 주제화하겠다는 그의 의도와 관계된다. 만일 민족을 자연적 씨족이나 종족으로 간주하는 이는 Natio로서 Volk를 민족으로 번역하려는 필자에 반대할 것이다. 그 대안은 '인민' 또는 '국민'일 수 있다. 필자 역시 민족이 가지는 혈연이나 지연 공동 집단

4) RP, §340~§341.

5) VG, 65쪽.

적 성격보다 언어와 도덕과 인륜 공동 집단적 본성을 헤겔이 중시한다고 이해하며 이 점에서 국민이나 인민이라는 용어도 무방하다고 생각한다. 다만 이 말은 근대 시민국가 이후에 그 의미가 강조된다는 면에서, 세계사적 역사성을 고려할 경우에는 민족이라는 용어가 더 적합할 수 있다고 여겨진다. 물론 민족의 자연 발생적 씨족, 종족 의미를 지양하려면, 그것이 합리적 이성에 의해 통일된 사회 인륜적 집단이라는 점을 강조해야 한다. 이것은 Volk를 인민, 민중, 국민 등과 같은 정치적 용어로 번역하는 이유가 된다. 우리말 표현과 달리, 적어도 헤겔철학에서 국민과 민족은 이름도 같고 의미도 같으므로, 필자 역시 특별히 구분할 필요가 있는 경우를 제외하고는 표현에 적절한 용어를 택하고자 한다.

인간은 개인이 아니다. 그 집합으로써 사회적이며, 함께함으로써 정치적 인간이라는 점에서, 인간은 언제나 개인 이상이다. 인간의 개념은 개인의 이기적 본질을 지양하고 보편적 인류의 본성을 지향하는 근거를 함축한다. 개인이 자신의 자유만을 실현하려는 이기적 목적을 달성하기 위해서는 그 목적을 방해하는 자신과 타자의 불법적 행위를 억제해야 한다. 이는 자신의 권리와 마찬가지로 타자의 권리도 인정해야 한다는 뜻이다. 이 당위는 인륜성을 본질로 하는 사회 정치적 인간 인식의 논리적 출발점이며 법철학적 권리 정립의 시발점이다. 도덕이 이 출발점과 시발점의 주관적 측면이라면, 법은 그 객관적 측면이다. 선과 악, 정당함과 부당함을 판정하는 가장 원초적이고 순수한 형태는 자신의 권리와 타자의 권리가 형식적으로 같다는 것을 이해할 수 있는 지성을 갖춘 자유의지적 주체이다. 이 지성을 갖춘 자유의지를 정립하기까지의 인격은 자연 상태에서 저절로 이루어지는 것이 아니라, 가정교육과 제도권 국민 교육의 종합으로 형성된다. 이렇게 보면, 도덕의 기원은 물론 양심의 원천조차도, 이성의 본성을 알리고 실천하도록 하는 교육인 셈이다.

이성적으로 있어야 할 것, 즉 마땅히 있어야 할 것이 실제로는 있지 않는 경우, 이것을 헤겔식 표현으로 '주관적 또는 주관적인 것'이라 한다.[6] 객관적으로 마땅히 있어야 할 권리이되, 현실적으로 아직 실재화하지 않은 것을 객관적 "추상적 권리(추상법)"라고 하면, 마땅히 있어야 할 것이되, 현실적으로 아직 실재화하지 않은 심성을 주관적 "도덕성"이라 한다. "이성적"이란 마땅히 있어야 할 것(선)이 현실 속에 객관화하고 실재화 하는 것을 말한다. "이성적인 것은 현실적이고, 현실적인 것은 이성적이다."라는 명제[7]가 입증되는 곳이 바로 사회적 실체로서 인륜, 다시 말해, 즉자대자적으로 존재하는 주관적 및 객관적 선의 통일로서의 인륜이다.[8] 여기서 즉자태는 "인륜적 위력"이라는 초개인적 존재이나 대자태는 "우리들"

6) N. Hartmann, *Philosophie des deutschen Idealismus*, Berlin/ New York, 1974, 526쪽.
7) RP, 24쪽.
8) 실체는 "실재적인 것으로서의 보편자"이다. N. Hartmann, 위의 책, 527쪽.

이다.[9] 객관정신은 하나의 대자적 세계, 즉 현실적 세계이다. 개인은 객관정신 안에서 태어나고 자란 자식이니, 이 정신은 개인의 영혼이며 어머니라 하겠다. 인륜성은 공동체 안에 존재하는 이성적인 것이다. 바꾸어 말하면, 그것은 공동체의 실체이며, 이 실체가 현상하는 세계는 공동 사회이다. 개인들의 주관적 자유의 결정권은 개인들이 인륜적 현실성에 속한다는 사실에서 그 실현을 보게 된다. 헤겔이 궁극적으로 인륜성의 이념을 국가의 이념과 일치시키는 것은 결코 이상한 일이 아니다.[10]

다른 나라와의 관계에서 한 나라는, 타인들과의 관계 속에 있는 개인과 마찬가지로, 하나의 개체요 개인이다. 국제 관계에서 개체로서 한 나라는-그 나라 안에서는 현실적 정신의 대자존재인-자립성과 독립성을 민족의 자유이며 최고의 명예로서 대내외적으로 보존해야 한다. 시민 또는 국민으로서 개인에게 자신의 자립성과 자유가 본질이듯이, 국제사회에 얽혀 있는 어떤 국가도 사정은 마찬가지이다. 그러나 개인에게 국가가 그러하듯이, 국제사회는 한 국가의 자립적 독립성을, 다시 말해 주권을 인정할 필연성을 결여하고 있다. 물론 예나 지금이나 국제법과 관례가 존재하기는 하나, 문제는 이 국제법을 주재하고 이 법에 강제력을 부여할 수 있는 어떤 힘도 존재하지 않는다는 데 있다.[11] 국제 분쟁의 중재를 자임하는 나라가 있다 해도 그 나라는 국제 관계의 엄정한 보편적 정의가 아니라 자신의 특수이익에 매일 수밖에 없다. 국가들은 이 점에서 서로에 대해 자연 상태에 있다. 그리고 국가들의 법률은 국가를 마음대로 지배할 수 있는 보편적 의지에 의해서가 아니라, 각자의 특수 의지 속에서 그 현실성을 지닌다.[12]

각 민족과 나라의 국제 관계에 존재하는 "유일한 사실적 권력은 근본적으로 모든 법률 관계 및 모든 제도와는 닮지 않은 전혀 다른 성질의 것"이며, 이것은 "세계사의 진행 속에 있는 권력"이다.[13] 이 사실을 직시할 때에만 객관정신의 또 다른 측면인 세계사의 역사 운행의 구도를 서술할 수 있게 된다. 모든 실재적인 것은 시간 속에 그 현존을 지닌다. 이 사실을 객관정신의 실재로서 극명하게 보여주는 것이 바로 역사이다. 시간은 현존재가 자신의 순간적 국면들을 계기적 순서로 현상하는 "존재양태"이되, 전체로서는 어디에도 함께하지 않는 특이한 어떤 것이며, 역사는 시간 내에서 "정신의 생성"이다.[14] 그런데 이 말은 매 순간순간이 각

---

9) RP, §145, N. Hartmann, 527쪽.
10) 헤겔, 『세계사의 철학』, 서정혁 역, 지식을 만드는 지식, 2009, 106쪽, RP, §156, §157, §257~§259 참조.
11) RP, §330, Zusatz. 칸트의 영구평화 비판에 대해서는, §324.
12) RP, §340, N. Hartmann, 위의 책, 539쪽.
13) N. Hartmann, 같은 곳.
14) N. Hartmann, 앞의 책, 539쪽. '존재 양태'=Seinsmodus, '정신의 생성'=Werden des Geistes.

기 그 시점에 대해서는 진리이나 생성의 전체에 대해서는 진리가 아니다. 순간에서는 전체가 보이지 않으며, 전체에서 순간은 단지 부분이기 때문이다. 물론 정신 생성의 완결이 역사라는 말은 정신 생성의 완결이 역사 전체라는 뜻이다. 이 전체를 절대자라고도 하고 역사이성 또는 세계이성이라고도 한다. '이성이 세계를 지배하며, 따라서 또한 세계사 역시 이성적으로 진행한다'는 역사철학 가정은, 헤겔에 의하면 『논리학』에서는 논증적 증명으로, 『정신현상학』에서는 의식 경험적 해석으로, 이미 그 해명이 끝난 것이다.

역사를 철학적으로 이해한다는 것은 단순한 사실 관계의 나열이나 연결만으로는 불가능하다. 그것은 우연적 사건과 사실 내면을 흐르고 있는 이성의 내적 인과관계와 필연성의 구조에 대한 포착을 통해서만 이해된다. 헤겔에서는 우연적 사건들조차도 그저 아무렇게나 일어나는 돌발적인 것이 아니라 그 내면과 밀접히 연결된, 다시 말해 필연성을 띤 사건으로 이해된다. 이 필연성을 갖지 않는 것들은 적어도 역사적 사건은 아니기 때문에 정신의 완결, 이성의 완결이라는 역사 목적으로의 궤도에서 밀려난다. 세계사가 '이성의 형성이며 그 작품'이라는 헤겔의 표현은 사실 그 자체의 인식을 기치로 내거는 역사학도들이 받아들이기는 어려울지도 모른다. 그것이 이런 부류의 역사학도를 철학자라 부르지 않는 이유이기도 하다. 헤겔은 보는 자와 보이는 것의 동일 성격을 이렇게 묘사한다. "진실한 것은 감각적 표면에 있지 않다. 특히 학문적이어야 하는 모든 것에서 이성은 잠을 자거나 수고하지 않아서는 안 된다. 세계를 이성적으로 보는 그 사람을 세계 역시 이성적으로 본다."[15)]

정신은 제 자신의 본질이 무엇인지 의식하지 못하는 한, 불완전한 정신이다. 이는 진행 과정의 어떤 한 시점에서 정신은 자기 스스로의 본질이 무엇인지 의식하지 못하는 '불완전한 정신' 수준에 있음을 뜻한다.[16)] 역사적 의식이란 정신이 자기 자신에 대한 지식 이외의 다른 것이 아니다. 객관정신으로서의 정신은 "역사적 생기 현상의 주체"이며, 따라서 객관정신은 역사적 의식 속에서 그 자신을 파악한다.[17)] 정신의 본질은 자유를 실현하려는 노력이며 이 노력은 구체적 실천을 요구한다. 또 이 경우에만 정신은 역사적 이성이다. 자유는 의지와 무관하게 주어진 선물이 아니라, 의지가 스스로의 본성을 쟁취하려는 노력과 투쟁의 산물로 현실화되는 것이다. 자유는 그것에 거스르는 일체의 것을 부정하고 제거할 때만 얻을 수

---

15) VG, 31쪽. 이 말을 윌킨스처럼 과학적 법칙의 이념에 대한 그리스적 공헌과 신의 섭리에 대한 기독교적 믿음의 공헌에 대한 헤겔의 평가로 이해하는 것은 일면적이다(이에 대해서는 B. T. 윌킨스, 『헤겔의 역사철학』, 최병환 역, 서광사, 1995, 22쪽 이하 참조). 여기에 당시 독일 관념론의 전통인 자연과학과 정신과학의 인식 원리로서 주객의 이성적 정합성을 강조한다는 사실을 덧붙여야 한다.

16) N. Hartmann, 위의 책, 542쪽. 『정신현상학』은 이 점을 분명히 한다.

17) N. Hartmann, 같은 곳.

있다. 정신이 자신을 파악한다는 것은, 그 주체가 이 부정의 힘을 지닌 역사의식을 가진다는 말이다. 정신이 자신의 본성인 자유를 의식하지도 못하고, 그것을 쟁취하려는 노력과 투쟁도 없는 상태, 이것이 바로 노예 상태이다.

정신이 자신의 본성을 인식하는 최소 단위는 개인으로서 자유 인격이고, 그 단위의 인륜적 대자태는 민족이다. "역사에서 정신은 보편적 본성을 가진 하나의 개인이다. 그러나 이것은 동시에 하나의 규정된 개인으로 존재하는, 다시 말해 하나의 민족정신이다"(VG, 59). 이 말은, 민족정신이 사적 개인의 개별성이나 그의 객관적 보편성이라는 것이 아니라, 구체적 시점에서 규정된 특정 시대정신이 역사적으로 개체화된 객관정신 자체라는 의미이다. 따라서 민족정신은 거기 속한 개개인에게는 그가 뿌리박고 있는 실재적 지반이고, 보편적 객관정신 자체에 대해서는 시간적 시작과 결말을 가지는 일회적으로 구성되고 규정된 형성물인 것이다.[18] 개인의 개성과 마찬가지로 민족정신의 개체성 역시 개성적이다.[19] 이 때문에 민족에 따라 법이나 국가 및 사회 문화가 고유의 특성을 갖게 된다. 다시 말해, 여러 개인이 있듯이 여러 민족과 국가가 있고 그들이 제각기 고유성을 가지는 소이가 바로 이것이다. 개인이 민족정신을 의식하면서 사는 것은 물론 아니다. 개인은 단지 자신의 생을 위한 이기적 목적을 추구하지만 그가 나고 자라는 자연적·문화적 환경과 그것을 형성해온 습관과 전통과 역사의 지배를 받게 마련이다. 이 환경의 내적·외적 본질 일반을 일컬어 구성원 개인의 실체로서 민족정신이라 하는 것이다. 문화·역사적 산물인 이 민족정신은 현재의 개인은 물론 미래의 의식을 형성하는 실존적 요체이다.[20] 말하자면 개인은 이 요체에 의해 주조되고 이 요체 안에서 생존한다. 물론 이 관계는 전적으로 일방적인 것만은 아니다. 특정 시대와 상황에 따른 특정 개인의 개별성과 그 집합들이 전수되어 민족정신의 분위기를 서서히 바꾸어나갈 수도 있다. 이 바뀜과 변형이 이성의 보편성과 합치되는 경우, 그 민족정신은 국가와 구성원의 번영을 담보하지만, 그 반대의 경우에는 쇠퇴와 몰락으로 내몰리게 된다. 번영과 몰락이라는 이러한 이중의 운명 때문에 민족정신은 세계정신과 구별된다.

민족정신들은 세계정신의 완결된 목표에 도달하는 특수화하는 단계적 계단의 역할을 한다. 한 민족의 몰락은 타 민족 부흥의 중요한 계기이다. 개인들의 생사가 끊임없이 반복되면서 그 후손들을 통하여 그가 속한 민족의 자연적 종을 이어나가듯이, 민족들의 끊임없는 흥망성쇠의 전체 흐름이 세계정신을 결정한다. 이 세계정신은 객관화된 보편자 그 자체라는 점에서 생성소멸의 인연 고리를 벗

---

18) N. Hartmann, 543쪽 참조.

19) 민족 전체, 또는 국민을 이끄는 국가 역시 "집단적 개성"이다. 프리드리히 마이네케, 『국가권력의 이념사』, 이광주 역, 한길사, 2010, 525쪽.

20) 이 민족정신의 전체가 바로 국가이다. RP, §274.

어난 "신적 정신"이다.[21] "어떤 특수한 한 민족정신은 몰락할 수 있으나, 민족정신은 세계정신이 진행해가는 연쇄의 한 구성 요소이다. 이 보편정신은 몰락하지 않는다."(VG 60)

세계정신으로서 역사이성은 자유에 대한 민족정신의 인식 정도에 의해 특화되고 현상화된다. 동양 민족은 정신 그 자체가 자유라는 것을 알지 못하고 국가와 그 국가의 전제 통치자를 신이요, 동시에 신의 아들이라고 믿는다. 그들은 신이며 신의 아들인 전제 국가와 전제군주 하나만이 자유롭다고 여긴다. 이에 비해 그리스인들은 자주성을 쟁취한 소수의 귀족 들만이 진정한 인간(자유인)이고 그들만이 자유롭다는 인식 수준에 있다. 인간 개념의 본래성의 인식인 '모든 인간이 자유이다'라는 것은 역사적으로는 기독교적 이해로 나타나지만, 근대 유럽, 특히 프로이센 국가를 도구로 하여 실천적으로 실현된다. 이 관점에서 세계 역사는 자유의식의 진보라고 헤겔은 이해한다.

2. 국가와 세계사

혈연 이상의 부족조차 이루지 못하는 원시 씨족 집단도 있고, 부족 수준을 넘지 못하는 집단도 있고, 국가는커녕 짜임새 있는 공동체조차 이루지 못하고 멸종하거나 멸망하는 종족도 역사 속에는 얼마든지 있다. 개인 역시 자연적 성인이 되어도 사회생활이나 독립은 물론 제 몸을 못 추스르는 장애자나 정신박약자 같은 부자유 인격체들이 있듯이, 그리고 그들이 독립적으로 가정을 꾸리거나 자유 시민으로 서기 어렵고 그들에 의해 인륜과 국가가 능동적으로 산출될 수 없듯이, 최소한도의 사회나 민족 혹은 국가의 형태를 갖추고 있는 민족이라 해도 타 민족과의 관계에서 의연하게 주권을 지키며 살아남기는 어렵다.[22] 물론 국제 관계에서 세계사의 주도권을 잡은 민족과 민족정신의 국가가 아니더라도, 일단 국가를 형성한 민족은 국가가 그 민족과 구성원 개인의 의식과 존재를 결정한다. 말하자면 개인이 인륜과 국가를 창조하는 기초 단위이지만, 반대로 국가는 자기 속에 있는 개개인들의 의식과 존재를 창조하고 결정하는 것이다. 국가가 민족정신의 실재라 하는

21) VG, 60쪽. 그러나 보편과 개체 관계를 단선적으로 이해해서는 안 된다. 세계정신이 보편자 속에서 개별자를 부정하는 전형적 개념이 아니다. 세계정신의 진행에서 개별자는 결코 어떤 역할도 하지 못하는 무기력자가 아니요, 세계정신은 개별자의 의식 속에 나타나고 움직이기 때문이다. 즉, 그것은 개별자의 실천을 통해서만 실재화되고 현실적이 된다. 유헌식, 『역사이성과 자기혁신』,철학과 현실사, 2009, 159쪽.

22) 대내외적으로 스스로를 지키지 못하는 집단은 더 이상 국가를 형성할 수 없다. 집단이 국가를 형성하기 위해서는 공동 방위와 국가 권력을 가지고 있어야 한다. 자기 방어 능력이야말로 국가의 본질이다. Hegel, *Fragment einer Reinschrift*, (1802/03), GW, Bd.5, 165쪽 이하. 마이네케, 위의 책, 542쪽 이하.

것은 이처럼 개개인들이 이성의 진화 궤도를 통해 국가에서 완전한 자유 인격을 실현하는 실체라는 뜻이다. 국가를 형성하지 못하는 민족은 더 이상 이성적 민족정신을 소유한 것이 아니며, 결함을 극복하고 국가를 지향하지 않는 한, 사적 개인들의 단순한 무리일 뿐으로 그들은 사라져버린다. 국가를 이루는 민족들의 운명도 이와 같다. 어느 민족이나 고유문화와 역사, 예술이 있고, 또 고유의 영토와 기후와 같은 지리적·물리적 특수 조건 아래 있다. 이 문화적·역사적 조건과 물리적·지리적 조건은 민족 구성원들에게 일정한 성향과 특징을 제공하고 이런 성향과 특징은 다시 자신을 규정한 그 조건들을 자신들의 현재와 미래에 적합하도록 보존하기도 하고 변형 발전시키기도 한다. 때로는 특정 사건(전쟁이나 천재지변과 같은)을 만나 위기를 극복하지 못하고 퇴보하거나 몰락하기도 한다. 역사 속에서 흥망성쇠를 거듭하면서 사라져간 무수한 국가와 민족이 있다는 것은 민족정신이 결코 한결같지 않을 뿐 아니라 정신을 놓아버리는 얼빠진 민족들이 존재한다는 것을 의미한다. 헤겔이 법철학에서 민족정신의 실재태로서 국가를 다루고 곧바로 세계사를 주제화하는 것은 이 사실을 중시하기 때문이다.

이념의 완성된 실재로서 이성국가는 "지상의 신적인 것"이다.23) 그 안에서 개인들의 자유로운 모든 성향이 최고로 꽃필 수 있고 삶과 그 권리가 생동적으로 보장될 수 있다는 점에서 "인륜적 전체"이며 "자유의 실현"이며, 이 때문에 "이성의 절대 목적"이다.24) 인간 세계에서 인간의 개별성을 하나로 하여 스스로를 실현하고 현실에 드러냄으로써 개별을 보편화하여 그 속에서 자신을 더욱 확고히 한다. "국가가 존재한다는 것은 세계 안에서 신이 작동하는 것이며 국가의 근거는 의지를 가지고 자신을 실현시키는 이성의 강제 권력이다. 국가와 이념을 말할 때, 특수한 국가들이나 특수한 제도들을 눈앞에 두어서는 안 된다. 오히려 이념, 즉 현실적 신인 이념 자체를 고찰해보아야 한다. 모든 원칙에 비추어 볼 때 어떤 국가를 나쁜 국가라고 하자. 또 문명화된 오늘날 우리 시대에 속하는 국가도 이런저런 결함들을 가지고 있으니, 나쁜 국가 중 하나일 뿐이라는 주장을 인정한다고 하자. 그렇더라도 그런 국가들조차 모두 언제나 자기 실존의 본질적 계기들을 자신 안에 가지고 있다."25)

현실 속에 또 역사적으로 이성국가가 단 한 번도 있었던 적이 없었다 해도 국가가 존재한다는 사실만으로도 국가 이념을 지향하는 계기를 가진다는 것, 따라서 아무리 나쁘고 사악한 국가라도 아주 없는 것과는 천양지차가 있다는 것이다. 어

---

23) RP, §272, Zusatz. '지상의 신적인 것'=ein erdische Göttliches.
24) RP, §258, Zusatz.
25) RP, §258, Zusatz. '세계 안에서 신이 작동하는 것' = der Gang Gottes in der Welt, '의지를 가지고 자신을 실현시키는 이성의 강제 권력'=die Gewalt der sich an Wille verwirklichenden Vernunft.

떤 방식으로든 그 현존의 긍정성을 내포할 수밖에 없기 때문이다. 한 민족의 역사를 서술함에 국가의 형태와 발전사를 중심에 놓을 수밖에 없는 필연성 역시 여기에 있다. 물론 역사 속에서 국가는 끊임없이 흥망성쇠를 거듭해왔다. 이 흥망성쇠는 민족의 이념이 저절로 국가 속에서 민족정신으로 완결되지 않는다는 것을 의미한다. 민족정신의 총화가 이성국가를 가능하게 하려면, 또 이 국가가 소멸하지 않으려면, 구성원들의 자연 습성에 맡겨두어서는 안 된다. 제대로 된 민족의 체계는 그 민족의 종교, 예술, 철학의 통일성으로 나타나되 이 통일성이 그 민족 구성원 전체의 표상과 사상을 조화시킬 수 있고, 대내외적으로 이것이 교육 및 교양 일반과 함께 하나의 민족적 실체로 인정되어야 한다.[26] 이때 교육 및 교양 일반은 일종의 건전한 국민 문화와 윤리 교육으로 이성적·감성적 시민(국민) 양성을 위한 도덕, 정치, 역사, 계몽, 종교, 철학에 대한 제도적·비제도적 교육과 교육 체계 전반을 말한다.[27] 오로지 사적 이익만을 추구하도록 생겨난 개인들이 자기를 낳아준 부모를 공경하고 밥벌이의 장으로서 사회에서, 범죄가 아니라 자기 이익을 추구하면서도 타인의 이익을 침해하지 않는 사회 정의를 따르도록, 그리고 그 사회 질서와 안전의 최후 보루인 국가를 위해 기꺼이 자신의 목숨을 바치도록, 또 사회와 국가가 잘못된 방향을 향할 때 그것을 바로잡아 이성의 길을 가도록 가르치는 것, 이것이 교육과 도야의 제일 과제이다. 이때 국가는 국가대로 이 과제 수행을 위한 최선의 제도를 마련해야 한다. 개인의 생의 보장과 국가의 지속을 담보하는 가장 확실한 것은 교육의 질과 내용에 있는 것이다. 개인이 타락하고 문화와 예술이 쇠락하는 것은 개인뿐 아니라 국가의 존재 자체의 위기를 초래하며, 그 내면에는 구성원들이 잘못된 세계관과 국가관과 역사관을 형성하게 되는 잘못된 교육이 도사리고 있는 것이다. 교육과 도야가 합리적 이성에 의한 인륜 도덕과 정의에 대한 윤리학을 기초로 해야 하는 이유도, 또한 어떤 예술이나 종교도 이 윤리를 어겨서 안 되는 당위도 여기 있다.

국가의 제일 과제는 망하지 않고 존재하는 것이다.[28] 잘못된 국가, 반(反)이성 국가가 오랫동안 살아남은 적은 역사에 없다. 존재를 지속하기 위한 국가는 대내적으로는 인권을 위한 가장 합리적 정치체제를 확립하여 그 정당성에 구성원의

---

26) Hegel, *Vorlesungen über die Philosophie der Geschichte*, Werke in zwanzig Bdn, neu ed. von E. Moldenhauer und K. M. Michel, Bd.12, Frankfurt am Main, 1970, 68, 87쪽 이하. 국가는 삶의 활동의 모든 것을 함축하는 “이성의 상형문자(eine Hieroglyphe der Vernunft)”이다. RP, §279, Zusatz.

27) RP, §187, §268 참조. 『정신현상학』전체를 “정신의 도야(Bildung des Geistes)”라 할 때 이 도야가 교육이다. 교육을 통한 정신문화, 즉 논리학 자연철학에 대한 탐구와 이해를 기초로 법과 정치, 예술과 종교, 철학을 변증적 합리주의로 확립하려는 것이 『정신현상학』의 실제적 목적 중 하나이다.

28) RP, §268, Zusatz.

이의 제기가 생겨나지 않도록 하는 것이며, 대외적으로는 이 정의로운 정치체제에 대한 주권을 다른 나라로부터 인정받는 것이다. 현실적으로 국가는 이 과제를 경찰과 군에게 맡기지만 사적 개개인인 경찰과 군인들이 목숨을 걸고 이 과제를 수행하려면 국가의 존립에 자신의 사적 이익과 관련된 일체의 것이 있다는 확고한 신념-이 신념은 교육과 도야에서 생긴다-이 있어야 한다. 이 신념으로 뭉쳐 있을 때 외국과의 분쟁에서 자기 민족과 국가를 위해 기꺼이 죽을 수 있으며 그렇게 죽음으로써 자신뿐 아니라 민족이 영원히 사는 길을 닦는 것이다. 국제 관계에서 밀려나거나 국제 분쟁에서 패하면 그 국가는 위축되거나 소멸된다. 아무리 크고 위대한 국가를 형성했던 나라들도 종교와 문화가 부패하고 국가관과 윤리관에 대한 교육이 해이해지고 그 구성원에서 얼이 빠져나가면 정신을 잃고 멸망한다. 게다가 국가 간의 관계는 자연 상태를 지양하기 위한 국제법에 의해 최소한의 평화를 유지하고 있지만, 각 나라가 철저하게 자국의 이익을 지향하고 이 이익이 극단적으로 대립될 때 전쟁은 필연이다.[29] 전쟁에서 패자는 소멸하고 승자만이 남으며 이것은 세계사의 법칙이다. 왜 국민 윤리적 교육과 도야, 민족과 국가의 문제가 세계사의 심판의 문제로 옮아갈 수밖에 없는지에 대한 답의 요체이다.[30]

역사적으로 멸망하지 않은 국가는 없으며 지금 현존하지만 망하지 않을 국가가 있다고 믿는 이는 별로 없다. 지금 이 시간에도 온갖 구실로 일어나는 강대국 침략전으로 납득할 어떤 이유도 없이 사라지거나 사라지고 있는 국가를 우리는 목도한다는 점에서 헤겔이 말하는 이성국가는 유토피아로 여겨지며, 진정한 교육으로 국가와 민족의 영생이 열릴지도 의심스럽다. 헤겔 자신도 이 사실 때문에 법철학을 끝맺는 부분, 그러니까 국가론과 국제 관계론의 뒤에 세계정신과 세계 심판을 세계사의 맥락에서 국가와 민족정신의 존립과 연관하여 다루고 있다. 실존하는 국가는 고유의 우연적 요소들, 특수한 기후나 지리적 조건들에서 깊은 영향을 받으며, 태생적으로 작은 땅에서 소수의 민족으로 혹은 민족과는 무관한 이질적 종족들의 자발적 또는 강제적 국가를 이룰 수 있다. 비록 소국이 내적으로는 인륜적으로도 민족적으로도 건강한 통일 국가를 형성하고 있음에도 불구하고 주변 강대국과의 첨예한 이해관계 충돌에서 자국민의 보호라는 명분으로 예속이나 국가의 소멸을 스스로 택할 수도 있고, 강제적으로 사라질 수도 있다. 헤겔 역시 이것을 "세계 심판으로서의 세계사"라는 말로 적극적으로 긍정한다.[31] 국제 관계에서 세계사적 의미를 갖지 못하는 약하고 작은 나라는 세계사의 주역일 수 없다. 그렇다면 국제 관계에서 합리성보다는 군사력으로 자국의 이익을 성취할 강제력을 지닌

---

29) RP, §330, §333 참조.

30) RP, §273과 §340 참조. "세계사는 세계 심판이다"라는 명제는 실러의 「체념」의 한 구절임.

31) RP, §340. '세계 심판으로서의 세계사'=Welstgeschichte als Weltgericht.

강대국은 어떠한가? 분명 이런 강대국들이 과거든 오늘날이든 국제관계의 주도권을 가지며, 따라서 세계사의 주역이다. 이 때문에 국제법에 기초한 평등한 국가 이념으로서 국제연합은 실현성이 없다.[32] 여기서 세계사의 이성, 세계정신은 민족정신을 초월한다. 세계사의 이성은 자신의 이념을 실현하기 위해 단순한 합리성과 제한적 이성에 기초한 한 나라의 정의 확립 이외에도 그 정의를 국제 관계에서 현실적으로 물화하기 위한 강제적 힘(군사력)을 동원할 수 있어야 한다. 자신의 물리력만으로 안 될 경우 외교적 지략을 통한 동맹군 결성 능력도 있어야 한다. 물론 물리적 강제력만으로는, 세계사의 주도권을 일시적으로는 잡을 수 있을지 몰라도, 스스로의 현존재를 지속할 수 없기 때문에 다시금 국제 관계에 얽힌 나라들과 그 국민들이 궁극적으로 인정할 수밖에 없는 이성개념이 그 힘에 앞서 전제되어야 한다. 그렇다고 세계사가 강대국 간의 관계의 역사인 것만은 물론 아니다. 그것은 우연과 필연, 피상적인 것과 근원적인 것의 뒤범벅인 융합체 운동, 헤겔 자신의 용어로, 보편정신의 현존의 본질적인 한 방식인 "내면과 외면의 전 범위에 있는 정신적 현실세계"의 운동이다.[33] 이 운동이 바로 세계사의 심판이다. 이것이 심판인 이유는 국가와 민족이 약소국이건 강대국이건 자신의 건강과 질병, 생존권과 자존권, 존재와 비존재를 판결하는 재판정이기 때문이며, 따라서 결국은 관련된 민족과 국가가 그 심판의 수단이며 도구로 전도되기 때문이다.

3. 국민교육

동서고금을 막론하고 철학은 '교육'의 중요성에 대한 반성과 더불어 시작된다.[34] 국민교육은 국가와 민족의 번영을 목표로 하지만, 그 목표에 도달하기 위해서는 구성원 개개인이 자연을 객관적으로 이해하고 사회 윤리와 정의를 익히도록 다듬는 것이 선행되어야 한다. 자연의 영혼과 사회문화 형성의 의식적 담당자요 해석자는 개인이며, 개인의 완성이야말로 이성적 가르침의 기초이기 때문이다. 근

---

32) RP, §324와 Zusatz 참조.

33) RP, §341. 헤겔 역사철학에서 우연과 필연의 문제에 대해서는, 윌킨스, 위의 책, 117~155쪽 참조.

34) 'Bildung'을 여기서 '교육'으로 번역했으나, 이 용어를 때로는 '도야' 또는 '교양'으로, 때로는 '문화'로 혼용해서 사용하고자 한다. 다만 문화라는 말을 사용할 경우 'Kultur' 개념과의 동이점에 대해 주의할 것이다. 'Bildung'은 자연 상황에서는 일어나지 않으며 오직 의식적 노력과 그 결과로 얻을 수 있으며 이 점에서 '도야'이며 '교양'이다. 'Bildung'은 'Erziehung'의 토대 위에서 수행되나 그 반대는 아니므로 후자보다 한 차원 높은 것이다. 'Erziehung'은 대상과 규범에 대한 오성적 인식이 주가 되나 'Bildung'은 그에 대한 인식과 실천 및 그 전수가 주가 된다. 'Erziehung'의 최종 목적지는 'Bildung'이나 'Bildung'의 최종점은 이성적 사유와 자유 인격으로서 진정한 철학이다.

대 독일의 관념론 철학은 이런 교육적 문제의식을 세부적으로 체계화한 대표적인 사조이다. 칸트는 개인의 지적·도덕적 인격 완성을 이성국가를 실현하는 첩경으로 여기고 그런 생각을 대학에서 여러 번 강의했다.35) 특히 피히테는 프랑스혁명 이후에는 물론, 그 이전부터 인접한 강국 프랑스를 의식하면서 국민교육의 중요성을 역설한 입지전적인 인물이다. 교육은 과거도 현재도 아닌 오로지 미래를 위한 것이다. 과거(역사)의 결말인 현재는 미래에 대해서는 단지 통과하는 간이역일 뿐이며, 역사를 인식하는 것은 통과점인 현재를 규명하는 첩경이므로 미래 기획의 근본적 초석이 된다, 피히테가 「학자의 사명」에서 반복적으로 강조한 것은 '학문의 최고 과제는 국민교육'이라는 것이다.36) 국민교육은 국가 존립의 기초이되 직접 그 임무를 수행하는 것은 학자들이다.37) 학자가 단순히 지식 전수의 전문 집단이 아니라 국가의 이념과 목표가 무엇이며, 현재의 잘못된 것들을 교정하여 보다 나은 미래를 지향하도록 실천적으로 가르치는 철학자여야 한다. 학자는 국가가 한갓 개인의 자유와 소유의 보호 수단 이상의 이념을 가진다는 것을 국민들에게 교육하고, 국민들은 이것을 이의 없이 받아들이고 그 이념을 지키려 할 때 국가는 현실에서 존속할 수 있다. 물론 교육의 내용도 목적도 특정 계층에게 유리하거나 불리하지 아니하고, 구성원 모두에게 불편부당하다는 의식은 학자는 물론 국가의 이념이 이성적이거나 적어도 이성을 지향하는 경우에만 생겨난다. 역사 인식이나 그 서술은 객관적으로 보편타당하지도 중립적이지도 않다. 역사 서술은 민족사와 세계사 내에서 각 개인 및 민족의 역할과 사명을 암암리에 지시하는 교육적 실천철학적 의미 부여이며 해명이다. 국민교육의 관점에서 현재는, 과거의 각 지점이 그러한 것과 마찬가지로, 역사적 과거의 산물이되 지나가는 그림이라는 것, 그럼에도 미래를 결정하는 부분적 요소이다. 말하자면 시대적으로 현대 역시 역사 연관에서 하나의 삽화에 불과하고, 이 시대의 특수 과제는 단지 이러한 연관에서만 제대로 이해될 수 있다는 것이다. "그러므로 피히테에게 역사철학은 처음부터 윤리적 관점 아래에 서 있다. 역사철학은 역사학처럼 사실의 탐구가 아니라, 모든 인간 사회-그것이 가장 덧없는 사회이건 또는 가장 크고 보편적인 사회이건 다 같이-의 생동적인 작용 및 노력에 대한 불가결의 윤리적 방향 설정을 형성하고 있다."38)

---

35) 이 강의 원고는 칸트가 죽기 1년 전인 1803년, 『교육학 강의』라는 제목의 책으로 출판된다. *Eine Vorlesung über Paedagogik,* in: Kant's Werke, Akademieausgabe, Bd.9, Berlin/ Leipzig, 1923.

36) 피히테, 『학자의 사명에 관한 몇 차례의 강의』, 서정혁 역, 책세상, 2002, 77쪽 이하.

37) 같은 곳, 84쪽.

38) N. Hartmann, 위의 책, 96쪽. *Grundzügen des gegenwärtigen Zeitalters*에서 피히테는 인간의 현존재가 자유를 실현하려는 목적을 가지고 있다고 생각한다. 인류의 발전은 곧 역사 발전을 견인한다는 것이다. 역사는 보다 높은 곳으로의 상승 발전, 즉 진보

헤겔은 칸트와 피히테의 교육론을 자신의 철학 체계 전체에 흡수 통일한 관념론 철학의 마지막 인물이다. 그의 사변철학을 이끄는 이성의 논리적 진화론은 역사진화론의 골격이며, 또한 교육과 도야론의 발전과 그 이념에 정확하게 일치한다. 특히 당시 학계와 문화계의 화두였던 교육과 도야의 의미를 함축한 'Bildung' 개념을 헤겔은 자신의 철학 체계 구축의 추진력으로 이용한다. 그리스 철학 전통의 '형상'에서 변형 전이된 것으로 '가공되고 만들어진다'는 수동적 의미와 '형성하고 구성한다'는 능동적 의미를 동시에 함축하는 이 개념은 당시 이미 개인 및 문화의 교육과 도야, 자아 완성과 자기 계발이라는 뜻으로 학계에서 통용되고 있었다. 헤겔 역시 당시의 이와 같은 개념 용법을 부정하지 않는다. 형성과 형상은 상 또는 모양을 구성하는 것이며, 그 형성에는 완성된 형태라는 목적을 내재하고 있다. 시간적으로 세계가 형성된다는 것은 세계의 완성된 형태라는 미래를 지향해 변화하지만, 지금 당장은 완성이라는 목적지에 도달하지 않았다는 말이며, 따라서 시간적으로 언제 어디에서 어떻게 완성되는지 예측하거나 예단하는 것은 불가능하다. 그러나 그 시작과 전개 과정과 완결태를 사변 논리적 추리로 아는 것은 가능하다. 이 때문에 헤겔은 사변지와 진리 본성 및 그 분석에 대한 문제는 논리학의 과제로 설정한다.[39] 철학이 세계와 존재 변화에서 논리적 로고스의 발견과 그것의 재구성이 아니고, 단지 시간 내에서 현상하는 외적 표상 흐름의 전 과정을 나열하여 정리하고 서술하는 것이라면 철학은 언제나 지각생이다. 현실은 그 형성의 전 과정을 시간의 한 시점에서 모두 보여줄 수 없다는 점에서 지금 현재는 언제나 미완성으로 남기 때문이다.[40] 잿빛 경험적 사유가 아니라 진정한 철학은 "현실의 형성 과정"을 이성의 "도야와 교육과정"으로, 그리고 그 완결을 정신의 실체에 도달함으로, 또 이 도달함이 있어야 할 세계상의 실현으로 인식한다.[41]

헤겔에 의하면 인간이란 어린애가 아니라 '자기 의식적, 자각적 인간'이다.[42] 이 성숙에 도달하는 것은 교육이며, 국민교육은 인륜과의 관계 속에서 자유를

여야 하고 따라서 역사 속에서 발전적으로 전개되는 가치는 가장 내면적 인간 본질인 이성의 가치임이 틀림없다. 또 그런 전조가 보이는 곳만이 역사철학의 진정한 대상일 수 있다. 「독일 민족에 고함」은 민족의 쇠퇴를 경고하고 그 민족의 역사적 사명의 실현으로 안내하는 수단은 국민교육이라는 것을 강조한 연설이다.

39) RP, Vorrede, 12쪽.

40) 그 시대 전모를 단지 담아내려는 이런 유의 사유는 잿빛 철학이다. 사건의 시간적 종료 후에야 비로소 그 전모를 서술할 수 있고, 그 인식에 대한 서술의 역할을 철학이 한다면 이런 철학은 진정한 철학이 아니라 죽은 철학이다. "미네르바의 올빼미는 어둠이 깃들 때야 비로소 날기 시작한다"라는 말은 이런 게으른 잿빛 철학의 자기 위안일 뿐이다. 진정한 철학은 이성이 현실성의 전모를 자체 내에 가지고 있다는 것의 인식에서 출발한다.

41) RP, Vorrede, 28쪽. '도야와 교육과정' = Bildungsprozess.

42) RP, §139.

의식하고 이해하는 것이다.[43] 자녀 교육이란 다름 아닌 그들을 좋은 법률을 가진 국가의 시민이 되도록 만드는 것 이외에 다른 것이 아니다. 좋은 법률이 무엇이며, 그것은 나쁜 법과 어떻게 다른지, 또 나쁜 법률을 가진 나쁜 나라가 그 점을 자각하거나 바꾸지 않으면 왜 망할 수밖에 없는지 알도록 가르치고 또 스스로 깨닫도록 하는 것, 이것이 도야로서의 교육이며 교양이다. 칸트와 마찬가지로 헤겔 역시 학교와 가정에서의 미성년 자녀 교육을 'Erziehung'으로, 인륜성과 관계되는 인격 완성 교육을 'Bildung'으로 이해한다.[44] 전자, 즉 'Erziehung'은 미성년인 자녀들이 훌륭한 시민이며 성인이 되도록 하는, 예의범절과 사회 도덕, 권리 의무와 인륜적 규범에 대한 기초 교육과정이다.[45] 이때 특히 중요한 것은 아이들과 청소년들의 특징인 유아적 에고(Ego)를 지양하도록 하는 것이다. 이와 달리 후자, 즉 도야로서의 교육과 교양으로서의 도야라 할수 있는 Bildung은 인륜적 인간은 물론 존재 일반의 특수와 보편의 분열과 그 통일에 대한 이해를 추구한다. 이는 좁게는 인격의 고양과 교양을 의미하지만, 넓게는 사회문화와 역사 전반을, 그리고 궁극적으로는 의식이 이성으로 성숙해가는 전 과정을 일컫는다. 이 과정은 노동의 과정과 같다.[46] 민족의 관점에서, 'Bildung'은 원시적 자연 상태를 벗어나, 다시 말해 미성숙의 원시성과 자연성을 극복하고 그로부터 해방되어 정신적 문화와 문명화로 이행하는 것이다. 자연의 자연성의 제거와 미성숙 상태의 극복이 'Bildung'의 규정이라면, 그것은 "해방이며, 보다 높은 해방을 위한 노동"이다.[47] 여기서 '해방'이란 개인에게는 직접적·주관적 욕망이나 정제되지 않은 감정과 그에 따른 처신, 또는 유아적 자아와 쓸데없이 한심한 과민반응과 임의적 자의의 부글거림 등등을 극복하려는 "엄격한 노동"이다. 이 노동을 통해 개별적 특수성이 객관화되어 보편적 자유를 얻는다. 그러므로 'Bildung'은 "절대자의 내재적 계기"이다.[48]

---

43) RP, §15.

44) 교육학에서는 'Erziehung'이 정당화된 이전 세대의 문화유산을 성장 세대에게 계획적·강제적으로 전수하는 것이라고 보기에, 따라서 일반적으로 제도권 학교 교육을 의미한다면, 'Bildung'은 자아가 세계와 주체적으로 교호 작용 하면서 내적으로 형성되는 "지적·도덕적·심미적 능력 함양"을 의미한다. 조상식, 「미학 교육의 범주로서 'Bildung' 개념에 관한 연구」, 『헤겔연구』 29, 2011, 53쪽 이하.

45) RP, §174, Zusatz.

46) RP, §184. 이에 대해서는, 윤병태, 「헤겔의 『정신현상학』에서 '도야와 교육'의 참된 의미」, 『헤겔연구』 17, 2005, 23~45쪽 참조.

47) RP, §184.

48) 같은 곳. '절대자의 내재적 계기'=immanentes Moment des Absoluten. '교양인(gebildeter Mensch)'은 제대로 교육받고 도야된 사람으로 문화인이다. 그는 타인이 하는 것은 무엇이나 할 수 있으나 법도에 어긋나지 않고 또 자신의 별난 특성을 자랑하거나 돋보이게 잘난 척하지 않는다. 이에 비해 무교양인(ungebildeter Mensch)은 미련하고 무식하다. 그는 보편적 원칙에 따르지 않으므로 무엇을 하든 별나게 보이지만 눈살을 찌푸리

국가 발전과 민족정신의 성숙은 도야 교육의 순도와 정도에 비례한다. 이것은 역으로 도야 교육이 과도하거나 잘못되면 민족정신은 설익거나 부패하여 나라가 망한다는 의미이다.[49] 과도는 요구와 필요를 지나치는 것이고 잘못됨은 목적은 물론 수단도 옳은 길을 벗어나거나 우왕좌왕하는 것이다. 초등생에게 과거에도 지금도 미래에도 별 쓸모없는 고대 희랍어와 이집트어를 가르치거나, 기초 셈본이면 충분한 이들에게 미적분에 입각한 단자론을 가르치는 것이 과도한 교육이라면, 퇴폐한 밤 문화와 놀이 문화가 진정한 예술이라거나 외국 사대주의가 민족이 가야 할 길이라고 유도하는 것은 잘못된 교육이다. "과도한 교육과 잘못된 교육" 중에서도 특히 후자, 즉 잘못된 교육은 잘못된 개인, 잘못된 인격, 잘못된 사회, 잘못된 민족의식을 형성하므로 그 나라와 민족은 급속히 썩으면서 붕괴한다.[50] 개인이나 국가나 모두 건전한 교육에서 건강하게 되며, 그것으로부터만 건전한 문화와 강인한 정신을 키울 수 있기 때문이다.

Ⅲ. 세계사 발전 단계

세계사는 그 주역이 역사적 강대국이고 조역이나 단역이 약소국이라 하는 것은 지나치게 소박한 구분일 수 있다. 나라를 이루지 못하는 종족이나 미개 민족들에게도 역사의 일정 배역과 역할이 있기 때문이다. 이것은 정의 구현의 운동에 불법과 범죄 등과 같은 부정적 요소들이 중요한 반성적 역할을 하는 것을 염두에 두면 쉽게 이해된다. 세계사의 진짜 주역은 재판장으로서의 세계정신, 다시 말해 자유 실현의 주체로서 역사이성, 즉 세계사 자체이다.[51] 이처럼 역사는 정신사이지만 정신 발전의 자연성은 지리적·기후적으로 일정하게 제한되는 것이므로 특정 민족을 통해 출현되고 전개된다.[52] 헤겔에서 특이한 것은 어떤 민족도 세계사의 전 과정을 능동적으로 떠맡을 수 없으며, 선택된 민족조차 발전의 한 계기와 시기만을 떠맡을 뿐이며 세계사의 정신은 두 번 다시 세계사적 민족과 시기로 되돌아가거나 되풀이되지 않는다는 것이다.[53] 일종의 선민으로서 세계사적 민족은 생명

게 만들고 남을 손상시킨다. 이 점에서 교양은 특수성의 모난 부분을 깎아서 사안의 보편적 본성을 따르도록 도야하는 것이다.

49) VG, 65쪽.

50) 같은 곳. '과도한 교육과 잘못된 교육'=Überbildung und Verbildung.

51) 역사의 이성성은 궁극적으로는 목적 지향적 세계정신의 총체성을 전제한다. 유헌식, 위의 책, 144쪽 이하 참조.

52) RP, §346.

53) RP, §347. 세계사적 민족의 출현에 대한 조건과 논거에 대해서는, 유헌식, 위의 책, 166쪽 아래 참조.

체와 마찬가지로 발전의 개화기와 몰락의 쇠망기를 거치면서, 세계사적으로 정해진 정신의 일정 관계를 오직 한 면만 수행할 뿐이다. 왜냐하면 보다 높은 세계사의 원리는 그 민족 존재의 원리를 부정함으로써 얻게 되고 수립되는 것이기 때문이다. 말하자면 세계사적 한 민족의 파멸은 "보다 높은 원리에 대한 정신의 이행이며 따라서 다른 어떤 민족에 대한 세계사의 이행"을 의미한다.[54] 헤겔에 의하면 세계사는 이성의 자기실현 단계를 결정하는 네 가지 원리에 따라 전개된다. 이 원리들은 민족정신이 세계정신으로 이행하고 발전하는 계기와 단계를 결정한다. 그 첫 번째는 세계정신이 실체적 정신으로 구체화되어 국가를 이룬 민족정신으로 나타나는 원리이다. 두 번째는 세계정신이 어떤 민족 속에서 의식적 인식을 보여주며, 이에 따라 그 세계정신의 내용을 문화와 예술 속에서 구체적으로 채우기 시작한다. 세 번째는 세계정신의 채워진 내용을 객관화하는 대신 철저하게 주관화하여 세계가 아니라 자기 국가가 세계사를 결정하는 것으로 의식하는 원리이다. 네 번째는 주관화된 세계정신을 객관화하여 현실 속에서 완전하게 주객 동일성을 체현해 보여주는 원리이다. 이 원리에 입각한 네 개의 세계사적 제국은 "1. 동양적 제국, 2. 그리스적 제국, 3. 로마적 제국, 4. 게르만적 제국"이다.[55]

첫째의 동양적 제국은 사회 전반이 가부장제이며 왕권 역시 가부장적으로 세습된다. 이 왕국에서 지배자 왕은 동시에 신이며 신의 아들이어서 이에 따른 정치체제는 "신정정치"의 특징을 띠며, 여기서 왕의 말은 신의 말이요, 헌법과 입법은 동시에 종교가 되며 관습과 풍습이 국가의 규율이며 법이 된다. 여기서 개인의 인격은 매몰되어 잠자고 있고 자연은 "신의 장식"이고 현실의 역사는 "시(Poesie)"이며 신분은 철저히 고착되어 있다.[56] 둘째의 그리스 제국은 유한과 무한, 인간과 신의 통일성을 함축하고 있다. 그러나 이 통일성이 개인들에게 전반적으로 인식되지 못하고 단지 신비적 신화의 모습으로 이해되며, 인격적 개인과 개성이 강조되지만 그 사실이 보편적 인식으로 전환하지 못하고 미적 예술과 예술적 종교의 모습으로 나타난다. 따라서 개인들은 실제로는 자유 없는 노예 상태를 벗어나지 못하고 있다.[57] 동양적 제국에서 실체적 정신은 자연 속에 함몰되어 나뉘지 않고 하나로 합쳐져 있어서 자연의 힘이나 반인륜적 힘들조차 신으로 숭배되지만 그리스적 치세에서 자연 안에 있는 것이 정신의 위력이라는 것을 자각하며 인간은 정신으로 산다는 것을 믿는다. 물론 이 정신은 아직 자유로운 정신이 아니라 자연에 예속된 정신이다.

셋째의 로마 제국에서 실체적 정신성은 "인격적·사적 자기의식과 추상적 보편

---

54) RP, §347.

55) RP, §354.

56) RP, §355. 이 단계에 고대 인도, 중국, 몽골 제국이 속한다. 여기서 시간의 물리적 선후는 문제되지 않는다.

57) RP, §356.

성”의 두 극단으로 무한하게 갈라져 나간다. 이 대립은 귀족제의 권력욕과 그 확립이라는 측면과 민주제의 자유 및 자유 인격의 보편화 요구의 충돌인데, 전자의 탐욕적 권력과 후자의 천민적 퇴폐가 극단화되고 뒤범벅되어 전체적으로 인륜적 생활이 붕괴되고 불행이 확산되면서 몰락을 경험한다. 로마의 치국 시대에는 자유로운 보편성인 추상적 자유가 발견된다. 이 자유는 물론 국가가 그것을 보편 원리로 받아들일 수준에 있지 않으므로 국가에 철저히 종속되지만, 각 개인들 상호 관계에서 인격성의 원리로 정착되어간다. 인격이란 자유로운 자아이며 법과 권리의 근본 규정을 말한다.

넷째의 게르만적 치세의 제국에서 세계사의 정신은 철저한 대립과 분열을 통한 국가권력과 자유 인격의 상실을 그 민족에게 인식시킨다. 이 인식은 민족적 고통으로 반성되어 그 지양, 즉 자유 인격성의 확립과 그 보편적 보증 권력으로 국가에 대한 적극적 긍정을 가져오게 될 것이다. 이것은 인간적 본성과 신적 본성의 통일성의 원리, 주관적인 것과 객관적인 것의 합일 원리, 개인과 국가의 하나 됨이면서 동시에 민족과 민족의 통일을 지향하는 원리에 대한 이해의 확산이다. 로마적 치세에서 개체성과 개별적 특징을 지니는 여러 민족은 로마 제국이라는 세계 지배의 추상적 보편성 아래서 그 생명성이 소멸되어버렸다. 거기서 남은 것은 단지 개인은 추상적으로 외적 사물에 대한 권리, 즉 물권의 소유자로서 인격으로 규정되고 있다는 것과 단지 탐욕적 황제의 왕권으로서 국가권력의 추상성뿐이다. 게르만적 치세에서 이제 이 추상성이 반성됨으로써 개인의 자유 인격성과 그 보장을 위한 국가의 정당한 권력에 대한 요구가 확산되어 현실과 희망은 합일 된다.[58] 이 치세에서 비로소 기독교의 근본이념이라고도 할 수 있는 “신앙과 사랑과 희망”으로 개별과 보편의 합일, 신적인 것과 인간적인 것의 합일을 지향점으로 삼는다.[59] 세계사의 원리가 완전히 만개하는 곳에서 현실적인 것은 이성적인 것이 되고, 이성적인 것은 현실적인 것이 되며, 세속의 나라는 신의 나라가 되고, 개인의 권리는 곧 법이며 삶은 곧 행복이 되는 것이다.[60] 이와 같은 이념의 완성에서 역사는 완결되며 종말을 고한다.

58) 이것은 구체적으로 시민의 자유에 일치하는 합리적 정치제도의 수립과 이 전체를 하나의 통일체로 묶어주는 국가, 또는 군주제이다. 다만 이 통일과 그에 대한 믿음이 가능하려면, 국민 개개인들이 “의미 체험”을 인식으로 확립하고 생활화하도록 해야 한다. G. Göhler, *Der Institution, Macht, Repräsentation*, Baden-Baden, 1997, 11ff. 굍러는 헤겔의 이 규범적 통일 개념을 현대적으로 상징적 메커니즘의 매개에 의한 사회적 통합으로 이해한다. 예를 들어 국가의 형식적 대표로서 입헌 군주는 상징적 통합의 전형이다. “Hegel und das Problem der gesellschaftlichen Einheit-die Staatslehre neu gelesen”, in: hrsg. von M. Th. Greven mit andern, *Politikwissenschaft als Kritische Theorie*, Baden-Baden, 1994, 109~132쪽.

59) RP, §359.

60) RP, §360 참조.

Ⅳ. 나오는 말

'모든 사람이 자유이다'라는 것은 한 민족의 구성원뿐 아니라 세계 인류 각각의 자유를, 다시 말해 인간의 개념 자체가 자유를 본성으로 한다는 것을 누구나 인식한다는 말이다. 세계사는 한 사람의 자유로부터 모든 사람의 자유에 대한 인식의 실천사이며 발전사이다. 이 순서가 시간의 선후 연속사라고 단언하기는 어렵다. 특히 한 사람의 자유와 여러 사람의 자유에 대한 인식과 그 실현의 선후를 실제 역사에서 하나의 특정 민족과 국가를 찾아내어 실증적으로 입증하는 것은 무리이기 때문이다. 헤겔은 역사 발전을 시간적 선후사가 아니라 이성이념 실현의 완성 정도의 역사, 혹은 그 논리적 역사로 파악한다. 위에서 언급되는 '하나', '약간', '모두'는 인식 논리적으로 양(量) 범주이다. 이 범주는 시간의 제약이 아니라 오성적으로 수적 양(量)의 제약 아래에, 이성적으로는 논리적 생성사의 제약 아래에 있다. 시간적으로 역사가 언제까지 지속하든 상관없이 역사 이념은 사변 논리적으로 위의 세 단계를 순차적으로 거쳐 완결한다는 의미이다.[61] 또 세계사에서 한 민족정신이 주어진 특정 역할로 그 존재의미를 다한다는 것은, 비록 미래의 중국이나 그리스, 또는 미국이 당시 프로이센의 역할을 대신한다 해도, 역사철학적으로 볼 때 그것은 세계사의 이념적 역할이 아니라 이미 수행했던 남의 역할에 대한 반복 위탁 이상이 아니다.

게다가 각 민족의 이념 전개의 정도는 일시적 절정을 가질 뿐이며 이 짧은 절정기를 지나면 급격히 쇠퇴하고 몰락해버린다. 특정 민족정신의 몰락과 또 다른 민족정신의 발흥은 반복적으로 일어난다. 이것은 각 민족은 고유의 존재 원리를 가진다는 의미이기도 하다. 역사에서 기독교 이념 안에서 나타나고 프로이센에서 그 온전한 인식과 실천이 실현된다는 '모든 이의 자유'에 대해서도 같은 말을 할 수 있는지는 분명하지 아니하다. 헤겔 당시와 그가 살았던 나라라는 역사의 한 시점과 지점에서 '모든 이의 자유'가 실제로 실현되었다 해도, 프로이센이 영원히 존속할 수 없다는 것은 헤겔 자신의 역사 원리에 의해서도 자명하다.[62] 그렇다면 역사의 궁극 목적인 '모든 이의 자유' 실현은 몰락을 딛고 일어선 또 다른 민족정신

61) G. 필러, 「헤겔과 '역사의 종말': 어떻게 제도들은 스스로를 안정화시키는가?」, 장명학 역, 『헤겔연구』 11, 2002, 16쪽.

62) 이 점에 주목하면, 헤겔 당시는 물론 오늘날에도 고대 중국이나 그리스・로마적 자유 이해의 수준에 있는 수많은 나라가 있음을 이유로 헤겔 사유의 어리석음을 비난하는 강도는 완화될 수 있을 것이다. 또 민주주의 헌법과 헌장에서 당시 프로이센 수준을 능가하는 프랑스와 영국이 있다는 것을 헤겔이 모르고 있었던 것도 아니며, 이미 청년 헤겔에서 이 점을 스스로 확인하고 있기도 하다. 이것은 역사의 이념이 시간적으로 프로이센에서 종결된다는 뜻도 아니고, 그 이후 역사적 시간이 무의미하다는 말도 아니다.

또는 국가의 과제이며, 이것은 역사가 계속되는 한 멈추지 않고 지루하게 반복될 것이다. 목적의 완수는 동시에 몰락을 잉태하기 때문이다. 이 몰락과 생성을 통해 영생을 얻는 것은 오직 신적 역사이성으로서 세계정신 그 자체뿐이다.

끝으로 헤겔의 역사철학은 미래에 대해 실정적 또는 실증적 의미의 진술을 할 수 없다는 것을 강조하고자 한다. 역사는 과거에서 지금(현재)까지의 역사에 대한 실증적 해석이지 미래 서술이나 그 예측은 아니기 때문이다. 그가 미래의 나라로 미국을 지목함에도 불구하고 그 역사적 역할을 수행하는 대상으로 더 이상의 언급을 하지 않는 이유도 바로 이것이다.[63)]

이 점을 고려할 때에만 그의 역사철학에서 가장 취약점으로 평가되는 프로이센에서의 역사종말론에 대한 재해석 가능성이 열린다.[64)]

63) 헤겔 사유에서 과거와 현재와 미래라는 시간성을 옛것과 새로운 것의 관계와 출현의 방법론적 문제로 해석하는 연구로, 유헌식, 「'새로운 것'의 출현을 설명하기 위한 방법론 연구－헤겔의 객관적 관념론과 외버만의 객관적 해석학의 비교」, 『헤겔연구』10, 2002 참조.

64) 예나 초기 헤겔은 독일이 더 이상 국가가 아니라고 단언했다. 그 후 20년도 지나기 전에 프로이센은 역사 이념의 완성처로 강조된다.

참고 문헌

1. 일차 문헌

Hegel, *Vorlesungene über die Philosopjhie der Weltgeschichte*, Bd.I, *Die Vernunft in der Geschichte*, hrsg. von J. Hoffmeitser, Hamburg, 1955. (=VG)

______, *Grundlinien der Philosophie des Recht*, Werke in zwanzig Bdn, neu ed. von E. Moldenhauer und K. M. Michel, Bd.7, Frankfurt am Main, 1970. (=RP)

______, *Vorlesungen über die Philosophie der Geschichte*, Werke in zwanzig Bdn, neu ed. von E. Moldenhauer und K. M. Michel, Bd.12, Frankfurt am Main, 1970.

______, "Fragment einer Reinschrift", (1802/03), Hegel Gesammelte Werke, Bd.5, hrsg. von Nordrhein-Westfällischen Akademie der Wissenschaften, Hamburg, 1998. (=GW)

Kant, *Eine Vorlesung über Pädagogik,* in: Kant's Werke, Akademieausgabe, Bd.9, Berlin/ Leipzig, 1923.

헤겔, 『세계사의 철학』, 서정혁 역, 지식을 만드는 지식, 2009.

피히테, 『학자의 사명에 관한 몇 차례의 강의』, 서정혁 역, 책세상, 2002.

2. 이차 문헌

Hartmann, N., *Philosophie des deutschen Idealismus*, Berlin/ New York, 1974.

Göhler, G., *Der Institution, Macht, Repräsentation*, Baden-Baden, 1997.

______, "Hegel und das Problem der gesellschaftlichen Einheit-die Staatslehre neu gelesen", in: hrsg. von M. Th. Greven mit andern, *Politikwissenschaft als Kritische Theorie*, Baden-Baden, 1994.

______, 「헤겔과 '역사의 종말': 어떻게 제도들은 스스로를 안정화시키는가?」, 장명학 역, 『헤겔연구』 11, 2002.

마이네케, F., 『국가권력의 이념사』, 이광주 역, 한길사, 2010.

유헌식, 『역사이성과 자기혁신』,철학과 현실사, 2009.

______, 「'새로운 것'의 출현을 설명하기 위한 방법론 연구—헤겔의 객관적 관념론과 외버만의 객관적 해석학의 비교」, 『헤겔연구』 10, 철학과 현실사, 2002.

윤병태, 「헤겔의 『정신현상학』에서 '도야와 교육'의 참된 의미」, 『헤겔연구』 17, 동과서, 2005.

윌킨스, B. T., 『헤겔의 역사철학』, 최병환 역, 서광사, 1995.

조상식, 「미학교육의 범주로서 "Bildung" 개념에 관한 연구」, 『헤겔연구』 29, 용의숲, 2011.

Hegels Ansicht von Volk, Staat und Weltgeschichte

Yoon, Byoeng Tae

Zusammenfassung

Diese Arbeit dient dazu, innerhalb der Geschichtsphilosophie Hegels zu erörtern durch welche Bedingung eine Individuum ein Staat und Volk formt und hält, welche Beziehung zwischen Volksgeist und Nation herrscht, und welche Bedingung erfüllt werden muss, damit diese in die Weltgeschichte aufgenommen werden kann. Folgende Probleme werden dementsprechend behandelt. 1. Warum und wie entspricht die Bildung der Sittlichkeit dem Entwicklungsprozess der Vernunft? Welche Motive werden für dieses Entsprechen erfordert? 2. Wie formt eine auf Sittlichkeit basierende Volkskultur einen vernünftigen Staat? 3. Wie formt eine auf zufällige und notwendige Umwelt, Sitten und Gefühlen basierende Volkskultur einen vernünftigen Staat? 4. Welche Natur der Erziehung und Bildung des Volkes ist erforderlich, um einen Selbstfortbestand eines Staat kontinuierlich innerlich-äußerlich zu gewährleisten? 5. Was sind die Bedinungen für eine wahrhaftige Bildung und Erziehung? Zuletzt wird die Beziehung zwischen der Entwicklungsstufe der Weltgeschichte, eines der Hauptthemen in Hegels Geschichtsphilosophie, und die Quantitätskategorie der Freiheit verdeutlicht und die Bedeutung des inneren Sinns untersucht.

Schlagwörter: Bildung, Entwicklung, Erziehung, Geist, Geschichte, Individuen, Kultur, Notwendigkeit, Sittlichkeit, Staat, Volk, Untergang, Vernunft, Volksgeist, Weltgeschichte, Zufälligkeit.

• 투고일: 2011.09.15. 심사완료일: 2011.09.20. 게재확정일: 2011.09.24.

헤겔의 역사목적론에서 역사혁신의 서술문제

유 헌 식

들어가는 말
1. 보편정신의 자기목적과 역사의 전진
2. 민족정신-세계정신-절대정신의 관계와 역사혁신의 근거
3. 목적으로서의 자유와 관심연관
4. 세계정신의 자기의식화와 새로운 세계사적 민족의 출현
5. 정신의 시간매개적인 자기복귀와 역사혁신
결론을 대신하여

요약문

헤겔의 역사목적론은 아리스토텔레스의 자연목적론, 칸트의 역사표시론 그리고 유대교적 종말론과 구별된다. 아리스토텔레스의 경우 사물들은 전체적으로 유기체의 유비에 따라 정렬되어 개별자들은 특정한 목적을 향해 무의지적로 추동될 뿐이다. 또한 칸트와 유대교의 역사관의 경우 우리가 경험하는 사물들은 자신의 존재의 필연성을 가능하게 하는 힘을 자기 안에 지니고 있지 않다. 이는 헤겔의 경우 절대정신의 이념을 분유하고 있는 개별자(민족정신 혹은 세계사적인 개인)의 의식이 역사에 개입한다는 점, 그리하여 개별자가 자기전개의 필연성을 자기의 밖과 안에 동시적으로 지닌다는 점과 구별된다.

세계정신의 진보로서의 세계사는 절대정신의 감춰진 목적을 규명하는 행위와 민족정신의 주관적인 관심을 충족시키는 행위가 교차하는 데에서 성립한다. 따라서 세계정신은 절대정신의 객관적인 목적과 민족정신의 주관적인 목적을 상호 매개하여 화해시킨다. 객관적인 목적과 주관적인 목적의 매개는 절대정신의 자기목적과 민족정신의 자기목적의 통일이다. 세계정신은 이러한 매개의 현실태이다. 세계정신의 매개행위에서 절대정신은 자신의 직접적인 추상성에서 벗어나며, 민족정신도 자신의 직접적인 자연성에서 탈피하게 된다. 두 목적이 세계정신 안에서 일치하지 않을 때 낡은 원리는 몰락하며, 서로 일치 할 때 새로운 원리가 출현한다.

보편정신의 목적적 활동을 고려할 때 새로움이란 역사적 시간 속에서 보편적인

목적이 특수자를 통하여 파악되는 데에서 생겨난다는 점에서 역사현신의 정당성은 시원적인 존재의 목적에서 확보된다고 할 수 있다. 새로운 것이 세계정신의 객관적인 목적인 자유이념과 세계사적인 개인의 주관적 목적간의 변증법에서 산출되기는 하지만 그것은 결국 자유이념의 원천인 절대정신의 개념의 목적론으로 환원되기 때문이다.

● 주요어 : 헤겔, 역사철학, 역사혁신, 목적론, 세계정신, 민족정신

들어가는 말

역사의 진행에서 개방성과 미래지향성의 의미에 주목할 경우, 세계사에 대한 헤겔의 진보사관에 함축된 목적론적인 세계관은 전통적인 실체철학 혹은 자연목적론의 시각과 비교하여 얼마나 변별력을 지닐 수 있을까? 양자가 모두 목적론적인 특성을 지닌다면 헤겔의 역사관은 실체철학이나 자연목적론의 역사관과 마찬가지로 역사에서 새로운 것의 출현, 즉 역사혁신의 근거가 박약할 것으로 추측되기 때문이다.[1)]

이 글은 헤겔의 역사관에 대해 이의를 제기하기보다는 헤겔이 역사에서 혁신, 즉 새로운 것의 출현은 오직 정신의 목적론이라는 틀 안에서만 가능하다고 피력하는 데 따른 이유와 방법에 초점을 맞추고자 한다. 여기서 무엇보다도 개념으로서의 정신의 확장과정에 비중을 두어야 할 것이다. '확장'이란 용어는 새로운 것이 예전 것에 비해 '더 높다'는 헤겔의 설명에 바탕을 둔다. '더 높다'란 표현은 새 것과 옛 것을 비교할 수 있는 보편적인 척도를 전제할 경우에만 유의미하다. 세계사가 '진보'한다는 생각은 새 것이 옛 것과 질적으로 다르다는 사실뿐만 아니라 새 것이 옛 것에 비해 '더 높은' 단계에 놓인다는 양적인 비교에서 비롯한다. "여기서 민족정신에 대한 실체적인 규정이 바뀌게 되었으니, 민족정신의 원리는 다른 새로운 원리, 즉 더 높은 원리로 드러나게 되었다."[2)] 하지만 새 것은 어떻게 옛

1) 이러한 의혹은 독일관념론의 역사철학 전반에 걸쳐 해당된다고 할 수 있다. 독일관념론 일반이 역사에서 새로운 것의 출현을 설명할 수 있는 공간을 마련하지 못하고 있다는 점과 관련하여 마르크스(Marx)는 이렇게 말한다. "전체의 의미가 어떻게 인간이 행하는 다양한 종류의 의미 만들기와 행동 방식에서 형성될 수 있겠는가? 인간의 이러한 행태는 목적론적으로 결부되어 있지 않으며, 거기에는 지금까지 없었던 새로운 것이 출현할 수 있는 공간이 마련되어 있다." (W. Marx, *Vernunft und Welt*, Den Haag, 1970, 19).

2) G.W.F. Hegel, *Vorlesungen über die Philosophie der Weltgeschichte Bd. I, Die Vernunft in der Geschichte*, hrg. von J. Hoffmeister, Hamburg 1955ff.(이하 G(H)로 줄임) 72.

것에 비해 더 높은가? 옛 것 속에 들어있지 않던 잉여분이 어떻게 새 것에서는 나타나는가?

1. 보편정신의 자기목적과 역사의 전진

새 것이 옛 것에 비해 더 높고 풍부하다는 생각은 헤겔 변증법의 핵심적인 사상이다. 하지만 헤겔이 회의주의의 극복을 시도하는 데에서도 보이듯이 세계사를 이성적인 진행으로 보는 그의 낙관론적인 세계관에는 허무주의에서처럼 내용이 없는 공허한 부정이 아니라 새 것은 옛 것의 지양(Aufheben), 즉 규정적 부정(bestimmte Negation)이라는 인식이 깔려 있다. 여기서 새 것이 옛 것의 '특정한 내용을 지닌 부정태'라고 할 때, 옛 것에서 새 것으로 이행하는 과정에서 등장하는 규정적 특성은 우연적인 것이 아니라 '보편적인 목적'에 맞는 것이어야 한다는 것이다. 세계사의 변증법적인 진행에서 이전의 것은 목적의 논리에 맞추어 부정되어 새로운 단계로 이행한다. 그런데 옛 것의 자기부정의 근거인 "보편적인 목적"은 "경험이 아니라 사유하는 이성에서 생긴다". 경험세계에서만 타당한 인간의 특수한 목적과는 달리 보편적인 목적은 경험을 넘어서서 이행, 즉 "현존하는 것의 (새로운) 시작"을 가능하게 하는데, 이는 전적으로 이성의 규정에 근거한다.[3] 새로운 것의 정당성요구(Geltungsanspruch)를 정신은 시간적인 현실이 아니라 초시간적인 이성성에서 확보하면서, 이제 정신은 자신의 '관념적인' 합목적성에서 탈피하여 '현실적인' 성격을 띠게 된다. 정신의 입장에서 볼 때 보편적인 목적의 규정은 즉자존재적인 이성성의 실현이면서 동시에 세계사의 진행에서 자신의 위력을 드러내는 행위로서, 이 결과는 특정 민족의 새로운 원리가 출현하여 세계사를 주도하게 된다.

이러한 사실은 한 민족의 원리는 각자 고유의 자연적이고 문화적인 특성을 지녀 다른 민족과 구별되는데도 불구하고 하나의 이성적인 척도로 판단될 수 있다는 사실을 시사한다. 그래서 헤겔에 따르면 어떤 세계사적 민족에서 다른 세계사적 민족으로의 이행은 해당 민족정신의 내재적인 주체성만으로 이루어지지 않는다.[4] 세계사적 민족의 부상과 몰락의 원리는 그 민족의 자연성이라는 제한적인 조건에 지배받는 한에서 이행의 내재적인 원리를 그 안에서 찾을 수는 없다. 세계사

3) 이상 G.W.F. Hegel, *Philosohie der Religion II*(이하 PR II로 줄임), G.W.F. Hegel Werke in zwanzig Bänden, hrg. v. E. Moldenhauer u. K.M. Michel, Frankfurt/M. 1969ff, Bd. 17, 516. (이하 '전집'은 이 전집을 말함)

4) Heon-Sik Yoo, *Das Problem des Neuen im Geschichtsdenken Hegels*, Frankfurt/M., 1955, 158ff. 참조.

적인 민족은 자기 나름의 방식으로 보편적인 목적에 자기를 맞춰 자기 것으로 삼을 수 있어야 한다. 그런데 헤겔은 어떤 민족이 보편적인 목적에 적응해가는 방식이 서로 다르기는 하지만 거기에는 특정한 목적을 따르는 분명한 경향성이 있다고 본다.

이 맥락에서 '세계사는 연속적으로 진보한다'는 헤겔의 시각을 이해할 필요가 있다.[5)] 헤겔은 "세계사는 (정신의) 원리가 점차적으로 발전해 가는 단계를 서술한다"[6)]고 말하면서 다음과 같이 세계정신의 의식화 과정을 피력한다.

> 이러한 단계들을 실현하는 것은 세계정신의 그칠 줄 모르는 욕망이며 거부할 수 없는 충동이다. 이러한 분절과 실현이야말로 세계정신의 개념이기 때문이다. 세계사는 정신이 점차적으로 의식화되어 진리의 욕구로 화하는 것을 보여줄 따름이다. 정신에서 동이 튼 뒤 정신은 주안점을 찾아 결국 완벽한 의식에 이른다.[7)]

세계정신이 점차적으로 의식화된다는 것은, 세계사적 민족들이 다양한 방식으로 표현하는 자유의 의식을 평가하는 "일차원적인 가치척도"를 시사한다.[8)] 세계사는 "완전성"의 원리에 입각해 있다.[9)] 세계사가 점진적으로 발전한다는 헤겔의 이해는 세계사가 실제에서는 유럽에서 완결된다는 생각으로 이어진다. "세계사는 동에서 서로 진행한다. 아시아가 시발점이라면 유럽은 세계사의 종착점이기 때문이다."[10)]

유럽, 정확히 말하면 게르만-기독교 민족이 세계사의 끝을 이룬다는 생각은 세계사의 직선적인(linear) 발전뿐만 아니라 양적으로 축적하고(akkumulativ) 풍부해지는 (bereichernd) 경향까지 함축한다. 세계사 진행의 전체적인 흐름은 점차적으로 풍요로워지는 과정이다. "현재의 세계, 정신의 모습, 정신의 자기의식은 역사에서

---

5) 진보(Fortschritt)와 발전(Entwicklung)의 의미에서 헤겔의 시각을 '역사의 연속성'의 이념으로 해석한 것은, 연속성 개념을 "역사적인 지식의 가능성의 조건에 대한 반성"으로 이해한 바움가르트너(Baumgartner)의 견해와 근본적으로 구별된다(H. Baumgartner, *Kontinuität und Geschichte*, Zur Kritik und Metakritik der historischen Vernunft, Frankfurt/M. 1972, 79). '연속성'이라는 용어를 헤겔 역사철학의 이해에 적용할 수 있는가 하는 점은 바움가르트너가 리터(J. Ritter)의 헤겔 해석에 맞서면서 논란의 소지를 남겼다. "드로이젠에서는 연속성 개념이 적절하나 헤겔에게는 그렇지 않다. 헤겔의 기본개념은 이해된 역사의 역동적인 과정으로서 정신이 자유를 향해 발전하여 자기를 전개하는 과정이기 때문에 형식적으로 볼 때 연속성의 계기가 아니라 발전의 계기를 배경으로 삼고 있을 따름이다"(같은 책, 72). 여기서 바움가르트너는 '발전'에 대해 '연속성'을 대비시키고 강조함으로써 헤겔의 '사변'과 확실하게 거리를 둔다.

6) Hegel, *Vorlesungen über die Geschichtsphilosophie*(이하 G로 줄임), 전집 Bd. 12, 77.

7) G 73f.

8) V. Hösle, "Eine moralische Sittlichkeit", in: *Moralität und Sittlichkeit*, hrg. v. W. Kuhlmann, Frankfurt/M. 1986, 148.

9) G 74.

10) G 134.

이전에 나타나는 단계들 모두를 자기 안에 파악하고 있다. 현 세계의 정신은 정신이 스스로를 대상화하여 성취한 개념이다. 이 정신은 세계를 유지하고 지배하는데, 이는 지난 6000년 동안의 노고의 결실로서, 정신이 세계사의 노동을 통해 스스로 일궈낸 산물이다."[11] 세계사 진행의 모든 단계는 각자 고유의 독자성을 지니고 있지만 잠정적으로 이미 요구되고 있는 하나의 총체적인 목적을 수행해야만 한다. "이 단계들은 피차간에 자립적인 것으로 이루어져 있었다. 하지만 정신이라고 하는 것은 즉자적으로 이미 와 있는 것이어서, 이들 간의 차이란 단지 이러한 즉자태의 전개/발전일 뿐이다."[12] 이렇게 볼 때 세계사적인 진보의 연속성은 정신이 풍부해지는 과정으로서 이는 곧 정신이 즉자태에서 대자태로 전개되는 과정이기도 하다.

헤겔에게서 보편정신의 정체성은 개별적인 민족정신들과의 합일을 통해 확보되기는 하지만 그 정체성의 연속성은 민족정신의 개별성으로 환원되지 않는다. 세계정신의 논리(로고스)는 민족정신의 논리보다 더 높은 수준에서 움직이기 때문이다. 이러한 세계정신의 '형이상학'에는 옛 것에서 새 것으로 진행하는 세계사를 '연속적으로 풍부해지는 과정'으로 파악하는 헤겔의 기본입장이 담겨 있다. 새 것은 정신의 총체적인 관점에서 보면 보편적인 것의 즉자적인 이념이 점점 더 풍부하게 발현한 결과에 지나지 않는다. 여기서 '풍부해지는 과정'이 대체 무엇인지 더 상세히 살펴볼 필요가 있다.

세계사의 진행에 대한 헤겔의 형이상학적인 사유는 기본적으로 두 가지 운동형태에 기반을 두고 있다. 하나는 원환의 형태이고, 다른 하나는 직선의 형태를 띤다. 헤겔에게서 양자는 독립적이지 않고 동일한 사태에 대한 서로 다른 표현이다. 그에게서 '정신의 자기복귀가 동시에 정신의 진보'를 뜻하기 때문이다. 여기에서 정신의 '전진적인 운동(forschreitende Bewegung)'은 곧 정신이 스스로를 반성의 목적으로 삼음으로써 결국 자기자신에 복귀하는 과정과 일치한다. "진보란 끝없이 나아가는 무규정적인 것이 아니다. 거기에는 어떤 목적, 즉 자기자신으로 복귀한다는 목적, 즉 정신이 자기자신을 찾는 특정한 원환운동이 자리잡고 있는 것이다."[13] 정신의 목적은 자기자신에게로 돌아가는 것이다. 자기자신이 되기 위하여 정신은 앞으로(fort) 나아가야(schreiten) 한다.[14] 정신의 자기규정은 정신의 자기사

---

11) G(H) 182f.
12) 같은 곳.
13) G(H) 181.
14) 임석진은 정신의 순수한 자기운동이 역사의 진보와 개방성을 담보한다는 사실을 다음과 같이 밝히고 있다. "헤겔에게서 나타나는 '순수하게 자기를 자기 안에서 아는 자기의 행위'는 … 단순한 '원환운동' 혹은 '자기동등성'이지만 절대적 관념론의 체계에서만 현실적인 것인 정신적인 것은 끊임없이 새롭고, 개방적이며 정당한 길을 자기자신의 의식적인 지양에 허용한다"(Sok-Jin Lim, *Der Begriff der Arbeit bei Hegel,*

유로서 이를 통해 정신은 자신의 직접성을 벗어나/부정하여 자신의 감추어진 보편성이 현상하도록 한다. 자기자신으로의 복귀가 동시에 진보라는 생각에는 개념의 필연적인 운동과 자유의식의 확장이 동일하다는 원리가 포함되어 있다. 하나의 사태가 지닌 이러한 양면성을 배경으로, 새 것은 옛 것에 비해 풍부하다는 원리를 확인할 수 있게 된다.

2. 민족정신-세계정신-절대정신의 관계와 역사혁신의 근거

목적(telos)과 새로움(novum)의 역사철학적인 연관을 상세히 살피기 위해서는 헤겔이 세계사의 '목적'을 어떻게 이해하고 있는지를 먼저 살필 필요가 있다.

> 세계사는 보편적인 목적에서 시작한다. 여기에서 정신의 개념은 즉자적으로만 만족될 뿐이다. 다시 말해 자연으로서만 현실성을 띤다. 이 정신은 내적으로는 아직 의식을 갖지 못한 충동에 지나지 않아서, 세계사는 전체적으로 노동, 즉 이 정신을 의식화시키는 일을 수행한다. 자연적 성향 혹은 자연적인 의지의 모습으로 나타나면서 사념이나 주관적인 측면으로 불렸던 것이 이제는 욕구, 충동, 열정 그리고 개별적인 관심이 된다. 이렇게 무한히 다양한 욕구, 관심 그리고 활동들은 이제 세계정신의 도구와 수단이 되어 정신의 목적을 수행하면서 정신을 의식으로 고양시키고 실현시킨다.[15)]

목적은 그러니까 개념으로서의 정신을 추동시키는 의지이다. 헤겔이 여기서 언급한 정신은 분명히 세계정신을 지칭한다. 세계사는 세계정신이 자신의 목적을 실현하는 장이다.

그런데 문제가 단순치 않은 것은 헤겔이 세계정신을 언급하는 자리에서 동시에 변신론(Thedizee)과 민족정신을 언급한다는 데 있다. 보편정신으로서의 세계정신은 신의 섭리와의 연관성 그리고 민족정신의 주관적인 목적과의 연관성을 배제하고는 자기를 실현할 수 없다. 무한한 힘으로서의 "신의 섭리는 세계의 절대적이고 이성적인 목적을 실현"한다. "신은 세계를 지배한다. 신의 통치의 내용과 신의 계획의

Bonn, 1963f. 183). 이러한 생각을 바탕으로 임석진은 서양과 동양의 사유의 접점을 모색하는 논문에서 헤겔의 변증법을 중국의 도(道)와 비교하면서 양자는 "자기 안으로 향하는 구심력과 자기 밖으로 튕겨져 나가려는 원심력"을 "무한자의 창조적이고 전향적인 위력"이며 "항상 새롭게 진보를 동기화하는 원천"으로 서술한다(Sok-Jin Lim, "Die aktuelle Bedeutung der Philosophie Hegels in Ostasien", Ein Gastvortrag an der Universität Hamburg, 1993, 7).

15) G(H) 86f.

실행이 곧 세계사이다".[16] 다른 한 편으로 헤겔은 목적이 특정한 민족들에 제한된다는 점을 강조한다. "목적 자체는 제한적인 것이다. 목적의 내용은 이러한 개별자의 특수한 목적일 뿐이다. 세계사에서 다루어지는 개별자는 다름 아닌 민족, 즉 국가라는 전체이다." 여기서 신의 섭리에 대한 믿음은 단순히 추상적이고 신비스런 것이 아니라 역사에서 드러나는 "구체적인 것"이다. 그래서 "섭리의 도정은 우리 앞에 열린 역사에서 수단이며 현상으로서 우리는 이를 앞서 말한 보편적인 원리와 관련시키기만 하면 된다."[17] 여기서 민족정신의 특수성과 세계정신의 목적 그리고 신의 섭리는 하나로 융합된다.

결과적으로 세계의 최종목적과 세계정신의 관계에서 비롯하는 세계사적인 진행을 헤겔은 다음과 같이 압축한다.

> 이러한 운동은 정신의 실체가 자유로워지는 도정이다. 이 행위를 통하여 세계의 절대적인 최종목적이 이 운동 안에서 완수되는데, 여기서 처음에는 단지 즉자적으로 존재하던 정신이 의식과 자기의식으로 화하면서 즉자대자적인 존재로 현시되고 실현됨으로써 외적으로도 보편적인 정신, 즉 세계정신이 된다. 시간과 현존재 안에서의 이러한 전개/발전은 역사로서 존재하게 되는데, 이러한 전개의 개별적인 계기와 단계가 곧 민족정신들이다. 질적인 규정에서는 개별적이고 자연적인 각각의 민족정신은 오직 하나의 단계만을 수행하며 전체 행정 가운데 오직 하나의 업무만을 수행할 수 있을 따름이다.[18]

여기서 절대정신의 최종 목적과 세계정신의 보편적인 목적 그리고 민족정신들의 특수한 목적 사이의 관계를 좀 더 명확하게 규정할 필요가 있다. 우선 세계정신은 절대정신이 시간에 외화된 보편자라는 점에서 한 편으로는 시간 속에 존재하는 자이지만 다른 한 편으로는 절대정신의 대행자라는 점에서 시간을 넘어서 있는 자이다. 시간적인 보편자로서 세계정신은 절대정신과 민족정신의 중간에 위치한다. 여기서 세계정신은 객관정신으로서, 절대정신의 최종목적을 자신의 보편적인 관심으로 삼음으로써 절대정신의 목적을 민족정신의 주관적인 관심과 결부시킨다. 하지만 이 맥락에서 절대정신의 최종 목적이 어떻게 세계정신을 매개로 하여 역사에 실현될 수 있는지 살펴보아야 한다.

헤겔에 따르면, 절대정신은 스스로를 세계 안에 실현시켜 세계정신이 되지 않으면 안 된다. "(절대)정신은 그 자체로 자기를 완결하지 않기 전에, 즉 세계정신으로서 자기를 완결하지 않기 전에는, 자기의식적인 정신으로 자신의 완결에 이를

---

16) G(H) 77.
17) G(H) 40.
18) Hegel, *Enzyklopädie der philosophischen Wissenschaften*(이하 E로 줄임), 전집 Bd. 9, § 549.

수 없다."[19] 결국 절대정신이 자기의식적으로 자기를 완결하기 위해서는 먼저 세계정신으로서 행사해야 한다. "세계정신은 절대정신인 신적인 정신에 합당하다."[20] 절대정신은 "절대적인 이념"이기는 하지만,[21] 그의 의식은 처음에는 "겨우 즉자적"이어서 아직 "현실적인 것"은 아니다.[22] 헤겔은 그의 역사철학에서 즉자적으로 존재하는 정신을 결핍상태로 규정함으로써 세계사의 진행을 정신이 자신의 즉자성에서 탈피하는 과정이며 따라서 자유의식의 진보로 파악할 수 있었다. 하지만 중요한 것은 세계정신의 운동에는 항상 절대정신의 목적이 이미 자리하고 있는 한에서 절대정신은 이러한 운동의 타당성요구의 최후근거로 작용한다는 점이다. 세계정신의 운동의 시초에 절대정신의 목적이 내재한다는 사실은 정신이 즉자에서 대자로 이행하는 매 단계가 자의적이거나 우연적 혹은 아무런 저항 없는 자연적인 충동이 아니라 절대정신의 필연적인 목적성에 따라 출현한다는 것을 뜻한다. 요컨대 절대정신의 목적이 이행의 동인(動因)인 셈이다. 절대 이성의 빛 속에서 세계정신의 즉자태는 대자태로 발전한다. 세계정신은 "절대정신이 역사의 은폐성에 가상함(scheinen)"으로써 단순한 사실성에서 벗어나게 된다.[23] 절대정신의 빛에 의해 맹목적인 덩어리에 지나지 않았던 사실들이 목적성을 띤 의미체로 전환되는 순간이다. 절대정신은 현존하는 신으로서 세계사의 생성에 관여한다. 신적인 이념이 세계정신의 자기의식적인 전개과정에 내적으로 개입함에 따라 세계정신은 운동의 이유를 절대정신의 최종목적에 두게 된다.

> 세계사의 사유하는 정신은 특수한 민족정신들의 제한성과 그들 고유의 세속성을 벗겨버림으로써 자기 고유의 구체적인 보편성을 파악하여 스스로를 절대정신의 지(知)로 고양시킨다. 이 지는 영원히 현실적인 진리로서 인지하는 이성은 스스로 자유로워지고 필연, 자연 그리고 역사는 절대정신의 현시에 봉사하며 그의 영예의 그릇이 된다.[24]

세계사에서 절대적인 신적인 목적은 신의 추상적인 섭리가 아니라 그 목적을 내면화하는 세계정신을 통하여 구현한다. 그래서 세계정신이 자기를 아는 것은 동시에 절대정신의 즉자태가 자기를 의식하는 것이기도 하다. "스스로에게 자기의식의 형태를 부여하는 정신의 직접적인 즉자태란 현실적인 세계정신이 이렇게 자기

---

19) Hegel, *Phänomenologie des Geistes*(이하 Ph로 줄임), 전집 Bd. 3, 585.
20) G(H) 60.
21) E § 483.
22) G(H) 63.
23) B. Liebrucks, "Zur Theorie des Weltgeistes in Theodor Litts Hegelbuch, in: Kant-Studien, 1954/55, Bd. 46, H. 3, Köin 1955, 261.
24) E § 552.

자신에 대한 지에 이르는 것과 다를 바 없다."[25] 무시간적인 존재나 시간을 초월하는 신의 섭리는 정신적 실체가 자신의 즉자적인 직접성에서 벗어나는 데 요구되는 재료가 아니다. "참되고 구체적인 재료는 (우주론적인 증명에서처럼) 존재가 아니며, (물리신학적인 증명에서처럼) 합목적적인 활동성이 아니라 정신으로서, 정신의 절대적인 규정이야말로 실질적인 이성, 다시 말해 스스로를 규정하고 실현하는 개념 자체, 즉 자유이다."[26]

절대정신의 운동에 기초한 헤겔의 역사목적론은 아리스토텔레스의 자연목적론, 칸트의 역사표시론 그리고 유대교적 종말론과 구별된다는 사실을 확인할 수 있다. 아리스토텔레스의 경우 사물들은 전체적으로 유기체의 유비에 따라 정렬되어 개별자들은 특정한 목적을 향해 무의지적로 추동될 뿐이다. 또한 칸트와 유대교의 역사관의 경우 우리가 경험하는 사물들은 자신의 존재의 필연성을 가능하게 하는 힘을 자기 안에 지니고 있지 않다. 이는 헤겔의 경우 절대정신의 이념을 분유하고 있는 개별자(민족정신 혹은 세계사적인 개인)의 의식이 역사에 개입한다는 점, 그리하여 개별자가 자기 존재의 필연성을 자기 밖과 안에 동시적으로 지닌다는 사실과 구별된다. 세계사의 목적의 실현은 자연적인 사태의 의식없는 전개처럼 자신이 전개할 내용이 이미 "그 목적에 모두 소진되어 있는" 그러한 것이 아니며,[27] 유한자의 당위적인 요청처럼 신의 목적의 실현이 암시적인 표시로 우리 앞에 주어짐으로써 이론적인 지식과 실천적인 의지로 다가설 수 없는 그런 허무맹랑한 것이 아니다.[28] "목적 그 자체는 생명이 없는 보편자에 지나지 않는다."[29] 헤겔에 따르면 보편자의 생명성은 정신적인 목적을 완수해 가는 정신의 생명성으로서 이 정신이 세계사에서 취하는 최후의 규범적인 근거에는 즉자적으로 존재하는 세계정신으로 자신을 은폐한 절대정신이 숨쉬고 있다. 그런 한에서만 세계사는 세계정신의 전개로서 이성적이고 필연적일 수 있다.[30]

---

25) Ph 551.

26) E § 552A. 헤겔은 신의 존재에 대한 우주론적이고 물리신학적인 증명을 거부하고 존재론적인 증명을 지지한다. 그는 우주론적인 증명이 신을 절대적인 고정된 실체로 상정하는 데 반대하며, 물리신학적인 증명이 신을 보편적인 생명원리로 파악하는 태도에도 동의하지 않는다. "존재론적인 증명에서만 신은 절대정신으로 파악될 수 있다"(J. Ritter(hg.), Historisches Wörterbuch der Philosophie Bd. 3, Stuttgart, 1972, 820 u. 826f. 참조).

27) Ph 13.

28) 이런 의미에서 리델(Riedel)은 칸트와 헤겔의 역사이해의 차이점을 설명한다. "역사적 표시는 칸트에게서는 프랑스혁명이 아니라 혁명에 가담하지는 않았지만 참여한 대중들의 도덕적인 반응인데 반하여, 헤겔에게서는 프랑스혁명이라는 사건 그 자체이다"(M. Riedel, *Zwischen Tradition und Revolution* - Studien zur Hegels Rechtsphilosophie, Stuutgart 1973(1982년판), 214).

29) Ph 13.

30) G 22 참조.

절대정신이 객관정신에 가상한다(비추어 드러난다)는 점에서 보면, 세계정신은 “숨은 신(deus absconditus)”이라고 할 수 있는데, 이는 “세계정신이 드러나지 않기 때문이 아니라 세계정신이 신의 현실태로서 이 현실태가 모든 존재의 범주체계에 거주하면서도 이 체계에서 벗어나 행위하기 때문이다”.[31] 세계정신은 신의 대리인이 아니라 역사 안에 숨어 있으면서 스스로를 드러내는 신 자신이다. 따라서 세계정신의 위력에서 관건이 되는 것은 감춰진 신의 존재의 정체를 밝히는 일이다. 이를 통해서만 로고스(절대정신)의 이론(theoria)은 세계정신의 실천(praxis)과 합치될 수 있다. 이렇게 볼 때, 세계사에 대한 철학적 고찰은 절대정신의 이론이성이 세계정신의 실천이성 안에서 구체적인 규정을 획득하는 과정을 서술하는 일이다. 절대정신의 본질이 행위하는 세계정신을 통하여 밝혀진다는 것은 “절대정신의 이론이 세계정신 안에서 실천된다”는 것을 뜻한다.[32]

정신의 이론(theoria), 즉 모든 실천적인 관심에서 자유로운 순수한 사유는 물론 아리스토텔레스의 형이상학에서 그 전범을 찾을 수 있으나 헤겔에 이르러서야 비로소 실천의 범주와 결합된다고 할 수 있다. 헤겔에게서 처음으로 정신의 이론이 세계사에서 세계정신의 행위하는 주체와 결합하기 때문이다. 정신의 자기목적은 정신의 순수히 이론적인 활동이 아니라 세계정신의 시간 안에서의 실천적인 행위를 통해서만 수행될 수 있다. 이것이 바로 “정신은 본질적으로 행위한다(Der Geist handelt wesentlich)”[33]는 문장의 진정한 의미이다. 세계사에서 절대정신의 합목적성은 세계정신의 행위에서만 정당성을 확보할 수 있다. 절대정신의 단순히 실체적인 자기반성은 절대정신의 이념의 실현과 아무런 연관을 맺지 못하기 때문에 공허하다. 그 연관은 오직 행위하는 주체인 세계정신을 통해서만 실질적인 효력을 발휘할 수 있다. 따라서 세계정신의 목적지향적인 행위는 한 편으로는 절대정신의 순수히 이론적인 자기목적을 자기 안에 수용하면서, 다른 한 편으로는 이 목적을 민족정신의 실천적인 의지와 결합 혹은 화해시킨다. 절대정신의 이론적인 자기목적이 세계정신의 실천적인 자기목적으로 변환되면서, 신적인 이념은 이제 순수한 이론의 공허한 동어반복에서 벗어나 세계사에 생명을 불어넣는 활동성으로 스스로를 드러낸다.

세계사적인 진행의 규정이라는 측면에서 이러한 변환이 중요한 이유는 정신의 자기목적, 즉 자유의 이념 혹은 의식의 자기복귀가 개별적인 민족의 자유의 실현과 밀접하게 관련된다는 데 있다. “정신의 유일한 목적”[34]인 자기의식의 자유는

31) Liebrucks 1955, 263.

32) M Theunissen, *Die Verwirklichung der Vernunft*, Philosophische Rundschau Beiheft 6, Tübingen 1970, 87.

33) G 99.

34) G 33.

그리스 철학에서처럼 누우스나 로고스의 순수한 자기반성이나 자기직관이 아니고 또한 칸트나 피히테에게서처럼 개별적 자유와 대립해 있지 않으며,[35] 오히려 현실에서 반성되고 알려져야 하는 것이다. 이런 의미에서 "세계의 최종목적은 정신이 자신의 자유를 의식하여 이 자유를 실현시키는 것"이다.[36] 보편적인 원리로서의 정신의 자유이념은 자유를 스스로 의식하는 과정에서만 실현될 수 있다. 정신이 스스로를 자유로서 알게 되는 행위는 세계영혼의 초역사적인 자기목적이 아니다. 자기를 자유로서 인식하는 것은 개별적인 민족 혹은 국가 안에서 정신이 자유의 의식을 발견하여 전개하는 행위이다. 칸트와 피히테가 선험적 자아 혹은 절대자아의 자기반성에 대해 지니고 있는 주관적인 표상은 헤겔에 이르러 이제 세계정신의 활동으로 나타나 객관적인 것으로 지양된다.

3. 목적으로서의 자유와 관심연관

정신의 자기목적으로서의 자유이념은 개별자 안에서 세부적인 규정을 통하여 스스로를 전개함에 따라 자유이념의 객관성과 민족정신의 주관성 간의 변증법이 이제 관건이 된다. 그러니까 여기에서는 하나의 이성의 목적이 일방적으로 세계사에 영향을 미치는 것이 아니라 앞서 말한 양자의 변증법이 세계사로 나타난다는 것이 초점이다. 이 변증법은 피안에서 유유자적 존재하는 객관적인 목적이 역사 속으로 꿰뚫고 들어오는 것이 아니라 주관적으로 행위하는 자가 차안에서 단순히 즉자적으로 존재하는 객관적인 목적을 역사 안에 현상하도록 하는 특성을 지닌다.[37] 이렇게 객관정신과 주관정신의 "목적관계"는 헤겔의 개념논리적인 이해에 따를 경우 "객관성을 매개로 자기자신과 합쳐지는 자립적이고 자유로운 개념의 추론"인 셈이다.[38] 보편적인 목적의 진리는 개별자의 특수한 관심과 매개되는 데에

35) 선험철학은 "보편적인 자유와 개별적인 자유의 통일을 불가능하게 만들었다"고 헤겔은 비판한다(Hegel, "Über die wissenschaftlichen Behandlungsarten des Naturrechts"(이하 NR로 줄임), in: Bd. 2, 471.

36) G 32.

37) 헤겔은 칸트가 특수한 목적을 보편적인 목적에 귀속시킨다고 비판한다. "칸트는 규정하는 판단력이 특수자를 단순히 보편자에 귀속시킨다는 점에서 반성하는 판단력을 규정하는 판단력과 구별한다. 그렇게 단지 귀속되는 보편자는 추상적인 것으로서 타자, 즉 특수자에게 의지해서만 구체적이 된다. 이와 달리 목적이란 구체적인 보편으로서 자기 안에 특수자와 외적인 것의 계기를 지님으로써 스스로를 자기자신에게서 밀쳐내는 활동이고 충동이다."(Hegel, *Wissenschaft der Logik II*(이하 L II로 줄임), 전집 Bd. 6, 443) 이렇게 볼 때 정신은 목적을 '지니는' 것이 아니라 정신 자체가 목적'이다'.

38) L II, 444.

서 확보된다. “순수한 목적은 비현실적이다. 그 목적의 현실성은 목적이 개별성의 행위 안에 있으며, 그럼으로 행위는 그 자체에 특수성의 측면을 가지게 된다.”[39)]

변증법의 결과로서의 구체적인 보편과 관련해 볼 때, 세계정신의 전개는 이중의 이중으로 얽힌 특성을 보인다. 우선 절대정신의 보편적인 자유이념에 대한 긍정적인 규정과 이를 바탕으로 자연에 사로잡힌 민족정신의 특수성을 부정하는 일이며, 다음으로 개별적인 민족정신의 즉자적인 자유의식을 일깨워 보편자와 개별자를 합치시킴으로써 자유이념의 추상적인 직접성을 부정하는 일이다. 세계정신을 매개로 하여 절대정신과 민족정신은 마주하게 되면서 서로를 부정하면서 동시에 서로를 보완한다. 이러한 이중의 이중성에 근거하여 추상적 보편의 직접성은 부정되어 구체적 보편으로 지양되는데, 여기서 추상적 보편은 민족정신의 개별성과 관계하면서 절대정신의 감춰진 이념이 현실로 나타나게 된다. 따라서 세계정신의 전개는 절대정신의 감춰진 목적을 규명하는 행위와 민족정신의 주관적인 관심(이해관계)을 충족시키는 행위가 교차하는 데에서 성립한다. 목적의 “내용”은 개별적인 민족의 “특수한 목적일 따름”이다.[40)] 양자의 교차점은 곧 신적인 최종목적의 이성성과 객관정신의 주관적인 목적의 합치점이기도 하다.[41)] 절대정신이 민족정신의 주관적인 목적과 결부되지 않을 경우 절대정신의 목적적 활동은 역사적이지도 못하고 변증법적이지도 않게 되며, 민족정신이 절대정신의 보편적인 목적과 연루되지 않을 경우 민족정신의 활동은 자의적이고 우연적이게 된다.

세계정신은 절대정신의 객관적인 목적과 민족정신의 주관적인 목적을 상호 매개하여 화해시킨다. 객관적인 목적과 주관적인 목적의 매개는 절대정신의 자기목적과 민족정신의 자기목적의 통일이다. 세계정신은 이러한 매개의 현실태이다. 세계정신의 매개행위에서 절대정신은 자신의 직접적인 추상성에서 벗어나며 마찬가지로 민족정신도 자신의 직접적인 자연성에서 탈피하게 된다. 두 목적이 세계정신 안에서 일치하지 않을 때 낡은 원리는 몰락하며, 서로 일치 할 때 새로운 원리가 출현한다. 다른 민족의 새로운 원리는 옛 원리가 보편정신의 절대적인 자기목적에서 볼 때 상대적이고 유한한 것으로 판명될 때, 다시 말해 자기내적으로 자유롭지 못하고 자연적인 특수성에 사로잡힐 때 필연적으로 요구된다.

각각의 세계사적 민족이 “보편적인 역사로 편입”되기는 하지만 이들 민족 역시 “쇠퇴와 부패의 시기”를 겪는다.

---

39) Ph 489.

40) G(H) 40.

41) 이러한 합치점의 필연성을 포이에르바흐(Feuerbach)는 “사변철학의 드높은 역사적 의미”라고 비꼬는 투로 말한다.(L. Feuerbach, “Grundsätze der Philosophie der Zukunft”, in: *Anthropologischer Materialismus*, Ausgewählte Schriften I, hrg. v. A. Schmidt, Frankfurt/M. 1985, 101)

> 왜냐하면 세계사적 민족에게 있어서 더 고차적인 원리의 출현은 그 민족의 고유한 원리를 부정하는 모습으로 나타나기 때문이다. 더 고차적인 원리로 정신이 이행하는 것과 더불어 또 다른 민족으로의 세계사의 이행이 암시되는데, 이 시기에는 전성기에 달했던 민족이 자신에 대해 가졌던 절대적인 관심을 상실하면서 더 고차적인 원리를 자기 안에 수용하여 자기 것으로 만들기는 하지만 거기에는 이 원리는 한낱 수용된 것에 지나지 않아 내재적인 활력이나 신선함을 지니지 못한다. 그리하여 이러한 민족은 특수국가나 어떤 국가권(圈)으로 존속하여 연명하면서 우연치 않게 복잡다단한 내외적인 다툼에 시달리며 좌충우돌하기에 이른다.[42]

세계사의 이행기에는 한 때 세계사를 주도했던 민족의 원리는 새로 출현한 더 고차적인 원리에 부응하지 못하여 자구책을 마련하는데도 불구하고 "세계정신의 현재의 발전단계를 이끄는 견인차"이기를 그침으로써 서서히 세계사의 변방국으로 전락하게 된다. "세계정신의 자기전개적인 자기의식이 진행되면서" 그 민족은 더 이상 전진하지 못한다.[43] 이 민족의 관심, 즉 주관적인 목적은 더 이상 보편정신의 절대적인 관심과 합치하지 않기 때문이다. 이에따라 이 민족의 자유의식은 보편성이 아니라 자연적 조건에 지배되는 특수성에 빠지고 만다. 자신의 절대적인 관심을 상실하면서 이 세계사적 민족의 원리는 자연적인 조건에 의존하는 생(生)의 무력함을 드러낸다. 이 민족이 단순한 특수성의 원리로 전락하자마자 정신의 자기목적이 지닌 보편성과 더불어 자신의 자립성을 상실하게 된다. 민족의 특수성은 자기들 나름의 정당성을 보장하기는 하지만 이는 어디까지만 민족 자신에게만 해당될 뿐, 세계정신의 보편성은 민족의 상황을 다른 차원에서 평가한다. "세계정신의 권리(정의)는 모든 종류의 특수한 정당화를 넘어선다. 이들 정당화가 세계정신의 권리의 내용에 속하기는 하지만 이들이 특수성에 머물러 있는 한에서, 그 권리는 스스로 이들 정당화를 배분하기는 하지만 단지 한정적으로만 배분한다.[44]

민족정신의 자기목적이 세계정신의 자기목적, 즉 자유의 이념에 합치하는 한에서만 그 민족은 세계사적인 진행에 기여할 수 있다.[45] 자유의 원리는 자연이 아니라 정신에 속한다. 정신만이 스스로를 자기의 목적으로 사유할 수 있기 때문이다. 자연목적론과 달리 정신은 자신의 자연성과의 관계를 의식할 수 있고, 따라서 그

---

42) Hegel, *Grundlinien der Philosophie des Rechts*(이하 R로 줄임), 위의 전집 Bd. 7, § 347A.
43) R § 347.
44) G(H) 109.
45) 양자의 합치 문제를 토이니센은 다음과 같이 서술하고 있다. "민족정신의 진리가 곧 세계정신이라고 할 때, 이는 세계정신이 개별적인 민족정신의 내적인 본질 혹은 실질적인 핵심과 일치하는 것이지, 세계정신이 개별적인 민족정신의 사실적인 현존재, 즉 표면적인 현상들로 가득 차 분산되는 양상과 일치하는 것이 아니다"(M. Theunissen, *Hegels Lehre vom absoluten Geist als theologisch-politischer Traktat*, Berlin 1970, 70).

것에서 벗어날 수 있다. 정신은 자연적 관계를 넘어섬으로써 자신의 타당성요구를 사유의 주관성원리, 즉 자유에서 찾는다. 사유의 주관성에는 정신의 의식적인 생(生)이 전제되어 있다. 이 의식은 자연적으로 주어진 객관성에서 벗어나고자 한다. 진정한 자유를 성취하기 위해서는 자연관계에서의 해방이 필수적이다. 그런데 민족정신은 특수자로서 자연에 제약받는 객관성을 띠면서도, 다른 한 편으로는 자연을 넘어서는 자유의 측면을 지니고 있다. 이렇게 자연적인 직접성에서 자유로울 수 있는 가능성이야말로 민족정신이 세계정신이 전개하는 자기의식에 참여할 수 있는 근거가 된다.

역사란 "정신이 그의 자기(Selbst), 즉 자신의 개념이 되도록 돕는 과정"이다.[46] 역사의 최종목적은 정신이 '자기자신이 되는 것'이다. 역사의 목적은 "정신이 스스로를 의식하게 되는 것"이다.[47] 스스로를 의식하게 됨으로써 정신은 자유로워진다. 즉 "자기 자신에 머무는 존재(자유자재하는 존재: das Bei-sich-selbst-Sein)"가 된다.[48] 정신의 보편적인 원리는 자기자신을 의식하도록 되어 있는데, 이는 세계사에서 세계정신의 전개과정으로 나타난다. 이 원리는 절대정신뿐만 아니라 객관정신과 주관정신와 맞닥뜨린다는 점에서 '보편적'이다. 자기자신에 머물며 자유자재하는 존재, 즉 자유는 정신의 유일한 목적이다. 자유는 이성이 "온전히 자유롭게 자기자신을 규정하는 사유"인 한에서 이성의 원리이기도 하다.[49] 이성의 자기규정은 자유로운 정신의 목적지향적인 활동의 과정으로서 정신은 세계사에서 자기의 자유를 실현함으로써 자기자신에 이른다.

"이성의 자기자신에 대한 규정은 무엇인가 하는 물음은 이성이 세계와 관계하는 한에서 세계의 최종목적이 무엇인가 하는 물음과 연결된다." 여기서 헤겔은 "이 최종목적의 내용"을 "규정 자체"와 "규정의 실현"이라는 두 측면으로 구별하여 설명한다.[50] 이성의 최종목적은 자유, 즉 자기자신이 되는 것이다. 하지만 이성의 이러한 규정은 "아직 현실적이지 않다"는 점에서 공허하다. 이 자유는 단순한 원리에 지나지 않아 아무런 구체적인 것을 지시하지 않기 때문이다. 자유의 이러한 추상성에 이어 두 번째 계기로 '실현의 원리'가 등장한다. 그 원리는 다름 아닌 "의지, 즉 인간의 활동 일반"이다. "앞서 말한 개념 및 즉자적으로 존재하는 규정들이 실현되는 것은 이러한 활동을 통해서이다. 왜냐하면 이 규정들은 무언가에 의해 매개되지 않고 자기자신에 의해 직접적으로 정당화하기 때문이다. 규정들을 작용하게 하여 현존하게 하는 활동은 다름 아닌 인간의 욕구, 충동, 취향 그리고

---

46) G(H) 72.
47) G(H) 74.
48) G 30.
49) G 25.
50) 이상 G 29.

열정이다."[51] 여기서 이성의 원리 그 자체는 아무런 자립성이 없으며, 따라서 인간의 열정과 관심에 기초해서만 그 현존재성이 보장된다는 사실이 분명해진다.[52]

헤겔이 주관적인 관심을 세계정신의 절대적인 목적을 통해 충족시킨다고 표현한 "주체의 무한한 권리"는 이성적 원리가 완수되는 과정에서 개별적인 관심이 "거기에(dabei)" 있음에 비중을 둔다.[53] 하지만 어디에(wo-bei)? 이 물음은 헤겔의 관심 개념의 핵심으로서 홉스 자연법의 관심 개념과 본질적으로 구별된다. 헤겔이 말하는 인간의 관심은 자연상태에 근거한 자연적인 충동이 아니다. 홉스의 '관심'에 따르면, 인간은 자연권을 소유하면서 자유를 무한정 향유하여 자기보존을 위해 부단히 서로 싸워야 한다. 이에 반해 헤겔의 '관심'은, 즉자성을 띤 자연적 성향으로서 그가 말하는 "개념"이 여기에 해당한다.[54] 개념은 "정신의 본성과 일치"[55]하는 이성적인 것이기 때문에, 개념을 "우리 정신의 관심"[56]이라고 일컫기도 한다. 그럼으로써 헤겔은 정신적 존재인 인간의 관심을 자연상태에서 솟구치는 탐욕과 대비시킨다. 전자와 달리 후자의 경우에는 "보편적인 목적에 대한 성찰이 결여된 사리사욕"만을 추구할 뿐이다.[57] 인간은 보편적인 목적에 대한 관심을 가지고 있다. 보편자의 절대적인 목적과 주관적 의지의 특수한 목적은 똑같이 정신적인 관심, 즉 "이성의 절대적인 관심"인 '자기의식'에서 비롯한다.[58] 그래서 보편자의 이념과 개인의 열정은 동일한 관심연관(Interessenzusammenhang) 속에 있다.[59] 헤겔의 시각에서 볼 때 "시원적인 '관심연관'은 주관과 객관을 모두 포괄한다. 왜냐하면 주관은 실천적인 자기실현을 통해 자신의 목적을 수행할 때 오직 절대적인 최종목적으로 이미 현실성을 띠고 있는 것만을 현실화하는데, 이 현실성은 절대적인 주관성의 근원적인 현실성이면서 동시에 내적으로는 절대적인 객관성이기도 하기

51) 이상 G 36.
52) 이 맥락에서 리브룩스가 리트(Th. Litt)의 헤겔비판에 맞선 것은 정당하다. 헤겔은 로고스를 절대적으로 정립했다는 리트의 주장에 반대하여, 리브룩스는 헤겔의 고유성은 "로고스의 절대적인 정립이 아니라 그 반대로 로고스를 대상화한 데 있다. 절대적인 로고스는 인간 안에 둥지를 틀고 있기 때문에 로고스가 인간에게 폭력을 행사할 수는 없다."(Liebrucks, 1955. 252)
53) G 37.
54) G 116 참조.
55) G(H) 53.
56) Theunissen, 1970a, 434. 여기서 토이니센은 헤겔의 관심론을 자연적 객관주의 비판과 결부시키는데, 이는 헤겔의 관심 개념과 비판이론, 특히 하버마스의 관심 개념의 차이를 드러낸다.(같은 책, 429ff. 참조)
57) G 37.
58) G(H) 112.
59) 개별자의 열정은 그의 입장에서는 "우연적"이고 "비이성적"으로 보이지만, 이는 헤겔이 '이성의 간지'라고 은유적으로 표현했듯이 역사 참여자의 관점에서 그런 것일 뿐 관찰자인 절대 이성에게는 필연적이고 이성적이다(F. Fulda, *Das Problem der Einleitung in Hegels Wissenschaft der Logik*, Frankfurt/M. 1975, 205).

때문이다.”[60)]

이러한 관심연관의 시각에서 소위 ‘목적-수단 관계’가 설명될 수 있다. 인간의 욕구, 관심 그리고 활동은 헤겔에 따르면 세계사에서 정신으로 구현된 이념, 즉 세계정신의 수단이다.[61)] 특수자의 관심은 이성적 목적의 수단이라는 헤겔의 테제에서 먼저 확인되어야 할 사실은 인간의 열정은 단순히 특수한 관심 이상이라는 점이다. 인간의 열정은 인간이 이성의 목적에 참여하여 그 목적을 실현시키는 매개 역할을 한다는 점에서 세계사의 수단이다.

> 그러한 외적인 의미에서 볼 때도, 인간은 이성목적의 수단 구실을 하는 것이 아니다. 인간은 이성목적을 통하여 혹은 기회로 하여 내용상으로 그 목적과 상이한 자기 특유의 개별적 목적을 충족시킬 뿐만 아니라 또한 이성목적에 참여함으로써 자기목적을 달성한다. … 여기서는 인간 또는 개인이 목적의 내용에서 자기목적인 것이다. … 인간이 그 자체로 자기목적인 것은 그 내면에 자리잡고 있는 신적인 것, 즉 원초적으로 이성이면서 동시에 그것이 자기내적으로 활동하는 한 자기규정적인 것, 자유라고 불려왔던 것에 의해 가능해진다.[62)]

이렇게 볼 때 개인과 민족의 관심은 보편자의 이성목적과 관계하여 그 목적을 자기 것으로 만듦으로써 현실적으로 이성적이 된다. 거꾸로 이성의 추상적인 원리는 구체적인 보편을 향한 인간의 욕구를 통해서만 현실적일 수 있다. 이러한 상호작용 속에서 보편자와 개별자의 합일이 이루어지면서 양자는 시원적인 형식적인 자유에서 벗어나게 된다. 보편적 이념이라는 이성목적의 원리는 개별자의 목적지향적 활동을 매개로 하여 자기자신에 대한 의식을 요구한다. ‘인간의 관심이 이성목적에 머물음’에 암시되어 있듯이 민족의 특수한 원리도 이념의 보편성과 관계하여 세계사적 민족의 보편적인 원리로 고양된다.

4. 세계정신의 자기의식화와 새로운 세계사적 민족의 출현

‘보편정신이 자기를 의식하는 것’으로서의 세계사는 한 편으로는 주관성의 원천적인 자유원리를 규정하는 것이면서, 다른 한 편으로는 보편정신의 실체성이 지닌 초기의 추상적인 직접성을 부정하는 것이라고 할 때, 이러한 이중성은 ‘세계정신의 운동’이라는 하나의 사태에 대한 두 가지 서술일 따름이다. 세계정신은 개별자

60) Theunissen, 같은 책, 432.
61) G 40 참조.
62) G(H) 106f.

를 향해 자신의 권력을 휘두르는 실체가 아니라 보편과 특수의 통일로서의 주체이다. 그는 보편자의 이념과 특수자의 열정 사이에서 '활동하는 중심'이다.[63] 그런 한에서 세계정신은 역사적인 것의 범주에 해당하게 된다. 세계정신은 대립 속에서만 그리고 이념과 열정의 융합을 통해서만 생성된다. 그는 개별적 주관성을 넘어서 있는 객관성으로서가 아니라 보편적 이념의 이성목적과 개별적인 관심의 변증법을 바탕으로 한 추론으로 활동한다. 이러한 변증법이 결여될 경우 세계정신의 자기의식은 공허하다. 세계정신은 전제된 현실태가 아니라 시간 안에서 비로소 실현되어야 할 가능태이다. 특수성과의 연관이 없다면 세계정신의 자기의식화는 보편적 이념의 자기운동 안에서 발생할 수 없다. 역사에서 정신의 혁신은 보편적인 이념과 민족의 의지가 합치하는 데에서 가능하다. 따라서 세계사적 민족의 새로운 원리의 출현은 세계정신의 새로운 이념의 출현과 궤를 같이 한다. 보편자의 내적인 목적에 담긴 당위성, 즉 "정신적 실체의 해방"[64]은 외적으로 보편성을 띤 세계정신을 통하여 민족정신의 특수한 목적과 합쳐짐으로써 이루어진다는 점에서 세계정신은 보편자와 특수자를 통일시키는 주체로 드러난다.

역사발전의 각 단계에서 보편적 이념과 인간의 열정의 합일은 헤겔 변증논리의 용어를 빌면, 동일성과 비동일성의 동일성이라고 정식화할 수 있다. 각 단계는 양항의 모순적인 관계가 잠정적으로 지양된 상태이다. 여기서 세계정신은 양항의 중심에 서 있는 움직이는 주체로서 그 실체는 미리 전제되어 있지 않고 진행과정, 즉 보편자의 관념성과 특수자의 실재성의 변증법을 통하여 비로소 정립된다. 세계정신은 절대적인 이성의 관념성이 인간적인 열정의 실재성과 결합하는 접점에서 움직이는 역사적인 중심이다. 그는 개별자들이 차후적으로 추종하는 이미 실현된 원리가 아니라 절대적인 이성의 원리가 시간 속에서 실현되는 결과물이다.[65]

하지만 세계정신의 역사성을 마치 각 민족이나 개인이 스스로 세계정신을 고안

63) "활동은 추론의 중심/매사로서, 그 하나의 극단은 정신의 내부 깊숙한 곳에 머물러 있는 이념인 보편자이며, 다른 하나는 외적인 것 일반 즉 대상적인 재료이다. 여기서 활동이란 보편자와 내적인 것을 객관적인 것으로 옮겨 놓는 중심이다"(G 42). 여기서 세계정신의 활동은 헤겔의 논리학적 사유에 따라 본질논리의 측면과 동시에 개념논리의 측면에서 해석할 수 있는 길이 열린다. 본질논리의 측면에서 볼 때, 세계정신은 이념의 실체를 객관적인 것으로 만들어야 하는 임무를 띤다면, 개념논리의 지평에서 세계정신의 현실성은 보편자와 특수자의 중간에 위치한다. 세계정신은 신의 감춰진 이념을 포함하지만(본질논리적), 그 이념의 실현은 특수자와의 매개를 통해서만 가능하다(개념논리적).

64) E § 549.

65) 이런 이유에서 하버마스가 헤겔의 세계정신을 비변증법적으로 해석하여 마치 인간의 활동 이전에 현실 속에서 이미 전제된 실체로 파악한 것은 오류다.(Habermas, "Hegels Kritik der französischen Revolution", in: *Theorie und Praxis,* Frankfurt/M. 1988, 143f. 참조)

해 내는 것처럼 이해하면 곤란하다. 민족은 세계사적인 개인을 매개로 하여 보편자의 이성목적에 참여함으로서만 세계사적인 민족으로 발돋음할 수 있다.[66] 따라서 세계정신의 역사성은 민족이 이성목적에 맞게 스스로를 세계사적인 민족으로 고양시키는 데 토대를 둔다. 나아가 민족정신은 이러한 고양의 정당성요청을 자의적으로, 즉 질료적인 경험에서가 아니라 정신적 관념의 필연성에서 확보한다. 그렇지 않을 경우 민족은 그 자의성이 우연적인 것으로 드러나면서 결국 보편자의 이성목적에 참여하지 못한 채 세계사의 주변으로 밀려나게 된다. 한 민족이 세계사적인 민족으로 등장하기 위해서는 그 민족의 의지가 개별적인 욕구들의 상호작용의 총체가 아니라 그 민족의 이성적 의지의 총체적 주관성이 보편자의 이성목적에 상응하게 반영되어야 한다.

이러한 논의를 배경으로 이제 세계정신이 어떻게 전개되는지/발전하는지를 살펴볼 수 있다. 신적인 이념의 절대적인 최종목적이 특수한 정신의 목적지향적인 활동과 매개되면서 세계정신은 '변화'의 범주와 마주치게 된다. 세계정신은 절대정신의 입장에서 보면 외적인 보편자라고 할 때, 그는 자기 안에 절대정신의 목적을 은밀히 간직하고 있는 셈이다. 이행의 단계에서 신의 숨겨진 이념이 벗겨진다는 것은 즉자적인 이념이 대자화된다는 사실과 더불어 새로운 세계사적 민족의 출현을 의미한다. 여기서는 세계정신 자체가 새로워진다.

> 정신의 역사는 그의 행위, 즉 스스로를 자기자신에 대해 전개하면서 파악하는 행위이다. 이러한 파악은 정신의 존재이며 원리인데, 파악의 완성은 동시에 정신의 외화이면서 이행이다. 이 파악을 새롭게 파악하고 외화에서 자기내부로 향하는 정신이 곧 이전에 파악했던 자기에 거스르는 더 높은 단계의 정신이다.[67]

더 높은 단계로의 이행은 정신이 이전에 자기가 파악했던 것을 새롭게 파악함으로써 이루어진다. 그런데 새로운 파악의 정당성은 "현재하는, 경험 속에 있는 것이 아니라" 자기 안을 향하는 정신에서, 즉 "내부에서" 확보된다.[68] 이를 바탕으로/계기로 하여 최고목적으로서의 신적인 이념은 인간의 활동을 매개로 세계변화에 개입하게 된다.

하지만 최종목적이 이행과정에 개입한다고 해서 이를 인간에 대한 신의 직접적인 지배로 간주하는 것은 오해이다. 이는 다만 '규범적인 이상의 요청(ein Postulat des normativen Ideals)'이어서, 이 이상은 옛 것 속에 이미 잠재해 있었지만 현실

66) "세계사적인 인간들은 보편자를 자기로부터 창출해낸다. 그렇다고 해서 보편자가 이들에 의해 고안되는 것은 아니며, 보편자는 영원히 존재하여 이들을 통해 정립되고 이들에 의해 숭앙될 따름이다."(G(H) 98)

67) R § 343.

68) PR II, 517.

원리로 드러나지 않았던 것뿐이어서 그 발현을 위해 이제 새로운 주체를 필요로 했던 것이다. 새로운 주체, 즉 새로운 세계사적 민족의 발생은 한 편으로는 이전의 규정성을 부정하는 것이면서, 다른 한 편으로는 새로운 규정성을 정립하는 것이다. 여기서 전자는 사유의 정신이 이전 것 속에 단지 내적으로만 존재하는 보편자와 매개됨으로써 행해지고, 후자는 최종목적의 즉자적이고 추상적인 개념이 이 개념을 현실화시키는 민족정신과 매개됨으로써 수행된다.[69] 이러한 발생은 보편자와 특수자의 새로운 동일성의 발생으로서, 보편자의 내적인 이념이 해당 민족정신이 처음부터 품어 왔던 이성적인 관심과 상호 매개(화해)되는 데에서 가능하다.

새로운 동일성은 민족정신의 자기목적이 이미 존재하는 보편자의 이성목적에 호응할 때에만 생겨난다. 여기서 새로운 원리의 출현이 미래지향적인 이유는 세계사적인 개인의 노동이 절대정신의 숨겨진 이념을 의식화하기 때문인데, 그 이념은 해당 민족정신 안에 이미 들어와 있었지만 그때까지 아직 실현되지 않고 있었던 것이다. 인간의 목적지향적인 활동은 "즉자적으로 존재하는 규정들", 즉 '가능성만 있을 뿐 아직 현존재가 되지 못한 것들'을 실현시키는 데 기여한다.[70] 앞으로 실현될 이념과 이 이념을 실현시키는 인간의 열정이 합치되면서 역사의 새로운 장이 열린다. 이 새로운 장은 새로운 세계사적 민족의 출현을 의미하는데, 이는 앞으로 도래할 신적인 이념과 그 이념에 상응하는 민족정신의 새로운 결합에 다름 아니다.

보편자의 미래의 이념이 기존의 세계사적 민족의 정치체계와 대립할 경우 세계정신의 활동하는 중심은 파괴되어 인간들은 "불만족 상태"에 빠지게 되면서 "더 보편적인 목적"을 모색하기에 이른다. 현재의 상태가 당위적인 것에 대립할 때, "당위적인 것은 특수한 관심이나 만족을 추구하는 열정이 아니라 이성, 권리, 자유이다."[71] 이에 따라 분열된 중심은 "역사화 될 가능성, 즉 기존의 민족이나 국가의 기초를 이루던 원리와는 다른 종류의 보편자를 자기 안에 끌어들일 가능성"을 통하여 새로운 통일을 예고한다. 여기서 "이 보편자는 생산하는 이념의 계기이며, 자기자신을 열망하고 추동시키는 진리의 계기이다.[72] 다른 종류의 보편자의 출현은 "기존의 자기원리를 넘어서서 더 보편적인 원리를 향한 노력의 산물로서, 더 세부적으로 규정된 원리 혹은 새로운 정신의 현존"을 시사한다.[73] 이러한 형국은 말하자면 "더 높은 추상적 보편자의 개입을 통하여 자신을 더 구체적으로 규정

69) 전자에 대해서는 G(H) 72쪽/10-16째줄과 96쪽/14-20째줄 참조, 후자에 대해서는 G(H) 81쪽/15째줄 이하 참조.
70) G 36.
71) G(H) 108.
72) 이상 G 45.
73) G(H) 180.

(Präzisierung)하는 쪽으로 발걸음을 내딛는 것”으로, 이 새로운 보편자는 “이전의 보편자 안에는 없었던 것”이다.[74] 이성적 이념의 자기생산은 정신의 목적인 자유의 파악(개념: Be-griff)으로서 세계사에 변화의 모티프를 제공함으로써 이전의 보편자의 유한한 인식이 이념의 무한성으로 지양되어 새로운 보편자가 출현하도록 한다. 기존의 보편자에서 새로운 보편자로의 이행의 정당성이 이념의 개념에 있는 한에서만 “세계사는 새로운 것을 출현시킨다.”[75]

5. 정신의 시간매개적인 자기복귀와 역사혁신

보편정신의 연속성은 절대정신의 개념의 목적론에 토대를 둔다. 개념의 목적적 활동, 즉 자기구별과 자기복귀는 시간에 결부된 세계사의 이행단계에서 매번 등장한다. 개념의 목적인 자유의 이념 그 자체는 무시간적이다. 개념의 목적은 이념적으로만 반복될 뿐이기 때문이다. “정신이 무엇인가 하는 것은 즉자적으로는 이미 항상 있어 왔다. 차이는 단지 이러한 즉자태의 전개일 따름이다. 현존하는 정신의 생은 여러 단계 가운데 하나의 원환일 뿐이다.”[76] 목적실현의 과정은 시간 안에서만 가능하다. 하지만 목적 그 자체는 시간의 흐름 속에 이미 항상 와 있다. 그런 의미에서 목적은 모든 역사적 순간에 편재한다.

그렇지만 보편적 목적의 편재성은 헤겔에게서 정신의 선험적 원리가 실제 역사에 외재적으로 개입한다는 의미가 아니라 보편적인 목적이 각각의 역사적 단계에 즉자적으로 현전한다는 의미이다. 보편적 목적은 절대정신의 무시간적인 목적이 주관정신과 객관정신의 시간적인 목적과 관계함으로써 실현된다. 즉자적인 목적이

---

74) F. Fulda, “Unzulängliche Bemerkungen zur Dialektik”, in: *Seminar: Dialektik in Philosophie Hegels*, hrg. v. R.-P. Horstmann, Frankfurt/M. 1978, 60.

75) F. Fulda, 1975, 207.

76) G 105. 토이니센은 절대정신의 이러한 무시간적인 역사를 “영원한 역사”로 파악한다. “그의 자기의식이 영원한 것은 신, 즉 절대정신이 영원히 그러한 방식으로 의식하면서, 다른 한 편으로 자기의식은 주관정신에게 이를 필연적이고도 항상적으로 만드는 불변적인 형식을 부여하기 때문이다. 역사 개념과 결합함으로써 영원 개념이 나타날 수 있는데, 이는 영원 개념이 오직 ‘발생하는 것’으로서만 사유될 수 있는 ‘끊임없이 반복하는 자’를 뜻하기 때문이다.”(Theunissen, 1970a, 73)
새로움의 문제와 관련하여 셸링은 절대정신의 이러한 자기반복적 세계상에 이의를 제기한다. “신이란 항상 자신이 이미 했던 것을 다시 할 뿐이다. 따라서 신은 아무런 새로운 것을 파악할 수 없다. 신은 항상 자기를 자기에게 복귀시키기 위해 자기를 외화하며, 또한 자기를 다시금 외화하기 위해 자기로 복귀할 따름이어서, 그의 생은 여러 형태들의 원환에 지나지 않는다.”(F.W.J. Schelling, “Zur Geschichte der neueren Philosphie”, in: F.W.J Schelling Ausgewählte Schriften Bd. 4, Frankfurt/M. 1833/1834ff., 576)

시간적으로 한정된 목적과 관계함으로써, 전자의 목적은 추상적인 형식에서 벗어나 구체적인 것이 되고, 후자는 개념의 필연성에 힘입어 보편적인 것으로 고양된다. 목적 그 자체는 불변적인 것이지만 그 실현의 형식과 내용은 가변적이다. 목적실현의 형식과 내용은 시대의 특수성에 따라 다르게 전개될지라도 목적 그 자체, 즉 자유의 이념은 목적실현의 과정에서 변화하지 않는다. 목적은 따라서 매 단계의 정신이 자신의 본질을 비추어 보는 거울 혹은 기준인 셈이다. 목적의 무시간적 연속성은 시간 안에서의 불연속적인 경험들을 통해 현실성을 획득한다. 시간 안에서 진행되는 정신의 경험들을 매개/수단으로 보편정신은 구체화되고 더 풍부해진다. 목적의 연속적인 현전은 이행의 시기마다 정신의 자기실현을 가능하게 하는 동시에 시간 안에서의 경험의 축적을 뜻한다. 목적의 현전은 절대이념이 주관적이고 객관적인 행위에 연속적으로 실현된다는 것뿐만 아니라 이를 통하여 목적이 구체적으로 풍요로워진다는 것을 시사한다. "정신이 지금 있는 것은 항상 있어온 것이다. 정신은 이제 다만 더 풍부한 의식, 즉 자기자신을 더 깊이 내적으로 천착한 개념일 따름이다."[77]

현재의 정신 안에는 과거의 경험들이 상실되지 않고 지양된다.[78] 하지만 목적이 축적적으로 풍유로워지는 것은 보편정신의 자기목적이 전개되는데 따른 결과로만 보아서는 안 된다. 그럴 경우 보편적인 목적과 민족정신의 현재적인 목적의 관계가 배제되기 때문이다. 현재의 정신에 새롭게 나타난 '잉여분(Überschuß)'은 보편정신의 즉자적인 목적과 현재적 시간 속에서의 그의 경험 사이의 상호친화성(selektive Affinität)에서 생겨난 것이다. 보편정신은 시간적으로 한정된 특수한 내용과 관계함으로써 더 풍요로워지고 새로워지는 한에서만 자기의 연속성을 유지할 수 있다. 바로 여기에서 "역사의 총체성과 시대의 변증법"이 성립한다.[79]

새로운 것이 옛 것에 비해 더 고차적이라는 테제와 관련하여 이제 개념과 시간의 상호친화력에 주목하기로 하자. 여기서 시간이란 현재적이면서 동시에 과거적이다. 새로운 것이 지나간 과거의 무차별적인 집적물이 아니라 각 단계마다 보편자와 특수자의 대립이 지양된 결과라면, 새로운 것은 과거에 대한 생산적인 부정이면서 동시에 현에 대한 적극적인 규정이어야 한다. 이렇게 생산성을 띤 부정, 즉 규정적 부정(bestimmte Negation)이 목표로 삼는 것은 보편자를 정신적으로 가공(Verarbeitung des Allgemeinen)하여 그 목적을 실현하는 일이다. "존재를 사유로

77) G(H) 183.
78) G 105 참조.
79) G. Kimmerle, *Sein und Selbst*, Bonn 1978, 339. "이렇게 역사의 이성적인 총체성은 시대적인 역사적 계기 서로간의 차이의 서술로 이해할 수 있다."(같은 곳) 차이의 서술을 통해 정신이 자기동일성을 유지한다는 것은 토대철학적으로 볼 때 시간 안에서의 보편정신의 절대적인 구별로 정당화될 수 있다.

파악하는 것(die denkende Auffassung des Seins)"이 "새로운 형태의 원천"이라면,[80] 정신의 사유는 보편자를 보존하면서 가공하는 원리인 셈이다. 그런데 새로운 것의 출처인 '보편자의 정신적인 가공'이란 무슨 뜻인가? 헤겔은 이를 "자기의식이 스스로 작용하여 스스로를 의식하는 정신의 특정한 형태"를 "지양"하는 것으로 해석한다.[81] "앞서 간 원리는 보편성을 통해 신성시되었다. … 이전에 단지 구체적인 개별성을 띠던 것이 보편성의 형식에 힘입어 정신적으로 가공된다. 이에 따라 더 세부적인 규정, 즉 새로운 것이 나타난다.[82]

사유의 활동은 정신이 자신의 직접적인 존재에 대한 반성작용이다. 이 활동을 통해 직접적인 존재 안에서 상호 무관심하게 개별적으로 현존하던 것들이 유기적인 관계를 맺어 새롭게 생명을 부여받는다. 정신은 앞서 간 단계의 숨겨진 관계의 본질을 밖으로 드러내 그것의 직접성에 의식을 부여함으로써 보편자를 밖으로 전개시킨다. 직접적인 것에 의식을 부여한다는 것은 직접성의 지양이면서 또한 본질의 획득이다. "정신은 한 편으로 실재, 즉 현재 존재하고 있는 것을 지양함으로써 동시에 정신이 과거에 단지 존재하기만 했던 것의 보편자, 사상, 본질을 획득한다. 정신의 원리는 이제 더 이상 과거처럼 이렇게 직접적인 내용과 목적이 아니라 그 자신의 본질이다."[83] 보편자의 가공은 "직접성을 극복하는 것이고 직접성을 부정하는 것이며 그리하여 자기에로 복귀하는 것이다."[84] 보편자가 자신의 추상적인 직접성에서 자유로워지는 것과 자신의 본질을 획득하는 것은, 전자는 전진적인 운동이고 후자는 후진적인 운동이지만 실은 동일한 사태에 대한 다른 표현에 지나지 않는다.[85]

정신의 직접성에 대한 부정은 자신의 본질을 향한 복귀를 통해 이루어진다. 하지만 그 내용에서는 차이를 보이는데, 자기 본질과의 매개는 시간적이지 않지만 직접성의 부정은 시간적이다.[86] 이러한 차이는 무시간적인 본질이 역사에 개입하는 데에서 비롯한다. 감춰진, 무시간적인 본질의 출현은 하나의 존재에서 다른 존재로의 이행, 즉 역사에서의 진보를 가능하게 한다. 따라서 진보는 관념적으로는

---

80) G(H) 70.
81) 위의 책, 70f.
82) 위의 책, 179.
83) 위의 책, 71.
84) 위의 책, 73.
85) 서로 다른 방향으로 향하는 두 운동의 동일성에 대해서는 『논리의 학』의 개념론에서 이미 밝히고 있다. "시원을 향한 후진적인 근거지움과 시원에 대한 전진적인 세부규정은 겉으로 보기에는 다른 것 같지만 사실은 서로 합치하는 것으로서 동일한 사태이다."(L II, 570)
86) 이런 점에서 헤겔이 다음과 같이 말한 것은 음미할 가치가 있다. "본질은 지나간 존재이긴 하지만 무시간적으로 지나간 존재(das zeitlos vergangene Sein)이다."(L II, 13) 헤겔에게서 '이행의 논리'는 본질논리가 아니라 존재논리에만 해당된다.

선행하는 단계에서는 존재하지 않았던 본질의 출현이지만, 실재적으로는 선행하는 존재에 대한 규정적 부정이다. 정신의 본질규정은 "존재를 넘어서는 것", 즉 "존재 배후에 있으면서 존재 자체와는 다른 어떤 것"의 규정이다.[87)] 이전의 존재가 본질의 현상에 따라 새로운 존재로 이행하는 것은 '앞으로 나아가는 것(Fort-gehen)'으로서, 이는 선행하는 존재에 새로운 규정이 첨가된 것이다. "우선 이렇게 '앞으로 나아간다는 것'은 처음에는 단순한 규정에서 시작하지만 그 후속적인 규정들은 계속해서 더 풍부해지고 더 구체적이 되는 쪽으로 규정된다. 왜냐하면 그 결과는 시원을 포함하면서도 그 진행과정은 시원을 새로운 규정만큼 더 풍부하게 만들기 때문이다."[88)]

결론을 대신하여

새로운 것은 본질적으로 정신의 새로운 본질규정에서 비롯한다. 이러한 규정의 특성 때문에 새로운 것은 옛 것에 포함되지 않은 잉여분을 가질 수 있게 된다. 자신의 본질로 되돌아감으로써 정신은 자기자신에 대한 새로운 규정을 얻는다. 본질에 대한 역사철학적인 이해에서 볼 때 정신의 본질의 이러한 자기복귀는 이행의 매단계에서 출현하는 세계사적인 민족의 자유이념을 규정하는 것과 다를 바 없다. 자유를 향한 열망과 구체적인 보편을 향한 노력은 동일한 것이다. 정신의 자기(본질)내 복귀는 동시에 정신이 자신의 직접성에서 자유로워지는 것으로서, 헤겔은 이를 정신의 자기자신에 대한 단순한 자기관계, 즉 자기의식이라 표현한다. 정신이 자기자신을 자기와 매개하는 행위 혹은 정신이 자기의 본질인 자유 안에서 스스로를 드러내는 행위를 통하여 정신의 새로운 규정이 출현하는데, 역사에서 이는 새로운 민족정신의 원리가 출현하는 것을 의미한다. 왜냐하면 정신의 자기자신에 대한 본질규정은 곧 존재 안에 주제화되지 않고 감춰진 본질을 밝혀 드러내는 일이기 때문이다.

정신이 주제화되지 않은 본질을 밝혀 드러내는 일은 가상의 실상을 폭로하는 일이기도 하다. 여기서 이행의 매 시기에 새로운 것으로 나타나는 보편자의 본질은 경험적으로 이미 규정된 것이 아니라 시간 속에 "단지 있기만 했을 뿐" 아직 의식화되지 않은 직접적인 것을 비판적으로 서술하는 것이다.[89)] 본질은 단지 가능태로서만 과거의 것에 감춰져 있는데, 정신의 자기반성은 이렇게 가능태로만 방치

87) L II, 13.
88) 위의 책, 569.
89) G(H) 71.

되어 있는 것을 현실태로 전환시킨다. 그럼으로써 가능태는 가공되어 밖으로 드러나게 되고 이는 곧 가능태가 자기자신이 되는 것이기도 하다. 이러한 양상은 세계사의 틀에서 잠세태에서 현세태로의 발전으로 서술된다.

> 여기서 지적해 둘 것은 정신은 무한한 가능성에서 시작하지만 자신의 절대적인 내용을 즉자태로 지니고 있는 가능성에 지나지 않아서, 목적(목표)으로서의 내용은 정신의 결과에서만 비로소 성취되어 현실성을 띠게 될 뿐이라는 사실이다. 이런 식으로 실존계에서의 역사의 진전은 불완전한 것에서 완전한 것으로의 진전으로 나타나지만, 여기서 불완전한 것은 추상적으로 불완전한 것으로 이해될 것이 아니라 자기자신의 반대, 즉 완전한 것을 맹아 혹은 추진력으로 자기 안에 지니는 그러한 것으로 파악되어야 한다. 가능성이란 용어 자체는 적어도 반성적으로 볼 때 '현실적이 되어야 한다'는 것을 암시하며, 더 나아가 아리스토텔레스의 뒤나미스와 포텐치아 또는 힘이나 위력도 이와 같은 의미이다.[90)]

나아가 여기서 주목할 점은 헤겔의 자유개념이 지닌 미래지향성을 고려할 때 가능성이란 자의적으로 어떤 방향으로나 진행할 수 있는 그런 추상적인 가능성이 아니라 정신의 가능적인 현실성을 시원에서 이미 포함하고 있는 가능성이라는 점이다. 자기가 실현되어야 할 필연성을 자기 안에 지니지 않은 단순한 가능성은 정신의 자유의 구성요소일 수 없다. 정신이 자기 안에 포함하지 않고 있는 것은 현상할 수 없다. 역사의 진행에서 현실성을 띠는 것은 순수한 즉자태가 아니라 실존계로 진입하는 즉자태이다. 따라서 시원의 즉자적인 정신은 결코 무작정 자유로운 존재가 아니라 주어진 목적을 수행해야 하는 '특정하게 자유로운 존재'이다. 여기서 정신의 자기실현의 산물인 새로운 것은 완전히 개방된 상태에서 선택이 이루어지는 자의적인 것이 아니라 정신의 시원적인 욕구를 필연적으로 따라야 하는 목적합리적인 것이다. 그런 한에서만 새로운 것은 참이다.

보편정신의 목적적 활동을 고려할 때 새로움이란 역사적 시간 속에서 보편적인 목적이 특수자를 통하여 파악되는 데에서 생겨난다는 점에서 역사현신의 정당성은 시원적인 존재의 목적에서 확보된다고 할 수 있다. 새로운 것이 세계정신의 객관적인 목적인 자유이념과 세계사적인 개인의 주관적 목적간의 변증법에서 산출되기는 하지만 그것은 결국 자유이념의 원천인 절대정신의 개념의 목적론으로 환원되기 때문이다.

---

90) G(H) 157.

참고 문헌

1차 문헌

Hegel, G.W.F., "Über die wissenschaftlichen Behandlungsarten des Naturrechts", in: G.W.F. Hegel Werke in zwanzig Bänden, hrg. v. E. Moldenhauer u. K.M. Michel, Frankfurt/M. 1969ff, Bd. 2 (= NR)

______, *Phänomenologie des Geistes*, 위의 전집 Bd. 3 (= Ph)

______, *Wissenschaft der Logik II*, 위의 전집 Bd. 6 (= L II)

______, *Grundlinien der Philosophie des Rechts*, 위의 전집 Bd. 7 (= R)

______, *Enzyklopädie der philosophischen Wissenschaften*, 위의 전집 Bd. 8-9 (= E)

______, *Vorlesungen über die Geschichtsphilosophie*, 위의 전집 Bd. 12 (= G)

______, *Philosohie der Religion II*, 위의 진집 Bd. 17 (= PR II)

______, *Vorlesungen über die Geschichte der Philosophie I* (위의 전집 Bd. 18): (= P)

______, *Vorlesungen über die Philosophie der Weltgeschichte Bd. I, Die Vernunft in der Geschichte*, hrg. von J. Hoffmeister, Hamburg 1955ff. (= G(H))

2차 문헌

Baumgartner, Hans Michael, *Kontinuität und Geschichte*, Zur Kritik und Metakritik der historischen Vernunft, Frankfurt/M. 1972.

Marx, Werner, *Vernunft und Welt*, Den Haag 1970.

Feuerbach, Ludwig, "Grundsätze der Philosophie der Zukunft", in: *Anthropologischer Materialismus*, Ausgewählte Schriften I, hrg. v. A. Schmidt, Frankfurt/M. 1985.

Fulda, Friedrich, *Das Problem der Einleitung in Hegels Wissenschaft der Logik*, Frankfurt/M. 1975.

______, "Unzulängliche Bemerkungen zur Dialektik", in: *Seminar: Dialektik in Philosophie Hegels*, hrg. v. R.-P. Horstmann, Frankfurt/M. 1978.

Habermas, Jürgen, "Hegels Kritik der französischen Revolution" in: *Theorie und Praxis,* Frankfurt/M. 1988.

Hösle, Vittorio, "Eine moralische Sittlichkeit", in: *Moralität und Sittlichkeit*, hrg.

v. W. Kuhlmann, Frankfurt/M. 1986.

Kimmerle, Gerd, *Sein und Selbst*, Bonn 1978.

Liebrucks, Bruno, "Zur Theorie des Weltgeistes in Theodor Litts Hegelbuch, in: Kant-Studien, 1954/55, Bd. 46, H. 3, Köin 1955.

Lim, Sok-Lin, *Der Begriff der Arbeit bei Hegel,* Bonn, 1963.

______, "Die aktuelle Bedeutung der Philosophie Hegels in Ostasien", Ein Gastvortrag an der Universität Hamburg, 1993.

Riedel, Manfred, *Zwischen Tradition und Revolution* - Studien zur Hegels Rechtsphilosophie, Stuutgart 1973(1982년판).

Ritter, Joachim(hg.), Historisches Wörterbuch der Philosophie Bd. 3, Stuttgart, 1972.

Schelling, F.W.J., "Zur Geschichte der neueren Philosphie", in: F.W.J Schelling Ausgewählte Schriften Bd. 4, Frankfurt/M. 1833/1834ff.

Theunissen, Michael, *Hegels Lehre vom absoluten Geist als theologisch-politischer Traktat*, Berlin 1970a.

______, *Die Verwirklichung der Vernunft*, Philosophische Rundschau Beiheft 6, Tübingen 1970b.

______, *Sein und Schein,* Frankfurt/M. 1980.

Yoo, Heon-Sik, *Das Problem des Neuen im Geschichtsdenken Hegels*, Frankfurt/M. 1995.

Über die Darstellungsproblematik der Geschichtserneuerung in der Geschichtsteleologie Hegels

Yoo, Heon-Sik

Zusammenfassung

Die Hegelsche Geschichtsteleologie unterscheidet sich einerseits von der Aristotelischen Naturteleologie, in der die Dinge nach Analogie des Organismus in ihrer Gesamtheit und als Einzelne auf ein bestimmtes Ziel hinstreben, und andererseits von der Kantischen Lehre des Geschichtszeichens wie von der jüdischen Eschatologie, in denen die Dinge, die wir erfahren, nichts in sich selbst enthalten, was die Notwendigkeit ihrer Existenz ermöglicht. Nach Hegel ist die Verwirklichung des Telos der Weltgeschichte weder eine bewußtlose Entfaltung der natürlichen Sache noch ein Sollens-Postulat des Endlichen.

Die Entwicklung des Weltgeistes läßt sich als die Begegnung der Enthüllung des verborgenen Zwecks Gottes mit der Erfüllung des subjektiven Interesses des Volksgeistes darstellen. Der Weltgeist wirkt die Versöhnung, indem er zwischen dem objektiven Zweck des absoluten Geistes und dem subjektiven Zweck des Volksgeistes vermittelt. Diese Vermittlung ist nichts anderes als die Vereinigung des Selbstzwecks des absoluten Geistes und des Selbstzwecks des Volksgeistes. In den vermittelnden Handlungen des Weltgeistes tritt der absolute Geist aus seiner unmittelbaren Abstraktion heraus ebenso wie der Volkrgeist seine unmitelbare Natürlichkeit verläßt. In dem jeweiligen Moment der Nicht-Übereinstimmung beider Zwecke im Weltgeist geht das alte Prinzip unter und in dem Moment der Übereinstimmung taucht das neue auf.

Beim Rückgriff auf die Zwecktätigkeit des allgemeinen Geistes ist darauf hinzuweisen, daß die historische Erneuerung ihren Geltungsanspruch grundsätzlich eben aus dem Zweck des anfänglichen Seins bezieht, indem sie sich im Laufe der Zeit aus der Identifizierung des allgemeinen Zwecks durch das Besondere entwickelt. Auch wenn das historisch Neue aus der Dialektik des objektiven Zwecks der Freiheitsidee und des subjektiven Willens des welthistorischen Individuums resultiert, wird es letztlich auf jene Begriffsteleologie des absoluten Geistes reduziert.

Schlagwörter : Hegel, Geschichtsphilosophie, Geschichtserneuerung, Teleologie, Weltgeist, Volksgeist

• 투고일: 2011.10.15. 심사완료일: 2011.10.29. 게재확정일: 2011.10.30

인륜성과 죄의식*

임 홍 빈

요약문

이 글은 인륜성의 한 중요한 계기이자 법적 처벌의 한 근거로 간주되는 죄의식이 어떠한 역사적 맥락에서 근본적으로 변형되었는지를 탐구함으로써, 인간의 자기이해의 방식이 그 배후 신념인 형이상학적 전제들로부터 자유롭지 못하다는 것을 부각시킬 것이다. 운명적인 필연의 감정을 수반하는 존재론적 죄의 관념으로부터 행위의 책임에 대한 문제로 죄의 물음이 그 성격을 달리하게 되는 일련의 과정은 곧 규범의식의 '계몽'으로도 간주될 수 있다. 그런데 헤겔은 계몽주의 연장선상에서 다양하게 모색되었던 규범적 제도들의 계약론적인 정당화에 대해 비판적이었을 뿐만 아니라, 인륜적 사랑에 의해 유지되는 가족과 공적인 법 등이 인륜적 국가 근원적 실체를 형성한다고 주장함으로써 니체의 '계보론'과는 다른 관점에서 죄의식의 역사성에 대한 인식에 도달한다. 이 같은 관점들의 차이는 현대의 인륜적 의식에서 발견되는 내적 긴장에서도 발견된다.

● 주요어 : 인륜성, 죄의식, 법과 처벌, 헤겔

* 이 논문은 "2010학년도 고려대학교 문과대학 특별연구비에 의하여 수행되었음" (Supported by a Korea University Grant)

Ⅰ. 서론

죄의 관념은 수치심이나 동정심 등과 함께 인간의 보편적인 도덕 감정이자, 동시에 규범적 일탈에 대한 여러 형태의 사회적, 법적 처벌의 원리로 설정되어왔다. 그것은 비록 역사적, 문화적 조건에 의해서 다른 도덕적 의식이나 감정들보다 더 중시되거나 혹은 소극적인 역할을 담당하는 경우에도 거의 모든 사회집단에서 발견되는 보편적 감정으로 분류될 수 있을 것이다. 그러나 규범적 세계의 내부로부터의 시선을 돌려, 보다 포괄적인 삶의 현실로 눈을 돌릴 경우, 법이 지배하는 상태(Rechtszustand), 즉 광범위한 의미에서 규범적 단위의 질서는 일련의 "예외적인 상태들(Ausnahme-Zustände)"[1]의 한 경우로 간주될 수 있다. 나는 이 글에서 죄의 관념이 근대 이후 지속되고 있는 인륜적인 세계의 내적 긴장과 관련해서 어떻게 해석되어 왔는지에 대해 간략하게 검토할 터인 데, 일단 규범의식의 일정한 유형들이 역사적으로 달리 해석되고 제도화되었다는 사실 자체는 거의 논란의 여지가 없어 보인다. 이는 규범의식 자체가 문명화의 과정, 즉 탈자연화의 과정이 전개된 맥락과 분리될 수 없다는 일반적인 인식을 넘어서, 필경 죄의 관념이나 감정, 의식 등과 같은 보다 구체적인 경우들도 근본적으로 역사적인 사유에 의해서 해석될 필요가 있음을 가리킨다. 그런데 특히 죄의 관념은 단지 역사적으로 다양한 방식으로 이해되었을 뿐만 아니라, 시대를 달리하는 해석들 간에 현저한 단층이 발견된다고 추정할만하다. 죄의 관념에 대한 근본적인 해석의 단층이－특히 계몽주의와 근대 이후－형성되지 않았는가라는 가설은 이 같은 관념의 배후에 존재하는 세계해석의 총체적 변화를 감안할 때 그다지 놀랄만한 사태가 아닐 수 있다.

특히 근대의 계몽된 인간은 기본적으로 자신의 행위에 대한 책임과 행위의 원리를 스스로 설정하고 이성에 의해 정당화할 수 있는 능력을 지닌 주체로 규정되는 경향이 있는 데, 이는 전통적인 존재의 연속성이나 포괄성에 근거한 죄의식 자체를 재고하게 만들었다는 추정에 의해 뒷받침될 수 있다. 자율성의 원리는 역사를 통해서, 즉 역사에 대한 부채와 역사적 구속성에 의거해서 스스로의 삶을 규정해 온 전통적인 자기이해의 방식과 근본적인 차이를 보이는 데, 그 결과 죄의 관념을 둘러싼 담론에도 의미심장한 변화가 초래되었다고 간주할 수 있는 것이다.

즉 존재론적 죄의 관념에서 행위의 결과를 대상으로 하는 좁은 '인과성'을 주축으로, '합리주의적' 죄의 개념이 정착되고, 이것만이 유일하게 공적 차원에서의 타당한 용법으로 제도화될 수 있었다는 것이다. 실제로 죄의식의 역사적 변천과정에 대한 켈젠(Kelsen)의 고전적인 연구는 인간의 규범의식이 보편적인 수준에서 진행

1) F. Nietzsche, *Zur Genealogie der Moral*, in: *Kritische Studienausgabe*, Bd. 5, hrsg. von G. Colli / M. Montinari, Berlin, 1999, Zweite Abhandlung, § 11. 참조.

된 자기계몽의 과정, 즉 인식의 합리화과정으로부터 분리되어 이해될 수 없다는 사실을 보여준다.[2)] 무엇보다 존재 일반과 인간의 상호관계에 대한 유추해석의 마술에서 풀려나게 된 일련의 과정을 떠나서, 죄의 관념에 대한 해석의 '합리화과정' 자체가 불가능하다는 것이다. 이를 입증하기 위해서 켈젠은 철학과 문학은 물론 인류학과 민속학 등의 방대한 자료들을 분석의 대상으로 설정한다. 만약 죄의식의 합리화과정이 선행하지 않았다면, 우리는 근대적 형법의 목격자가 될 수도 없었으며, 자유주의나 개인주의의 다른 가치들 역시 확산될 수 없었다는 것이다. 타자와 자연, 역사로부터의 구속과 존재 일반에 대한 책임으로부터의 면제는 도덕적 관념 자체를 새롭게 규정하도록 요구하는 데, 이는 어디까지나 자율적이며 주권적인 개인의 관점에서 정당화될 수 있는 것이었다. 만약 자율성의 원리가 사실상 기독교에 뿌리를 둔 죄의식의 규범문화에 지각변동을 야기하지 않았다면 오히려 이상할 것이다. 한편 우리는 흔히 기독교 문명권을 포함하는 유일신사상(Monotheism)이 지배적인 집단에서 특히 죄의식과 죄의 감정이 더 널리 확산되고, 후자는 규범의식을 넘어서 사회적 제도와 관습에도 적지 않은 영향력을 행사해 왔다고 추정하는 데 익숙해왔다. 죄의식은－뒤에 니체의 계보론적 서술을 통해서 간략하게 다루겠지만, 양심의 가책과 같은 심리적 기제의 작동에 의존하는 독특한 내면 심리세계의 지형도를 구성하는 역할을 수행해 왔다고 간주된다.

그러나 오늘날 법철학적 담론에서 죄의 원리(Schuldprinzip)가 법적 처벌의 논거로 타당한지의 여부는 불확실하다. 무엇보다 도덕만이 아니라, 법의 영역에서도 최근 독일을 비롯한 일부 서구 사회에서 그 영향력이 확대되고 있는 기능주의나 공리주의적 법철학의 관점을 고수할 경우, '죄의 원리' 자체가 처벌의 정당성을 지지하는 논거로서 수용될 수 있는 지의 여부가 불투명하기 때문이다.[3)] 그런데 죄의 관념에 대한 현대의 비판적 담론은 비록 그 논변의 형식이나 동기는 다를지언정, 이미 니체에 의해 포괄적으로 천착되었다 해도 과언이 아니다. 근대의 시대정신은 오랜 기간 존중되었던 "신성에 대한 죄의 감정(das Schuldgefühl gegen die

2) 이에 대한 대표적인 연구는 다음 문헌을 참조. Hans Kelsen, *Vergeltung und Kausalität: Eine soziologische Untersuchung*, W. P. Van Stockum & Zoon, Hague 1941. 참조.

3) 이와 관련된 논의는 다음 논집을 참조. Hans Michael Baumgartner und Albin Eser (hrsg.), *Schuld und Verantwortung: Philosophische und juristische Beiträge zur Zurechenbarkeit menschlichen Handelns,* J. C. B. Mohr, Paul Siebeck, Tübingen, 1983. 기능주의적 관점에서 법의 강제력을 정당화하려는 시도는 이미 중국 고대의 법가사상에서도 발견된다. 기능주의의 한 전제는 인간의 본성이나 성격의 함양에 대한 당위론적 해석을 거부하는 것인데, 이 역시 고대 법가사상을 유가적 관점으로부터 구별하도록 만들어주는 하나의 중요한 요인이다. 이에 대해서는 다음 문헌을 참조, 박원재, 「공/사의 우선성 문제를 둘러싸고 전개된 유가와 법가의 논쟁, 『동서철학에 나타난 공적합리성 논쟁』, 임홍빈 편, 철학과 현실사, 2005, 19-54쪽.

Gottheit)"[4]을 최소한 일상적인 삶의 원리로 받아들이기를 거부했을 뿐만 아니라, 공동체적 삶의 실체적 통합을 가능하게 했던 인륜적 보편성의 해체를 초래했다는 것이다. '신의 죽음'은 곧 "인간적인 죄의식의 엄청난 몰락이 이미" 시작되었다는 사실을 가리킨다. 다시 말해서 근대인은-형이상학적 표현을 빌리자면 "최초의 원인(causa prima)"에 대한 더 이상의 부채감을 지니지 않게 되었다는 것이다. 그 결과 근대 이후의 허무주의의 시대는 곧 "무신론과 제 2의 무죄상태의 한 유형"으로 극복, 지양되어야 한다는 것이다. 위에서 인용한 '계보론'의 §20의 주장들은 다음 단계들로 요약된다.

1. 죄의 감정은 '동물심리학(Tierpsychologie)'의 분석대상이다.
2. 그것은 '거친 상태'에서, 사제들의 의미론적 해석의 가공과정을 통해(Umdeutung) 종교적 맥락 속에서 재구성되었다.
3. 이는 '병든 영혼'을 지닌 인간의 역사에서 최대의 사건이다.
4. 그러나 동시에 죄의 감정은 생리학적 수준에서 고난, 혹은 고통(Leiden)을 경험할 수밖에 없는 인간의 인간학적 사태, 즉 그 같은 부정적인 경험의 원인이나 근거, 목적 등에 대한 물음에서도 비롯하는 한에서 3만이 유일한 원인으로 간주될 수 없다.
5. 고난, 혹은 고통에 대한 설명, 즉 종교적인 정당화는 이를 완화시켜주고 고통감정의 마취라는 효과를 초래한다.
6. '금욕주의적 사제'는 고난을 인간이 '처벌을 받는 상태(Strafzustand)'라고 해석함으로써 '죄의 내면화'라는 죄의식의 각인이 가능해진다. 따라서 처벌(Strafe)은 기독교의 경우, 어떤 잘못된 행위나 사회정치적 상호주체성의 차원 이전에 원초적으로 인간 존재 자체의 '본성'과 관련된 것으로 해석된다. 즉 실존 자체가 죄의 존재이다.
7. '병든 자, 즉 병든 영혼의 존재'에서 "죄인"의 관념이 만들어 졌다.

이 같은 비판적 의도의 계보론으로부터 죄의 관념은 물론, '선과 악을 넘어서는' "자유로운 정신"이 니체의 지향점이자 허무주의의 극복을 가능케 하는 대안으로 정당화되기 시작한다. 그런데 자유로운 정신의 긍정적이며 주권적인 창조(Schaffen)는 칸트와 헤겔에 의해 전개된 관념론적 자유의 당위를 넘어선다. 무엇보다 후자들에서 죄와 처벌의 상호연관에 대한 일반적 믿음을 떠난 규범체계는 상상할 수 없기 때문이다. 현대적 인륜성의 한 쟁점은 신(들)의 종말과 함께 기독교와 같은 거시적인 의미체계의 실질적인 해체과정에 의해서 더 이상 '보편적인 것'에 대한 열정이나, 이를 내면적 의식에 각인시킬 수 있는 정당성이 희박해졌다

4) 이와 관련해서 특히 Nietzsche, 같은 책, III, § 20 참조.

는 데서 발견되는 데, 이에 대한 헤겔과 니체의 진단은 죄의식의 운명과 관련해서 상당히 대조적이다. 가령 헤겔의 관점에서 보면, 죄의 관념이 일련의 다른 규범적 표상들과 함께, 그 실체적 의미가 유실되어가고 있거나, 그 관념이 지니는 위상과 경계 자체가 모호해지고 있음에도 불구하고, 그 같은 규범적 위기의 극복은 죄와 처벌, 법과 인륜의 상호 연관이 체계적으로 제도화됨으로써 가능하다는 것이다. 반면에 근대 이후의 허무주의의 위기는 니체의 경우처럼 모든 세계해석의 관점들을 우월한 위치에서 비판, 조망할 수 있는 자유로운 정신들의 미래 존재에 의거해 극복될 수 있는가?[5]

물론 인륜적 세계의 상호 연관된 계기들의 인과관계를 추정하고 이를 변화된 삶의 경험적 조건들과 관련해서 파악하는 것은 어려운 과제에 해당한다. 이 같은 난점과 '관념론적' 시각의 한계에도 불구하고 우리는 최소한 근대적 삶의 조건하에 근본적으로 변화된 자기이해의 방식을 고려할 때, 고대에서 중세까지에 이르는 '존재론적 죄'의 관념이 다시 복권되거나 확산되리라고 기대할 수는 없을 것이다. 마찬가지로 니체의 "죄 없는 도덕", 즉 "제 2의 무죄 상태"는 철학자들이나 예술가들의 창조적 실존을 그 이상형으로 삼는 한에서 스스로의 한계를 노정한다.[6] 이는 오직 필연성과 "의지의 자유"가 하나로 통일되어 있는 진정한 예술가나 철학자들을 이상형으로 설정하고 있는 것이다. 이와는 대조적으로 근대의 법철학적 관점은 오직 '죄와 책임'의 재해석이 어떠한 조건하에서 요구될 수 있는 지 검토하는 과제에 직면한다. 즉 사회적 상호관계에서 '죄'의 개념을 사용하는 것이 정당화될 수 있는 구체적 요건에 대한 이성에 근거한 '합의'(칸트)나, 헤겔의 경우처럼 역사적으로 전승되고 '정신'의 자기인식과정에서 검증 된 실체적 관념들의 효력이 전제되어야 하는 것이다. 그러나 실제로 죄의 관념과 의식이 현실상의 행위자들에게 작용할 수 있는 기제들은 훨씬 더 복합적인 이해를 전제하는 것이 분명해진다. 예컨대, 일상적 삶의 질서를 지탱해주는 일반적인 거래행위, 희생과 의식 등과 같은 문화적 행태들의 지속적인 반복과 이를 보장해주는 여러 장치들이야말로 죄의식이 아직도 인륜적 의식의 내면에 드리우고 있는 깊은 그림자를 설명해주기 때문이다.

따라서 고대사회의 전통적인 죄의 관념은 결코 규범일탈적인 행위와 그 부정적인 결과에 대한 반성의 차원을 넘어선다.[7] 이 점을 고려할 때, 근대인들에 의해

---

5) 우리는 이 같은 의식의 변화가 이에 의해서 영향을 받고, 재해석되어 온, 그리고 역으로 관념적 질서의 변용을 초래한 경험적 조건들, ―여기에는 개인적, 집단적 삶의 가능케 하는 대부분의 물질적 조건들, ―가령 가족제도와 생산양식, 권력의 조절 양식들이 모두 포괄될 수 있다―을 배제한 채, 이해될 수 없다고 간주해야 할 것이다.

6) F. Nietzsche, *Jenseits von Gut und Böse*, in: *Kritische Studienausgabe,* Bd. 5, hrsg. von G. Colli / M. Montinari, Berlin, 1999, § 19. 31-34쪽, 그리고 § 213, 148쪽 참조.

7) 이와 관련된 통시적 연구의 한 가능성을 다음 문헌에서 발견된다. 그레첼(Grätzel)에

시도되는 고대의 서사시나 비극들의 '이해'는 단순히 극적 사건에 대한 감정이입을 넘어서는 세계경험의 지평이동을 전제한다고 볼 수 있다. 운명의 필연에 대한 인식으로부터 어떻게 주체적 의식이 탄생했는가에 대한 아이쉴로스와 소포클레스, 유리피데스 등의 장구한 서술들은 문화의 전범으로서의 위상과 함께 규범의식의 형성과정을 말해주는 지표로서도 간주될 수 있다. 일부 문예작품은 본질적으로 허구의 창작이라는 한계에도 불구하고, 인간적 자기이해의 한 본질을 형상화하고 있다는 점에서 규범문화의 성격을 이해하는 데 중요한 해석의 텍스트로 설정될 수 있다.[8] 무엇보다 문예작품들은 철학적 저술들에서 지배적인 개념어들의 추상적 보편성의 차원과 구별되는 구체적 경험의 산물이라고 볼 수 있는 표현들과 형식에 의거함으로써, 인륜성의 계기인 규범과 가치관의 발생적 연관을 심층적으로 이해할 수 있는 대안적 가능성으로 부각될 수 있다.

한편 인륜성과 이에 속한 다양한 제도들이 한 국가체제나 민족들의 규범적인 통합에 대해서 지니는 의의는 일반적으로 잘 알려져 있다. 문제는 규범의식의 성숙은 인륜성의 정신과 이를 대표하는 권력이 개인들의 자기주장과 대립할 때 예상되는 일련의 갈등을 어떻게 해석하는가에 달려 있다. 또한 그 같은 갈등의식은 후자의 요구가 단순히 '일탈적이거나', 혹은 편협한 의미의 개체성에 근거한 세계해석과 배치되었을 때가 아닌, 그 자체로서의 정당성을 지닌 것으로 여겨질 때 더욱 첨예해 진다. 이곳이 바로 전형적으로 비극의 "변증법적 경험"이 촉발되는 지점이다. 이점에서 고대 그리스 드라마의 저자들에 의해 극명하게 묘사, 연출된 비극은 존재론적 죄의 관념이 내적으로 해체되는 과정을 쟁점화하고 있는 하나의 전형적인 경우에 해당한다. 나는 이제 아래에서 인륜성의 해석이 죄의 관념에 대한 포괄적인 이해와 어떻게 맞물려 있는지를 검토할 것이다. 아래 서술의 마지막 부분에서 보다 명확해 지겠지만, 상호 연관된 이 두 관념들에 대한 이해는 인간존재의 자기이해에 대한 가능성이 근원적으로 역사성의 차원으로부터 분리될 수 없다는 점을 인식시켜 준다.

의하면, '죄없는 현존재'는 오늘날 지배적인 자유와 자유주의의 이념이 오직 인간의 '역사적 죄'와 '죄에 대한 책임'을 떠맡는 한에서만 보장될 수 있다고 주장한다. 그러나 이 같은 주장 자체는 그 자체로서 정당화가 요구되는 '다른' 세계이해의 규범적인 관점을 반영하고 있을 뿐이다. (특히 아래 문헌의 278쪽 이하 참조.) 이로써 그는 역사의 부담에서 비롯할 수 있는 삶의 억압적 차원이나 과도한 부채감의 심적 압박이 지니는 부정적인 의미에 대해서는 침묵할 수밖에 없다. Stephan Grätzel, *Dasein ohne Schuld: Dimensionen menschlicher Schuld aus philosophischer Perspektive*, Vandenhoeck & Ruprecht, Göttingen 2004.

8) 이에 대한 보다 자세한 연구는 임홍빈, 「비극적 인식과 인륜성」, 『범한철학』, 39호, 범한철학회, 2005, 29-48쪽 참조.

Ⅱ. 죄의식과 인륜성의 발생적 연관

우리는 헤겔철학을 인간적 경험의 역사성에 대해 심층적으로 천착한 대표적인 사상중의 하나로 간주할 수 있는 데, 이 같은 관점은 죄의 관념에 대해서도 적용될 수 있다. 무엇보다 '정신현상학'의 '인륜적 행위'에 대한 서술은 바로 이어지는 '법적 상태(Rechtszustand)'의 등장이 필연적임을 알리고, 이를 둘러 싼 인륜적 의식의 경험이 전개되는 과정을 통시적 맥락에서 파악하려고 시도한 경우에 해당한다. '인륜적 행위'에서 헤겔은 '인간적인 지식과 신적인 지식'에 대한 본격적인 서술에 앞서, 후자가 단순한 "의무와 의무의 충돌(Kollision von Pflicht und Pflicht)"이나, 흔히 낭만주의나 감정론적 인간관이 대두된 이후 일반화된 "열정과 의무의 충돌(Kollision von Leidenschaft und Pflicht)"과 같은 유형의 갈등이 아니라는 점부터 명확히 한다.[9] 다시 말해서 "죄와 운명"이라는 구도는 근대적 규범의식의 차원을 넘어서는, 그리고 아마도 인간의 역사에서 다시 반복될 수 없는 역사적 특이성을 지닌다는 것이다. 고대 그리스의 인륜적 죄의 관념과 대별되는 입장은 헤겔의 뉘른베르크(Nürnberg)시기의 작업을 통해서 검토될 수 있다.

그는 뉘른베르크의 김나지움(Gymnasium) 초급 학년 학생들을 상대로 한 강의안에서 '죄'와 '자유의지'에 대한 도식적이면서도 근대적인 이해의 일단을 드러낸다. "의지는 죄를 지니는 데 1. 이는 그 규정이 오직 그것(의지: 역주) 자체에 의해서 자신의 것으로 만들어지거나 혹은 자신의 결단에 속하는 한에서 그러하며, 2. 한 의지가 그 규정들을 알고 있는(kennt) 한에서 그러하며, 여기서 이들(규정들: 역주)은 그의 결단에 놓여 있는 바대로의 행위에 의해서 산출되거나, 혹은 그것과 필연적으로 그리고 직접적으로 연관된 것이다."(Hegel, Werke 4, 206쪽)[10] 김나지움의 학생들을 대상으로 서술되고 있는 죄의 개념은 보다 포괄적인 교육적 과제, 즉 "법과 의무 그리고 종교론"의 틀 속에 위치하는 데, 이 인용문에서 이미 드러나고

---

9) G. W. F. Hegel, *Phänomenologie des Geistes,* Werke 3, Suhrkamp, Frankfurt am Main, 1970. (이하에서 PhG로 약함) Hegel의 다른 저술들 역시-별다른 언급이 없는 한,-Suhrkamp 판본의 Werke in zwanzig Bänden, (Auf der Grundlage der Werke von 1823-1845 neu edierte Ausgave, Redaktion Eva Moldenhauer und Karl Markus Michel)을 Hegel, Werke, 1, 2,… 등으로 인용함. 위의 인용구는 각각 PhG 343쪽과, PhG 342쪽을 참조.

10) Hegel, *Nürnberger und Heidelberger Schriften, Werke 4,* 206쪽, 참조. 이 시기의 철학적 예비학교를 위한 헤겔의 강의안은 잘 알려진대로 로젠크란쯔(Rosenkranz)에 의해서 혼란스럽게 편집되었다. 그러나 우리의 논의는 로젠크란쯔와 호프마이스터(Hoffmeister) 등의 견해 차이와 무관하게 그 자체로서 진행될 수 있을 것이다. 이에 대한 간략한 설명은 Hegel, 같은 책, 604쪽 이하 참조.

있는 것처럼 헤겔의 죄의 개념에 대한 뉘른베르크와 베를린에서의 법철학 강의안은 이미 존재론적 죄의 개념과 구별되는 근대적 죄의 관점을 분명히 하고 있다. 행위와 행동의 구별 역시 같은 맥락에서 단순한 분석적 차원을 넘어서 법 관념의 패러다임 전환을 반영한 것이다.[11)]

“행동(Tat)과 행위(Handlung)의 차이 속에 죄의 개념들의 차이가 놓여 있는 데, 그것들은 마치 그 개념들이 고대인들의 비극적 서술들에, 그리고 우리들의 개념들에서 나타나는 것과 마찬가지다.”[12)] “행동과 행위의 차이”는 이미 ‘정신현상학’에서 죄의 발생적 계기를 서술하는 과정에서도 간과될 수 없는 변별적 차이를 보여준다. “따라서 그것은 행동을 통해서 죄가 된다. 왜냐하면 그것은 자신이 행동한 것(Tun)이며 행동한 것은 자신의 가장 고유한 본질이다; 그리고 죄는 역시 범죄의 의미를 획득한다: 왜냐하면 단순한 인륜적 의식으로서 그것은 스스로 하나의 법을 지향한 반면, 다른 법에 대해서는 거부하고 이를 자신의 행동을 통해서 위반했기 때문이다.”(PhG 346쪽)

여기서 제기되는 물음은 행동이 행위의 한 계기로 설정될 수 있는가의 여부다. 이에 대한 전거는 역시 ‘정신현상학’의 다음 문장에서 발견된다. “그러나 내용에 입각하면 인륜적 *행위*는 범죄의 계기를 그 자체에 지닌다. 왜냐하면 그것은 두 개의 성들(남성과 여성을 가리킴: 역주)에 연계된 두 개의 법률들 사이의 자연적인 분배를 지향하지 않고, 오히려 법률을 향해서 둘로 분화되지 않은 방향으로 *자연적 직접성*의 영역 내에 머물러 있기 때문이다. 그리고 행동하는 것으로서 이 일면성은 죄가 되기 때문이다. 즉 오직 본질의 측면들에서 하나만을 포착하며, 다른 측면에 대해서는 부정적인 태도를 나타내는 데, 이는 곧 그것을 위배하는 것이다. 보편적인 인륜적 삶 속에서 죄와 범죄, 행동하는 것과 행위가 함께 어디로 귀속되어 버리는 가에 대해서는 나중에 보다 자세히 표현하게 될 것이다.”(PhG 346쪽)

위에서 인륜적으로 행위하는(Handeln) 자는 자신의 행동(Tat)을 의식하는 자기의식의 주체임과 아울러서 스스로의 행동이 인륜적 세계를 대표하는－이 경우에는 인간적인 법과 신적인 법들로 대별되는－규범적 질서의 한 쪽만을 일방적으로 고

---

11) 존재론적 죄의 관념을 우리는 운명적 세계관과 분리해서 이해할 수 없다고 간주할 수 있다. 이는 과거 고대 사회의 공동체적인 삶의 방식을 반영할 뿐만 아니라, 인간적 자기이해의 한 강력한 전통을 말해준다. 고대의 세계관에 뿌리를 둔 인륜적 경험의 특이성에도 불구하고, 그것은 유령처럼, 혹은 인간의 ‘집단적 무의식’의 차원에 모종의 흔적을 남기고 있지 않다고 확언하기 어렵다.

12) Hegel, *Nürnberger und Heidelberger Schriften, Werke 4,* 223.

수함으로써 필경 '범죄(Verbrechen)'적 성격을 지닐 수 밖에 없음을 인식하는 존재이다. 달리 말하면 스스로의 행동을 곧 범죄로 인정하는 한에서만 그 행동은 인륜적 행위의 한 계기로 간주될 수 있으며, 그렇다고 인륜적 행위 자체가 전혀 스스로의 범죄적 행동의 부담이나 책임으로부터 면제될 수 있는 것은 아니다.

행동과 행위의 맥락은 언어적 시인에 근거한 인정의 동학과 분리되지 않는 데, 이로써 '법의 탄생'에 인륜적 주체의 죄에 대한 고백과 인정이 선행함을 알 수 있다. 여기서 법의 현상학적 서술은 실정적인 힘과 권력의 법적 강제력이 인륜적 세계의 현실에서 어떻게 상호주체성의 차원에서 정당화되고 제도로서 존립할 수 있는 지를 보여준다. 즉 '죄의 인정'이 명시적인 언어로 당사자들에 의해 표현됨으로서 비로소 인륜적 실체의 본질이 드러난다. "끝까지 수행된 행동은 자신의 의도를 반전시킨다. 완결된 수행(Vollbringung)은 그 자체로서 인륜적인 것은 현실적이어야만 한다고 말한다; 왜냐하면 목적의 현실성은 행위의 목적이기 때문이다. 행위는 바로 현실성과 실체의 통일성을 말한다. 그것은 본질의 현실성이 우연적이지 않으며, 오히려 그것과의 연대 속에서 그 어떤 것도 참된 법이 아닌 것은 있을 수 없다는 것이다."(PhdG 348쪽) 이로써 인륜적 행위는 행동과 달리 언어적 차원을 함축한다는 것이 분명해진다. 아울러 이와는 대조적으로 수행된 행동은 그 자체로서 의식하지 못하는 유한성의 계기를 내재하고 있음이 드러난다. 즉 행동 자체가 원래 의도하지 않았던 정반대의 결과가 자신으로부터 비롯했다는 인식을 가능케 하며, 이에 대한 언어행위를 수반하는 인정이 인륜적 주체로서 자기의식의 궁극적인 성숙을 초래하는 하나의 결정적인 지표로 설정되는 것이다.

앞서 다소 도식적으로 표현된 뉘른베르크 시절의 관점은, 후에 베를린에서 행한 '법철학 강의'에서 보다 분명한 윤곽을 지니고 서술된다. "*영웅적인* 자기의식 (고대의 비극들과 외디푸스 등…)은 자신의 견고하고 단순한 상태로부터 아직 *행동과 행위*의 차이에 대한 반성으로, 그리고 외적인 사건과 고의와 상황에 대한 지식으로 나가지 못했는 데, 마찬가지로 결과가 여러 형태로 분해될 수 있다는 것로 알지 못했다. 오히려 그것은(영웅적 자기의식을 가리킴: 역주) 죄를 그 행동의 모든 범위에서 떠안는다."[13] 특히 안티고네는 '법적 상태'의 발생론적 서술에서 간과될 수 없는 중요성을 지니는 데, 나는 단순히 안티고네의 번민과 운명적 '좌절'을 공적 질서에 대항한 한 주체의 영웅적 표현으로 단정하기 어렵다고 생각한다. 무엇보다 '안티고네'는 억압받는 한 주체의 선구적 표징이 아니라, 이미 당대의 지배적 관념, 즉 가족의 궁극적 목적에 충실한 인륜적 실체의 개별의식을 반영하기 때문이다. 만약 비극의 한 특정한 계기−즉 여기서는 안티고네나 크레온 중의 하

13) Hegel, *Werke 7*, § 118, § 219. 참조.

나가 될 것이다.-가 도덕적 선이나 인륜적 가치를 독점적으로 대표한다면 비극적인 것 자체가 성립될 수 없다는 점도 고려되어야 한다. 즉 이 두 경쟁적인 존재들은 제각기 나름대로의 규범적 가치를 대표하며 다만 전자가 "가족의 본래적인 긍정적 목적은 그 자체로서의 개별자."14) 라는 인식에 충실한 반면 후자는 정치공동체의 규범인 공적 법의 질서를 대표하고 있는 것이다. 죽은 자에 대한 장례의 규범을 둘러싼 갈등은 이미 공적인 영역과 사적인 영역의 경계가 인위적으로 설정되거나 전승된 관습에 더 이상 의존해서 수용될 수 없음을 가리킨다. 같은 맥락에서 '법의 상태'는 개별자를 개별자로서 이해하기에 앞서 추상적일 수밖에 없는 법규범의 일반적 적용을 의미하는 한에서 항상 인륜정신의 통합성과 일정한 긴장을 초래할 수 있다는 사실을 보여준다. 그러나 개별자의 관점에서 보면 '법적 상태'는 개별자가 그것에 의존하지 않고서는 자기보존은 물론 자신의 실존을 보장받지 못하는 한에서 항상 이중적 의미로 이해되는 것이다. 나아가서 "인륜적 의식은 대자존재, 즉 자신의 목적들이 지닌 모든 일면성을 망각하게 만드는 절대적 실체의 잔을 들이켰다."(PhG 333쪽 참조)는 서술의 의미가 여기서 드러난다. 즉 '법규범'에 의거하는 공동체의 규범적 통합의 권력하에 개별 존재들의 운명은 물론 가족 중심의 혈연과 자연적 필연이 수렴되는 인륜성의 도약이 명확하게 부각되고 있는 것이다.15)

여기서 우리는 '정신현상학'에서 차용된 고대 그리스 비극과 '법적 상태(Rechtszustand)'의 현상학적 서술이, 그 변증법적 필연성의 입증이 성공적인가의 여부를 떠나서, 도대체 어떠한 체계적인 의도들과 관련되었는지를 좀 더 자세히 파악할 필요가 있다. 다시 말해 비극적인 것(das Tragische)의 본래적 의미로 간주되는 '죄 없는 자의 죄'의 문제가 해석될 필요가 있음을 가리킨다.16) 특히 안티고

---

14) Hegel, *Werke 4*, 331쪽 참조.

15) 그러난 모든 그리스 비극의 연구자들이 헤겔의 해석에 동의하는 것은 아니다. 오히려 상당수의 문헌학적 연구들은 '안티고네'가 과연 서로 양립할 수 없는 인륜적 힘들 간의 대립으로 설정될 수 있는가에 대해 의문을 제기한다. 오히려 이 구도에 더 적합한 것은 다른 작품, 즉 오레스트(Orest)라는 주장이 그것이다. 이와 관련된 대표적인 비판은 다음 문헌을 참조, Kurt von Fritz, *Antike und Moderne Tragödien, Neun Abhandlungen,* de Gruyter, Berlin 1962, 92-98쪽. 참조. 그러나 헤겔의 형이상학적 의도가 규범의식의 포괄적인 맥락에서의 전환을 이해할 수 있는 이론적 틀을 제공할 수 있다는 점에서 프리츠의 비판은 일면적으로 간주될 수 있다.

16) '무죄의 죄'의 문제는 니체에게서도 '도덕계보론'의 한 핵심적인 동기로 작용한다. "나의 친구들에게 전하는 말 나는 항상 생성의 무죄(Unschuld des Werdens)를 스스로에게 입증하기 위해서 항상 노력해왔다; 그리고 아마도 나는 거의 확실하게 완전한 "무책임"의 감정을 지니길 원했다.-나를 칭찬과 비난으로부터, 그리고 그것도 모든 오늘과 이전으로부터도 분리시키기를 원했던 것이다. 이는 인류의 미래와 연관된 목표를 추구하기 위해서이다. 첫 번째 해결책은 나에게 현존재의 미적인 정당화였다.

네에 의해 형상화된 규범적 패러다임의 전환이 지니는 의미는 단순히 헤겔이 표면적으로 주제화한 '신적인 법과 인간적인 법'의 갈등을 넘어서, 남성성과 여성성, 공적인 영역과 사적인 영역, 규범문화와 자연성, 국가와 가족정신 등의 중첩된 갈등구조가 하나의 사건을 통해서 집약적으로 전개되는 과정에서 드러난다. 실로 이는 규범의식의 패러다임 전환이라고 불리울만한 특징을 지니고 있는 것이다.[17] 물론 이 같은 정황이–'정신현상학'의 다른 의식의 형상들에게도 일반적으로 해당되지만,–직접적으로 인륜적 의식에게 인식되는 것은 아니다.

그런데 법의식의 전개과정이 죄의 관념의 역사에서 나타난 패러다임의 전환을 통해서 이해되어야 한다는 것은 비단 헤겔만의 생각은 아니다. 우리는 헤겔 이후에도 니체와 베버, 그리고 켈젠 (Kelsen) 등의 작업이 동일한 동기에서 출발했으나, 그 이론적인 함축과 서술과정에서 구별된다는 것을 알 수 있다.[18] 실제로 법체계는 물론 법적 의식 자체의 역사적 탐색을 전제하지 않은 도덕발생론은 일면적일 수밖에 없으며, 니체 역시 이 점에서 그의 '도덕의 계보'를 통해 규범체계를 떠받치고 있는 규범적 관념들이 어떠한 사회문화적인 맥락과 인류의 집단적 체험을 배경으로 삼고 있는 지에 대해 주목한다. 그는 단순한 철학적 사변의 차원을 넘어서 일련의 정교한 어원학적이며 동시에 문헌학적인 독해에도 의거하는 데, 이 점에서 니체의 '도덕의 계보'는 사비니(Savigny), 헤겔, 니부어(Niebuhr) 등의 작업들과 대조된다. 가령 니체는 '좋음'이란 관념에 대한 상이한 언어적 표현들이 궁극적으로는 "동일한 개념–변환(gleiche Begriffs-Verwandlung)"에 기인하는 것으로 판명났으며, 그 결과 '좋음'은 '고상하거나 영혼이 고양된' 존재의 의미를 보여준다는 것이다. 니체는 '죄'나 '양심', '의무' 등에 대해서도 동일한 계보론적 관점에서 궁극적으로 도덕적 관념이 '도덕외적' 기원들에 의존하고 있음을 규명한다. 따라서 니체에게 '죄의 기원'에 대한 서술 역시 단순히 규범적 차원의 서술에 머물지 않는다. 보다 중요한 것은 왜, 어떠한 이유로 인해서 원래는 '비도덕적인 개념들이 "도덕화 되었는지", 그리고 인간의 내면적인 양심의 기제로, 즉 내적 폭력의 양태

그러나 >정당화한다는 것< 그 자체가 필요 없어야 한다! 도덕은 현상의 영역에 속하는 것이다. 두 번째 해결책은 나에게 있어, 모든 **죄** 개념들의 객관적 무가치함과 모든 삶의 주체적이며 **필연적으로** 정의롭지 못하며, 비논리적 성격을 지니고 있다는 통찰이었다. 세 번째 해결책은 나에게 있어, 모든 목적들의 **부인**과 인과율들의 **인식 불가능성**에 대한 통찰이었다." Friedrich Nietzsche, *Nachlaß 1882-1884, Kritische Studienausgabe Band 10,* Hrsg. von Giorgio Colli und Mazzino Montinari, (Berlin, de Gruyter, 1999) 237-238쪽에서 인용.

17) 각주 9의 문헌을 참조.

18) Gerald Hartung, Zur Genealogie des Schuldbegriffs: Friedrich Nietzsche und Max Weber im Vergleich, in: *Archiv für Geschichte der Philosophie*, Band 76, 1994, 302-318쪽 참조.

를 지닐 수 있게 되었는지에 대해 묻는 것이다. 오직 이 경우에 유일신 사상인 기독교와 사제계급, 나아가서 바울의 독창적인 역할에 대한 서술이 체계적으로 앞의 어원론적이며, 심리학적인 분석과 통합될 수 있는 것이다. 다시 말해서 '죄' 자체의 기원을 넘어서, 이를 포함하는 인륜적 세계의 구성에 선행하는 전-인륜적인 관습과 의식의 역사에 대한 분석이 계보론적 서술에서 배제될 수 없는 것이다.

가령 '도덕의 계보' 2권의 § 8에서 니체는 "죄의 감정"이 경제적 거래 행위의 판매자와 구매자간의 관계나 혹은 채무자와 채권자 관계에서부터 그 기원이 설명될 수 있지 않는가라고 묻는데, 이 같은 추정의 논거는 비교적 단순해 보인다. 그리고 이는 단순히 어원의 규명에만 의존하고 있는 것이 아니라, 상식적 수준에서도 충분히 예상될 수 있는 가정들에 근거하는, 일종의 통속 심리학(folf psychology)에 기대고 있는 것처럼 여겨진다. 실제로 무언가의 교환대상에 가격을 매기고, 상이한 가치들이나 용역, 물건들이 어떻게 등가를 지닐 수 있는가에 대한 일상적 물음의 정황은 실제상의 생활세계를 단순히 반영하는 것처럼 여겨진다. 더구나 "모든 것은 수자로 측량 가능해야한다"[19]는 원칙은 무슨 대단한 의미가 있는 "도덕의 카논(Moral-Kanon)"이라기보다, 통속적인 견해를 재현하고 있다고도 볼 수 있다.

그러나 '원초적 교환'에 대한 보다 폭넓은 시각은, 니체의 이 같은 인식이 인간 상호간의 사회적 맥락을 넘어서 인간학적 이해에 근거하고 있음을 분명히 해준다. 원초적 교환이란 여기서 특정한 재화나 용역을 넘어선 인간과 자연 사이의 '교환'을 둘러싼 상징적 해석의 차원을 포함하는 데, 이는 교환행위를 단순히 살아 있는 인간들만의 사건이자 현상이 아닌 모든 존재의 포괄적인 사태로 간주하게 해준다. 특히 고대 사회에서 삶과 죽음의 '순환적 질서'에 대한 인식은 인간과 자연 사이에 진행되는 거대한 교환이자 변환의 영원한 과정으로 인식되었다. 제사와 의식, 혹은 종교적으로 불리워질만한 일부 문화현상들은 거대한 교환이자, 심지어 축제를 동반하는 '즐거운 교환'으로도 이해된다.[20] 실재와 초월, 유한성과 무한성의 영역을 가로지르는 거대한 교환은 희생과 번제의 의식처럼 자연과의 물질교환이-근

19) F. Nietzsche, Bd. 5, *Zur Genealogie der Moral,* Zweite Abhandlung, § 8. 305쪽 이하 참조.

20) 그레첼은 '비극적인 것(Tragische)'에 대한 해석에서 이것이 단순한 좌절의 경험을 형상화한 것이 아니라, 죄로부터의 해방이자 구원의 의미로 이해될 수 있음을 강조한다. 물론 비극을 통한 교환이 '즐거운 교환'일 수 있기 위해서는 그가 지적한대로 비극적인 것이 지속적인 딜렘마적 상황이 아닌 '죄 없는 죄'의 상태로부터의 해방을 함축할 수 있어야 한다. 그것은 오직 삶과 죽음, 자유를 지향하는 주체와 운명적 필연 사이의 영원한 갈등이 아닌 교환이며, 이는 상징을 통한 해석의 과정을 전제한다. Grätzel, 같은 책, 227쪽 이하 참조.

대 이후 일반화된 자연의 관점과 달리−단순한 주체의 자기보존을 위한 도구적 행위로 간주되지 않았음을 가리킨다. 같은 맥락에서 죽음에 대한 해석 역시 근대인들의 이해방식과는 근본적으로 다른 양상을 보인다. “죽음은 이러한 상징적 표현을 통해서도 생명과 통합되는데 이러한 통합적인 인식은 근본적으로 생명이 죽음으로부터 분리되는 것이 아니라, 오히려 후자로부터의 선물이며 기증받은 것이라는 인식에 의해서 뒷받침되기 때문이다. 생명은 여기서 물론 단지 죽음에 의해 포섭된 것으로 표상되고 파악될 뿐만 아니라 죽음의 한 복판에서 그리고 죽음으로부터 탄생한 사건으로 현상한다.”[21)]

죽음과 생명의 맥락에 대한 고대의 통합적인 자기이해의 구도는, 앞서 살펴본 대로 이미 헤겔 이전에 고대 그리스의 비극에서부터 와해되기 시작하는 데, 이점에서 ‘죄와 처벌’에 대한 ‘법철학강의’의 관점은, 비록 헤겔이 계약사상에 의거하지 않음에도 불구하고 철저하게 근대적 관점을 반명한다고 볼 수 있다. 그 같은 근대적 의식은 설혹 범죄자의 처벌이 궁극적으로 가해자에 대한 응보적 차원을 넘어서 후자의 인격적 전일성(Integrity)을 ‘회복’시켜 준다는 고전적인 인격성의 개념을 고수하는 지점에서도 관철되고 있다.[22)] 인륜적 주체의 일면성이 지양되는 일련의 과정이 곧 인륜적 실체의 내적 질서가 구축되는 과정이기도 한데, 이 점에서 안티고네나 외디푸스와 같은 고대 비극의 주인공들은 규범의식의 전환을 지시하는 하나의 중요한 매듭을 상징한다. 이 고전적인 형상들이 만약 근대 이후의 낭만주의나 양심의 도덕등과 비견될 수 있다면, 그것은 이들이 특정 주체의 규범적 관점을 대표하고 있다는 사실 때문일 것이다. 또한 ‘주체의 특수성’에 기댄 권리주장의 유한성이 드러나는 과정은 규범의식의 패러다임 전환을 가능하게 만드는 계기이기도 하다.[23)] 기독교에 의해서 문명사적 차원에서 처음으로 천명된 “주체적 자유의 권리”는 “고대와 근대적 시대의 차이에서 전환점이자 중심”에 놓여 있다는 것이다.[24)]

---

21) Grätzel, 같은 글 229쪽.
22) Hegel, *Grundlinien der Philosophie des Rechts, Werke 7,* §§ 90-100. 참조.
23) 이에 대한 사변적 서술에서 반복되는 것은 역사나 현실이 아니라, 변증법적 경험을 포괄적 관점에서 갈무리해주는 범주들의 질서다. 보편성과 특수성, 그리고 개체성의 반복은 역사적 변화의 동학을 반드시 통시적 관점에서만 이해해야 할 필요가 없음을 가리키기도 한다.
24) Hegel, 같은 책, § 124, 232. 참조. 그런데 이미 고대 근동의 문헌들을 통해서 우리는 신들의 투쟁과 인간의 노역, 죄의 부과가 서사적 맥락의 중요한 동기들로 설정되고 있음을 알 수 있는 데, 이 역시 기독교의 성립과 전파 이전에 원초적 죄의 관념이 정당화되고 있음을 가리킨다. “인간은 신의 피로부터 창조되었지만, 인간은 희생양으로 선택되었으며, 따라서 인간은 처음부터 악의 한 부분과 떨어질 수 없게 되었다. 인간은 결국에는 그 자신이 아닌 신들 자신에 의해 행해진 실수에 대한 희생양이라

한편 이 글을 마무리하기 전에 우리는 잠시 '법철학강의'와 대비되는, 그러나 그 의도가 같은 방향을 가리키고 있지 않은 헤겔의 초기 사유를 살펴보는 것이 온당할 것이다. 지금까지의 서술은 마치 헤겔이 통합적으로 체계화될 수 있는 인륜성과 죄의 관념에 대한 서술을 일관되게 고수하고 있다는 잘못된 인상을 줄 수 있기 때문이다. 근대적 인륜성의 위기에 대한 헤겔의 관심은 그의 초기 작업에서는 후기와 다른 양상을 보이는 것이 사실인 데, 이는 무엇보다 "기독교의 정신과 운명"을 통해서도 검토될 수 있다. 여기서 그는 범죄와 처벌, 법과 사랑의 연관에 대한 포괄적인 이해를 시도하는 데, 이는 종교의 '실정성(Positivität)' 비판과 관련된 일련의 논의와 함께, 후의 '법철학 강의'나 '정신현상학'의 서술과 대비할만하다.[25] 삶의 통합적인 이해의 가능성은 사랑과 화해로 이해되는 데, 이는 운명이 삶에 대해서 지니고 있는 의미에 대해 묻도록 만든다는 것이다. 즉 운명의 체험을 통해서 인간은 자신을 압도하는 보편적 질서에 강제로 편입되는 것이 아니라, "자기 자신에게로 되돌아가면서 스스로에게 다가설 수 있는" 가능성을 향유하는 데, 이는 곧 자신의 삶을 발견하는 과정이라는 것이다.[26] 따라서 헤겔은 "법률과 처벌은 서로 화해할 수 없으나, 이들은 운명의 화해 속에서는 지양된다."[27]고 말할 수 있게 된다. 법과 처벌의 구도 하에서 범죄(Verbrechen)는 극복 불가능한 현실과의 대립을 의미하는 데, 이 같은 구별이 필요한 이유는 '처벌'과 '나쁜 현실성'의 궁극적 지양이 후자의 차원에서는 불가능하기 때문이다. 반면에 운명과 삶이 복수와 비극, 개체를 뛰어 넘는 인간 존재의 숙명적인 인연이라는 사실은, 전자가 삶이 자신의 상처를 스스로 치유하는 과정임을 말해준다. 이로써 법과 처벌을 뛰어넘는

는 것이다." Giovanni Pettinato, *Das orientalische Menschenbild und die summerischen und akkadischen Schöpfungsmythen:* Abhandlung der Heidelberger Akademie der Wissenschaftten. Philosophisch-historishe Klasse, Jg. 1971, Nr. 1, Carl Winter. Universitätsverlag, Heidelberg 1971) 45쪽 참조. 동시에 다음 문헌도 참조. Elisabeth Klein unter Mitarbeit von Dr. Wolfgang Schenkel und Professor Dr. Otto Roessler (Originalausgabe, La Naissance du Monde, editions du Seuil, Paris erster Teil) *Die Schöpfungsmzthen: Ägypter, Summerer, Huriter, Hethiter, Kannanniter und Israeliten,* Benziger Verlag, Zürich, Köln 1964. 참조.

25) 이에 대한 논의는 주로 Hegel, *Frühe Schriften, Werke 1,* 336-359쪽, 참조 헤겔은 프랑크푸르트 체재시, 칸트의 '인륜의 형이상학(Metaphysik der Sitten)'에 대한 심층적인 작업과 병행해서 당시 프로이센의 형법개혁안(Allgemenes Landrecht für die Preußischen Staaten)에 대해 비판적인 견해를 피력한 바 있는데, 이 과정에서 '범죄와 처벌'의 개념은 통일성의 이념이자 실재로 간주되는 '삶과 자연'의 주축적인 원리 하에 파악된다. 즉 법의 위반으로서의 범죄와 처벌의 궁극적인 화해는 파괴하는 자와 파괴된 것의 통일성이 회복되는 과정이다. 이에 대한 개괄은 다음 문헌을 참조, Walter Jaeschke, *Hegel-Handbuch; Leben-Werk-Schule,* Verlag J. B. Metzler, Stuttgart/Weimar, 2003, 17쪽 이하, 90쪽 이하 각각 참조.

26) Hegel, *Frühe Schriften, Werke 1*, 345. 참조.

27) Hegel, 같은 책 341쪽 참조.

"사랑 안에서의 통일(die Vereinigung ist in der Liebe)"이 실현된다는 것이다.[28) "자기 자신을 다시 발견하는 삶의 감정은 사랑이다. 그리고 이 안에서 운명은 스스로와 화해한다. 범죄자의 행동은 이 같은 방식으로 바라보았을 때 그 어떤 분절화된 파편이 아니다; 삶으로부터, 전체로부터 비롯하는 행위는 역시 그 모든 것을 표현한다. 한 법률을 위반하는 범죄는 오직 하나의 분절화된 파편에 불과한 데, 왜냐하면 그 같은 행동의 외부에 이미 법률이 스스로에게 속하지 않는 것으로 존재하기 때문이다.… 정의는 충족되었다. 왜냐하면 범죄자는 그가 상처를 입힌 동일한 삶을 자신의 내부에서 상처받은 것으로 느꼈기 때문이다."[29)]

헤겔은 여기서 실정적인 법과 처벌의 관점을 고수할 때, 포착할 수 없는 삶의 포괄적인 인식을 주목하고 있으며, 이는 '법의 이념'에 의해 수렴되는 인륜적 총체성의 시각에서 정당화될 수 없는 것처럼 보인다. 따라서 인륜적인 삶의 영역과 힘은 도덕이나 법의 일반적이며 형식적인 규범세계를 초월하는 운명적 차원을 가리킨다. "운명의 느낌", 운명의 공동체란 다름 아니라, 자신이 해치고 파괴한 생명이 '적'이 아니라, 낯선 존재가 아닌 언젠가 자신의 친구이자 우정 어린 생명의 동반자였다는 것을 인식하는 것을 의미한다.－이때 이웃사랑은 패러독스나 무리한 달성되기 어려운 도덕적 요구, 혹은 당위가 아닌 새로운 차원의 인식이자, 기쁨이고 환희로 다가온다. 당연히 이는 '정서를 엄습하는 사태'이자 인식의 혁명이다.

사랑은 결국 죄와 처벌, 운명의 차원을 넘어서는 기독교 정신의 핵심이다. "사랑 안에서의 화해"는 법과 의무에 대한 복종을 지양한다. 즉 사랑의 정신은 정신적 존재들 상호간의 믿음이며 이는 법과 의무의 지배를 대신해서 "최상의 자유"로 규정된다. 헤겔은 이 같은 사랑의 정신이 곧 유대교 정신과 전적으로 대립하며, 후자에 의해서 전혀 이해될 수도 없는 사태라고 단정한다.[30)] 이처럼 희생과 참회, 희구(Sehnsucht) 등의 모든 '의식'은 단순한 외면적인 행위나 형식적인 절차가 아닌 삶의 전환, "깊은 영혼으로부터 자신과 다시 통일되는 것"이며, 자신과의 일치는 진정성의 회복을 수반한다. 이는 단순한 인지적 태도의 변화와 같은 사유양식에 국한되지 않는다. 이는 헤겔이 여기서 개념적 자기인식에 근거한 정신의 인지주의적 관점과 달리 정서의 차원이 지니는 인간학적 의미에 주목하고 있음을 가리킨다. 우리는 나아가서 오직 이 같은 구도 하에서 타자와의 화해, 운명과의 통일성이 가능해 질 수 있다고 볼 수 있다. 따라서 삶의 포괄적인 의미는 사회정치적인 맥락의 정의를 초월한다. 헤겔이 "화해, 즉 삶으로의 회귀

---

28) Hegel, 같은 책, 344쪽 참조.
29) Hegel, 같은 책, 346쪽 참조.
30) Hegel, 같은 책, 357쪽 참조.

에 대해서 정의의 관점에서 할 수 있는 말은 없다."[31]고 주장할 때 인간적인 자유는 '무죄의 죄'와 같은 실존적인 체험을 통해서 구체화된다. "최상의 자유는 영혼의 아름다움의 부정적인 술어다. 즉 그것은 자신을 유지하기 위해 모든 것은 포기할 수 있는 가능성이다. 그래서 무죄의 극단적인 상태는 곧 최고의 죄가 있는 상태다."[32] 이로써 도덕은 스스로를 궁극적으로 완성시키기 위해서 사랑과 신성에 의지하게 된다. 이 지점에서 우리는 헤겔이 비단 호교적인 의도 하에서 기독교의 사랑개념을 부각시켰다고 보기 어렵다. 한 가지 분명한 것은 초기의 기획이 '법철학 강의'의 인륜적 세계에 의해 변증법적 사변철학에 의해서 포섭될 수 없다는 사실이다. 나아가서 이 같은 헤겔적 사유의 내부에서 발견되는 '긴장'이 현대를 살아가는 인륜적 주체들의 자기인식의 과정에서도 적지 않은 의미를 지닐 수 있다는 것이다.

Ⅲ. 결론

위에서 간략하게 살펴 본 헤겔과 니체의 인륜적 의식에 대한 이해의 방식들은 오늘날 우리가 직면한 규범체계의 내적 갈등과 관련해서 상당히 시사적이다. 이들은 모두 인륜적 의식의 역사성에 대해 주목하고, 제각기 다른 방식으로 천착한다. 헤겔은 보편적이면서 포괄적인 법적 질서의 제도화를 통해서 스스로의 초기 입장과 구별되는 '근대적인' 의식에 충실한 모습을 보여준다. 그러나 이로써 인륜적 죄 관념의 근대화로 인해서 비롯하는 규범세계의 예상되는 결함이 성공적으로 지양, 극복될 수 있는 것은 아니다. 반면에 니체는 죄의식 이후의 규범적 질서에 대한 구체적이며 구성적인 이론의 모색에 대해서 인색함에도 불구하고, 자신의 실험적이며 창조적인 '자유'의 정신을 통해서 자유의 제도적 실현을 통해서 포착할 수 없는 인간적 실존의 한 단면에 주목한다. 더구나 이 실존은 인간존재를 가능케 한 대지와 자연의 생명과 삶 전체의 무한한 순환, 반복이라는 운명적 필연성을 긍정함으로써, 자유와 자연의 근원적 통일성에 근거한, '제 2의 무죄상태'를 적극적으로 옹호한다. 즉 니체는 자유의 보편적 실현이 아닌, 개체의 창조적 실존에 주목함으로써, 즉 강한 의지를 지닌 주권적 존재의 행위에서 죄의식을 정점으로 하는 전통적인 도덕의 지양이 가능하다고 보았던 것이다. 그는 기독교를 포함해서 전통적 관념의 한계를 넘어서는, 인간을 넘어선 인간, 즉 초인(Übermensch)의 실험적인 모색을 허무주의 시대의 대안으로 이해했던 것이

31) Hegel, 같은 책, 353쪽 참조.
32) Hegel, 같은 책, 350쪽 참조.

다. 여기서 헤겔처럼 과거와 현재가 아닌, 인류의 미래에 대한 니체적 사유의 편향성이 여실히 드러난다. 그러나 '제 2의 무죄'상태가 곧 '죄 없는 자의 죄'를 비현실적인 관념으로 만들 수는 없다. 그것은 근대 이후, 우리가 '보편적인 것'에 대한 합의에 도달할 수 없거나, 인륜적 사랑과 같은 정서적 통일성의 체험을 공유할 수 없는 모든 지점에서 감지되는 인간적 삶의 조건(conditio humana)이기 때문이다.

참고 문헌

박원재, 「공/사의 우선성 문제를 둘러싸고 전개된 유가와 법가의 논쟁, 『동서철학에 나타난 공적합리성 논쟁』, 임홍빈 편, 철학과 현실사, 2005.

임홍빈, 「비극적 인식과 인륜성」, 『범한철학』, 39호, 범한철학회, 2005.

Baumgartner, Hans Michael und Eser, Albin (hrsg.), *Schuld und Verantwortung: Philosophische und juristische Beiträge zur Zurechenbarkeit menschlichen Handelns,* J. C. B. Mohr, Paul Siebeck, Tübingen, 1983.

Grätzel, Stephan, *Dasein ohne Schuld: Dimensionen menschlicher Schuld aus philosophischer Perspektive*, Vandenhoeck & Ruprecht, Göttingen 2004.

Hartung, Gerald, Zur Genealogie des Schuldbegriffs: Friedrich Nietzsche und Max Weber im Vergleich, in: *Archiv für Geschichte der Philosophie*, Band 76, 1994.

Hegel, G. W. F. *Werke in zwanzig Bänden.* (Auf der Grundlage der Werke von 1823-1845 neu edierte Ausgave, Redaktion Eva Moldenhauer und Karl Markus Michel) Suhrkamp, Frankfurt am Main, 1970ff.

Kelsen, Hans, *Vergeltung und Kausalität: Eine soziologische Untersuchung*, W. P. Van Stockum & Zoon, Hague 1941.

Klein, Elisabeth unter Mitarbeit von Dr. Wolfgang Schenkel und Professor Dr. Otto Roessler (Originalausgabe, La Naissance du Monde, editions du Seuil, Paris erster Teil) *Die Schöpfungsmzthen: Ägypter, Summerer, Huriter, Hethiter, Kannanniter und Israeliten,* Benziger Verlag, Zürich, Köln 1964.

Nietzsche, Friedrich, Band 1-15, *Kritische Studienausgabe,* hrsg. von G. Colli / M. Montinari, Berlin, 1999.

von Fritz, Kurt, *Antike und Moderne Tragödien, Neun Abhandlungen,* de Gruyter, Berlin 1962.

Pettinato, Giovanni, *Das orientalische Menschenbild und die summerischen und akkadischen Schöpfungsmythen:* Abhandlung der Heidelberger Akademie der Wissenschaftten. Philosophisch-historishe Klasse, Jg. 1971, Nr. 1, Carl Winter. Universitätsverlag, Heidelberg 1971.

Sittlichkeit und Schuldbewußtsein

Lim, Hong Bin

Zusammenfassung

Das Schuldbewußtsein macht einen eminenten Moment der Sittlichkeit aus. Die Untersuchung des Schuldbewußtseins zeigt uns dass das menschliche Selbstverständnis nicht frei von den metaphysichen Prämissen konzipiert wird. Der historische Übergang von der ontologischen Schuldkonzeption zur modernen Idee der Schuld im Sinne einer Verantwortung der Handlungsfolgen versteht sich als ein Prozeß der Aufklärung des normativen Bewußtseins. Aber der vertragstheoretische Gedanke der normativen Institutionen in Anschluß mit dem Geist der Aufklärung wurde von Hegel kritisiert. Er war der Ansicht, daß die Familie, und öffentlches Rechtssystem machen im wesentlchen Sinne die fundamentale Substanz des sittlichen Staates aus. Bei der Lektüre von Hegel und Nietzsche's 'Genealogie' können wir feststellen, dass der historischer Prozeß des sittlichen Bewußtseins von den beiden Denkern unterschiedlicherweise aufgefaßt worden sind. Ich bin der Ansicht, dass die Differenz der beiden Positionen in der internen Spannung des gegenwärtigen sittlichen Bewußtseins zu beobachten ist.

Schlagwörter: Sittlichkeit, Schuldbewusstsein, Gesetz und Strafe, Hegel

• 투고일: 2011.09.17. 심사완료일: 2011.10.01. 게재확정일: 2011.10.04.

피론주의와 헤겔의 사변 철학*

-비판 철학과 사변 철학의 방법론을 중심으로-

황 설 중

Ⅰ. 피론주의와 칸트 그리고 헤겔
Ⅱ. 이율배반론에 대한 헤겔의 비판: 피론주의자에 대한 변호
Ⅲ. 비판 철학의 방법에 대한 헤겔의 비판: 피론주의자에 대한 응답의 실마리
Ⅳ. 피론주의에 대한 응답으로서 사변 철학의 방법적 이념들

요약문

칸트가 이율배반을 구성할 때 그가 원용한 것은 회의적 방법이었다. 이율배반론에서 칸트는 어떤 근거에 대해 동등한 권리를 갖는 반대 근거가 성립할 수 있음을 증명하였다. 그런데 이 회의적 방법은 고대 피론주의자들이 고안해내었고 즐겨 구사했던 등치의 방법이었다. 이율배반을 해결할 수 없다면 피론주의자들은 철학의 왕국에서 결정적인 지배권을 행사할 수 있을 것이다. 칸트는 이율배반을 해결하였다. 그는 모순의 원인이 현상과 물자체의 세계를 혼동하는 주관의 착각에 있다고 간주하였다. 그러나 헤겔이 보기에 칸트는 피론주의자들이 제기한 근본적인 물음을 오해하고 있었다. 피론주의자들은 유한한 개념들 자체가 종국에는 모순에 닿을 수밖에 없음을 보여 주었던 것이다. 모순의 문제를 풀기 위해서는 개념들의 운동에 관심을 돌리지 않으면 안 된다는 것을 헤겔은 자각하게 되었다. 이런 점에서 헤겔은 피론주의자들에게 큰 빚을 지고 있는 셈이다. 그러나 헤겔이 발굴한 변증법은 피론주의자들의 등치의 방식과는 다르다. 변증법은 모든 것을 무(無)로 돌리는 파괴행위가 아니라, 그런 파괴의 과정 속에서 새로운 의식이나 개념들을 창출하는 것이다. 등치의 방식이 타자를 절멸시키는 전면적인 부정이라면, 변증법은 타자를 자기화하는 제한적인 부정의 방법적 이념에 의해 인도된다. 그리고 이 제한적인 부정은 사실상 자기관계적 부정성이라는 좀 더 근본적인 방법적 이

* 이 논문은 2007년도 정부의 재원으로 한국학술진흥재단의 지원을 받아 수행된 연구임 (KRF-2007-358-A00026).

념을 전제로 삼고 있다. 자기관계적 부정성에 의해 유한한 의식이나 개념들은 모순에 직면하며, 이런 필연적인 모순과의 만남은 곧 모순의 해소를 지시한다. 모순이 해소됨으로써 피론주의도 사변 철학에는 무력하다는 것이 밝혀진다. 피론주의는 사변 철학에 의해 지양된다. 말하자면 피론주의는 사변 철학과 함께 영생을 얻는다.

● 주요어 : 엠피리쿠스, 칸트, 헤겔, 피론주의, 등치의 방법, 이율배반, 변증법, 자기관계적 부정성

Ⅰ. 피론주의와 칸트 그리고 헤겔

1.1 『모든 미래의 형이상학 입문』에서 칸트는 "흄의 경고가 수년 전에 나를 독단적인 선잠에서 깨웠다"1)고 회고하고 있다. 철저하게 경험론의 입장을 고수함으로써 흄은 보편적이고 필연적인 지식이란 정립될 수 없다는 것을 통렬하게 입증하였다. 흄이 이론적으로 도달한 최종적인 지점은 '전면적인 회의주의(total scepticism)'2)였다. 그러나 칸트를 독단적인 선잠에서 깨운 것이 흄의 회의적 경고만은 아니다. 칸트는 "순수이성의 이율배반이 나를 독단적인 선잠에서 최초로 깨웠다"3)고 고백하면서, 순수이성의 초험적 사용에서 생긴 "이 이율배반이 철학을 독단적인 선잠에서 깨우는 것"4)이라고까지 주장하고 있다. 경험이 도달할 수 없는 데까지 확장된 세계(우주)를 인식하려 할 때, 이성은 아주 기이하게도 동등한 권리를 갖고 상호 대립하는 두 주장과 불가피하게 만나게 된다. 서로 모순되는 정립과 반정립의 주장은 각각 명백하고 이의의 여지가 없는 증명에 의해 해명될 수 있다. 칸트는 "이렇게 근거들과 반대 근거들 모두 동등한 힘을 갖게 만드는 것을 회의적 방법(die skeptische Methode)"5)이라 명명하면서, 부정적 진리주장을 펴는 회의주의

1) Immanuel Kant, AA 4: 260쪽. 이 글에서 인용한 칸트의 전집은 다음과 같다: Immanuel Kant, *Gesammelte Schriften*, hrsg. der (Königl.) Preußischen Akademie der Wissenschaften (ab Bd. 23 von der Deutschen Akademie der Wissenschaften zu Berlin), Berlin, 1900ff. 이하 AA 전집 권: 쪽을 기입함. 단 『순수이성비판』은 Immanuel Kant, *Kritik der reinen Vernunft* (Felix Meiner Verlag, 1998)에서 인용하고, 이하 KdrV.로 약칭함. 번역본으로는 Immanuel Kant, 『순수이성비판 1』, 『순수이성비판 2』, 백종현 옮김(아카넷, 2006)을 참조했음.

2) David Hume, *A Treatise of Human Nature*, ed. L. A. Selby-Bigge(Clarendon Press, 1960), 183쪽.

3) Immanuel Kant, AA 12: 257-8쪽.

4) Immanuel Kant, AA 4: 338쪽.

5) Immanuel Kant, AA 16: 458쪽. 또한 AA 24.2: 744쪽 참조: "{회의적 방법이란 어떤 근거와 동일한 권리를 갖는 반대 근거에도 똑같이 열려져 있는 곳에서 동의를 보류

와 구별짓고 있다. 그런데 이율배반의 영역에서 사용된 칸트의 '회의적 방법'이야말로 독단주의자들을 공격하기 위해 고대 피론주의자들이 개발하고 구사한 전형적인 수법이었다. 섹스투스 엠피리쿠스는 피론주의자들의 '등치의 방법(isostheneia)'을 다음과 같이 진술하고 있다: "회의적 체계의 주요한 기본 원리란 모든 명제에는 그것과 동등한 권리를 갖는 명제가 대립한다는 것이다. 우리는 이 원리에 의해 마침내 독단화를 멈추게 된다고 믿는다."[6] 피론주의자들은 동등한 권리를 갖고 상충하는 주장을 제시하고, 그럼으로써 사태 자체에 대한 판단을 유보하게 만들었다. 이것이 온갖 독단적 주장의 정당성을 박탈하기 위해 피론주의자들이 항상 꺼내들었던 카드였다. 칸트가 이율배반론에서 이용하였던 것도 이것이었다. 칸트는 자신의 '회의적 방법'이 원래 고대 피론주의자들의 것이라는 점을 일찍부터 숙지하고 있었다.[7]

1.2 만약 이성이 이율배반이라는 자가당착(自家撞着)을 해결할 수 없다면, 당연히 "이성은 자신을 회의적 절망에 내맡기고자 하는 유혹에 빠지게"[8] 될 것이다. 해결할 수 없는 우주론적 이념의 영역이란 피론주의자들이 영원히 다스릴 수 있는 철학적 왕국이 될 것이다. 이미 1760년대 중반부터 칸트는 피론주의자의 등치의 방법에 의해 전통 형이상학은 붕괴되고 말 것이라는 입장을 취하고 있었다. 흄의 회의주의에 대한 불안보다 피론주의에 대한 칸트의 위기의식은 상당히 일찍 형성되었고, 또 지속적이었다.[9] 흄의 회의주의에 대한 칸트의 핵심적인 대응은 선험적인 직관 형식(시간과 공간)과 지성 형식(범주)들이 경험 세계에 대한 보편적이고 필연적인 인식을 가능하게 만들며, 따라서 경험 대상에 대한 우리의 지식은 객관적 타당성을 획득한다는 것이다. 이런 대응은 칸트의 다음 진술에 응축되어 있다: "가능한 경험 일반의 선험적 조건들이 동시에 경험의 대상들을 가능하게 하는 조건들이다."[10] 다른 한편으로 이율배반에 대한 칸트의 해결은 해결을 모색해야 할 이성의 진정한 모순이란 애당초 없다는 것이다. 알고 보면 이율배반이란 해결

하는 것이다.}"

6) Sextus Empiricus, *Outlines of Pyrrhonism*, trans. R. G. Bury(Harvard University Press, 2000), bk. 1, 12.

7) Immanuel Kant, AA 24.1: 209쪽 참조: "아카데미 학파와는 대조적으로 피론적인 즉 회의적인 의심가들은 다음과 같이 말하였다: 우리의 모든 판단에는, 아니 최소한 거의 대부분의 판단에는 다른 판단이 항상 대립하고 맞선다. 이 판단은 앞의 판단에 포함되어 있는 것과는 정반대의 판단을 주장한다."

8) Immanuel Kant, KdrV., A407 / B434.

9) Michael N. Foster, *Kant and Skepticism*(Princeton University Press, 2008), 13-20쪽 참조. 반면 흄의 회의주의로 인한 불안은 1772년경과 그 직후부터 시작되었다. 칸트에서 철학의 스캔들은 피론주의로 인한 것이 훨씬 오래된 것이다.

10) Immanuel Kant, KdrV., A111.

불가능한 이성의 진정한 자기모순이 아니라, '매개념 다의의 오류라 부르는 변증법적 속임수'[11]일 뿐이라는 것이다. 수학적 이율배반에서 정립과 반정립의 주장은 모두 참이고, 역학적 이율배반에서 정립과 반정립의 주장은 모두 거짓이다. 이율배반이라는 이성의 자기와의 항쟁은 "감성계의 대상들을 사태 자체로 간주한"[12] 데서 비롯된 것이다. 현상과 물자체를 세심하게 구별하지 않고 뒤섞어 오해한 경우에만 이율배반은 성립한다. 이율배반에 대한 칸트의 이런 해결책은 곧 피론주의자에 대한 칸트의 답변이라고 볼 수 있다. 피론주의자는 동등한 권리를 갖는 상호모순적인 주장들을 제시하여 독단주의자들을 공격하지만, 제시된 저 주장들은 진정한 모순 관계에 놓여 있지 않다. 사실상 그것들은 (수학적 이율배반의 경우) 반대 대당과 (역학적 이율배반의 경우) 소반대 대당 관계를 형성하고 있을 뿐이다. 이렇게 이율배반의 효력조건을 무효화함으로써 칸트는 골치 아픈 피론주의자를 물리쳤다고 생각하였다. 물론 지성에 의해 파악된 단편적이고 제약적인 현상들을 통일하여 사유하고자 하는 것은 인간 이성에서 몰아낼 수 없는 불가피한 욕구이다. 그렇기 때문에 피론주의자들은 언제나 기사회생(起死回生)할 수 있는 것처럼 보인다. 그러나 칸트 이전처럼 피론주의자들은 당당하게 자기의 입장을 공표할 수는 없다. 피론주의자들이란 보통의 이성이 갖는 '자연스런 착각'[13]에 기대어 '사이비 지식'[14]을 설파하고 있다는 것이 칸트에 의해 발각되었기 때문이다. 칸트는 피론주의자들이 더 이상 변증법적인 속임수를 부릴 수 없도록—물론 그들은 계속해서 지적인 기만을 시도하겠지만—그 정체를 들추어내었다고 믿었다. 우리의 경험을 벗어난 영역에서의 진리주장이란 불가능하다는 것이 칸트 초월 철학의 한 귀결이다.

1.3 칸트의 초월 철학에서 순수이성의 이율배반이 성립했던 이유는 감성적인 직관에 주어지지 않는 우주론적 이념을 인식하기 위해서 우리가 구비하고 있는 것은—오로지 감성적 직관에만 적용될 수 있는—지성의 범주들이었기 때문이다. 이념을 인식할 수 있는 어떤 능력도 갖추고 있지 못하면서도, 그것을 알 수 있다고 내세우는 학문적인 오만함 때문에 이성의 자기모순이라는 사태가 초래되었던 것이다.—칸트에게서 이율배반은 단지 4개이고, 그리고 그것마저 거짓된 가상이지만—지성의 규정(범주)들을 통해 이성적인 것에 접근할 경우 필연적으로 모순이 발생할 수밖에 없다는 점을 드러내주었다는 점에서, 헤겔에게 칸트의 이율배반은 칸트의 비판 철학 내에서뿐만 아니라 "근세 철학에서 가장 중대하고 가장 심오한 진

11) 같은 책, A499 / B528.
12) Immanuel Kant, AA 4: 347쪽.
13) Immanuel Kant, KdrV., A500 / B528.
14) Immanuel Kant, AA 4: 383쪽.

보"[15]를 성취한 것으로 여겨졌다. 칸트의 이율배반에 대한 헤겔의 이런 높은 평가는 곧바로 피론주의자들의 논변들이 함축하고 있는 철학적 의의를 헤겔이 인정하고 있음을 말해준다. 헤겔은 『철학적 백과사전』에서 논리적인 것을 지성과 변증법 그리고 사변의 세 단계로 구분하는 가운데, 칸트의 이율배반과 고대 피론주의를 변증법에 함께 귀속시키고 있다.[16] 헤겔에 의하면-흄과 슐체 같은-근세의 회의주의는 고대의 피론주의에 비하면 열등한 것이고, "역사의 과정을 거치면서 회의적 전통이 독단주의로 점차 퇴락한 것"[17]에 지나지 않는다. 이런 견해는 청년 헤겔 시대부터 변하지 않고 끝까지 유지되었다. 『철학사 강의』에서 헤겔은 다음과 같이 단정짓고 있다: "**고대** 회의주의[피론주의]는 **근세** 회의주의와 구별되어야 하며, 우리는 단지 고대 회의주의만을 문제삼아야 한다. 고대 회의주의는 더욱 참되고 심오한 본성을 지닌다."[18]

그러나 어떤 근세 철학도 도달하지 못한 심오한 경지에 이르렀다고 칸트의 이율배반을 헤겔이 높이 사고 있다고 해서, 이율배반에 대한 칸트의 해결까지 그렇게 보고 있는 것은 아니다. 매우 그럴듯한 문제 제기에 비해 형편없는 해결책을 보고 헤겔이 느낀 실망감은 다음 문장에 고스란히 들어 있다: "[이율배반이라는] 이 관점은 심오하나 그만큼 그것들에 대한 해결은 사소하다; 그것은 세계 사물로 나아가지 못하는 유약함에서만 성립할 뿐이다."[19] 만약 헤겔의 주장대로 이율배반에 대한 칸트의 해결책이 보잘 것이 없다면-즉 모순이 진정으로 해결되지 않았다면-이것은 칸트가 피론주의자들의 회의적 도전을 물리치지 못했다는 것을 가리키는 것이다. 피론주의자들이 이율배반을 제기한 것이 학문적인 야바위로 칸트에게 보였다면, 모순적 사태에 직면하여 칸트가 제공한 해결책은 이제 피론주의자들에게 똑같은 속임수로 보일 것이다. 그리고 이 속임수가 발각되는 순간 칸트 철학은 피론주의자들의 논변 앞에서 안락사를 당할 것이고, 또 실제로 발각되었다고 헤겔은 생각하였다. 헤겔이 『철학사 강의』에서 칸트 철학을 독단주의로 규정하고 있다는 점이 이를 방증해 준다: "칸트 철학은 객관적인 독단주의로서 지성의 형이상학을 끝장내었지만, 사실상 이 형이상학을 단지 주관적인 독단주의(ein subjektiver

---

15) Georg W. F. Hegel, W 8: § 48. 이후 인용하는 헤겔의 전집은 Georg W. F. Hegel, *Werke in zwanzig Bänden*(Suhrkamp Verlag, 1986)이며, 이하 W 전집 권: 쪽이나 § 번호를 기입함. 번역본으로는 Georg W. F. Hegel, 『정신현상학 1』, 『정신현상학 2』, 임석진 옮김(한길사, 2005)을 참조했음.

16) 같은 책, § 81, Zusatz 1, Zusatz 2 참조.

17) Michael N. Foster, "Hegel on the Superiority of Ancient over Modern Skepticism," in *Skeptizismus und spekulatives Denken in der Philosophie Hegels*, hrsg. Hans F. Fulda und Rolf-Peter Horstmann(Klett-Cotta, 1996), 69쪽.

18) Georg W. F. Hegel, W 19: 360쪽.

19) Georg W. F. Hegel, W 8: § 48.

Dogmatismus)로 변형시켰을 뿐이다. ……그래서 이 철학은 즉자 대자적으로 참된 것이 무엇인가를 묻는 물음을 포기하였던 것이다."[20] 이런 사실은 비록 헤겔이 그의 사변 철학 체계 내에서 칸트와 피론주의자를 변증법적인 단계에 함께 귀속시키고 있다 하더라도, 양자를 동일시하고 있지 않다는 것을 나타낸다. 피론주의자들은 진리를 발견했다고 주장하는 모든 독단주의를 붕괴시킬 수 있다고 강하게 확신하고 있었다.[21] 이런 점에서 양자는 유사성을 갖고 있으면서도 결국 화해할 수 없는 적으로서 맞선다. 피론주의자는 칸트의 초월 철학마저도 먹잇감으로 노리고 있는 것이다.

1.4 근세 철학의 화두는 데카르트가 극명하게 보여주고 있듯이, 어떻게 회의주의자를－콕 집어서 말한다면 피론주의자를－물리치는가 하는 것이었다. 근세 철학자들과 피론주의자들 사이에서 벌어진 격전은 칸트와 헤겔에 이르러 정점에 이르렀다. 피론주의자들은 그들 이론의 성격상－진리주장을 펴는 철학자라면－인물을 가리지 않고 도전장을 내밀 것이다. 그들에게 칸트와 헤겔도 예외가 될 수는 없다. 그런데 헤겔에 의하면, 수세에 몰린 듯했던 피론주의자들이 이제 거꾸로 칸트에 반격을 가하고, 초월 철학을 헤어 나올 수 없는 철학적인 의심의 늪에 빠뜨리고 만다. 도대체 피론주의자가 준동하지 못하도록 옭아 넣은 초월 철학의 그물망 어디가 터져 버렸다는 것일까? 피론주의자들은－초월 철학을 포함하여－모든 지식론을 파괴할 수 있다고 인정한 헤겔이 피론주의자들이 왜 자신의 "[사변] 철학을 공격하는 데에서는 완전히 무용하다"[22]고 주장하는 것일까? 피론주의를 두고 관념론의 두 거두가 벌인 힘겨루기는 회의주의를 추방하려는 근세 인식론의 과제가 어떻게 완수되어 갔는가를 일러주는 피날레라고 볼 수 있다. 피론주의에 대한 양자의 대응은 초월 철학과 사변 철학 간의 결정적인 차이를, 그리고 비판적인 계승을 분명하게 보여주는 단면(斷面)이다. 특히 피론주의를 물리치기 위해 그들이 동원한 고유한 방법론은 그들의 관념론의 특성을 결정지은 핵심적인 요소였다. 이들의 방법론이 여러 측면에서 고찰될 수 있겠지만, 피론주의에 대한 대응의 맥락을 떠나서 온전히 설명되기란 힘들 것이다.

---

20) Georg W. F. Hegel, W 20: 333쪽.
21) Sextus Empiricus, *Outlines of Pyrrhonism*, bk. 1, 33-4 참조.
22) Georg W. F. Hegel, W 2: 245쪽. 이외에 W 19: 397쪽 참조: "회의주의[피론주의]는 **사변적인 것에 대해서는 무력**하다."

Ⅱ. 이율배반론에 대한 헤겔의 비판: 피론주의자에 대한 변호

2.1 칸트의 이율배반론을 헤겔이 철저히 검토할 때, 그는 혼자가 아니었다. 1800년에 칸트의 이율배반론의 문제와 씨름하면서 헤겔은 섹스투스 엠피리쿠스의 책을 구입하였다.[23] 1802년에 발표된 논문 「회의주의와 철학의 관계: 회의주의의 다양한 변종들에 대한 서술 및 고대 회의주의와 최근의 회의주의의 비교」는 모든 철학적인 인식을 공격하기 위해 피론주의자들이 마련해 둔 치명적인 무기고(武器庫)들을 헤겔이 이미 열람하고 그 성능을 낱낱이 시험해 보았다는 것을 알려준다.[24] 헤겔은 피론주의자의 회의적 논변을 바탕으로 섹스투스 엠피리쿠스가 이율배반론에서 칸트에게 받았던 굴욕이 부당한 것임을 밝혀내려 한다. 칸트의 이율배반론에서 정립과 반정립의 주장은 각각 자기를 직접적으로 증명하지 못한다. 그것들은 각각 대립하고 있는 주장이 모순에 빠진다는 것을 논증함으로써 자기의 타당성을 입증해 낸다. 칸트가 귀류법적 증명 형식을 채택할 수밖에 없었던 이유는 정립과 반정립에서 진술된 저 세계가 결코 경험 가능한 대상이 아니기 때문이다. 그런데 헤겔이 분석한 결과에 따르면 이율배반의 증명은 증명되어야 할 것을 증명의 논거로 사용하는 전형적인 순환논변에 빠지고 만다.[25] 순환 논변이란 독단주의자들이 자신의 주장의 독단성을 은폐하기 위해, 즉 자신의 주장이 매개(증명)를 거친 양 가장하기 위해 써먹는 단골수법이다. 이율배반론에서 칸트는 아주 장황한 절차를 거치고 그래서 그만큼 그럴듯한 증명을 수행한 것처럼 보이지만 실상 그가 안출한 것은 증명이 아니라 '사이비 증명'[26]에 불과하다. 피론주의자인 아그리파는 왜 독단주의자들이—특히 벼랑 끝에 몰릴 경우에—이런 순환 논변에 의지할 수밖에 없는가를 보여준 바 있다.[27] 상황은 간단히 종료될 수 있는 것처럼 보인다. 피론주의자들이라면 칸트의 이율배반론이 순환 논변에 빠졌다는 것을 목격하는 것만

23) Otto Pöggeler, "Die Ausbildung der spekulativen Dialektik in Hegel Begegnung mit der Antike," in *Hegel und die antike Dialektik*, hrsg. Manfred Riedel (Suhrkamp Verlag, 1990). 53쪽 참조.

24) 특히 Georg W. F. Hegel, W 2: 245쪽 참조.

25) 이율배반론이 순환 논변에 빠진다는 것을 증명할 때 때때로 헤겔은 자신의 사변 철학의 전제를 깔고 있다. 이율배반론을 통한 초월적 관념론의 간접적 증명의 실패에 관한 자세한 연구로는 강순전, 「선험적 변증법과 사변적 변증법—칸트와 헤겔의 Antinomie론을 중심으로—」, 『철학연구』, 제58집(철학연구회, 2002), 227-57쪽 참조.

26) Georg W. F. Hegel, W 8: § 48 Zusatz.

27) Sextus Empiricus, *Outlines of Pyrrhonism*, bk. 1, 164-9 참조. 아그리파에 의해 전개된 피론주의의 대표적인 철학적인 논변은 무한 소급의 논변 형식(제2 트로푸스)과 독단적인 전제 설정의 논변 형식(제4 트로푸스)과 순환의 논변형식(제5 트로푸스)이다. 이 3가지 트로펜은 아주 긴밀한 관계를 형성하고 있으며, 모든 독단적인 주장을 포획하는 그물망으로서 피론주의의 핵심적 논변들이다.

으로 만족할 것이다. 그들은 이제 다가올 허기를 채우기 위해 새로운 진리론을 기다리기만 하면 될 것이다. 그러나 헤겔은 이 파멸의 지점에 안주하지 않는다. 헤겔이 칸트의 실패를 보고 묻고 싶은 질문은 다음과 같은 것이다: 모순적인 사태의 불가피성을 파악했으면서도 왜 칸트는 이런 독단적인 해결책을 내놓는 데 그쳤을까? 바꿔 말한다면, 피론주의의 논변의 위력을 철저하게 인지했던 칸트가 왜 피론주의자들에 의해 손쉽게 파멸당할 그런 대답만을 제시했을까? 이런 물음을 제기했다는 사실 자체가 헤겔 역시 궁극적으로-근세 인식론자들이 최종적으로 꿈꿔 왔던-피론주의에 대한 완전한 극복을 목표로 하고 있다는 것을 말해준다. 칸트의 실패의 원인에 대한 검토를 통해서 헤겔은 피론주의자들을 진정으로 무력화할 수 있는 철학의 길을 모색하고자 한다.

2.2 『라이프니츠와 볼프 시대 이래로 독일에서 형이상학이 이룬 실제적 진보는 무엇인가?』에서 칸트는 지금껏 형이상학이 걸어 왔던 길이란 독단주의와 회의주의였으며, 이 두 단계를 넘어 자신의 비판 철학이 형이상학의 마지막 단계가 되어야 한다고 피력하였다.[28] 가능한 경험 일반의 선험적인 조건들을 우리의 감성과 지성 속에서 찾아냄으로써, 그리고 이율배반의 원인이 인식하는 이성에 있다는 점을 해명함으로써 칸트는 형이상학의 운명을 결정지울 수 있다고 생각하였다. 그런데 헤겔에 따르면 칸트의 초월 철학은-비록 객관적인 것이 아니라 주관적인 것이기는 해도-독단주의에 빠지고 만다. 칸트 철학을 독단주의에 귀속시키고 있다는 것은 칸트의 초월 철학으로는 피론주의자의 드센 공격을 감당할 수 없다는 헤겔의 입장을 그대로 말해준다.-자신이 수행한 순수 이성의 비판 작업을 통해 이전에 알려진 모든 독단주의뿐만 아니라 모든 회의주의도 근절하였다고 자신하였던-칸트로서는 자신을 이렇게 정면으로 비판하는 이유를 누구보다도 들어 보고 싶을 것이다. 헤겔이 마련한 공소장은 다음과 같다: "어떤 것도 즉자적으로 알고 있지 못할 뿐만 아니라 절대적인 것에 대해서도 전혀 알지 못하는 비판주의의 입장에서 본다면, 즉자적으로 존재하는 것 자체에 관한 모든 지식은 독단론으로 간주된다. 그러나 실상 비판주의는 … 자아가 즉자대자적이며, 나아가 이런 자아의 밖에 즉자가 있고 따라서 양자를 절대적으로 합치할 수 없다는 것을 확립함으로써 가장 조악한 독단주의에 빠지고 마는 것이다."[29] 칸트는 벌어진 입을 다물지 못할 것이다. 그 동안 철학에서 독단주의와 회의주의 진영이 어느 쪽도 영구적인 승리를 쟁취할 수 없을 만큼 치열한 '내전'[30]을 벌였던 까닭은 두 진영 공히 **"이성의 자신 능력에 대한 선행적 비판 없이"**[31] (독단주의자의 경우) "이성의 능력을 맹목적으

28) Immanuel Kant, AA 20: 264쪽 참조.
29) Georg W. F. Hegel, W 19: 394쪽.
30) Immanuel Kant, KdrV., AIX.

로 신뢰"[32]하거나 (회의주의자의 경우) 이성을 그냥 무한정으로 불신하면서 "무지(無知)로 질주하려고 시도"[33]했기 때문이라고 칸트는 보았다. 그래서 칸트는 사물 자체에 대한 탐색이 아니라 우리가 사물(현상)들을 보편적이고 필연적으로 구성하는 주관의 선험적 인식 능력을 탐구하는 방법을 채택했던 것이다. 순수한 지성 개념(범주)들의 초월적 연역에 의해 칸트는 지식의 보편성과 필연성을, 따라서 객관성을 확보하였다. 그런데 헤겔의 공소장에 따르면, 독단주의와 회의주의를 극복하기 위해 주도면밀하게 취한 비판 철학의 혁명적인 방법과 그로 인한 결과가 바로 비판 철학을 독단주의로 만들었고, 그로 이해 피론주의자에게 카운터펀치를 허용하게 되었다는 것이다. 헤겔의 비판의 요점은 이제 명료해진 것 같다: 현상과 본질(물자체)의 세계를 구별하고 양자 사이에 넘어설 수 없는 간극을 설정하는 한, 그리고 지식이 "어디까지나 **우리의** 생각에 **불과하지** 사물 자체에 대한 것"[34]이 아닌 한, 즉 '**주관적 관념론**(subjektiver Idealismus)'[35]에 그치는 한, 비판 철학은 '주관적 독단주의'나 '가장 조악한 독단주의'가 되고 만다.

2.3 그렇다면 주관적 관념론은 어떤 문제를 지니고 있길래 피론주의자를 영원히 잠재우는 데 실패한 것일까? 헤겔의 다음 서술은 이에 대한 명확한 답변일 것이다: "칸트는 이율배반을 **해결**하되, 모순이 즉자대자적으로 대상에 놓여 있는 것이 아니라 단지 인식하는 이성에 속하고 있다고 본 것이다."[36] 칸트는 이율배반(모순)의 필연성을 보았지만, 그 모순의 발생의 근원지를 대상 자체가 아니라 무한자를 인식하려는 우리의 이성에서 찾았다. 주관적 관념론은 애초에 모든 문제의 원인을 우리의 주관 속에서 찾도록 정향(定向)되어 있는 것이다. 칸트가 모순을 주관에서 비롯된 오해이고 그때마다 제거해야 할 가상으로 보았다는 사실은 곧 그가—주관에 의해 구성된—지식의 영역에서 모순율을 준수하고 있고 또 그에 대해 추호도 의심하고 있지 않다는 것을 말해준다. 칸트는 "자신이 무엇이나 **사고할** 수 있다"고 말한다. 그러나 이 주장은 "바로 내가 단지 자기 자기모순에 빠지지만 않는다면"[37]이라는 모순율의 조건을 달고 있다. 자기 자신과 모순되는 개념으로 도대체 우리가 무엇을 사유할 수 있을까? 칸트에게 모순율이란 지식을 위해 금과옥조(金科玉條)와도 같은 것이었다.

그런데 헤겔은 저 모순이 우리 탓이 아니라 "즉자대자적으로 대상에 놓여 있

31) 같은 책, XXXV.
32) Immanuel Kant, AA 9: 84쪽.
33) Immanuel Kant, AA 24.2: 884쪽.
34) Georg W. F. Hegel, W 8: § 41 Zusatz 2.
35) 같은 책, § 42 Zusatz. 3.
36) 같은 책, § 48.
37) Immanuel Kant, KdrV., BXXVI.

다"고 주장하고 있다.—사유규정(범주)이건 명제이건 현실의 제도이건 생명이건 간에—모든 유한한 것은 바로 그것이 유한하다는 것 때문에 모순에 빠진다. 예를 들어 전통 형이상학자들이 이해한 무한한 것은 그것이 유한한 것과 대립하기 때문에 유한한 것이다. 그러니까 저 초월적 이념의 세계개념에서 이율배반에 빠진 것은 우리의 착오 때문이 아니라 바로 제약된 현상들의 계열의 전체성으로의 무제약자가 바로—유한한 것과 대립하는 무한한 것으로서—유한한 것이었기 때문이다. 헤겔이 명명했던 변증법적인 것이 바로 이런 사태를 가리킨다: 유한한 것은 그것이 유한하다는 그 자신의 본성으로 인해 자기와 대립하는 타자를 필연적으로 초래하며, "결국 유한한 것은 자기 내에서 자기와 모순된다."[38] 그런데 헤겔에 의하면 피론주의자들이 바로 이 변증법적인 것을 손에 넣고 있었던 것이다. 이 점에서 "회의[피론]주의자들이 최고로 성숙한 변증법적 의식을 보여주었다"[39]고 헤겔은 그들에게 경의를 표하고 있다. 피론주의자들이 등치의 방법을 사용하여 어떤 독단주의자라도 대항할 수 없는 체계적인 논변 형식을 구성할 수 있었던 것은 "유한한 것에서 모순을 제시"[40]할 수 있었기 때문이다. 그렇다면 피론주의자들은 어떻게 유한한 것에서 언제나 모순을 제시할 수 있었을까?—아에네시데모스의 트로펜이건 아그리파의 트로펜이건—피론주의자들의 논변 형식은 "모든 것은 상대적이다"라는 관계의 논변 형식으로 귀착된다.[41] 섹스투스 엠피리쿠스는 쉬운 예를 들고 있다: "'우측'은 '좌측'보다 앞서서 '좌측의 우측'으로 인식될 수 없다. 역도 마찬가지이다. 이것은 모든 다른 상대적인 용어에도 똑같이 해당된다."[42] 단순히 이런 경험적 개념들이 아니라 우리의 사유를 기본적으로 규정짓는 개념들에서도 관계성은 작동한다. 우리가 '무한'이라는 개념을 온전히 파악한다고 할 때, 이미 항상 그것의 대립 개념인 '유한'을 동시에 함축한다. 무한한 것이 자신과 대립하고 있는 또 다른 유한한 것(타자)이 없이는 바로 그 무한한 것일 수 없다면, 그것은 모순적인 것이다. 모든 유한한 것은 이런 타자 관계를 통해 조건지워진다. 사정이 이런데도 독단주의자들은 이런 관계성을 파악하지 못한 채 유한한 것만을 진리로 내세운다. 그들은 대립하는 유한한 것들 가운데 하나만을 진리로 고수하는 '추상적인 이것이냐 저것이냐(das abstrakte Entweder-Oder)'[43]의 지성적 사유를 전부로 알고 있는 것이다. "[이쪽저쪽을 두루 살피는] 세심한 변증론적인 철학자"[44]인 피론주의자가 이쪽이나 저쪽 중 하나만을 고집하는 독단주의자들을 골려주기란 쉬운 일이다. 어

38) Georg W. F. Hegel, W 8: § 81 Zusatz 1.
39) Georg W. F. Hegel, W 19: 395쪽.
40) 같은 책, 396쪽.
41) Sextus Empiricus, *Outlines of Pyrrhonism*, bk. 1, 135-7, 167 참조.
42) 같은 책, bk. 2, 117.
43) Georg W. F. Hegel, W 8: § 80 Zusatz.
44) Immanuel Kant, AA 28.2(1): 538쪽.

면 독단주의자가 (유한한) 독단적인 주장을 제기했다면, 그는 자신의 주장을 관철하기 위해 필연적으로 자기주장의 진리성을 훼손하는 타자를 불러들일 수밖에 없다. 이런 관계를 파악하고 있는 피론주의자는 이 타자를 때에 맞춰 독단주의자의 링 안으로 들여보내면 그만인 것이다.

2.4 칸트의 이율배반론과 피론주의자의 논변 형식들은 모순의 필연성을 의식하게 만들고–결과적으로–독단론을 깨부순다는 점에서 얼핏 공통점을 갖고 있는 듯이 보인다. 그러나 모순을 대하는 입장은 상이하고 적대적이기까지 하다. 칸트는 모순이 발생하는 원천을 우리의 사유 속에서 찾았고, 그렇기에 문제 상황은 종료되었다. 칸트에게 모순은 더 이상 계속 고심해야 할 문제가 아니었다. 그러나 헤겔이 보기에 모순이란 사물 자체로부터 유래하는 것이다. 유한한 사물 자체가 스스로 그것과의 대립물로 필연적으로 이행해 가는 것이다. 피론주의자들이 독단론자들에게 들이 대었던 모순은 칸트가 전념했던 주관적 차원에서 제기되었던 것이 아니다. 헤겔이 보기에 칸트는 "이율배반의 참되면서도 적극적인 의미를 인식하지 못한다."[45] 그렇기에 "초월적 관념론은 모순을 전혀 해결하지 못하는 것이다."[46] 결국 칸트는 피론주의자가 제기한 근본적인 철학적 물음의 차원을 간파하지 못했고, 따라서 그의 해결책도 피론주의자를 적중할 수가 없었던 것이다. 헤겔은–포스터의 표현을 빌린다면–'피론주의자의 복수'[47]를 칸트에게 대행하였다. 그런데 칸트의 이율배반론을 비판하는 가운데 "피론주의를 물리치기 위해서 무엇이 물어져야 하는가?"가 드러났다. 유한한 것들의 필연적인 자기모순의 문제가 영구미제라면 피론주의자는 영원한 지배권을 행사하게 될 것이다. 그러나 헤겔은 모순이 해소될 수 있다고 생각하였다. 이런 이유 때문에 칸트의 이율배반론을 공격하는 데 한편이었던 피론주의자와 헤겔이 이제 다시 모순의 전장(戰場)에서 적으로서 만나게 되는 것이다.

Ⅲ. 비판 철학의 방법에 대한 헤겔의 비판: 피론주의자에 대한 응답의 실마리

3.1 고래로 아리스토텔레스로부터 칸트에 이르기까지 모순율은 전혀 의심할 수 없는 자명한 사유의 원칙이었다. 칸트에게 모순은 단순히 주관적인 오류였을 뿐이

45) Georg W. F. Hegel, W 8: § 48 Zusatz.
46) Georg W. F. Hegel, W 20: 359쪽.
47) Michael N. Foster, *Kant and Skepticism*, 76쪽.

다. 하지만 헤겔은 형식 논리학에서 단적으로 전제되는 모순율의 의미와 내적인 타당성을 해명하려고 하였다.[48] 그에게 모순율은 단순히 자기동일성을 확인하는 동일율의 또 다른 버전이 아니다. 유한한 것의 자기모순이라는 사태는 곧 자기(동일적인) 관계가 필연적으로 타자 관계를 포함하고 있음을 드러내고 있기 때문이다. 헤겔에 의해 새로이 해석된 "모순율은 더 이상 추상적 동일성에 고착하는 분석 명제가 아니라 … 분석적이면서도(자기관계) 종합적인 (타자관계) 명제이다."[49] 이것은 모든 유한한 것을 내적으로 추적하게 되면, 그것은 모순율을 위반할 수밖에 없다는 것을 가리킨다. 모순율에 대한 양자의 대립적 입장은 단순히 이 원칙에 한정된 것이 아니라, 그들 철학 전체의 기획의 충돌로 말미암은 것이다. 주관적 관념론자인 칸트는 다음 질문을 하고 싶어 안달할 것이다: −너무 황당한 이야기지만−설마 헤겔은 우리가 아니라 유한한 범주 자체가 스스로 운동하여 모순에 가닿는다고 말하려는 것일까? 헤겔은 그것이 바로 자기가 말하고 싶은 것이라고 응답할 것이다. 칸트가 볼 때 그렇다면 헤겔의 절대적 관념론이야말로 "인간의 인식 능력을 넘어서는 '무비판적' 독단론"[50]이고, 따라서 피론주의자의 희생양이 되어야 하지 않을까? 반면 절대적 관념론자인 헤겔은 칸트에게 다음과 같은 물음을 던진다: 당신이 주장한 것처럼 정말 무엇을 인식하기 이전에 먼저 주관의 인식 능력 자체를 비판한다는 것이 가능할까? 헤겔은 이것이 불가능하다고 보았다. 칸트가 취한 철학적 방법론에 대한 헤겔의 비판은 칸트가 제기했을 저 물음에 대한 답변이면서 동시에 헤겔이 유일하게 참된 철학적 방법으로서 받아들인 '변증법'[51]에 대한 정당화로 간주될 수 있다.

3.2 칸트가 보기에 독단주의(전통 형이상학)나 회의주의(흄과 피론주의자들)가 진리를 포착할 수 없었던 이유는 우리의 인식이 대상들을 따라야 한다고 무비판적으로 가정하고 있었기 때문이다. 그것들은 모두 이성 자신의 능력에 대한 이성

48) 이광모, 『헤겔 철학과 학문의 본질』(용의 숲, 2006), 179-203쪽 참조. 이광모는 특히 『논리학의 학』과 관련해서 헤겔의 작업이 형식 논리학의 순수한 논리적 규정들의 의미를 고정하고 그 타당성을 검토하는 것임을 밝히고 있다.

49) 강순전, 『칸트에서 헤겔로』(철학과 현실사, 2008), 95쪽.

50) 백종현, 『존재와 진리: 칸트 『순수이성비판』의 근본 문제』(철학과 현실사, 2008), 32쪽. 백종현의 견해에 의하면 의식이 대상[객관]−주관의 분열을 극복하고 마침내 절대자가 된다는 헤겔의 관념론은 무비판적 독단론이다.

51) 헤겔에서 변증법은 논리적인 것의 세 가지 계기들 가운데 하나이다. 그것은 유한한 것이 자기의 대립물로 필연적으로 이행하는 운동의 측면을 나타낸다. 그런데 헤겔은 광의의 의미에서 변증법을 철학하는 방법으로 언급하고 있기도 하다. 이에 관해서는 Georg W. F. Hegel, W 5: 50-2쪽 참조. 이때 변증법은 "사태 자체의 길(50쪽)"이며, 유한한 것이 대립물로 이행하는 과정만이 아니라 "그 대립된 것을 통일성 속에서 파악하는(52쪽)" 과정까지 포함한다.

의 선행적 비판을 결여하고 있다. 철학적 방법론에서 칸트의 혁명적 발상은 인식론의 관건을 대상으로부터 우리 자신의 능력에 대한 검사로 바꿔 놓은 데 있다. 우리가 인식할 수 있는 능력이 있는지, 있다면 그 원천과 범위와 한계는 무엇인지를—본격적으로 인식 작업에 착수하기 이전에—먼저 밝혀내지 않으면 안 된다. 그런데 "여태껏 남겨져 있는 이 유일한 길을 이제 내가 걷기 시작했다"[52]고 칸트가 선언한 순수 이성의 비판의 길이 헤겔에게는 '앞뒤가 맞지 않는 일'[53]로 여겨졌다. 헤겔은 『철학적 학문들의 백과사전』과 『철학사 강의』에서 똑같은 비유를 들고 있는데, 헤겔은 이것이 비판 철학의 부조리함을 드러내는 데 매우 적절하다고 판단한 듯하다. 약간 길긴 하지만 이것은 인용할 만한 가치가 있다.

칸트 철학은 또한 비판 철학이라고도 명명되는데, 칸트의 말에 따르면, 그것의 목적은 무엇보다 인식능력에 대한 비판에 있기 때문이다. 인식에 앞서서 우리는 인식능력을 탐구해보지 않으면 안 된다. 이것은 인간 지성에게는 그럴듯하며, 건전한 인간지성에게는 하나의 발견이다. 여기서 인식은 하나의 도구로서, 즉 그것으로써 우리가 진리를 장악하고자 하는 방법과 수단으로 표상된다; 따라서 우리는 진리 자체에 다가갈 수 있기 전에, 먼저 이 인식 도구의 본성과 [작동하는] 방식을 인식해야 한다. …… —이것은 마치 꼬챙이와 막대기를 갖고 진리를 찾으러 길을 떠나는 것처럼 보인다. 이렇게 되면 진리를 앞에 두고도 인식은 참된 것을 결코 인식하지 못 한다; 이런 일은 정신이 그들 한 가운데를 지나가나 이것을 인식하지 못했던 유대인들에게서 일어났던 것과 같다. 인식능력을 탐구한다는 것은 이것을 인식한다는 것이다. 따라서 저 요구는 우리가 인식하기 전에 인식능력을 인식해야 한다는 것이다; 이것은 물에 들어가기도 전에 수영을 하려는 것과 똑같다. 인식능력에 관한 탐구야말로 그 자체 인식하는 행위인 것이다. 이 탐구 행위 그 자체가 [이미] 인식이므로, 이 인식능력에 대한 탐구가 목표로 하는 바는 달성될 수 없다.[54]

수중(水中)에 있지 않으면서 어떻게 수영을 할 수 있을까? 칸트가 목표로 하는 바 우리의 인식능력을 탐구한다는 것은—탐구 행위 자체가 인식 행위이므로—우리가 이미 항상 인식 과정 중에 있다는 것을 말한다. 그러므로 애당초 분리할 수 없는 것을 분리하여 살펴보려 한다면, 사태 자체를 있는 그대로 드러내 주는 것이 아니라 "사태 자체를 가공하거나 변형하는 그런 인식"[55]만이 출현할 것이다. 칸트

52) Immanuel Kant, KdrV., AXII.
53) Georg W. F. Hegel, W 8: § 10.
54) Georg W. F. Hegel, W 20: 334쪽. 이외에 W 8: § 41 Zusatz 1 참조.
55) Georg W. F. Hegel, W 3: 68쪽.

철학의 방법에 대한 이런 비판은 진리는 방법(인식)을 적용하여 비로소 출현하는 것이 아니라는 것을 함축한다.-우리의 인식 행위 중에 이미 진리가 활동하고 있는 것이다.-예컨대 우리가 무엇인가를 인식할 때, 거기에는 바로 그 인식을 가능하게 하는 근본 규정들이 함께 작동하고 있다. '있음', '없음', '같음', '다름', '원인', '결과' 등과 같은 기본적인 개념들이 없다면, 무엇인가에 대한 인식은 아예 진행되지 못할 것이다. 그러므로 인식 행위란 "사실상 **규정하는** 사유이면서 **규정된** 사유이기도 한 것이다."56) 그것은 사유의 기초적인 규정들에 의해 이미 항상 규정되어 있기 때문에 무엇인가를 규정할 수 있다. 인식과 인식규정들은 이렇게 이미 항상 통일되어 있다. 탐구의 과제를 대상에서 주관으로 전환한 것이 인식론에서 칸트의 코페르니쿠스적 전회였다고 한다면, 주관으로부터-이 주관의 인식을 가능하게 하는-개념에로 철학의 관심을 돌린 것은 헤겔의 혁명적인 발상이었다고 할 수 있다. 개념(범주)들은 순수 이성에 대한 비판적인 작업을 거쳐 도출해야 하는 것이 아니라, 이런 주관의 비판적인 작업을 가능하게 한 선지평(先地平)인 것이다.

헤겔의 결론은-사유를 이미 항상 규정짓는-사유규정(개념)들 없는 사유는 아무것도 사유하지 못한다는 것이다. 그리고 어떤 사유규정을 바로 그 사유규정으로 조건지우는 것은 그 사유규정과 관계를 맺고 있는 여타의 사유규정들이다. 예컨대 '무한'의 개념은 '유한'의 개념과의 관계에 의해 자기의 의미를 비로소 획득할 수 있다. 이렇게 본다면 사유규정들이 상호 맺고 있는 내재적인 의미론적 전체 연관이 우리의 사유를 규정하고 있는 것이다. 헤겔 관념론의 요체는 "사유의 개념이란 **자아적으로** 또한 **인간중심적으로** 형성되지 않는다"57)는 것, 즉 개념들의 세계는 개념들 자체의 힘에 의해 직조되어 간다는 것에 있다. 따라서 우리가 해야 할 일은 외부의 기준을 개념들에 적용하거나 혹은 주관에서 개념들을 발굴하고 정돈하는 것이 아니라, "자체 내에서 생동하는 규정들을 독자적으로 [활동하도록] 내버려 두고,"58) 그것들이 스스로 밟아가는 길을 고찰하는 일이다. 이것이 광의의 의미에서 헤겔이 언급하는 방법으로서의 변증법이라고 할 수 있다. 칸트의 결정적인 오해는 "범주들이 … 사유 자체에 수반된다는 사실로부터 곧바로 이것들이 오직 우리의 [주관적인] 것이라고 결론지운"59) 데 있다. 선험적 인식으로서의 범주를 증명할 때 그가 염두에 둔 것은 경험이라는 지평에서의 범주의 '객관적 타당성'이었

56) Georg W. F. Hegel, W 8: § 48.

57) Angelica Nuzzo, "Vernunft und Verstand-Zu Hegels Theorie des Denkens," in *Vernunftbegriffe in der Moderne*, hrsg. Hans Friedrich Fulda und Rolf-Peter Horstmann(Klett-Cotta, 1994), 274쪽.

58) Georg W. F. Hegel, W 8: § 24 Zusatz 2. 이외에 같은 책, § 41. Zusatz 1 참조.

59) 같은 책, § 42 Zusatz 3.

지 범주의 규정 자체는 아니었다.[60] 요컨대 그는 대립적인 타자로 이행하는 사유규정들 자체의 필연적인 운동 연관을 파악하지 못했던 것이다. 헤겔의 변증법에서 선다면, 칸트가 연역해 낸 범주들은 우리의 규정들일 뿐이고, "그 자체에 어떤 진리도 갖고 있지 못하다."[61] 즉자에 결코 도달할 수 없는—즉 우리의 지성에 의해 구별되고 고정된—범주들을 동원해서 이율배반의 해결에 나섰기 때문에, 그는 기껏 모순의 문제를 제기하고도 주관으로 후퇴할 수밖에 없었던 것이다. 사유규정들의 운동이 피론주의자들이 칸트의 비판 철학에 가하는 철퇴로 기능했다면, 이 피론주의자들을 극복하는 길 역시—헤겔 자신이 구성한 이론에서가 아니라—저 사유규정들의 필연적인 도정을 서술하는 작업 속에서 마련되지 않으면 안 된다. 사유규정들이 그 자체 내에서 모순으로 나아갔다면, 모순의 해소로 나아가는 것도 궁극적으로 사유규정들이지 않으면 안 되는 것이다. 모순은 그것이 모순이기 때문에 필연적으로 해소될 수밖에 없다는 것을 해명할 경우에만 피론주의자들은 더 이상 봉기하지 않을 것이다.

3.3 칸트의 비판 철학의 기획과 그로 인한 결과로서 주관적 관념론은 이분법적 대립을 기반으로 삼고 있다. 헤겔은 칸트 철학의 근본 원리를 다음과 같이 적시(摘示)하고 있다: "유한성의 절대성과 이로부터 발생하는 무한성과 유한성, 실재성과 관념성, 감성적인 것과 초감성적인 것의 절대적인 대립."[62] 이것은 칸트 철학이 전통적인 지성의 형이상학을 비판하면서도 여전히—관계항들을 분리하고 구별하고 고정시키는 것을 능사로 삼는—지성의 패러다임 속에서 벗어나고 있지 못하고 있음을 드러낸다. 칸트의 이율배반론 자체가 칸트가 관계항과 그것들의 관계에 대한 고찰을 결여하고 있으며, 전통 형이상학자들의 개념의 사용과 이해방식을 답습하고 있다는 것을 보여준다. 이율배반론의 정립 주장에서 절대적으로 무제약적인 것이란 제약된 것들의 계열의 무한한 소급 진행을 거쳐 마침내 도달되어야 하는 것으로 표상된다. 제약된 것을 제약하는 것을 찾아냈다고 해도, 그 제약자는 또 다시 다른 제약자에 의해 제약된 것이다. 이 제약된 것을 제약하는 끝없는 여정이 필요하다. 그러나 아무리 해도 제약자와 피제약자의 지루한 교체만이 이루어질 뿐, 궁극적으로 모든 유한한 것들을 넘어서는 무한한 것은 인식될 수 없다. 이것은 전형적인 악무한이다. 악무한에 의해 내세워지는 무한자가 아무리 유한한 것을 배제하고 부정한다 하더라도 그것은 유한한 것에 의해 제약될 수밖에 없는 것이고, 말하자면 유한한 것이 되고 마는 것이다. 유한한 무한자란—또는 제약된 무

60) 칸트의 철학적 증명과 헤겔의 철학적 증명의 차이에 관해서는 이광모, 앞의 책, 99-124쪽 참조.

61) Georg W. F. Hegel, W 20: 359쪽.

62) Georg W. F. Hegel, W 2: 295-6쪽.

제약자란－이미 형용모순이 시사하고 있듯이 '**지성**의 무한자인, **나쁜 무한자**'[63]인 것이다. 이제 칸트가 이율배반론의 문제를 해명하지 못한 까닭은 분명해진 것 같다. 그는 악무한에 의한 나쁜 무한자만을 염두에 두었기 때문에, 말하자면 개념의 이해와 사용에 있어 일상적인 수준을 벗어나지 못했기 때문에 "한갓되이 유한한 것의 피안에 있는 것이 아니라, 유한한 것을 지양된 것으로 자기 내에 포함하고 있는 참된 무한자"[64]를 포착할 수가 없었다. 그래서 무한한 것이 유한한 (무한한) 것임을 밝히고 이것과 상충하는 다른 유한한 것을 언제든지 원리적으로 제시할 수 있는 피론주의자의 논변 앞에서 칸트는 돌파구를 찾을 수가 없었던 것이다. 칸트는 "무한진행이 무슨 참된 범주라도 되는 양 생각하는 잘못된 의견"[65]으로 말미암아 피론주의자들에게 답을 할 수 없게끔 이율배반론을 구성했다. 그는 어쩔 수 없이 눈을 안으로 돌려 모순의 문제를 일으킨 주관을 책망할 수밖에 없었다.

Ⅳ. 피론주의에 대한 응답으로서 사변 철학의 방법적 이념들

4.1 헤겔은 주관에 기초한 유한한 인식을 통해서는 피론주의자를 잠재울 수 없다는 것을 칸트를 통해 절감하였다. 그렇다면 지성에 의해 절대적으로 고정된 대립들과 말하자면 유한성들을 어떻게 유동하게 만들고 무화시킬 수 있을까? 헤겔이 프랑크푸르트 시절 말기와 예나 시대 초기(대략 1799-1802)에 집중적으로 고대 피론주의를 연구했던 이유는 이런 방법을 찾기 위한 것이었다.[66] "이 당시 헤겔은 몇 년 후에 소위 '변증법적 방법'으로 완성했던 것을 갖고 있지 못했으며, 다만 그 길로 가는 선상에 있었다."[67] 독단적인 (지성의) 진리주장이란 필연적으로 대립에 빠져들 수밖에 없다는 점을 피론주의자들이 보여주었기 때문에, 헤겔은 이로부터 유한한 인식을 지양할 수 있는 방법을 틀림없이 발견할 수 있고, 발견해야만 한다고 작정했던 것이다. 그러나 헤겔이 철학 체계와 관련된 방법론의 정립이라는 과제에 몰두했다고 해서, 피론주의에 대한 극복의 문제를 완전히 제쳐 놓았던 것은 아니다.

피론주의에 대한 청년 헤겔의 연구 성과를 집약한 1802년의 논문 「회의주의와

---

63) Georg W. F. Hegel, W 5: 152쪽.
64) Georg W. F. Hegel, W 8: § 45 Zusatz.
65) Georg W. F. Hegel, W 20: 390쪽.
66) Hartmut Buchner, "Zur Bedeutung des Skeptizismus beim jungen Hegel," in *Hegel-Tage Urbino 1965*(Bonn, 1969), 52-4쪽 참조.
67) Hartmut Buchner, "Skeptizismus und Dialektik," in *Hegel und die antike Dialektik*, hrsg. Manfred Riedel(Suhrkamp Verlag, 1990), 232쪽.

철학의 관계: 회의주의의 다양한 변종들에 대한 서술 및 고대 회의주의와 최근의 회의주의의 비교」에서 헤겔은 피론주의자들의-특히 아그리파의-논변형식들이 지닌 철학적 의의를 '유한성의 독단론을 공격하는 데 가장 유용한 무기'[68]라고 언급할 정도로 인정하면서도, 다른 한편으로는 이 존경하는 라이벌을 물리칠 수 있는 길을 모색하고 있다. 기존의 독단론을 가지고서 피론주의에 도전하는 것은 무모한 짓일 뿐이다. 그렇다고 피론주의에 항복을 하는 것은 학문의 가능성 자체를 부정하는 일이다. 그러므로 철학이 회의주의를 극복하기 위해서는 "회의주의도 아니고 그렇다고 독단론도 아닌 그러면서도 회의주의이면서 동시에 독단론인 어떤 철학이 있다는 것"[69]을 깨달아야 한다. 이것이 피론주의를 극복하기 위해 "철학이 회의주의와 맺어야 하는 참된 관계"에 대해 헤겔이 저 논문에서 우선적으로 마련하고 있는 대응책이다. 저 철학이 독단론도 아니고 피론주의도 아니어야 한다면, 그것이 어떤 이론적 구조를 가져야 하는지도 따라서 나오게 될 것이다. 독단주의자는 대립하는 관계항들 가운데 어떤 일면적인 항만을 분리하여 그것을 절대적인 진리로 고수한다. 그래서 그는 이 일면적인 항에 대립하는 다른 항을 원리적으로 제시할 수 있는 피론주의자에게는 속수무책이었다. 그러므로 대립하는 관계항들을 수시로 제시할 수 있는 길을 아예 차단하지 않는 이상,-피론주의를 넘어서는-저 철학의 출현은 무망(無望)할 것이다. 바꿔 말해서 저 철학은 "서로 반대되는 유한한 것들 양자를 자기 내에 포함해서," 아예 "타자에 맞서는 타자란 존재하지"[70] 않는 이성적인 것이어야 한다. 대립하는 타자가 더 이상 존재하지 않아 피론주의가 그 앞에서는 저절로 힘을 상실하는 이성적인 철학, 그것만이 피론주의로부터 철학을 구원해낼 수 있을 것이다. 청년 헤겔이 피론주의자와의 결전을 위해 마련한 철학의 윤곽은 이와 같은 것이었다. 그러나 아직 피론주의에 대응하기 위한 방법과 구체적인 이념들을 헤겔은 확보하지 못했다. 그것들은 1807년의 『정신현상학』에서 비로소 출현한다. 이렇게 "헤겔이 퓌론의 회의주의와 어울리고 그것의 비판을 통해 자기의 철학을 세워나간 사실은 그의 저서들을 통해 끊임없이 나타난다."[71]

4.2 1802년의 논문은 『정신현상학』에서 의식이 걸어가는 고행을 예비하는 것이었다. 『정신현상학』에서 헤겔은 <회의주의>를 (자기) 의식이 경험하는 도정의 한 단계로서 다루고 있다. 헤겔이 여기에서 의미하고 있는 회의주의가 근세의 회의

---

68) Georg W. F. Hegel, W 2: 245쪽.
69) 같은 책, 227쪽.
70) 같은 책, 247쪽.
71) 윤병태, 『청년기 헤겔철학』(용의 숲, 2007), 84쪽. 인용된 다음 문장은 이렇다: "그럼에도 불구하고 이 사실들이 별로 강조되고 있지 않은 것은 대단히 기이하게 생각된다."

주의가 아니라 고대 피론주의라는 것은 이뽈리트가 이미 정확하게 지적한 바 있다.[72] 헤겔은 회의주의자들을, 즉 피론주의자들을 끊임없이 말싸움을 벌이는 '고집불통의 아이들'[73]로 묘사하고 있다. 한 아이가 A라고 말하면 다른 아이는 그것과 모순 관계에 있는 B를 들이대고, 반대로 저 아이가 B라고 말하면 이번에 이 아이는 A를 언급하면서 그들은 흥겨워하는 것이다. 피론주의자들은 모순되는 양쪽을 양손에 쥐고 있으며,−이 모순에 놓인 양쪽을 통합할 수 없는 그래서−일면적인 한쪽만을 진리로 내세우는 상대방을 마음껏 골려줄 수 있고, 또 그러는 데에 조금도 싫증을 내지 않는다. 피론주의자들은 확실하다고 자처하는 모든 규정과 주장들을 의식적으로 해체하고 부정해 버린다.

유의해야 할 점은 이 피론주의 자체가 모순에 처하고 그래서 다른 자기의식의 형태로 이행할 수밖에 없다는 점을 보이기 위해 헤겔이 끌어들인 방법이 바로 피론주의자들이 애용하던 수법이었다는 것이다. 헤겔은 피론주의자들이 그들의 입장을 견지함으로써 봉착할 수밖에 없는 모순을 다음과 같이 서술한다: "이 [회의적] 의식은 [모든 것의] 절대적 **소멸**을 발언하지만, **이 발언은** [소멸하지 않고] **존재하기에**, 이 의식은 발언된 소멸이다; 또한 이 의식은 보고 듣는 일이 아무것도 아니라고 발언하면서도, **자기는 보고 듣는 것이다**; 그것은 인륜적 본질태가 아무것도 아니라고 발언하면서도 자신이 막상 행동할 때는 이를 근간으로 삼는다."[74] 이론적인 측면에서 뿐만 아니라 실천적인 측면에서도 피론주의자들이 자기지시적인 모순을 범하고 있다는 헤겔의 지적은 분명 논란의 여지가 있다.[75] 그렇지만 자기의

72) Jean Hyppolite, 『헤겔의 정신현상학 Ⅰ』, 이종철 · 김상환 공역(문예출판사, 1986), 231쪽 참조.

73) Georg W. F. Hegel, W 3: 162쪽.

74) 같은 책, 162쪽.

75) 자기지시적 모순을 범했다는 이런 헤겔의 비판 앞에서 피론주의자들은 결코 잠자코 있을 것 같지는 않다. 그들이 회의적 논변을 가다듬으면서 가장 신경을 쓴 이슈가 자기지시적 모순의 문제였다. 헤겔의 지적한 대로 피론주의자들은 인륜적 본질태란 진리의 지위를 가질 수 없다고 말하였다. 서로 다른 민족이나 국가에게서는 상이하거나 대립하는 인륜적 규칙들이 진리인 양 통용된다. 이런 갈등 상황 속에서 피론주의자들은 어떤 의견도 긍정하지 않고 부정하지 않으며 "어떤 것을 찾거나 피하고자 애쓰지 않는다.(Sextus Empiricus, *Outlines of Pyrrhonism*, bk. 1, 28.)" 즉 판단을 중지한다. 그러면서도 또 헤겔의 말마따나 그들은 자신이 속한 공동체의 인륜적 본질태에 따른다. 그렇지만 그들이 그렇게 하는 이유는 결코 그것이 진리이기 때문이 아니라, 어떻게든 살아가려면 "우리는 전적으로 무기력하게 있을 수 없고(같은 책, 23)" 행위 기준을 필요로 하기 때문이다. 그러니까 인륜적 본질태의 허망함을 말할 때 피론주의자는 이론적인 (진리 주장의) 영역에 있었던 것이고, 인륜적 본질태의 추수(追隨)를 말할 때는 실천적인 (생존의) 영역에 있었던 것이다. 이런 측면에서 미결정성을 옹호하는 발언과 결정성을 촉구하는 피론주의자의 발언은 헤겔의 진술만큼 그렇게 모순되지는 않는 것 같다. 이런 상황은 인용문의 다른 내용에도 그대로 해당된다. 그렇다고 헤겔의 이런 지적이 피론주의자의 약점을 적중시키지 못한 것도 아니다.

지식을 진리로 확신하는 독단적 의식이 수미일관하게 자기의 입장을 밀고 나갈 경우 바로 그 지식의 정당성을 소멸시킬 수밖에 없다는 변증법적인 부정 운동이—바로 이런 운동을 주창한—피론주의에도 적용됨을 보여준 점에서 특기할 만한 것이다. 헤겔은 피론주의자들이 자랑하는 무기를 휘두르게 함으로써 바로 그들이 스스로를 베고 만다는 것을 보여준다. 회의주의의 의식이 겪은 이런 변증법적 경험은 피론주의의 이중적 성격을 함축한다. 피론주의는 의식이 경험할 수밖에 없는 하나의 필수적인 한 계기이면서도, 다른 의식의 형태에서도 그 각각의 의식이 자기의 독단적 입장을 관철함으로써 오히려 그 한계를 드러내도록 만드는 방법론을 현시하고 있는 것이다. 예컨대 감각적으로 '여기'와 '지금'을 확신하는 의식의 독단성을 드러낼 때 헤겔은 피론주의자로 변신한 듯하다. 그는 '여기'를 집이라고 주장하는 사람 앞에 '여기'가 나무라고 주장하는 사람을 대립시킨다. '지금'을 낮이라고 주장하는 사람에게는 '지금'을 밤이라고 주장하는 사람을 배치한다. 듀징이 밝히고 있듯이 이런 서술은 적나라하게 자기를 보여주는 소박한 의식형태에 대한 기술이 아니라, "[피론주의라는] 역사적이며 체계적인 함축들을 포함하고 있다."[76]

4.3 그러나 피론주의자의 등치의 방법과 『정신현상학』의 변증법은 구별되고, 또 그래야 한다. 왜냐하면 벌써 여기서 변증법은 피론주의에 대한 극복과 결부된 방법이기 때문이다.[77] 피론주의자들은 등치의 방법에 의해 모든 규정을 부정하고 절멸시킨다. 그들은 '결과로서 언제나 **순수한 무**(das reine Nichts)'만을 본다.[78] 그들의 회의적 논변을 거치고 나면 남는 것은 아무것도 없다. 그들은 새로운 주장의 출현을 고대하지만, 그 이유는 그것을 곧장 '공허한 심연'[79]으로 내던지고자 하기 때문이다. 피론주의의 등치의 방법은 하염없이 물을 퍼부어도 건지는 것이라곤 하나도 없는 체와 같다. 그러나 『정신현상학』의 변증법은 이와 다르다. 변증법도 유한한 규정이나 의식형태들을 부정하기는 하지만, 이 부정을 통해 이전의 의식 형태에서보다는 진전된 진리 주장을 고수하는 새로운 의식 형태가 출현하게 만든다. 물론 이 의식도 독단성을 갖는다면, 변증법에 의해 파멸과 좌절을 경험하게 될 것

피론주의자들의 입장을 다 받아들인다 해도 과연 그들이 말한 것처럼 세상을 살아갈 수 있을까 하는 문제는 별도의 논제이다.

76) Klaus Düsing, "Die Bedeutung des antiken Skeptizismus für Hegels Kritik der sinnlichen Gewissheit," in *Hegel-Studien*, Bd. 8, hrsg. Friedhelm Nicolin und Otto Pöggeler(Bonn · Bouvier Verlag, 1973), 129쪽.

77) 변증법이—피론주의에 대한 대응을 포함하여—얼마나 긴급한 철학적 문제들에 대한 해결책으로 제시되었는가에 관해서는 Michael Forster, "Hegel's dialectical method," in *The Cambridge Companion to Hegel*(Cambridge University Press, 1993), 156-7쪽 참조.

78) Georg W. F. Hegel, W 3: 74쪽.

79) 같은 곳.

이다.[80] 그러나 그 붕괴는 다시 새롭고도 좀 더 고차적인 의식의 창조를 위한 부정인 것이다. 헤겔은 이 부정을 다음과 같이 규정짓고 있다:

> 그러나 무가 어디까지나 전제가 되는 것의 무로 생각될 때, 이때 비로소 무는 사실상 참된 결과이다; 이로써 무는 그 자체가 **제한된** 무이며, **내용을** 갖는 것이다. …… 그러나 회의주의와는 달리 이 [무라는] 결과가 … **제한적** 부정(bestimmte Negation)으로 파악될 경우, 그와 더불어 하나의 새로운 형식이 발생하고, 이 부정 속에서 [새로운 단계로의] 이행이 행해진다.[81]

다양한 의식 형태들은 각각 각자가 확신하는 지식을 진리와 동일시하지만, 변증법에 의해 '지식과 진리의 차이'[82]가 드러난다. 그것들은 '절망의 길'[83]을 간다. 그렇지만 이 절망은 새로운 지식의 창출을 위한 계기로 기능한다. 변증법의 부정은 언제나—새로운 것을 갈구하고 새로운 것으로 대치하면서도—빈손으로 끝나는 그런 전면적인 부정이 아니라, 생성론적인 의미 연관 속에서 그런 부정의 과정마저도 하나의 성취로 받아들이는 제한적 부정인 것이다. "제한적 부정은 … 의식경험의 지식의 형식들 간의 관계에 대한 헤겔의 방법적인 이념이 정리된 것이며 …… 의식의 제반 단계들의 이행을 서술한 『정신현상학』을 선도하는 방법의 이념이다."[84] 순수한 무만을 낳는 피론주의자의 등치의 방식은 생산적인 결과를 담보하는 제한적 부정의 변증법으로 전화되었다. 그리고 이것이 피론주의자에 대응하는 헤겔 철학의 진리관을 가능하게 해 준다. 피론주의자들은 이 진리 주장에 대해서는 저 진리 주장을 내세워 모든 독단론을 물리쳤다. 그들이 이렇게 모든 지식론을 아무것도 아니게 만들 수 있었던 것은 세상에 너무나 많은 상이하고 대립적인 지식론들이 존재해 왔고, 또 존재하기 때문이다. 이런 역사적으로 부정할 수 없는 사실이 그들에게는 마르지 않는 샘물이었다. 그런데 헤겔은 이 지식론이 부정되고 저 지식론이 부정되는 그 과정 자체를 하나의 체계적인 진리론을 구성하는 적극적인 계기들로 파악하는 것이다. 헤겔의 진리관은 다음 문장에 집약되어 있다: "전체가 참된 것이다."[85] 어떤 사유규정이나 명제, 지식이라도 총체성의 의미 연

---

80) 이런 파멸이 이론적인 측면에서만 일어난다고 볼 필요는 없다. 임홍빈에 의하면, 회의주의에 대한 변증법적이며 사변적인 관심과는 별도로 회의주의에 대한 실천적 관심이 또한 『정신현상학』을 관통하고 있다. 자세한 것은 임홍빈, 「헤겔 철학에서 퓌로니즘(Pyrrhosnism)과 '정신현상학'의 이념」, 『哲學』, 제62집(한국철학회, 2000), 185-205쪽 참조.

81) Georg W. F. Hegel, W 3: 74쪽.

82) 같은 책, 589쪽.

83) 같은 책, 72쪽.

84) 임홍빈, 『근대적 이성과 헤겔철학』(고려대학교 출판부, 1996), 113-114쪽.

85) Georg W. F. Hegel, W 3: 24쪽.

관 속에서 파악되지 않고 독립적인 지위를 갖는 것으로 간주된다면, 그것은 다시 피론주의자가 자라날 좋은 텃밭이 될 것이다.[86] 피론주의자들은 저 철학사에서 등장하는 온갖 입장들을 무로 돌릴 수 있었고, 그래서 철학 자체를 무너뜨렸다고 보았다. 그러나 헤겔은 제한적 부정에 의해 오히려 그런 희생의 전체 과정이－피론주의를 포함하여－상이하고 대립적인 지식론들이 진리 속에 편입해 들어가서 그 진리를 더욱 풍요롭게 만드는 도정으로 파악하고 있는 것이다. 부정이 등치의 방식으로 다루어지는 것이 아니라 변증법적으로 고찰되고 그리하여 총체성으로서 진리를 창출한다고 할 때, 변증법은 이미 항상－대립된 것들의 파멸 속에서 긍정적인 통일을 파악하는－사변 철학과 연계되어 있다는 것을 알 수 있다. 변증법은 헤겔에게서 단순한 인식 도구로서 독립적으로 다루어질 수 없다. 이제 변증법적 부정이 피론주의에서처럼 전면적이 아니라 제한적으로 작동한다는 것은, 부정을 제한적이 되도록 만드는 좀 더 근본적인 방법적 이념이 있다는 것을 말해준다.

4.4－경험적 의식이나 논리적 사유규정이나 생명이나 혹은 역사에서 간에－변증법에서의 타자는 단순히 제거되고 제거해야 할 타자로서 등장하지 않는다. 만약 이렇다면 제한적 부정도, 총체성으로의 진리도 가능하지 않을 것이다. 이 타자는 언제나 자기의 타자이어야 한다. 타자관계를 자기관계로 만드는 사변 철학에서의 방법적 관건은 바로－절대적 차이나 절대적 부정성으로 표현되기도 하는－자기관계적 부정성이라고 할 수 있다. 자기관계적인 부정성의 구조가 어떤 것인가는 이미 헨리히에 의해 자세히 논구된 바 있다. 그에 의하면 자기관계적 부정성은 이중부정이 두 번 사유되는 구조를 지니고 있다.[87] 자기관계적 부정성은 (관계항들의 관계)의 통일과 (관계로부터 산출된) 구별 간의 대립적 연관을 하나의 자기관계로 사유하게 만드는 추동력인 것이다. 『논리학의 학』의 반성규정들은 자기관계적 부정성에 의해 추동되는 사유규정들의 운동을 잘 보여준다. 예컨대 "사과는 사과이다"는 명제가 분석명제라면 아무것도 이야기해주는 바가 없다. 그러나 우리가 그것을 진술하는 것은 이미 이 명제가 의미론적으로 어떤 내용을 갖추고 있음을 말

86) 헤겔은 진리는 명제 형식으로 표현되지 않으며, 어떤 원칙[기본 명제]도 가지지 않는다고 주장한다. 이에 관해서는 Georg W. F. Hegel, W 8: § 82 Zusatz; W 19: 393쪽 참조. 그러나 피론주의자들은 헤겔에 대해 금방 이의를 제기할 것이다: "전체가 참된 것이다"도 하나의 명제가 아닌가? 헤겔도 무엇을 주장하고 있지 않은가? 이에 대해 헤겔은 일반적인 명제와 구별되는 사변적인 명제를 내세운다. 피론주의자와 헤겔의 진리관에 대한 논박은 진리에 대한 언어적인 서술 가능성의 탐색과 연관되어 있다.

87) Dieter Henrich, "Hegels Grundoperation: Eine Einleitung in „die Wissenschaft der Logik“," in *Der Idealismus und seine Gegenwart*(Hamburg: Meiner, 1976), 217-9쪽 참조. 헨리히는 헤겔의 부정이론을 하나의 구성이론으로 보고, 논리적인 규칙들을 통해 헤겔의 부정에 관한 보편적인 설명가능성을 획득하려 한다. 과연 헤겔의 부정이론이 근본조작에 의한 하나의 구성이론인가의 문제는 숙고를 요구하는 또 다른 논제이다.

한다. 즉 저 명제는 단순히 동어반복적인 것이 아니다. 그것은 "사과는 자두가 아니라 사과"라는 구별을 품고 있다. 공전하는 듯이 보였던 저 동일성조차 사실상 동일성과 비동일성의 동일성인 것이다. 마찬가지로 구별도 그것이 구별인 한에서 동일성과 구별의 구별이다. 동일성과 구별은 이중부정의 결과이다. 그런데 이 동일성과 구별은 각자 자신과 관계한다는 점에서 서로 무관하게 있는 듯이 보이며, 각자가 이미 통일을 이루고 있기 때문에 더 이상 부정할 것이 없어 보인다. 그것들은 상이성으로서 존립한다. 그러나 이중부정에 의해 부정이 제거된 이후에도 동등성(동일성)과 부등성(구별)은 다시 각자 자신의 타자와 구별되는 것으로서만 자기일 수 있다. 헨리히에 의하면, '부정이 없어진 상태(das Nichtsein der Negation)'[88]는 바로 "부정이 존립하지 않는다(nicht)"는 것 때문에 다시 부정 관계를 맺을 수 있다. 부정이 완전히 사라진 것 같아도 부정은 작동한다. 다시 동등성은 동등성과 부등성의 통일로서의 동등성(긍정적인 것)이 되고, 부등성은 동등성과 부등성의 통일로서의 부등성(부정적인 것)이 된다. 저 이중부정이 다시 이중부정되는 것이다. 긍정적인 것과 부정적인 것에 이르게 되면, 이제 각자는 타자와의 관계를 떠나 자기관계를 확보할 수 없는 지경에까지 이른다. 그럼에도 각자는 자기의 자립성을 지키기 위해 타자를 배척한다. 이렇게 자립성의 유지가 자기 자립성의 붕괴를 가져오는 것이 모순이다. 모순은 두 번 이중화된 자율적인 부정이 구체화되는 과정에서 등장하는 반성의 규정이고, 여타의 사유규정들을 반성할 수 있는 기본 규정이기도 하다. 이 모순에 의해-앞으로 등장할 타자까지 포함하여-모든 타자는 자기의 타자가 되며, 타자에 대한 부정은 자기부정이 된다. 자기관계적 부정성에 의해서 스스로 운동하면서 자기를 발전시키고 또 다른 자기(타자)를 산출하는 변증법의 주체적이며 통일적인 운동이 궁극적으로 가능하게 된 것이다. 헤겔은 이를 다음과 같이 표현하고 있다: "[자기와의 부정적인 관계를 의미하는] 이 부정성은 … 살아 있는 정신적인 자기 운동의 가장 내적인 원천이며, 모든 참된 것을 그 자체 내에 지니며 또한 모든 참된 것을 오직 진리일 수 있도록 하는 변증법적 영혼이다."[89] 아마도 모든 것을 자기 내로 동화시킬 수 있는 변증법적 영혼으로 인해 비난받을 것이 있다면, 그것은 아마도 사변 철학의 운명일 것이다.

4.5 피론주의자들은 온갖 진리론에 대한 반대를 제시할 수 있었지만, 언제나 거기가 끝이었다. 피론주의자들은 여기서 어떤 긍정적인 것도 간취하지 못했고, 모순 앞에 이르렀으면서도 모순을 돌파할 수 없었고, 끊임없이 진리론을 붕괴시킬 수 있을 뿐이었다. 피론주의자의 작업은 매일매일 나무를 베는 저 지루한 작업을 신

88) 같은 글, 217쪽.
89) Georg W. F. Hegel, W 6: 563쪽.

나게 하는 벌목꾼을 상기시킨다. 그러나 사변(긍정적 이성)은 저 변증법을 이끌고 나가는 형식적인 구조의 원칙이 자기관계적 부정성이라는 것을 파악하고 있다. 이를 통해 1802년 헤겔이 지향했던 "타자에 맞서는 타자란 존재하지 않는" 사변적인 이념이 구체적으로 달성된 것이다.[90] 자기관계적 부정성이야말로 자기에 맞선 타자(대립항)의 필연적인 출현이 자기를 파괴하고 좌절시키는 것이 아니라, 자기가 스스로 밀어낸 것이고, 그것은 자기의 성장과 구체적인 전개를 위한 계기라는 것을 근본적으로 가능하게 하여 준다. 모순에서는 이미 타자관계가 온전히 자기관계이다. 타자는 무로 폐기되지 않고, 즉 "모순의 결과는 단지 영(零)이 아니며,"[91] 자기와 통일된다. 그러므로 모순으로의 전진은 곧 모순의 해소이다.－사물, 주관, 개념 등의－유한한 사물들이 바로 유한하기 때문에 자체적으로 모순을 지닌다는 것은 곧 그것들의 모순이 해소되었다는 것을 뜻한다.[92] 그것들은－그것들을 그것들이도록 존립하게 만든－자기들의 근거로 복귀한 것이다. 이제 사변 철학에서 피론주의는 원리적으로 극복되었다고 말할 수 있다. 왜냐하면 사변 철학에서는 독단주의자들에게 갈등을 야기할 목적으로 피론주의자들이 내세울 타자가 아예 존재하지 않게 되었기 때문이다. 마침내 1802년 논문에서 구했던 "회의주의와 철학의 참된 관계"를 헤겔은 『철학사 강의』에서 찾아내었다:

> 회의주의[피론주의]는 이 부정이 또한 긍정적이며 자체 내에서 어떤 규정된 내용이라는 것을 오인한다. 왜냐하면 진정한 부정이란 부정의 부정이고, 더 자세히 말한다면, 무한한 긍정이며 자기 관계하는 부정성이기 때문이다. 극히 추상적 수준에서이긴 하지만, 이것이 철학이 회의주의와 맺고 있는 관계이다.[93]

피론주의자들은 칸트를 위시하여 독단주의자들에게는 치명타를 가할 수 있었다. 그러나 사변 철학에서는 위력을 발휘할 수 없다. 사변 철학을 지성의 독단론으로 왜곡시키는 한에서만 피론주의자들은 사변 철학에 흠집을 낼 수 있다. 그러나 자기관계적 부정성이 모든 독단론을 사변 철학의 진리로 포섭하는 것을 허용한다고 해서, 특정한 독단론이 사변 철학은 아닌 것이다. 이런 관계는 다시 사변 철학이 피론주의와 맺고 있는 관계에 그대로 적용될 수 있다. 헤겔은 『철학적 학문들의 백과사전』에서 독단주의와 피론주의 그리고 사변 철학과의 관계를－약간은 도식적이긴 하지만－일목요연하게 다음과 같이 정리하고 있다:

---

90) Georg W. F. Hegel, W 19: 397쪽 참조: "오히려 사변적인 이념은 그 자체에서 절대적으로 부정적인 것을 지니며, 자기 자신 안에서 대립을 갖는다. 그것은 자기 내에서 둥글고, 이 규정된 것과 더불어 이 규정된 것과 대립하는 것을 자기 곁에 포함한다."
91) Georg W. F. Hegel, W 6: 67쪽.
92) 같은 책, 79쪽 참조.
93) Georg W. F. Hegel, W 19: 360쪽.

> 사실상 회의주의[피론주의]를 두려워해야 하고 회의주의에 저항할 수 없는 것은 유한하며 추상적인 사유이다. 이에 반해 [사변] 철학이라는 것은 회의적인 것을 한 계기로, 즉 변증법적 계기로 자체 내에 포함하고 있는 것이다.[94]

사변 철학은 피론주의를 자기 외부에 있는, 따라서 절멸해야 할 타자로 보지 않으며, 그렇게 볼 수도 없다. 만약 그렇게 본다면 자기관계적 부정성에 의해 피론주의를 극복하려는 사변 철학의 시도 자체가 일관성을 유지하기 힘들 것이다. 사변 철학은 피론주의를 적으로 돌리는 사이비 사변 철학을 용인하지 않을 것이다. 사변 철학은 피론주의를 자기 안의 계기로 삼음으로써 그것을 넘어선다. 거꾸로 말한다면 피론주의는 사변 철학과 더불어 영생(永生)을 얻는다.

4.6 피론주의자들은 모순을 손에 넣고 있었지만, 이 모순이 적극적인 내용을 지닌다는 것은 전혀 감지하지조차 못하였다. 헤겔은 자기관계적 부정성이 이 모순을 이끌고 나아가 깨뜨려 부순다는 것을 파악하였다. 이 가장 근본적인 방법론적 이념에 기초하여 헤겔은—총체성, 참된 무한, 제한적 부정, 원환의 원환 등과 같은—다양한 대응 개념들을 내놓을 수 있었다. 피론주의에 대한 사변 철학의 대응책을 검토한 뢰트게스는 헤겔의 작업에 다음과 같은 제목을 붙이고 있다: "회의주의의 철학의 도전에 대한 유일하게 충분한 답변으로서의 헤겔의 변증법적-사변적인 철학."[95] 사변 철학에서는 유한한 사유규정들의 대립과 통일이 이루어진다. 이들 가운데 특히 현상과 본질의 통일은 칸트의 비판 철학이나 피론주의와 관련하여 주목할 필요가 있다. 비판 철학이나 피론주의는 매우 기본적인 사유의 틀을 공유하고 있기 때문이다. 칸트는 현상과 물자체를 구분하고, 우리가 결코 물자체의 세계를 인식할 수 없음을 누누이 강조하였다. 물자체의 세계를 인식하려는 경우, 우리는 이율배반의 착각 속으로 미끄러져 들어간다. 다른 한편으로 피론주의자들은 지각이나 사유의 조건들에 의해 영향받지 않는 대상(현상)들은 없다고 말한다. 그들이 말하는 판단중지는 현상들의 상이성이나 대립성으로 인해 대상 자체의 본성들에 관한 동의 유보를 뜻한다. 섹스투스 엠피리쿠스의 저작에서 가장 흔히 발견할 수 있는 구절은 아마도 이것일 것이다: "[지각되는 대상이나 지각하는 주체의 주변 조건들에 따라서] 아마도 우리는 각각의 외부 대상이 사람들 각자에게 어떻게 보이는가는 쉽사리 말할 수 있겠지만, 그 대상 자체가 어떤 것인지는 말할 수 없다."[96] 티몬의 단편에서부터 섹스투스 엠피리쿠스의 저작에 이르기까지 피론

94) Georg W. F. Hegel, W 8: § 81 Zusatz 2.

95) Heinz Röttges, *Dialektik und Sketptizismus: Die Rolle des Skeptizismus für Genese, Selbstverständnis und Kritik der Dialektik*(Athenäum Verlag, 1987), 117쪽.

96) Sextus Empiricus, *Outlines of Pyrrhonism*, bk. 1, 112.

주의자들은 아무런 의심도 품지 않고 현상들과 그것들의 실제 본성을 나누는 형이상학적 구분을 받아들였다.[97] 비록 피론주의자들이 칸트와 동일한 용어를 사용하고 있지는 않았다 해도, 그들의 세계관은 똑같다고 할 수 있다. 피론주의자가 대상의 본성 자체를 알 수 없다고 말할 때, 이 대상의 본성 자체는 칸트의 물자체로 치환하여도 무방하다.[98] 칸트와 피론주의자는 세계를 현상과 본질로 구분하고 있는 것이다. 이것은 현상과 본질로 세계를 구분하여 이해하려는 한, 피론주의로부터의 탈출구를 발견하기 힘들다는 것을 암시한다.

사변 철학에서 개념들은 자기관계적 부정성에 의해 자기운동을 한다. 그것들은 모순으로 치달린다. 개념들의 절대적 양분은 근원적 동일성에 의해 조건지워진 상대적 양분으로 격하되고, 분리되었던 것들은 하나로 통일된다.[99] 이런 사태는 현상과 본질에서도 그대로 관철된다. 본질적인 세계는 현상 세계의 다양함을 스스로 정립하고 있다는 점에서 현상 세계의 근거라는 지위를 갖는다. 두 세계가 근거관계에 있다는 것은 이미 내용적인 측면에서 양자가 동일하다는 것을 뜻한다. 왜냐하면 "**근거지워진 것 속에 없는 것은 근거에도 없고, 근거에 없는 것은 근거지워진 것에도 없기**"[100] 때문이다. 그러나 다른 한편으로 형식적인 측면에서 볼 때 한쪽은 본질적인 세계이고 다른쪽은 비본질적인 세계이기 때문에 본질적인 세계는 "동시에 현상 세계의 부정적인 것이며, 따라서 현상 세계에 **대립된** 세계"[101]이기도 하다. 이렇게 서로 동일하면서도 대립하는 관계는 전도성일 수밖에 없다. 그러므로 이 두 세계의 관계를 분명하게 표현하면 "즉자대자적으로 존재하는 세계는 현상하는 세계의 **전도된** 세계"[102]라는 것이다. 본질과 현상은 더 이상 서로의 피안(부정)에 자리 잡고 있는 것이 아니다. 두 세계를 구분하는 것은 단지 두 세계가 서로 '전도의 관계'에 있다는 것뿐이다. 한쪽에게 부정적인 것은 다른쪽에게는 긍정적이고, 그 역도 마찬가지이다. 두 세계는 부호만 다를 뿐 내용은 동일하다. 그러나 형식적 구별도 곧 사라진다. 현상하는 세계의 형식(타자로의 반성)과 즉자대자적으로 존재하는 세계의 형식(자기 내 반성)은 이미 상대방을 포함하고 있다. 본질 세계와 현상 세계가—내용적인 측면에서나 형식적인 측면에서나—이미 상대방 속으로 이행해 있는 '구별 아닌 구별'임을 인정할 때, 전도성의 부조리함은 증발되어 사라진다. 결국 "즉자대자적으로 존재하는 세계라고 했던 것은 그 자체 현상하는 세계이고, 현상하는 세계는 그 자신에서 본질적인 세계이다."[103] 두 세계의 모

97) Charlotte L. Stough, *Greek Skepticism*(University of California Press, 1969), 147-9쪽 참조.
98) 이에 관해서는 윤병태, 앞의 책, 69쪽 참조.
99) Georg W. F. Hegel, W 2: 22쪽 참조.
100) Georg W. F. Hegel, W 6: 97쪽.
101) 같은 책, 160쪽.
102) 같은 책, 161쪽.
103) 같은 책, 162쪽.

순은 이미 그 모순의 해소이며, 하나의 통일 속에 있는 두 계기로 정립된다. 두 세계의 통일은 본질적인 세계를 현상하는 세계의 피안에 있는 단순한 토대로서 간주하는 전통적인 형이상학(독단론)뿐만 아니라, 이것을 공격하는 피론주의에 대한 결정적인 비판으로 볼 수 있다. 두 세계의 통일 앞에서 칸트와 피론주의자들이 공통적으로 전제삼고 있는 사유의 패러다임의 무차별적인 유효성은 제한적인 것으로 드러난다.

참고 문헌

강순전, 『칸트에서 헤겔로』, 철학과 현실사, 2008.

______, 「선험적 변증법과 사변적 변증법－칸트와 헤겔의 Antinomie론을 중심으로－」, 『철학연구』, 제58집, 철학연구회, 2002.

백종현, 『존재와 진리: 칸트 『순수이성비판』의 근본 문제』, 철학과 현실사, 2008.

윤병태, 『청년기 헤겔철학』, 용의 숲, 2007.

이광모, 『헤겔 철학과 학문의 본질』, 용의 숲, 2006.

임홍빈, 『근대적 이성과 헤겔철학』, 고려대학교 출판부, 1996.

______, 「헤겔 철학에서 퓌로니즘(Pyrrhosnism)과 '정신현상학'의 이념」, 『哲學』, 제62집, 한국철학 회, 2000.

Buchner Hartmut, "Skeptizismus und Dialektik," in *Hegel und die antike Dialektik*, hrsg. Manfred Riedel, Suhrkamp Verlag, 1990.

______, "Zur Bedeutung des Skeptizismus beim jungen Hegel," in *Hegel-Tage Urbino 1965*, Bonn, 1969.

Düsing Klaus, "Die Bedeutung des antiken Skeptizismus für Hegels Kritik der sinnlichen Gewissheit," in *Hegel-Studien*, Bd. 8, hrsg. Friedhelm Nicolin und Otto Pöggeler, Bonn · Bouvier Verlag, 1973.

Foster N. MIchael, *Kant and Skepticism*, Princeton University Press, 2008.

______, "Hegel on the Superiority of Ancient over Modern Skepticism," in *Skeptizismus und spekulatives Denken in der Philosophie Hegels*, hrsg. Hans F. Fulda und Rolf-Peter Horstmann, Klett-Cotta, 1996.

______, "Hegel's dialectical method," in *The Cambridge Companion to Hegel*, Cambridge University Press, 1993.

Hegel W. F. Georg, *Werke in zwanzig Bänden*, Suhrkamp Verlag, 1986.

______, *Differenz des Fichteschen und Schellingschen Systems der Philosophie* (in W 2).

______, *Verhältnis des Skeptizismus zur Philosophie. Darstellung seiner verschiedenen Modifikationen und Vergleichung des neuesten mit dem alten* (in W 2).

______, *Glauben und Wissen oder die Reflexionsphilosophie der Subjektivität in der Vollständigkeit ihrer Formen als Kantische, Jacobische und Fichtesche Philosophie* (in W 2).

______, *Phänomenologie des Geistes* (= W 3).

______, *Wissenschaft der Logik Ⅰ* (= W 5).

______, *Wissenschaft der Logik Ⅱ* (= W 6).

______, *Enzyklopädie der philosophischen Wissenschaften Ⅰ* (= W 8).

______, *Vorlesungen über die Geschichte der Philosophie Ⅱ* (= W 19).

______, *Vorlesungen über die Geschichte der Philosophie Ⅲ* (= W 20).

______, 『정신현상학 1』, 『정신현상학 2』, 임석진 옮김, 한길사, 2005.

Henrich Dieter, "Hegels Grundoperation: Eine Einleitung in „die Wissenschaft der Logik“," in *Der Idealismus und seine Gegenwart*, Hamburg: Meiner, 1976.

Hume David, *A Treatise of Human Nature*, ed. L. A. Selby-Bigge, Clarendon Press, 1960.

Hyppolite Jean, 『헤겔의 정신현상학 Ⅰ』, 이종철 · 김상환 공역, 문예출판사, 1986.

Kant Immanuel, *Gesammelte Schriften*, hrsg. der (Königl.) Preußischen Akademie der Wissenschaften (ab Bd. 23 von der Deutschen Akademie der Wissenschaften zu Berlin), Berlin, 1900ff.

______, *Prolegomena zu einer jeden künftigen Metaphysik* (in AA 4).

______, *Logik [Jäsche]* (in AA 9).

______, *Kant's Briefwechsel, Bd. III* (= AA 12).

______, *Kant's handschriftlicher Nachlaß, Bd. III* (= AA 16).

______, *Über die von der Königl. Akademie der Wissenschaften zu Berlin für das Jahr 1791 ausgesetzte Preisfrage: Welches sind die wirklichen Fortschritte, die die Metaphysik seit Leibnizens und Wolffs Zeiten in Deutschland gemacht hat?* (in AA 20).

______, *Logik Blomberg* (in AA 24.1).

______, *Logik Dohna-Wundlacken* (in AA 24.2).

______, *Wiener Logik* (in AA 24.2).

______, *Metaphysik* L_2(in AA 28.2(1)).

______, *Kritik der reinen Vernunft*, Felix Meiner Verlag, 1998.

______, 『순수이성비판 1』, 『순수이성비판 2』, 백종현 옮김, 아카넷, 2006.

Nuzzo Angelica, "Vernunft und Verstand-Zu Hegels Theorie des Denkens," in *Vernunftbegriffe in der Moderne*, hrsg. Hans Friedrich Fulda und Rolf-Peter Horstmann, Klett-Cotta, 1994.

Pöggeler Otto, "Die Ausbildung der spekulativen Dialektik in Hegel Begegnung mit der Antike," in *Hegel und die antike Dialektik*, hrsg. Manfred Riedel,

Suhrkamp Verlag, 1990.

Röttges Heinz, *Dialektik und Sketptizismus: Die Rolle des Skeptizismus für Genese, Selbstverständnis und Kritik der Dialektik*, Athenäum Verlag, 1987.

Sextus Empiricus, *Outlines of Pyrrhonism*, trans. R. G. Bury, Harvard University Press, 2000.

Stough L. Charlotte, *Greek Skepticism*, University of California Press, 1969.

Hegel and Pyrrhonism

Hwang, Sul Joong

Abstract

When Kant constructed a theory of antinomies, he made use of 'the sceptical method'. He demonstrated that to thesis equal antithesis was opposed. By the way, the sceptical method used by Kant is the same as the method of equipollence contrived by ancient pyrrhonists to attack every kind of dogmatism. So it is impossible to overcome pyrrhonism without solving four antinomies. Kant declared to solve the problem of contradiction, insisting that antinomies were caused by subjective confusing appearances with things-in-themselves. But Kant misunderstood the question pyrrhonists had raised from Hegel's point of view. They had shown an inevitable logical contradiction of finite concepts. Therefore philosophers interested in the philosophical truth are supposed to turn attention to the contradiction for defeating philosophical enemies. Hegel's dialectic is to be comprehended in this context. Hegel's dialectic as a philosophical method is similar to the method of equipollence of pyrrhonists, but different. It is not the destruction of all the things. By this process of nullifying finite things it products new things. Negation of dialectical method is not a total negation but a determinated negation. In the fact this negation is leaded by the more fundamental methodological idea, that is, the self-related negativity. This makes finite things confront with contraction. This compelled guidance to the contradiction is already the dissolution of it. At the same time pyrrhonism loses its power because it can not find insoluble others in principle. Pyrrhonism is sublated by speculative philosophy in which it becomes a necessary moment constituting the systematic truth. In other words, pyrrhonism has eternal life with speculative philosophy.

Key Words : Empiricus, Kant, Hegel, pyrrhonism, method of equipollence, antinomy, dialectics, self-related negativity

• 투고일: 2011.08.20. 심사완료일: 2011.10.05. 게재확정일: 2011.10.08.

아리스토텔레스와 헤겔의 비극론 비교*

서 정 혁

Ⅰ. 머리말
Ⅱ. 아리스토텔레스의 『시학』과 『오이디푸스 왕』
Ⅲ. 헤겔의 '미학 강의'와 『안티고네』
Ⅳ. 헤겔의 비극론과 『오이디푸스 왕』
Ⅴ. 아리스토텔레스와 헤겔의 비극론

요약문

아리스토텔레스는 『시학』에서 비극의 구성요소들을 제시하면서 소포클레스의 『오이디푸스 왕』을 가장 비중있게 다룬다. 왜냐하면 아리스토텔레스에 의하면 소포클레스의 『오이디푸스 왕』이 비극이 갖추어야 할 요소들을 잘 충족하면서 '연민'과 '공포'라는 두 감정을 유발하기에 적절한 플롯을 갖추고 있기 때문이다. 이러한 아리스토텔레스의 비극론은 도덕이나 정치와 같은 예술 밖의 기준으로 예술을 평가하지 않고, '순수 예술적 가치'의 독립성을 인정하는 관점에 기초해 있다. 이에 비해 헤겔은 '미학 강의'에서 일차적으로 소포클레스의 『오이디푸스 왕』보다는 『안티고네』를 최고의 작품이라고 평가한다. 그 이유는 헤겔이 비극의 핵심을 인륜적 위력들 간의 충돌로 보고, 『안티고네』에서 국가와 가족이라는 두 인륜들 사이의 충돌이 가장 잘 표현되고 있다고 보기 때문이다. 더 나아가 헤겔은 『안티고네』에 대한 해석을 통해 인륜적 위력들이 각기 자신의 일면성만을 주장할 때 파멸에 이를 수밖에 없다는 것을 보여줌으로써, 비극적 충돌을 해소하고 화해라는 긍정적 요소를 도출하는 데 비극의 최종 목적이 있다고 주장한다. 이 관점에서 헤겔은 『오이디푸스 왕』도 『콜로노스의 오이디푸스』까지 포함하여 해석함으로써 화해라는 측면을 강조하려 한다. 그리고 헤겔은 『오이디푸스 왕』에서 등장하는 충돌을 행위하는 자의 의식과 그 배후에 있는 무의식적 요소 사이의 갈등으로 보면서, 아리스토

* 본 연구는 숙명여자대학교 2011학년도 교내연구비 지원에 의해 수행되었음(과제번호: 1-1103-0636).

텔레스는 강조하지 않는 '스핑크스의 수수께끼' 이야기를 부각시킨다. 그리고 비극에서 결과되는 '공포'와 '연민'이라는 감정보다 '화해의 감정'이 더 고귀하다고 강조한다. 이러한 이유로 아리스토텔레스보다는 헤겔의 비극론이 다분히 그 고유의 철학적 관점에서 비극작품들을 해석했다는 비판을 받을 수는 있으나, 오히려 그렇기 때문에 '참으로 비극적인 것'에 천착한 헤겔의 비극론은 그의 철학과의 관련하에서 여전히 유의미하게 논의될 수 있다.

● 주요어 : 비극, 비극적인 것, 오이디푸스, 안티고네, 인륜, 파토스, 연민, 공포, 화해

Ⅰ. 머리말

서양 비평사에서 비극론이라고 하면 떠오르는 대표적인 철학자 중 한 사람이 아리스토텔레스다.[1)] 헤겔도 '미학 강의'에서 "보편적인 기준이나 명제, 그리고 좀 더 폭넓고 형식적인 일반화 과정에서 예술이론을 만들어 낸" 대표적인 예로 아리스토텔레스의 『시학』을 꼽으면서, 『시학』에서 전개된 비극론은 지금도 여전히 훌륭하다고 언급하고 있다.[2)] 자신의 '미학 강의'에서 '시문학'(Poesie)을, 특히 그 중에서도 극시(dramatische Poesie)를 예술장르 중 최고의 위치에 자리매김하는 헤겔의 입장에서 아리스토텔레스의 비극론을 거론하는 것은 어쩌면 당연하다. 그런데, 헤겔 자신이 '미학 강의'에서 비극에 관해 논하는 관점은 아리스토텔레스와는 다르다. 헤겔의 목표는 아리스토텔레스처럼 비극의 요소들을 분석하거나 비극의 창작 조건들을 제시하는데 있지 않았다. 오히려 헤겔은 비극을 구성하는 '비극적인 것'(das Tragische)이 우리가 세계를 해석하고 이해하는 데 어떤 의미를 지니는가를 파악하려고 했다.[3)] 사실상 이 점에서 아리스토텔레스와 헤겔의 '비극론'이라고 했을 때, 두 사람의 '비극론'은 내용적으로 구분되어야 한다. 왜냐하면 아리스토텔레스의 비극론은 특정한 문학 장르인 '비극작품에 관한 이론'이라면, 이에 비해 헤겔의 비극론은 비극을 비극이게 하는 '비극적인 것에 관한 이론'이기 때문이다.[4)] 아리스토텔레스와 헤겔의 비극론을 곧바로 단순 비교의 대상으로 삼을 수 없는 이

1) 아리스토텔레스의 『시학』과 호라티우스의 영향 하에서 전개된 신고전주의 비평사에 대해서는 다음 책의 서론을 참조할 만하다. 이경식, 『아리스토텔레스의 '시학'과 신고전주의』, 서울대출판부, 1997.

2) Ästhetik1, 31쪽.

3) O. Pöggler, "Hegel und die griechische Tragödie", *Hegels Idee einer Phänomenologie des Geistes*, Freiburg/München: Verlag Karl Alber, 1973, 109쪽.

4) J. G. Finlayson, "Conflict and Reconciliation in Hegel's Theory of The Tragic", *Journal of the History of Philosophy*, Vol.37, Num.3, 1999, 494쪽.

유도 우선 여기에 있다. 더 나아가, 아리스토텔레스의 『시학』에 관한 헤겔의 언급이 '미학강의'에서 매우 제한적이기 때문에, 후대 철학자인 헤겔이 아리스토텔레스의 '비극론'을 어떻게 생각했는지를 직접적으로 확인하기는 쉽지 않다. 이 점에서 아리스토텔레스와 헤겔의 비극론을 비교 검토하는 작업은 우회적인 방식을 취할 수밖에 없다. 따라서 이 글에서는 여러 비극작품들 중 소포클레스의 비극작품, 특히 그 중에서도 『오이디푸스 왕』과 『안티고네』를 통해 아리스토텔레스와 헤겔의 비극론을 비교 검토해 볼 것이다. 그 이유는 아리스토텔레스와 헤겔 모두 이 두 작품을 각각 자신의 저작들에서 가장 중요하게 다루고 있기 때문이다. 왜 아리스토텔레스와 헤겔이 각각 『오이디푸스 왕』과 『안티고네』에 비중을 두고 있는지를 검토함으로써 두 사람의 비극론의 차이점을 알아보고, 그러한 차이가 헤겔의 철학적인 입장과 어떤 연관이 있는지를 살펴볼 것이다.

Ⅱ. 아리스토텔레스의 『시학』과 『오이디푸스 왕』

아리스토텔레스에 의하면 비극은 "진지하고 일정한 크기를 가진 완결된 행위를 모방"하며, "극적 형식을 취하고", "연민과 공포"를 환기시키는 사건에 의하여 "감정의 카타르시스"를 유발해야 한다.[5] 여기서 '행위'와 '극적 형식', 그리고 '연민과 공포'는 비극의 본질을 규정하는 핵심이다. 아리스토텔레스는 이러한 비극의 본질에 비추어 플롯, 성격, 사상, 조사, 노래, 장경이라는 비극의 여섯 가지 구성 요소를 제시하고, 이 중 플롯이 가장 중요하다고 주장한다.[6] 특히 성격과 비교하여 아리스토텔레스는 플롯을 다음과 같이 강조하고 있다.

> "이 여섯 가지 가운데 가장 중요한 것은 사건의 결합, 즉 플롯이다. 비극은 인간을 모방하는 것이 아니라 인간의 행위와 생활과 행복과 불행을 모방한다. 그리고 행복과 불행은 행위 가운데 있으며, 비극의 목적도 일종의 행위이지 성질은 아니다. 인간의 성질은 성격에 의해 결정되지만, 행복과 불행은 행위에 의해 결정된다. 그러므로 극에 있어서 행위는 성격을 묘사하기 위한 것이 아니며, 오히려 성격이 행위를 위해 극에 포함되는 것이다. 따라서 사건의 결합, 즉 플롯이 비극의 목적이며, 목적은 모든 것 중에서 가장 중요하다. 또 행위 없는 비극은 불가능하겠지만, 성격 없는 비극은 가능할 것이다."[7]

5) 『시학』, 1449b 23-29.
6) 『시학』, 1449b 32 이하.
7) 『시학』, 1450a 15-24.

아리스토텔레스에 의하면 "비극의 최우선적인 원리, 즉 비극의 생명과 영혼은 플롯이고, 성격은 이차적인 것이다."[8] 그래서 비극작가는 무엇보다도 완결적인 행동의 통일성을 표현하는 '플롯의 창작자'가 되어야 하고, 통일성 있는 플롯은 사건이 필연적이거나 개연적인 인과관계에 따라 구성될 때 가능하다.[9] 이럴 경우에만 "시는 역사보다 더 철학적이고 중요하다."[10]는 아리스토텔레스의 주장은 설득력을 얻을 수 있다. 왜냐하면 플롯이 사건의 필연적 또는 개연적 인과관계에 기초한다면 통일성이 있을 뿐만 아니라, 이러한 플롯으로 연출된 비극은 '개별적인 것'이 아니라 '보편적인 것'을 표현할 수 있기 때문이다.[11] 그리고 가장 훌륭한 비극이 되려면 플롯은 '급전'과 '발견'을 동반하여 단순하지 않고 복잡해야 한다.[12] '급전'은 사태가 반대 방향으로 전환되는 것이며, '발견'은 무지의 상태에서 앎의 상태로 이행하는 것이다. 그런데, 아리스토텔레스는 "급전을 동반한 발견"으로 플롯을 구성한 소포클레스의 『오이디푸스 왕』을 여러 비극들 중 "가장 훌륭한 것"으로 꼽고 있다.[13] 실제로 『시학』을 읽어보면 아리스토텔레스가 비극을 논하면서 다른 비극작품들보다 특히 주요 사례로 『오이디푸스 왕』을 비중 있게 고려하고 있음을 어렵지 않게 확인할 수 있다.[14] 이는 소포클레스의 『오이디푸스 왕』이 아리스토텔레스가 언급한 훌륭한 플롯을 구현하고 있는 대표적인 사례라는 것을 보여준다. 이 같은 사실은 비극적 효과인 '공포'와 '연민'과 관련한 언급에서 좀더 분명히 드러난다.

아리스토텔레스는 플롯이 복잡한 가장 훌륭한 비극은 "공포와 연민의 감정을 일으키는 행위를 모방해야" 하는데, 특히 연민의 감정은 부당하게 불행에 빠지는 것을 볼 때, 그리고 공포의 감정은 우리 자신과 유사한 자가 불행에 빠지는 것을 볼 때 환기된다고 주장한다. 그리고 이러한 감정을 유발할 수 있는 대표적인 극중 인물로 '오이디푸스'를 꼽고 있다.[15] 또한 이러한 감정을 유발하는 훌륭한 방법은 '무대장치'를 이용하는 것이 아니며, '사건의 구성 자체'에 의해 공포와 연민의 감정이 환기될 때 가장 바람직스럽다고 주장하면서, 다음과 같이 '오이디푸스'를 언급한다.

"왜냐하면 플롯은 눈으로 보지 않고, 사건의 경과를 듣기만 하여도 그 사건에 공

---

8) 『시학』, 1450a 38-30.
9) 『시학』, 제8장과 제9장 참조.
10) 『시학』, 1451b 5.
11) 『시학』, 1451b 6 이하.
12) 『시학』, 1452b 32-33.
13) 『시학』, 1452a 32-33. 1455a 17-18.
14) 『시학』 중 특히 제11장, 제13장, 제14장, 제15장, 제16장 참조.
15) 『시학』, 제13장 참조.

> 포와 연민의 감정을 느낄 수 있게끔 구성되어야 하기 때문이다. 바로 이것이 오이디푸스의 이야기를 단순히 듣기만 하여도 느끼게 되는 감정이다."[16]

그러면, 왜 소포클레스의 『오이디푸스 왕』은 사건의 전개만으로도 공포와 연민을 불러 일으키는 것인가? 아리스토텔레스에 의하면 연민의 감정이 유발되는 것은 당사자들이 적대 관계에 있을 때나 친구도 적도 아닌 때가 아니라, 오히려 비극적 사건이 형제와 형제, 부모와 자식과 같이 친근자 사이에서 발생할 때이다.[17] 또한 비극적 공포를 유발하기에 적절한 것은, '모르고 행했다가 실행하지 않은 경우'나 또는 '알지 못하고 돌이킬 수 없는 행위를 저지르려는 찰나에 깨닫게 되는 경우'다. 그 내용이 익히 잘 알려져 있듯이, 『오이디푸스 왕』은 이 조건들을 충족시키기 때문에 '연민'과 '공포'라는 두 감정을 유발하기에 적절한 플롯을 갖추고 있다고 아리스토텔레스는 주장하는 것이다.

이상과 같이 아리스토텔레스는 『시학』에서 주로 시문학, 특히 그 중에서도 비극의 본질과 구성 요소, 그리고 작시(作詩)의 원리 등을 체계적으로 정립하는 데 치중했다. 그리고 이렇게 자신의 이론을 전개하는 데에 여러 비극작품들 중 특히 소포클레스의 『오이디푸스 왕』을 적극적으로 활용하고 있다. 원칙적으로 이러한 아리스토텔레스의 비극론은 '순수 예술론'에 가깝다고 할 수 있다. 다시 말해 아리스토텔레스는 비극 작품을 평가할 때 비극의 내재적 가치 평가를 중시하며 비평도 이러한 관점에 머물러야 한다고 주장한다. 예를 들어, 아리스토텔레스는 달리는 말(馬)의 두 오른발을 앞으로 내딛게 하는 것과 같은 과오는 의술이나 다른 기술상의 과오이며, 작시(作詩) 자체에 관련되는 것이 아니라고 하면서, 이러한 과오도 시의 목적 달성에 이바지한다면 시에서는 의도적으로 그러한 과오를 범할 수도 있다고 주장한다.[18] 이 점은 소위 '삶의 기술'인 '정치'와 '예술로서의 예술'인 '시학'을 명확하게 구분하려는 아리스토텔레스의 의도에서도 잘 드러난다.

> "한 가지 유의해야 할 점은 시학과 정치학, 또는 기타 기술에 대하여 동일한 정당성의 기준이 적용될 수 없다는 점이다."[19]
>
> "작품은 유기적인 통일성을 지닌 생명체와도 같아서, 그것에 고유한 즐거움을 산출할 수 있을 것이다."[20]

아리스토텔레스에 의하면 시학에는 '정치학'이나 여타의 기술과 다른 그 고유의

16) 『시학』, 1453b 4 이하.
17) 『시학』, 1453b 15 이하.
18) 『시학』, 1460b 15-30.
19) 『시학』, 1460b 14.
20) 『시학』, 1459a 20-21.

기준이 적용되어야 한다. 즉, 어떤 비극이 좋은 작품인가 여부는 실제 삶의 공간인 정치가 좋은가 여부와 같이 비극 외적인 기준에 의해 판단되어서는 안 된다는 것이다. 이 말은 어쩌면 당연한 말일 수도 있다. 왜냐하면 일반적으로 생각할 때 비극을 포함한 예술작품의 가치는 예술의 영역 내에서만 예술의 잣대로 평가하는 것이 바람직하기 때문이다. 만일 '오이디푸스'의 이야기를 삶의 맥락 속에서 윤리적인 잣대를 가지고 평가한다면, 오이디푸스는 천하에 못쓸 패륜아로 낙인찍힐 수밖에 없을 것이다. 플라톤과 달리 아리스토텔레스는 시가 도덕이나 정치와 같은 외적인 기준에 의해 단순하고 직접적으로 가치평가되어서는 안 된다는 입장을 견지한다.[21] 이 점에서 아리스토텔레스의 『시학』은 예술의 본질적 원리를 재천명함으로써 시에 대한 플라톤식의 비판에 대응한 답변이라고 할 수 있다.[22] 그래서 시인이 능력 부족으로 모방을 제대로 못하는 경우나 잘못된 지식을 가지고 모방을 하였을 때 그 시인은 비판받을 수 있지만, 정작 중요한 문제는 시인이 불가능한 것, 사실이 아닌 것, 불합리한 것, 도덕적으로 해로운 것 등을 그렸느냐 여부가 비판의 핵심이 될 수는 없다는 것이다. 예술은 예술 자체의 관점에서 창작되고 음미되고 해석되고 비판받아야 한다는 것이 아리스토텔레스의 기본 관점이다.[23] 따라서 아리스토텔레스의 비극론은 기본적으로 '순수 미학적 가치'를 제안하고 있다고 해석할 수 있다.[24] 물론 이렇게 순수 미학적 가치를 인정한다고 해서 효과의 측면에서 아리스토텔레스의 비극론이 도덕과 같은 다른 가치들을 배제한다고 판단할 필요는 없다. 순수 미학적 가치의 우선성을 주장하면서도, 아리스토텔레스는 비극이 지니는 의미를 인간의 통합적인 삶 속에서 보려고 하였기 때문이다.[25]

Ⅲ. 헤겔의 '미학 강의'와 『안티고네』

헤겔은 '미학 강의'에서 "극시의 본래적인 시작"은 고대 그리스에서 찾는 것이 합당하다고 주장하면서, 고대 그리스의 비극에 등장하는 개인은 "인간 목적의 실체적인 알맹이가 지니는 자유로운 생동성"을 요구하는 조건에서 등장하며, 이 점에서 극시에서 등장인물이 수행하려는 것은 "목적의 보편적이며 본질적인 면"이라

21) S. Halliwell, *Aristotle's Poetics*, London: Duckworth, 1986, 4쪽.
22) S. Halliwell, "The Importance of Plato and Aristotle for Aesthetics", *Aristotle Critical Assessments*, Vol.4, ed. by Lloyd P. Gerson, London/New York: Routledge, 1999, 301쪽.
23) 『시학』, 제25장 참조. 조요한, 「아리스토텔레스 비극론의 카타르시스 해석」, 『미학』, 김진엽 · 하선규 엮음, 책세상, 2007, 42쪽 이하 참조.
24) D. W. Lucas, *Aristotle Poetics*, London: Oxford Univ. Press, 1968, 235쪽.
25) S. Halliwell, 앞의 책, 4쪽 이하 참조.

고 주장한다.[26] 이러한 맥락에서 헤겔은 '비극적인 것'(das Tragische)과 '비극의 목적'에 대해 다음과 같이 이야기한다.

> "비극적인 것에 대해 더 자세히 보면, 비극적인 것은 고전 비극이다. 고전 비극은 어떤 하나의 상황과 더불어 시작한다. 즉 개인들은 어떤 손상된 상태에 얽혀들어 있으며, 그런 속에서 자신에게 하나의 목적을 세워야만 한다. 그런 목적으로 설정되기에 정당한 것은 인륜 일반(das Sittliche überhaupt)이다. 인륜적인 위력(die sittlichen Mächten)은 여러 가지다. 안정된 상태에서 그 위력들은 신들의 영역으로서 조화 속에 있다. 하지만 이 위력들은 상처를 입는 일도 생길 수 있는데, 이를 통해 인륜적인 위력들이 활동성으로 나타나게 된다. 그렇게 하여 개인들은 파토스(πάθος)로서, 인륜적 위력의 현실화로서 나타난다. 왕과 누이, 즉 크레온과 안티고네 혹은 상처입은 아버지의 아들, 즉 오레스테스가 그렇게 나타난다."[27]

여기서 헤겔은 비극의 주인공들이 스스로 제시하는 목적은 '인륜'이며, 비극에서 인물들 간의 갈등도 인륜적 위력들 사이의 충돌이 현실화된 것으로 보고, 그 대표적인 예로 『안티고네』를 들고 있다. 이처럼 헤겔에 의하면 "근원적인 비극의 본래 주제"는 "신적인 것"(das Göttliche)이며, 이 '신적인 것'은 "의욕과 실행의 정신적 실체"로서 "인륜"과 동일하다.[28] 비극을 '인륜'이라는 관점에서 보려는 헤겔의 의도는 다음과 같은 언급에서도 잘 드러난다.

> "비극적 개인들이 놓치지 않으려는 목적들에 대해서, 인간적인 의욕 속에서 실체적이며 대자적으로 정당화된 일군의 위력들이 비극적 행위의 참된 내용을 전해준다. 즉 부부, 부모, 자녀, 형제 같은 가족애나 국가적 삶, 시민의 애국심, 지배자의 의지 등이 그러한 위력들이다."[29]

헤겔은 비극에서 갈등을 유발하는 대립이 참된 의미를 지니기 위해서는 "이념상"(Ideal)의 흔적을 지녀야 하며, "이성과 정당성"이 있어야 한다고 주장한다. 따라서 비극에서 갈등을 빚는 위력도 "보편적이고 영원한 위력"으로서, 이 위력이 바로 "예술을 형성하고 영원하고 종교적이고 인륜적인 관계를 이루는 주요 동기"가 된다는 것이다. 그러면서 인륜적 위력들로 가족, 조국, 국가, 교회, 명성, 우정, 위엄 등을 제시하면서, 역시 여기서도 소포클레스의 『안티고네』를 언급하고 있다.[30] 그런데, '미학 강의'에서 헤겔은 이 『안티고네』를 단순히 여러 비극 작품들

26) Ästhetik3, 535쪽.
27) Hotho, 302쪽.
28) Ästhetik3, 522쪽.
29) Ästhetik3, 521쪽.

가운데 하나로 취급하지 않고, 더 나아가 인륜적 위력들의 갈등을 가장 잘 표현한 작품으로 보고 있다.

> "아이스킬로스의 선행(先行)이후에 특히 소포클레스가 가장 아름답게 다룬 주요대립은 국가와 가족의 대립이다. 여기서 국가는 정신적 보편성에서의 인륜적 삶이며, 가족은 자연적인 인륜성이다. [국가와 가족이라는] 이 둘은 비극적 표현의 가장 순수한 위력들이다. 왜냐하면 이 영역들의 화해와 조화로운 행동은 현실 내에서 인륜적 현존재의 가장 완벽한 실재(die vollständige Realität)를 이루기 때문이다."[31]

당연히 여기서 헤겔이 염두에 두고 있는 작품은 소포클레스의 『안티고네』이다. 헤겔은 여러 가지 인륜적 위력들 사이의 대립들 중 특히 국가와 가족의 대립을 "최고의 두 가지 인륜적 위력들의 충돌"로 보고,[32] 이러한 대립과 이들 사이의 화해와 조화를 '인륜적 현존재의 가장 완벽한 실재'로 해석하면서, 이를 가장 아름답게 다룬 작품으로 『안티고네』를 꼽고 있는 것이다. 국가와 가족 사이의 충돌은 바로 "정치적인 관계와 자연적인 관계 사이의 모순"이며, 헤겔에 의하면 『안티고네』에서는 "국가의 공적인 법과 내적인 가족애, 그리고 형제에 대적하는 의무가 서로 간에 투쟁적으로 대립하며, 여성인 안티고네는 가족의 관심사를 파토스로 삼고, 남성인 크레온은 공동체의 안녕을 파토스로 삼고 있다."[33] 사실상 헤겔이 『오이디푸스 왕』이 아니라 『안티고네』에 대해 "비극의 절대적 모범 사례",[34] "가장 완전한 예술작품",[35] "고대와 근대 세계의 모든 뛰어난 것들 중 가장 뛰어나고 만족스러운 예술작품",[36] "모든 시대에 걸쳐 가장 숭고하고 모든 관점에서 가장 뛰어난 예술작품들 가운데 하나"[37]라고 극찬하는 이유도, 이 비극작품이 헤겔 자신이 중요시하는 인륜적 위력들의 대립을 가장 첨예하게 보여 주기 때문이다.[38] 앞에서 언

30) Ästhetik1, 286-287쪽.
31) Ästhetik3, 544쪽.
32) TW17, 133쪽.
33) Ästhetik2, 60쪽.
34) TW17, 133쪽.
35) Hotho, 306쪽.
36) Ästhetik3, 550쪽.
37) Ästhetik2, 60쪽.
38) 헤겔의 『안티고네』에 대한 평가는 시대적인 맥락에서도 이해될 수 있다. 아리스토텔레스의 비극론의 영향 하에서 18세기까지 소포클레스의 『오이디푸스 왕』은 여러 비극들 중 최고의 위치를 누려 왔다. 그런데 실제로 소포클레스 당대에는 소포클레스의 작품들 중 440년 또는 441년 경에 상영된 '『안티고네』를 포함한 삼부작(Trilogie)'이 최고 작품으로 평가받았던 반면, 그후 70대의 노년에 접어든 소포클레스가 발표한 '『오이디푸스 왕』을 포함한 삼부작'은 아이스킬로스의 조카인 필로클레스(Philokles)에게 경연에서 패배하고 만다. 물론 그렇다고 '『오이디푸스 왕』을 포함한 삼부작'이 당대에 더 낮은 평가를 받은 것은 아니며, 경연에서의 패배는 다분히 정치적인 이유가

급한 것처럼, 헤겔과 달리 아리스토텔레스는 적어도 소포클레스의 비극들 중에서는 『안티고네』가 아니라 『오이디푸스 왕』을 더 뛰어난 작품으로 보고 있다는 것은 분명하다.39) 그러면, 헤겔이 비극을 바라보는 관점이 앞서 살펴본 아리스토텔레스의 관점과 어떻게 다르기에, 헤겔은 아리스토텔레스와는 달리 『안티고네』를 높게 평가하는 것일까?

헤겔은 '미학 강의' 뿐만 아니라 다른 여러 곳에서도 『안티고네』의 내용을 언급하고 있지만, 헤겔이 『안티고네』를 철저하게 문학적인 관점에서 분석하고 있지는 않다. 하지만 비록 헤겔이 『안티고네』를 세밀하게 분석하지는 않지만, 헤겔의 일관된 언급을 보면 그의 관점이나 목적이 무엇인지는 비교적 분명히 알 수 있다. 즉, 헤겔은 『안티고네』의 핵심 플롯을 잘 알려져 있듯이 '안티고네와 크레온 사이의 대립'으로 본다. 헤겔에 의하면 이 두 사람은 각각 가족과 국가라는 인륜적 위력을 대표하는 인물로서, 자신의 인간적 파토스를 통해 이 위력을 행동으로 실천한다.40) 안티고네는 인륜적인 힘에 이끌려 오빠가 땅에 묻히지 못하고 새들의 먹이가 될까 봐 두려워하는 '오빠에 대한 성스러운 애정'을 갖고 있다. 만일 오빠를 매장할 의무를 이행하지 않으면 그것은 가문의 경건한 의무를 해치는 것이 된다고 생각한 그녀는 왕 크레온의 명령을 어기고 오빠를 매장한다. 안티고네는 공동체의 실증적 규범이나 안녕, 국가권력보다는 가족애와 혈연관계를 숭상하는 것이다. 이에 반해 테베의 왕인 크레온은 오이디푸스의 아들인 폴리네이케스가 조국을 배반했다는 이유로 그의 시신을 조국에 묻지 못하도록 명령한다. 크레온은 가족애

있었다고 전해진다. 실제로 예를 들어, 3, 4세기에도 '오이디푸스 드라마'가 '안티고네 드라마'보다 훨씬 많았으며, 상대적으로 '안티고네 드라마'는 수 세기 동안 사람들에게 많이 알려지지 않았다. 18세기 말경에 와서야 비로소 『안티고네』는 일종의 르네상스기를 맞게 되는데, 예를 들어 괴테는 1809년에 『오이디푸스 왕』이 아니라 『안티고네』를 바이마르 무대에 올린다. H. Flashar는 이 변화의 움직임의 원인으로 '프랑스 혁명'(1789년)과 그 여파에 의한 여성 권리의 신장을 들 수 있다고 한다. H. Flashar, "Hegel, Oedipus und die Tragödie des Sophokles", *Kunst und Geschichte im Zeitalter Hegels*, hrsg. von Ch. Jamme unter Mitw. F. Völkel, Hamburg: Felix Meiner Verlag, 1996, 2-4쪽 이하 참조. 이런 맥락의 연장 선에서 P. J. Mills, L. Irigaray, J. Butler 등과 같은 페미니스트들이 헤겔의 안티고네 해석을 끌어들이는 것은 정당하다고 생각된다. 헤겔의 안티고네 해석과 페미니즘과 관련한 서술에 대해서는 별도의 연구가 필요하지만, 이에 대한 간략한 소개는 다음을 참조할 수 있다. 임철규, 『그리스 비극−인간과 역사에 바치는 애도의 노래』, 한길사, 2007, 289-317쪽 참조.

39) 아리스토텔레스의 비극론에서 『안티고네』는 『오이디푸스 왕』보다 훨씬 더 낮게 평가되며, 여백에 단 한번 언급될 뿐이다. H. Flashar, 앞의 글, 4쪽 참조.

40) 헤겔은 이 같은 비극의 주인공들은 죄가 있으면서도 동시에 무죄라고 해석한다. 왜냐하면 고대 그리스의 비극에서 주인공들은 자의적으로 그렇게 행동을 하려고 선택한 인물들이 아니라, 그들 자신이 바로 인륜적 위력을 실현하는 파토스 자체이기 때문이다. 헤겔은 이러한 방식으로 대가적인 깊이와 절제를 지니고, 미적이고 조형적인 생동성을 띤 극시를 완성한 사람이 '소포클레스'라고 강조한다.(Ästhetik3, 545-546쪽)

와 혈연관계보다는 공동체의 안녕과 계약적인 실증법, 국가권력을 숭상한다.[41] 따라서 헤겔에 의하면 이 두 사람은 가족이나 국가 중 어느 한 쪽의 인륜적 위력만을 실현하려고 고집하는 "비극적 완고함"(tragische Festigkeit)을 지니고 있다. 양쪽은 각각 자기 행동의 정당성만 관철시키려고 하며, 상대방의 정당성은 인정해 주지 않으려고 한다.[42] 즉, 양쪽은 상대방의 행위의 정당성을 부정하는 한에서만 자신의 정당성을 관철시킬 수 있다. 헤겔은 이 같은 둘 사이의 대립을 '모순'이라고 부른다.[43] 그런데, 헤겔은 이 같은 대립상황을 고집하는 한 대립하는 양쪽 모두는 파멸에 이를 수밖에 없다는 점을 강조해서 보여주고 싶어 한다. 헤겔은 다음과 같이 말한다.

> "이 특수한 위력들이 극시가 요구하는 대로 현상적 활동으로 작동하고, 행동으로 옮겨가서 어떤 인간적 파토스의 특정한 목적으로 실현되면, 위력들의 조화는 지양되어 버리고, 이 위력들은 상호 간에 대립하면서 폐쇄적인 상태로 등장하게 된다. 그렇게 해서 개별적인 행동은 특정 상황 하에서 어떤 목적이나 성격(배역)을 수행하려고 한다. 이때 이 목적이나 성격은 대자적으로 완결된 규정성 속에서 자신을 일면적으로 고립시키기 때문에, 이러한 전제 하에서 필연적으로 자신과 대립하는 파토스를 자극함으로써 피할 수 없는 갈등을 초래한다. 근원적으로 비극적인 것(das ursprünglich Tragische)은, 그러한 충돌 내에서 대립하는 양쪽이 대자적으로 취해진 정당성(Berechtigung)을 지니지만, 다른 한편으로 보면 이 양쪽은 그들의 목적과 성격의 진정한 긍정적 알맹이를 오직 동등한 정당성을 지닌 다른 위력을 부정하고 침해하는 것으로서만 관철시킬 수 있으며, 그렇기 때문에 그들이 인륜성 속에 있기는 하지만

41) Sophokles, 천병희 옮김, 「안티고네」, 『소포클레스 비극』, 단국대출판부, 2001, 89-154쪽 참조.

42) 헤겔은 행위의 정당성의 관점에서 크레온도 예외가 아니라고 보고 있다. "크레온은 전제군주가 아니라 하나의 인륜적 위력이다. 크레온은 부당하지 않다. 그는 국가의 법, 통치의 주권이 존중받아야 하며 손상을 입었을 때 형벌이 따라야 한다고 주장한다."(TW17, 133쪽) 그러나 헤겔과 달리 크레온의 행동을 부당하다고 보는 해석도 있다. 헤겔 당대에 A. W. Schlegel은 크레온의 명령이 전제적이며, 『안티고네』는 전제군주와 가장 순수한 여성성을 지닌 여장부 사이의 충돌을 다룬 작품이라고 해석한다.(A. W. Schlegel, *Über dramatische Kunst und Literatur*, 3Bde.(1809-11), Heidelberg: Mohr und Winter, 1817, Bd. 1, 177쪽, 186-7쪽.) A. Lesky도 크레온은 정당하지 않다고 주장한다. 왜냐하면 크레온은 관습에 맞게 폴리네이케스를 조국에 매장하지 말라고만 명령하지 않고 그의 시신을 새의 먹이가 되도록 하였고, 도시에서 멀리 떨어진 곳에 매장할 수도 있었기 때문이다.(A. Lesky, *Greek Tragic Poetry*, trans. M. Dillon, New Haven: Yale Univ. Press, 1983, 140쪽 이하) Nussbaum도 크레온이 폴리네이케스를 그의 조국에서 멀리 떨어진 장소에 매장함으로써 화해가 성취될 수도 있었으나, 단일한 선을 고집함으로써 갈등을 유발할 수밖에 없었다고 주장한다.(M. C. Nussbaum, *The Fragility of Goodness-Luck and Ethics in Greek Tragedy and Philosophy*, New York: Cambridge Univ. Press, 2001(revised), 55쪽 이하 참조)

43) Ästhetik2, 60쪽.

이 같은 상황으로 인해 죄(Schuld)를 짓게 되는 것이다."[44]

그러나, 이처럼 상대방을 부정하면서 죄를 짓는 모순의 상태에 머무는 것이 비극의 결말이라고 헤겔은 생각하지 않는다. 헤겔은 그 속에서 '근원적으로 비극적인 것'이 나올 수 있는 가능성을 모색하며, 비극적 충돌의 해소 가능성을 모색한다. 오히려 헤겔은 모순 속에서 모순의 지양 가능성을 찾는 것이다.

> 이를 통해 매개되지 않은 모순이 정립된다. 이 모순은 실재(Realität)로 드러나기는 하지만 실재 속에서 실체적이며 정말로 현실적인 것으로 유지되지는 못 한다. 오히려 이 모순은 자신이 모순으로서 지양된다는 사실 속에서만 자신의 본래적인 권리를 발견한다. 그래서 비극적인 목적과 성격이 정당화되고, 비극적 충돌이 필연적으로 발생한 후, 세 번째로 이 분열의 비극적 해소가 있게 된다. 이렇게 해소됨으로써 영원한 정의는 인륜적인 실체와 통일성의 안거(安居)를 방해하는 개별성을 몰락시킴으로써 이 인륜적인 실체와 통일성을 산출하는 방식으로 여러 목적들과 개인들에 대해 완수된다.[45]

헤겔에 따르면 비극의 목적은 "영원히 실체적인 것"이 투쟁하는 개별성들에게서 "잘못된 일면성"만을 제거하고, 개별성들이 원한 긍정적인 것을 더 이상 분열되지 않고 긍정적인 매개의 상태에서 보존될 수 있는 것으로 표현함으로써, "화해의 방식"으로 이 "영원히 실체적인 것"이 승리를 거두는 모습을 보여주는데 있다.[46] 그래서 "비극적인 착종(Verwicklung)의 결과"는 서로 투쟁하는 양쪽이 모두 정당성을 보존하면서도 그들이 주장하는 일면성(Einseitigkeit)이 제거되고 "침해되지 않은 내적 조화"(die ungestörte innere Harmonie)의 상태로 되돌아가는 대단원으로 끝맺음 한다. 이처럼 비극의 "참된 전개는 대립으로서의 대립을 해소하고 갈등 속에서 서로를 부정하기 위해 투쟁하는 위력들을 서로 화해시키는 데 있다."[47] 헤겔은 이렇게 해야만 결말에서 비로소 "절대적인 이성성"이 나타날 수 있고 개인들의 심정은 정말로 "인륜적으로 진정"되어, 불행과 고통이 아니라 "정신의 만족"이 최종적인 것이 된다고 주장한다. 헤겔에 의하면 "우리가 이러한 통찰을 붙들고 놓치지 않을 때에만 고대 비극은 개념파악될 수 있다."

44) Ästhetik3, 522-523쪽.

45) Ästhetik3, 524쪽.

46) Ästhetik3, 527쪽. 호메로스의 『일리아드』와 『오딧세이아』에 나오는 '아킬레우스'와 '오딧세우스'의 이야기를 언급하면서, 헤겔은 이들 '서사시적인 화해'와 '비극적인 화해'를 구분한다. 헤겔은 서사시적인 화해와 달리 "좀더 고차적인 비극적 화해는 특정한 인륜적 실체성들이 그들의 진정한 조화에 대한 대립으로부터 출현하는 것과 관련이 있다."(Ästhetik3, 549쪽)

47) Ästhetik3, 547쪽.

여기서 헤겔의 비극론의 특징이 잘 드러난다. 헤겔은 비극의 해석을 통해 누가 선하고 누가 악하다는 식의 도덕적인 결말을 내리는 일이 전혀 중요하지 않다고 본다. 오히려 "충돌(Kollision)이 완성될 때, 거기서 긍정적인 화해가 나오고 서로 투쟁하던 양쪽 위력이 동등한 가치를 띠게 되는 것을 직관하는 일이 중요하다."고 헤겔은 분명히 밝힌다.[48] 그러면, 『안티고네』에서 구체적으로 어떻게 이러한 화해가 그 작품 내에서 실현 가능한지, 헤겔에게 질문이 제기될 수 있다. 이 질문에 헤겔 자신이 어떤 식으로 답할지는 의문이다. 왜냐하면 헤겔은 정작 이 질문에 대한 답을 좀더 구체적으로 자신의 '미학 강의'에서 밝히지는 않았기 때문이다. '23년 미학 강의'에는 『안티고네』와 관련해 다음과 같은 구절이 있다.

> 『안티고네』에서는 크레온, 즉 국가권력이 가족에게 적대적으로 행동한다. 그는 안티고네를 벌하며 외경심을 손상시킨다. 크레온의 아들 하이몬은 안티고네의 약혼자인데, 그녀와 함께 죽는다. 즉 왕은 손상을 가함으로써 자기 자신도 손상되는 것이다. 이와 마찬가지로 안티고네도 국가에 소속되며 국가에 반대해서 행위하는데, 이러한 손상은 마찬가지로 그녀를 손상시키며 죽음으로 몰고 간다. 각각의 이 두 측면 자체에는 개인을 그들 자체에서 손상시키는 그런 측면이 있다. 이런 것이 대단원의 가장 완전한 방식이다. 이제 대단원 자체에 관하여 보면, 그것은 화해적이며 긍정적이어야 한다. 인륜적인 것들의 균형, 두 위력의 동등한 타당성이 직관되어야 한다. 두 측면 모두는 부당함을 가지고 있고, 조화에 이름으로써 통일성을 이룬다.[49]

여기서 헤겔은 대립하는 자신의 타자를 인정하여 화해를 이루는 상태가 『안티고네』 자체의 대단원을 이룬다고 보고 있다. 만일 '화해'(Versöhnung)가 대립하는 양쪽의 '부정' 뿐만이 아니라 또 다른 '긍정' 속에서만 가능하다고 본다면, 헤겔의 이 같은 해석에 의문을 제기할 수도 있을 것이다. 과연 『안티고네』 자체의 대단원에는 비극적 결말 말고 어떤 긍정적 장면이 있다는 말인가? 하지만, 헤겔은 여기서 이 비극 작품의 직접적인 내용보다는 거기서 비롯되는 효과의 측면에 비추어 '화해'라는 긍정적 요소를 찾고 있다.

> 이렇게 함으로써 심정(Gemüt)은 참되게 인륜적으로 충족되며, 개인들에 의해 감동되고, 사태 속에서 화해되어 있다. 이제 이 화해는 객관적이지만, 단지 우리에 대해서

48) Ästhetik3, 547쪽. 그러나, 실제로 『안티고네』 내에서는 안티고네는 자신의 잘못을 시인하지 않지만 크레온은 자신의 잘못을 시인한다. 그럼에도 불구하고 헤겔이 크레온과 안티고네 모두 각각 자신의 정당성을 똑같이 주장하면서 일면성을 굽히지 않고 있다고 주장하는 것이 틀렸다고는 할 수 없다. S. Houlgate, "Hegel's Theory of Tragedy", *Hegel and The Arts*, ed. by St. Houlgate, Evanston: North Western Univ. Press, 2007, 155쪽 참조.

49) Hotho, 306-307쪽.

> 만(nur für uns) 객관적이며, 일면적인 개인들에 대해서는 그렇지 않다. 이 같은 화해가 『안티고네』 속에 들어 있는 것이다. 여기서 관객(Zuschauer)은 이러한 만족감을 지니게 된다. 즉 화해(Aussöhnung)가 그 자체로 사태 속에서 생겨났고, 그래서 묘사는 가장 조형적인 것이다. 자신의 타자를 인정한다는 특징이 『안티고네』 자체 속에 들어 있다.[50]

헤겔에 의하면 비록 무대 위의 배우는 비극적 종말을 맞이하지만, 그 배우들의 일면성의 파멸을 목격하는 관객의 심정은 인륜적으로 충족되고 화해의 감정을 느끼게 된다는 것이다.[51] 특히 비극적 장면을 주시하는 관객의 '심정'은 개인들의 관점에서가 아니라 '영원하고 절대적인 이성성과 정당성'의 관점에서 화해의 감정을 느끼게 된다. 이 점에서 헤겔은 비극의 대단원을 장식하는 화해에 "오직 우리에 대해서만"이라는 단서를 달고 있는 것이다.

Ⅳ. 헤겔의 비극론과 『오이디푸스 왕』

이상에서 살펴 본 것처럼, 헤겔은 자신의 '미학 강의'를 비롯한 여러 글들에서 여러 비극작품들 중 『안티고네』를 특별히 부각시키면서 거기에 특별한 의미를 부여하고 있다. 앞서 언급한 것처럼, 이것은 헤겔이 비극을 대할 때 '인륜'을 가장 중요한 요소로 고려하고 있고, 『안티고네』가 인륜들 사이의 충돌 및 화해를 가장 잘 보여주는 작품이라고 생각하기 때문이다. 그러나, 그렇다고 해서 헤겔이 다른 비극작품들을 전혀 고려하지 않은 것은 아니다. 특히 소포클레스의 비극작품들 중 『오이디푸스 왕』은 『안티고네』에 대한 극찬에 미치지 못 하기는 하지만, 헤겔이 자주 사례로 드는 작품 중 하나다.

헤겔은 앞에서 언급한 것처럼 인륜적 위력들 간의 충돌을 다룬 대표적인 사례로 국가와 가족 사이의 충돌을 다룬 『안티고네』를 제시하고 나서, 두 번째로 비극에서 또 하나의 주요한 충돌로 소포클레스의 『오이디푸스 왕』을 들고 있다. 헤겔에 의하면 『오이디푸스 왕』에서는 "깨어 있는 의식의 권리", 즉 "인간이 자기의

---

50) Hotho, 306-307쪽.

51) M. W. Roche, *Tragedy and Comedy-A Systematic Study and a Critique of Hegel*, New York: State Univ. of New York Press, 1998, 75쪽 참조. 여기서 Roche는 비극의 주인공도 갈등과 화해를 의식할 수도 있고 그렇지 않을 수도 있어서 이를 차별화하는 것이 중요한데, 헤겔은 수용자의 입장을 중요시하여 이런 측면을 고려하지 못했다고 언급하고 있다. 그러나 이러한 해석은 고대 비극 뿐만 아니라 셰익스피어의 극시와 같은 근대 비극 등에 대한 헤겔의 분석을 전반적으로 검토함으로써 반박될 수 있다. 이에 대한 구체적인 검토는 다음 연구로 미룬다.

자기의식적인 의지로 실행하는 것의 권리"와, 반면에 그가 "무의식적으로 의도하지 않고 신들의 결정에 의해 실제로 행하는 행동"이 중요한 갈등 요인이다. 오이디푸스는 자기 아버지를 때려 죽이고 자기 어머니와 결혼하여 자녀를 낳는다. 그는 전혀 자신이 알거나 의도하지 않았는데도 이처럼 가장 사악하고 파렴치한 행위에 말려 들어간다.[52] 헤겔에 의하면 오늘날의 경우에 비추어 보면 이와 같은 범죄는 행위자 스스로 알거나 의도하지 않고 저지른 것이므로 이러한 행위를 사실상 범죄로 인정하지는 않을 것이지만, 고대 그리스인은 개인 스스로 저지른 행위에 대해 총체적으로 책임을 졌으며, 자신의 자기의식 가운데서 형식적인 주관성과 객관적인 사실을 서로 분리시키려 하지 않았다.[53) 『오이디푸스 왕』으로 대표되는 비극의 두 번째 충돌 유형은, 이처럼 개인이 어떤 행위를 의도하지 않고 행하여 인륜적 위력을 침해했을 때 뒤늦게 자신의 행위 결과를 자신의 책임으로 인정하게 되면, "행위 속에 내재한 의식과 의도"와 "행위 그 자체가 발생하고 난 후 그 행위에 대한 의식" 사이에 "반목"(Widerstreit)이 생기고, 이러한 갈등이 충돌의 원인이 되는 경우다.[54]

그런데, 헤겔이 이렇게 '오이디푸스'의 이야기를 언급할 때, 거기에는 두 가지 특징적인 점이 나타난다. 그 중 한 가지는 헤겔이 '오이디푸스'의 이야기를 『콜로노스의 오이디푸스』까지 포괄하는 3부작으로 이해하고 싶어 한다는 점이다.[55] 왜 헤겔은 '오이디푸스'의 이야기를 『오이디푸스 왕』과 더불어 『콜로노스의 오이디푸스』까지 고려하여 이해하려 했을까? 헤겔은 '미학 강의'에서 "충돌하는 갈등"이 "어떤 외적 장치"(deus ex machina) 같은 것에 의해 외적인 방식으로 해소되는 것보다는 "내적인 화해"(innerliche Aussöhnung)가 더 아름답다고 주장하면서, 이 내적인 화해를 보여주는 대표작으로 『콜로노스의 오이디푸스』를 들고 있다.[56] 이 비극의 대강의 줄거리를 소개한 후, 헤겔은 다음과 같이 주장한다.

> "되돌아오라는 그의 아들의 요청을 듣지 않고, 오이디푸스는 콜로노스에서 모든 분열을 자신 속에서 해소하고 스스로를 자기 자신 속에서 순화시키며, 자신에게 복수의 여신이 친구처럼 함께 하도록 하여 무거운 죄를 진 사람이 되는데, 이 사람을 신이 소환한다. 그러자 그의 먼 눈이 변용되어 밝아지고, 그의 유골은 그를 후하게 받아 준 그 도시의 성물과 재보가 된다. 죽음 속에서의 이러한 변용(Verklärung)은 그의 개별성과 인격성 자체 내에서 이루어지는 오이디푸스의 현상적 화해이자 동시에 우

52) Sophokles, 천병희 옮김, 「오이디푸스 왕」, 『소포클레스 비극』, 단국대출판부, 2001, 18-86쪽 참조.
53) Ästhetik3, 545쪽.
54) Ästhetik1, 278-279쪽.
55) Ästhetik1, 295-296쪽. Ästhetik3, 545쪽, 551-2쪽. Hotho, 307-308쪽.
56) Ästhetik3, 550-551쪽.

> 리의 현상적 화해이다."[57]

여기서도 헤겔은 『안티고네』에서와 마찬가지로 '화해'를 강조하고 있다. 그런데, 이 경우의 화해는 갈등하는 두 사람 사이의 화해가 아니라, 동일한 행위를 행한 한 사람 내에서의 화해다. 이 내용과 연관하여 헤겔은 후대 사람들이 이 『콜로노스의 오이디푸스』 속에서 '기독교적인 색채'를 찾으려 했다는 사실을 지적하고 있다. 『호토판 미학』의 논조는 『콜로노스의 오이디푸스』를 기독교적으로 해석하는 것에 대해 상당히 비판적인 입장을 견지하고 있는 반면,[58] '23년 미학 강의'에서는 비교적 그 내용이 다음과 같이 긍정적으로 서술되고 있다.

> "『콜로노스의 오이디푸스』에는 기독교적인 것으로 이르는 하나의 화해가 있다. 말하자면 신이 죄인을 은총으로 받아들인다는 것이 그런 것이다. 오이디푸스는 자신의 아버지를 참살했고 자신의 어머니를 죽였다. 하지만 그는 자신의 불행을 예감했으며, 최초로 [스핑크스의] 수수께끼를 푼 자이다. 그는 수수께끼를 풀며, 자기 자신이 누구인지에 대한 앎이 나오도록 했다. 이것이 해답이다. 그는 자신이 살인자라는 것을 안다. 동시에 이것이 그를 가장 불행하게 만든다. 예언자인 그는 자신을 장님으로 만든다. 왜냐하면 자신의 예견이 그를 불행하게 만들기 때문이다. 그렇듯, 아담과 이브를 불행하게 만드는 것이 선과 악의 인식이다. 아담이 낙원에서 추방되었듯이 오이디푸스도 추방되었다. 콜로노스에서 그는 앎에의 도달이 만족과 분열이며, 전도되었음을 안다. 앎은 자체 내에서도 대립을 재구성하게 된다. 오이디푸스는 자기 자신에서 변용에 이른다."[59]

헤겔 자신이 『콜로노스의 오이디푸스』 속에서 기독교적인 요소를 어느 정도 강조하려 했는지는 정확히 알 수 없으나,[60] 이 인용문에서 분명히 알 수 있는 것은, 전체 '오이디푸스'의 이야기에서 『콜로노스의 오이디푸스』는 헤겔에게 매우 중요한 의미로 받아들여지고 있다는 사실이다. 왜냐하면 이 비극작품은 그 구조상 헤겔에게 정립과 반립 사이의 대립을 종합하는 상태, 즉 비극에서 보자면 작용(Aktion)과 반작용(Reaktion) 사이의 대립에 대한 해소(Auflösung)의 유비로서 의미를 지닐 수 있기 때문이다.[61] 아마도 헤겔은 『오이디푸스 왕』만으로는 위와 같은

57) Ästhetik3, 551쪽.
58) Ästhetik3, 551-2쪽.
59) Hotho, 307-308쪽.
60) 푀겔러는 헤겔이 프랑크푸르트 시기에 예수의 운명을 비극적인 것으로 보거나, 비극을 기독교적인 이해의 관점에서 파악하고, 예나 시기의 「자연법 논문」에서는 인륜의 절대자의 통일을 비극적인 화해로 해석하면서, 결국 헤겔은 철학 속에서 비극의 유산을 찾으려 했다고 지적하고 있다. O. Pöggeler, 앞의 글, 100-102쪽.
61) H. Flasher, 앞의 글, 8-9쪽 참조.

'화해'의 결말을 확신할 수 없었을 것이다. 헤겔은 『콜로노스의 오이디푸스』를 통해서 '오이디푸스'가 초래한 갈등이 화해로 끝맺을 수 있는 확실한 가능성을 찾았던 것으로 보인다. 그리고 이 점에서 헤겔은 『안티고네』를 해석할 때 지녔던 관점을 고스란히 견지하고 있다는 사실도 드러난다. 즉, 『오이디푸스 왕』을 『콜로노스의 오이디푸스』와 연계하여 이해하려는 헤겔의 의도에는, 비극의 본질을 인륜적 위력들 사이의 충돌과 그리고 그 충돌의 해소 및 화해에서 찾으려는 관점이 깔려 있는 것이다. 이는 한 마디로 『안티고네』를 해석하는 관점으로 『오이디푸스 왕』을 해석하려는 결과라고 할 수 있다.[62)]

헤겔이 '오이디푸스'의 이야기를 언급할 때 나타나는 또 한 가지 특징적인 점은, 헤겔이 이 이야기에 분명히 '스핑크스의 수수께끼'를 연관시키려 한다는 점이다. 앞의 인용문에서도 드러나듯이, '오이디푸스'의 이야기를 거론할 때 헤겔은 항상 '스핑크스의 수수께끼' 이야기를 염두에 두고 있다.[63)] '오이디푸스'는 헤겔에게 비극의 주인공일 뿐만 아니라, 더불어 그 해답이 '인간'인 수수께끼를 푼 최초의 '인간'인 것이다. 잘 알려져 있다시피, 실제로 '스핑크스의 수수께끼'와 관련되는 신화적 얘기는 소포클레스의 『오이디푸스 왕』에서는 직접 주요 사건으로 다루어지지 않으며 간접적인 배경으로 암시만 될 뿐이다.[64)] 그럼에도 불구하고 '오이디푸스'의 이야기와 연관해서 헤겔이 '스핑크스의 수수께끼'를 아주 중요한 요소로 다루고 있는 점은 특이하다. 헤겔에 의하면 '오리엔트 정신의 대표적 상징물'인 스핑크스가 낸 수수께끼를 오이디푸스가 해결하였다는 것은, 오이디푸스가 '인간의 자기의식'을 대표하는 인물임을 보여준다.[65)] 그는 '매우 지혜로운 자'이며, 지혜는 '의식적 명증성'을 획득하는 데에서 비롯된다. 하지만, 이렇게 지혜로운 자 '오이디푸스'는 동시에 무의식적으로 부친살해와 근친상간이라는 씻을 수 없는 죄를 범

---

62) 소포클레스는 3부작 모두가 하나의 소재를 다루는 내용 3부작이라는 아이스퀼로스의 기법을 버리고, '착오－인식－자기결정'이라는 플롯패턴을 새롭게 계발하여 개개의 비극이 그 자체로 완결성을 갖도록 했다는 점에서 본다면, 헤겔의 이러한 해석이 어느 정도로 소포클레스의 비극작품에 대한 해석으로 적절한 것인지는 논란될 수 있다. 천병희, 『그리스 비극의 이해』, 문예출판사, 2002, 83쪽 참조. 김기영, 「오이디푸스 신화의 수용과 변형－소포클레스의 <오이디푸스 왕>을 중심으로」, 『드라마연구』, 제26호, 한국드라마학회, 2007, 152쪽 참조.

63) Hotho, 139-140쪽. TW12, 272쪽. TW17, 133쪽.

64) 올림푸스 신화의 초기 형태에조차 본래 '스핑크스 신화'는 등장하지 않는다는 주장도 있다. H. Flasher, 앞의 글, 14쪽 참조.

65) 헤겔의 '미학 강의'내에서 보자면, 스핑크스의 수수께끼를 푼다는 것은, 이집트식의 상징적 예술형식이 지양되고 고대 그리스의 고전적 예술형식이 시작된다는 것을 나타내기도 한다. 그래서 오이디푸스와 스핑크스가 소개되는 장면은 헤겔의 '미학 강의'의 역사적이며 체계적인 공간에서 하나의 전환점으로 볼 수 있다. P. Szondi, *Poetik und Geschichtsphilosophie I*, Frankfurt am Main: Suhrkamp Verlag, 1974, 379-380.

한다. 그런데, 헤겔은 오이디푸스의 죄를 부친살해와 근친상간이라는 직접적 사태로 보지는 않는다. 헤겔에 의하면 "그가 죄가 있는 이유는 오직 그의 인륜적 위력이 일면적이기 때문이다." 헤겔이 보기에 '오이디푸스'의 이야기에서 오이디푸스는 깨어 있는 의식의 권리만을 고수하는 자로 행위한다. 이 권리는 자신이 아는 것만을 행했다고 인정하는 권리다. 그러나, 그가 위반한 것은 똑같이 인정을 받아야 하는 무의식적이며 알려지지 않은 권리다. "복수의 여신"(Nemesis)은 의식과 무의식 사이의 불균형을 회복시키는 위력으로서 등장하며, 오이디푸스 자신의 의식적 행위가 결국 그의 죄를 백일하에 드러내는 결과를 초래하도록 한다. 즉 "그렇게 지혜로운 자가 무의식적인 위력에 처해 있어서, 그가 고귀한 자리에 있게 될 때 동시에 심각한 죄를 짓게 되는 것이다."[66] 여기서 헤겔은 다음과 같이 말한다.

> "지혜로운 자로 드러나는 오이디푸스가 푼 이 오래된 해결은 동시에 무시무시한 무지와 결부되어 있었으니, 그것은 바로 오이디푸스 자신이 행한 것에 관한 무지였다. 오래된 왕가에서 정신적인 명증성의 시작은 무지로부터 비롯된 전율과 한 쌍을 이루며, 이 왕의 최초의 지배권은 인륜적 명증성에 대한 참된 앎을 얻기까지 시민적 법칙들과 정치적 자유를 통해 스스로를 형태화하고 아름다운 정신으로 화해되어야 한다."[67]

여기서 헤겔이 '오이디푸스'의 이야기에 '스핑크스의 수수께끼'를 결부시키려는 의도가 무엇인지는 분명히 드러난다. 즉 그것은 '스핑크스의 수수께끼'를 푼 자로서 오이디푸스가 명증적인 앎을 소유한 인간이라는 점을 부각시킨 후, 헤겔은 명증한 의식과 무의식, 앎과 무지 사이의 충돌을 좀더 선명하게 보여주려고 했던 것이다. 이러한 맥락에서 헤겔은 오이디푸스가 의식의 차원에서 끊임없이 추구한 좋은 행위가, 무의식적인 측면을 고려하지 않은 그 일면성으로 인해 좋지 않은 것으로 전환될 수밖에 없음을 강조하여 보여준다. 그러나 아리스토텔레스와 달리 헤겔은 오이디푸스의 비극이 오이디푸스가 자신의 가족에게 행한 끔직한 일에 있다는 점을 전혀 부각시키지 않는다.[68] 이에 비해 아리스토텔레스는 『시학』에서 『오이디푸스 왕』을 거론하면서도 '스핑크스의 수수께끼'에 관한 이야기는 다루지 않고 있다.

66) TW17, 133쪽.
67) TW12, 272쪽.
68) S. Houlgate, 앞의 글, 157쪽.

V. 아리스토텔레스와 헤겔의 비극론

앞에서 언급했듯이, 아리스토텔레스는 그의 『시학』에서 소포클레스의 비극들 중 특히 『오이디푸스 왕』을 핵심 사례로 고찰하고 있다.69) 우선 이 점은 헤겔이 『오이디푸스 왕』보다는 『안티고네』를 훨씬 더 강조하고 있다는 사실과 대비될 수 있다. 그런데, 누가 어떤 작품을 좀더 중요하게 취급했는가라는 표면적인 사실보다, 왜 그들이 어떤 맥락에서 그 작품을 중요하게 생각했는가라는 점을 밝히는 것이 더 중요하다.

앞서 언급한 것처럼 헤겔이 『안티고네』를 부각시키고 있는 것은, 헤겔이 보기에 이 비극작품이 인륜적 위력들 간의 충돌 및 화해를 가장 선명하게 보여주기 때문이다. 그리고 이러한 충돌 및 화해의 관점에서 헤겔은 『오이디푸스 왕』도 해석하고 있기 때문에, 그 해석이 아리스토텔레스의 것과는 상당히 차이가 난다. 아리스토텔레스와 달리 헤겔이 『오이디푸스 왕』을 해석하면서 '화해'라든지 '스핑크스의 수수께끼'와 같은 요소에 큰 비중을 두는 이유도 바로 이 같이 비극을 해석하는 관점 때문이라고 할 수 있다. 그렇지만, 헤겔은 아리스토텔레스의 비극론과 자신의 입장을 무조건적으로 차별화하지는 않으며, 부분적으로는 아리스토텔레스의 비극론의 입장을 타당한 것으로 받아들인다. 그 대표적인 예로 헤겔은 아리스토텔레스가 행위에 기초한 플롯을 성격보다 강조한 것을 옳다고 분명히 밝힌다.

> "이러한 의미로 아리스토텔레스가 『시학』 제6권에서 다음과 같이 주장한 것은 옳다. 즉 비극에서 행위를 위한 두 가지 원천들이 되는 것은 심정과 성격이지만, 그러나 요점은 목적이며 개인들은 성격을 표현하기 위해 행동하는 것이 아니며, 성격은 [목적을 이행하는] 행위를 위해 함께 고려된다는 것이다."70)

헤겔에 의하면 비극에서는 행위자의 성격보다는 목적과 그 목적을 이행하는 행위가 중요하다. 실제로 헤겔도 자신의 '미학 강의'에서 '행위'(Handlung)를 매우 강조하며, 비극적 갈등이나 성격도 '행위'라는 큰 틀에서 다루고 있다.71) 하지만, 이처럼 헤겔이 아리스토텔레스의 관점을 부분적으로 타당한 것으로 받아들인다고 해서, 그의 입장을 그냥 답습하고 있다고 생각해서는 안 된다. 헤겔이 아리스토텔레

---

69) 아리스토텔레스는 『시학』에서 아이스킬로스의 작품 4편, 에우리피데스의 작품 8편, 그리고 소포클레스의 작품 9편을 언급하고 있는데, 그 중에서도 소포클레스의 『오이디푸스 왕』이 가장 자주 인용된 작품 중 하나다.(이상섭, 『아리스토텔레스의 '시학' 연구』, 문학과 지성사, 2002, 152-153쪽 참조)

70) Ästhetik3, 501쪽.

71) 헤겔은 '예술미 또는 이념상'을 다루는 부분에서, '행위'(Handlung) 속에 '성격'(Charakter)을 한 항으로 포함시켜 다루고 있다. Ästhetik1, 306쪽 이하.

스의 해석에 자신만의 관점을 가미한 대표적인 사례는 '공포'와 '연민'이라는 비극적 감정과 관련되는 부분이다. '미학 강의'에서 헤겔은 아리스토텔레스가 비극의 참된 효과는, 비극이 공포(Furcht)와 연민(Mitleid)을 불러 일으키고 순화시키는 데에 있다고 한 점을 환기시킨다. 그런데, 헤겔에 의하면 비극에서 공포와 연민은 "나의 주관성에 단순히 일치하고 일치하지 않는 감각, 쾌적하거나 불쾌한 것, 공감을 불러 일으키거나 거부감을 불러 일으키는 것 등 이런 규정들 가운데 가장 피상적인 것들"을 아리스토텔레스가 생각했던 것은 아니라는 것이다. 즉, 예를 들어 『오이디푸스 왕』을 보면서, 등장 인물들에게 닥친 운명에 관객이 공포나 연민이라는 감정을 자신의 내부에서 느끼는 상태에만 머무는 것이 비극적 효과는 아니라고 헤겔은 보는 것이다. 오히려 헤겔은 "예술작품에서 이성과 정신의 진리에 일치하는 것을 표현하는 일"만이 중요하다는 것을 강조하면서, 이를 위해 공포와 연민을 주관적인 감정에 치우쳐 해석하는 관점과는 다른 관점에 주목할 필요가 있다고 주장한다.

> "아리스토텔레스의 이 주장에서도 우리는 공포와 연민의 단순한 관점에 집착해서는 안 되며, 오히려 예술에 적합하게 나타나서 위에서 말한 감각들을 순화시키는 내용의 원리를 놓치지 말아야 한다. 인간은 한편으로는 외적이고 유한한 것의 위력을 두려워할 수 있고, 다른 한편으로는 즉자대자적 존재[절대적 존재]의 위력을 두려워할 수도 있다. 그런데 인간이 참으로 두려워해야 하는 것은 외적인 위력이나 이 위력의 억압이 아니라 인륜적 위력이다. 인륜적 위력은 인간 고유의 자유로운 이성의 규정이자 동시에 영원하고 침해될 수 없는 것으로서, 만일 인간이 이 위력에 등을 돌리면 그는 자기 자신에게 대항하는 꼴이 되고 만다."[72]

여기서 헤겔은 공포와 연민이라는 비극적 감정을 주관적인 관점에서 해석하지 않고, '인륜적 위력'과 연관시켜 생각하고 있다. 인간이 참으로 두려워해야 하는 것은 외적인 고통이나 억압이 아니라 '인륜적 위력'이며, 인륜적 위력은 '인간 고유의 자유로운 이성의 규정'이자 '영원하고 침해될 수 없는 것'이다. 앞서 보았듯이, 헤겔에 의하면 모든 비극은 이 인륜적 위력을 어떤 방식으로건 침해함으로써 비롯된다. 공포와 마찬가지로 연민도 단순히 타인의 불행과 고통에 대한 공감이어서는 안 된다. 비극에서 "진정한 연민"은 "고통받는 자의 인륜적 정당성에 대한 공감"이며, "고통받는 자 속에 있을 수밖에 없는 긍정적이며 실체적인 것에 대한 공감"이라고 헤겔은 주장한다. 또한 "진정으로 비극적인 고통"은 "행동하는 개인들의 정당하면서도 동시에 그들 간의 충돌을 통해 죄많은 행위가 빚어낸 결과로서만 그들에게 내려지는 것"이므로, 이 결과에 대해 행동하는 개인들은 "자신의

72) Ästhetik3, 524-525쪽.

전 존재를 통해" 책임을 져야 하는 것이다. 이처럼 헤겔은 공포와 연민을 인륜의 관점에서 해석하면서, 공포와 연민의 감정을 순화시키는 '화해의 감정'이 훨씬 더 고귀한 것이라고 주장한다.

> "그렇기 때문에 단순한 공포와 비극적 연민보다 화해의 감정이 더 고귀한 것이다. 비극은 이 화해의 감정을 영원한 정의를 주시함으로써 허락한다. 영원한 정의는 절대적으로 다스리면서 일면적인 목적과 열정의 상대적 정의를 관통해 들어간다. 왜냐하면 영원한 정의는 그 개념상 갈등과 모순이 참된 현실성의 상태에 있는 몇몇 인륜적 위력들에 대해 승리를 거두고 지속하는 것을 참을 수가 없기 때문이다. 이 원리에 따르면, 비극적인 것은 특히 갈등과 이 갈등의 해소를 직관하는 데에 기초하므로, 전체 서술방식 상 극시만이 비극적인 것을 총체적 범위와 흐름 속에서 예술작품의 원리로 만들고 온전하게 형태화할 수 있다."[73]

아리스토텔레스는 자신의 심각한 과실(hamartia)로 인하여 고통당하는 주인공의 모습이 관객에게 공포와 연민을 불러일으킨다는 측면을 강조하지만, 이와 달리 헤겔은 진정한 비극적 감정은 이같은 공포와 연민이 아니라 '화해의 감정'이라고 주장하는 것이다. 우리는 여기서 화해의 감정을 대립하는 인륜적 위력들을 자신 속에 통일시키는 주인공의 행위에서 찾을 수도 있고, 아니면 비극의 등장인물과 그것을 바라보는 관객 사이에서 모색해 볼 수도 있다. 그런데, 어느 경우든 진정한 비극적 감정으로 '화해의 감정'을 '영원한 정의'의 관점에서 주장하는 헤겔의 비극론은 아리스토텔레스의 비극론과 차이난다는 것을 알 수 있다.[74] 또한 위의 논의를 통해서 볼 때, 아리스토텔레스에 비해 상대적으로 더 헤겔의 비극론이 그 자신의 변증법적이고 목적론적인 관점에서 비극작품들을 해석했다는 비판을 받을 수 있는 가능성에 노출되어 있음을 알 수 있다.[75] 그러나 그럼에도 불구하고 아리스토텔레스의 '비극론'과는 달리, '참으로 비극적인 것'에 천착했던 헤겔의 의도를 고려한다면, 그의 '비극론'은 그의 철학과의 관련 속에서 여전히 유의미하게 다루어질 수 있을 것이다.

---

73) Ästhetik3, 526쪽.

74) 특히 이미 예나시기부터 '절대정신의 자기소외와 그 지양'이라는 변증법적 사변철학의 맥락을 중심으로 헤겔의 비극론이 구성되며, 이러한 비극론은 추상적인 실정법에 의해 규정되는 근대 시민사회의 분절화된 양상과 대비시키는 맥락에서, '인륜적인 것 속에서의 비극'이라는 헤겔의 함축적인 언급에서 잘 드러난다는 해석이 있다. 임홍빈, 「비극적 인식과 인륜성」, 『범한철학』, 제39집, 범한철학회, 2005, 36-38쪽. 이와 달리 예나 초기의 '비극적 사유'의 모델과 예나 후기의 '변증법적 사유'의 모델을 구분하는 입장에서 헤겔의 '비극적인 것'을 해석하려는 입장도 있다. 조창오, 「예나 초기 헤겔의 '비극적 사유'」, 『헤겔연구』, 제28호, 한국헤겔학회, 2010, 231-249쪽 참조.

75) O. Pöggeler, 앞의 글, 99쪽 참조.

참고 문헌

1. 1차 문헌

*** 헤겔의 저술**

Hegel. G. W. F., *Gesammelte Werke*, in Verbindung mit der Deutschen Forschungsgemeinschaft, hrsg. von der Reinische-Westfälischen Akademie der Wissenschaften, Hamburg, 1968ff.(=GW)

______, *Theorie Werkausgabe in zwanzig Bänden*, Redaktion von E. Moldenhauer & K. M. Michel, Frankfurt am Main, 1969ff.(=TW)

______, *Vorlesungen über die Ästhetik I*, in TW13, 1970.(=Ästhetik1)

______, *Vorlesungen über die Ästhetik II*, in TW14, 1970.(=Ästhetik2)

______, *Vorlesungen über die Ästhetik II*, in TW15, 1970.(=Ästhetik3)

______, *Vorlesungen über die* Ästhetik, *Berlin 1820/21.* hrsg. von H. Schneider, Frankfurt am Main: Peter Lang, 1995.(=Ascheberg)

______, *Vorlesungen über die Philosophie der Kunst, Berlin 1823 Nachgeschrieben von Heinrich Gustav Hotho*, hrsg. von Annemarie Gethmann-Siefert, Hamburg: Felix Meiner Verlag, 1998.(=Hotho)

______, *Philosophie der Kunst oder Ästhetik, Nach Hegel. Im Sommer 1826*, hrsg. von Annemarie Gethmann-Siefert, B. Collenberg-Plotnikov, München: Wilhelm Fink Verlag, 2004.(=Kehler)

______, *Philosophie der Kunst. Vorlesung von 1826*, hrsg. von Annemarie Gethmann-Siefert, Jeong-Im Kwon und Karsten Berr, Frankfurt am Main: Suhrkamp Verlag, 2004.(=Pfordten)

______, 권정임 · 한동원 옮김, 『헤겔 예술철학』, 미술문화, 2008.

______, 두행숙 옮김, 『헤겔의 미학강의I, II, III』, 은행나무, 2010.

______, 서정혁 옮김, 『미학강의』, 지만지고전천줄, 2008.

*** 아리스토텔레스의 저술**

Aristotle, *Aristotle in twenty-three Volumes,* Cambridge: Harvard Univ. Press, 1926ff.(=AV)

______, *The Poetics*, in: AV23, trans. by W. Hamilton Fyfe, 1965.

______, 천병희 옮김, 『시학』, 문예출판사, 2002.(= 『시학』)

2. 2차 문헌

Finlayson, J. G., "Conflict and Reconciliation in Hegel's Theory of The Tragic", *Journal of the History of Philosophy*, Vol.37, Num.3, 1999.

Flashar, H., "Hegel, Oedipus und die Tragödie des Sophokles", in: *Kunst und Geschichte im Zeitalter Hegels*, hrsg. von Ch. Jamme unter Mitw. F. Völkel, Hamburg: Felix Meiner Verlag, 1996.

Halliwell, S., "The Importance of Plato and Aristotle for Aesthetics", *Aristotle Critical Assessments*, Vol.4, ed. by Lloyd P. Gerson, London/New York: Routledge, 1999.

______, *Aristotle's Poetics*, London: Duckworth, 1986.

Houlgate, S., "Hegel's Theory of Tragedy", in: *Hegel and The Arts*, ed. by S. Houlgate, Evanston: Northwestern Univ. Press, 2007.

Lesky, A., *Greek Tragic Poetry*, trans. M. Dillon, New Haven: Yale Univ. Press, 1983.

Lucas, D. W., *Aristotle Poetics*, London: Oxford Univ. Press, 1968.

Nussbaum, M. C., *The Fragility of Goodness-Luck and Ethics in Greek Tragedy and Philosophy*, New York: Cambridge Univ. Press, 2001(revised).

Pöggeler, O., "Hegel und die griechische Tragödie", in: *Hegels Idee einer Phänomenologie des Geistes*, Freiburg/München: Verlag Karl Alber, 1973.

Roche, M. W., *Tragedy and Comedy-A Systematic Study and a Critique of Hegel*, New York: State Univ. of New York Press, 1998.

Schlegel, A. W., *Über dramatische Kunst und Literatur*, 3Bde.(1809-11), Heidelberg: Mohr und Winter, 1817.

Sophokles, 천병희 옮김, 『소포클레스 비극』, 단국대출판부, 2001.

Szondi, P., *Poetik und Geschichtsphilosophie I*, Frankfurt am Main: Suhrkamp Verlag, 1974.

김기영, 「오이디푸스 신화의 수용과 변형－소포클레스의 <오이디푸스 왕>을 중심으로」, 『드라마연구』, 제26호, 한국드라마학회, 2007.

이경식, 『아리스토텔레스의 '시학'과 신고전주의』, 서울대출판부, 1997.

이상섭, 『아리스토텔레스의 '시학' 연구』, 문학과 지성사, 2002.
임철규, 『그리스 비극－인간과 역사에 바치는 애도의 노래』, 한길사, 2007.
임홍빈, 「비극적 인식과 인륜성」, 『범한철학』, 제39집, 범한철학회, 2005.
조요한, 「아리스토텔레스 비극론의 카타르시스 해석」, 『미학』, 김진엽·하선규 엮음, 책세상, 2007.
조창오, 「예나 초기 헤겔의 '비극적 사유'」, 『헤겔연구』, 제28호, 한국헤겔학회, 2010.
천병희, 『그리스 비극의 이해』, 문예출판사, 2002.

The Comparison of Aristotle's and Hegel's Theory of Tragedy

Seo, Jeong-Hyok

Abstract

Aristotle handles Sophocles' *Oedipus Tyrannus* most heavily in his *Poetics*, presenting components of the tragedy. According to him, Sophocles' *Oedipus Tyrannus* meets conditions which a good tragedy should have, and it has the plot that is adequate to induce pity and fear. His theory of tragedy is based not on the perspective which evaluates art by unartistic criteria, but on the perspective which recognizes the independence of pure artistic value. In contrast, Hegel values Sophocles' *Antigone* instead of *Oedipus Tyrannus* as the best work of art in his *Lectures on Aesthetics*. Hegel thinks the core of tragedy as the collision between ethical powers and thinks that such a collision between family and state is best expressed in Sophocles' *Antigone*. Furthermore, Hegel shows through the interpretation of Sophocles' *Antigone* that all ethical powers are bound to go to the ground, when each ethical power holds fast to only its onesidedness. And then he claims that the ultimate end of a tragedy is to resolve collision as a negative element and to attain reconciliation as a positive element. From this viewpoint, Hegel wants to emphasize the aspect of reconciliation by interpreting Sophocles' *Oedipus Tyrannus* including *Oedipus Coloneus*, and the story 'Riddle of the Sphinx' which was not highlighted by Aristotle, when Hegel interprets the collision in *Oedipus Tyrannus* as the conflict between consciousness of those who act and the unconscious element in their rear. He emphasizes the feeling of reconciliation more than pity and fear. Through these points we can know that not Aristotle's but Hegel's theory of tragedy would be criticized, because Hegel interprets tragedies in his own philosophical perspective. This makes us to discuss meaningfully Hegel's theory of tragedy which inquires into 'the truly tragic' in relation to his philosophy.

Key Words : tragedy, the tragic, *Oedipus, Antigone, ethical* power, pathos, pity, fear, reconciliation.

• 투고일: 2011.08.25. 심사완료일: 2011.09.20. 게재확정일: 2011.09.24.

제2부

일반논문

알베르투스 마그누스의 보편적 질료-형상론 비판*

정 현 석

Ⅰ. 들어가는 글: 중세의 보편적 질료－형상론
Ⅱ. 보편적 질료－형상론－플라톤주의: 『명제집 주해』와 『천상의 위계 주해』
Ⅲ. 보편적 질료－형상론－형편없는 철학: 아리스토텔레스 주해서들
Ⅳ. 보편적 질료－형상론－이단적 사유의 근원: 『신학대전』
Ⅴ. 알베르투스 마그누스의 자가당착(?)과 토마스 아퀴나스
Ⅵ. 나가는 글

요약문

보편적 질료－형상론은 1230년대 이후부터 1260년대 중반에 이르는 약 한세대에 이르는 기간동안 중세 유럽에서 유행했던 이론으로서 아우구스티누스와 보에티우스와 같은 기독교 세계의 권위를 근거로 12세기 이후로 유입된 아리스토텔레스의 철학을 그 시대의 현실과 이에 따른 문제의식을 바탕으로 결합시킴으로써 당시 학문의 중심지였던 파리대학과 옥스퍼드 대학의 교수들과 스콜라학자들의 사상에 지배적인 영향력을 행사한 바 있다. 그런데 이렇게 큰 성공을 거두었던 중세의 보편적 질료－형상론에 대해 13세기의 대표적인 사상가 알베르투스 마그누스(Albertus Magnus)는 1246년에 집필한 『명제집 주해』으로부터 1260년대 말－70년대 초에 걸쳐 집필한 『신학대전』에 이르는 저작들에 이르기까지 집요하게 비판적 논의를 전개한다.

본 논문은 알베르투스가 보편적 질료－형상론에 대한 비판을 전개하는 과정에서 11세기 무슬림 제국 치하의 스페인에서 활동했던 유대철학자 아비체브론(Avicebron)과 그의 저작 『생명의 원천』(*Fons vitae*)이라는 저자와 저작을 보편적

* 본 논문의 게재와 관련하여 수정·보완해야 할 내용에 대해 세세한 부분에 이르기까지 소중한 조언을 해주신 세 분의 익명 심사위원 선생님들께 마음 깊은 곳으로부터 감사의 말씀을 올린다.

질료-형상론의 근본 원천으로 제시하는 논의를 그의 저작연대를 좇아 분석하는 것을 목적으로 한다. 이를 통해 본 논문은 일차적으로 알베르투스의 생애 내내 유지되고 있는 일관되고도 집요한 그의 공격이 아리스토텔레스의 철학을 유럽세계의 사람들에게 올바르게 이해할 수 있도록 하고자 했던 그의 필생의 동기가 발현한 구체적인 예로서 밝히고자 한다. 이와 아울러 그가 아비체브론과 『생명의 원천』을 그와 동시대에 활동하던 보편적 질료-형상론자들이 거론한 철학적/신학적 권위들로부터 보편적 질료-형상론을 유리시키고 고립시키는 데 활용하고 있음을 밝힘으로써 1230년 대 이후 기독교 세계의 권위를 업고 유럽의 정신세계를 장악했던 보편적 질료-형상론을 아리스토텔레스나 아베로에스와 같은 이교 철학에 입각한 자신의 입장으로 대체하려는 알베르투스의 철학적 야심과 그 의의를 밝히고자 한다.

● 주요어 : 알베르투스 마그누스, 보편적 질료-형상론, 아비체브론, 아리스토텔레스, 다비드 디난도

Ⅰ. 들어가는 글: 중세의 보편적 질료-형상론

중세 보편적 질료-형상론(Universal Hylomorphism)은 모든 존재하는 것들 사이에서 가장 보편적이며 최우선적인 원리로 질료를 제시한다. 그래서 이 이론은 제일원인이자 창조자로서 어떤 제한(limitatio)이나 규정(determinatio)으로부터 벗어나 있는 순수형상인 신을 제외한 모든 존재하는 것들을 형상과 질료의 결합물로 이해한다. 이 이론에 따르면 세계에 존재하는 모든 피조물들은-예컨대 흔히 신체를 결부하고 있지 않다고 중세인들이 간주하던 천사나 인간의 영혼과 같은 것으로부터 신체를 가진 모든 여타의 피조물까지-그들의 고유한 작용의 기체(基體)라 할 수 있는 질료를 가진 질료적 존재자들이다. 그래서 이 이론을 수용했던 중세인들은 일상에서 그들이 경험하는 물체적 실체들에게 물체성(corporeitas)과 결부된 질료를 투사했던 것과 마찬가지로 비신체적 실체들, 예컨대 천사나 인간의 영혼과 같은 실체들에게 정신적 질료, 즉 신체적 작용과 구분되는 정신적 작용의 기체로서의 질료를 투사하곤 했다.1)

1) Avicebron, *Fons vitae: translationem ex Arabico in Latinum*. C. Baeumker(ed.), *Beiträge zur Geschichte der Philosophie und Theologie des Mittelalters ,Band1, Heft 2-4*. Münster: Aschendorff, 1895. Reprint, 1995. V, 23, p. 300.4-5 (Avicebron, *Fons vitae*. M. Benedetto(ed.), *Avicebron: Fonte della vita(testo latino afronte)*. Milan: I edizione Bompiani, 2007. p.630) : « Esse primae formae, scilicet existere per se in actu, est impossibile, quia non habet esse nisi cum materia simul; sed in intellectu et in potentia est possibile »; Bonaventura, *Commentaria In II Sententiarum Magistri*

이와 같이 만유(萬有)의 유한성 및 변화를 질료의 보편성을 통해 그려낸 중세의 보편적 질료-형상론 전통의 기원은 일차적으로 질료가 "그 자체로는 무엇도, 얼마만큼도, 그리고 있음을 규정하는 다른 어떤 것들도 아니다."라고 논했던 아리스토텔레스에게까지 거슬러 올라갈 수도 있을 것이다.[2] 하지만 이와 같은 질료 개념과 아리스토텔레스가 다루고 있는 질료 개념, 특히 아리스토텔레스가 자연학에서 물질계, 즉 신체를 가진 사물들의 운동과 변화를 설명하기 위해 사용하고 있는 질료 개념 사이에는 분명한 간극이 있다. 그래서 중세의 보편적 질료-형상론은 13세기 말 이후, 특히 알베르투스 마그누스와 토마스 아퀴나스의 비판 이래르 소위 '충실한' 아리스토텔레스의 추종자나 연구자들 사이에서 진지한 관심의 대상으로 조명 받지 못하곤 했다. 하지만 페르낭 브뤼너(F. Brunner)와 같은 학자들은 이 독특한 중세의 보편적 질료-형상론으로부터 감각적-물체적 변화 전반의 기체였던 아리스토텔레스의 자연학적 질료의 질료개념이 "보편적 변화 전반의 기체"로서 시간과 공간을 넘어서는 존재자들까지 포괄하는 확장된 형이상학적 의미를 확보하는 계기를 발견하기도 했다.[3]

아울러 중세의 보편적 질료-형상론에서는 스토아 사상과 고대 후기의 신플라톤주의 사상의 강력한 영향력도 감지할 수 있다.[4] 특히 13세기와 14세기의 보편적 질료-형상론자들이 질료 개념과 관련하여 가장 즐겨 인용했던 권위자는 신플라톤주의자 아우구스티누스였다. 더 나아가 보편적 질료-형상론자들은 상기한 아리스토텔레스는 물론 아비첸나와 아베로에스와 같은 아리스토텔레스의 주석가들을 활발하게 동원하면서 고대로부터 당대에 이르는 쟁쟁한 권위자들로부터 이어 받은 종합적 사상 전통을 구축하려 했다. 이 전통의 대표자로는 헤일즈의 알렉산더(Alexander Halensis, c.1185-1245), 로저 베이컨(Roger Bacon, c.1214-1292), 요하네

Petri Lombardi. Vol.II, *Doctoris seraphici S. Bonaventurae Opera theologica selecta iussu et auctoritate R.miP. Leonardi M Bello*. Florence: Ex typographia Collegii S. Bonaventurae, 1938, d.3, pars.1, a.1, q.1, p.79: «Nullum mutabile est simplex; sed angelus de natura sua est mutabilis et mutatur: ergo habet compositionem. Sed ulterius, quod ex materia: cuicumque inest mutatio, inest principium mutabilitatis; sed principium mutabilitatis est materia »; Ibid. d.17, a.1, q.3, sc.*a-c*, p.425 역시 참조.

2) 아리스토텔레스, 『형이상학』, 김진성 역, 이제이북스, 서울, 2007, 1029a19 이하(역자 김진성은 hylē를 "밑감"이라는 순 우리말로 번역했지만 본 논문에서는 관례에 따라 이를 "질료"로 새긴다).

3) F. Brunner, "Sur l'hylémorphisme d'Ibn Gabirol," *Les Etudes Philosophiques* 8, no.1(1953), p.28; F. Brunner, "La transformation des notions de matière et de forme d'Aristote à Ibn Gabirol," in *Métaphysique d'Ibn Gabirol et de la tradition platonicienne* Brookfield, Vermont: Ashgate Press, 1997, p.7 ; F. Brunner, "La doctrine de la matière chez Avicébron," *Revue de théologie et de philosophie* 6(1956), p.268.

4) 스토아 학파와 고대 후기의 질료 개념에 대해서는 B. Besnier, "La conception stoïcienne de la matière," *Revue de métaphysique et de morale* 37(2003)을 참조.

스 페캄(Johannes Peckham, c.1230-1292), 마테우스 아쿠아스파르타(Matthaeus ab Acquasparta, c.1237-1302) 등 13세기 초로부터 14세기 초까지 서유럽 사상계의 주요 사상가들을 들 수 있으며[5] 이들의 영향은 중세를 거쳐 16세기의 조르다노 브루노(Giordano Bruno, 1548-1600)와 17세기 르네 데카르트(René Descartes, 1596-1650)에게까지도 미쳤다.[6]

한편 이와 같이 중세는 물론 르네상스와 근대에 이르기까지 영향력을 행사했던 보편적 질료-형상론은 사상가들 사이에서 널리 수용된 것만큼 비판의 표적이 되기도 했다. 예컨대 12세기 말에서 13세기 초에 파리대학 교수로 활동했던 요하네스 블런드(Johannes Blund c.1175-1248)는 『영혼에 관한 논고』(*Tractatus de anima,* 1197년-1204년 사이에 집필)에서 인간의 영혼에 질료-형상적 결합을 투사하는 것이 영혼의 단순성에 대한 이해에 배치(背馳)된다는 입장을 제시하고 있다.[7] 하지만 이 이론에 대한 철학 및 철학사적 차원에서 의미있는 비판적 논의의 주춧돌을 놓은 사상가는 13세기 사상가 알베르투스 마그누스(Albertus Magnus, c.1193/1206-1280)다. 그의 비판적 논의에서 흥미를 끄는 것은 보편적 질료-형상론의 궁극적 근거문헌으로 그와 동시대에 활동했던 보편적 질료-형상론자들이 사실상 거의 거론하지 않았던 무슬림 치하의 스페인에서 활동했던 12세기 유대인 철학자 아비체브론(Avicebron)[8]의 『생명의 원천』(*Fons Vitae*)으로 제시하고 있다는 점이다.[9]

---

5) 중세의 보편적 질료-형상론의 역사, 특히 13세기 초중반 사상가들의 입장에 대한 고전적 연구로는 D.-O. Lottin, “La Composition Hylémorphique Des Substances Spirituelles.” *Revue néo-scolastique de philosophie* 34(1932)와 J.A. Weisheipl, “Albertus Magnus and universal hylomorphism: Avicebron : a note on thirteenth-century Augustinianism,” *Southwestern Journal of Philosophy* 10, no.3(1980), p.255 등이 있으며, 근래의 연구로는 레이몬드 롱의 R.J. Long, “Roger Bacon on the Nature and Place of Angels.” *Vivarium* 35, no.2(1997); 그리고 R.J. Long, “Of Angels and Pinheads : The Contributions of the Early Oxford Masters to the Doctrine of Spiritual Matter.” *Franciscan Studies* 56(1998) 참조.

6) 데카르트는 엄밀한 의미에서 보편적 질료-형상론의 전통에 속한 사상가라고 보기는 어렵다. 그런데 그는 정신적 실체의 본질의 문제를 두고 보나벤투라와 로저 베이컨의 보편적 질료-형상론을 활용하여 토마스 홉스(Thomas Hobbes)와 대결한다. 이에 관해서는 G. Brown, “Dualism and substance as substratum in Descartes and Bonaventure”, *The Modern Schoolman* 63 (1986), pp.119-32, S.H.S. Chung, “hylémorphisme universel” in Atucha, I. et als.(eds.), *Mots médiévaux*, Brepols, Porto, 2011, pp.337-9 참조.

7) Johannes Blund, *Tractatus de anima secundum Iohannem Blondum*. in D.A. Callus & R.W. Hunt(eds.), *Iohannes Blund: Tractatus de anima.* Oxford: Oxford University Press, 1970., 90.333-91.334.

8) 아비체브론(Avicebron)은 솔로몬 이븐 가비롤(Solomon ibn Gabirol, 1021(?)-1058)이라는 이름으로 무슬림제국의 지배하에 있던 현재 스페인 지방에서 활동하던 유대인 시인이자 철학자의 라틴어식 음차이다. 그런데 12세기 도미니쿠스 군디살리누스(Dominicus Gundisalinus, c.1110-c.1181)에 의해 아비체브론이라는 음차 이름 아래 그의 책 『생명의 원천』이 번역된 이후, 그가 본래 아랍어로 썼던 원전이 실전되었을

본 논문에서는 알베르투스 마그누스가 그가 이해하는바 정신적 실체들, 예컨대 천사 혹은 인간의 영혼의 비질료적 본성을 다루는 과정에서 보편적 질료-형상론을 어떤 방식으로 비판하고 있는지를 『생명의 원천』 혹은 아비체브론을 직간접적으로 거론하는 저작들을 통해 살펴볼 것이다.[10] 그리고 이를 통해 알베르투스가

뿐만 아니라 그가 본래 유대인 시인 이븐 가비롤이라는 사실조차 잊혀지는 운명을 맞는다. 그리고 13세기 이후의 중세 유럽인들은 아비체브론을 때로는 무슬림 지배하의 스페인 지방에 살았던 기독교인으로, 때로는 무슬림인으로 간주하곤 했다. 이와 같은 상황은 1846년 솔로몬 뭉크(S. Munk)에 의해 중세 이래로 "아비체브론"이라 불리던 정체불명의 사상가가 유대인 시인 이븐 가비롤과 동일인물이라는 것을 밝힐 때까지 계속되었다.(뭉크의 발견에 대해서는 S. Munk, *Mélanges de philosophie juive et arabe,* Vrin, Paris 1988(reprint. 1st ed. 1859), p.151 이하 참조). 한편 두 편의 중세 수사본(Montpellier, Faculté de médecine, cod. 181, fol. 1ra-174vb ; Paris, Bibliothèque de l'Arsenal, cod. 746, fol. 1ra-169rb)에 실린 움베르투스 프룰리아코 (Humbertus de Prulliaco, 1298년 사망)의 『형이상학 주석』의 서문에서는 아비체브론을 아리스토텔레스(희랍), 아베로에스(무슬림), 아우구스티누스(기독교)와 더불어 지혜의 권위자들로 제시하고 있다. 그의 이름이 다른 셋과 함께 거론된다는 사실이 흥미를 끄는 이유는 다른 중세의 저자들이 아리스토텔레스, 아베로에스, 아우구스티누스와 더불어 그들이 알고 있는 세계의 한 축이었던 유대 사상의 권위자로 주로 모세 마이모니데스(Moses Maimonides 1135-1204)를 거론했기 때문이다. 그래서 이로부터 움베르투스의 『형이상학 주석』에서 집필한 13세기 말 즈음에는 그가 유대인이라는 사실이 중세 유럽세계에 어느 정도 알려져 있었을 가능성을 조심스럽게 추측해 볼 수 있다. 그리고 움베르투스가 『형이상학 주석』에서 그를 유대사상의 권위로 거론한 것이라면 1220년대 굴리엘무스 알베르니아 이후로 현재까지 알려진 중세인의 저작 중에서 극히 드물게 아비체브론의 이름을 긍정적인 '권위(auctoritas)'로 거론한 경우라 할 수 있을 것이다.

9) 아비체브론, 즉 이븐 가비롤(Ibn Gabirol)의 질료개념과 이에 대한 중세인들의 수용방식에 대한 마리엔짜 베네데토의 M. Benedetto, "La dimensione fondante della realtà: la materia in Ibn Gabirol e Shem Tov ben Yosef ibn Falaquera", Questio 7(2007), pp.229-244 참조. 이 논문에서 저자는 아비체브론의 저서와 그의 이름을 특히 보편적 질료-형상론과 관련하여 유럽의 중세인들이 주로 그를 비판하기 위해서만 인용하고 있음을 밝히고 있다. 이 점은 맥긴의 두 논문에서도 언급하고 있다. B. McGinn, "Ibn Gabirol: sage among the schoolmen", in L.E. Goodman(ed.), *Neoplatonism and Jewish Thought*, New York: SUNY Press, 1992, p.99; 와 특히 B. McGinn, "Sapientia Judaeorum: the role of Jewish philosophers in some scholastic thinkers", in R.J., Bast et A.C. Gow(eds), *Continuity and change: the harvest of Late-Medieval and Reformation history: essays presented to Heiko A. Oberman on his 70th birthday*, (Leiden: Brill, 2000), p.216: "Indeed Gabirol's the most acute readers among schoolmen were not his proponents like his translator, the Spanish archdeacon Dominicus Gundissalinus or William of Auvergne who praised him as "omnium philosophantium nobilissimus," but like Albert and Thomas, who read him to refute him".

10) 이 주제와 관련하여 현재까지 출판된 저작물 중 가장 빛나는 업적은 와이스하이플의 논문인 J.A. Weisheipl, "Albertus Magnus and universal hylomorphism: Avicebron : a note on thirteenth-century Augustinianism," *Southwestern Journal of Philosophy* 10, no.3(1980)이다. 특히 이 논문의 후반부에서 불과 다섯 페이지(255-260)로 알베르투스의 세편의 저서, 즉 『명제집 주해』, 『형이상학 주해』, 『원인론 주해』로부터 발췌하여

아비체브론과 그의 작품을 보편적 질료-형상론의 근거로 제시하는 과정에서 드러나는 논의의 성격과 그 의의를 논하게 될 것이다.

Ⅱ. 보편적 질료-형상론-플라톤주의: 『명제집 주해』와 『천상의 위계 주해』

알베르투스의 학자로서의 활동 이력에서 보편적 질료-형상론을 최초로 다루고 있는 문헌은 1246년 경에 집필한 것으로 알려진 『페트루스 롬바르두스의 명제집 주해』(이후 『명제집 주해』로 약칭함)이다.[11] 알베르투스는 "플라톤이 모든 <사물>은 하나의 질료<로 이루어졌다>라고 생각한 것은 옳은 것인가?"라는 물음에 답하면서 위대한 철학자들 중 그 어느 누구도 그와 같은 의견을 제시한 적이 없다고 단정한다.[12] 그런데 흥미롭게도 『명제집 주해』에서 알베르투스는 『생명의 원천』을 플라톤의 저작이라 간주한다. 이것이 그의 의도적인 전략에 따른 것이었는지 아니면 당시에 알베르투스가 이 저작이 아비체브론의 저작이 아니라는 사실을 철저하게 모르고 있었는 것이었는지는 분명치 않다.[13] 어쨌든 중요한 것은 알베르투스는

정리한 보편적 질료-형상론 및 아비체브론의 의지의 우선성 문제에 대한 알베르투스의 비판적 논의에 대한 연구는 개척 작업임에도 불구하고 이에 대해 후속 연구자들이 할 수 있는 일이라곤 기껏해야 구두점을 바꾸는 것 이상이 될 수 없을 만큼 와이스하이플의 대가적 역량이 돋보이는 이 저작의 백미이자 알베르투스 연구사는 물론 중세철학 연구사에서 영원히 기억에 남을 기념비적 업적이라 할 수 있다. 이런 면에서 본 논문도 알베르투스의 보편적 질료-형상론 비판과 관련하여 텍스트의 선정 및 연구방법론을 전적으로 이 논문에 빚지고 있다. 한편 와이스하이플은 알베르투스가 아비체브론을 거론하며 보편적 질료-형상론을 비판한 모든 저작을 분석하고 있지는 않으며 알베르투스가 전개하는 논의들을 소개하는 것으로 그의 작업을 마무리함으로써 후속 연구자들에게 알베르투스의 보편적 질료-형상론에 대한 역사적인 차원에서의 맥락화와 평가를 숙제로 남겼다. 본 논문은 이런 면에서 와이스하이플의 작업의 연장선 상에 있으며 특히 와이스하이플이 이 주제와 관련하여 상대적으로 간략히 다루거나 다루지 않은, 하지만 중요한 의미를 포함하고 있는 『영혼론 주해』와 『신학대전』(와이스하이플은 이 저작을 사실상 전혀 다루지 않고 그의 작업을 마무리했다)에 나오는 논의들을 역사적으로 맥락화 하여 알베르투스의 보편적 질료-형상론 비판의 의미를 재조명하는 데 주목하게 될 것이다.

11) 이 저작의 연대에 대해서는 J.A. Weisheipl, "Albertus Magnus and universal hylomorphism: Avicebron," p.255와; A. de Libera, *Albert le Grand et la philosophie*, Paris: J.Vrin, 1990, p.21 참조.

12) Albertus Magnus, *Commentarium in II Sententiarum*, in A. Borgnet(ed), *Beati Alberti Opera Omnia.* vol.27, Paris: Vivès, 1894, d.1, A, a.4, sol., p.14: "Non fuit opinio Philosophorum magnorum unquam, quod omnium esset materia una".

13) 이 점에 관해서는 M. Vérité, "S. Thomas d'Aquin lecteur du *Liber fontis vitae* d'Avicebron," Revue des sciences philosophiques et théologiques 86(2002)., p.444 et

『명제집 주해』에서 보편적 질료-형상론이 플라톤으로부터 비롯한 "철학적 오류의 위험성"을 갖고 있는 입장으로 다루고 있다는 사실이다. 그가 『생명의 원천』으로부터 아리스토텔레스와 대척점에 서는 플라톤의 흔적을 찾아낸 까닭은 이 저작에서 실재하는 세계에서 드러나는 운동의 모든 원인들(rationes)을 실재의 질서가 아닌 논리적 질서로 소급하여 다루는, 그래서 운동과 감각적 경험의 원인들을 자연의 질서에 입각하여 올바르게 다루지 못하는 사고방식이 드러난다고 생각하기 때문이다.[14] 그래서 알베르투스는 "이 책", 즉 『생명의 원천』에서 아리스토텔레스와 모든 면에서 대립하고 있는 "플라톤"을 거부한다. 그리고 이 '플라톤'의 입장이 오류에 빠질 가능성이 농후하며 이 책을 읽는 다른 사람들까지도 오류로 이끌 수 있다고 주장한다. 그래서 그는 자연학에 적합한 학문적 태도(discipinina)에 기반을 두지 않고 운동과 감각적 경험의 원인들을 다루는 『생명의 원천』에 어떤 (철학적) 권위도 부여할 수 없다고 말한다.[15]

이와 같이 알베르투스는 학문적 태도와 방법론을 문제로 삼아 『생명의 원천』에 등장하는 질료의 편재(遍在)에 대한 설명을 거부한다. 그리고 이 문제와 관련하여 "가능태" 개념이 다의적으로(equivoce) 적용된다는 점을 문제로 지적하며 이에 대한 자신의 입장을 피력한다. 알베르투스에 따르면 가능태의 원인은 결여(privatio)다. 이에 따라 결여가 없다면 가능태도 있을 수 없다. 그래서 알베르투스는 사물이 결여를 품고 있는 만큼 가능태를 품고 있다고 이해한다. 그런데 가능태라는 것은 결코 모든 사물과 관련하여 동일하거나 일의적으로(univoce) 드러나지 않는다. 예컨대 운동과 관련하여 행성들과 같은 불가멸적인(incorruptibile) 실체에 투사하는 가능태는 가멸적인 실체들의 경우와 구분된다. 왜냐하면 행성들의 가능태는 장소와 관련된 가능태이고(potentia ad situm)이고 가멸적인 실체들의 가능태는 형상과 밀접한 관련을 맺는 가능태이기 때문이다(potentia ad formam). 그래서 여러 종류의 신체를 가진 실체들에 대해 우리는 "가능태"라는 동일한 단어를 사용하지만 그것이 가능태인 이유에 대해서는 '실제로' 다양하게 제시할 수 있다. 한편 알베르투스는 정신적 실체들과 같이 신체를 갖지 않는 실체의 운동에 대해서 말하는 경우가 있음을 완전히 배제하지 않는다. 그러나 그에 따르면 이렇게 정신적 실체의 '운동'을 논하는 것은 정신적 실체를 다의적인 차원에서 논하는 것이지 이들의 본

---

note.8을 참조.

14) Albertus Magnus, *Commentarium in II Sententiarum,* d.1, A, a.4, ad.4, p.15: "Hoc enim <meo judicio> omnis causa fuit controversiae inter Platonem et Aristotelem, quod ille[Platon] rationes universalium sequi voluit, et ex illis rerum principia quaesivit" (< >와 [ ]는 필자의 삽입).

15) 같은 책. d.1, A, a.4, sol., p.14: "(…)si objicitur de Platone in libro Fontis vitae, respondeo quod apud me non habent auctoritatem aliquam libri illi: quia non procedunt ex propriis disciplinae sive scientiae naturalis".

성이나 실체에 대해 엄밀하고 적확하게 다루는 것이라 할 수 없다. 이에 따라 알베르투스는 신을 제외한 모든 실체들에게 질료의 편재(遍在)를 논하거나 형상과 질료의 결합을 투사하는 것이 이들에 대한 학적(學的) 서술방식이 아니라고 이해한다.[16)]

질료 개념의 다의성을 중심으로 전개하는 논의는 알베르투스가 1248년경에 집필한『천상의 위계에 대한 주해』에서도 다시 등장한다.[17)] 알베르투스는 정신적 실체인 천사들이 신체를 가진 실체들과 마찬가지로 형상과 질료의 결합으로 개별화된다고 주장하는 "어떤 이"(quidam)[18)]를 거론하면서 이 입장이 궁극적으로 정신적인 실체를 신체를 가진 실체로 만드는 것에 지나지 않기에 이치에 닿지 않으며 궁극적으로 질료의 존재(esse materiae)를 형상에 앞서게 하는 것이라고 말한다. 더 나아가 알베르투스는 질료 그 자체에 고유한 개념을 염두에 둘 경우 천사와 같이 본성상 물리적 운동에 의해 규정되는 신체를 갖지 않고 이에 따라 신체와 결부된 활동을 하지 않는 실체에 질료를 투사할 수 없다고 말한다.[19)]

이상에서 확인한 알베르투스의 초기 저작들에 등장하는 보편적 질료-형상론에 대한 비판적 논의는 이 이론이 철학적 개념들을 엄밀하지 못하게 사용하고 있으며, 이에 따라 세계와 사물에 대해 엄밀하고도 충분한 설명을 할 수 없다는 것을 지적하는 데 주력한다. 그리고 알베르투스는 보편적 질료-형상론이 학문적으로 덜 정제된 그래서 학문적 엄밀성이 떨어지는 설명 방식이라는 점에서 이 이론을 따를 경우 오류에 빠져들 가능성 혹은 위험성을 경고한다. 이 과정에서 그는『생명의 원천』을 그의 무지(혹은 의도적인 무지)에 따라 운동의 원인 중 하나로서 질료의 문제와 관련하여 "자신의 소견으로는"(apud me) 학문적 권위로서 제 역할을 수행할 수 없는 플라톤의 저작으로 제시한다. 이를 통해 보편적 질료-형상론을 그가 파악하는바 이 문제에 관한 진정한 권위인 아리스토텔레스의 입장과 대립시

16) 한편 알베르투스는 정신적 실체들 안에 다른 방식의 결합을 투사한다. 그에 따르면 모든 사물 안에서 드러나는 결합상은 형상과 질료 사이의 결합이 아니라 자연 안에 실제로 존재하는 "있는 것(quod est)" 즉, 이 어떤 것(hoc aliquid)과 "그로 인해 있게 되는 것(quo est)"으로서 실체의 가지성의 원리인 것 사이의 결합으로 드러난다고 이해한다.

17) "Prolegomena" in Albertus Magnus, *Super Dionysium De caelesti hierarchia*. P. Simon and W. Kübel(eds.), Vol. XXXVI-1, Alberti Magni Opera Omnia. Köln: Aschendorff, 1993, p. v. 참조.

18) Albertus Magnus, *Super Dionysium De caelesti hierarchia*, p.172.58-60. 쾰른판 비평본 편집자는 이 부분의 각주에서 "어떤 이"가 헤일즈의 알렉산더라고 밝히고 있다.

19) 같은 책, cap. 11, p. 172.60-66 : "(…) hoc non possumus dicere, nisi vellemus redigere spiritualia omnino ad modum corporalium. Et ideo aliter videtur nobis dicendum, quod angeli non habent materiam, si proprie dicatur materia, quia proprie dicta materia, cum sit determinata ad motum, oportet, quae habent materiam ad esse, quod esse materiae praecedat formam; hoc autem non est in angelis."

킨다. 일단 이와 같은 논의를 통해 알베르투스가 보편적 질료-형상론을 거부하는 의사를 분명하게 밝히는 것은 사실이다. 하지만 알베르투스의 초기 작품, 특히 『명제집 주해』에 등장하는 "나의 소견으로는"과 같은 표현에서 확인할 수 있는 것처럼 이 시기의 알베르투스는 보편적 질료-형상론에 대한 비판적 논의의 수위를 조율하고 있다. 그리고 이처럼 조심스러운 『명제집 주해』에서의 알베르투스의 태도로부터 그가 당시 중세의 사상계에서 다수를 차지하고 있던 보편적 질료-형상론자들과 그들이 즐겨 인용했던 '플라톤주의자' 아우구스티누스라는 권위를 의식하며 비판적 논의를 전개했을 가능성을 타진해볼 수 있다. 더 나아가 이로부터 그가 전개한 비판적 논의 역시 보편적 질료-형상론에 대한 적극적인 공격의 의도보다는 당시 사상계에서 가장 널리 받아들여지고 있던 보편적 질료-형상론과 차별되는 자신의 입장을 질료의 다의성과 학적 엄밀성에 기대어 정당화하기 위한 방어의 의도로 전개했다고 이해할 수도 있을 것이다.

Ⅲ. 보편적 질료-형상론-형편없는 철학: 아리스토텔레스 주해서들

1250년경에 집필한 『자연학 주해』(*Physica*)에서 알베르투스는 자신의 의도가 라틴세계의 사람들이 아리스토텔레스의 철학을 이해할 수 있도록 하는 것이라며[20] 그가 아리스토텔레스를 연구하는 목적을 밝힌다. 알베르투스는 이와 같은 의도와 목적을 실현시키고자 그의 저작의 상당부분을 차지하는 아리스토텔레스의 주요 저작들에 대한 방대한 주해 작업을 행했다.[21] 이 과정에서 그는 고대로부터 그가 살던 시대에 이르기까지 그가 동원할 수 있는 모든 자료를 검토하면서 아리스토텔레스의 사상을 동시대인들이 이해할 수 있게 하는 데 주력했다. 그리고 종종 이렇게 동원한 자료들 사이에서 그의 판단에 아리스토텔레스의 사상과 통하지 않는 자료 및 사상들과 대결했다. 1254년과 1257년 사이에 작성한 『영혼론 주해』[22]에

---

20) Albertus Magnus, *Physica*. P. Hossfeld(ed.), Vol. IV, *Alberti Magni Opera Omnia*. Köln: Aschendorff, 1987, lib.I, cap.1, p.1.48-49: "(…) nostra intentio est omnes dictas partes [i.e., physica, metaphysica et mathematica, philosophiae realis] facere latinis intelligibiles" ([ ]는 필자의 삽입임).

21) 아리스토텔레스 주해자로서의 알베르투스의 위상과 그에 대한 평가로는 박승찬, 『서양 중세의 아리스토텔레스 수용사-토마스 아퀴나스를 중심으로』, 서울: 느멘, 2010, 152-6쪽 참조.

22) 대체적으로 학자들 사이에서는 『영혼론 주해』의 집필 시기가 알베르투스가 도미니코회 테우토니아(Theutonia)의 관구장으로 봉직하던 시절(1254-1257)과 일치한다는 데에 의견이 일치하고 있다: "Prolegomena" in Albertus Magnus, *De anima*. Stroick, C.(ed.), Vol. VII-1, *Alberti Magni Opera Omnia*. Köln: Aschendorff, 1968., p.iii; J. A. Weisheipl, "Appendix I" in Weisheipl, J.A.(ed.), *Albertus Magnus and the sciences:*

서 가능지성(intellectus possibilis)에 투사된 가능태의 문제를 두고 알베르투스가 아비체브론 및 그의 저작 『생명의 원천』을 다루게 된 것도 상기한 여러 대결 양상 중 하나다. 알베르투스는 『영혼론 주해』에서 아비체브론과 『생명의 원천』을 지적인 인식의 문제와 관련하여 학자들이 범하는 오류의 원형(archetype)으로 제시하고 있다. 그리고 『생명의 원천』에서 확인할 수 있는 것과 똑같은 오류가 다른 사람들, 특히 유별나게도(praecipue) 라틴인들이 지성상(species intelligibilis)이 지성 안에 마치 물체적 사물의 경우에서 볼 수 있듯이 질료 안에 형상들이 존재하는 것처럼 존재한다고 피력할 때 드러난다고 말한다.[23] 알베르투스는 이런 사고방식이 질료의 고유한 성격들인 '기저에 선다는 것'(substare)과 '무엇인가를 받아들일 가능태에 있다는 것'(esse in potentia susceptiva)에 대한 이해에서 비롯한다고 생각한다. 이에 따라 가능지성이 마치 물질적 형상을 제일질료가 받아들이듯이 지성상을 받아들인다고 여긴 탓에 아비체브론이나 라틴인들이 이 겉보기의 유사성에 입각하여 제일질료가 가능지성이 품은 가능태의 원인이라고 제시하게 된 것이라 우리에게 알려주는 한편으로[24] 이 입장을 단호하게 거부한다. 그리고 이 입장을 논파하기 위해 알베르투스는 지성을 부분으로 포함하고 있는 인간의 지성적인 영혼은 단순하기에, 즉 질료를 포함하지 않기에 그 자체는 물론 그 능력이 철저하게 형상적이며 어떤 자연적 사물의 형상들보다 더 탁월하다고 역설한다.[25] 아울러 형상과 관계할 때 '기저에 선다는 것'과 '가능태라는 것'이 내포하는 다의성을 상기시키며 지성과 질료에 투사되는 가능태 개념을 일의적으로 이해하지 말아야 한다고 말한다.

아울러 알베르투스는 아비체브론의 입장이 지적 인식에 대한 철학적 이해와 그에 따른 과학적 지식의 형성 그 자체를 무의미하게 만든다고 비판한다. 알베르투스에 따르면 질료가 형상을 받아들이듯이 지성이 사물의 형상을 받아들일 경우 지성에 알려져 지성 안에 존재하는 형상은 지성 안에 현실화된 앎으로 존재하는 것이 아니라 질료에 의해 비규정적이며 혼탁한 상태로 존재하게 될 것이

---

commemorative essays, Toronto: Pontifical Institute of Mediaeval Studies, 1980, p.568; S. Tugwell, "Introduction" in Tugwell, S.(ed.), *Albert & Thomas: selected writings* NewYork: Paulist Press, 1988., p.13; A. de Libera, 같은 책, p.21 참조.

23) Albertus Magnus, *De anima.* lib.III, tract. 2, cap.15, p.199.66-69: "(…) non est species intelligibilis in intellectu sicut forma in materia; et in hoc erravit Avicebron, et multi alii, praecipue Latinorum, errant in illo".

24) 같은 책, lib.III, tract.2, cap.9, p.189.33-38: "Dicit enim, quod substare et in potentia susceptiva esse proprietates sunt materiae primae. In quocumque igitur ista inveniuntur, oportet, quod in illo causentur a materia; inveniuntur autem in natura intellectus possibilis; oportet igitur naturam materiae hoc conferre intellectui possibili".

25) 같은 책, lib.III, tract.2, cap.9, p.189.70-73: "(…) anima (…) rationalis in se et omnes potentiae eius sunt absolutae formae et nobiliores formae omnibus formis naturalis".

라고 말한다. 그런데 알베르투스에 따르면 이와 같이 질료의 혼탁함이나 비규정성에 갇혀 있는 형상은 사물에 대해 모호한 앎만을 제공하게 된다. 그 까닭은 이렇게 지성 안에 질료와 결합하듯 지성과 결합한 상태로 존재하는 형상은 사물에 대한 엄밀한 학적지식에 도움이 되지 못할 것이기 때문이다. 더 나아가 만약 지성상이 지성에 마치 질료에 형상적 원리가 결합하는 방식으로 결합한다면 지성은 예컨대 어떤 경우에는 돌덩이 그리고 다른 경우에는 선(lignum)과 같은 사물처럼 지성상에 의해 규정될 것인데 알베르투스는 이것이 모순적이라고 여긴다.[26)]

이렇게 지적 영혼의 앎의 문제에 기대어 알베르투스는 '수용한다는 것'과 '기저에 선다는 것'이라는 개념들로부터 도출할 수 있는 다의성을 드러내려 한다. 그리고 이와 같은 일련의 논의들을 통해 알베르투스는 인간의 영혼 혹은 인간의 지성에 제일질료를 투사하지 않으면서도 인식과 관련하여 영혼이 가진 수용적 성격을 설명하는 한편으로, 궁극적으로 인간 영혼의 본질이 형상적이며 질료를 포함하지 않았다는 의미에서 단순하다고 주장한다.

알베르투스는 『형이상학 주해』(*Metaphysica*)[27)]에서 다시 한번 보편적 질료-형상론을 다룬다. 이 저작에서 역시 알베르투스는 보편적 질료-형상론의 원조를 아비체브론이라 말한다. 그런데 『형이상학 주해』에서 알베르투스가 이 이론을 다루면서 보여주는 태도는 다소 소극적으로 보였던 『명제집 주해』는 물론 『영혼론 주해』에서의 태도와 비교할 때 많은 변화상을 드러내고 있다. 예컨대 『영혼론 주해』에서의 알베르투스는 『명제집 주해』에서의 그의 모습과 비교할 때 더 비판적인 태도를 보였지만 그의 표현이나 가치판단은 학자로서의 엄정함을 넘어서는 수준에 이르지는 않았다. 그런데 『형이상학 주해』에서의 알베르투스는 아비체브론의 보편적 질료-형상론에 대해 가혹한 언사를 서슴지 않는다. 먼저 그는 아비체브론의 모든 논의들이 철저하게 모순에 빠져 있기에(absurdissimum) 모든 사람들은 더 이상을 생각할 수 없을 만큼 이 형편없는 철학(villissima philosophia)을 머리에 담을 수조차 없는 끔찍한 것으로 간주할 것이라고 말한다.[28)] 그리고 그는 이

---

26) 같은 책, lib.III, tract.2, cap.9, p.190.19-24: "Ad huc autem, secundum hoc ex intellectu et intelligibili efficeretur unum, sicut ex materia et forma est unum; igitur per intelligibile specificaretur intellectus et determinaretur ad ens naturae, et sic aliquando esset lapis, aliquando lignum ; quod est absurdum".

27) 『형이상학 주해』의 정확한 저작 연대는 불분명하다. 쾰른판 비평본의 편집자는 알베르투스가 이 책을 1262년에서 1263년 경에 저술하기 시작했다고 말하며 와이스하이플은 이 책이 1264년에서 1267년 사이에 완성되었을 것으로 추측한다. 이에 대해서는 Geyer, Bernhard, "Prolegomena," in Albertus Magnus, *Metaphysica*. Geyer, B. (ed.), Vol. XVI-1, *Alberti Magni Opera Omnia*. Köln: Aschendorff, 1960, pp.vii-viii ; Weisheipl, J. A., « Appendix I », p.576.참조.

28) Albertus Magnus, *Metaphysica*. lib.II, tract.2, cap.8, p.493.65-68.

철학이 아리스토텔레스의 진정하고도 현묘한 사유로부터 나온 것일 수 없으며 질료가 정신적 실체 안에 있다는 이 이론은 철학에 대한 철저한 무지에서 비롯된 오류라고 주장한다.[29] 그래서 그는 만약 질료가 신체를 가진 자연적 사물들에게 뿐만이 아니라 정신적 실체에게도 들어 있다면 어떤 실체도 질료로부터 분리될 수 없을 것이며[30] 이에 따라 지적인 실체들은 그들 안에 포함된 질료로 인해 다른 형상들을 지적으로 인식하지 못할 것이라고 말한다. 그리고 이렇게 격렬한 비판을 쏟아낸 후 알베르투스는 독자들에게 이런 종류의 오류에서 헤매는 아비체브론의 책을 읽지 말라고 독자들에게 권유한다.

『형이상학 주해』 이후에 작성한 것으로 연구자들이 추정하는 『원인론 주해』[31]는 알베르투스의 저작 중에서 가장 많은 지면을 할애하여 상세하게 아비체브론의 사상들을 요약 정리한 저작이다.[32] 이 곳에서 알베르투스가 아비체브론을 대하는

29) 같은 책, lib.II, tract.2, cap.15, p.502.64-65: "(…) iste est error ex maxima philosophiae ignorantia proveniens (…)".

30) 같은 책, lib.II, tract.2, cap.15, p.502.65-67: "(…) si intelligentia dicit materiam, tunc non potest probari, quod aliqua secundum esse sit a materia separata".

31) 『원인론』(*Liber de causis*)은 9세기경 바그다드에서 활동하던 무명의 무슬림 철학자가 프로클로스(Proclos)의 『신학요강』(*Elementatio theologica*)의 구절들 중 일부를 발췌하여 『아리스토텔레스의 순수선에 관하여』(Kitāb ul-īḏāḥ li-Arisṭūṭālis fi'l-khayri'l-maḥd)라는 제목으로 그가 이해하는 세계관에 맞추어 31장 211절로 수정/편집한 형식의 책이다. 이 책은 무슬림 세계에서는 큰 반향을 일으키지 못했지만 12세기경 라틴어로 번역된 후 13세기에 들어서며 『아리스토텔레스의 순수선에 관하여』라는 제목 대신 『원인론』이라는 제목으로 중세 유럽에서 널리 읽혔다. 중세인들은 이 저작을 『형이상학』과 더불어 제일철학을 다루고 있는 아리스토텔레스 자신의 혹은 아리스토텔레스가 쓴 내용에 아랍주석가들의 주석을 추가한 형태의 저작으로 간주했고 이에 따라 1255년 이후 파리대학의 교양학부 필독서로 그 위상을 굳히게 된다. 알베르투스는 이 저작이 12세기에 스페인에서 활동했던 유대인 번역가인 이븐 다우드(Ibn Daud)가 실전(失傳)된 아리스토텔레스의 서간문과 아비첸나와 알파라비(al-Farabi)의 저작에서 발췌한 문장들을 모아 편집한 책이라고 여겼으며 이 책이 프로클로스의 저작에서 발췌한, 그래서 아리스토텔레스의 저작과는 사실상 무관한 저작이라는 사실을 알지 못했다(알베르투스가 잘못 이해했던 『원인론』과 아리스토텔레스의 관계에 대한 논의는 A. de Libera, "Albert le Grand et Thomas d'Aquin interprète du Liber de causis", *Revue des sciences philosophiques et théologiques*, 3(1990), pp.352-362 참조). 이와 같은 면에서 알베르투스는 『원인론』을 아리스토텔레스의 저작으로 믿었다 할 수 있다. 한편 『원인론』이 아리스토텔레스의 저작과는 무관하며 프로클로스의 저작과 밀접한 관련이 있다는 사실을 중세 유럽에서 최초로 확인했던 이는 토마스 아퀴나스였다.

32) 이 저작에 등장하는 알베르투스의 아비체브론 비판은 Albertus Magnus, *De causis et processu universitatis a Prima Causa*. W. Fauser(ed.), Vol. XVII-2, *Alberti Magni Opera Omnia*. Köln: Aschendorff, 1993, lib.I, tract.1, cap.5-6. 참조. 그리고 『원인론 주해』의 저작 시점에 대해서는 비평본의 "Prolegomena" p.v. 참조. 이 밖에 특기할만한 사안으로 알베르투스는 같은 책. lib.I, tract.3, cap.4.에서 아비체브론의 주의주의(voluntarism)를 비판하고 있다. 중세의 주의주의와 관련한 국내의 연구로는 김율 교수의 김율, 「토마스 자유이론의 변화를 어떻게 볼 것인가」, 『중세철학』 12호(2006),

태도는 『형이상학 주해』와 크게 다르지 않다. 그는 아비체브론을 철학자로서 완전히 두서없는 자(Avicebron omnino est incongruum)로, 『생명의 원천』은 궤변론자 혹은 사이비 철학자(quidam sophistarum)가 아비체브론의 이름을 훔쳐 자신의 형편없는 사유를 영속화하기 위해 쓴 책으로,[33] 그리고 이 책에서 제시하고 있는 보편적 질료-형상론은 미숙하고 엄밀하지 못한 사유의 결과물[34]로 제시하고 있다.

이 저작에서 보편적 질료-형상론과 관련하여 알베르투스는 아비체브론의 질료 개념이 모든 가능태들이 수용하는 자로서의 질료가 갖는 고유한 속성, 즉 형상을 수용하여 형상의 기체가 된다는 속성에 근거한다는 이해에서 비롯된 것이라 이해한다. 이와 같은 아비체브론의 입장에 대해 알베르투스는 질료를 모든 경우에 무차별적으로 가능태라고 이해할 수 없음을 강조한다. 그에 따르면 질료를 가능태로 이해할 수 있는 경우는 오직 물체성에 의해 규정될 때 뿐이다.[35] 그래서 알베르투스는 아비체브론이 심지어 정신적 실체에까지 질료를 투사하고 있는 것에 대해 후자의 철학적 무지를 반영한다고 말하면서, 지적인 능력, 물체성, 대립성, 그리고 감각과 같은 다양한 가능태는 하나의 원인(ratio una)으로 소급시킬 수 있는 것이 아니라 다양한 원인을 염두에 두고 설명해야 한다는 그의 생각을 피력한다.[36]

이상의 아리스토텔레스의 저작 혹은 그가 아리스토텔레스의 저작이라 여겼던 작품들에 대한 일련의 주해 과정에서 알베르투스는 질료 개념의 다의성을 강조하는 논변을 통해 철학적 용어와 개념의 엄밀하지 못한 사용방식을 공격하여 보편적 질료-형상론의 학문적 기반을 잠식하는 한편으로 지적 인식 논변으로 보편적 질료-형상론이 정신적 실체의 본성과 그들의 고유한 활동을 이해하는 데 따르는 문제들을 드러냄으로써 이 이론의 형이상학적 기반을 흔들고 있다. 이런 면에서 알베르투스는 특히 『영혼론 주해』에서 '지적 인식 논변'을 새롭게 추가하고 이를 기존에 그가 사용했던 '다의성 논변'과 짝지어 보편적 질료-형상론을 체계적으로 비판하는 논의의 틀을 완성했다 할 수 있다. 그리고 『영혼론 주해』에서 완결시킨

71-99쪽; 김율, 「성 토마스의 후기 저작에 나타난 의지와 지성의 작용적 통일성과 의지의 자유」, 『가톨릭철학』, 제7호(2005), 206-231쪽 등을 참조할 것.

33) 같은 책, lib.I, tract.3, cap.4, p.40.18-20: "Nec puto, quod Avicebron hunc librum fecerit, sed quod quidam sophistarum confinxit eum sub nomine suo".

34) 같은 책, lib.I, tract.1, cap.6, p.14.24-29: "(…) quod dicit Avicebron de proprietatibus materiae, quae sunt recipere, sustinere, et habere formam et fundare, non subtiliter dictum est neque bene".

35) 같은 책, lib.I, tract.1, cap.5, p.11.51-53.

36) 같은 책, lib.I, tract.1, cap.6, p.14.75-79: "Si enim concedatur materia susceptibilis esse intellectualis et corporeitatis et contrarietatis, potentia talis susceptibilitatis non erit unius rationis. Et haec rationis diversitas oportet, quod non ab uno, sed a diversis causetur".

비판적 논의를 바탕으로 『형이상학 주해』와 『원인론 주해』에서는 아비체브론의 입장을 "형편없는 철학" 혹은 "면밀하지 못한 것은 물론 올바르지도 않은 언급(non subtiliter dictum est neque bene)"이라 칭하며 아비체브론이 아리스토텔레스의 전통에 설 가능성은 물론 아비체브론을 주목할 가치가 있는 철학자로 받아들일 가능성까지 배제하고 있다.

한편 알베르투스가 아리스토텔레스의 주해서들을 통해 전개하는 보편적 질료-형상론에 대한 비판적 논의에서 주목할 만한 것은 그의 어조 변화와 그의 비판적 논의의 심층에 숨어 있는 대결 구도다. 그의 어조와 관련하여 『명제집 주해』에서 드러나는 그의 비판 논조를 신중함으로 대변할 수 있다면 아리스토텔레스 주해서에서 등장하는 그의 논조에서는 거침없는 자신감과 공격적인 표현들을 확인할 수 있다. 그리고 무엇보다도 이 자신감과 공격적인 표현들은 그가 보편적 질료-형상론의 원조로 제시한 아비체브론과 『생명의 원천』을 거론할 때 더욱 더 두드러진다. 그런데 앞서 언급한 바와 같이 1230년대 이후 13세기 사상계에서 가장 많은 추종자를 보유했던 보편적 질료-형상론자들이 가장 즐겨 인용했던 '신학적' 권위는 아우구스티누스였다.[37] 그리고 에메 포레스트(Aimé Forest)가 밝힌 바와 같이 『영혼론 주해』부터 등장하는 지적 인식의 문제에 입각한 알베르투스의 비판이 뿌리를 두고 있는 사상가는 지성의 지성상 수용과 관련하여 질료 개념의 다의성을 근거로 알렉산더 아프로디시아스(Alexander Aphrodisias, fl. 200)의 유물론적 지성이론을 비판한 아랍철학자이자 중세인들 사이에서 주석가(Commentator)라는 존경심 어린 별칭을 얻었던 아베로에스(Averroes, 1126-1198)다.[38] 이와 같은 면에서 볼 때 알베르투스는 아베로에스와 함께 아리스토텔레스 주해서에서 표면적으로는 아비체브론과 결부시킨 보편적 질료-형상론과 대결하고 있었지만 그 이면에서는 실질적으로 아우구스티누스의 이름을 내세운 보편적 질료-형상론과 대결하고 있었다. 그런데 흥미롭게도 알베르투스는 아비체브론과 대결하는 과정에서 자신의 비판적 논의의 이론적 토대라고 할 수 있는 "아베로에스"를 표면으로 내세우지 않는다. 아베로에스는 알베르투스의 뒤에 숨어 있다. 즉 아리스토텔레스 주석서에서의 대결구도는 표층에서는 알베르투스와 아비체브론이 대결하고 있지만 그 심층에

37) 반면 알베르투스가 보편적 질료-형상론의 원조라고 제시한 아비체브론을 보편적 질료-형상론자들이 권위로서 거론한 경우는 현재까지 거의 확인된 바가 없다. 이 점에 대해서는 본 논문의 각주 8 참조.

38) 이와 같은 아베로에스의 유물론적 지성이론에 대한 비판은 굴리엘무스 알베르나(Gulielmus Alverna c.1180/90-1249)와 같은 중세 사상가들이 아베로에스를 정신적 실체들의 비물질적 본성과 그들의 철저히 지성적인 작용을 철학적으로 보여준 "가장 존귀한 철학자"로 존경하게 만든 원인이 되기도 했다(이에 대해서는 A. Forest, *La structure métaphysique du concret selon Saint Thomas d'Aquin*, 2ème ed. Paris: J.Vrin, 1956, p.122, note 3).

서는 아베로에스와 아우구스티누스의 대결이라고 할 수도 있을 것이다.[39] 이로부터 약 10년 뒤 알베르투스의 비판적 논의의 심층 구조에 숨어있는 대결 구도를 다른 주제에서 비슷한 방식으로, 즉 아리스토텔레스와 아우구스티누스의 대결 구도로 감히 표면화 했던 시제 브라방(Sigerus de Brabantia, c.1240-1286)의 사례와 그에 따른 여파는 잘 알려져 있다.[40]. 이런 면에서 볼 때 알베르투스에게 '근본이 모호한' 아비체브론은 주석가 아베로에스(Averroes Commentator)라는 인물로 대변할 수 있는 아리스토텔레스 전통을 배경으로 한 자신의 입장에서 보편적 질료-형상론을 비판하는 데 필요한, 그래서 의도적으로 표층화 시킨 부담 없는 논적일 뿐만 아니라, 아리스토텔레스의 저작에 대한 주해서에서 '철학적' 주제를 다룬다는 명분에도 불구하고 함부로 다룰 수 없는 '신학적' 권위 아우구스티누스와 정면 대결을 피하는 안전장치로도 작용했다고 할 수 있을 것이다. 그리고 같은 의미에서 알베르투스가 거론하는 "아비체브론"이라는 이름은 우리에게 아리스토텔레스의 주해작업을 통한 보편적 질료-형상론자들과의 본격적인 대결에서 드러나는 그의 철학적 자신감을 이해할 수 있는 단초를 제공한다.

Ⅳ. 보편적 질료-형상론-이단적 사유의 근원: 『신학대전』

알베르투스는 미완성작이자 그의 생애 마지막 대작인 『신학대전』(*Summa theologiae*)[41]에서 다시 한번 아비체브론을 보편적 질료-형상론과 결부시켜 다루

---

39) 한편 다른 문제들과 관련하여 알베르투스는 자신의 입장이 아베로에스와 일치한다는 것을 강조하고 있다. 이 점에 대해서는 박승찬, 『서양 중세의 아리스토텔레스 수용사-토마스 아퀴나스를 중심으로』, 128쪽 참조.

40) 시제 브라방은 그의 『영혼론 제3권의 문제들』 제2문 "지성은 영원한 것인가 혹은 새롭게 창조된 것인가?"라는 물음에서 철학적으로 지성이 영원하다는, 즉 지성이 애초에도 있었고 앞으로도 그럴 것이라는 "아리스토텔레스의 입장이 아우구스티누스의 입장보다 더 개연성이 있다(positio Aristotelis probabilior quam positio Augustini)"라는 의견을 피력했다가 1270년과 1277년 파리대학 단죄의 표적이 된 바 있다. 시제로 인해 촉발된 문제와 그에 따른 여파에 대한 국내 연구로는 이재경, 「아리스토텔레스의 『영혼론』과 13세기 지성단일성론 논쟁-라틴 아베로에스주의자 시제 브라방을 중심으로-, 『가톨릭철학』, 제3호(2002)가 대표적이며 현재 국내에 소개된 훌륭한 입문서로는 이재룡 신부가 번역한 이 분야에 대한 두 고전인 방 스틴베르겐, 『토마스 아퀴나스와 급진적 아리스토텔레스주의』, 이재룡 역, 성바오로, 2000; 리차드 데일즈, 『13세기 영혼논쟁』, 이재룡 역, 서울: 가톨릭대학교출판부, 2011 등을 참조할 것.

41) 쾰른판 비평본의 편집자들과 알랭 드 리베라는 알베르투스가 『신학대전』을 1270년을 전후하여 작성하기 시작했다고 주장한다. 이 점에 대해서는 "Prolegomena" in Albertus Magnus, *Summa theologiae sive De mirabili scientia Dei*. S. Denis, W. Kübel, & H.G. Vogels(eds.), Vol.XXXIV.1, *Alberti Magni Opera Omnia*. Köln: Aschendorff, 1978, p.xvii와 A. de Libera, 같은 책. p.21 참조.

고 있다. 여기에서 알베르투스는 아비체브론의 입장을 비-아리스토텔레스적인 입장들 중 하나, 즉 그에 따르면 실재의 질서와 논리적 질서를 혼동하여 하나의 원인으로 모든 것을 소급시키는 입장들 중 하나로 다루고 있다. 이 저작에서 알베르투스가 전개하고 있는 논의에서 과거에 비해 눈에 들어오는 특징은 그의 무심한 듯한 태도다. 『원인론 주석』까지 알베르투스는 보편적 질료-형상론을 비판할 가치는 있는 '철학적 사유'로서 다루었다. 그래서 비록 가혹할지언정 진지하게 다루고 있었다. 하지만 이 저작에서는 보편적 질료-형상론을 단순히 "질료"라는 용어와 관련하여 드러나는 다의성과 유비적 용어 사용법을 전혀 염두에 두지 않은 사상, 즉 철학적 의미를 완전히 결여한 '이도 저도 아닌' 사유 정도로 가볍게 다루고 있다.[42)]

한편 알베르투스가 "질료적"(materiale)라는 표현과 관련하여 아비체브론을 염두에 둔 듯한 논의를 『신학대전』 II부, 제1논제, 4문에서 전개하고 있다. 특히 반론에 대한 답에서 알베르투스는 "질료적"이라는 표현을 사용할 수 있는 두 방식을 구분한다. 그는 일차적으로 질료적이라는 표현은 질료라 이해되는 어떤 사물의 진정한 본성과 관련하여 사용할 수 있으며, 이에 따라 "질료적"이라는 용어는 질료를 포함한 어떤 사물의 고유한 속성을 규정할 때 사용할 수 있다고 생각한다. 한편 그는 엄밀한 의미에서 질료를 포함하지 않지만 아리스토텔레스의 『영혼론』 3권에 등장하는 가능지성처럼 지성상(species intelligibilis)을 수용하는 어떤 것을 표현할 때 사용할 수도 있음에 수긍한다. 이런 면에서 알베르투스는 정신적인 실체들에 대해 말할 때 "질료적"이라는 표현을 사용할 수 있는 가능성을 완전히 배제하지는 않는다. 그런데 그는 이런 표현 방식이 가능한 까닭이 가능지성이나 정신적 실체 안에 질료가 포함되어 있기 때문이 아니라 이들이 질료와 다소간 비슷한 양상을 드러내기 때문이라 말한다.[43)] 이에 따라 알베르투스는 모든 사물들(정신적 실체인 천사까지 포함한) 안에 어떤 결합상이 드러난다고 할지라도 그 안에 필연

---

42) Albertus Magnus, *Summa theologiae.* A. Borgnet(ed), *Beati Alberti Opera Omnia.* vol.32, Paris: Vivès, 1895, II, tract.I, q.4, ad.4, p.65: "Avicebron dicendum, quod non procedit: eo quod sustinere et substare aequivoce dicitur in spiritualibus et corporalibus".

43) 같은 책, II, tract.1, q.4, ad. obj.2, p.66: "(…) dicendum, quod materiale dicitur dupliciter, scilicet a veritate naturae quae dicitur materia, et a convenientia proprietatis alicujus cum materia, licet veritatem materiae non habeat. Primo modo materiale non invenitur extra materiam. Secundo modo multa sunt materialia nihil materiae habentia: sicut in III *De anima* dicit Aristoteles, quod sicut in omni natura aliud quo est omnia facere et aliud est quo est omnia fieri: ita et in anima rationali est accipere has differentias: et intellectus possibilis quo est omnia fieri, materialis dicitur, cum tamen nihil habeat materiae. Et Secundum hunc modum id quod est in spiritualibus distinguibile et proprium et formatum, dicitur materiale: cum tamen nec materia sit, nec ex materia, sed in quadam proprietate conveniat cum materia".

적으로 질료가 들어 있음을 의미하지는 않는다고 말한다. 그래서 알베르투스는 정신적 실체에서 드러나는 결합상에 대해 질료와 형상의 결합을 논하는 것보다는 근본적으로 있는 것(quod est)과 그로 인해 있게 되는 것(quo est)의 결합으로 생각하는 것이 더 적확하다는 자신의 입장을 피력한다.44) 이렇게 알베르투스는 질료 개념의 사용에 따른 다의성과 인간의 인식 문제를 이전과 다름없이 거론하면서 보편적 질료-형상론을 비판하고 있다.

한편 이와 같은 논의와 아울러 주목할만한 내용은 『신학대전』 I부에서 알베르투스가 드러내는 과거에 볼 수 없었던 흥미로운 태도다. 이전의 저작에서 알베르투스는 아비체브론과 보편적 질료-형상론을 플라톤 혹은 그를 따르는 사상가들의 전통과 연관지어 다루며 아리스토텔레스와 대비시키곤 했다. 그런데 『신학대전』에서 알베르투스는 아비체브론과 보편적 질료-형상론을 이전과는 전혀 다른 전통과 결부하여 다음과 같이 말한다.

> "어떤 이들은 [형상을 받아들이는 가장 대표적인 경우들인] 누스(noys, 정신noûs)와 질료가 동일하다는 데 의견을 함께 한다. <그런데> 그럴 경우 이 사람들 모두는 반드시 신체를 가진 실체와 신체를 갖지 않는 실체 모두에게 하나인[동일한] 질료가 <포함되어> 있다고 말해야 한다. <그런데> 이와 같은 입장은 이 책, 즉 우리가 몇몇 사람들이 아비체브론에 의해 작성되었다고 말하는 『생명의 원천』에 근거하고 있다."45)

여기에서 알베르투스가 언급하고 있는 사상가는 다비드 디난도(David de Dinando, c.1160-c.1207)다. 다비드는 아말리쿠스 베나(Amalricus de Bena, 출생연도 미상-c.1207)와 더불어 1210년 파리대학에서 아리스토텔레스의 자연학에 대한 독서 및 교육을 금지하는 데 결정적인 계기가 되었던 이단 사상을 유포한 장본인으로 알려져 있다. 1215년 로베르 쿠르송(Robert Courçon, c.1160/1170-1219)은 1210년 파리대학에서의 아리스토텔레스의 자연학과 형이상학 저서들에 대한 금지령을 상기시키며 다비드와 아말리쿠스, 그리고 현재까지 정체가 밝혀지지 않은 한 인물의 사상에 대한 언급을 파리대학에서 금지하는 칙령을 내린다.46) 이들 중 다비드는

---

44) 같은 책, II, tract.1, q.4, ad. obj.3, p.67.

45) Albertus Magnus, *Summa theologiae sive De mirabili scientia Dei*. S. Denis, W. Kübel, & H.G. Vogels(eds.), Vol.XXXIV.1, *Alberti Magni Opera Omnia*. Köln: Aschendorff, 1978, I, tract.4, q.20, cap.2, p.104.6-12: "(…) concedunt quidam, quod noys et materia prima id quod sunt, idem sunt; hoc enim necesse est concedere omnes illos qui corporalium et incorporalium dicunt esse materiam unam. Supra quam positionem fundatus videtur esse liber, qui dicitur Fons vitae quem quidam dicunt factum esse ab Avicebron philosopho".

46) H. Denifle & A. Chatelain(eds), *Chartularium Universitatis Parisiensis*, Paris: Delalain, 1889(이후 CUP), Vol.I, no.20 pp.78-9: "Non legantur libri Aristotelis de methafisica et

아리스토텔레스의 자연학 및 형이상학 저서들을 인용하면서 정신적인 것과 물질적인 것의 근원을 하나로 파악하고, 더 나아가 신을 제일질료라고 제시했다는 혐의로 유물론자로 지목되어 단죄를 받았다.47) 그런데 1270년대의 알베르투스는 '이단자' 다비드 디난도의 사상의 원조를 아비체브론과 그의 책으로 지목하면서 보편적 질료–형상론을 약 60여 년 전에 정죄 당한 악명 높은 '유물론 이단'과 한 뿌리라고 주장하고 있다. 그런데 이와 같은 알베르투스의 주장은 보편적 질료–형상론이 파리대학에서 유행할 당시의 배경과 보편적 질료–형상론과 이 유물론 이단 사이의 상성을 생각해 볼 경우 대단히 역설적으로 다가온다.

1210년과 1215년의 조치는 다비드와 같은 경우에서 확인할 수 있는 이단적 사상과 아리스토텔레스 사상 사이의 관계에 대한 교회 및 파리대학의 의심과 우려를 담고 있다. 이와 같은 의심과 우려는 교회와 파리대학으로 하여금 아리스토텔레스 저작 읽기와 교육의 금지령으로 이어졌다. 그런데 약 반세대가 지난 1231년 4월 13일 교황은 이전에 금지시켰던 아리스토텔레스의 자연학 저서들에 대한 독서와 연구를 조건부로, 즉 "모든 오류의 혐의로부터 결백함이 입증"되었다는 조건하에 허용한다는 조서를 반포한다.48) 이 아리스토텔레스의 저작에 대한 1231년의 조건부 허용은 보편적 질료–형상론과 관련하여 흥미로운 시사점을 남긴다. 이 시점을 전후하여, 특히 최초의 도미니코회 수사 출신 파리대학 교수이자 파리대학에서 최초로 보편적 질료–형상론을 설파한 롤란두스 크레모나(Rolandus de Cremona 1229-30년 파리대학 교수)를 기점으로 보편적 질료–형상론을 가르치고 수용한 중세 사상가들의 숫자가 폭발적으로 늘어났기 때문이다.49) 특히 이 폭발적인 증가의

---

de naturali philosophia, nec summa eiusdem, aut de doctrina magistri David de Dinant, aut Amalrici heretici, aut Mauricii hyspani".

47) Albertus Magnus, 같은 책, I, tract.4, q.20, cap.2, pp.102.59-103.10;, 그리고 A. Rodolfi, *Il concetto di materia nell'opera de Alberto Magno* (Florence: Sismel Edizioni del Galluzo, 2004)., pp.64-6.참조.

48) CUP, Vol. I, p.138: "(…)libris illis naturalibusm qui in Concilio provinciali ex certa causa prohibiti fuere Parisius non utantur, quousque examinati fuerint et ab omni errorum suspicione purgati". 루카 비앙키(Luca Bianchi)는 이 조서가 아리스토텔레스에 대한 신중한 개방을 의미하며 교황청의 태도는 여전히 방어적이며 제한적이지만 아리스토텔레스의 저작들이 오류를 포함하고 있다는 것을 확언하지는 않고 있다고 이해한다. 그래서 비앙키는 이 조서에서 아리스토텔레스의 저작들에 오류가 있을 수 있다는 것에 대한 교황청의 의심어린 시선을 발견하는 한편으로 아리스토텔레스의 저작들에 대한 주의 깊은 통제와 시의적절한 교정에 따라 활용할 경우 학문적 차원에서 유용하게 활용할 수 있음을 인지하는 교황청의 태도를 발견한다. L. Bianchi, *Censure et liberté intellectuelle à l'Université de Paris: (XIIIe-XIVe siècles)*, Paris: les Belles Lettres, 1999, p.104 참조.

49) D.-O. Lottin, "La Composition Hylémorphique Des Substances Spirituelles." *Revue néo-scolastique de philosophie* 34 (1932): pp. 21-24 참조. 물론 롤란두스 크레모나의 파리대학 교수 취임을 1231년의 교황 조서와 직접적 연관성 속에서 보기는 어렵다.

과정에서 1220년대에 보편적 질료-형상론을 거부하는 논의를 전개했던 헤일즈의 알렉산더까지 보편적 질료-형상론자로 전향하는 현상까지도 확인할 수 있다.[50] 물론 이런 정황으로 1231년의 조치와 1230년을 전후하여 확인할 수 있는 보편적 질료-형상론의 폭발적인 성장과 인기 사이의 직접적인 연관성을 논할 수는 없을 것이다. 하지만 보편적 질료-형상론이 아리스토텔레스의 자연철학을 활용하되 다비드나 아말리쿠스의 경우와는 달리 범신론의 "오류의 혐의로부터 결백함이 입증"된 사유 혹은 아리스토텔레스 해석의 일환[51]으로서 파리대학의 교수와 학생들에게 널리 받아들여졌을 개연성은 충분히 유추할 수 있다. 특히 보편적 질료-형상론이 다비드와 같은 이단적 사유에 대해 어떤 답을 중세인들에게 제공할 수 있었고 또 무엇을 제공했는지를 살펴보는 것으로 그 개연성을 확인해 볼 수 있다.

먼저 보편적 질료-형상론은 유물론적 사유와 출발점을 표면적으로 공유하면서도(세계에 있는 모든 것이 질료를 품고 있다고 이해한다는 면에서) 정신적 질료라는 비물체적 작용의 기체를 제시함으로써 신체를 가진 사물들과 구분되는 천사나 인간 영혼과 같은 정신적 실체의 작용과 존재를 논할 수 있다는 점에서 '유물론자' 다비드와 그의 추종자들에 대적하고자 했던 사상가들에게 이점(利點)을 제공한다. 무엇보다도 동일한(혹은 표면적으로 동일하게 보이는) 전제로부터 출발하여 전혀 다른 결론을 도출할 수 있다는 점에서 보편적 질료-형상론은 유물론자들과의 대결에서 일종의 트로이의 목마 같은 역할을 수행할 수 있었다. 더 나아가 다비드에게 씌워진 또 다른 혐의 즉, 유물론적 범신론과 관련하여 로저 베이컨과 같

일단 롤란두스의 파리대학 교수 취임은 1229년, 즉 조서가 반포되기 이전의 일이며 그가 파리대학에 취임하게 된 것은 사상적인 차원보다는 당시 파리대학에서 교수들의 파업으로 인한 학사 공백사태를 해결하기 위해 수도회 출신을 임용하기로 한 정치적 결정에 힘입은 바가 크다.

50) Alexander Halensis, *Glossa in II Sententiarum Petri Lombardi* in *Glossa in quatuor libros Sententiarum Petri Lombardi*, vol. II, Firenz: Quaracchi, 1952, d.3, 8, p.28.11-19: "Concedendum quod, sicut dicit Iohannes Damascenus, secundum compartionem quam habet angelus ad Deum, non est simplex; sed secundum comparationem quam habet ad alias creaturas, simplex est. Item, nota quod una est compositio ex materia et forma, et alia est ex partibus quantitativis; et neutra est in angelo. Est etiam alia ex genere et differentia, et quarta ex substantia et eius proprietatibus, et quinta ut ex eo 'quod est' et 'quo est'; et istis tribus modis est compositio in angelis". 이에 관해서는 Collins, J.D., *The Thomistic Philosophy of Angels*, Washington D.C.: Catholic University of America Press, 1947, p.43.

51) 이 과정에서 새롭게 번역된 자연학 저서들보다 훨씬 먼저 번역되어 유럽인들에게 더 널리 읽혔고 더 익숙했던 『범주론』에 등장하는 모든 (논리적) 규정의 기체(substratum)으로서의 질료개념은 보편적 질료-형상론자들에게 아리스토텔레스의 자연학에 등장하는 질료 개념을 이해하는 중심 축 역할을 했으며 이렇게 발전시킨 보편적 질료-형상론자들의 질료 이해 방식이 본 논문에서 다룬 알베르투스의 비판의 한 축, 즉 논리적 질서와 실재의 질서의 혼동에 대한 비판의 표적이 되었다고 할 수 있다.

은 사상가들은 질료를 품은 피조물들과 질료가 전혀 섞이지 않은 창조자 신 사이의 절대적 차이를 확인하는 한편으로 형상을 수용할 때 제일질료가 드러내는 무규정성 및 무한성과 형상에 의한 규정(determinatio)까지도 넘어서는 신의 철저한 무한성을 구분하는 논의를 보편적 질료-형상론을 토대로 전개하면서 범신론이나 유물론적 신관에 대한 파괴적인 논박을 제시하기도 했다.[52] 이와 같은 의미에서 이후 아우구스티누스와 보에티우스[53]와 같은 중세의 커다란 권위들까지 등에 업은 모습으로 발전해 나아간 보편적 질료-형상론은 중세 사상의 흐름에서 큰 줄기를 형성하고 있는 조화의 시도, 특히 이교의 위험성을 품은 철학적 세계관, 특히 아리스토텔레스의 세계관을 기독교적 세계관 및 신관을 통해 비판적으로 수용하고자 했던 중세인들의 창조적 정신의 한 단면을 반영한다 할 수 있을 것이다.

그런데 알베르투스는 당시 사상계에서 기라성 같은 인물들과 권위들이 지지하고 있던 보편적 질료-형상론을 그가 알고 있는 위대한 두 철학적 전통, 즉 아리스토텔레스의 전통은 물론 플라톤주의 전통 모두로부터 고립시키고 이를 "형편없는 철학자" 아비체브론의 전통 하에 분류하는 것도 모자라 『신학대전』에 이르러 아비체브론의 저작인 『생명의 원천』을 보편적 질료-형상론의 적이자 기독교 세계의 중세인들이 가장 악질적인 이단으로 간주했던 유물론 및 당대 유물론의 아이콘이라 할 수 있는 다비드 디난도의 사상적 원천으로 제시하고 있다. 즉 알베르투스는 이단적 "오류의 혐의로부터 정화된", 그리고 기독교 세계 최고의 권위들을 등에 업고 발전한 보편적 질료-형상론을 통해 그 "오류들"과 맞서 싸웠고 또 싸우고 있는 동시대의 사상가들을 아비체브론 및 『생명의 원천』과 한 번에 엮어 이들이 동일한 이단적 유물론에 빠져 있다고 고발하는 셈이다. 그리고 이렇게 알베르투스의 일생에 걸친 집요한 보편적 질료-형상론에 대한 비판은 아비체브론과 보편적 질료-형상론에 대한 적의를 바탕으로 구성한 '유사(類似) 철학사' 혹은 철학사적 허구[54]를 통해 보편적 질료-형상론을 철학은 물론 신학적인 차원에서도

52) 신의 무한성과 관련하여 다비드 디난도와 맞서는 논의는 보편적 질료-형상론자의 대표자 중 하나인 로저 베이컨의 Rogerus Bacon, *Communia naturalia, in Opera hactenus inedita Rogeri Baconi*, XVI, R. Steel(ed.), London: Oxford Univ. Press, 1940, IIa, d.1, caps.2-3 참조. 특히 로저는 여기에서 다비드 디난도의 의견이 미친 소리(insanum)라고까지 원색적으로 비난한다(같은 책, IIa, d.1, cap.3, p.57: "Cum igitur ex eorum posicione sequatur quod potencia materie est vere infinita intensive(…) et nunc sequitur si potencia materie est infinita, et substancia ejus erit infinita, ergo materia equabitur Deo, quod est insanum").

53) 보편적 질료-형상론자들이 자신들의 입장을 정당화하기 위해 보에티우스의 저작이라며 종종 인용했던 *De unitate et unio*는 12세기에 아비체브론의 『생명의 원천』과 아비첸나의 저작들을 번역한 도미니쿠스 군디살리누스의 저작이었다. 군디살리누스에 대한 국내 연구로는 그의 학문관을 다룬 박승찬, 「형이상학의 대상에 대한 논쟁: 철학적 신론 vs. 보편적 존재론」, 『중세철학』, 16호(2010), 128-134쪽 등이 있다.

54) 이와 같은 알베르투스의 논의는 "적의 적은 적의 친구다"라는 일반적인 상식의 궤를

이단적 사상으로 규정하는 것으로 끝을 맺는다. 일단 이 철학사적 허구를 내용으로 하는 『신학대전』에서의 알베르투스의 논의가 경쟁이론에 대한 정당한 비판이 될 수 없다는 것은 분명한 사실이다. 하지만 그의 유사 철학사적 지식과 전략을 동원한 그의 논의는 논적들이 인용하는 신학적 권위들과의 정면대결을 피하면서 서유럽 사상계에 '올바로 이해한' 아리스토텔레스를 바탕으로 한 자신의 입장을 확실하게 관철시키고자 했던 사상가 알베르투스의 노회(老獪)한 기지, 그리고 더 나아가 당대에 가장 강력한 영향력을 행사했던 사상가로서 품었던 야심을 엿볼 수 있다는 점에서 흥미로운 시사점을 남긴다.

V. 알베르투스 마그누스의 자가당착(?)과 토마스 아퀴나스

보편적 질료-형상론에 대한 중세의 비판적 논의와 관련하여 중세학자들이 가장 많이 거론해온 사상가는 토마스 아퀴나스다. 이는 1250년대 초부터 그의 생의 마지막 순간까지 그가 전개했던 논의들의 정치(精緻)함과 그에 따른 강력한 파괴력에 기인하는 바가 크다. 반면 알베르투스가 보편적 질료-형상론을 다룬 방식이나 비판의 내용에 대한 집중적 연구나 분석은 와이스하이플의 출판한 대가적 논문[55] 외에 딱히 주목할 만한 것이 드물다. 대개 알베르투스의 보편적 질료-형상론 비판에 대한 연구는 토마스 아퀴나스의 보편적 질료-형상론 비판을 다루면서 스쳐가듯 간략히 다루는 수준에 머무르는 것이 현재까지의 추세였다. 하지만 알베르투스의 보편적 질료-형상론 비판은 이와 같은 상대적 홀대에도 불구하고 철학사적으로 중요한 의미를 갖는다. 먼저 토마스 아퀴나스의 빛나는 승리 중 하나로 철학사에 남은 보편적 질료-형상론에 대한 정치한 비판적 논의는 논리적 질서와 실재의 질서의 혼동을 지적하는 가운데 질료의 다의성과 지적 인식의 문제에 의거한 비판적 논의를 전개했던 알베르투스의 논의를 전적으로 수용하는 것으로부터

벗어나는 표현 외에 딱히 간추릴 길이 없는 것처럼 보인다. 한편 유물론과 보편적 질료-형상론의 동근원성을 논하는 알베르투스의 비판적 논의의 영감이 그의 제자 토마스 아퀴나스로부터 왔을 가능성이 매우 높다는 것을 짚고 넘어가야 할 필요성이 있다. 토마스는 알베르투스가 이런 논의를 전개하기 약 10년 전부터, 즉 1250년대 말에서 1260년대 초반에 저술한 『이교도 논박대전』 II권 50장부터 그가 아비체브론과 보편적 질료-형상론을 마지막으로 다루는 미완성작 『분리된 실체들에 관하여』(1272년경)에 이르기까지 보편적 질료-형상론을 "고대 자연철학자들의 오류" 혹은 "엠페도클레스의 오류"와 꾸준히 결부시키며 보편적 질료-형상론을 유물론적 성향의 사상으로 제시하고 있다. 이런 면에서 보편적 질료-형상론의 비판을 통해 알베르투스와 토마스 아퀴나스의 관계를 조망하는 것도 두 사상가의 상호 영향에 대한 흥미로운 정보를 제공할 수 있을 것이다.

55) 각주 10 참조.

시작한다.[56] 또한 아비체브론을 보편적 질료－형상론의 근원으로 제시함으로써 철학적 전통으로부터 배제하는 논의는 철저하게 알베르투스에게서 빚진 것이다. 이와 같은 면에서 토마스 아퀴나스의 보편적 질료－형상론 비판의 골자는 알베르투스의 것이라 할 수 있을 것이다. 따라서 토마스 아퀴나스의 정치하고도 엄밀한 보편적 질료－형상론 비판을 가시적인 결과를 가져다 준, 즉 13세기 후반 이후 보편적 질료－형상론의 쇠락에 일조한 논의로 간주해야 한다면, 그의 논의를 끌고 가는 기본적인 전략들과 유용한 논의의 기초를 실질적으로 제공했다는 점에서 알베르투스의 논의의 의의를 확인할 수 있을 것다.

한편 이와 같이 알베르투스의 비판적 논의가 토마스 아퀴나스의 논의에 기반이 되었다는 사실을 밝히는 것, 특히 토마스가 양적 규정의 문제를 통한 비판을 추가하여 알베르투스보다 더욱 정교하고 더 큰 파괴력을 자랑하는 비판적 논의로 발전시켰다는 사실을 밝히는 것이 반드시 알베르투스를 가능적 토마스 아퀴나스(Potential Thomas Aquinas)로 이해하려는 의도에서 비롯된 것은 아니다. 오히려 최소한 신학대전 이전까지 드러나는 알베르투스의 논의 전개에서 토마스에 비해 덜 파괴적인 알베르투스의 면모는 그가 밝힌 아리스토텔레스를 연구하고 주석서를 집필하는 과정에서 밝힌 동기에 부합한다. 즉 알베르투스의 보편적 질료－형상론 비

---

56) 토마스 아퀴나스가 사용하는 비판적 논의 중 그가 1220년대 대학총장 필립과 후고 산토－카로(Hugo de Santo-Caro)로부터 빌어온 양적 규정에 의한 비판을 제외한 모든 논의는 사실상 알베르투스의 것을 그대로 차용한 것이다. 그리고 전략적으로 아비체브론을 거론하지 않을 경우, 즉 당대 기독교 세계의 보편적 질료－형상론자들만을 의식하여 비판적 논의를 전개할 경우 토마스는 알베르투스로부터 이어받은 두 개의 비판적 논의, 즉 질료의 다의성과 지적 인식의 문제 정도를 거론하는 선에서 그치곤 한다. 한편 토마스가 활용하는 양적 규정에 의거한 질료의 단일성에 대한 비판은 『명제집 주해』 II권, 3구분 1문 1항에서 처음 등장하며 이후 그의 대표적인 저작인 『이교도 논박대전』, 『신학대전』을 비롯한 주요 저작에서 보편적 질료－형상론의 형이상학적 기반을 흔드는 데 사용하고 있다. 이런 면에서 그의 양적 규정에 의거한 비판은 토마스의 보편적 질료－형상론 논박을 위한 결정타로 즐겨 활용했다고 말할 수 있다. 이 비판의 내용은 다음과 같이 귀류법적 논의로 요약할 수 있다.

* 질료와 형상의 결합은 신을 제외한 모든 실체, 즉 물체적 실체는 물론 비물체적 실체들 사이에서도 드러난다.
* 물체적 실체와 비물체적 실체에 포함된 질료는 그 근원에 있어서는 제일질료라는 면에서 같다. 하지만 물체적 실체는 물체성에 의해 규정된 질료를 갖고 비물체적 실체는 비물체성(incorporeitas)에 의해 규정된 질료를 포함한다는 면에서 구분된다.
* 이런 주장은 곧 제일질료의 분할(diversitas)을 염두에 두고 있는 것이다. 그러나 분할은 부분들 (partes), 그리고 부분들은 어떤 양(quantitas)을, 그리고 양은 물체성을 전제하지 않고 생각할 수조차 없다.
* 따라서 정신적 실체가 정신적 질료라고 하는 물체성으로 규정된 제일질료 이외의 "부분"을 포함한다고 말하는 것은 그 자체로서 무규정적인 제일질료에 물체성을 투사하는 것과 다를 바 없다. 이런 의미에서 이와 같은 사유는 자기 모순에 빠진다.

판은 1230년대 이후 사상계를 제패했던 보편적 질료－형상론이 최소한 아리스토텔레스의 자연철학 저서의 내용이나 아리스토텔레스의 입장을 충실하게 반영하는 것이 아니라는 점을 밝히고 이를 1220년대 이후로 새롭게 소개된 주석가 아베로에스의 경우를 모범으로 삼아 아리스토텔레스의 사상을 이에 익숙지 않은 라틴세계의 사람들에게 전달하는 동시에 새로운 대안을 모색코자 하는 주석가 알베르투스의 면모를 반영한다. 이런 면에서 알베르투스의 논의는 비슷한 시기에 아리스토텔레스 및 여러 주석가들을 연구하고 주석하는 과정에서 확립한 자신의 독창적인 철학적 사유를 통해 기존의 사유와 대결하여 자신의 입장을 관철시키고자 하는 철학자로서의 야심을 드러내는 그의 제자 토마스 아퀴나스와는 차별성을 갖는다. 특히 이 차별성은 알베르투스가 이미 당시에 잘 알려진 양적 규정에 의한 비판, 즉 보편적 질료－형상론의 근간을 뒤흔드는 대학총장 필리푸스와 후고 산토－카로로부터 내려오는 강력한 파괴력을 가진 비판적 논의를 그의 저작에서 채택하지 않는 전략적 신중함에서 확인할 수 있다.

한편 이와 같은 신중함은 종종 그의 입장에 대한 오해로 이어지기도 했다. 그 대표적인 예로는 알베르투스가 있는 것(quod est)과 그로 인해 있게 되는 것(quo est) 사이의 관계를 각각 기체(fundamentum)으로서의 질료와 존재를 부여하는 형상의 관계로 설명하는 몇몇 구절을 들 수 있다. 적지 않은 주석가들이 이와 같은 알베르투스의 설명방식으로부터 알베르투스와 보편적 질료－형상론자들 사이의 구분이 사실상 모호해지거나 없어지는 것이 아닌가라는 의구심을 드러낸 바 있다.57) 물론 토마스 아퀴나스에 비해 파괴력이 떨어지는 알베르투스의 논의와 몇몇 현대 주석가들이 지적하는 문제를 철학적 정합성과 교의적 차원의 일관성에서 바라볼 때 ‘스님이 제 머리 못 깎는 모습’을 떠올릴 수도 있을 것이다. 하지만 철학적 혹은 교의적(doctrinal) 차원에서 알베르투스의 논의가 드러내는 미진함이나 겉보기의 자가당착을 단순히 그가 전개한 철학적 사유의 미흡함이나 불철저함으로 간주할 수는 없는 것처럼 보인다. 특히 이와 같은 태도에 대해서는 철학적 혹은 교의적 분석에 앞서 알베르투스가 밝힌 철학연구와 집필활동 동기를 통해 접근함으로써 더 의미있는 해석이 가능할 것이다. 예컨대 알베르투스는 ‘라틴 세계의 사람들에게 아리스토텔레스의 사상을 이해할 수 있게 하는 것’이 그의 연구와 집필의 목적이라고 명시적으로 밝히고 있는데 이렇게 명시적으로 밝힌 알베르투스의 목적의식은 그가 드러내는 미온적이고 때로는 자가당착에 빠진 듯한 태도를 다른 각도에서, 특히 교육자이자 주석가로서 강의 혹은 출판물을 통해 동시대인들의 사유방식

57) A. Forest, 같은 글, pp.124-5; E. Gilson, “L’âme raisonnable chez Albert le Grand”, *Archives d’Histoire Doctrinale et Litteraire du Moyen Age* 14(1943-1945), pp.42-3; S. Baldner, “St. Albert the Great on the Union of the Human Soul and Body”, *American Catholic Philosophical Quarterly* 70(1996), pp.104-5.

과 용어들을 신중하게 고려하여 자신의 입장 및 아리스토텔레스의 사상을 전달하려했던 알베르투스의 의도를 통해 바라볼 관점을 열어준다. 무엇보다도 이와 같은 관점은 알베르투스의 논의를 동시대인들의 문제의식과 입장, 그리고 이에 입각한 논의의 목적을 잘 이해하는 가운데 자신의 새로운 입장을 논적에게까지 설득하여 전달하고자 하는 목적의식이 투철한 교육자이자 신중한 사상가로서의 알베르투스의 면모와 역량을 그가 처했던 현실과 그의 문제의식과 유기적 관계 속에서 확인하게 한다. 알베르투스가 자신의 목적을 수행하기 위해 첫 발을 내디딜 당시의 현실은 오해와 그에 따른 위험을 염두에 두지 않을 수 없는 상황이었기 때문이다. 특히 강력한 신학적 권위들이 뒷받침하는 보편적 질료-형상론에 맞설 당시 알베르투스의 주변에는 그를 스승으로 뒀던 행운을 누렸던 토마스의 경우와는 달리 자신의 문제의식과 그에 따른 비판적 논의를 용감하게 전개할 사상적·사회적 토대를 탄탄하게 닦아 준 선구자나 동반자가 없었다. 이런 면에서 알베르투스의 자가당착처럼 보이는 태도는 무엇보다도 당대에 가장 성공을 거둔 경쟁 이론과 대결하기 위한 전략적 포석, 즉 경쟁이론에 익숙한 학생들과 독자들은 물론 그의 논적이 사용하는 언어 및 용어까지 활용하여 그의 입장을 납득시키고 이를 자신의 고유한 입장전개의 초석으로 삼기 위한 전략적 태도의 일환으로 볼 수 있다. 그리고 이와 같은 방향에서 알베르투스의 보편적 질료-형상론 비판을 토마스 아퀴나스의 비판과 함께 바라본다면 알베르투스의 작업을 토마스 도래 이전의 모호함이나 불철저함에 머무는 것으로 확인하기 보다는 토마스 아퀴나스의 정교하고 정치한 논의가 효과를 발휘할 수 있게 한 실질적인 환경이자 토대를 마련한 논의로 간주할 수 있는 가능성이 열릴 것이다. 더불어 성급한 가치판단을 배제하는 가운데 각 사상가의 비판적 논의가 갖는 독창성과 가치를 두 사상가들의 비교를 통해 논할 공간을 마련할 수 있을 것이다.

Ⅵ. 나가는 글

중세의 보편적 질료-형상론은 1210년 이후로 당시 교회와 사상계에서 아리스토텔레스 사상에 투사했던 의구심과 위험성을 극복하는 대안적 사유로서 당대에 가장 영향력 있는 이론이었다. 알베르투스는 아리스토텔레스의 사상을 라틴세계의 사람들에게 알리겠다는 그의 학문적 동기에 입각하여 그의 초기 저작으로부터 마지막 저작까지 일관적으로 보편적 질료-형상론에 대해 비판적 논의들을 전개한다. 이와 같은 그의 비판적 논의는 아우구스티누스를 비롯한 쟁쟁한 중세 유럽의 권위들의 지원을 받는 이론에 여전히 중세인들의 의구심 아래 있던 아리스토텔레스를 내세워 정면 돌파하려 했던 위험한 시도였다. 더욱이 그가 이 과정에서 전개한 논의의 토대가 중세 기독교 세계에서는 ‘위험한’ 이방인이었던 아베로에스의 아리스토텔레스 해석에 빚지고 있다는 면에서 그에게 다가왔을 부담감은 결코 적지 않았을 것이다. 이에 알베르투스는 11세기에 무슬림제국 치하의 스페인에서 활동했던 아비체브론과 그의 저작 『생명의 원천』을 보편적 질료-형상론의 철학적 영감의 원천으로 제시하면서 보편적 질료-형상론을 아비체브론과 더불어 당시에 알려져 있던 가장 큰 두 철학적 전통, 즉 아리스토텔레스의 전통과 플라톤의 전통으로부터 유리시키는 전략을 취한다. 특히 그는 이교도 사상가들, 예컨대 아리스토텔레스와 아베로에스를 동원한 자신의 보편적 질료-형상론 비판의 과정에서 당시 기독교 세계에서 유행하던 사상의 철학적 원천으로 아비체브론과 『생명의 원천』을 제시함으로써 아우구스티누스를 비롯한 신학적 권위와 정면대결하지 않고도 소기의 목적을 달성할 수 있는 전략적 활로를 마련한다. 이를 통해 그는 당대의 기독교인들 사이에서 유행하던 보편적 질료-형상론에 맞서는 자신의 비판적 논의를 “형편없는 철학자” 혹은 “끔찍한 궤변론자”과의 대결의 일환으로 제시할 수 있었다. 그리고 만년에 이르러 알베르투스는 아비체브론과 『생명의 원천』을 13세기 초 파리대학을 떠들썩하게 했던 유물론 및 범신론 이단의 원천으로 제시함으로써 이 이론이 신학적 권위와 닿을 수 있는 마지막 보급선까지 차단하려 한다.

이와 같이 전개된 알베르투스의 보편적 질료-형상론 비판은 중세인들의 아리스토텔레스 철학의 수용과정에서 중세인들이 가졌던 문제의식과 그에 따라 선택 혹은 계발한 이론 및 해석들 간의 경쟁과 경합의 과정을 이해하는 데에도 소중한 정보를 제공한다. 예컨대 그가 오랜시간 동안 전개한 보편적 질료-형상론에 대한 비판적 논의는 13세기에 아리스토텔레스의 저작을 둘러싸고 벌어진 역사적 사건들과 중세사상의 전개와 발전에 미친 영향을 시간적 순차에 따라 이해하는 길을 연다. 특히 그의 비판적 논의의 전개과정에서 근간에 소리없이 자리잡고 있는 아베로에스의 아리스토텔레스 해석은 13세기 중반 아리스토텔레스의 수용과정에서 ‘주석가’ 아베로에스의 위상과 권위를 알베르투스와 같은 사상가가 어떤 논의의 맥락에서 활용하고 정초시키는 과정을 되짚는 데에 일종의 지표가 될 수 있다. 또한 아베로에스의 활용방식과는 정반대라 할 수 있는 보편적 질료-형상론의 원천으로 알베르투스가 제시한 아비체브론과 『생명의 원천』의 활용 방식은 중세인들의 사상전개에서 그들이 제시하는 권위(auctoritates)나 근거가 논적과의 대결에서 철학적 논의의 정합성과는 별개로 이 논쟁 자체와 이를 지켜본 동시대인들의 사유에 어떤 영향력을 행사했는지를 파악하는 데에 특히 그의 논의를 다른 방식으로 발전시킨 토마스 아퀴나스의 논의와의 상호 영향을 조망하는 데 중요한 시사점을 남긴다.

참고 문헌

원전

Albertus Magnus, *Commentarium in II Sententiarum.* in Borgnet, A.(ed), *Beati Alberti Opera Omnia.* vol.27, Paris: Vivès, 1894.

______, *Super Dionysium De caelesti hierarchia.* Simon, P. and Kübel, W. (eds.). Vol. XXXVI-1, *Alberti Magni Opera Omnia.* Köln: Aschendorff, 1993

______, *Physica.* P. Hossfeld (ed.). Vol. IV, *Alberti Magni Opera Omnia.* Köln: Aschendorff, 1987.

______, *De anima.* Stroick, C. (ed.). Vol. VII-1, *Alberti Magni Opera Omnia.* Köln: Aschendorff, 1968.

______, *Metaphysica.* Geyer, B. (ed.). Vol. XVI-1, *Alberti Magni Opera Omnia.* Köln: Aschendorff, 1960.

______, *De causis et processu universitatis a Prima Causa.* Fauser, W.(ed.). Vol. XVII-2, *Alberti Magni Opera Omnia.* Köln: Aschendorff, 1993.

______, *Summa theologiae.* A. Borgnet(ed), *Beati Alberti Opera Omnia.* vol.32, Paris: Vivès, 1895

______, *Summa theologiae sive De mirabili scientia Dei.* Denis, S., Kübel, W., and Vogels, H.G.(eds.). Vol.XXXIV. *Alberti Magni Opera Omnia.* Köln : Aschendorff, 1978.

Alexander Halensis, *Glossa in II Sententiarum Petri Lombardi* in *Glossa in quatuor libros Sententiarum Petri Lombardi*, vol. II, Firenz: Quaracchi, 1952.

Aristoteles, *Metaphysica* (『형이상학』, 김진성 역), 이제이북스, 서울, 2007.

Avicebron, *Fons vitae: translationem ex Arabico in Latinum.* Baeumker, C. (ed.), *Beiträge zur Geschichte der Philosophie und Theologie des Mittelalters ,Band1, Heft 2-4*. Münster: Aschendorff, 1895. Reprint, 1995.

______, *Fons vitae*. Benedetto, M. (ed.), *Avicebron: Fonte della vita(testo latino afronte)*. Milan: I edizione Bompiani, 2007.

Denifle, H. et Chatelain, A.(eds.), *Chartularium Universitatis Parisiensis.* Paris: Delalain, 1889.

Johannes Blund, *Tractatus de anima secundum Iohannem Blondum.* in Callus, D.A., and Hunt, R.W. (eds.), *Iohannes Blund: Tractatus de anima.* Oxford: Oxford University Press, 1970.

Rogerus Bacon, *Communia naturalia, in Opera hactenus inedita Rogeri Baconi.* XVI, R. Steel(ed.), London: Oxford Univ. Press, 1940.

2차문헌

김 율, 「토마스 자유이론의 변화를 어떻게 볼 것인가」, 『중세철학』 12호(2006), 71-99쪽.

_____, 「성 토마스의 후기 저작에 나타난 의지와 지성의 작용적 통일성과 의지의 자유」, 『가톨릭철학』, 제7호(2005), 206-231쪽.

박승찬, 「형이상학의 대상에 대한 논쟁: 철학적 신론 vs. 보편적 존재론」, 『중세철학』, 16호(2010), 109-171쪽.

_____, 『서양 중세의 아리스토텔레스 수용사-토마스 아퀴나스를 중심으로』, 서울: 누멘, 2010.

이재경, 「아리스토텔레스의 『영혼론』과 13세기 지성단일성론 논쟁-라틴 아베로에스주의자 시제 브라방을 중심으로-, 『가톨릭철학』, 제3호(2002), 158-187쪽

Baldner, S., "St. Albert the Great on the Union of the Human Soul and Body", *American Catholic Philosophical Quarterly* 70 (1996) pp.103-120.

Benedetto, M. "La dimensione fondante della realtà: la materia in Ibn Gabirol e Shem Tov ben Yosef ibn Falaquera", *Questio* 7(2007), pp.229-244.

Bianchi, L., *Censure et liberté intellectuelle à l'Université de Paris:(XIIIe-XIVe siècles)*, Paris: les Belles Lettres, 1999.

Brown, G., "Dualism and substance as substratum in Descartes and Bonaventure", *The Modern Schoolman* 63(1986), pp.119-32.

Brunner, F., "Sur l'hylémorphisme d'Ibn Gabirol," *Les Etudes Philosophiques* 8, no.1(1953), pp.28-38.

_____, "La transformation des notions de matière et de forme d'Aristote à Ibn Gabirol" in *Métaphysique d'Ibn Gabirol et de la tradition platonicienne* Brookfield, Vermont: Ashgate Press, 1997, pp.1-17.

_____, "La doctrine de la matière chez Avicébron," *Revue de théologie et de philosophie* 6(1956). pp. 261-79.

Chung, Stephen Hyun Sok, "hylémorphisme universel" in Atucha, I. et als.(eds), *Mots médiévaux*, Brepols, Porto, 2011, pp.337-9.

Collins, J.D., *The Thomistic Philosophy of Angels*, Washington D.C.: Catholic University of America Press, 1947.

de Libera, A., *Albert le Grand et la philosophie*, Paris: J.Vrin, 1990.

______, "Albert le Grand et Thomas d'Aquin interprète du Liber de causis", *Revue des sciences philosophiques et théologiques*, 3(1990), pp.347-377.

Forest, A., *La structure métaphysique du concret selon Saint Thomas d'Aquin*, 2nd ed., Paris: J. Vrin, 1956.

Gilson, E. "L'âme raisonnable chez Albert le Grand", *Archives d'Histoire Doctrinale et Litteraire du Moyen Age* 14 (1943-1945), pp.5-72.

Long, R.J., "Roger Bacon on the Nature and Place of Angels." *Vivarium* 35, no. 2 (1997): pp. 266-82.

______, "Of Angels and Pinheads : The Contributions of the Early Oxford Masters to the Doctrine of Spiritual Matter." *Franciscan Studies* 56 (1998): pp. 239-54.

Lottin, D.-O., "La Composition Hylémorphique Des Substances Spirituelles." *Revue néo-scolastique de philosophie* 34 (1932): pp. 21-41.

McGinn, B., "Sapientia Judaeorum: the role of Jewish philosophers in some scholastic thinkers" in Bast. R.J. et Gow, A.C.(eds), *Continuity and change: the harvest of Late-Medieval and Reformation history: essays presented to Heiko A. Oberman on his 70th birthday*, (Leiden: Brill, 2000), pp.206-228.

Munk, S. *Mélanges de philosophie juive et arabe,* Vrin, Paris 1988 (reprint. 1st ed. 1859).

Weisheipl, J.A., "Albertus Magnus and universal hylomorphism: Avicebron: a note on thirteenth-century Augustinianism", *Southwestern Journal of Philosophy* 10, no.3(1980): pp. 239-60.

Vérité, M., "S. Thomas d'Aquin lecteur du *Liber fontis vitae* d'Avicebron", *Revue des sciences philosophiques et théologiques* 86(2002): pp.443-7.

Albert le Grand et sa critique de l'hylémorphisme universel

Chung, Hyun Sok

Résumé

L'hylémorphisme universel au Moyen Âge a été l'une des théories qui ont vu les plus grand succès au 13e siècle. Les partisans de cette théorie, en citant et en faisant les siennes non seulement les autorités chrétiennes comme Augustin et Boèce mais également celles païenne comme Aristote etc., ont fait une tradition où se trouvent les penseurs si éminents comme Alexander de Halès, Roger Bacon, Bonaventure, Jean Peckham etc. Toutefois Albert le Grand, déjà dans les années 1240, se fait contrer cette théorie qui est soutenue par les autorités si écrasantes et les partisans si nombreux. Et jusqu'à la fin de son carrier il a revisité de façon parfois passionnée voire de manière obsessionnelle l'hylémorphisme universel en évoquant systématiquement Avicebron, un philosophe juif du 11e siècle en Espagne sous le domaine de l'Empire Musulman, comme la source ultime du l'hylémorphisme universel.

Dans cet article, j'envisage d'analyser les arguments critiques lancés par Albert le Grand à l'encontre de l'hylémorphisme universel, en particulier pour voir la manière dont il utilise Avicebron et le *Fons vitae* pour ébranler ou détruire la tradition bien établie depuis longtemps de cette théorie en question. Ce faisant, je montrerai d'abord comment fonctionne le nom d'Avicebron et le *Fons vitae* conformément au *leitmotiv* personnel d'Albert, c'est-à-dire son intention de faire connaître les latins la véritable pensée d'Aristote. Et en continuation de cela, en particulier consacrant notre attention sur le développement bien intéressant que l'on peut remarquer dans ses œuvres lorsqu'il s'agit de l'attitude et des expressions qu'il désigne Avicebron, l'une de ses dernières œuvres, j'éclaircirai l'ambition si grande d'Albert le Grand en tant que philosophe et interprète d'Aristote, qui vise à fournir une solution alternative contre l'hylémorphisme universel, et à substituer une théorie dominante de la scène de la pensée médiévale avec sa propre idée épaulée de penseurs païens comme Aristote, Averroès etc.

Mot clés : Albert le Grand, l'hylémorphisme universel, Avicebron, Aristote, David de Dinant

• 투고일: 2011.09.18. 심사완료일: 2011. 10. 12. 게재확정일: 2011.10.13.

마키아벨리와 '근대성'의 문제

-그의 『군주론』을 중심으로-*

이 종 철

요약문

서양 '근대'는 세계사에서 인류가 역사의 새로운 국면으로 접어들게 해주는 혁명적인 시기였다. 이러한 '근대성'의 특징과 본질을 여러모로 조명할 수 있겠지만, 무엇보다 중세의 종교적 전통의 쇠퇴에 따른 근대의 세속적 세계의 부각과 이 세계의 중심 원리로서 '정치'의 비중이 커진 점을 빼놓을 수 없을 것이다. 근대의 정치철학은 아리스토텔레스의 목적론적이고 유기체적인 정치철학과 기독교의 신학적인 세계관으로부터의 독립인데 그 선봉에 마키아벨리의 『군주론』이 서 있다.

마키아벨리는 격동의 15-6 세기에 활약한 현실 정치인이다. 당시 이탈리아는 주변국들에 수시로 외침을 당하면서 독립국가의 지위를 위협받던 상황에 처해 있었다. 이러한 현실에서 마키아벨리는 당시의 용병제도와 교회의 내분 조장, 그리고 외세개입을 이탈리아 분열의 핵심 원인으로 진단하고, 아울러 분열을 통합하고 국가의 독립을 고수할 수 있는 강력한 절대 군주의 정치적 역할에 대한 이론적 모색을 시도한다. 이 과정에서 그는 종교와 도덕으로부터 '정치'를 분리시키고, 정치에 관한 과학을 수립하며, 근대국가의 원리인 '법'과 '국민군'의 기초를 확립하고 근대적 주체의 자율성과 힘을 이론화한다. 다시 말해 현실 정치에 대한 한낱 경험적 분석의 수준을 넘어서 이론적이고 철학적인 성찰을 제시한 것이다. 그렇기 때문에 그의 『군주론』은 흔히 비난받듯 군주를 위한 단순한 책략서가 아니라 근대 정치철학의 새로운 지평을 연 개척자적 연구로 볼 수 있다.

* 이 논문은 2008년 정부(교육인적자원부)의 재원으로 한국학술진흥재단의 지원을 받아 수행된 연구임(KRF-2008-A00165)

본 연구는 특별히 『군주론』을 ‘근대성’의 문맥과 관련하여 힘과 운명, 도덕과 정치의 구분, 법과 국가, 자율의 문제 등에 대한 심층적 분석을 제시하고 있다.

● 주요어: 권력, 비르투, 포르투나, 운명, 도덕, 종교, 정치, 사적 영역, 공적 영역, 군주, 법, 국가, 근대성

Ⅰ. 서론

니콜로 마키아벨리(Niccholò Machiavelli, 1469-1527)의 『군주론』(*De principatibus*)은 출간 직후부터 논란이 많은 책 중의 하나였다. 『군주론』은 그것이 담고 있는 혁명적 내용만큼이나 통상 종교나 도덕, 그리고 정치와 관련된 사람들의 지배적 관념에 충격을 준 바 있다. 마키아벨리는 중세에서 핵심적으로 사유되었던 도덕이나 종교와 연관된 개인의 덕이나 가치의 차원을 넘어서 있는 정치 영역의 의미와 이 영역에서 중심 개념으로 등장하는 권력과 힘의 문제를 새롭게 부각시켰다. 달리 표현하면, 마키아벨리는 정치의 영역에서는 종교적 가치나 개인의 도덕적 가치 혹은 덕으로서는 접근될 수 없는 정치 내재적인 특수한 상황과 그에 적합한 논리가 문제시 된다는 것을 역설하고 있다. 마키아벨리에 따르면, 권력을 유지하고자 하는 통치자는 필요한 때에 부도덕하게 행동할 준비가 되어 있어야 한다. 그리하여 사악한 방법을 써서 권력을 쟁취한 군주에 대해 호의적으로 판단한 것, 군주에게 여우와 사자의 이미지를 동시에 갖출 것을 강조하는 것, 특히 군주의 개인적 성품이나 태도, 처신과 관련해서 일반적으로 비난받을 수 있는 성질들에 대해 긍정적으로 해석한 것 등은 사적인 도덕적 가치가 군주의 통치 행위와 관련한 공적 영역에서는 오히려 악으로 전화될 수 있고, 또 공적으로 유덕한 행위가 사적 윤리의 차원에서 악덕으로 드러날 수 있음을 보여준다. 통상 공사의 구분이 쉽지 않은 일상적 사고의 도덕규범에 비추어볼 때 이러한 측면들은 쉽게 수긍하기 어려운 부분이기도 하다. 마키아벨리의 정치이론이 이처럼 극단적이고 도발적인 데는 역사적 상황에서 유래하는 맥락이 있는데, 이러한 맥락을 무시할 경우 그의 정치 이론을 올바로 평가하기가 힘들다는 주장이 있다.[1] 주지하듯, 마키아벨리의 『군주론』은 특히 외세의 영향 아래 사분오열된 이탈리아에서 분열을 극복하고 통일을 수립할 수 있는 강력한 군주에 대한 요구를 담고 있다. 그리하여 『군주론』은 당대 이탈리아를 둘러싼 정세에 대해 경험적이고 현실적인 분석을 시도하고 있고, 이러

1) Parkinson, G. H. R. Ethics and Politics in Machiavelli, The Philosophical Quarterly, Vol. 5, No. 18. (Jan., 1955), 38쪽.

한 냉정한 현실 인식 하에서 그것을 극복하기 위해서는 무엇보다 강력한 군주의 역량, 국가의 자주와 독립을 요구하고 있다. 다른 한편으로 그의 정치이론은 과학적이고 보편적인 방법론을 통해 전개되어진 하나의 체계적 이론이라고 평가됨으로써 앞서의 차원을 넘어서 정치 철학적인 의미를 함축하고 있는 보편적 정치담론으로 간주될 수 있다. 이 경우 『군주론』은 이탈리아의 시대상황에 제약된 우연적이고 개별적인 내용을 넘어서 근대 정치에 관한 보편적이고 철학적인 원리를 제시하고 있는 정치철학적 저서로 간주될 수 있다. 정치철학은 단순히 개별적인 사례들을 토대로 한 이론을 제시하는 학문이 아니라 이 개별적 사례들을 관통하고 있는 핵심 원리와 이념을 발견하고 제시하는 학문이다. 우리는 『군주론』의 탄생과 전개 과정에서 드러나는 특수하고 보편적인 이 양 측면들을 염두에 두면서 『군주론』의 텍스트에 드러나는 여러 중심 개념들을 '근대성'의 문맥 속에서 원리적이고 철학적으로 분석하고자 한다.

수 세기에 걸쳐 진행된 서구의 근대화와 관련된 근대성의 문제를 일의적으로 제시하기는 힘들 것이다. 그것은 가령 정치 경제적으로 봉건제에서 자본주의로의 이행 및 반봉건 민주주의 혁명, 아리스토텔레스의 목적론적 자연관을 대체한 갈릴레오-뉴턴의 기계론적 역학 혁명, 코기토(Cogito)를 새로운 철학의 주체로 내 세운 데카르트의 주관성의 철학, 인간의 이기적 본성과 공포심으로부터 사회를 도출하고자 한 홉즈 이후의 계약론적 사회관, 막스 베버가 역설한 계몽주의의 합리적 이성에 의한 종교와 정치의 분리 및 탈 주술화 등 다양한 차원에서 언급될 수 있다.[2] 이 가운데 우리는 '근대성'의 의미를 특별히 철학에서 거론되는 핵심 주제와 관련하여 이성과 주체, 권력과 법 및 합리적 제도, 도덕 및 종교와 정치의 분리, 공적 영역의 자립성 등의 문제를 중심으로 분석하고자 한다. 마키아벨리가 『군주론』에서 사용하고 있는 핵심 개념들이 이러한 주제들과 깊은 연관을 맺고 있다고 생각하기 때문이다. 이를테면 비르투(역량/힘 virtù)와 포르투나(운명 fortuna)[3]개념이나 도덕 및 종교와 정치의 구분, 권력과 폭력 및 법의 개념, 그리고 자율의 개념들이 그렇다. 이러한 문제들을 통해 마키아벨리는 정치 영역의 독자성과 자율성 그리고 전통적인 당위의 정치에 대해 현실의 정치를 부각시키고, 근대 정치철학의

---

2) 우리는 '근대성'의 본질에 관한 논쟁 보다는 통상적으로 이해되는 '근대성'의 표지를 통해 『군주론』을 해석하고자 한다. 이 개념과 관련해서는 다음을 참조하라. Matei Calinescu., Five Faces of Modernity, Duke Univ. Press Durham, 1987. 41-46쪽. Habermas, Jügen. 이진우 옮김, 『현대성의 철학적 담론』, 문예출판사, 1999. 19-43쪽. Wagner, Peter. A sociology of modernity, Routledge London and New York, 1994. 3-18쪽.

3) virtù/fortuna는 『군주론』에 등장하는 마키아벨리의 핵심 개념이다. 우리는 일단 원어로 사용하고 문맥에 필요할 경우에만 우리말로 번역하고자 한다. 이 말의 의미와 관련해서는 이 글 2.3장, 비르투와 포르투나, 그리고 자유 부분을 참조.

새로운 지평을 연 개척자로 인정되고 있다. E. 카시러는 근대 문명의 새로운 지평을 연 두 저작으로 갈릴레오의 『두 개의 새로운 과학에 관한 대화』와 마키아벨리의 『군주론』을 꼽으면서, 양자 모두가 새로운 시대의 '새로운 과학'을 제시한 것으로 본다.[4] 즉 갈릴레오의 역학이 근대 자연과학의 기초가 된 것처럼, 마키아벨리는 중세의 종교적 전통과 단절하여 세속적 삶에서 가장 중요한 정치의 문제에 주목하고 정치학의 새로운 길을 개척한 것이다. 때문에 카시러는 갈릴레이가 한 세기 후에 낙하 물체의 운동을 연구·분석한 것처럼, 마키아벨리야 말로 새롭게 등장하는 국가의 정치적 구조의 의미를 완전히 깨닫고 "정치의 정력학과 동력학에 관한 새로운 유형의 과학의 창시자"[5]가 되었다고 말하는 것이다. 마키아벨리에 대한 이러한 평가가 가장 잘 드러나 있는 작품이 『군주론』이라고 하는 데에는 이론의 여지가 없을 것이다.

따라서 우리는 이 중심 개념들을 『군주론』과 연관 지어 크게 다음의 세 가지로 나누어서 고찰하고자 한다. 즉 1) 도덕 및 종교와 정치의 구분 ('정치적인 것'의 자립성–사적 영역과 공적 영역의 구분), 2) 권력과 폭력 및 법의 문제 3) 비르투와 포르투나 개념 및 이와 밀접하게 연관된 주체의 자유와 자율의 철학적 의미. 이러한 고찰을 통해 우리는 『군주론』이 단순한 정치 책략서가 아니라 아리스토텔레스에서 중세로 이어지는 정치철학의 전통을 벗어나 근대 사회의 새로운 역학을 탐구하고 있으며, 또 그가 제시한 새로운 세계의 권력 메카니즘이 그 이전과 대비해서 얼마나 새로운 지평을 개척했는가를 밝히고자 한다.

Ⅱ. 본론

1. 도덕과 종교로부터 정치의 자립성

앞서 잠시 언급했듯 『군주론』은 그 파격적 내용에 대한 오해 여부와 상관없이 출간 직후부터 로마 교황청으로부터 금서 지정을 받으면서 도덕적 선을 표방하는 모든 이들로부터 금기시 당한다. 또한 마키아벨리는 '잔혹한 마키아벨리'[6]나 '악의 교사'[7] 등 온갖 비난을 받고, 마키아벨리즘은 교활한 술책이나 목적을 위해 수단

---

4) Cassirer, E. 최명관 옮김, 『국가의 신화』, 서광사, 1988. 168-169쪽.
5) Cassirer, 같은 책, 176쪽.
6) Skinner, Quentin, 강정인 옮김, 『마키아벨리의 이해』, 문학과 지성사, 1993. 8쪽.
7) Strauss의 이러한 평가는 대단히 노골적이다. Strauss, L, 함규진 옮김, 『마키아벨리』, 구운몽, 2006. 11-19쪽 참조. Dante Germino, Second Thoughts on Leo Strauss's Machiavelli The Journal of Politics, Vol. 28, No. 4. (Nov., 1966), 795-796쪽 참조.

과 방법을 가리지 않는 야비함의 대명사가 되기도 했다[8]. 사실 냉정하게 본다면 『군주론』은 도덕적인 책도 아니고 특별히 부도덕한 책도 아니며, 다만 현실 정치의 냉혹한 진상(眞想)을 그린 기술적인 책이라 할 수있다.[9] 인간적으로 볼 때 마키아벨리 자신도 조국에 대한 열렬한 애국자이자 헌신적 봉사자이고, 아내와 자식들에게 헌신한 사람이기도 하다.[10] 그럼에도 이처럼 평가가 극단적으로 갈리게 된 데는 『군주론』에 충분히 그 원인이 있을 것이다. 우리는 그것을 고전적 의미의 도덕과 이상 혹은 종교가 인민들의 관념을 지배하던 시기에 『군주론』이 노골적으로 현실주의 정치기술의 문제를 표방한데 있다고 본다. 이러한 정치 기술(techne)은 정치와 권력의 문제를 일체의 도덕적이고 종교적 혹은 형이상학적 관념으로부터 분리해서, 오로지 권력의 획득과 유지에 관한 기술 혹은 게임의 법칙으로 간주하고 있다. 『군주론』 16장에 나오는 마키아벨리의 다음의 표현은 이러한 태도를 극명하게 보여준다.

> "저는 … 이론이나 사변보다는 사물의 실제적인 진실에 관심을 기울이는 것이 더 낫다고 생각합니다. 왜냐하면 많은 사람들이 현실 속에 결코 존재한 것으로 알려지거나 목격된 적이 없는 공화국이나 군주국을 상상해왔기 때문입니다. 그러나 "인간이 어떻게 살고 있는가"는 "인간이 어떻게 살아야 하는가"와는 너무나 다르기 때문에, 일반적으로 행해지는 것을 행하지 않고, 마땅히 행해야 한다고 고집하는 군주는 권력을 유지하기보다는 잃기가 십상입니다…권력을 유지하고자 하는 군주는 상황의 필요에 따라서 선하지 않는 법을 배워야만 합니다."[11]

마키아벨리가 표방하는 현실주의 정치관은 무엇보다 군주가 권력 투쟁에 승리할 수 있고, 또 쟁취한 권력을 유지해야 한다는 분명한 목표 의식에 입각해 있다. 때문에 군주는 이러한 목표를 위해 "상황의 필요에 따라서"는 선하지 않을 수도 있다는 것이다. 물론 그는 군주가 무조건 악하게 행동해야 하는 것은 아니라고 하면서 "군주의 정치가 도덕과 일치된 상태에서도 잘 이루어진다면 두말 할 나위 없이 좋겠지만"[12]이라는 단서를 달고 있다. 사실 고래로부터 현실 정치는 원초적인 지배욕과 권력욕에 따라 야수들의 자연 상태 속에서 이전투구로 이어지는 변화무쌍한 전쟁터로 간주되어 왔다. 이 세계는 원초적으로 인간의 한없는 욕망에 비해 상대적으로 희소한 자원을 둘러싸고 생존과 지배, 환상과 가치 등이 부단히 충돌

8) 강정인, 「마키아벨리의 정치사상, 『로마사 논고』를 중심으로」, 계간 사상, Vol.40 No.1, 1999, 198-199쪽 참조.
9) Cassirer, 같은 책, 194쪽.
10) Cassirer, 같은 책, 164쪽.
11) 마키아벨리, 강정인외 옮김 『군주론』, 까치글방, 2008. 16장, 106쪽.
12) 마키아벨리, 같은 책, 같은 쪽.

하고 운동하는 세계이다.[13] 하지만 안정과 불변적 질서를 희구하는 인간의 관념은 생성의 세계를 거부하면서 환상의 세계를 창조하고 그것을 인간 행위의 진정한 토대로 간주한다.[14] 플라톤이 주장하는 이데아론에 기반 한 유토피아적 공화국은 초월적인 원리를 모델로 현실 세계를 재구성하는 것이다. 마찬가지로 오랜 기간 유럽의 중세를 지배한 기독교적 세계관도 현실을 초월한 종교적 원리에 의해 이 현실을 재구축하는 것이다. 이러한 관념은 현실의 실제적인 생성과 운동의 진실을 드러내기 보다는 오히려 그것을 호도하는 이데올로기적 환상의 역할을 한다. 그러므로 이론과 사변으로부터 사물의 실제적인 모습을 구분하려는 마키아벨리의 의도는 첫째는 현실정치의 실제적인 메카니즘에 대한 인식을 왜곡함으로써 군주의 통치 행위를 방해하는 이러한 환상의 정체를 폭로하고, 둘째는 군주가 권력을 획득하고 유지하는 일에 이러한 환상들을 어떻게 적절히 활용할 수 있는가를 가르치는 데 있다.[15] 이러한 맥락에서 마키아벨리의 정치 이론의 새로운 시도는 과거의 사변적 이론이나 종교와 달리 현실세계를 초월한 '정당한 권위에 대한 문제'로부터 벗어나 권력의 문제 또는 현실세계를 구성하는 다양한 세력들의 불안정한 복합체를 통제함으로써 지배력을 획득하는 '능력의 문제'로 관심을 전환하는 것이다.[16] 다시 말해 권력을 획득하고 유지하는 문제는 도덕적이고 종교적인 정당성의 문제가 아니라 냉정한 권력 게임을 승리로 이끌 수 있는 '정치 기술의 문제'이다.[17] 요컨대 마키아벨리가 궁극적으로 밝혀낸 것은 도덕적 가치와 권력 기술, 도덕적 정당화의 체계와 정치적 목적 및 수단 사이에는 근본적인 양립 불가능성이 있다는 것이다.[18] 크로체가 명명했듯 이러한 문제는 정치와 도덕 사이에서 결코 종결되지 않을 "마키아벨리의 문제"[19]인 것이다.

권력을 둘러싼 문제 설정이 이처럼 새롭게 변화되면서 동시에 권력의 문제는 도덕과 종교 혹은 사변적 이론으로부터 완전히 분리되고, 권력을 쟁취하기 위한 군주의 자세나 태도 그리고 가치와 품성 등도 전혀 새롭게 조정된다. 마키아벨리에 따르면, 권력 투쟁을 전개하는 데에는 두 가지가 방법이 있다. "그 하나는 법에 의지하는 것이고, 다른 하나는 힘에 의지하는 것입니다. 첫째 방법은 인간에 합당한 것이고, 둘째 방법은 짐승에게 합당한 것입니다."[20] 군주가 싸움에 이기기

---

13) 강정인, 같은 글, 222쪽.
14) 강정인, 같은 글, 같은 쪽.
15) Wolin, Sheldon, 강정인 외 옮김, 『정치와 비전 2』, 휴마니타스, 2009. 40쪽.
16) Wolin, 같은 책, 43쪽.
17) Cassirer, 같은 책, 196쪽.
18) John H. Geerken, Machiavelli Studies since 1969, Journal of the History of Ideas, Vol. 37, No. 2.(Apr.-Jun., 1976), 365쪽.
19) Benedetto Croce, Politics and Morals (New York, 1945), 59쪽. Geerken, 같은 글, 365쪽에서 재인용.

위해서는 많은 경우 인간에 합당한 방법만으로는 불충분하기 때문에, 짐승에게 합당한 방법을 쓸 수 있어야 한다. 더 나아가서 마키아벨리는 이러한 방법의 정당성을 보여주기 위해 신화까지 끌어들인다. 즉 아킬레스나 고대의 유명한 영웅들, 군주들이 반인반수의 케이론에게 양육되었다는 것은 군주가 양면적 성격을 가질 수밖에 없으며, 권력을 획득하고 유지하는 데는 두 방법이 모두 요구된다는 것이다.[21] 그리하여 군주가 짐승의 방법을 사용하는 것은 아주 당연한 일이 되는 데, 그 중에서도 여우와 사자를 모방할 것을 권장한다. 군주에게는 사자의 무자비한 힘뿐이 아니라 여우의 교활한 꾀도 필요하다는 것이다.[22] 특별히 여우의 기질의 강조되는 까닭은, 야수들의 자연 상태와 같은 현실 정치에서 필요하다면 군주는 신의를 깰 수도 있다는 것과 전통적으로 군주의 덕목이나 성품을 갖추지 못할 경우에도 여우처럼 갖춘 듯 위장할 수 있어야 하기 때문이다. 이러한 도덕 가치의 전도는 신생 군주에게 더욱 요구된다. 그는 권력을 유지하기 위해 무자비하고 비인도적으로 행동하고 종교 계율에 어긋나게 행동하기도 하고, 또 언제든 상황에 따라 입장을 바꿀 수 있어야 하고 필요하다면 악행까지 서슴지 않아야 한다는 것이다.[23]

그런데 통상 고대와 중세의 도덕관념에 비추어 볼 때 악덕으로 간주될 수 있는, 이처럼 전도된 도덕관념들이 군주에게 아무런 거리낌 없이 권장될 수 있는 근거는 무엇인가? 인간적으로 볼 때 부도덕하고 비도덕적인 것이 군주에게는 해당되지 않는 것인가? 물론 인간적 덕목들은 군주 자신에게도 "좋을 뿐만 아니라 실제로 그런 것이 좋다"[24]고 마키아벨리는 말한다. 문제는 이러한 덕목들이 개인의 인격과 성품에 관련될 때와 초인격적 존재로서의 군주에 관련될 때는 의미가 다르며, 또 그것이 개인적이고 사적인 행위에서 드러날 때와 군주의 공적인 정치 행위에서 드러날 때는 의미가 전혀 달라진다는 데 있다. 말하자면 양자는 동일한 의미와 동일한 차원이 아니라는 것이다. 마키아벨리는 군주의 '관후함'과 '인색함'이라는 성품을 들어 군주의 정치 행위가 일반인들의 사적 행위로부터 독립된 별개의 차원이 되어야 함을 보여준다.[25] 군주가 관후하다는 평판을 받을 정도로 관후하게 행동하기 위해서는 인민들에게 사치스럽고 과시적으로 재물을 베풀어야 하는데, 한정된 재물을 이렇게 쓰기 위해서는 인민들에게 과다한 세금을 징수하고 또 수탈할 수밖에 없을 것이다. 하지만 군주의 수탈 정책은 불가피하게 인민들의 원성

---

20) 마키아벨리, 같은 책, 118쪽.
21) 마키아벨리, 같은 책, 119쪽.
22) 마키아벨리, 같은 책, 같은 쪽.
23) 마키아벨리, 같은 책, 121쪽.
24) 마키아벨리, 같은 책, 120쪽.
25) 마키아벨리, 같은 책, 16장 참조.

과 미움을 받게 되고, 결과적으로 어리석은 통치행위가 되고 만다. 때문에 현명한 군주라면 오히려 인색하다는 악평에 개의치 말아야 하며, 위대한 업적은 대부분 인색한 평판을 받은 군주에 의해 성취되었다는 것이다. 결국 사적인 개인의 덕목은 공적인 정치 행위를 하는 군주에게는 오히려 악덕이 될 수 있으며, 공적인 정치적 덕목은 사적으로는 정반대의 평가를 받을 수 있는 것이다. 도덕과 정치는 이제 두 개의 독립적인 영역, 혹은 현대적인 용어를 빌린다면 두 개의 상충하는 가치 체계가 되고, 그리하여 양자를 움직이는 원리도 별개의 것이 되는 것이다.[26)]

도덕과 종교로부터 정치를 분리시킨 마키아벨리의 정치역학은 종교를 대하는 그의 태도에서 더욱 분명하게 드러난다. 종교에 대한 마키아벨리의 관점은 종교의 실체적 내용이나 진리와 같은 종교 자체에 대한 관심이 아니라 제도화된 현실 종교의 기능적 측면이나 종교적 감정이 발휘하는 이데올로기적 역할에 있다.[27)] 그는 공화국의 복지를 위해 종교를 이용하는 방법을 알고 있는 로마인들에 주목한다.[28)] 로마 공화정과 관련하여 그는 시민들의 종교 의식을 고취하는 것이 국가를 설립하고 안정화하는데 절대적인 역할을 하고 또 종교적인 법령이 시민의 위대함을 증진하는데 도움이 된다고 말한다.[29)] 종교적 감정은 애국심을 강화하는데 큰 역할을 하며, 또 시민들의 비르투를 증진하는데 중요한 수단이 되기도 한다. 이에 반해 종말론이나 내세의 구원관에 별다른 관심을 보이지 않는 마키아벨리는 기독교에 대해서는 적대적인 입장을 보이기도 한다. 그는 기독교로 인해 이탈리아가 사분오열되고 이탈리아인들이 부패하게 되었다고 역설하면서 로마 교회를 통일의 최대 장애로 간주하고 있다. 그리하여 마키아벨리는 겸양과 희생, 세속에 대한 경멸과 내세를 중시하는 기독교보다는 정신적 위용, 남성적 강건함, 시민적 비르투의 고양과 같은 종교의 현실주의적 기능을 강조하는 고대 로마의 종교를 훨씬 더 선호한다.[30)] 이런 의미에서 그가 말하는 비르투는 기독교적 의미의 통상적 미덕과는 궤를 달리한다.

---

26) I. Berlin는 이를 도덕적 가치 혹은 인간 이상에 관한 보편적이고 단일한 기준이 해체되고 다원적인 기준이 도입되는 문제로 보고 있다. John 365-366쪽 참조. 그러나 이러한 관점은 정치의 자립성을 보여주고, 이 정치의 영역이 평민과 귀족의 적대와 불화에 의해 결정되고, 이 현실 정치의 역학과 권력 기술을 보여주고자 한 마키아벨리의 이론의 특성을 간과하는 약점이 있다. 오히려 그의 이론은 적과 동지의 구별에 기초한 '정치적인 것'의 개념을 통해 자유주의를 비판한 C. Schmitt나 이 '정치적인 것'의 개념을 통해 급진 민주주의 이론을 전개한 C. Mouffe의 이론에 의해 더 잘 드러날 것이다. Mouffe, Chantal, 이행 옮김, 『민주주의의 역설』, 인간사랑, 2009. 이보경 옮김, 『정치적인 것의 귀환』, 후마니타스, 2007. 참조.

27) Skinner, Quentin, 강정인 옮김, 『마키아벨리의 이해』, 문학과 지성사, 1993. 122쪽.

28) Skinner, 같은 책, 119쪽.

29) Skinner, 같은 책, 120쪽.

30) Skinner, 같은 책, 122쪽.

더 나아가서 마키아벨리의 현실주의적 태도의 밑바탕에는 인간성에 대한 훨씬 냉정한 판단이 놓여 있다. 그에 따르면 인간이란 자신의 이익과 관련되면 언제든 감사의 관계를 팽개치고, 배신도 서슴지 않는 악한 존재이다. "인간이란 은혜를 모르고 변덕스러우며 위선적인 데다 기만에 능하며 위험을 피하려고 하고 이익에 눈이 어둡습니다."[31] 이러한 인간은 어찌 보면 전통적 도덕규범과 종교적 배경을 벗어나 자신의 이기적 욕망을 충족시키려는 파우스트적 자아와도 같다.[32] 홉즈와 스피노자, 흄과 공리주의 등에 이르기까지 근대 철학에서 전형적으로 나타나는 이러한 인간은 쾌락을 추구하고 고통을 피하려는 데서 공통점을 지니고 있다. 도덕과 종교로부터 해방된 이러한 인간은 기회가 주어지면 언제든 악을 서슴치 않는다. 때문에 이러한 인간들이 사회적 관계를 형성하면서 벌이는 정치 행위는 홉즈가 말한 것처럼 '자연 상태에서의 야수들의 싸움'과 별로 다르지 않다.[33]

정치 현실을 이처럼 냉정하게 인식하고 있기 때문에, 마키아벨리는 군주의 정치 행위를 권력의 게임에 관한 기술적 법칙으로 간주하고 일체의 사적인 도덕이나 감정들을 배제할 수 있었고, 또 종교조차도 군주의 정치적 목적을 달성하기 위해 현실주의적으로 접근할 수 있었던 것이다. 그러나 다른 한편 이러한 현실주의 정치철학과 관련해서 오해가 될법한 몇 가지 문제들을 분명히 할 필요가 있을 것이다. 즉 기술적으로 이루어지는 권력의 강제적 집행은 전체주의 국가에서 보여지듯, 목적을 관철시키기 위해 수단과 방법을 가리지 않는 효율적 폭력에 대한 숭배와 무엇이 다를 수 있단 말인가? 합법적 권력과 불법적인 폭력의 경계가 과연 분명한가? 이러한 문제는 근대 정치 이론에서는 권력의 정당성 문제와 연관되겠지만, 앞서 지적했듯 마키아벨리는 정당성의 문제 보다는 권력을 쟁취하고 유지하는 능력의 문제로 관심을 이동시켰다고 하지 않았는가? 어쨌든 이 문제는 권력과 무력, 근대적 의미의 법치주의와 입헌 군주에 대한 이해와 상관되어 있으며, 우리는 다음 장에서 이 문제들을 다룰 것이다.

---

31) 마키아벨리, 같은 책, 114쪽.

32) 도덕이나 종교와 같은 타율적 규범을 벗어나 순전히 피고취락이라는 자기중심적 기준에 따라 행동하는 이기적 인간은 홉즈나 공리주의자들에서 보이는 근대적 인간의 전형적인 모습이다. 이 점에서 마키아벨리는 이러한 인간의 전형을 선취하고 있다고 할 것이다. 파우스트적 자아에 관해서는 이종철, 「행위 하는 이성과 세계」, 『헤겔연구』18-1집. 2006, 8-14쪽 참조.

33) Davie E. Ingersoll, The Constant Prince: Private Interest and Public Goals in Machiavelli, The Wester Political Quarterly, vol. 21, No. 4 (Dec., 1968), 591-592쪽 참조.

2. 권력과 폭력, 그리고 법

군주의 성품과 관련한 탈 도덕적인 기술이 주로 신생 군주와 관련해서 논의되었듯, 군주의 권력의 문제도 세습 군주보다는 신생 군주와 직결된다. 왜냐하면 세습 군주는 신 군주에 비해 권력을 획득하는 데 큰 어려움이 없고, 또 그 권력을 유지하기 위해 급격한 변화를 주거나 위험부담을 감수할 필요도 없기 때문이다.[34] 반면 신생 군주가 일개 시민에서 군주가 되기 위해서는 운과 기회가 적절히 뒷받침되어야 할 뿐만 아니라 기회가 주어졌을 때 그것을 활용할 수 있는 역량을 갖추고 있어야만 한다. 말하자면 그는 호의적인 객관적 정세의 도움과 그것을 권력의 쟁취에 활용할 수 있는 주관적인 역량을 갖추고 있어야만 한다. 신생 군주가 선대 권력에 불만을 품은 자들의 도움을 받아 권력을 획득했다면 그는 언제든 그들의 새로운 불평과 모반에 직면할 가능성이 높다. 또 새롭게 쟁취한 권력을 유지하고 확장하기 위해서는 새로운 형태의 제도 개혁이 필수적인데, 이 경우 변화에 저항하는 낡은 세력에 언제든 위험에 처할 수도 있다. 결국 군주가 그의 권력을 유지하려면 무엇보다 확고한 지지 기반으로서 무력을 구축해야만 한다. 마키아벨리에 따르면 국가의 주된 토대는 군주국의 형태와 상관없이 좋은 법과 좋은 군대이다. 하지만 좋은 군대가 없으면 좋은 법을 가지기란 불가능하고, 좋은 군대가 있는 곳에는 항상 좋은 법이 있기 때문에 그의 일차적 관심은 군주가 어떻게 무력을 구축하느냐에있다[35]. 마키아벨리에게 무력과 권력, 좀 더 다른 표현으로는 군주의 힘(역량, virtù)은 인간 개개인에게서는 자유의 문제이며, 대내적으로는 통치권의 자주성과, 대외적으로는 주권의 독립성의 문제와도 연관된다.

마키아벨리에 따르면 군주에게 좋은 무력은 군주 자신이 양성하고 동원할 수 있는 시민군이다. 그가 보기에 당시의 이탈리아가 사분오열되어 프랑스나 스페인 등과 같은 주변국들의 잦은 침략에 노출된 것은 자체의 무력이 미비한 상태에서 많은 경우 용병에 의존하거나 궁벽한 상황을 모면하기 위해 타국의 원정군을 끌어들인 데 있다. 그런데 애국적인 희생 의식이 없는 용병은 전쟁 시 자신들의 안전을 우선시하기 때문에 지리멸렬하고 패퇴할 가능성이 높으며, 설령 전쟁에서 승리를 한다 해도 그들을 고용한 군주의 권력을 찬탈할 가능성이 높다. 외국의 원정군에 의존해서 전쟁을 수행할 경우에는 이러한 위험이 더욱 높아진다. 그들이 패배할 경우 군주도 패배하고, 그들이 승리할 경우에는 군주의 권력이 그들의 포로

34) Wolin은 귀족과 세습 군주에 대한 무시 혹은 반감이 급속한 시대 변화를 수용하지 못하는 낡은 관념과 그로 인한 정통성의 위기와 결부되어 있다고 말한다. 이에 비해 『군주론』은 국가 통치술에 관한 새로운 학문으로서 예전의 정통성의 원리에 대한 대안으로 제시된 것이다. Wolin, 같은 책, 2권, 20-21쪽 참조.

35) 마키아벨리, 같은 책, 83-84쪽.

가 될 가능성이 높아지기 때문이다.[36] 요컨대 "용병의 경우에는 그들의 비겁함이나 전투를 기피하는 태도가 위험하고, 원군의 경우에는 그들의 능숙함과 용맹(virtù)이 위험"[37]하다. 그러므로 군주의 확고한 무력은 자신이 양성한 시민군 혹은 국민군에 기초할 때만이 가능한 것이다. 자기 군대를 갖지 못한 군주나 군주국은 위기 시에 자신을 방어할 역량이 없기 때문에 운명(fortuna)에 의존해야 하고, 그만큼 취약하고 불안정하다.

> "저는 어떤 군주국이든 자신의 군대를 가지지 못하면 안전할 수 없다고 결론짓겠습니다. 오히려 그러한 군주국은 위기 시에 자신을 방어할 역량이 없기 때문에 전적으로 운명에 의존해야 할 뿐입니다. 현명한 사람들은 항상 "자신의 무력에 근거하지 않는 권력의 명성처럼 취약하고 불안정한 것은 없다"라는 격언을 마음에 깊이 새깁니다."[38]

한 때 피렌체의 인민들을 사로잡고 정치를 좌지우지했던 종교 지도자 사보나롤라(Savonarola, Cirolamo)가 하루 아침에 형장의 이슬로 사라진 것은 무력에 근거하지 못했기 때문이다.[39] 반면 잔인하다는 평판을 받으면서도 탁월한 능력을 발휘한 체사레 보르자의 역량은 자신의 군대를 소유했기 때문에 가능했다. 아무튼 국민군에 대한 마키아벨리의 이러한 관점은 18-9세기의 근대 민족국가의 자주와 독립에 관한 이론적 토대가 되고 있는데, 특히 비스마르크 시대의 프러시아가 대표적인 예라 할 수 있다.

무력이 자연 상태의 야수들의 싸움과 같은 현실 정치의 상황에서 군주의 권력을 지탱해주는 확실한 기반이라면, 그것은 다른 무엇보다 권력 집행의 불가피한 수단이라 할 수 있다. 그런데 강제적인 집행을 위해서 사용되는 무력은 필연적으로 폭력적 수단이 될 수도 있다. 마키아벨리 자신도 『군주론』의 곳곳에서 이러한 형태의 폭력을 군주의 당연한 권리로 암시하고 있다. 정복한 땅에서 반란의 싹이 될 만한 대상에 대해 무자비하고 단호하게 처신할 것을 주문하거나 아주 짓밟아 버려야 한다고 말하는 경우가 그렇다.[40] 그렇다면 군주는 목적, 특히 국가의 안정이라는 궁극 목적을 위해서는 어떠한 수단도 사용할 수 있고, 또 이러한 그의 행위는 도덕적으로 옳고 정당화될 수 있는가?[41] 이는 첫째 마키아벨리가 무력의 정

36) 마키아벨리, 같은 책, 84쪽.
37) 마키아벨리, 같은 책, 95쪽.
38) 마키아벨리, 같은 책, 98쪽.
39) 마키아벨리, 같은 책, 44-45쪽 참조.
40) 마키아벨리, 같은 책, 22쪽.
41) 이러한 견해는 종종 국가의 '이익'이나 '국가 이성'과 관련해서 국가 지상주의를 정당화된다. 국가이성과 관련해서는 진원숙, 『마키아벨리와 국가이성』, 신서원, 2005.

당성 보다는 무력의 효과적 사용이나 집행에 더 큰 관심을 갖느냐하는 문제와, 둘째 효율적이고 효과적인 폭력의 사용은 목적이 정당하다면 얼마든지 당연시될 수 있느냐하는 문제와 관련되어 있다. 첫 번째 문제의 *효과적인* 폭력의 사용과 관련해서는 『군주론』에서 많은 예를 들 수 있다. 이러한 폭력 사용은 무자비하고 단호하게, 또 잔인하다는 악평에 구애받지 않으며, 인민에게 군주에 대한 공포심을 심어줌으로써 국가의 안정과 질서의 수립에 의해 정당화될 수 있다. 예를 들어 새롭게 정복한 로마나 지방의 무질서와 무능을 해결하기 위해 잔인한 심복 레미로 데 오르코를 통해 단숨에 해결하지만, 그에 따른 인민의 원성을 무마시키고 자신의 결백을 주장하기 위해 그의 시체를 광장에 걸어 놓는 체사레 보르자의 행위가 그렇다.[42] 만일 사적 영역과 공적 영역, 도덕과 정치의 분리에 관한 마키아벨리의 전제를 받아들인다면, 물리적인 힘의 양(magnitude)으로 계산된 효율성이 공적 영역에서의 권력의 사용의 정당성 여부를 판가름하는 중요한 기준이 될 수 있을 것이다. 그에게서 권력의 효과적 사용은 권력(혹은 폭력) 사용에 따른 희생이나 노력, 비용 등을 줄여준다는 점에서 경제적 사용이라 할 수 있을 것이다.[43] 이와 관련해서 마키아벨리의 권력 관에는 근대 자본주의의 도구주의(Instrumentalism)나 공리주의가 깊이 침투해 있다는 지적이 있다. 이러한 도구주의의 전형은 경제 행위에서 찾아볼 수 있다. 막스 베버에 따르면 경제 행위의 도구적 합리화는 결과에 대한 예측과 위험을 최소화함으로써 목적을 효율적으로 달성하는 것인데, 이러한 경제적 합리화가 근대의 다양한 영역, 특히 정치 영역을 광범위하게 지배하고 있다. 이 점에서 마키아벨리는 근대 자본주의의 합리화에 기초한 정치 영역의 합리화에 주목한 선구자로 볼 수 있을 것이다.[44]

다음으로 두 번째 문제와 관련해서 볼 때, 마키아벨리는 *모든* 형태의 효율적 폭력을 정당화하고 있는가? 만일 마키아벨리의 권력 관을 이렇게 해석할 경우에 그것은 목적을 위해 수단과 방법을 가리지 않는다는 '교활한 마키아벨리'나 '악의 교사'라는 식의, 널리 유포된 마키아벨리 관에 동조하는 것이다. 이러한 관점은 종종 전제적인 독재자의 무자비한 인민 탄압을 정당화하는데 이용되기도 한다. 먼저 마키아벨리는 승리에 따른 보상도 없으면서 파괴적이고 반복적인 폭력만 일삼는 것은 비효율적일뿐더러 정당하지 못하다고 본다.[45] 이 점에서 파괴적이고 반복적인 폭력을 종결짓는 효율적 폭력은 정당하다. 다음으로 군주의 폭력 사용은 사적

특히 16장을 참조. 또 G.H.R. Parkinson, 같은 글, 41-42쪽 참조.

42) 마키아벨리, 같은 책, 53-54.쪽.

43) Wolin은 이를 '폭력의 경제학'이라고 말한다. Wolin, 같은 책, 51-58쪽 참조.

44) Donald McIntosch, The Modernity of Machiavelli, Political Theory. Vol. 12, No. 2. (May. 1984), 191-193쪽 참조. 이러한 도구적 관점에서 본다면 행위의 선악은 결과의 선악에 의해 결정된다.

45) 마키아벨리, 같은 책, 22쪽.

인 이기심이 아니라 공적 이익을 위할 경우에만 정당화될 수 있다. 그가 권력의 능력과 기술을 통해 추구했던 것은 자만심이나 야망 또는 사소한 복수의 충동에 의해 오염되지 않은 상태에서 공공성을 위한 순수한 힘의 사용일 뿐이다.[46] 평민 출신으로 시라쿠사의 왕이 되었던 시칠리아의 아가토클레스나 혹은 마키아벨리와 동 시대 권력자였던 페르모의 올리베르토는 "동료 시민을 죽이고, 친구를 배신하고, 신의가 없이 처신하고, 무자비하고, 반종교적인" 악행을 통해 권력을 장악한 것으로 유명하다.[47] 마키아벨리는 그들의 이러한 악행을 결코 덕(virtù)이라 부를 수 없으며, 또 그러한 행동을 통해서는 영광을 얻을 수 없다고 분명히 못 박고 있다.[48] 그럼에도 마키아벨리는 그들의 행동에 대해 일말의 정당성을 인정해주고 있다.

> "저는 이러한 차이(수많은 악행에도 불구하고 권력을 유지할 수 있었던 것－필자)가 잔인한 조치들이 잘 이루어졌는가 또는 잘못 이루어졌는가에 따라서 좌우된다고 믿습니다. 그러한 조치들이 잘 이루어졌다는 것은(나쁜 일에도 '잘(bene, well)'이라는 단어를 사용할 수 있다면) 자신의 안전을 위해서 어쩔 수 없이 일거에 모두 저질러진 것을 말하며, 연후에는 지속되지 않고 자신의 신민들에게 가능한 한 유익한 조치로 바뀐다는 것을 의미합니다."[49]

이러한 표현은 폭력이 이루어졌을지라도, 그것이 확실하게 질서를 수립하고 또 그러한 조치가 인민들을 위한 것이고, 그 결과가 인민들에게 돌아갈 경우에는 유덕한 행동은 아닐지라도 정당화될 수 있음을 시사하는 것이다. 군주의 정치적 행위가 폭력을 수반할지라도 공공성과 공동선을 지향하는 경우 도덕적이지는 않아도 정당화될 수는 있다. 아무튼 마키아벨리가 모든 폭력을 정당화하는 것은 아님을 알 수 있다.

마지막으로, 보다 중요한 것인데, 마키아벨리는 인민의 동의 역시 사회적 권력의 일환으로 간주한다는 것이다.[50] 마키아벨리는 『로마사 논고』에서 "잔인한 수단을 많이 사용하면 할수록 그의 왕국은 더욱 허약"[51]해지므로, 인민에 대한 물리적 강제력 보다는 그들의 동의와 합의가 권력의 기반을 공고하게 해준다고 말한다. 인민의 동의가 물리적 폭력의 사용량을 감소시킬 수 있다는 이러한 주장은 『군주론』과 다르게 『로마사 논고』에서 공화제를 선호하는 마키아벨리의 이론적 괴리를

46) Wolin, 같은 책, 57쪽.
47) 마키아벨리, 같은 책.
48) 마키아벨리, 같은 책.
49) 마키아벨리, 같은 책, 65-66쪽.
50) Wolin, 같은 책, 57쪽.
51) 마키아벨리, 『로마사 논고』, 강정인, 안선재 옮김. 한길사, 2003.

비난하는 근거가 되기도 한다. 하지만 보다 중요한 것은 인민의 동의가 군주의 권력을 제한하기 보다는 오히려 근본적 개혁을 단행하는 과정에서 불가피하게 요구되는 폭력과 희생, 그리고 사회적 비용 등을 절약하는 데 훨씬 유리하다는 점에 있다고 하겠다.[52] 인민의 동의에 기초해 법률을 제정하고 제도를 정비하는 것은 권력 투쟁에서 승리하는 두 가지 길, 말하자면 짐승의 길과 다른 인간의 길이라 할 수 있으며, 마키아벨리는 이러한 수단을 통해 개혁하는 사람들이 가장 명예로운 행위를 하는 자라고 말한다.[53]

> "나라 안에서 민중이 어떤 특정 개인에 불만이나 노여움을 품는 경우가 있다. 그런 경우에 필요한 것은 법적으로 정당한 배출구를 마련해주는 것이다. 법적으로 정당한 배출구를 갖지 않은 사회에서는 민중이 불만이나 분노를 극단적인 방법으로 폭발시키는 수밖에 없고, 그 결과는 나라 전체를 위태롭게 하는 사태로 발전할 수 있다. 그러므로 민중에게 미리 법적으로 정당한 배출구를 법률화해서 마련해주는 것만큼 국가의 안태에 도움이 되는 것은 없다."[54]

우리가 이 자리에서 군주제를 표방하는 『군주론』과 공화정을 선호하는 『로마사 논고』 사이의 이론적 단절이나 괴리에 관한 논쟁을 전개할 수는 없다.[55] 다만 사분오열된 이탈리아를 통일할 수 있는 강력한 군주를 요구하는 일과 이렇게 통일된 국가가 인민의 자유와 행복을 증진할 수 있기 위한 법적·제도적 장치로서 인민 주권과 입헌주의를 주장하는 것은 전혀 다른 길이 아니라고 할 수 있을 것이다. 사실상 마키아벨리가 전자에서 시민형 군주국을 모델로 삼고, 후자에서는 입헌 군주를 주장한 것은 우리의 논조를 충분히 정당화할 수 있을 것이다. 그런데 군주국과 공화정, 『군주론』과 『로마사 논고』 가운데 어떤 것이 마키아벨리의 진정한 입장이고 또 그의 진면목을 드러내고 있는가하는 문제는 다음 장에서 다루게 될 비르투와 자율의 문제와도 깊이 연관되어 있다. 비르투를 군주와 같은 특정 개인의 자질로만 의미한 『군주론』과 다르게, 마키아벨리는 『로마사 논고』에서 어떤 도시가 위대함을 성취하기 위해서는 필수적으로 공화국의 시민 전체가 이 자질을 갖춰야 한다고 주장하기도 한다.[56]

---

52) Wolin, 같은 책, 57.
53) 마키아벨리, 같은 책, 118쪽.
54) 마키아벨리, 같은 책,
55) 두 저작의 관계에 대해서는 다음을 참조. 강정인, 서양 근대 정치사상의 탄생, 「마키아벨리의 현실주의」, 『계간 사상』 Vol. 13 No.1, 2001, 218-221쪽. 또 박상섭, 『국가와 폭력: 마키아벨리의 정치사상연구』, 서울대학교, 2003. 101-110쪽. Geerken, 앞의 글, 357-359쪽.
56) Skinner, 같은 책, 105쪽.

3. 비르투와 포르투나, 그리고 자유

『군주론』의 가장 핵심적인 개념이라고 할 수 있는 비르투(역량 virtù)개념은 도전과 위험 속에서 군주의 권력을 유지할 수 있는 군주 자신의 능력이라는 문제와 연관되어 있다. 반면 그것과 필수적으로 연관된 포르투나(운명 fortuna)는 주체의 역량을 넘어서 있거나 혹은 그 역량과 상관해서 주체에게 영향을 미치는 외부적 조건이다. 이 점에서 비르투와 포르투나는 군주를 둘러싼 주-객관적 조건과 다르지 않으며, 군주의 궁극 목표는 "비르투에 의한 포르투나의 정복"[57]이라 할 수 있겠다. 운명의 지배로부터 벗어나기 위해 군주는 권력의 획득 및 유지와 관련한 제반 조건과 힘을 최대한 유리하게 동원할 수 있어야 한다. 즉 그는 가능하면 덜 외부적인 호의와 운에 의존해야 하며, 용병이나 외국의 원병보다는 필요시 언제든 그가 동원할 수 있는 국민군의 지원을 받을 수 있어야 한다. 또한 군주는 자신에게 유리한 상황을 창출하기 위해 군주의 전통적인 도덕규범이나 종교에 구애되지 말아야 한다. 이러한 맥락에서 마키아벨리는 신생 군주라는 '정치적 야심가를 통해 새로운 권력 기술에 요구되는 새로운 도덕, 새로운 품성과 태도, 종교를 대하는 새로운 방식을, 더 나아가서는 '새로운 정치적 인간형''[58]을 제시하는 것이다. 새로운 정치현실을 수립할 수 있는 강력한 군주에 대한 이처럼 높은 요구는 무엇보다 당대 이탈리아의 비참한 상황에 대한 냉정한 현실 인식에 기초해 있다. 즉 "이탈리아인들은 이스라엘인들보다 더 예속되어 있고, 페르시아인들보다 더 억압받고 있으며, 아테네인들보다 더 지리멸렬해 있는 데다가 인정받는 지도자도 없고, 질서나 안정도 없으며, 짓밟히고, 약탈당하고, 갈기갈기 찢기고, 유린당하여, 한마디로 완전히 황폐한 상황에 있어"[59] 출중한 이탈리아인의 비르투를 필요로 한다는 것이다. 사분오열되어 있고 변화무쌍한 유동적 정치 상황 속에서 요구되는 신군주의 역량은 새로운 시대, 새로운 세계를 개척하는 새로운 인간 주체, 궁극적으로 새로운 질서와 법칙을 세계에 구현함으로써 스스로의 자유와 자율을 확보하려는 근대적 의미의 주체와 다르지 않을 것이다. 마키아벨리는 이러한 주체의 역량을 드러내기 위해 전통적인 비르투(virtù) 개념의 의미를 전도시킨다.

영어의 virtue에 해당하는 virtù는 시대에 따라 다양한 의미를 지니고 있다.[60] 라틴어 virtus에서 유래한 virtù는 남성(vir)에서 파생된 것으로, 고대 사회의 남성적

57) McIntosh, Donald, The Modernity of Machiavelli, Political Theory. Vol. 12. No. 2. (May 1984). 192쪽.
58) Wolin, 같은 책, 22쪽.
59) 마키아벨리, 『군주론』, 169쪽,
60) 이 개념에 관한 용어적 의미의 설명을 우리는 『군주론』을 번역한 강정인 교수의 용어 해제에 상당 부분 의존하고 있다. 『군주론』, 188-189쪽 참조.

덕목들 이를테면 용기, 결단력, 기백, 힘, 용맹, 위력, 유능함 등 다양한 의미를 지니고 있다. 그것은 때로는 나쁜 성품을 의미하는 악덕(vice)과 대비되어 좋은 성품들이나 미덕(美德)의 의미를 지니기도 한다. 이러한 덕성은 사람에만 해당하는 것이 아니라 사물에게도 해당되는 경우가 있다. 즉 이 말의 그리스적 기원을 이루는 고대 그리스 철학의 덕(arete, Tugend)에서 이 말은 어떤 사물이 자신의 본래적 규정을 잘 수행한다는 것을 의미하는 (기능적인) 탁월함으로 사용된다.[61] 그래서 영혼이 고유한 기능을 잘 발휘할 때의 아레테와 같이 물건을 잘 자르는 칼, 잘 날라가는 활도 아레테가 있다. 군주와 관련해서 이 말이 사용될 때는 국가나 정치 행위를 잘 인식하고 일정한 효과를 낳는 탁월한 능력, 즉 역량의 의미를 갖는다. 비르투가 이렇게 폭넓게 사용된 것은 마키아벨리가 이 말의 의미를 특정하게 규정해서 사용하지 않았다는 데서 비롯되었다고 한다.[62] 하지만 마키아벨리가 이 말을 사용할 때 분명한 것은 개인의 도덕적이고 선한 성품을 함의하고자 했던 고대적 의미나 기독교적 의미와는 절연하고 있다는 것이다.[63]

그런데 비르투를 주체의 역량과 관련하여 자신의 의지를 관철시킬 수 있는 힘으로 이해할 때 그것은 불가피하게 포르투나(운명 fortuna)의 개념과 연관된다. 이때의 비르투는 운명의 필연성에 일방적으로 예속되지 않는 자유의지의 가능성을 내포한다. "인간의 자유의지를 박탈하지 않기 위해서 저는 운명이란 우리의 행동에 대해서 반만 주재할 뿐이며 대략 나머지 반은 우리의 통제에 맡겨져 있다는 생각이 진실이라고 판단합니다."[64] 다른 한편 그에게서 운명의 위력은 주체의 비르투에 의해 쉽게 굴복되는 것만도 아니다. "모든 역사에서 우리가 목격한 바에 따르면 인간이 운명을 도울 수는 있으나 방해할 수는 없다…인간은 운명의 구도(design)에 따라 부딪혀 나갈 수는 있지만 그것을 파괴할 수는 없다."[65] 그리하여 비르투는 포르투나와의 일치와 조화를 도모해야지만 자신의 의지를 관철시킬 수 있다. 즉 "인간의 처신 방법이 운명과 조화를 이루면 성공해서 행복하게 되고, 그렇지 못하면 불행하게 됩니다."[66] 이러한 표현들을 통해서 본다면, 비르투와 포르투나의 관계는 결코 일방적일 수 없는 남녀 간에 형성되는 일종의 역관계의 균형과도 같다.[67] 마키아벨리도 운명을 '험난한 강'처럼 변덕스러운 여신이나 혹은 남

---

61) Aristotles, 이 창우 외 옮김, 『니코마코스 윤리학』, 이제이북스, 2006. 28-30쪽 참조.

62) 박 상섭, 같은 책, 203-205쪽 참조.

63) D. MacIntosh, 190쪽 참조.

64) 마키아벨리, 같은 책, 162-163쪽.

65) 마키아벨리, 『로마사 논고』, 393쪽. Nederman은 이처럼 운명의 불가항력적인 힘에 대한 언급이 마키아벨리의 전 저작에서 보인다고 한다. Cary J. Nederman, Amazing Grace: Fortune, God, and Free Will in Machiavelli's Thought, Journal of the History of Ideas, Vol. 60, No. t. (Oct., 1999), 623-624쪽 참조.

66) 마키아벨리, 『군주론』, 167쪽.

성적 비르투에 이끌리는 '여성'으로 비유한다.[68] 이러한 관계를 몇 가지 측면에서 생각해볼 수 있다. 첫째, 이 관계는 비르투의 자율성과 프로투나의 위력이 균형을 형성한다는 점에서 적어도 운명의 필연성이 일방적으로 강제되는 기독교적 섭리나 숙명론(fatalism)을 벗어나 있다. 둘째, 남성적 비르투가 갖추어지지 않을 경우 포르투나의 위력은 험난한 강처럼 덮쳐온다. 장마와 홍수로 인해 강이 범람하는 것은 일종의 자연재해라 할 수 있다. 하지만 똑 같은 홍수라 해도 평상시 제방과 둑을 쌓고 준설과 수로를 정비할 경우에는, 설령 강이 범람하더라도 그 피해를 최소화할 수 있을 것이다[69]. 남성적 비르투의 준비와 대응 여하에 따라 운명의 위력이 달라질 수 있다는 것이다. 셋째, 포르투나와의 관계에서 비르투는 수동적이 아니라 능동적으로 주도할 수 있다. "운명은 여성이고 만약 당신이 그 여성을 손아귀에 넣고 싶어 한다면, 그녀를 거칠게 다루는 것이 필요하고…그녀는 항상 청년들에게 이끌립니다."[70] 이처럼 운명의 여신을 거칠게 다룰 때의 비르투는 주체의 능동적 역량과 자율을 의미한다. 그럼에도 이러한 관계에는 비르투가 일방적으로 주도하거나 확실하게 낙관할 수 없는 측면이 있다. 운명의 여신이 변덕이 심하고, 시대와 상황은 끊임없이 변화하는데 반해, 우리의 자연적 본성은 쉽게 변화하지 못하고, "유연성을 결여하고 자신의 방식을 고집"[71]하기 때문이다. 그러므로 넷째, 비르투는 상황에 따라 적절히 처신할 수 있는 유연한 변신 능력과도 같다 할 것이다. 이러한 역량은 무엇보다 타율적 규범이나 초월적인 종교적 원리에 따라 행동하는 것이 아니라 주체 스스로가 부여하는 자기 규범에 따라 행동할 때 드러난다.[72] 이 점에서 비르투의 고양은 주체의 자유의 확장과 다르지 않다. 자유란 포르투나의 영향을 벗어날 수록 그만큼 확장되는 것이다. 그러나 남녀 간의 역관계가 일방적일 수 없듯, 주체의 비르투가 강화된다 하더라도 운명의 영향으로부터 인간이 완전히 자유로워질 수 있겠는가? 현실 정치의 우발적 상황 혹은 개인사나 역사의 불확실하고 이율배반적인 진행에서 운명의 그림자를 지우기 힘들다고 본다

---

67) Donald MacIntosh, 194-196쪽 참조.
68) 마키아벨리, 같은 책, 167쪽.
69) 마키아벨리, 같은 책, 163쪽.
70) 마키아벨리, 같은 책, 167쪽.
71) 마키아벨리, 같은 책, 167쪽.
72) '자기규범'의 문제는 근대적 주체가 새로운 시대에 떠맡게 된 과제이다. Habermas, 같은 책, 26쪽 참조. 도덕과 정치의 독립, 이중 논리에 입각해서 본다면 군주의 정치적 행위는 도덕이라는 타율적 규범에 의한 옳고 그름의 판단 대상이 아니다. 오히려 그것은 비르투의 강화 혹은 약화에 따른 좋고 나쁨의 문제로 환치될 수 있다. 이러한 의미에서 『군주론』은 '도덕적 군주'를 말한 것이 아니라 냉혹한 정치 현실에서 군주가 권력의 게임을 잘 수행할 수 있도록 자문한 '군주의 윤리'에 가깝다고 볼 수도 있다. 이에 관해서는 정정훈, 『군주론, 운명을 넘어서는 역량의 정치학』, 그린비, 2011. 192-202쪽 참조.

면, 마키아벨리의 신념은 계몽주의의 낙관적 신념과는 어느 정도 거리가 있다고 할 것이다.[73)]

『군주론』의 비르투가 군주와 같은 특정 개인의 역량과 자유를 의미한다면, 『로마사 논고』에서 비르투는 한 도시나 국가가 위대함을 달성하기 위해 요구되는 시민들의 자질, 사회체제의 성격 그리고 사회적 자유의 확대 등과 관련된다. 마키아벨리는 『로마사 논고』 2권에서 "경험상 도시들은 자유로운 상태에 있을 때를 제외하고는 결코 영토와 부를 증가시킬 수 없었다"[74)]고 말한다. 인민들이 타율적인 정치적 예속 상태에 있고, 계층 간에 불평등이 심화되고, 부패로 활력을 상실하면, 그 도시의 부와 국력이 더 이상 증진되기 어렵다는 것이다. 도시를 위대하게 만드는 것은 오직 자유이며, 시민들이 사적인 이익보다는 공공선을 추구할 때이다.[75)] 인민들이 공적인 문제에 자발적으로 참여하는 데는 일인 통치 하의 군주제보다는 공화정이 한결 유리하기 때문이다. 그럼에도 마키아벨리는 국가를 새로 건설하거나 부패한 국가를 혁신하는 데는 인민 대중의 비르투보다는 군주 1인의 탁월한 비르투가 더 효과적이라고 본다. 때문에 로마의 건국 신화에서 보듯, 로물루스가 동생을 살해한 행위는, 키케로가 도덕적으로 비난했던 것과 달리[76)], 통치의 효율성과 효력면에서 더 바람직하다고 주장한다. 부패를 쇄신하는 것은 사적 이익의 차원을 넘어서 공동선을 진작하는 경우에 해당하는데, 여기서도 마찬가지로 군주 1인의 비르투가 훨씬 효율적이다. 말하자면 군주 1인의 비르투가 특별히 요구되는 것은 군주가 공적인 목표를 효율적으로 달성하려 할 때이다. 그러나 반면 국가가 우연적으로 출현하는 한 사람의 비르투에만 의존할 경우 그 국가는 오래 지속될 수 없다.[77)] 이러한 우연성을 넘어서 한 국가의 번영과 위대성이 지속적으로 유지

---

73) 마키아벨리가 『군주론』의 모델로 삼았던 체사레 보르자는 대단한 비르투의 소유자였음에도 불구하고 정치적 후원자였던 교황 알렉산드리아 6세가 죽고 나서 얼마 후 자신의 질병으로 인해 일찍 죽고 만다. 운명이 뒷받침되었을 경우 이탈리아 통일의 영웅이 될 수 있었지만 그렇지 못한 경우이다. 비르투를 강화함으로써 포르투나를 극복할 수 있다고 보는 것은 오히려 그의 현실주의 정치이론의 비현실성, 소박함으로 평가받기도 한다. D. MacIntosh, 191쪽 참조. MacIntyre는 포르투나의 요소를 인간의 삶으로부터 완전히 제거할 수 없었다는 것을 믿었다는 점에서 마키아벨리와 계몽주의자들의 차별성을 인정한다. MacIntyre, Alasdair, 이진우 옮김, 『덕의 상실』, 문예출판사, 1997. 143-145쪽 참조.

74) 마키아벨리, 『로마사 논고』, 272쪽. Mouffe는 공동체의 공적 자유, 사적 이익보다는 공공선을 추구하는 이러한 시민 공화정의 정치적 자유에서 근대의 개인주의적 자유를 넘어서는 공동체주의적 대안을 보고 있다. 물론 이러한 대안은 선의 단일성 및 도덕과 정치의 불가분성을 받아들이는 아리스토텔레스의 길과는 다르게 철저히 이 두 영역을 구별하고 자유의 보존에서 귀족과 평민의 갈등의 요소를 강조한다. Mouffe, 『정치적인 것의 귀환』, 68-69 참조.

75) 마키아벨리, 같은 책, 272-3쪽. Skinner, 같은 책, 104-5쪽.

76) Skinner, 같은 책, 106쪽.

77) 강정인, 같은 글, 226쪽.

되고, 또 인민들이 부패하지 않고 공동선을 위해 헌신할 수 있는 사회체제가 확립되기 위해서는 무엇보다 훌륭한 제도와 법률이 뒷받침되어야 한다. 시민이 비르투를 획득하고 자신의 자유를 유지할 수 있도록 확실하게 조직되는 방식이 필요하다는 것이다. 그에 따르면, 시민적 비르투의 가장 좋은 본보기는 훌륭한 교육에 있으며, 그 교육은 다시 좋은 법률에서 유래한다. 새로운 법과 제도를 창안하는 것은 군주에게 최대의 명예를 가져다주는 것이며, 이러한 법은 도시를 훌륭하게 만들고 시민들에게 자유를 확장시켜준다.[78] 이와 관련한 역사적 선례로 그는 스파르타를 건국한 리쿠르고스와 로마 초기의 왕인 로물스와와 누마를 제시하는데, 이들이 제정한 훌륭한 법률로 인해 스파르타와 로마는 오랫동안 다른 어떤 도시나 공화국보다 위대한 비르투로 충만한 채 지속될 수 있었다. 결국 건국과 국가의 근본적 쇄신과 같이 군주가 분명한 목표를 가지고 정치 역량을 집중해야 할 경우에는 군주 1인의 비르투가 중요하지만, 이러한 비르투가 시민들 전체로 확산되고 객관화되고 또 지속성을 유지 위해서는 법과 제도의 뒷받침이 필요한 것이다. 이러한 맥락에서 본다면 마키아벨리의 사상 속에서 군주정과 공화정이 공존할 수 있는 여지가 분명하게 존재하며, 또 이 점에서 그는 근대의 입헌 군주제의 모델을 제시하고 있다고 하겠다.

Ⅲ. 결론

지금까지 우리는 도덕 및 종교와 정치의 관계, 권력과 폭력 그리고 법의 관계, 비르투와 포르투나 개념 및 이와 밀접하게 연관된 주체의 자유의 문제 등을 살펴보았다. 『군주론』은 도덕과 종교로부터 정치를 분리시키고, 현실 정치의 권력관계를 적대 세력 간의 게임의 법칙으로 환원함으로써 실체적 선을 지향하는 고전 정치 철학과 확실하게 단절했다. 그의 정치 이론은 사자의 힘과 여우의 꾀를 겸비한 새로운 정치적 인간의 전형을 제시했다. 이러한 인간형은 스스로의 비르투를 통해 냉혹한 정치 현실 속에서 운명을 개척하고 결정할 수 있는 신생 군주의 역량으로 나타나지만, 다른 한편으로 그것은 자연 상태에서, 혹은 종래의 정신적 유산이나 규범 및 공동체적 유대를 상실한 상태에서 새로운 삶과 역사를 개척해가는 근대적 주체와도 같다.

마키아벨리가 『군주론』에서 일관되게 제시하고 있는 권력의 기술은 국가의 안정과 그에 따른 자유의 확장과 관련되어 있다. 즉 『군주론』은 스스로의 운명을 스스로의 비르투에 따라 개척할 수밖에 없는, 만인에 대한 만인의 투쟁 상태에 있는

78) 마키아벨리, 『로마사 논고』, 272쪽.

군주의 현실을 적시하는데, 이때 군주의 권력 기반은 용병이나 외국의 원군이 아닌 군주 자신이 양성한 시민군이어야 함을 역설하고, 또 군주는 권력 투쟁에서 승리하기 위해서 현실을 호도하는 형이상학적 관념이나 이론을 벗어나 현실을 직시해야 함을 강조한다. 또 여기서는 정치가 도덕이나 종교와는 별개의 현실이며, 그것이 작동하는 법칙은 감정이 배제된 상태에서 이루어지는 물리적 힘들의 운동과 다르지 않다는 것이고, 때문에 이러한 현실주의는 무엇보다 개인의 자율을 제한하고 자유의지를 부정했던 숙명론이나 기독교적인 섭리 혹은 포르투나를 자신의 비르투를 통해 넘어서려 하고 있으며, 더 나아가서 군주의 뛰어난 비르투가 지속적으로 유지되기 위해서는 법과 제도로 확립되어야 한다는 것과, 이처럼 법과 제도에 의해 뒷받침된 자유는 시민들의 비르투를 확장시켜준다는 것 등이 드러나 있다.

이처럼 근대의 정치상황에서 광범위하게 근대의 문제의식을 새롭게 조명한 마키아벨리의 정치 이론은 오늘 날에 이르기까지 그 영향력을 잃지 않고 있다. 자유주의자들은 현실 사회주의의 몰락과 더불어 이념적 갈등이 종식되고 세계는 점점 더 탈 정치화됨으로써 대립으로 점철된 역사도 종말에 이르게 될 것이라고 생각했다. 그들은 역사가 이제 니체가 말한 최후의 인간의 향유의 역사에 진입했다고 말했다(F. Fukuyama). 하지만 이러한 낙관적 전망이 무색하게 적과 동지의 적대(antagonism)에 기초한 '정치적인 것'(C. Schmitt)이 현대인의 존재상황을 더욱 근본적으로 규정하고 있다. 그리하여『군주론』에서 제시된 마키아벨리의 정치 이론은 새로운 정치적 갈등들, 이를테면 인종 간의 갈등, 환경 문제를 둘러싼 일국 내 혹은 선-후진국 간의 갈등들, 빈 부 격차를 해결하고자 하는 정치 세력들 간의 협력과 갈등들, 자원 갈등들, 테러와의 전쟁들처럼 다양한 영역에서 역동적으로 작용하는 정치적 요소들에, 경제논리로 해결되지 않는 정치 논리들에 주목할 수 있게 해주었다. 또한 우리의 논의의 직접적인 대상은 아니었지만,『로마사 논고』에서 제시된 시민 공화정의 기획은 개인의 이기심과 욕망에 우선하는 공동체와 시민적 자유에 기초한 공공성을 강조함으로써 오늘 날 개인주의적 자유관에 기초한 신자유주의의 논리에 대항하는 공동체주의적 대안(C. Mouffe)과 연결되기도 한다. 이렇게 본다면 마키아벨리와 그의 사상은 근대의 여명기에 분열된 이탈리아를 통일시키기 위해 노심초사하던 정객의 수준을 넘어서 오늘날에까지 중요한 문제의식을 제시한 사상가이고 사상이라 할 것이다.

참고 문헌

1) 일차문헌

니콜로 마키아벨리, 『군주론』, 강정인, 김경희 옮김, 까치글방, 2008.

니콜로 마키아벨리, 『로마사 논고』, 강정인, 안선재 옮김. 한길사, 2003.

2) 이차문헌

1. 국내 단행본

박상섭, 『국가와 폭력 : 마키아벨리의 정치사상연구』, 서울대학교, 2003.

진원숙, 『마키아벨리와 국가이성』, 신서원, 2005.

정정훈, 『군주론, 운명을 넘어서는 역량의 정치학』, 그린비, 2011.

2. 국내 논문들

강정인, 「서양 근대 정치사상의 탄생, 마키아벨리의 현실주의」, 『계간 사상』 Vol.13 No.1, 2001, 219-242쪽.

______, 「마키아벨리의 정치사상, 『로마사 논고』를 중심으로」, 『계간 사상』, Vol.40 No.1, 1999, 197-224쪽.

곽차섭, 「마키아벨리와 국가이성」(Machiavelli and Reason of State), 釜山史學, Vol.22 No.1, 1992, 195-224.

김영선, 「마키아벨리의 정치사상 : 권력과 폭력」, 『폭력에 대한 성찰』, 철학과 현실사, 2006, 141-167쪽.

이수석, 「마키아벨리와 홉스의 권력에 관한 연구」 (A Study on Power in Machiavelli and Hobbes), 『정치사상연구』, Vol.5 No.-, 2001, 81-103쪽.

이종철, 「행위 하는 이성과 세계」, 『헤겔연구』18-1집. 2006.

진원숙 , 「마키아벨리와 국가이성」(Machiavelli and Reason of State), 『대구사학』, Vol.57 No.1, 1999. 201-211쪽.

3. 외국 문헌들

Althusser, Louis, 오덕근외 옮김, 『마키아벨리의 가면』, 이후, 2001.

______, 김석민 옮김, 『마키아벨리의 고독』, 서울: 새길, 1992.

Cassirer, E., 최명관 옮김, *The Myth of the State,* 『국가의 신화』, 서광사, 1988.

Dante Germino, Second Thoughts on Leo Strauss's Machiavelli The Journal of Politics, Vol. 28, No. 4. (Nov., 1966), 794-817쪽.

Geerken, John H., Machiavelli Studies since 1969 *Journal of the History of Ideas*, Vol. 37, No. 2. (Apr.-Jun., 1976), 351-368쪽.

Habermas, Jügen. 이진우 옮김, Der philosophische Diskurs der Moderne, 『현대성의 철학적 담론』, 문예출판사, 1999.

Ingersoll, David E. (December 1968). "The Constant Prince: Private Interests and Public Goals in Machiavelli". *Western Political Quarterly* (21): 588-596쪽.

Leonard, John Public versus Private Claims: Machiavellianism from Another Perspective, *Political Theory*, Vol. 12, No. 4. (Nov., 1984), 491-506쪽.

Mansfield, H.C., 1996, *Machiavelli's Virtue*, Chicago: University of Chicago Press.

Matei Calinescu., *Five Faces of Modernity*, Duke Univ. Press Durham, 1987

Mouffe, Chantal, 이보경 옮김, The Return of the Political, 『정치적인 것의 귀환』, 후마니타스, 2007.

______, 이행 옮김, The Democratic Paradox, 『민주주의의 역설』, 인간사랑, 2009.

MacIntyre, Alasdair, 이진우 옮김, After Virtue, 『덕의 상실』, 문예출판사, 1997.

McCormick, John P. Machiavelli against Republicanism: On the Cambridge School's "Guicciardinian Moments" *Political Theory*, Vol. 31, No. 5. (Oct., 2003), 615-643쪽.

McIntosh, Donald, The Modernity of Machiavelli, *Political Theory*. Vol. 12. No. 2. (May 1984). 184-203쪽.

Nederman, C.J., 1999, *"Amazing Grace: God, Fortune, and Free Will in Machiavelli's Thought,"* Journal of the History of Ideas 60: 617-638쪽.

Parkinson, G. H. R. Ethics and Politics in Machiavelli, *The Philosophical Quarterly*, Vol. 5, No. 18. (Jan., 1955), 37-44쪽.

Robert J. McShea, Leo Strauss on Machiavelli, *The Western Political Quarterly*, Vol. 16, No. 4. (Dec., 1963), 782-797쪽.

Skinner, Q., 2002, *Visions of Politics, Volume II: Renaissance Virtues*, Cambridge: Cambridge University Press.

Skinner, Q., 1978, *The Foundations of Modern Political Thought, v. I, The Renaissance,* Cambridge: Cambridge University Press. 박동천 옮김, 『근대 정치사상의 토대 1』, 한길사, 2004.

Skinner, Quentin, 강정인 옮김, 『마키아벨리의 이해』, 문학과 지성사, 1993.

Strauss, L., 함규진 옮김, *Thoughts on Machiavelli* 『마키아벨리』, 구운몽, 2006.

______, 김영수 외 옮김, 『서양정치철학사 1』, 인간사랑, 1995.

Wagner, Peter. A sociology of modernity, Routledge London and New York,

1994.
Wolin, Sheldon, 강정인 외 옮김, *Politics and Vision : Continuity and Innovation in Western Political Thought*. 『정치와 비젼 1,2』, 휴마니타스, 2009.

Machiavelli and the problem of 'Modernity' with regard to his *The Prince*

Lee, Jong-Cheol

Abstract

It was a revolutionary period of the western 'modernity' in which humanity came into new phase in the world history. Even though we can threw lights on it's features and essences in various ways, it should not be omitted that in proportion as the decline of the religious traditions of the Middle Ages, the secular world of the modern times came to the fore and the weight of 'the political' as the central principle of this world got more power. It is the important task of the modern political philosophy to liberate form the teleological and organic political philosophy of Aristoteles and the Christian theological world view. <The Prince> of the Machiavelli is in the vanguard of this movements.

Machiavelli was a realistic politician acting in the turbulent century of 15-6th. At that time, Italy was faced with difficult situations. Italy was invaded by the surrounding nations at any times and threatened the independent status. In these situation, Machiavelli concluded the main causes of the splits of the Italy as these, eg. the employment of troops, the promotion of the internal troubles by the church and the intervention of foreign powers. So he attempted to search for the political role for the powerful Prince who could unite the dissolution and hold fast to the independence of the nation. In this process he has separated the religion and the morality from the 'politics', and established the science for politics. And so he has established the foundation of 'law' and 'national army' as the principle of the modern state and made the theory of the autonomy and the power of the modern subject. In other words, he has presented the philosophical speculation on the real politics far beyond the simple empirical analysis. Because of that, <the Prince> should not be regarded as a strategical books, but to be regarded as a pioneering study opening the new horizon for the modern political philosophy.

In particular, we try to present the depthical analysis of the problems, such as, virtu and fortuna, differentiation of the morality and politics, law and state, and the autonomy of the subject with regard to the context of 'the modernity'.

Index: Power, virtù, fortuna, Morality, Religion, Politics, Private Sphere, Public Sphere, Prince, Law, State, Modernity

• 투고일:2011. 10. 02. 심사완료일:2011. 10. 12. 게재확정일:2011. 10. 13.

셸링과 아도르노에 있어서 이성의 근거와 타자*

이 광 모

Ⅰ. 들어가는 말
Ⅱ. 존재와 개념의 동일성과 이성의 체계
Ⅲ. 매개와 사유의 제약성
Ⅳ. '비개념적인 것(das Begrifflose)'의 의미
Ⅴ. 화해의 방법으로서 자기반성과 탈각(Extase)
Ⅵ. 맺는 말

요약문

본 논문에서는 아도르노의 '부정변증법'과 후기 셸링 철학에 있어서 이성적 사유의 한계와 그 근거가 무엇인지가 다루어진다. 그와 함께 만약 사유의 근거가 이성에게 타자로 비춰진다면 그 타자와의 화해 가능성은 어떻게 주어질 수 있는지 또한 고찰된다. 이러한 논의가 궁극적으로 의도하는 것은 현대의 지평에서 전개된 아도르노의 철학은 근본적으로 독일관념론의 틀에서 제기된 셸링철학의 문제의식과 다른 것이 아니며 오히려 셸링보다 더 관념론적 지평에 머물고 있음을 보여주는 것이다.

논의의 끝에서 다음과 같은 결론이 도출된다. 즉 아도르노에게 있어 사유의 자체 반성은 이성의 본래성에 대한 회복이며 이성의 해방이고 이러한 해방의 궁극적 목적은 타자(비개념적인 것)의 방면이다. 반면 셸링에게 단순한 반성은 오히려 사유의 병이다. 왜냐하면 사유는 결코 반성을 통해 자신을 한계를 교정할 수 없으며 오히려 자신을 포기할 때만이 자신의 근거에 자신을 열어놓을 수 있기 때문이다. 결국 셸링에게 사유의 자기포기는 사유 자체의 방면이 된다.

● 주요어: 아도르노, 셸링, 부정변증법, 긍정철학, 독일관념론

---

* 본 논문은 한국연구재단 연구지원(과제번호:KRF 2009-327-A00210)에 의해 이루어진 것임. 또한 연구과제 '후기 셸링과 아도르노철학에 있어서 이성과 그 타자 문제' 가운데 2차 연도에 해당하는 것으로서 1차 연도에 발표된 '셸링에 있어서 이성의 근거와 그 타자'에 대한 연구(헤겔연구 집 「이성의 원리와 근거」, 『헤겔연구』, 29호)를 전제로 하고 있음.

Ⅰ. 들어가는 말

철학은 파르메니데스 이래 항상 세계를 이성에 의해 통일적으로 파악하려고 노력하였다. 고대와 근대의 차이가 있다면 그것은 다만 고대의 이성이 모든 존재자의 원리로 이해된 반면 근대의 이성은 주관적 인식능력으로 국한된다는 점뿐이다. 하지만 그런 차이에도 불구하고 이성의 눈에 파악되지 않는 것은 무가치하거나 아니면 조정되어야 할 것으로 생각한다는 점에서는 모두 마찬가지였다. 특히 이러한 생각은 칸트로부터 시작된 독일관념론에 오면서 이성적인 것은 '현실적인 것이며 현실적인 것은 이성적인 것'이라는 생각 아래서 하나의 체계로 성립하게 된다. 하지만 철학이 이처럼 이성에 의해 세계를 파악한다고 해서 현실 속에 존재하는 어둡고 비이성적인 것에 기인하는 고통들로부터 해방되는가? 현실에서 철학이 시작되는 이유는 삶이 조화롭고 자유롭기 때문이 아니라 오히려 헤겔 스스로 말하듯이 갈등과 분리가 있기 때문이 아닌가? 또한 이성의 눈에 파악되지 않는 것을 무가치한 것으로 간주하는 것은 오히려 이러한 삶에 대한 두려움으로부터 나오는 것은 아닌가? 진정한 철학은 이성적인 것이 아니라 비이성적인 것에로 눈을 돌려야 하지 않는가?

아도르노와 후기 셸링 철학의 관심은 바로 비이성적이며 비개념적인 것에 놓이게 된다. 아도르노는 다음과 같이 말한다. "역사적 위치에 비추어 보면 철학은 헤겔이 전통에 따라 무관심을 표명한 것에, 즉 비개념적인 것, 개별적인 것, 특수한 것에 진정으로 관심을 둔다. 말하자면 플라톤 이래 덧없고 사소한 것이라고 배척당하고 헤겔이 쓸모없는 실존이라고 꼬리표 붙인 것에 관심을 두는 것이다. 철학의 테마는 철학에 의해, 우발적인 것으로서 무시할 수 있는 양으로 격하된 질들일 것이다. 개념으로는 도달하지 못하는 것, 개념의 추상 메커니즘을 통해 삭제되는 것, 아직 개념의 본보기가 되지 않는 것, 그런 것이 개념에 대해서는 절박한 것으로 된다."[1] 셸링 또한 다음과 같이 말한다. "우리 시대의 일반적 체계인 관념론은 부정적인 근원적인 힘을 부인하거나 인정하지 않는다." "그들은 불편한 것들은 때내어 버리고 비지성적인 것들을 완전히 오성이나 표상으로 해체해 버리고 만다."[2] "그들은 단지 행위가 결정적인 곳에서 모든 것을 평화롭고 보편적인 개념들로 조정할 뿐만 아니라 전쟁과 평화, 고통과 탐욕 그리고 구원과 위험이 교차하는 역사를 단순히 사상들의 연속으로 생각해버린다."[3]

---

1) Theodor W. Adorno, *Negative Dialektik*, Frankfurt am Main, 1980, 『부정변증법』, 홍승용 역, 한길사, 2005, (차후 ND로 요약) S. 61. Simon Jarvis, *Adorno A Critical Introduction* Oxford 1998. S. 194-216 참조.

2) Schelling, *Weltalter* in Schriften von 1813-1830, Ausgewählte Werke Darmstadt, 1989, S. 13.

물론 아도르노와 후기 셸링이 공통적으로 비개념적인 것에 대한 통찰로 이끌렸다고 해서 그 목표 또한 같은 것은 아니다. 아도르노에게 그것은 현실적 고통으로부터 출발한 구원의 과정이었다면 셸링에게는 사변적 고뇌로부터 시작된 지혜의 길이었다. 아도르노는 "체계는 정신화된 배이며 분노는 관념론의 징표이다. 인간중심관은 인간경멸과 자매지간이다. 어떠한 것도 공격하지 않은 채 내버려두지 않는다는 점에서 그렇다."고 말함으로써[4] 모든 것을 자신과 동일시하는 것을 특징으로 하는 이성적 사유는 하나의 강압이며 지배임을 폭로하고자 한다. 따라서 그는 "주체의 힘으로써 구성적 주관성이라는 미망을 깨뜨리는 일을 자신의 과제로 삼으며"[5] 그 방법으로 비개념적인 것에로 눈을 돌리게 된다. 왜냐하면 "개념 속의 비개념적 요소가 지니는 구성적 성격을 통찰하게 되면, 동일성의 강압은 깨어질 것"이라고 생각하기 때문이다.[6] 이렇게 본다면 그에게 있어 철학의 목표는 이성의 자기반성을 통한 타자와의 화해 그리고 그 화해 속에서 주어지는 이성의 회복이며 그 방법은 개념적 사유의 미망에 대한 비판이 된다.

반면 셸링에게 비개념적인 것에 대한 탐구는 모든 존재하는 것들의 실존적 근거에 대한 물음으로부터 전개된다. 그는 다음과 같이 말한다. "인간과 그의 행위는 세계를 전혀 개념적으로 이해하지 못할 뿐만 아니라 인간 자체가 가장 이해하기 어려운 존재라는 사실이 나로 하여금 불가피하게 모든 존재는 결코 축복이 아니라는 생각으로 이끌어 갔으며 예나 지금이나 그렇게 고통스러운 외침으로 이끌었다. 즉 바로 그, 인간이 나로 하여금 마지막 절망에 찬 물음으로 몰아간 것이다. 도대체 왜 존재자가 있는 것인가? 왜 아무 것도 없는 것이 아닌가?(warum ist überhaupt etwas? warum ist nicht nichts?)"[7] 셸링이 볼 때, 지금까지 이성은 인식뿐만 아니라 존재의 원리로서 세계를 설명하고 구성하였다. 하지만 이러한 이성도 존재자의 실존 근거에 대해서는 어떤 대답도 주지 못한다. 그런데 정작 중요한 것은 바로 이 실존이다. 실존이 없다면 이성이 무슨 소용이겠는가? 그가 볼 때 실존에 대한 대답은 개념적 사유 즉 이성의 한계 너머에서 주어진다. 따라서 실존의 근거를 찾으려는 철학의 목표는 이성에 의해 가려진 삶의 실천적 지혜에 대한 회복이 된다.

아도르노와 후기 셸링이 이렇게 다른 의도에서 비개념적인 것에 대한 통찰로 이끌리게 되지만 그들은 이성적 사유의 한계에 대한 생각에 있어서는 많은 부분

---

3) 같은 책, S. 13.
4) ND. S. 79.
5) ND. S. 52.
6) ND. S. 67.
7) Schelling, *Philosophie der Offenbarung(1841/42)*, hrsg. von Manfred Frank, Frankfurt am Main, 1977. (차후 P.O로 요약) S. 7.

을 공유한다. 우선 그들은 사유는 항상 무엇에 대한 사유이며 그런 한에서 현실적 사유는 항상 사유와는 다른 어떤 것에 의해 매개되어 있다고 생각한다. 현실적 사유의 근거인 이 어떤 것은 개념으로 환원되지 않는 '비개념적인 것'이다. 이 비개념적인 것에 대한 사유의 관계는 아도르노에게는 '부정변증법'으로 규정되듯이, 셸링에게는 '부정철학'으로 나타난다. 특히 아도르노에게 있어 사유의 제약성은 사유 자체에 내재적임에도 불구하고 사유가 스스로 그 제약성을 인식하지 못한다는 점 때문에, 사유의 근거인 존재자는 사유에게 부정적으로 나타나게 된다. 이러한 사태를 아도르노는 "동일성 테제에 내재하는 동일성 테제의 전복 가능성은 그것의 정신적 원칙에 대립하여 작용한다."고 표현한다.[8] 셸링에게도 마찬가지로 사유는 제약성을 지닌다. 하지만 그에게 있어 이 제약성은 사유 내재적으로 주어지는 것이 아니라 사유의 영역 너머의 실존으로부터 주어진다. 하지만 사유가 이 제약성을 인식하지 못하기는 마찬가지이다. 왜냐하면 사유는 기껏해야 이념 속에서 그 한계에 도달하지만 결코 그 한계를 벗어나지는 못하기 때문이다. 그런 한에서 사유를 원리로 하는 철학은 단지 '부정철학'일 뿐이다.

본 논문은 첫째로 아도르노의 '부정변증법'과 후기 셸링 철학에 있어서 이성적 사유의 한계와 그 근거는 무엇인지를 해명하고자 한다. 나아가 둘째로, 사유의 근거가 이성에게 타자로 비춰진다면 그 타자와의 화해 가능성은 어떻게 주어질 수 있는지를 살펴보고자 한다. 이러한 논의가 궁극적으로 의도하는 것은 현대의 지평에서 전개된 아도르노의 철학은 근본적으로 독일관념론의 틀에서 제기된 셸링철학의 문제의식과 다른 것이 아니며 오히려 셸링보다 더 관념론적 지평에 머물고 있음을 보여주는 것이다.

Ⅱ. 존재와 개념의 동일성과 이성의 체계

아도르노에 따르면, 서구의 전통철학은 사물을 이해함에 있어 "존재자는 직접 존재하는 것이 아니라 단지 개념을 통해 존재한다고 생각한다. 따라서 [철학은] 단순한 소여 상태가 아니라 개념에서 출발해야 한다."고 주장한다.[9] 존재를 개념으로 환원하는 이러한 태도는 사실 존재와 사유의 동일성이란 이름으로 파르메니데스 이래 칸트를 거쳐 헤겔까지 이어온 전통이라고 할 수 있다. 특히 이러한 태도는 주관과 객관의 분리를 전제하는 근대에서는 사물의 객관성을 의식의 구성작용으로 환원하게 된다. 이러한 태도에 근거해 헤겔은 진리를 목표로 하는 철학의

8) ND. S. 218.
9) ND. S. 230.

과제란 감각적 표상을 개념으로 옮기는 것이라고 말한다.[10] 왜냐하면 대상의 진리란 그 대상의 본질로서의 개념 혹은 사상(Gedanke)이기 때문이다.[11]

그렇다면 철학은 왜 존재자는 직접 존재하는 것이 아니라 개념을 통해 존재한다고 생각하는가? 이 물음에 대한 아도르노의 대답은 다음과 같다. "개념 없이는 어떠한 특수자도 확인하지 못하는 인식의 불완전성이 특수자를 넘어서서 특수자로부터 개념에 맞서는 것을 제거하는 정신에게는 요술처럼 이점으로 되며"[12] 결국 "개념적 질서는 사유가 파악코자 하는 것 앞으로 만족한 듯이 접근하게 되기" 때문이다.[13] 다시 말해 어떤 특수자라도 개념으로 파악되지 않는 한 확인할 수 없다는 사유의 한계가 대상의 존재를 개념으로 파악케 한다는 것이다. 특히 아도르노는 사유가 대상을 개념적으로 파악하는 것은 곧 대상을 자신과 동일시하는 것이라고 주장한다. 물론 이때 동일시되는 것은 대상의 존재와 사유규정으로서의 개념이다.

사유는 판단을 통해 대상의 존재와 개념을 동일시한다. 판단은 개별적 표상으로서의 주어와 보편적 표상으로서의 술어로 이루어진다. 따라서 판단한다는 것은 개별적 표상을 보편적 표상 아래로 포섭하는 것이 된다. 이것은 곧 사물에 대해 인식한다는 것은 사물의 개별성을 보편성 아래로 가져가는 것을 의미하는데, 바로 여기에 위험이 놓이게 된다. 왜냐하면 "'어떤 것이 어떻다'는 판단은 그것의 주어와 술어의 관계가 판단 속에서와 달리 표현되었다는 생각을 잠재적으로 거부"하기 때문이다.[14] 예를 들어 우리가 어떤 인물의 정체성을 그 사람의 성격이나 능력을 통해 규정한다고 할 때, 실제로 그 인물은 동일화된(혹은 정체성이 밝혀진) 것과는 전혀 다른 사람일 수도 있으며 그렇지 않을 수도 있다. 하지만 판단의 형식으로 수행되는 동일시(혹은 정체성 해명) 속에서 사유는 자신이 파악한 것을 절대시함으로 다른 가능성을 남겨두지 않는다. 이러한 사유의 모습을 아도르노는 "개념 자체는 어떠한 내용에도 앞서 내용들에 대립하는 자체의 형식을 실체화한다. 그러나 이로써 이미 동일성원칙도 실체화된다."고 말한다.[15]

동일성원칙을 실체화한 사유는 더 나아가 그 내용을 체계로 구성하려고 한다. 이때 체계의 원리는 이성이므로 구성된 체계는 이성의 체계가 된다. 아도르노에게 관념론이란 이러한 이성의 체계 이외에 다른 것이 아니다. 이러한 관념론에 대해 아도르노는 다음과 같이 말한다. "체계를 만드는 자아원칙 내지 어떠한 내용에도

---

10) Hegel, *Enzyklopädie der philosophischen Wissenschaften(1830)*, hrsg. von Friedhelm Nicolin und Otto Pöggeler, Hamburg 1991. § 3.
11) 같은 책, § 21.
12) ND. S. 253.
13) ND. S. 57.
14) ND. S. 75.
15) ND. S. 230.

앞서는 순수한 방법이라는 것이 예로부터 이성(ratio)이었다. 이성은 그것에 외적인 어떤 것을 통해서도 제한되어 있지 않다. 정신적 질서라는 것을 통해서도 제한되어 있지 않다. 관념론은 그 모든 단계에서 자체의 원칙이 긍정적 무한성이라고 단언한다. 그리하여 관념론은 사유의 특정한 상태, 사유의 역사적 자립화현상을 형이상학화 한다. 관념론은 모든 이질적 존재자를 제거한다. 이러한 것이 체계를 순수 형성, 순수 과정으로 규정하며, 결국 절대적 산출로 규정한다."[16]

그렇다면 모든 이질적 존재자를 제거한 후, 자신으로부터 산출된 존재를 체계로 구성하는 관념론은 무엇이 문제인가? 아도르노의 눈에 비친 관념론의 문제는 기본적으로 사유의 문제로 환원된다. 사물의 존재와 개념을 동일시하는 사유의 문제는 이때 다음과 같이 두 가지로 요약된다. 하나는 이미 지적한 판단의 문제이며, 다른 하나는 체계의 총체성과 무한성의 문제이다. 판단의 문제는 "대상들이 그 개념과 동화되지 않는다는 점"에서 분명하게 나타난다. 다시 말해 "대상들은 전통적 적합성(adaequatio)의 규범과 모순에 빠지게 된다."는 것이다.[17] 아도르노는 판단 속에서 나타나는 대상의 이러한 "모순이란 동일성의 관점에서 본 비동일자"라고 말한다.[18] 이 모순은 사유가 아무리 대상의 존재를 개념으로 환원시키려고 해도 환원되지 않는 부분이 있음을 의미한다. 따라서 아도르노는 "어떤 대상도 완전히 인식되지는 못한다. 인식이 어떤 전체라는 망상을 만들어서는 안 될 것이다."라고 말한다.[19] 결국 "모순은 동일성이 즉 개념으로 파악된 것이 개념과 동화된다는 생각이 허위라는 표시"이고[20] "일반적 형식을 통해 그 실체적인 것을 떨쳐버릴 수 있다고 여기는 것, 즉 절대적 형식을 상정하는 것은 환상"임을 보여준다.[21] 그것이 환상인 이유는 인식의 출발을 이루는 외부 사물에 대한 기억이 망각되기 때문이다. 다시 말해 사유가 현실을 구성하는 할 때 구성되는 현실을 망각하고 스스로 전체가 되기 때문이다. 결국 체계를 꿈꿔온 "칸트 이후의 관념론은 마치 주체의 순수한 개념이 존재 자체인 듯이, 주관적으로 매개된 진리를 주체 자체와 동일한 것으로 본다는 점에서 다시 허위이다."[22]

두 번째 문제는 체계의 총체성과 무한성 혹은 정적 본질과 동적 본질 사이에서 나타나는 갈등이다. 체계를 형성하는 사유는 사물들을 올바로 이해하는 것은 그 사물들을 체계 내의 연관 속에서 온전히 파악하는 것이라고 생각한다. 따라서 사물을 인식하려는 사유는 먼저 체계의 계기들 간의 내적 통일을 이루려고 노력

16) ND. S. 82.
17) ND. S. 57.
18) ND. S. 58.
19) ND. S. 68-69
20) ND. S. 57.
21) ND. S. 210.
22) ND. S. 215.

한다. 하지만 문제는 여기서 나타난다. 왜냐하면 "외부에 어떠한 것도 남겨 놓지 않는 총체성의 서술형식인 체계는 사상의 모든 내용들에 맞서 사상을 절대적인 것으로 설정하고 내용을 사상 속으로 소진"하기 때문이다.23) 다시 말해 체계가 완결된다는 것은 곧 애초에 체계를 형성하는 역동성이 소멸된다는 것을 의미한다. 하지만 이때 소멸되는 "역동성은 [체계의] 한계개념을 부정하고 이론으로서는 언제나 바깥에 아직 무엇인가가 있다는 점을 확인함으로써 자체의 산물인 체계를 부인하는 경향을 지닌다."24) 결국 역동성을 상실한 "완결된 체계들은 거칠게 말해서 끝장난 것이다."25) 아도르노는 그러한 체계를 닫힌 체계로 간주한다. 그러나 "만일 체계가 그 진행의 무한성을 주장하고자 한다면, 비동일자를 최소한 형식적으로나마 인정해야 한다."26) 그렇기 때문에 비동일자를 인정하지 않으려는 체계는 환상이라는 것이다.

대상의 존재를 개념과 동일시하고 그렇게 동일시된 것을 체계로 형성하려는 이성적 사유에 대한 아도르노의 비판은 이미 헤겔 '논리학'에 대한 셸링의 비판에서 제기된 것과 같은 것이다. 셸링에 따르면 인식이란 항상 '무엇'에 대한 인식이다. 이때 인식의 대상인 '무엇'은 개념에 의해 규정된다. 그런데 개념이 사유의 규정인 한, 사유는 인식의 내용을 자신으로부터 산출한다고 생각한다. 그렇기 때문에 사유는 자신 속에 있는 개념을 선천적인 것으로서 사물의 본질로 이해하게 되며, 그런 한에서 사유와 존재는 동일하다고 생각한다.27) 셸링은 인식의 형식이면서 내용이 되는 이러한 이성의 활동으로서의 사유를 '인식함의 무한한 포텐츠'이자 동시에 '존재함의 무한한 포텐츠'라고 부른다.28) '존재함의 무한한 포텐츠'인 이성이 대상의 존재를 완전히 규정하는 것은 곧 자신을 완전히 전개하는 것이 된다. 그리고 자신으로부터 자신을 완전히 전개한 이성이 바로 체계이며, 그런 한에서 이 체계는 '이성학문'으로 불리게 된다. 역으로 말하자면 '이성학문'은 항상 '종국에 도달한'(zu einem bleibenden Ende gekommene) 것으로서 '완결된'(ganz in sich geschloßene) 이성의 체계가 된다.29)

문제는 셸링이 볼 때 이성이 산출하는 존재란 현실성이 아니라 단지 가능태일 뿐이라는 점이다. 셸링은 다음과 같이 말한다. "스콜라 철학자들의 완전한 존재규

---

23) ND. S. 80.
24) ND. S. 84.
25) ND. S, 83.
26) ND. S. 82.
27) F. W. J. Schelling, *Philosophie der Offenbarung,* hrsg. von Manfred Schröter, München 1858. (차후 P.O.), S. 59.
28) P.O., S. 63. F. W. J. Schelling, *Philosophie der Offenbarung(1841/42),* hrsg. von Manfred Frank, Frankfurt am Main 1993, (차후 Paulus) S. 100
29) P.O., S. 133.

정에 해당하는 존재의 무한한 포텐츠라는 규정은 이미 실존하는 것으로서가 아닌 실존함의 무한한 포텐츠일 뿐이다." 그렇기 때문에 사유 내에서의 "이러한 이행은 현실적 존재에서의 이행으로 고찰되어서는 안 된다. 논리적 필연성의 결과인 무한한 존재가능성의 존재로의 이행은 단지 사유 속에서 진행되는 것일 뿐이다! 그것은 결코 실재적인 것이 아니라 논리적 과정일 뿐이다. 왜냐하면 여기서 존재란 개념 외부에 있는 것이 아니기 때문이다."[30] 그럼에도 불구하고 헤겔의 '논리학'은 이성의 전개를 현실성의 구성으로 간주한다. 헤겔은 개념의 내재적인 전개를 통해 존재에 대한 완전한 규정이 가능할 것이라 생각하기 때문이다. 물론 '논리학' 내에서 서술되는 개념의 운동 즉 범주들의 전개는 이성이 자신의 고유한 내용만을 원하기 때문에 가능케 된다. 하지만 그것은 헤겔이 생각하듯이 그렇게 이성의 자발적인 규정에 의한 것이 아니라 포텐츠라는 그 특성에 기인한다. 다시 말해 포텐츠로서의 이성의 규정은 존재자(das Seiende)가 아니기 때문에 존재할 수도 있고 그렇지 않을 수도 있으므로 이 애매성을 제거하기 위해 이성은 본래적으로 항존적인 것을 찾아야 한다. 이것은 우연적인 것이 제거될 때 가능케 된다. 따라서 이성은 우연적인 것을 제거하기 위해 스스로의 내용규정 속에서 새로운 범주로 이행하게 되고 이러한 이행이 결국은 체계를 산출하게 되는 것이다.

결국 셸링이 볼 때 개념의 운동을 가능케 하는 그 애매성이란 아도르노가 존재와 개념의 모순이라고 표현하는 존재와 본질(혹은 개념)의 불일치와 다른 것이 아니게 된다. 이 불일치 때문에 이성은 자꾸 순수한 것을 찾게 되고 급기야는 완전한 체계로 나아가고자 하는 것이다.[31] 그렇다면 개념의 이행은 개념 내재적인 필연성에 의해서가 아니라 개념에 대해 외적인 우연성 즉 추상적이고 공허한 상태에 머물러 있을 수 없음을 느끼는 사유하는 주체에 의해 이루어지는 것이라고 할 수 있다.[32] 특히 여기서 사유하는 주체가 순수 존재에 대하여 불완전하다고 느낄 수 있는 이유는 이 주체가 이미 구체적이며 내용이 충만한 존재에 익숙해져 있기 때문이다. 이때 충만한 존재란 존재자로서 개념 외부의 것이 된다. 결국 사유 밖의 존재자가 '논리학'에서 전개되는 개념 운동의 근거가 되는 것이다.

이처럼 아도르노와 마찬가지로 셸링 또한 사유가 스스로 대상을 구성한다는 생각은 허위임을 밝힌다. 아도르노에게 있어 그 허위가 사유와 대상 간의 불일치 즉 '모순' 속에서 드러난다면 셸링에게는 사유가 이해하는 존재란 단지 가능태일 뿐이라는 것 속에서 드러난다. 그렇다면 문제는 대상과의 이러한 불일치 혹은 가능

---

30) Paulus S. 100-101.

31) P.O., S. 68.

32) F. W. J. Schelling, *Zur Geschichte der neueren Philosophie,* Münchener Vorlesung, 1974, Darmstadt. S. 115, 이광모, 「헤겔인가 아니면 셸링인가」, 『헤겔연구』27호. S. 64-67 참조.

적 세계 속에 있는 이성적 사유가 스스로 사유 밖의 존재자를 사유할 수 있는가이다. 이 물음은 사유가 스스로를 근거지울 수 있는가라는 물음과 연관된다. 왜냐하면 만약 사유가 사유 밖의 존재자를 사유 밖의 존재자로서 인식할 수 있다면, 그것은 사유가 자신의 유한성을 스스로를 정당화할 수 있다는 것을 의미하기 때문이다. 하지만 이성적 사유가 사유 밖의 존재자를 인식하기 위해서는 그것을 다시 개념으로 환원해야 한다. 그렇기 때문에 이성적 사유는 영원히 자신의 '미망'으로부터 벗어날 수 없는 것처럼 보인다. 이 문제를 고찰하기 위해 먼저 사유의 존재론적 제약성의 의미를 다시 한 번 생각해 보자.

Ⅲ. 매개와 사유의 제약성

아도르노는 다음과 같이 말한다. "존재자 없이는 어떤 존재도 없다. 존재 개념을 포함한 모든 개념을 사유하는데 필연적인 기저(substrat)로서의 '어떤 것'(etwas)은 더 이상의 어떤 사유과정을 통해서도 결코 없앨 수 없는 가장 극단적인 추상, 즉 사유와 동일하지 않은 실체적인 것의 추상이다."[33] 이 말에 따르면 사유가 무엇인가를 사유하려면 사유와 동일하지 않은 그 무엇이 선행되어야 한다. 이때 존재자로 규정되는 그 무엇이란 실체적인 것으로서 존재 개념을 포함한 모든 개념을 사유하기 위한 필연적인 기저가 된다. 물론 이때 이것이 '필연적인' 기저가 되는 이유는 사유된 것이 없다면 사유는 이미 그 자체의 개념과 모순되기 때문이다.[34] 하지만 여기서 실체적인 것으로서 사유에 선행하는 존재자가 도대체 무엇을 의미하는지에 대해 설명하기는 쉽지 않아 보인다. 왜냐하면 존재자가 무엇인지를 설명하려고 하는 한 이미 그 존재자는 더 이상 존재자가 아니라 그 존재자의 존재가 되어버릴 것이기 때문이다.

사실 많은 철학자들이 이와 같은 오류를 종종 범한다. 아도르노에 따르면 그러한 철학자들 가운데 하나가 하이데거이다. 그는 다음과 같이 말한다. "하이데거는 그의 사유 전체의 모체를 이루는 전략적 주요 저서에서 이 문제를 처리하고 있다. 존재론적 차이라는 용어를 통해 그의 철학은 존재자라는 해결하기 어려운 계기를 취급한다." 하지만 문제는 "존재와 존재자의 변증법, 어떠한 존재도 존재자 없이는 사유될 수 없으며, 어떠한 존재자도 매개 없이는 사유될 수 없다는 사실이 하이데거에 의해 은폐된다. 말하자면 하나가 다른 것에 의해 매개되지 않은 경우에는 존재할 수 없는 계기들이 그의 경우에는 매개되지 않은 채 단일한 것으로 되며, 이

33) ND. S, 209.
34) ND. S. 210.

단일한 것이 긍정적 존재로 된다."[35] 그렇게 됨으로써 "존재자 없이는 어떠한 존재도 없다는 사실이 존재의 본질에는 존재자의 존재라는 점이 속한다는 형식으로 환원된다. 이로써 참인 것이 허위로 된다. 즉 존재자가 본질로 되는 것이다."[36] 이것은 결국 하이데거가 말하는 존재론적 차이란 '존재는 존재이기 때문에 존재자가 아니다'라고 동어반복만을 말하게 되는 것이며[37] 결국 하이데거는 그가 비판하는 존재론적 차이에 대한 망각으로 다시 회귀하게 된다.

아도르노가 볼 때 하이데거가 이렇게 되는 이유는 존재자와 존재의 차이를 설명해야 함에도 불구하고 매개되어 있는 양극단을 아무 관계없는 무규정적인 것으로 방치하기 때문이다. 그렇다면 존재자와 존재의 차이를 말하기 위해서는 존재자를 존재로 환원하지 않으면서도 둘이 어떻게 매개되는지를 설명할 수 있어야 한다. 그는 매개에 대한 대표적인 설명의 예를 칸트에게서 찾는다. 그가 볼 때, "『순수이성비판』에서는 감각이 그 '어떤 것'으로서, 없앨 수 없는 존재적인 것의 지위를 차지하고 있다." 그렇기 때문에 "감각들 혹은 칸트가 말하는 질료 없이는 결코 형식을 상상할 수 없으며 따라서 그것은 인식가능성을 위한 조건들이 된다."[38] 다시 말해 사유의 기저로서의 존재자는 감각적 질료처럼 그렇게 사유에 의해 구성될 뿐만 아니라 동시에 사유를 현실적 사유가 되도록 한다는 것이다.

하지만 문제는 감각적 질료인 존재자가 이처럼 사유와 매개될 때 그 존재자는 다시 하이데거에서처럼 존재로 즉 사유로 환원될 위험이 있다는 점이다. 왜냐하면 그 존재자는 오로지 사유에 의해 매개되어야 개별적 표상으로서의 의미를 지닐 수 있기 때문이다. 사실 헤겔은 이러한 점을 정확히 지적한다. 헤겔에 따르면 감각적인 것은 그것이 의식되는 한에서 감각적인 것으로 규정된다. 그런데 그것이 의식된다는 것은 이미 사유규정들이 적용된다는 것 이외에 다른 것이 아니다. 따라서 개념적 사유 없이는 감각적인 것조차 어떤 규정도 지닐 수 없게 된다.[39] 이렇게 본다면 직접성으로서의 존재자와 매개로서의 사유는 단지 반성 관계 속에 있는 것이며 사유의 기저로서의 존재자란 하나의 반성개념이 된다. 그와 함께 존재자와 존재의 차이는 반성개념들의 상호관계로 환원된다.

물론 이러한 헤겔의 주장을 아도르노는 받아들이지 않는다. 오히려 그는 "매개될 어떤 직접적인 것이 매개 속에 포함되어 있듯이 직접성의 매개상태가 직접성 속에 담겨 있지는 않다"고 말한다.[40] 다시 말해 직접성의 매개가 반성개념이라고

35) ND. S. 187.
36) ND. S. 188.
37) ND. S. 187.
38) ND. S. 211-212.
39) Hegel, *Enzyklopädie der philosophischen Wissenschaften(1830)*, hrsg. von Friedhelm Nicolin und Otto Pöggeler, Hamburg 1991. § 3, § 5.
40) ND. S. 251.

해서 직접성 자체가 반성개념이라고 할 수는 없다는 것이다. 왜냐하면 매개는 직접성이 없이는 가능치 않지만 직접성은 매개 없이 가능할 수 있기 때문이다. 아도르노는 덧붙여 "직접성은 결코 양태성(Modalität)이 아니며 어떤 의식과 관련해서 단순히 어떻게(wie)의 문제를 규정하는데 그치는 것도 아니다"라고 말한다.[41] 이와 더불어 그는 헤겔을 다음과 같이 비판한다. "매개되지 않은 것은 아무 것도 없다. 그러나 헤겔이 강조 했듯이 그러한 매개는 언제나 필연적으로 어떤 매개된 것과 관계하며, 이것이 없다면 매개도 없을 것이다. 그에 반해 매개 없이는 매개된 것도 없다는 말은 단지 부정적이고 인식론적인 성격을 띨 뿐이다. 즉 매개 없이는 어떤 것을 규정하는 것이 불가능하다는 점에 대한 표현, 달리 말해 무엇에 대한 사유야 말로 사유라는 동어반복을 그다지 넘어서지 못하는 성격을 지닐 뿐이다. 반면 그 어떤 것 없이는 어떠한 매개도 남지 못할 것이다. 매개될 어떤 직접적인 것이 매개 속에 포함되어 있듯이 직접성의 매개상태가 직접성 속에 담겨 있지는 않다. 헤겔은 이러한 구분을 소홀히 했다."[42] 하지만 아도르노의 말대로 직접성으로서의 존재자가 이처럼 무매개적인 것이라면, 그것은 그가 존재자를 설명하기 위해 예로 든 『순수이성비판』의 감각적 질료에 상응하지 않는다. 오히려 그것은 물자체에 상응한다고 말해야 한다. 왜냐하면 물자체는 사유를 가능케 하는 초월론적 조건이지만 그럼에도 불구하고 전적으로 사유와는 무관하며 그런 한에서 사유 밖의 존재자이기 때문이다.[43]

존재와 존재자의 차이를 통해 아도르노가 제시하는 사유의 존재론적 제약성은 스콜라적 전통 속에서 이어오는 존재(quod)와 본질(quid)의 구분을 토대로 셸링이 제시하는 사유의 제약성에 상응한다. 셸링은 다음과 같이 말한다. "모든 현실적인 것은 두 가지로 인식되거나 말해질 수 있다. 즉 어떤 존재자가 무엇인가(was ein Seiendes ist) 하는 것과 어떤 존재자가 있다(daß ein Seiende ist)는 것이 그것이다."[44] 전자가 사물의 본질에 관련된 것이라면 후자는 존재에 관련된다. 사유가 사물의 존재라고 주장하는 것은 실제로는 본질 즉 '가능적 존재'(Seinkönnen)일 뿐이다. 사유가 장미가 무엇인지에 대해서 설명한다고 해서 하나의 장미가 실제로 존재하는 것은 아니다. 장미의 존재는 사유의 영역 너머에 있다. 따라서 사유가 현실적 사유가 되기 위해서는 사유는 그 자신의 한계를 넘어가야 한다. 사유의 영역 밖에 놓이며 현실적 사유의 조건이 되는 존재를 셸링은 '실존자'(das Existierende)라고

41) ND. S. 251.

42) ND. S. 251.

43) 이런 의미에서 Anke thyen은 아도르노의 존재자와 칸트의 물 자체는 유사하다고 말한다. 단지 차이가 있다면 아도르노에게 있어서의 매개방법은 결코 칸트에서처럼 형식적 의미를 지니는 것이 아니라 역사 속에서 경험을 통해서 이루어진다고 말한다. Anke Thyen, *Negative Dialektik und Erfahrung*, Frankfurt am Main, 1989, S. 210 참조.

44) P.O., S. 65, Paulus, S. 98-99.

부르다.45)

셸링의 실존자는 아도르노에게 있어서처럼 그렇게 사유에 의해 매개되지 않는다. 왜냐하면 그것은 존재와 본질의 단적인 차이가 말해주듯이 그 자체 독립적이며 사유에 의해 인식될 필요를 느끼지 않기 때문이다. 하지만 그렇다고 해서 그것이 사유와 관계하지 않는 것은 아니다. 그것은 사유와 관계한다. 셸링은 다음과 같이 말한다. "사유 이전의 현실적인 것은 그 자체 이미 이성과 관계를 갖는다. 그러나 그 관계는 단지 부정적이다."46) 그 관계가 부정적인 이유는 사유가 그것을 적극적으로 파악할 수 없기 때문이며 또한 사유가 그 앞에서 침묵할 수밖에 없기 때문이다.47) 사유가 그 앞에서 침묵한다는 것은 곧 사유가 그것을 사유 자신의 현실성의 근거로 인식하지 못한다는 것을 의미한다. 역으로 말하면 철저하게 비개념적인 실존자는 비록 사유의 현실적 근거이지만 사유에게 그러한 근거로 파악되지 않는다는 것이다. 왜냐하면 근거라는 것 자체가 이성적 구도 속에서 주어지는 개념 틀이기 때문이다.48)

이처럼 아도르노와 셸링에게 있어 사유는 비록 차이는 있으나 근본적으로 제약되어 있다는 점에서는 동일하다. 다시 말해 사유는 스스로 자신의 현실성을 제시할 수 없으며 자신 밖의 존재자에 의해서만이 현실적 사유가 될 수 있다. 그렇다면 현실적 사유를 가능케 하는 사유 밖의 존재자의 정체는 무엇인가? 그것은 사유에 대한 전적인 타자로서 사유 자체를 존재론적으로 가능케 하는 초월적 토대인가 아니면 단지 사유의 제약성을 드러내주기 위한 반성 논리적 계기인가? 이러한 물음은 직접적으로 이성적 사유가 스스로 사유 밖의 존재자를 사유할 수 있는가라는 물음으로 환원된다. 왜냐하면 사유 밖의 존재자의 의미가 무엇인가에 따라 그것에 대한 유한한 사유의 인식가능성이 결정될 것이기 때문이다.

Ⅳ. '비개념적인 것(das Begrifflose)'의 의미

현실적 사유를 근거지우는 사유 밖의 비개념적인 존재자의 정체가 무엇인지 밝히기 위해서는 그것이 사유와 어떤 관계에 있는지 다시 한 번 생각해 볼 필요가 있다. 만약 비개념적인 것이 사유에 대해 전적으로 이질적인 타자라고 한다면, 현

45) P.O., S. 161.
46) P.O., S. 162.
47) P.O., S. 161, 이런 근거로 사유의 체계는 셸링에게 '부정철학'이 된다. 그것이 '부정철학'인 이유는 첫째, 사유가 스스로 대상을 부정해야 한다는 것이며, 둘째, 그럼에도 불구하고 사유는 결코 대상을 적극적으로 규정할 수 없다는데 있다.
48) P.O., S. 159.

실적 인식을 추구하는 철학은 개념과 비개념적인 것이라는 두 개의 원리를 상정해야 하며 그 결과 이원론으로 귀결된다. 하지만 아도르노는 “이원론은 철학사상에서 불가피하게 나타나는 것이기는 하지만 사유가 진행되는 과정에서 허위로 되고 만다.”고 말한다.[49] 그가 볼 때, “실제로 주체와 객체는 칸트의 기본구도에서처럼 확고하게 대립하지 않고 상호 침투한다.”[50] 왜냐하면 개념과 비개념적인 것 “양 극단 각각은 그 자체를 상대방의 계기로 규정함으로써 경직화된 이분법적 구조가 와해되기” 때문이다. 비개념적인 것을 마치 사유의 자체반성의 계기로 이해하도록 하는 이러한 표현을 통해 아도르노가 말하고 싶은 것은, 분명히 그것이 사유에 대해 전적으로 이질적인 타자는 아니라는 점이다.

이러한 이해를 기초로 Anke thyen은 아도르노에게 있어 비개념적인 것이란 사유의 반성개념이나 이질적인 타자가 아니라 ‘한계개념’이라고 말한다. 이때 그것이 한계개념이라는 것은 특히 방법론적인 의미를 지닌다. 왜냐하면 그것은 대상에 대한 인식에 있어 개념적 사유에 의해 완전히 동일시되지 않는 측면이 있음을 열어주면서 동시에 동일성의 자기반성을 위한 동기를 제공해 주는 계기가 되기 때문이다. 다시 말해 한계개념으로서의 비개념적인 것은 개념적인 것(동일적인 것)에 속하지는 않지만 그렇다고 전적으로 개념적인 것에 대한 이질적인 타자도 아니며, 오히려 그것은 모든 인식에서 있을 수밖에 없는 동일성과 비동일성 사이의 긴장을 설명하기 위한 개념이라는 것이다. 또한 사유는 이러한 비개념적인 것 혹은 비동일성을 통해 더 이상 그 배후로 들어갈 수 없는 경험 영역의 한계를 자각하게 된다는 것이다.[51]

이와 같은 Anke Thyen의 설명을 사실 아도르노는 여러 표현들 속에서 확인해 주는 듯이 보인다. 아도르노는 다음과 같이 말한다. “의식의 자각은 동일성 원칙을 꿰뚫어볼 수 있다. 그러나 그것은 동일시 없이는 생각할 수 없다. 왜냐하면 모든 규정은 동일시이기 때문이다. 하지만 바로 이 규정은 비동일자로서의 그 대상 자체에도 접근한다. 즉 이 비동일자에 각인을 가함으로써 비동일자에 의해 각인되고자 하는 것이다. 비동일성은 동일시의 은밀한 목표이며 동일시에서 구제되어야 할 것이다.”[52] “개념이 개념을 넘어서고 그로써 비개념적인 것에 접근할 수 있다는 믿음이 철학에는 필요하다.”[53] 이런 표현들은 분명히 비개념적인 것을 동일성으로서의 사유가 자신의 한계를 자각하기 위해 전제해야 하는, 그런 한에서 하나의 이념과 같은 것으로 이해하도록 한다.

---

49) ND. S. 214.
50) ND. S. 213.
51) Anke thyen, 앞의 책, S. 202, S. 205.
52) ND. S. 225.
53) ND. S. 63.

Anke Thyen의 해석은 사실 아도르노의 다음과 같은 주장들을 진지하게 받아들인 결과이다. 즉 "주관성 혹은 사유 자체는 그 자체를 근거로 설명될 수 없다. (…) 반면 인식의 객관은 사유 혹은 주관성 없이는 있을 수 없다."[54] "밖을 내다볼 수 없다. 밖에 있을 수 있는 것 그것은 단지 내부에 있는 자료와 범주들을 통해서만 나타난다."[55] "의식은 보편적 매개인 동시에, 의식의 것인 직접적 소여 속에서 자신의 그림자를 뛰어 넘을 수 없다."[56] 이러한 표현들은 다음과 같이 두 가지로 정리된다. 첫째, 사유는 그 자체를 근거로 설명될 수 없다. 둘째, 사유는 그 한계를 벗어날 수 없다. 만일 이러한 전제가 타당하다면 사유는 자신을 해명하기 위해 즉 자체 반성을 위해 자신과 이질적인 타자를 필요로 한다. 그럼에도 불구하고 그 타자는 사유에게 전적으로 이질적인 타자일 수는 없다. 따라서 다음과 같은 결론에 이르게 된다. 즉 비개념적인 것은 사유의 타자이어야 하지만 동시에 반성적 규정의 계기로도 이해되어야 한다는 것이다. 자신을 넘어갈 수 없는 사유에게 자신을 구성하도록 동기 부여하는 비개념적인 것은 결국 개념적 사유에 대한 구성적 한계개념이 된다.

만약 비개념적인 것이 이와 같은 구성적 한계 개념이라면 그것은 헤겔의 '논리학'이 보여주듯이 근본적으로는 개념의 '부정'으로서 반성 논리적 규정으로 전환된다. 왜냐하면 개념은 규정적이기 위해서 규정되어야 할 대상을 전제하지만 그렇게 '전제된 것'(das Vorausgesetzte)은 그것이 전제된 것인 한 '정립된 것'(das Gesetzte)이기 때문이다. 이런 관점에서 보면 현실적 사유를 고찰하는 것은 곧 사유의 자기반성을 분석하는 것이 된다. 왜냐하면 사유의 대상으로서 현실적인 것이란 궁극적으로는 사유에 의해 정립된 것이기 때문이다. 사실 이러한 해석은 존재론적으로 제약된 이성적 사유가 어떻게 스스로 그 제약성을 해명하고 절대적 이성이 되는지를 보여줄 수 있으며 그 구체적인 예가 바로 헤겔 『논리학』의 '반성' 장이다. Anke Thyen은 '반성' 장에서 사유에게 낯선 타자가 사유의 부정 즉 반성으로부터 도출되듯이 그렇게 아도르노의 비동일자는 헤겔 변증법의 한 계기로부터 길러온 것이라고 말한다. 왜냐하면 비동일자란 부정의 부정에서 일차적 부정을 사유가 타자로 생각하는 것 이외의 것이 아니기 때문이다.

물론 Anke Thyen은 또한 아도르노와 헤겔 사이에는 분명한 차이가 있다고 강조한다. 즉 아도르노에게 반성으로 도출되는 타자는 사유로 환원되지 않는 비동일자로서의 어떤 것이라는 점이다. 이것은 곧 사유의 자체 반성은 특정한 동기를 필요로 하는데, 그 동기는 결코 반성적으로 설명될 수 없다는 것을 제시해준다. 다시 말해 비록 사유의 반성 즉 부정성 때문에 비동일성이 드러나는 것은 분명하지

---

54) ND. S. 215.
55) ND. S. 215.
56) ND. S. 99.

만 그렇다고 해서 이 비동일성이 동일성으로 해소되지는 않으며 계속해서 모순으로 남는다. 따라서 헤겔에게 동일성과 비동일성 사이에서 나타나는 변증법은 사변의 단계로 이행하지만 아도르노에게 있어서는 열린 과정으로 남게 된다. 그런 한에서 아도르노의 부정변증법은 헤겔의 발전 논리적 개념 변증법과 구분된다.[57]

하지만 비개념적인 것에 대한 이러한 Anke Thyen의 해석은 단순히 사유의 인식론적 반성의 차원을 넘어 그 반성의 가능성과 근거에 관한 존재론적 기초를 제시하려는 아도르노의 생각을 드러내주기에는 부족해 보인다. 아도르노는 다음과 같이 말한다. "주관성 혹은 사유 자체는 그 자체를 근거로 설명될 수 없다."[58] 오히려 "개념은 그 외부에 있는 것을 통해 규정된다. 왜냐하면 그 자체의 특성으로 보아 자체만으로 완전히 해명되는 것이 아니기 때문이다."[59] 그렇다면 "사실들을 매개하는 것은 그것들을 미리 형식화하고 파악하는 주관적 매커니즘이라기보다 주체가 경험할 수 있는 것의 배후에 있는 주체에 대해 이질적인 객체이다." "그러한 객체는 일차적인 주관적 경험영역에는 거부되어 있으며 이 영역 앞에 위치한다."[60] 이러한 표현들에 따르면 비개념적인 것은 자기 반성적 사유의 존재론적 근거로서 사유의 영역 앞에 놓이게 된다. 이때 근거가 사유의 영역 앞에 놓여야 되는 이유는, 사유는 대상으로서 자신과 구별되는 어떤 것을 발견할 때 비로소 사유하기 때문이다.[61] 아도르노는 비개념적인 것이 사유의 영역에 선행하는 이러한 사태를 '객체의 우선성'이라고 부른다. 사유에 선행하는 비개념적인 것은 더 이상 반성개념이라고 할 수 없다. 왜냐하면 반성은 사유로 하여금 자신이 아닌 것을 발견하게는 하지만 결코 그 타자를 산출하게 할 수는 없기 때문이다. 그렇다면 아도르노는 사유의 영역 너머에 있는 비개념적인 것을 왜 반성개념처럼 표현하는 것인가?

아도르노가 볼 때, 사유는 그 자신이 파악할 수 없는 어떤 것에 근거되어 있다는 것을 내재적으로 알지 못한다. 왜냐하면 근거인 그 어떤 것은 사유에게 항상 근거로 이해되는 것이 아니라 타자로 이해되기 때문이다. 따라서 근거와 사유의 관계는 근거관계가 아니라 객체와 주체라는 인식론적 구도로 상정될 수밖에 없다. 그는 다음과 같이 말한다. "주체와 객체의 양극상태는 그 속에서 모든 변증법이 이루어져야 하지만 그 자체로는 비변증법적 구조인 듯이 보이기 쉽다. 그러나 그 두 개념은 형성되어 나온 반성범주들로서 결합시킬 수 없는 어떤 것을 표시하는 공식이다. 그것들은 결코 긍정적인 것이나 일차적인 사태가 아니라 전적으로 부정

57) Anke Thyen, 앞의 책, S, 214.
58) ND. S. 215.
59) ND. S. 234.
60) ND. S. 250.
61) 반성의 구조와 그 벗어남에 대한 논의는 Werner Flach, *Negation und Andersheit*, München 1959. S. 14 참조.

적인 것이며 비동일성의 표현일 뿐이다."[62] 다시 말해 주체와 객체는 비록 반성범주들처럼 보일 수 있지만 그것은 오히려 반성구도 속으로 환원되지 않는 어떤 것을 표시한다는 것이다. 이때 표시되는 것이 바로 물자체와 같은 것으로서의 비개념적인 것이다.

사유가 비개념적인 존재자를 직접적으로 언급하지 못하고 주체와 객체라는 구도를 사용해서 소극적으로 표시하는 것은 바로 사유의 유한성에 대한 비판이 어떻게 이루어져야 하는지를 보여준다. 아도르노는 다음과 같이 말한다. "순수한 동일성은 주체에 의해 정립된 것이며 그런 한에서 외부로부터 끌어들여진 것이다. 따라서 동일성을 내재적으로 비판한다는 것은 극히 역설적이지만 외부로부터 비판하는 것이다."[63] 이것은 곧 동일성에 대한 비판은 곧 동일성을 벗어나는 사물을 전제하는 것이며 그런 한에서 외부로부터의 비판이듯이 사유에 대한 비판은 불가피하게 사유 자체를 벗어나는 외부의 관점을 전제한다는 것이다. 사유의 한계에 대한 비판이 외부의 관점을 필요로 한다는 것은 또한 개념적으로 인식하는 사유는 자신과의 불일치로 나타나는 사유 밖의 존재자를 사유 밖의 존재자로 사유할 수 없음을 의미할 뿐만 아니라 현실적 사유로서의 자신의 현실성을 스스로 정당화할 수 없음을 의미한다.

이것은 셸링에게도 마찬가지이다. 사유 이전의 실존자는 사유와 관계를 갖는다. 하지만 그 관계가 부정적이라는 것은 사유가 그 실존자를 파악할 수 없을 뿐만 아니라 그것을 자신의 현실적 근거로 인식하지도 못한다는 것을 의미한다. 셸링은 다음과 같이 말한다. "사람들은 모든 가능성에 선행하는 현실성은 결코 사유될 수 없다고 반박할 수도 있다. 어떤 의미에서 이것은 인정할 수 있다. 따라서 다음과 같이 말할 수 있다. 그렇기 때문에 현실성은 실제적 사유의 원리이다. 왜냐하면 사유의 시원은 그 자체 사유일 수 없기 때문이다."[64] 이어서 셸링은 실존자에 대해 다음과 같이 말한다. "물론 사람들은 만일 그들이 무한히 실존하는 것을 이념 혹은 이성개념이라고 불릴 수 있는지에 대해 설명하려고 할 때, 곤경에 처할 수 있다. 우선적으로 사람들은 그 실존하는 것을 이념이라고 부를 수 있다. 왜냐하면 그들은 그것에 대해 결코 어떤 문장이나 표현들을 갖고 있지 않기 때문이다."[65] 하지만 "이 한갓된 실존자란 그의 방식에 있어서 실존자 자체, 즉 만일 우리가 on을 동사로 이해한다면 auto to On 이다."[66] 셸링은 이 실존자를 이성

62) ND. S. 254. Brian O'Connor, *Adorno's Negative Dialectic,* Massachusetts, 2004. S. 82 참조.
63) ND. S. 221.
64) P.O., S. 162.
65) P.O., S. 162.
66) P.O., S. 162.

학문이 말하는 이념이 아니라 오히려 '모든 개념에 대립되는 것'(das allem Begriff Entgegengesetzte)으로서[67] 굳이 말하자면 '전도된 이념' 즉 "그 속에서 이성이 자기 외부에 놓이게 되는 이념"이라고 말한다.[68] 전도된 이념으로서 실존자는 물론 사유에 선행한다. 왜냐하면 "모든 사유의 원리인 것은 아직 그 자체 사유일 수는 없기 때문이다."[69] 셸링은 이처럼 사유에 선행하며 사유와 전혀 무관한 실존자를 '몰개념적인 것'(das Begrifflose) 혹은 '개념적 파악이 불가능한 것'(das Unbegreifliche)이라고 부르며,[70] 특히 *사유하기 이전에 존재한다*는 의미에서[71] 혹은 *모든 사유에 선행한다*는 의미에서[72] '사유 이전의 존재'(das unvordenkliche Sein)라고 부른다.

물론 이러한 '사유 이전의 존재'를 아도르노의 존재자와 직접적으로 비교하는 것은 온당치 않다. 왜냐하면 전자는 사유와 전혀 매개되어 있지 않으면서 사유의 존재론적 근거인 반면 후자는 사유와 매개되어 있으면서 사유로 하여금 현실적이게끔 해주기 때문이다. 그럼에도 불구하고 아도르노나 셸링 모두 존재자에 대한 사유의 관계를 근거관계로 부르기를 거부한다. 왜냐하면 아도르노가 볼 때 근거관계란 전형적인 관념론의 전략이기 때문인 반면, 셸링이 볼 때 '사유 이전의 존재'는 이성적 구도 자체를 벗어나기 때문이다. 셸링은 이 관계를 설명하기 위해 오히려 칸트의 용어를 받아들인다. 현실적 사유의 초월론적 조건으로서 물자체를 상정하지 않을 수 없었던 칸트는 이러한 전도된 이념인 물자체를 모든 사물의 담지자로서 이성이 불가피하게 필요로 하는 것이라고 말한다. 다시 말해 그 어떤 것이 실존한다면 거기에는 필연적으로 근거 없이 실존하는 어떤 것이 있어야 한다는 것이다. 그리고 그는 이러한 근거 없이 실존하는 어떤 것을 인간 이성을 위한 참된 심연(Abgrund)라고 부른다.[73] 마찬가지로 셸링은 사유에 선행하는 이 근거 없는(grundlose) 존재자를 사유의 심연으로서 탈근거(Abgrund)라고 부른다.[74]

셸링에게 이성적 사유는 이 탈근거로부터 연유한다. 만약 탈근거가 사유의 근거라는 의미에서 '근원의식'이라고 한다면, 사유는 그 근원의식이 분열된(zerissen) 의식이다. 분열된 의식은 탈근거의 운동 속에서 밖으로 내던져진(herausgesetzt) 그래서 무지가 된 의식이다. 그렇기 때문에 그것은 탈근거가 자신의 근거인지를 모를 뿐만 아니라 그것을 자신과는 무관한 타자로 간주한다. 하지만 이성적 사유는 밖으로 내던져짐을 통해 오히려 자유롭게 되고 그 무지의 은총을 향유할 수 있게

67) P.O., S. 170.
68) P.O., S. 162.
69) Paulus, S. 161.
70) Paulus, S. 161.
71) Paulus, S. 166.
72) Paulus, S. 161.
73) P.O. S. 163.
74) Paulus, S. 163.

된다. 우리가 '자유로운 사유'(das freie Denken)라고 부르는 것은 이렇게 내던져짐 속에서 자기 자신을 자각하는 사유이다. 따라서 셸링은 "모든 자유로운 사유란 포기된 긴장, 분리, 위기의 결과"라고 말한다.[75)]

V. 화해의 방법으로서 자기반성과 탈각(Extase)

사유 밖의 존재자를 자신의 '근거'로 인식하지 못하는 사유는 스스로 사물의 즉자태인 듯이 행동하거나 아니면 존재자를 개념으로 환원한다. 사유가 이러한 독단에 빠지지 않기 위해서는 자신의 존재론적 한계를 자각하고 자신 밖의 존재자를 인정해야 한다. 아도르노는 존재자를 인정하는 이러한 태도를 '화해'라고 부른다. 그에 따르면 사유는 화해 속에서 객체의 우선성을 인정해야 한다. 물론 그렇다고 해서 화해가 주체의 우월성에 대해 객체의 우월성을 주장하는 것은 아니다. 왜냐하면 그런 것은 다시 관념론적 반성의 수준으로 떨어지는 것이기 때문이다. 아도르노는 다음과 같이 말한다. "비판적 사상이 주체가 차지했던 빈 왕좌를 객체에 넘겨주고 싶어 하는 것은 아니다. 그럴 경우 객체는 우상에 지나지 않게 될 것이다. 오히려 비판적 사상은 위계질서를 제거하는 것이다."[76)]

화해하기 전에 비개념적인 것은 의식에게 고통으로 다가올 수밖에 없다. 그는 다음과 같이 말한다. "의식이 그 자체의 구성상 통일성을 추구할 수밖에 없고, 또 의식과 동일하지 않은 것을 의식의 총체성의 요구에 비추어 측정하는 한, 차이나는 것은 상치되고 부조화롭고 부정적인 것으로 나타난다. 변증법은 그러한 것을 의식에다 모순으로서 제시한다."[77)] 따라서 "화해되지 않은 상태에서는 비동일성이 부정적인 것으로 경험된다."[78)] 하지만 사유가 스스로 사물의 즉자태라는 환상을 벗어던지게 될 때, 비동일적인 것은 사유에게는 타자성(Andersheit)으로서 인정된다.[79)] 이러한 화해는 어느 하나의 일방적인 우월을 말하는 것이 아니라 객체를 방면하는 동시에 주체를 자유롭게 한다.

물론 이러한 화해는 다시 관념론의 전략으로 비춰질 수가 있다. 왜냐하면 객체를 방면하고 주체를 자유롭게 하는 것은 헤겔이 의도하던 동일성과 비동일성의 동일성과 같은 것일 수 있기 때문이다. 아도르노도 이점을 인지한다. 그는 다음과 같이

75) F. W. J. Schelling, *Weltalter* in Schriften von 1813-1830, Ausgewählte Werke Darmstadt, 1989. S. 257.
76) 같은 책, S. 261.
77) ND. S. 59.
78) ND. S. 88.
79) ND. S. 265.

같이 말한다. "우리는 이점에서 헤겔에게 충분히 접근한다." 그러나 그는 다음과 같은 차이를 강조하고 싶어 한다. "실제 결과에서 의식이 동일성을 궁극적이고 절대적인 것이라고 주장하고 강화하고 싶어 하느냐, 아니면 동일성을 보편적 강압으로부터 벗어나기 위해 필요하지만 어쨌든 보편적 강압의 장치인 것으로 체험하느냐 하는 의도에 의해 헤겔과의 경계선이 그어진다." "그런 한에서 부정적 변증법도 허위이며 동일성의 논리에 따르며 그것을 통해 대립하고자 한 바로 그 대립물의 상태로 남아있다. 부정적 변증법은 그 비판의 과정에서 스스로를 교정해야 한다."[80] 결국 비개념적인 것과의 갈등이 변증법으로 이해되었다면 이제 화해를 통해 변증법 자체도 해체되어야 한다는 것이다.[81] 결론적으로 아도르노는 다음과 같이 말한다. "변증법은 화해로 종결될 것이다. 이 화해로써 비동일자가 해방되고 정신화된 강압까지도 사라지게 될 것이며, 이제야 비로소 다양한 것들의 다원성이 열릴 것이며, 이에 대해 변증법은 더 이상 아무 힘도 지니지 못할 것이다. 화해란 주관적인 이성에는 저주와도 같은 것 즉 더 이상 적대적이지 않은 다수를 상기하는 일일 것이다."[82]

화해 속에서 사유는 자유롭게 될 뿐만 객체에 대한 새로운 경험을 하게 된다. 왜냐하면 이렇게 "실제로 사상이 사물에 외화되어 사물의 범주가 아니라 사물 자체에 대해 타당성을 지니게 되면 사상의 눈길이 머무는 가운데 객체 스스로가 말하기 시작할 것이기 때문이다."[83] 이것이 곧 객체의 자유이다. 객체의 자유 속에서 성립하는 주체와 객체의 관계를 아도르노는 '짜임관계'(konstellation)라고 말한다. 그에 따르면 "짜임관계는 분류적 방식에는 무관하거나 부담이 될 뿐인 대상의 특유한 측면을 밝혀준다." "짜임관계만이 내부에서 개념이 잘라내 버린 것, 즉 개념이 될 수는 없지만 또한 그만큼 되고자 원하는 것, 개념 이상의 것을 외부로부터 표현한다. 개념들은 인식되어야 할 사물의 주위에 모임으로써 잠재적으로 그 사물의 내적 측면을 규정하며, 또 사유가 필연적으로 자체로부터 배제해버린 바에 사유로써 도달한다."[84]

문제는 주체가 비개념적인 것과 어떻게 화해할 수 있는가이다. 이에 대해 아도

---

80) ND. S. 223.
81) "헤겔의 경우 동일성은 긍정성과 일치했다. 즉 절대정신으로까지 확장되고 고양된 주관성 속에 비동일적인 것과 객관적인 것 모두를 포함시킴으로써 화해를 이룬다는 것이다."(ND. S. 217) 하지만 아도르노에게 있어 "화해의 이념은 개념을 통한 화해의 긍정적 정립을 거부한다."(ND. S. 221) 왜냐하면 "변증법의 운동은 모든 대상과 그 개념 차이 속에 있는 동일성을 지향하는 것이 아니며, 오히려 동일자를 의심하기" 때문이다. 결국 "변증법은 와해의 논리가 된다."(ND. S. 220)
82) ND. S. 59-60.
83) ND. S. 84.
84) ND. S. 240.

르노는 다음과 같이 말한다. "주체에 대한 반성을 통해서만 객체의 우선성에 도달할 수 있다."[85] "단지 비판적 자체반성만이 이 무수한 반응들의 편협성을 경계하며, 자신과 객체 사이에 벽을 쌓거나 주체의 대자존재를 즉자 및 대자로 상정하는 것을 피한다."[86] 반성을 통해 "주체는 자신이 비동일자에 가한 바에 대해 보상한다. 그렇게 함으로써 주체는 절대적 대자존재라는 가상으로부터 자유롭게 된다."[87]

아도르노에게 있어 사유는 자체반성을 통해 비개념적인 것과의 화해를 이룰 수 있다고 한다면, 셸링에게 그런 화해는 존재하지 않는다. 오히려 셸링에게 있어 사유는 현실적이기 위해서 절대적 타자로 비춰지는 '사유 이전의 존재'(das unvordenkliche Sein)에게 자신을 내맡겨야(sich gelassen) 한다. 이러한 내맡김은 사유가 자신을 반성할 때 이루어지는 것이 아니라 오히려 자신을 포기할 때 가능하게 된다. 이러한 내맡김 속에서 사유는 '사유 이전의 존재'를 위한 공간을 만들게 되며, 그와 함께 자신이 자유로울 수 있게 된다. 특히 셸링은 사유의 이러한 내맡김을 '탈각'(Extase)이라고 부른다. 탈각이란 "자아가 자신의 외부에 정립되는 것"이다.[88] 탈각을 통해 사유는 자신을 '더 이상 현존하지 않는 것'(ein gar nicht mehr Daseiendes)으로 자신 밖에 놓게 된다. 그렇게 될 때 '사유 이전의 존재'는 사유에게로 다가오게 되며 그러한 다가옴에 의해 사유는 객체로부터 주체로 회복된 영원한 자유가 된다.

아도르노와 셸링에게 있어 비개념적인 것과 사유의 화해 방법이 이렇게 다른 것은 사유의 한계에 대한 존재론적 이해가 서로 다르기 때문이다. 아도르노에게 사유는 매개이며 그런 의미에서 매개된 것과 불가피하게 존재론적으로 결합되어 있다. 반면 셸링에게 사유는 사유이기 위해 '사유 이전의 존재'를 필요로 하지 않는다. 사유는 적어도 개념의 왕국에서는 스스로 자족적이듯이 보일 수 있다. 그렇기 때문에 그 둘에 있어 사유의 반성도 각기 다른 기능을 할 수밖에 없다. 아도르노에게 있어 반성은 사유로 하여금 그 내적 구조 자체가 비개념적인 것과의 연관되어 있음을 깨닫게 하지만 셸링에게 있어서는 그것과 단절되어 있음을 자각케 한다. 따라서 셸링에게는 반성의 영역이 파괴되어야 비로소 사유 이전의 존재가 드러나게 된다. 반성의 기능이 이처럼 각기 다르다는 것은 곧 사유의 자체 반성 이후에 전개될 철학모습 또한 다를 수 있음을 시사한다. 아도르노에게 있어 반성 이후의 결과는 병리적 현상으로부터 벗어난 합리적 이성의 회복이지만 셸링에게는 이성을 떠난 새로운 철학 즉 '긍정철학'의 시작이 된다.

85) ND. S. 266.
86) ND. S. 88.
87) ND. S. 221.
88) F. W. J. Schelling, *Weltalter* in Schriften von 1813-1830, Ausgewählte Werke Darmstadt, 1989. S. 251.

Ⅵ. 맺는 말

아도르노와 셸링 모두 현실적 사유는 스스로를 근거지울 수 없다고 생각하지만 그 이유는 서로 다르다. 이제까지 논의한 것을 토대로 서로 다른 이유와 사유의 근거 지움을 정리하면 다음과 같다.

첫째, 아도르노와 셸링은 이성적 사유가 스스로 대상을 구성한다는 것은 허위라고 생각한다. 왜냐하면 사유는 사유 밖의 존재자 즉 비개념적인 것(혹은 비이성적인 것)에 의해 제약되어 있으며 그 제약 아래에서만 현실적일 수 있기 때문이다. 이러한 제약은 아도르노에게 있어서는 사유와 대상 간의 불일치 즉 모순으로 나타나며, 반면 셸링에게는 사유의 존재란 단지 가능태라는 것 속에서 드러난다. 특히 사유가 현실적이기 위해 사유 밖의 존재자에 의존한다는 것은 곧 사유는 현실적 사유로서 자신의 정당성을 스스로 입증할 수 없음을 의미한다.

둘째, 아도르노와 셸링 모두에게 있어, 사유는 자신의 현실적 근거인 비개념적인 것(혹은 비이성적인 것)을 자신의 근거로 인식하지 못할 뿐만 아니라 오히려 '고통스러운 타자'(아도르노) 혹은 '심연'(셸링)으로 인식한다. 물론 이때 사유가 그 근거를 인식하지 못하는 이유는 서로 다르다. 아도르노에게 있어 사유가 자신의 근거를 인식하지 못하는 이유는 사유의 무반성적 태도 때문인 반면, 셸링에게는 그 근거가 사유에 대해 초월적이기 때문이다. 달리 표현하자면 아도르노는 사유의 한계를 사유로부터 제시하려고 노력하는 반면, 셸링은 사유의 한계를 사유 밖으로부터 제시하고자 한다. 결국 이러한 태도는 철학의 목적 또한 다르게 한다. 왜냐하면 아도르노에게 있어 철학의 목적은 사유의 자체 반성을 통한 왜곡된 사유의 교정인 반면, 셸링에게 철학의 목적은 사유의 포기(Extase)를 통한 비개념적인 것의 경험이 되기 때문이다.

셋째, 철학은 선천적(apriori) 개념주의를 거부하고 경험을 출발점으로 해야 한다는 점에서 아도르노와 셸링은 일치한다. 하지만 아도르노에게 경험의 근거는 감각적인 것인 반면, 셸링에게는 초월적 존재가 된다. 따라서 아도르노는 감각적인 것을 수용하는 반성을 철학의 원리로 간주하는 선험적 관념론적(특히 칸트적) 전통에 머무는 반면, 셸링은 탈각과 함께 관념론의 틀을 벗어나 신지학('긍정철학')으로 나아간다.

이와 같이 정리된 테제들에 근거할 때, 우리는 다음과 같은 결론을 이끌어 낼 수 있다. 즉 "무반성적 이성은 그것의 지배에서 벗어나는 어떠한 사유 앞에서도 광기에 빠질 정도로 맹목적이다. 당분간 이성은 병적이다. 그로부터 치유되어야 비로소 이성은 진정으로 이성일 것이다."라고 말하듯이,[89] 아도르노에게 있어 사유

89) ND. S. 252.

의 자체 반성은 이성의 본래성에 대한 회복이며 이성의 해방이고 이러한 해방의 궁극적 목적은 타자(비개념적인 것)의 방면이다. 반면 셸링에게 단순한 반성은 오히려 사유의 병이다. 왜냐하면 사유는 결코 반성을 통해 자신을 한계를 교정할 수 없으며 오히려 자신을 포기할 때만이 자신의 근거에 자신을 열어놓을 수 있기 때문이다. 결국 셸링에게 사유의 자기포기는 사유 자체의 방면이 된다.

참고 문헌

Adorno, Theodor W., *Negative Dialektik*, Frankfurt am Main, 1980, 『부정변증 법』, 홍승용 역, 한길사, 2005.

Schelling, F. W. J., *Weltalter* in Schriften von 1813-1830, Ausgewählte Werke Darmstadt, 1989.

______, *Philosophie der Offenbarung,* hrsg. von Manfred Schröter, München 1858.

______, *Zur Geschichte der neueren Philosophie,* Münchener Vorlesung, Darmstadt. 1974.

______, *Philosophie der Offenbarung(1841/42),* hrsg. von Manfred Frank, Frankfurt am Main 1993.

Hegel, *Enzyklopädie der philosophischen Wissenschaften(1830)*, hrsg. von Friedhelm Nicolin und Otto Pöggeler, Hamburg 1991.

Thyen, Anke, *Negative Dialektik und Erfahrung,* Frankfurt am Main 1989.

Flach, Werner, *Negation und Andersheit*, München 1959.

Wellme, Abbrecht, *Zur Dialektik von Moderne und Postmoderne*

O'Connor, Brian, *Adorno's Negative Dialectic*, Massachusetts, 2004.

Jarvis, Simon, *Adorno-A Critical Introduction,* Oxford 1998.

Bowie, Andrew, *Schelling and modern european Philosophy,* New York 1993.

Whit, Allan, *Absolute Knowledge: Hegel and the Problem of Metaphysics,* Ohio University Press. 1983.

이광모, 「헤겔인가 아니면 셸링인가」, 『헤겔연구』 27호.

이광모, 「이성의 원리와 근거」, 『헤겔연구』, 29호.

Reason and the Other in the later Schelling's and Adorno's Philosophy

Lee, Kwang-Mo

Abstract

This paper studies what are the limits and ground of reason in Adorno's *Negative Dialectic* and later Schelling's philosophy, and with that, inquires how is it possible for the reason to be reconciled with the other, if its ground appears to be other to the reason. The ultimate aim of this study is to show that the Adornos' philosophy developed in the contemporary discussion has no other issue than that of later schelling's philosophy and would go even further to remain in the idealistic base.

The conclusions reached in this study are as follows. The self-reflection of the thinking in Adorno is the recovery and emancipation of authenticity of reason, in other words, the object of reflection is to release the irrational(the other) from the reason. The simple reflection of the thinking in schelling, on the other hand, would be a sickness of reason. Because thinking in reflection doesn't correct its own limits and arrives at the ground of itself. On the contrary, only by abjuring itself, the thinking becomes free from restriction.

Key Words : Adorno, Schelling, negative Dialectics, positive Philosophy, german Idealism

• 투고일: 2011.10.03. 심사완료일: 2011.10.13. 게재확정일: 2011.10.15.

진화 윤리적 상호주관성 이론 연구*

-듀이의 정치철학을 중심으로-

정 현 철

요약문

이 글은 듀이가 진화론을 지렛대로 삼아 어떻게 윤리(학) 영역에서 상호주관성을 구상해내는지 살피는 것을 목적으로 한다. 그는 진화론적 통찰을 통해 형이상학 내지 존재론에 기초하는 이론을 논박하면서 경험적인 연관으로부터 상호주관적 사유 지평이 개창될 수 있음을 주장한다. 윤리학과 관련한 이러한 그의 시도는 정치철학 분야에 있어서도 새로운 비판적 기획을 가능하게 하는데 왜냐하면 그는 오늘날 국가라 불리는 정치공동체의 구성을 이와 같은 방식으로, 곧 진화윤리적으로 설명해 내기 때문이다. 그는 이를 위해 진화윤리학에 관한 자신의 통찰, 곧 사회 구성원들이 이미 언제나 서로 결합되어 있게 하는 경험적 연관과 그것의 상관자로서 교류라는 개념을 활용한다. 이러한 듀이의 진화윤리적 기획은 통념적 진화론이 부정하는 구성원들의 상호 의존성에 대한 새로운 조명을 가능케 함과 아울러 현재 정치철학 지형에서 각축하고 있는 민주주의의 여러 이론들을 비판적으로 조망할 수 있게 한다.

● 주요어: 진화론, 상호주관성, 공동체주의, 절차주의, 민주주의, 공론장

---

* 이 논문은 2009년도 정부(교육과학기술부)의 재원으로 한국연구재단의 지원을 받아 연구되었음(NRF-2009-351-A00203).

Ⅰ. 들어가는 말

진화론이 윤리학에 끼친 영향은 막대하여 이제 윤리학은 더 이상 그것의 기초를 단순히 존재론적 내지 형이상학적인 방식으로 마련할 수 없게끔 되었다. 다시 말해 윤리학 - 혹은 실천철학 - 은 진화론적 기본 가정들에 의해 이제 한편으로는 관념론적 이론체계 - 그것이 존재론적인 것이든 형이상학적인 것이든 - 에서 탈피하고 또한 다른 한편으로는 경험적 차원에 더 깊숙이 뿌리를 내리도록 요구받는 근본적 도전에 직면하였다.

진화론은 그러나 이에서 더 나아가 아예 윤리학의 존립 자체를 침식할 정도에까지 이르렀다. 곧 윤리학은 진화론에 의해 진화의 관점, 즉 자연 속에서 생물적 존재로서의 인간의 생존이라는 관점에 도움이 되지 않는 모든 전통적 - 규범적 - 요소들을 윤리학 자체로부터 제거하도록 요구받기에 이르렀다. 이로 인해 윤리학은 일반적으로 인간을 고립된 개인, 곧 자기 보존의 관심에 몰두해 있고 오로지 진화 과정에서 벌어지는 생존 투쟁 속에서의 생존만을 목적으로 삼는 원자적 개인으로 상정하지 않을 수 없게 된 것처럼 보인다.1) 윤리학이 추구할 내용으로는 따라서 이들 개별 인간들 간의 극단적 갈등을 모면하게 할 방법을 모색하는 것 정도가 그나마 남아 있는 것이 된다. 이는 윤리학이 근대 초기 홉스가 주창했던 감각 유물론적 경험론을 수용해야만 하는 것은 아닌가하는 의구심을 자아낸다.

그러나 인간은 서로에 대해 고립된 존재가 아니며 만약 인간이 그러한 고립 상태에 빠지게 되면 오히려 그로부터 발생하는 불확실성으로 인해 자기 자신에 대한 확신 자체를 상실하고 말 것이다.2) 이는 누구도 부인할 수 없는 사실이라 할 것이다. 이러한 사실, 곧 인간이 타자 연관을 잃어버린 고립적 상태로 - 사회적인 현실 속에서든 혹은 내면적 자기 관계에 있어서든 - 계속해서 남아 있을 수 없다는 사실은 최근의 정신분석학적 연구와 정치철학적 논쟁에 의해서도 확인되고 있다.3) 다시 말해 인간은 어떤 방식으로든 인간들 간의 상호주관적 관계 속에 자

1) 고립적 개별자를 다윈의 진화론에 연계하는 철학자들의 이론에 관해서는 다음을 참조하시오. T. Lewens, *Darwin*, Routledge, London and New York, 2007, 159쪽 이하 그리고 214쪽 이하.

2) 이와 관련해서 정작 다윈은 진화론을 단순히 적자생존식의 고립적 개체를 중심으로 한 윤리학을 주창하지 않았으며 오히려 진화론을 홉스식의 적자생존을 바탕으로 종족이론으로 구상한 스펜서에 대해서는 실망감을 표시하고 있다는 것을 잘 알려진 사실이다. O. Rauprich, Charles Darwin und die Evolutionäre Ethik, in Eve-Marie Engels(ed.), *Charles Darwin und seine Wirkung*, Suhrkamp, Frankfurt a. M., 2009, 369쪽 이하. 그리고 T. Lewens, Darwin, Routledge, London and New York, 2007, 28쪽 이하 참조.

3) 정신분석학적 연구와 관련해서는 개괄적인 이해를 위해 다음을 참조하시오. A. Honneth, 강병호 옮김, 『물화』, 나남, 2006, 49쪽 이하. 그리고 정치철학적 논쟁과 관련

리를 잡을 수밖에 없고 그 속에서 자기에 대한 이해를 만들어갈 수밖에 없다. 인간은 서로가 수용해 들인 선행적인 상호주관적 관계들의 중요성을 자유로운 자기 실현을 위해 필수불가결한 전제로 삼지 않을 수 없다.[4] 그렇다면 진화론은 실제로 이와 같이 인간들 사이에서 요구되는 상호주관적 사태 자체와 합치하도록 만들어 질 수 있을 것인가? 만일 그것이 가능하다면 진화론은 윤리학 내지 실천철학에 있어서 소위 통념적으로 수용되는 바와 달리 어떤 방식으로 이해되어야 하는가? 이 문제와 관련해 듀이는 중요한 통찰을 제공한다. 왜냐하면 그는 진화론을 수용함으로써만 상호주관성의 문제를 성공적으로 해결할 수 있다고 강조하기 때문이다. 이것이 바로 우리가 진화론적 접근 방식을 탐구함에 있어서 듀이의 이론을 고찰해야 할 이유를 제공한다.

상호주관성의 문제는 역사적 관점에서 보면 근대에 들어와서야 비로소 본격적으로 제기되기 시작하였다. 근대에 와서야 비로소 형이상학과 존재론적 이론의 타당성이 의문시되었기 때문이다. 그럼에도 이 문제는 근대에 들어와서도 의식철학적 구도에 가려 한 동안 그 시급성을 인정받지 못했다. 그러나 듀이는 이 구도를 해체하고 상호주관성의 문제를 논의의 핵심적 주제로 끌어들인다. 그리고 그는 이때 진화론의 관점을 전면에 내세운다.[5] 다시 말해 그는 진화론적 관점으로부터 이성의 보편성 내지 자연의 근원성이 함축하고 있는 형이상학적 내지 존재론적 가정을 문제시 하면서 그와 동시에 상호주관성의 문제를 다시금 실천철학의 일차적 과제로 설정한다. 이는 그런데 아이러니하게도 위에서 언급한 소위 통념적 진화론과 충돌하는 것이다. 통념적 진화론은 개체의 생존을 중심에 놓고 이러한 개체성을 넘어서는 근원적 상호관련성을 부정하기 때문이다.

그렇다면 타자와의 근원적 상호관련성을 기반으로 하는 상호주관성이 진화론과 어떻게 양립 가능할 수 있을 것인가? 적자생존을 내용으로 하는, 진화론에 대한

해서 이러한 고립적 인간 이해를 자유주의자들 역시 더 이상 견지하려 하지 않는다는 점에 대해서는 다음을 참조하시오. R. Forst, Kommunitarismus und Liberalismus, in A. Honneth(ed.), *Kommunitarismus*, Campus, 1993, 181쪽 이하.

4) 다윈의 진화론적 관점에서 인간의 도덕적 능력의 형성에 대한 가능성을 입증하려는 논의에 관해서는 다음을 참조하시오. Eve-Marie Engels, Charles Darwins evolutionäre Theorie der Erkenntnis-und Moralfähigkeit, in Eve-Marie Engels(ed.), *Charles Darwin und seine Wirkung*, Suhrkamp, Frankfurt a. M., 2009, 303쪽 이하. 동물과 구별되는 인간의 도덕적 특유성을 뇌에 대한 경험과학적 연구를 통해 증명하고자 하는 시도에 관해서는 다음을 참조하시오. G. Roth und U. Dicke, Über die Einzigarktigkeit des Menschen aus Sicht der Hirnforschung, in Eve-Marie Engels(ed.), *Charles Darwin und seine Wirkung*, Suhrkamp, Frankfurt a. M., 2009, 340쪽 이하. 그리고 인간 이해에 있어서 상호주관성의 토대에 관한 연구와 관련해서는 다음을 참조하시오. J. Habermas, *Nachmetaphysisches Denken*, Suhrkamp, Frankfurt a. Main, 1988, 35쪽 이하.

5) J. Welchman, *Dewey's Ethical Thought*, Cornell Univ. Press, Ithaca and London, 1995, 182쪽 이하 참조.

통념적 관점이 현재와 같이 우세한 상황에서 상호주관성을 통해 분절되는 사회성이 오히려 진화론적 관점으로부터 규명될 수 있다고 하는 듀이의 주장은 어떻게 정당화될 수 있는가? 그러나 듀이는 형이상학적 가정을 배제하고 단순한 경험을 출발점으로 삼는 진화론적 구상을 거부하지 않으면서도 현재의 진화론적 통념이 부정하는 상호주관성에 입각한 윤리학의 구상이 가능하다고 주장한다. 만일 이와 같은 듀이의 주장이 타당성을 가질 수 있다면 그의 윤리학은 우리의 관심을 끌기에 충분하다고 할 수 있다. 그러나 그것이 어떻게 가능할까?

우리는 이 문제와 관련해 우선 듀이가 이해한 진화론이 근대 진화론적 구상으로부터 이론적 거리를 만들어 내는 방식을 살펴보는 것이 필요하다. 진화론적 통찰을 근대에 가장 분명하게 이론화한 것으로 여겨지는 철학자들로 이 글에서는 홉스와 루소에 주목하는데 듀이는 규범적 원천으로서 상호주관성을 거부하는 이들과의 이론적 거리를 만들어 낼 수 있는가?(Ⅱ) 이로부터 보여 지는 바는 진화론이 듀이에 의해 새로운 방식으로 수용되고 있다는 것이다. 이는 정치철학 영역에서 매우 유용한 사유 지평을 개창할 수 있게 할 것으로 보인다. 왜냐하면 상호주관성과 관련한 제 문제가 이제 관념(론)적 토대를 벗어나 자연으로부터 출발하는 현실적 상황 속에서도 특별한 전제 없이 논의되어질 수 있기 때문이다.(Ⅲ) 이런 사유 지평이 개창된다면 사회 속에서 상호주관성은 이제 어떤 방식으로 실현되고 또 그에 대한 위협으로부터 어떻게 보존될 수 있는지 추적해 보아야 한다. 이러한 고찰은 상호주관성이 이제 성공할 수도 실패할 수도 있는 구성원들의 사회적 수행에 연계되어 있음을 드러낸다.(Ⅳ) 이러한 논의들이 종합적으로 고려될 경우 듀이의 기획은 민주주의 공론장의 새로운 가능성을 열어 보여 줄 수 있을 것으로 기대된다. 이는 듀이가 민주주의 이론을 어떻게 구성원들 간의 상호주관적 상호작용을 중심에 놓는 방식으로 – 이는 그에게 있어서 진화윤리적인 접근방식으로 명명되는데 – 구성하는지 보여주는 것이 될 것인데 이로써 그의 구상은 현 정치철학 지형에서 대안적 이론으로서 그것의 가능성을 드러내 줄 것으로 여겨진다.(Ⅴ)

Ⅱ. 진화론에 관한 듀이의 구상의 특유성

진화론적 관점의 핵심을 큰 무리 없이 우리는 자연으로부터 인간이 발생해 나왔다는 시원적 사태로 설명할 수 있다. 이 관점을 선취해 근대의 지평에서 인간 이해를 새로이 시도한 철학자로 우리는 주저 없이 두 명의 사상가를 꼽을 수 있다. 그 한 명의 사상가는 홉스이고 다른 한 명의 사상가는 루소이다. 왜냐하면 그들은 진화론적 관점이 출발점으로 삼는 시원으로서의 자연의 적나라한 상황 속에서 인간이 어떻게 존재하였는지를 설명함을 통해 인간 이해를 시도하기 때문이다. 이것은 현대에 진화론이 보편적으로 수용되고 나서 벌어진 인간에 관한, 자연과학을 고려한 인간학적 성찰을 예고 내지 선취하는 것이라 할 수 있다.[6] 이런 관점에서 고찰할 때 그들은 진화론이 목표로 한 인간 이해를 근대의 지평에서 선도하고 있다고 할 수 있다.

그런데 그들은 자연에서의 인간의 모습에 대한 생각에서는 극명하게 엇갈린다. 그러나 흥미로운 것은 그들이 그럼에도 불구하고 아이러니하게 한 가지 점에서는 정확히 일치하고 있다는 것이다. 그것은 곧 그들이 인간을 고찰함에 있어서 사회적 존재로서의 인간이 필요로 하는 상호주관성을 인간의 본연의 모습으로 인정하지 않는다는 것이다. 이는 듀이가 진화론을 통해 도달하고자 하는 인간 이해와 대립하는 것이다. 우리는 이와 같은 대립이 듀이에게서 어떻게 만들어지는지 이 글의 후반부에서 살펴보게 될 것이지만 이에 앞서 우선 그들이 왜 상호주관성을 거부하는지 살펴볼 필요가 있을 것으로 보인다. 그런데 다소 흥미로운 것은 그들이 진화론적 계기를 수용하면서 상호주관성을 배제한다는 점에서는 공통되지만 그것을 부정하는 방식과 의도에 있어서는 서로가 엇갈리는 모습을 보여준다는 사실이다.

이러한 차이점을 중심으로 그들의 인간 이해를 살펴보면, 우선 홉스는 잘 알려진 바와 같이 인간이 원자처럼 고립되고 단절된 존재이며 이는 모든 사회적 관계의 과학적 탐구가 출발점으로 삼아야 할 인간의 자연스러운 모습이라 주장하면서 그러나 동시에 − 아마도 진화적 관점에 따라 해석할 경우 인간의 생존을 위협하므로 − 극복되어야 할 것으로 묘사한다. 그러나 루소는 이와는 정반대로 고립적으로 존재하는 인간의 모습이 사회의 문명화된 관계의 병리를 극복할 수 있는 유일한 해결책이 될 수 있다고 보면서 이를 지향해야 할 것으로 설정한다.[7] 다시 말해 인간은 홉스의 경우에 애당초 자연적 존재로서 상호주관적 관계를 구성할 수 없는 고립적 존재이며 따라서 자연적 본성상 불변적인 이기적 욕구에 지배된 존재일 수밖에 없다. 그로 인해 인간은 결국 폭력에 의해서 − 오로지 이 방법밖에는 없는데 − 그러한 자연적인 인간의 모습을 극복해야 한다. 그런데 이와 달리 루소에게서는 인간들 간의 상호주관적 관계가 자연적 소질로서 부정되지는 않는다. 다만 이 관계가 그에게서는 근본적으로 병리적인 것으로 변질될 가능성이 높

6) 현대에 일어난 이러한 철학적 반성으로 우리는 막스 셸러의 시도를 거론할 수 있다. 그 밖에도 겔렌과 로렌쯔 등도 논의에 참여해서 진화론을 토대로 한 인간학을 정립하는데 기여했는데 이러한 논의에 대한 종합적 이해를 위해서는 다음을 참조하시오. E. Cassirer, 최명관 옮김, 『인간이란 무엇인가』, 창, 1988, 58쪽 이하.

7) 이 고찰의 착상은 호네트로부터 받아들였다. A. Honneth, 문성훈 외 옮김, 「정의의 타자」, in 같은 저자, 『정의의 타자』, 나남, 2009, 26쪽 이하 참조.

다는 점이 강조된다. 인간은 사회를 형성하고 있는 동안 그를 허영심으로 이끄는 타자의 기대와 평가로부터 그 스스로를 자유롭게 만들기 어렵기 때문이다. 따라서 인간은 스스로 자기 내면으로 침잠해 들어갈 때라야만 가장 자유로운 존재가 될 수 있다.[8)] 이로 인해 루소는 인간이 다른 인간과의 사회적 관계를 – 따라서 적극적 의미의 상호주관성을 – 항상 자연으로부터 부여받는 이상적인 개별적 자유의 보존이라는 관점에서 부정하려 한다.

어쨌든 근대적 지평에서 진화론적 관점을 선취한 것으로 볼 수 있는 홉스와 루소의 이러한 인간 이해가 타당하다면 우리는 진화론에 있어서 인간들 간의 상호주관적 관계를 규범적 이상으로서 인정할 수 없게 된다. 이것은 듀이가 시도하는 상호주관성에 대한 진화론적 구상을 완전히 차단하는 것이다. 곧 인간은 서로 분리되어 서로에게 방해거리가 되지 않거나 아니면 자기 자신의 내면으로 침잠함으로써만 자기 자신에 대한 온전한 자유를 확보할 수 있을 뿐 상호주관적 관계에 의거해서는 그럴 수 없게 된다.

그러나 이러한 인간 이해는 근본적인 문제점을 내포하고 있다. 그것은 그들이 이미 사회를 전제로 해서 이러한 이론을 투사하고 있음을 망각하고 있다는 점이다. 다시 말해 홉스와 루소의 인간 이해는 그 자체로 마련된 것이라기보다는 그 당시 사회적 관계를 전제한 상태로, 예를 들면 홉스의 경우에는 종교전쟁으로 인해 불안정한 유럽 사회 현실이, 그리고 루소의 경우에는 문화적으로 퇴락한 당시 귀족 사회의 현실이 문제가 되어 그러한 현실적 상황에서 발생한 사회적 어려움들의 해결을 구상하는 과정에서 시도된 것이라 보아야 한다는 것이다.[9)] 그들이 아무리 인간의 고립적 존재 방식을 높이 평가한다 할지라도 그것은 이미 인간들 스스로가 깊은 관련을 맺고 있는 사회적 관계를 기정사실로서 전제하고 있다는 것이다. 이러한 관점에서 홉스와 루소의 고립화된 내지 내면적 인간 이해는 부정적

8) 이것은 이 글이 루소에게 있어서 상호주관적 관계를 정립하는데 성공적이지 못했다는 점만을 지적할 뿐임을 지시해 준다. 루소가 자연적 상태에서 홉스식의 절대적인 고립적 자아를 상정하고 있는 것이 아니라는 점은 다시 언급할 필요가 없을 정도로 절대적으로 확실하다. 따라서 이 글은 홉스와 루소를 같은 수준에서 비판할 수 있다고 보고 있는 것이 아니다. 루소에 있어서 그가 강조하고 있는 사회적 관계의 수용에 관해서는 다음을 참조하시오. A. Ferrara, *Modernity and Authenticity*, State University of New York Press, 1993, 30쪽 이하. 그러나 다른 한편 『인간 불평등 기원론』의 저자로서 루소는 위에서도 언급한 바와 같이 자기와의 독백적 관계를 이상으로 설정하고 있다. 이는 그가 당시 사회적 제 관계를 비판하는 척도로서 타자와의 상호주관적 관계보다 내면적 자기 발견을 더 중요시 하고 있다는 것을 지시한다. 이와 같은 단순한 주관성은 그것이 초래할 수 있는 극단적인 결과로 인해 헤겔의 우려를 자아내기도 한다. 참조, 헤겔, 임석진 옮김, 『법철학』, 한길사, 2008, 265쪽 이하.

9) 이러한 사회성의 전제와 관련해서는 Ferrara의 분석을 참조하시오. A. Ferrara, *Modernity and Authenticity*, 33쪽 이하. 그리고 Ch. Taylor, 송영배 옮김, 『불안한 현대 사회』, 이학사, 61쪽 이하도 참조하시오.

인 극복 대상이든 혹은 긍정적인 추구 대상이든 자연으로부터의 진화라는 말 그대로의 진화론적 관점을 따르는 것이라기보다는 사회적 관점과 진화론적 착상을 결합한 이론적 구성물로 보아야 한다. 그들의 인간 이해는 따라서 자연적인 진화론적 관점으로부터만 온전한 타당성을 주장할 수 있는 것이 아니며 그들은 그 보다 인간이 오히려 사회적 관계를 떠나지 못하고 따라서 어떻게든 타자와 관계를 맺을 수밖에 없음을 진술하고 있는 것으로 보아야 한다.

그렇다면 진화론적 관점을 수용하는 것은 홉스와 루소에서처럼 사회를 떠나 고립적 개인을 발굴하는 것이 아니라 우리가 이미 선행적으로 들어가 있는 사회적 관계를 인정하고 그것의 타당한 존재 방식을 제시하는 것이어야 할 것이다. 그리고 이때 상호주관성은 이러한 사회적 관계의 핵심으로서 어떻게 인간들 사이에 수용될 수 있을 것인지 설명되어야 할 것으로 보인다.[10] 이는 홉스와 루소의 경우가 보여주는 것처럼 고립적 개인이라는 특정한 인간 이해 방식 – 그것이 외면적이든 내면적이든 간에 – 으로 진화론적 고찰을 한정하는 것이 사실상 인간의 주어진 여건을 온전히 고려하지 못하게 함을 지시한다. 바로 이 문제를 해결하는데 있어 듀이의 진화론적 기획은 큰 도움이 될 것으로 보인다. 왜냐하면 듀이는 경험적인 고찰에서 출발하면서도 인간의 사회적 상호 작용이라는 현실적 사회관계를 시야에서 놓치지 않기 때문이다.

그런데 우리는 듀이가 상호주관적 관계를 경험적 연관으로부터 도출해 낼 수 있는 것으로 볼 수 있기 위해 그가 진화론의 핵심적 규정에 가하고 있는 변화를 놓치지 말아야 한다. 곧 듀이는 이제 진화론의 핵심을 단순히 자연에 우선성을 부여하는 경험적 고찰에서 찾지 않고 그 보다 오히려 진화론이 인간을 이해하는 데 있어서 특정한 형이상학을 더 이상 필요로 하지 않게 한다는 점에서 찾는다. 실제로 이러한 진화론의 새로운 규정 위에서 홉스와 루소의 기획은 오히려 그것의 진화론적 의미를 더욱 명료하게 확인받을 수 있는데 왜냐하면 그들의 진화론과 관련한 실질적 기여는 경험적인 고찰에 입각한 인간 이해의 확정 – 그것은 결국 고립적 인간 규정으로 귀결되었지만 – 에 있다기보다는 오히려 탈형이상학적 내지 탈종교적인 방식의 인간 이해의 수용에 있다고 볼 수 있기 때문이다.

듀이는 그의 이론 구성 내부로 그가 새로이 규정한 진화론에 관한 통찰을 깊숙이 받아들인다. 듀이는 실제로 진화론적 통찰을 통해 비로소 인간 이해의 탈형이상학적 단계에 진입할 수 있으며 동시에 그는 거꾸로 탈형이상학적 지평으로의 진입을 통해서 비로소 진화론적 통찰을 온전하게 수용할 수 있다고 본다. 다시 말해 그는 이러한 탈형이상학적 지평으로의 진입을 진화론을 온전하게 사유할 수

10) 이러한 발상의 전환과 관련을 가진 것으로 이라 후기 비트겐슈타인, 후기 후설 그리고 하이데거의 사상을 들 수 있는데 이와 관련해서는 다음을 참조하시오. Ch. Taylor, *Philosophical Arguments*, Harvard univ. Press, 1995, 61쪽 이하.

있는 전제조건이라고 본다. 사실 이 점에 있어서 듀이가 진화론적 사유를 새로운 단계로 진입시키고 있다는 평가가 가능해지는데 왜냐하면 듀이는 다른 이들과 달리 진화론을 무엇보다 이처럼 형이상학으로부터의 탈피라는 이론적 계기와 결합시키고 있기 때문이다. 다시 말해 진화론의 핵심은 그에 따르면 특정한 규정에 자신을 선행적으로 고정시키는 형이상학적 사유와의 결별에 있다.

듀이는 이와 같이 형이상학을 탈피한 말 그대로의 진화론적 관점을 통해서만 인간 존재의 고유한 모습이 온전히 드러날 수 있다고 본다. 그럼에도 듀이가 제시하는 인간의 고유한 모습은 사회적 관계 내지 상호작용 속에서 자기를 발견하는 자연적 존재이다. 이를 위해 그는 한편으로는 홉스와 루소의 진화론적 통찰의 선취를 인정하면서 그러나 다른 한편으로는 이를 이들과는 다른 이론적인 관점에서 새로운 방식으로 수용하려 하고 있는 것처럼 보인다. 이러한 점은 진화론과 관련한 듀이의 고찰에 고유성을 만들어 주고 있다고 할 수 있다.

Ⅲ. 진화론적 통찰을 통한 새로운 정치철학적 사유 지평의 개창

그렇다면 이제 듀이에게는 무엇보다 다음과 같은 두 가지 물음이 제기되어야 한다. 곧 듀이는 왜 진화론적 통찰의 핵심을 형이상학적 사유를 탈피하는 것에서 찾고 있는가? 또 이런 진화론적인 지평을 전제로 해서 그는 어떻게 인간들 간의 상호주관적 관계를 설명해 내는가? 먼저 두 번째 물음에 답하기 위해서는 그가 국가의 기원을 논하는 방식을 살펴볼 필요가 있다. 왜냐하면 듀이는 바로 국가의 성립을 어떤 형이상학적 전제로부터 도출하는 것이 아니라 오히려 그와 반대로 인간들 간의 사실적 행위로부터 – 아래로부터 – 구성되는 진화론적 고찰의 성과물로 보기 때문이다. 우리는 만약 그가 플라톤부터 헤겔에 이르기까지 가장 추상적인 – 물론 그와 동시에 가장 구체성을 가진 – 실체로서 간주되는 국가의 기원과 작동에 대해 이와 같이 모든 형이상학적 가정을 벗어난 진화론적 방식을 통해 설명해 낼 수 있다고 인정할 수 있게 되면 이로부터 그가 어떻게 사회적 관계를 위한 그의 진화론적 윤리학의 토대를 마련할 수 있는지 확인할 수 있게 될 것이다. 이 문제는 따라서 어쩌면 첫 번째 물음이 논의된 후에 더 적절하게 다루어질 수 있을 것이다.

그렇다면 우선 첫 번째 물음, 곧 그가 철학이 형이상학을 벗어나는데 있어서 다윈의 진화론이 끼친 가장 핵심적인 영향이 무엇이라고 보는지 살펴보자. 그가 주목하는 것은 바로 지식을 획득하는 방법 내지 방식과 관련된 다음과 같은 변화이다. 곧 지식 내지 학문에 적합한 대상과 기관 – 예를 들면, 의식 혹은 개넘체계 – 은 이제 더 이상 변화로부터 면제된 어떤 초월적이고 초자연적 방식으로 주어지는 것이 아니라는 것이다. 그 대상과 기관은 그에 따르면 단지 변화하는 개체들 서로 간의 상호작용으로부터만 곧 경험적인 연관으로부터만 발생하는 것으로 사유되어질 수 있다.11) 이로 인해 지금까지 학문이 그 대상으로서 추구해왔던 변화하지 않는, 초월적이고 이상적인 실체와 같은 것은 이제 더 이상 인정될 수가 없다. 탐구 기관과 그것의 대상은 그 대신 경험적 상호작용 연관 속에서만 그것의 기원을 가질 수 있다. 이것이 바로 듀이가 다윈의 진화론에서 추출한 핵심적 통찰이다. 이러한 통찰의 주된 이론적 계기는 바로 다윈의 전이(transition)의 원리로부터 주어진다. 듀이는 이 원리에 주목해서 이를 다윈에게서처럼 생명의 현상 영역에만 적용하는 것이 아니라 그것을 인식의 영역에로까지 확대함으로써 위와 같은 통찰을 만들어 낸다. 곧 그는 사유의 대상과 기관을 이러한 진화론적 통찰에 조응시킴으로써 이제 형이상학에 의해 보존되는 지식의 대상 혹은 그 대상을 파악하는 불변의 기관에 매이지 않는 탈형이상학적 사유 방식을 주장할 수 있게 된다.

듀이에 따르면 지금까지 이런 사유 지평의 개창을 막고 있던 것은 형이상학의 목적론적 사고였다. 듀이 자신에게도 이런 사고의 영향력은 작용하고 있었다. 왜냐하면 그 역시도 그의 청년기 시절 이런 사고에 경도되어 있었기 때문이다.12) 그러나 이런 사고방식은 그에게 이제 더 이상 그 타당성을 주장할 수 없는 것이 된다. 왜냐하면 형이상학의 목적론적 사고는 그에 따르면 진화론적 관점에서 볼 때는 입증되지 않는 세 가지 기본 가정에 의존하고 있기 때문이다. 곧 자연이 아무 것도 헛되이 행하지 않는다는 가정이 그 가운데 첫 번째 것인데 이는 아리스토텔레스의 형이상학에 의해 도입된 것이다.13) 그리고 두 번째 가정은 자연의 감각적 사건들 속에는 그것을 발생시키는 영혼의 인과적 힘이 작용하고 있다는 것인데 이 힘은 영혼에 속한 것으로 지각에 붙잡히지는 않지만 이성에 의해서는 포착될 수 있다는 이상주의적인 가정으로부터 마련된다. 세 번째 가정은 물질과 감각이 이러

11) J. Dewey, 이유선 옮김, 『철학의 재구성』, 아카넷, 2010, 95쪽 & 117쪽 이하 참조.

12) 듀이가 청년기 시절 아리스토텔레스와 헤겔의 목적론적 사고를 수용했었던 사실에 관해서는 다음을 참고하시오. R. B. Westbrook, *John Dewey and American Democracy*, Cornell Univ. Press, 1991, 13쪽 이하. 그가 형이상학적 사고를 비판하는 것에 대해서는 다음을 참고하시오. J. Dewey, 이유선 옮김, 『철학의 재구성』, 아카넷, 2010, 213쪽 이하. R. J. 번스타인은 듀이에게서의 전환점을 듀이가 1896년에 쓴 논문 'The Reflex Arc Concept in Psychology'으로 보고 있다. R. J. Bernstein, 정순복 옮김, 『존 듀이 철학 입문』, 예전사, 1995, 33쪽 참조. 이후의 듀이가 윤리학에서 형이상학적 목적론에서 탈피한 것에 관해서는 다음을 참조하시오. H. W. Stuart, Dewey's Ethical Theory, in P. A. Schilpp(ed.), *The Philosophy of John Dewey*, Northwestern University, 1939, 291쪽 이하.

13) 참조. Aristoteles, *Metaphysik*, übersetzt und eingeleitet von Thomas Alexander Szlezak, Akademie Verlag, Berlin, 2003.

한 이성적 원리의 실현 내지 표출에 종속되고 인간은 결국에 이것의 성취를 지각하는 것을 궁극적 목표로 삼아야 한다는 가정이다.[14] 듀이에 따르면 이러한 가정들에 입각해 형이상학적 목적론적 사고는 천 년 이상 동안 우리 인간의 사유를 지배해 왔다. 그러나 이러한 사유의 지배는 이제 무너질 수밖에 없다. 왜냐하면 지식에 있어서 유일하게 검증 가능하거나 쓸모 있는 대상은 어떤 구체적 상황으로부터 흘러나오는, 불변적일 수 없는 가변적 결과들과 또한 그것들이 창출하는 변화들로 이루어진 특정한 집합일 뿐이기 때문이다. 진화론적 관점에서 보았을 때 그러한 변화의 밖에 놓여 있는 것은 없으며 그것이 있다 해도 그것이 무엇인지 선행적으로 규정하는 것은 애당초 불가능하다는 것이다.

이것이 바로 듀이가 다윈의 진화론이 철학에 결정적으로 미친 영향으로 지목하는 것이다. 다윈에 따르면 생명체들의 상호 작용 속에서 전이를 통해 종이 발생하기 때문에 이제 그러한 상호 작용 밖에 존재하는 어떤 불변적 종과 같은 실체나 혹은 이에 선행적으로 규정을 가하는 원리를 상정하는 것은 그 어떤 타당성도 주장할 수 없다.[15] 듀이는 바로 이러한 구상을 더 급진화한다. 이는 듀이의 중요한 이론적 공헌인데 그는 이 구상을 이제 진화론 자체에도 적용해야 할 것으로 본다. 곧 그는 진화론이 진화라는 경험적 사실을 넘어서서 마치 진화가 생존을 목적으로 이미 자연에 내재한 인과적 힘을 좇아 진행하는 것처럼 규정하는 것 역시 또 하나의 형이상학적 가정에 매이는 것에 불과하다고 비판한다.[16] 이러한 급진화를 통해 듀이는 진화론까지도 포함하는 모든 형이상학적 사유로부터 벗어날 수 있는 탈형이상학적인 사유의 길을 마련한다.

듀이는 이러한 통찰을 위에서 언급한 – 두 번째 물음과 관련한 – 인간들이 역사적으로 국가를 구성하는 과정에도 그대로 적용한다. 곧 국가는 그가 보기에 선행하는 실체로서 존재하는 것이 아니라 사람들 간에 발생하는 실질적인 교류(transaction)로부터 기원하는 것이다. 이 교류를 넘어서 그 이상을, 곧 실체를 논하는 것은 불가능하다. 여기서 교류란 듀이가 상황(situation)에 대해 지시하는 개념으로서 선택한 것인데 이때 상황이란 듀이에 따르면 성공적으로 하나의 특징화된 전체를 형성할 수 있는, 상호작용들이 만들어 내는 구별 가능한 어떤 유형의 집합을 가리킨다.[17] 상황은 따라서 다양한 질들과 특성들이 구별 없이 통합되어 있는, 또한 여러 종류의 대상들이 얽혀 들어가 있는 어떤 현장적인 – 곧 실제로 벌어

14) J. Dewey, The Influence of Darwin on Philosophy, in 같은 저자, *The Influence of Darwin on Philosophy*, Peter Smith, New York, 1951, 1쪽 이하,
15) Ch. Darwin, 송철용 옮김, 『종의 기원』, 동서문화사, 2009, 146쪽 이하 참조,
16) 진화론 자체의 형이상학적 특성에 대한 듀이의 비판에 관해서는 다음을 참조하시오. T. Lewens, *Darwin*, Routledge, London and New York, 2007, 243쪽 이하.
17) J. Dewey, *Knowing and the Known,* Beacon Press, Boston, 1949, 69쪽 이하.

지는 – 사건의 구획을 가리킨다. 따라서 교류는 듀이에 따를 경우 어떤 선행하는 판단과 무관하게, 행위자들이 일차적으로 수용되어 들어가는 사태로부터 발생하는 일정한 시공간적 범위의 과정(process)을 가리키게 된다. 이렇게 되면 유기체와 외부환경 그리고 자아와 세계와 같은 일반적 개념 쌍은 이제 분리되어 있거나 혹은 분리할 수 있는 실체들 간의 관계를 가리키는 것이 아니라 그와 달리 분리되지 않은 채 서로 조직하고 그에 따라 어떤 구성을 이루면서 그 이후에 하나의 전체를 드러내는, 구성에 있어서의 질들과 특성들의 연관을 가리키는 개념 쌍들이 된다.[18)]

듀이는 이로부터 국가에 관해 그의 진화론과 관련한 통찰의 함축을 다음과 같이 이끌어 낸다. 곧 사람들 간의 교류는 그것을 근원적으로 규정하는 미래적인 목적 내지 근원적인 원인에 의해 불변적인 방식으로 조직되는 것이 아니라 – 이는 형이상학적 목적론적 사고를 전제하는데 – 오히려 그것의 목적 내지 원인이 사후적으로 비로소 그것으로부터 발견되거나 혹은 조직되어 나오는 근원적 상황으로서의 위상을 갖는다. 이로부터 형이상학에 의해 가장 뚜렷한 실체라고 가정되어 왔던 국가가 듀이에게 있어서는 경험적 교류로부터 사후적으로 발생하는 그리고 그 구성이 그 교류에 의해 지속적으로 영향을 받게 되는 현실적 집단으로서 하나의 산물처럼 고려될 수밖에 없게 된다.[19)] 곧 국가는 인간들 간의 교류가 인간들 서로에게 미치는 결과의 범위와 영향이 각기 다른 상황에서 오로지 필요에 따라 이러한 과정의 결과로서 만들어지는 것이다.

이를 좀 더 구체적으로 살펴보자. 듀이는 위에서 언급했듯이 우선 국가의 출발점을 인간들 간에 발생하는 상호작용에 의해 필연적으로 발생하는 교류로 설정한다. 그런데 이 교류는 듀이에 따르면 그 범위와 영향의 양상에 따라 두 가지로 구분할 수 있다. 우선 한편으로 직접적으로 연관된 사람들에게 그 결과가 미치는 교류와 다른 한편으로는 직접적으로 관계되지 않은 사람들에게까지도 그 결과가 미치는 교류가 그것이다. 듀이는 이 가운데서 전자를 사적인 것(the private)으로 후자를 공적인 것(the public)으로 명명한다.[20)] 이렇게 되면 일반적으로 정치철학에서

---

18) Th. M. Alexander, *John Dewey's Theory of Art, Experience & Nature*, State University of New York Press, 1987, 108쪽 이하 참조. R. J. Bernstein, 정순복 옮김, 『존 듀이 철학 입문』, 예전사, 1995, 127쪽 이하 참조.

19) 헤겔 역시 사후적으로 국가의 모습이 이성적인 자기 모습을 드러낸다고 주장하고 있지만 그에게서 국가는 이미 선행적으로 자기를 목적론적으로 지향하고 있다는 점에서 듀이의 고찰과는 근본적으로 궤를 달리한다. G. W. F. Hegel, 임석진 옮김, 『법철학』, 한길사, 2008, 47쪽 이하 참조.

20) J. Dewey, *The Public and Its Problems*, henry holt and company, 1927, 25쪽. 참조, 그리고 R. B. Westbrook, *John Dewey and American Democracy,* Cornell Univ. Press, 1991, 300쪽 이하. 그리고 A. Ryan, *John Dewey and the High Tide of American Liberalism*, W. W. Norton & Company, New York & London, 1995, 309쪽 이하. 또한

사용되는 국가와 민족 같은 개념들이 지시하는 실체는 이 구분 가운데서 단순히 공적인 것에 해당하는 교류에 속하는 것으로 그 같은 공적 교류로부터 산출되는 무엇인가로 파악된다. 따라서 듀이는 이를 전통적 이론에서처럼 ― 예를 들어, 형이상학적 목적론에서처럼 ― 마치 실체인 것처럼 가설화하는 것을 필요로 하지 않게 되는데 왜냐하면 이렇게 될 경우 그러한 실체는 현실과 괴리된 개념적 허구로 전락하고 말게 되기 때문이다. 다시 말해 듀이에 따르면 가장 근원적인 실체라고 여겨져 왔던 국가 역시 진화론적 관점에서는 그 실체성을 박탈당하게 되지 않을 수 없다. 왜냐하면 국가는 단지 경험적인 상호주관적 연관으로부터 사후적으로 그 발생을 확보할 수 있는 것일 뿐이기 때문이다.

이렇게 되면 이제 공적인 것은 새로운 특성을 부여받아야 하는데 왜냐하면 공적인 영역은 특정한 목적에 결부되어 있는 국가라는 실체로부터 규범적인 방식으로 규정되는 것이 아니라 구성원들 간의 자유로운 교류의 관점에서 비로소 구획될 수 있는 것이기 때문이다. 따라서 단순히 고립적이고 사적인 영역으로서의 개인적인 것과 실체로서의 사회적인 것을 마치 양 극단이 되는 것처럼 대립시키는 개념 구도는 더 이상 현실적 사태를 반영하지 못한다. 듀이에 따를 경우 아무리 사적인 행위라 할지라도 그것은 다른 사람들에게 영향을 미친다는 점에서 이미 사회적인 것이기 때문이다.[21] 따라서 개인적인 행위가 오로지 자신에게만 관련되는 고립적인 것이라 주장하게 되면 그것은 이미 행위로서의 지위를 상실하게 된다. 다시 말해 사적인 행위는 사회적 행위이지만 직접적 관련 집단에게만 한정되는 행위를 지시할 뿐 그와 달리 타자에게 아무런 영향을 미치지 않는 행위라는 것은 현실 속에서 불가능하기 때문이다. 듀이에 따르면 모든 사적인 행위는 이미 그 자체로 사회적 행위인 것이다. 듀이는 이와 같이 인간들 간의 결합에 관해 일차적으로 자연적 유래를 지적하면서도 동시에 다른 한편으로는 모든 인간의 행위가 이미 사회적이라는 것을 통찰해 낸다. 이러한 방식으로 듀이는 이제 사적 영역과 공적 영역의 구분을 재설정하고 기존의 고립적 개인의 행위 대 실체로서의 사회라는 구도를 넘어선다.

듀이 당대의 듀이의 사회철학에 대한 탁월한 연구로는 다음을 참조하시오. G. R. Geiger, Dewey's social and political philosophy, in P. A. Schilpp(ed.), *The Philosophy of John Dewey*, Northwestern University, 1939, 337쪽 이하. 그리고 근대의 지평에서 사적인 것과 공적인 것의 구분이 발생해 나온 맥락과 이 구분이 근대 국가의 성립과 관련해 수행한 역할에 대해서는 다음을 참조하시오. Ch. Taylor, 이상길 옮김, 『근대의 사회적 상상』, 이음, 2010, 157쪽 이하.

21) J. Dewey, *The Public and Its Problems*, henry holt and company, 1927, 34쪽 참조. 그리고 Th. M. Alexander, *John Dewey's Theory of Art, Experience & Nature*, State University of New York Press, 1987, 119쪽 이하 참조.

Ⅳ. 공적 상호주관성의 원천으로서의 사회협력 구조

이러한 구상을 통해 우리는 듀이가 이미 상당한 정도로 구성원들 간의 상호주관적 결합에 필요한 이론적 토대를 마련하였음을 알 수 있다. 그런데 이제 듀이의 정치철학에는 특기할 만 한 사태가 발생한다. 그것은 위에서 기술한 바와 같이 공적인 행위가 목적론적 관점에서 규정되는 것이 아니라 단지 그 영향과 결과가 미치는 범위와 양상에 의해 결정된다는 점에서 비롯되는 것으로, 곧 공적인 행위는 언제나 사회적으로 가치 있는 것만을 의미하지 않는다는 것이다. 그것은 교류가 일으킨 결과가 다른 사회 구성원들과 직접적인 관계를 형성하지 않는다는 점에서 공적이라는 평가를 받을 뿐이지 그것이 근거하는 가치의 내용과 선의 종류에 의해서 그런 것은 아니라는 점이다.

듀이는 이러한 중립적인 규정을 토대로 공적인 것의 경계 변화를 추적할 수 있는 차원을 열어 둔다. 곧 그는 구성원들 사이의 교류가 어떤 경로를 거쳐 공적인 것으로 전환되어 갔는지 그리고 그 때 공적인 것을 구성하는 문제들은 어떤 것이며 또 그 문제와 결부된 가치들은 어떤 내용과 관련되는지 등을 역사적인 관점에서 고찰할 수 있게 한다. 그리고 그는 이런 가치들에 관한 논의를 수행하는 공중을 사실적으로 확인할 수 있게 한다.[22] 듀이는 이와 같이 확인될 수 있는 공중과 더불어 다른 한 편에서 이런 공중으로부터 공적인 문제의 해결을 위임받는 정부가 구성되게 되면 이제 이로부터 국가가 구성된 것이라는 결론을 이끌어낸다.[23] 듀이는 이러한 구상을 통해 형이상학적 교설에 입각한 기존의 국가 이론을 대체할 수 있는 새로운 진화이론적 국가 개념을 마련한다. 곧 이제 국가는 실체로서의 목적이나 그것에 부여되는 존재론적 위상을 통해 마련되는 것이 아니라 공적인 논의 영역을 구성하는 공중과 그것의 결정을 집행할 정부로부터 사실적인 연관에서 성립하는 것이다.[24] 국가의 위상과 존립 근거는 이제 공중을 통해, 곧 그들의 실질적인 참여와 승인을 통해 마련된다.

따라서 국가는 이제 실체론적으로 내지 존재론적으로 정의되는 것이 아니라 사회적 맥락에서 그 구성을 달리하는 사회적 집단으로 정의된다. 그리고 국가의 기구들도 이념적 질서에 따라 연역적인 방식으로 도출되는 것이 아니라 공중의 형성과 더불어 그리고 그들의 구체적 요구에 따라 비로소 모습을 갖춰가는 것으로 파악된다. 이 과정에서 공동체가 추구해야 할 이념이 있다면 그것은 그 과정 내부로부터 산출되는 것으로서 고찰된다. 다시 말해 이념은 공중이 스스로를 조직하면

---

22) 이는 하버마스가 한 공론장에 관한 연구와 유사하지만 그러나 이를 앞서가고 있다. 참조, J. Habermas, 한승완 옮김, 『공론장의 구조변동』, 나남, 2001.

23) J. Dewey, *The Public and Its Problems*, henry holt and company, 1927, 25쪽 이하 참조.

24) J. Dewey, *The Public and Its Problems*, 32쪽 이하 참조.

서 이를 통치자 내지 정부 기구들과 매개하는 과정에서 비로소 창출하는 그들 스스로가 추구하는 가치의 집적이다. 따라서 이념은 공적인 영역의 발전과 존속을 위해 구성원들이 공동으로 추구하는 하나의 실천 기획으로부터 주어지는 것이 된다. 종합적으로 고찰하면 국가는 이제 공중이 공적인 서로 간의 교류를 어떻게 조직하는가에 따라 그 질적 상태가 달라지는, 구성원들에 의해 추구되는 이념을 지향하는 경험적 집합체가 된다.

그렇다면 이제 국가의 가치는 실재론적인 방식이 아니라 그것의 구성상의 질에 의해 평가되어야 한다. 여기서 구성상의 질이란 위에서 언급된 바와 같이 그것이 얼마나 억압되지 않은, 교류에 있어서의 상호주관성을 보장하는가를 지시한다. 다시 말해 정치공동체의 성공적 형성은 공적으로 제기된 문제들이 구성원들의 요구와 어느 정도로 연계되어 분절되고 또 그 연계 속에서 일관되게 그 해결책이 모색되고 있는지에 따라 평가된다. 듀이는 이와 같이 국가의 구성과 그것의 작동의 질적 차이에 대한 규범적 실마리를 사회적 협력이라는 공동체의 사실로부터 이끌어내게 된다.[25] 곧 듀이는 개별자들이 항상 이미 타자와의 협력적 상황에 연루됨으로부터 정치공동체가 구조화되어 나온다는 것과 이러한 관계 망의 자유로운 분절이라는 당위를 공동체의 윤리적 특질에 대한 평가와 연결시킨다.[26] 이러한 구상은 정치철학적 논의에 새로운 전망을 열어줄 수 있을 것으로 보인다. 왜냐하면 국가 내지 정치공동체는 이제 더 이상 하나의 완결된 단위로 간주되지 않으면서 그렇다고 단순히 가상적인 개념으로 전락하지도 않으면서 그 구성에 있어서 성공과 실패가 논의될 수 있는 대상이 되기 때문이다. 다시 말해 듀이는 국가가 이미 주어져 있고 또한 자기를 역사 과정에서 드러내는 실체로서 혹은 이미 언제나 존재론적으로 구성원들의 선한 삶을 위해 주어져야만 하는 기저로서가 아니라 서로 관계 맺을 수밖에 없는 인간들이 그들 간에 형성되는 사실적 교류에 기초해 형성하는 개방된 집합체로서 파악한다.

이제 국가는 단순히 경험적 차원에서 개인들의 산술적 집합체로 전락하지 않으면서 또한 인식적 차원에서도 공공성을 확인할 수 있는 가능성을 가지게 된다. 이

---

25) 이 부분에 대한 최근의 이론적 조명에 대해서는 A. Honneth, 「반성적 협동으로서의 민주주의」, in 같은 저자, 문성훈외 옮김, 『정의의 타자』, 나남, 2009, 339쪽 이하를 참조하시오. 호네트는 이러한 자신의 이론적 통찰의 실마리를 다음의 글들에서도 발견할 수 있다고 언급한다. R. B. Westbrook, *John Dewey and American Democracy*, Cornell Univ. Press, 1991. 그리고 A. Ryan, *John Dewey and the High Tide of American Liberalism*, W. W. Norton & Company, New York & London, 1995.

26) J. Dewey, *Individualism Old and New,* Minton, Balch & Company, New York, 1930, 74쪽 이하 참조. 그리고 J. Dewey, 이유선 옮김, 『철학의 재구성』, 아카넷, 2010, 217쪽 이하 참조. 자아의 사회적 구성에 관해서는 다음의 글이 도움이 된다. A. Honneth, Facetten des vorsozkalen Selbst, in 같은 저자, *Das Ich im Wir*, Suhrkamp, Frankfurt a. M., 2010, 280쪽 이하.

공공성은 개별자들이 서로 간의 관계에 대한 인식에 있어서 그 인식의 준거점이 되는 공동의 가치에 의존할 수밖에 없기 때문에 주어지는데 이러한 공동의 가치 – 예를 들면 언어, 공유된 역사, 문화 등등 – 는 이미 그 자체로 개별자들 서로의 행위를 공동의 행위로 묶어내는 매개가 되어 그들 스스로를 공동체로서 인식할 수 있게 한다. 개별자들은 이러한 가치를 통해서 그들 간의 교류를 공동적인 것으로 간주할 수 있게 됨과 아울러 바로 이 가치를 분절하는 가운데 성공적인 사회적 협력에로 자신들의 행위를 조율하는 수준에 올라서게 된다.[27] 이제 개별자들은 이러한 성공적 협력 속에서 비로소 자신들의 행위가 어떤 위상을 부여받을 수 있는지 사유할 수 있게 되며 이런 가치 매개적인 협력을 통해 그리고 이를 기반으로 한 비판을 통해 자신의 행위에 사회적으로 부여되어야 하는 인정을 요구할 수 있게 된다.[28] 이렇게 되면 그들의 정체성 역시 이러한 방식으로 형성되고 분절되어짐을 서로 확인하게 된다.

이런 이유로 개별자들은 공동의 협력적 관계의 보존과 분절에 적극적 관심을 가지지 않을 수 없다. 그들은 그들 내지 그들이 속한 집단이 정치공동체 안에서 수행한 행위가 타자로부터의 인정을 얻지 못하게 될 경우 그 상황은 그들의 삶에 부여되어야 하는 가치가 공동체의 맥락에서 거부되는 것으로 지각할 수밖에 없기 때문이다. 이때 개별자들은 두 가지 차원에서 인정을 요구하게 될 것이다. 하나는 그들의 행위가 사회적 협력 속에서 식별가능하게 하는 가치에 대한 인정이고, 다른 하나는 그러한 가치를 전제로 그들의 행위에 부여될 인정이 그것이다. 이러한 인정 요구의 사태가 발생하게 되는 것은 앞서도 언급했듯이 개별자들을 상호협력이라는 사회적 사실로부터 떼어낼 수 없기 때문이다. 어쨌든 결국 이렇게 사회적 협력을 바탕으로 창출된 정치 공동체는 궁극적으로 그것의 구체적 모습을 유동적이고 가변적인 것으로서 형성해내게 된다. 이는 국가를 구성하는 다양한 하부 공동체를 가능하게 하는 사회적 협력이 어떤 가치를 통해 실현되는가에 따라 그 협력의 양상이 달라지기 때문인데[29] 어쨌든 이러한 가변성이 구성원들 간의 논의와 연계될 경우 국가 내지 정치공동체의 상호주관성의 영역은 좀 더 역동적인 모습을 띠게 되고 이를 통해 사회적 비판의 실행이 가능해 진다.

---

27) 듀이에게 있어서 가치의 문제에 관해서는 다음을 참조하시오. J. Dewey, *The Quest for Certainty*, New York, 1929, 254쪽 이하, 그리고 가치와 사실의 문제에 관해서는 다음을 참조하시오. J. Welchman, *Dewey's Ethical Thought*, Cornell Univ. Press, Ithaca and London, 1995, 188쪽 이하.

28) 이 점에 있어서 듀이는 월저의 공동체주의를 선취하고 있는 것으로 볼 수 있다. 월저에 관해서는 다음을 참조하시오. M. Walzer, 정원섭외 옮김, 『정의와 다원적 평등』, 철학과 현실사, 1999, 385쪽 이하.

29) 듀이에게 있어서 공동체의 유형에 관한 설명에 대해서는 다음을 참조하시오. J. Welchman, *Dewey's Ethical Thought*, Cornell Univ. Press, Ithaca and London, 1995, 196쪽 이하.

V. 민주주의를 위한 듀이의 공론장 기획

이러한 점에서 우리는 공론장의 지형이 듀이에게서는 아주 새로운 방식으로 구성될 수 있음을 알 수 있게 된다. 이것은 듀이의 진화론적 윤리학의 통찰이 제공하는 가장 구체적인 실천 기획이 될 것이다. 공론장과 관련해서는 우선적으로 하버마스의 공론장 개념을 참조하는 것이 도움이 될 것인데[30] 우리는 그의 공론장 개념을 듀이의 공론장 개념의 비교 대상으로 삼아 듀이의 공론장 개념의 특징 − 윤리적 차원의 강조 − 을 구체적으로 포착할 수 있게 될 것이다.

하버마스는 잘 알려진 것처럼 공론장을 하나의 이념형으로 제시한다.[31] 곧 그는 역사적이고 구체적인 사실들로부터 그 사실들이 하나의 구성물로 성립하게 하는 공통된 특성을 포착해 내는 방식으로 공론장 문제에 접근한다. 이때 그는 이 작업이 단순한 이상화가 되지 않도록 이 공론장에 작동하는 실제적 역학을 추적하고 그 구조의 변화 양상을 드러내고자 한다. 이를 통해 그는 그가 그의 책의 신판 서문에서도 밝힌 바 있듯이 공론장이 단수로 존재하지도 불변하는 형태로 존재하지도 않는다는 것을 밝혀내 지적한다.[32] 이와 동시에 그는 공론장이 앞으로 어떻게 변화해 갈 것인가를 규범적 관점에서 예측하는 전망도 제시한다. 그에 따르면 공론장의 구조변동을 야기하는 것은 그것이 생성되는 사회의 계급 구성과 성별 차등 여부 그리고 문화적 정체성의 향배 등이며, 그 변동을 지도하는 규범적 지향은 포용과 평등의 원리이다.[33]

이와 같은 하버마스의 공론장 개념은 공론장이 배제의 기제에 의해 지배되는 것으로 보는 푸코의 그것과는 사뭇 다른 시각에 기초하고 있다.[34] 이런 점에서 그의 공론장 이론은 민주주의의 현실적 실현에 중요한 의미를 가질 수 있다. 곧 그는 공론장이 더 많은 목소리를 수용하는 포용의 원리와 또한 다른 한편으로 그 목소리에 점증하는 등가성의 인정을 지도하는 평등의 원리에 의거해 주조되는 것으로 고찰함으로써 공론장 개념을 푸코가 기술하듯이 그 내부와 외부로 갈라지고 그 둘을 포괄하는 공통 언어는 결코 존재할 수 없는 그런 문화적 억압체가 아니라는 것을 주장한다.[35] 다시 말해 하버마스는 의사소통 내지 논의들이 그 특성상

30) 공론장 개념에 대해서는 이외에도 Ch. 테일러의 설명이 그 이해에 큰 도움이 된다. Ch. Taylor, 이상길 옮김, 『근대의 사회적 상상』, 이음, 2010, 131쪽 이하.

31) J. Habermas, 한승완 옮김, 『공론장의 구조 변동』, 나남, 2001, 15쪽.

32) 위의 책, 18쪽 이하 참조.

33) 위의 책, 25쪽 이하 참조.

34) 푸코의 담론 개념에 관해서는 다음을 참조하시오. M. Foucault, 이정우 옮김, 『담론의 질서』, 서강대 출판부, 1998.

35) 푸코의 담론 개념에 대한 하버마스의 비판은 다음을 참조하시오. J. Habermas, 한승완 옮김, 『공론장의 구조 변동』, 나남, 2001, 23쪽 이하. 그리고 J. Habermas,

전제할 수밖에 없는 보편주의적 원리를 신뢰한다. 이를 통해 공론장은 항상 그 내부로부터 규범적 관점에 의해 지도될 수 있는 변형 가능한 개방적 의사소통 내지 논의들의 연관을 열어줄 수 있음이 강조된다. 따라서 공론장은 결코 비판으로부터 면제되지 않고 오히려 그 비판에 의한 변형의 가능성을 열어 놓게 된다. 결국 그것은 더 넓은 포용과 평등을 실현할 수 있는 실질적 참여의 장이 된다. 하버마스가 이러한 변형의 전형적인 예로 든 것은 근대 페미니즘적 논의가 공론장에 개입해 그 공론장을 내부로부터 변화시킨 구조변동이다.[36] 우리는 이러한 하버마스의 공론장 논의가 무시할 수 없는 정도의 상당한 직관적 통찰을 체화하고 있다는 점을 인정하지 않을 수 없다.

그러나 이러한 공론장 개념은 듀이의 공론장의 관점에서 볼 때 형식적이라는 비판을 면하기 어렵다. 왜냐하면 하버마스의 이론에서 공론장의 구조 변동을 규범적으로 재단하는 기준은 개방성과 보편주의이기 때문이다. 즉 이때의 구조 변동은 사회적 공동체의 윤리적 이상 혹은 공동체 내부의 사회적 관계에 의해서가 아니라 개방성과 논의의 보편주의라는 형식적 원리에 의해 지도된다. 여기서 개방성을 구조 변동의 간접적 원인이라고 설정하면 보편화 가능성은 그것의 직접적 기준이 된다. 그런데 이 때 보편화 가능성은 이미 그것 자체가 암시하고 있듯이 공동체 내부의 사회적 관계의 변화에 대한 형식적 검증에 관계한다. 즉 사회적 관계의 평가는 모든 구성원들이 이의제기를 통해 반박할 수 있는 가능성이 없어야 한다는 조건을 충족시키는 소극적 평가에 한정된다. 공론장은 사회적 연대를 구현하는 말 그대로의 사회적 연대의 장이 아니라 논의의 공개성을 바탕으로 그 논의가 보편주의 원칙, 즉 참여한 모든 이들의 동의 가능성을 충족시키고 있는가 하는 원칙에 의해 규정되는 형식적인 논의의 차원에 그친다. 따라서 이러한 공론장을 통해 창출되는 공통의 의지는 듀이가 강조한 가치에 대한 새로운 연대의 관계를 지향하는 의지이기 보다는 갈등의 해소를 공정하게 중재하려는 의지가 된다.

물론 이러한 의지는 사회를 단순히 개별자들의 집단으로 해체시키지 않는 공동체의 존속을 위한 보호막이 될 수 있다. 왜냐하면 개별자들은 공론장이라는 공동의 규범적 구속력을 견지하는 관계 망 속에서 서로 연결되어 있어서 이러한 연결을 끊고 고립화할 수는 없기 때문이다. 그러한 고립은 병리적 현상으로 간주되어 즉각적인 사회적 성찰의 대상이 될 것이다. 따라서 누구든지 자신의 문제를 이 관계 망 속에서 해결하도록 훈련되어야 하고 또 자신의 정체성 역시 이를 근간으로 형성할 수 있도록 사회적인 차원으로 고양되어야 한다. 이런 점에서 공론장은 개별자들을 공통의 의지를 형성하는데 참여할 수밖에 없도록 만드는 자극과 격려를

Philosophische Diskurs der Moderne, Suhrkamp, Frankfurt a. M., 279쪽 이하.

36) J. Habermas, 한승완 옮김, 『공론장의 구조 변동』, 나남, 2001, 23쪽 이하.

제공할 뿐 아니라 동시에 규범적 구속력을 행사하기도 하는 준거가 될 수가 있다. 이는 자유주의적 논의를 더 개방적이고 더 내용적으로 확대하는 조치가 될 것이다.[37] 그러나 이 공론장은 사회를 지탱하고 구성원들 간의 충분한 공동의 유대가 형성되도록 그렇게 구성적으로 기능하지는 못한다는 문제점을 내포한다.[38] 왜냐하면 이러한 유대는 가치를 매개로 형성되기 때문이다.

바로 이러한 공동의 윤리적 - 가치 매개적 - 유대의 문제를 듀이는 상호주관성의 형성에 결정적인 것으로서 고려할 수 있다. 그에 따를 경우 우리는 개방성과 보편주의에 입각한 공론장이 충분하지 못할 것으로 판단할 수 있다. 왜냐하면 이러한 장에서는 사회적 관계들 자체, 곧 다양한 가치에 의해 매개된 관계들이 공동의 의지와 관련해서 충분할 정도로, 곧 공동성의 형성을 좌우할 수 있는 정도로 존중되지 못하기 때문이다. 듀이에게서 예상될 수 있는 이러한 지적은 절차주의에 대한 공동체주의의 비판과 맥을 같이 하는 것이기도 하다.[39] 즉 사회의 공동체적 연대의 관계를 보편화가능성이라는 원칙만으로 유지하는 것은 이러한 관계를 형식적 차원에 한정할 뿐 공동체적 정체성을 간과하는 것이기 때문이다. 공론장은 이러한 보편화가능성에 의해 주도되기 보다는 다양한 하부 공동체들 간의 사회적 연대를 구현할 수 있는 가치들과 그에 따른 이상들이 제안되고 논의되는 장이 되어야 한다. 이렇게 되어야만 개별 시민들은 단순히 공동체의 논의 절차에 참여할 수 있는 참여권을 넘어서 그들이 추구하는 이상에 - 그리고 그것과 결합되어 있는 그들의 인격성에 - 대한 공동의 인정을 확보할 수 있는 희망을 가질 수 있게 된다. 이럴 경우에만 시민들은 공동체의 존립과 그것의 생동적 발현에 요구되는 인격성을 적극적으로 배양할 수 있게 된다. 이것은 공론장에 정치적인 것을 본격적으로 도입하는 것과 맞물린다.[40] 다시 말해 공론장에서는 이제 윤리적 이상도

---

37) 이와 같은 공론장 개념을 발전시킨 논의에 관해서는 다음을 참조하시오. L. Wingert und K. Günther(ed.), *Die Öffentlichkeit der Vernunft und die Vernunft der Öffentlichkeit. Festschrift für J. Habermas*, Suhrkamp, Frankfurt a. M., 2001.

38) 이는 합리성의 오류로 명명될 수 있는데 이와 관련해서는 다음을 참조하시오. J. M. Bernstein, *Recovering Ethical Life. J. Habermas and the future of Critical Theory*, Routledge, London and New York, 1995, 154쪽 이하.

39) 듀이와 공동체주의의 관계에 대해서는 다음을 참조하시오. J. Welchman, *Dewey's Ethical Thought*, Cornell Univ. Press, Ithaca and London, 1995, 186쪽 이하.

40) 정치적인 것의 중요성은 최근에 상탈 무페 같은 급진적 민주주의론자들에 의해 강조되고 있다. 이들은 칼 슈미트의 논의에 기대 이 개념을 고안해 낸다. 이에 대해서는 다음을 참조하시오. 상탈 무페, 이보경 옮김, 『정치적인 것의 귀환』, 후마니타스, 2007, 185쪽 이하. 그들은 물론 칼 슈미트의 전체주의적 특성을 비판하지만 그와 같이 보편주의적 원칙을 희생할 수 있다고 본다는 점에서는 급진성을 띤다. 그러나 이들이 보편주의 원칙을 희생하면서 민주주의에 급진성을 마련하는 것이 바람직한 것인지에 대해서는 논란의 여지가 있다. 이에 대해서는 하버마스의 공론장 개념이 오히려 민주주의의 안전판과 같은 역할을 할 수 있을 것으로 볼 수 있지 않을까 생각

논의될 수 있어야 한다.[41] 이를 통해 공론장은 비로소 공동체의 상호주관성을 확립하고 재생산하는 기제가 될 수 있기 때문이다.

이렇게 공론장을 질적으로 변화시켜나가는 사회적 힘을 듀이는 사회가 항상 협동적 방식으로 구성원들의 힘을 투여하게끔 만드는 공동의 목표와 이에 부합하는 이익지향을 가진 하부 공동체들의 형성에서 끌어낸다.[42] 이때 사회는 비로소 이미 언제나 작동하고 있는 구성원들 간의 협동을 전면에 끌어낼 수 있다. 정치공동체는 앞에서도 살펴 본 바와 같이 이미 특정한 가치를 통해서만 구성원들의 다양한 관계를 하나의 공동의 기획으로 인식해 낼 수 있는 집단이기 때문이다. 곧 협동은 사회 속에 존재하는 다양한 결사체들과 이것들의 관계로부터 언제나 관심의 초점이 될 수 있으며 문제는 단지 이러한 협동적 관계가 어떻게 더 그 관계의 원리인 협력적 헌신이 실현되게끔 이를 전체 공동체 차원에서 배치할 것인가 하는 것이기 때문이다. 하버마스처럼 참여권의 보장을 통해 개별자들을 사회적 행위의 중심에 두게 되면 이와 같은 협동적 관계는 우연적인 형식적 준거점에 따라 재단되고 시야에서 사라질 수도 있게 된다. 다시 말해 하버마스의 공론장의 경우에서는 정치공동체가 논의해야 할 가치를 매개로한 윤리적 지향의 문제가 개별자의 차원의 전면화로 인해 형식화되어 실질적 관심을 받지 못하게 될 수 있다는 것이다. 듀이는 교류라는 개념으로부터 이미 이러한 개별화로 인한 위험성을 극복할 수 있는 사회적 협력이라는 근원적 사태를 마련하고 있다.

물론 하버마스의 공론장 개념은 폐기되어야 할 것으로 요구되는 것이 아니라 보완되도록 요구받는 것이다. 그의 공론장 개념이 폐기되어서는 안 되는 이유는 그것이 보편주의적 검증을 가능하게 하는 유용한 장치로 작동할 수 있기 때문이다. 이러한 장치가 없다면 공론장은 윤리적 규정의 일방성 때문에 자기 파괴적인 이해에 도달할 수도 있다. 그러나 다른 한편으로 그의 공론장 개념은 보완을 필요로 하는데 왜냐하면 윤리적 이상 역시 논의될 수 있는 공론장은 단순한 개방성으로 보장될 수 있는 것이 아니기 때문이다. 가치와 관련한 윤리적 지향에서 소수자로 규정된 이들은 그들의 윤리적 정체성을 여러 가지 위협으로부터 지켜낼 수 있

된다. 이러한 문제점의 비판에 대해서는 다음을 참조하시오. J. 하버마스, 「신판 서문」, 『공론장의 구조 변동』, 13쪽 이하. 그리고 A. 호네트, 「정의의 타자」, in 같은 저자, 『정의의 타자』, 169쪽 이하.

41) 하버마스의 공론장을 윤리적 차원으로 확대해야 한다는 비판에 대해서는 다음을 참조하시오. J. M. Bernstein, *Recovering Ethical Life. J. Habermas and the future of Critical Theory*, Routledge, London and New York, 1995, 136쪽 이하.

42) 참조, A. 호네트, 『정의의 타자』, 348쪽. 그리고 J. Dewey, Ethics of Democracy, in 같은 저자, *The Early Works, 1882-1898*, London and Amsterdam, 1969, 240쪽 이하. 물론 듀이의 이 책에서는 듀이가 아직 사회의 유기체 이론(organism theory)에 머물고 있다는 한계를 보인다. 그러나 그럼에도 사회에 대한 공동체로서의 그의 구상은 이 유기체 이론을 포기한 후기에까지 이어진다는 점에서 참조가 될 만 있다.

기 위해 비대칭적인 지원 곧 배려를 필요로 하는 빈번한 상황에 처할 수밖에 없다. 이는 각 구성원들의 자기실현의 자유를 보장하는 것과 관련된다. 그리고 이는 그들이 속한 집단이 집단으로서의 정체성을 승인받을 수 있는 권리를 보장받는 문제로 이어진다. 그들이 집단적 정체성을 가질 수 있고 또한 그런 집단으로서의 자격을 공론장에서 실제적으로 유지할 수 있기 위해서는 그들에게 때로는 형식적 보편주의를 넘어서는 윤리적 성격의 비대칭적인 인정이 부여될 수 있어야 한다. 이러한 관점에서 그들을 개별자로서만 규정하면서 그들의 집단적 정체성을 방임하는 한편 단순한 개방성으로 밀어 넣는 하버마스의 민주주의 이론은 이들이 그들의 가치매개적인 윤리적 이상을 견지할 수 없는 원심적인 상황에 빠지게 하는 결과를 초래할 수 있다.[43] 이는 공동체의 상호주관성의 형식화를 의미한다.

Ⅵ. 나가는 말

우리는 이상에서 듀이가 진화론을 통해 어떻게 형이상학의 도움을 받지 않고 사회적 협력이라는 사태로부터 출발해서 정치공동체를 구상하고 공론장을 기획할 수 있었는지 살펴보았다. 그의 이론은 이제 기존의 대안으로 여겨지던 여러 이론들, 특히 공화주의와 절차주의가 한계를 드러내는 상황에서 이것들과는 다른 새로운 정치철학적 통찰을 제공할 수 있을 것으로 보인다.[44] 그의 이론은 물론 크게 보아 현재의 지형에서 자유주의보다는 공동체주의에 더 가까이 있는 것으로 분류될 수 있다. 그러나 만약 공동체주의가 공화주의적 관점으로 이해될 경우 그의 이론은 이로부터 발생하는 문제점을 극복할 수 있는 대안으로 자리매김 될 수 있을 것이다. 왜냐하면 공동체에 대한 공화주의적 이해에서는 시민들 사이에 공동체의 정체성에 대한 이해가 엇갈릴 경우 공적 사안들을 조정할 수 있는 전체 정치공동체 차원의 정치가 독립적인 위상을 가질 수 없기 때문이다. 그의 사회적 상호협력이라는, 목적론에서 풀려난 현실적 사회 기반에 대한 관심은 공론장이 협의한 정책들을 공동체 전체의 차원에서 규범적으로 평가할 논의를 가능하게 한다. 이때 그의 이론은 평등주의적 기본권의 점진적 확대라는 민주주의적 원리를

43) J. M. Bernstein, *Recovering Ethical Life. J. Habermas and the future of Critical Theory*, Routledge, London and New York, 1995, 54쪽 이하 참조.

44) 이러한 상황과 관련해서 호네트의 글은 많은 도움이 된다. A. Honneth, 「반성적 협동으로서의 민주주의」, in 같은 저자, 문성훈외 옮김, 『정의의 타자』, 나남, 2009, 339쪽 이하. 그리고 하버마스의 자유주의와 공화주의에 대한 대비 역시 공론장에 대한 이해를 위해 큰 도움이 된다. J. Habermas, 한상진외 옮김, 『사실성과 타당성』, 나남, 2000, 351쪽 이하. 양자에 대한 비판으로서의 듀이 철학에 관해서는 다음을 참조하시오. R. J. Bernstein, 정순복 옮김, 『존 듀이 철학 입문』, 예전사, 1995, 13쪽 이하.

포용할 수 있게 된다.

이에 반해 현 지형에서 유력한 이론적 대안인 절차주의의 경우에는 하버마스의 공론장 논의에서 보여 지는 바와 같이 기본권이 보편적으로 보장될 수 있게 되는 반면 시민들 사이의 연대적 관계가 형식주의적인 관점에 재단되어 위축될 가능성을 발생하게 한다. 이는 정치공동체가 다양한 연대적 요구에 충분히 대응할 수 없게 하는 문제점을 야기한다. 사회는 이렇게 될 경우 공동체로서의 자기 이해를 잃어버리고 단순히 기능적 결합체보다 약간 더 나은, 다시 말해 공론장의 중요성에 대한 공유된 의식을 중심으로만 형성될 가능성이 높아진다. 그러나 듀이는 구성원들 간의 교류라는 자연적 행위에서 추출한 사회적 협력을 우선시하고 있기 때문에 공론장에로의 평등한 참여에만 연대적 관심을 국한시키지 않는다. 듀이의 정치공동체에 대한 이해에는 사회적 협력을 위한 관심이 차지할 자리가 여전히 남아 있다는 것이다. 이러한 고찰들로 미루어 볼 때 그의 정치철학은 상호협력이라는 일차적 사태를 통해 기존의 이론들의 한계를 극복하는 이론으로 그 대안 가능성을 조명 받을 수 있게 한다. 다시 말해 그의 이론은 절차주의적 이론을 극복하는 차원에서 사회구성원들의 협동적 상호협력을 의사소통보다 우선시할 수 있게 한다는 것이다.

따라서 듀이의 진화론적 통찰과 이에 따른 이론 구상은 형이상학을 탈피해 상호주관성을 근간으로 한 새로운 윤리학과 정치철학의 가능성을 모색하는 상황에서 주요한 이론적 전기를 마련해 주고 있다고 할 수 있다. 이 점에서 그의 이론은 여전히 지금도 현재성을 가진 것으로 평가될 수 있다.

참고 문헌

김태길, 『존 듀이의 사회철학』, 태양문화사, 1979.

남경희, 『플라톤. 서양철학의 기원과 토대』, 아카넷, 2006.

이주한, 『존 듀이의 사회개혁론』, 문음사, 2003.

Anderson, C. W., *Pragmatic Liberalism.* Chicago: University of Chicago Press, 1990.

______, "Pragmatism and Liberalism, Rationalism and Irrationalism: A Response to Richard Rorty." in *Polity,* 23.3 (1991): 357.71.

R. J. Bernstein, 정순복 옮김, 『존 듀이 철학 입문』, 예전사, 1995, 33쪽 참조.

Bohman, J., "Democracy as Inquiry, Inquiry as Democratic: Pragmatism, Social Science and the Democratic Division of Labour", in *American Journal of Political Science,* 43, 1999.

Campbell, J., "Democracy as Cooperative Inquiry'" in John J. Stuhr (ed.), *Philosophy and the Reconstruction of Culture*, Albany: SUNY, 1993.

Caspary, W. R. *Dewey on Democracy*, Ithaca: Cornell University Press, 2000.

Collins, James. "The Genesis of John Dewey's Naturalism." in *John Dewey: His Thought and Influence*, edited by John Blewett, 9.26. New York: Fordham University Press, 1960.

Cork, Jim. "John Dewey and Karl Marx." in *John Dewey: Philosopher of Science and Freedom*, edited by Sidney Hooks, 333.48. New York: Barnes and Noble, 1950.

Damico, A., *Individuality and Community: The Social and Political Thought of John Dewey*, Gainesville: University Presses of Florida, 1978.

______, "Impractical America: Reconsideration of the Pragmatic Lesson", in *Political Theory*, 14, 1986.

Dewey, John, *The Early, Middle, and Later Works*, 1953, (ed. by Jo Ann Boyston). 37 vols. Carbondale: Southern Illinois University Press.

Engels, E.-M.(ed.), *Charles Darwin und sein Wirkung*, Suhrkamp, Frankfurt a. M., 2009.

Farr, James, "John Dewey and American Political Science", in *American Journal of Political Science*, 43, 1999.

Festenstein, M., *Pragmatism and Political Theory: From Dewey to Rorty,*

Chicago: Chicago University Press, 1997.

______, "The Ties of Communication: Dewey on Ideal and Political Democracy", History of Political Thought, 18, 1997.

______, "Inquiry as Critique: On the Legacy of Deweyan Pragmatism for Political Theory", in *Political Studies*, 49, 2001.

Fott, David, *John Dewey: America's Philosopher of Democracy*, Lanham, Maryland: Rowman and Littlefield, 1998.

Habermas, J., *Der philosophische Diskurs der Moderne*, Suhrkamp, Frankfurt a. M., 1985

______, *Theorie des kommunkativen Handelns I, II*, Suhrkamp, Frankfurt a. M., 1988.

______, *Nachmetaphysisches Denken*, Suhrkamp, Frankfurt a. M., 1988.

______, *Moralbewußtsein und kommunikatives Handeln*, Suhrkamp, Frankfurt a. M., 1991.

______, *Faktizität und Geltung*, Frankfurt a. M., 1992.

Hance, A., "Pragmatism as Naturalized Hegelianism: Overcoming Transcendental Philosophy?" in *Review of Metaphysics* 46 (December 1992): 343.68.

Hickman, L.(ed.), *John Dewey: Interpretations for a Postmodern Generation*, Indianapolis: Indiana University Press, 1998.

Honneth, A.(ed.) *Von Person zu Person. Zur Moralität persönlicher Beziehungen*, Suhrkamp, Frankfurt a. M., 2007.

______, *Das Ich im Wir*, Suhrkamp, Frankfurt a. M., 2010.

Joas, H., *Pragmatism and Social Theory*, Chicago, 1993.

______, "Ein Pragmatist wider Willen?", in *Deutsche Zeitschrift für Philosophie* 44, 1996.

Kaufmann, F., "John Dewey's Theory of Inquiry." in *John Dewey: Philosopher of Science and Freedom,* edited by Sidney Hooks, 218.31. New York: Barnes and Noble, 1950.

Kaufman-Osborn, T. V., "John Dewey and the Liberal Science of Community", in *Journal of Politics*, 46, 1984.

______, "Pragmatism, Policy Science, and the State", in *American Journal of Political Science*, 29, 1985.

Kloppenberg, J. T., *Uncertain Victory: Social Democracy and Progressivism in European and American Thought, 1870-1920*, New York: Oxford University Press, 1986.

______, "Pragmatism: an old name for some new ways of thinking?", in *Journal of American History*, 83, 1996.

Knight, J. and Johnson, J., "Inquiry into democracy: what might a pragmatist make of rational choice theories?", in *American Journal of Politica Science*, 43, 1999.

Manicas, P., "John Dewey and American Social Science", in L. Hickman (ed.), *Reading Dewey: Interpretations for a Postmodern Generation*, Indianapolis IN: Indiana University Press, 1998.

Putnam, Hilary, "A Reconsideration of Deweyan Democracy.", in Michael Brint and William Weaver (eds.), *Pragmatism in Law and Society*, Boulder: Westview, 1991.

______, *Words and Life*, Cambridge MA: Harvard University Press, 1994.

Rockefeller, S. C., *John Dewey: Religious Faith and Democratic Humanism*, New York: Columbia University Press, 1991.

Rorty, Richard, *Philosophy and The Mirror of Nature*, Princeton, 1979.

______, *Contingency, Irony, Solidarity*, Cambridge, 1989.

______, *Achieving our Country*, Cambridge MA: Harvard University Press, 1995.

Ryan, Alan, *John Dewey and the High Tide of American Liberalism*, New York: W. W. Norton and Co., 1995.

Savage, D. M., *John Dewey's Liberalism: Individuality, Community, and Self-Development*, Carbondale and Edwardsville: Southern Illinois University Press, 2002.

Schilpp, P. A.(ed.), *The Philosophy of John Dewey*, Northwestern University, 1939.

Sleeper, R. W. *The Necessity of Pragmatism*, New Haven CT: Yale University Press, 1986.

Tiles, J. E., *John Dewey: Critical Assessments*, 4 vols, London: Routledge, 1992. Welchman, J., *Dewey's Ethical Thought*, Ithaca: Cornell University Press, 1995. Westbrook, R. B., *John Dewey and American Democracy*, Ithaca and London, 1991. Wolin, S. S., "Democracy in the Discourse of Postmodernism." in *Social Research* 57.1 (1990): 5.30.

______, "Paradigms and Political Theories." in *Politics and Experience*, edited by Preston King and Bhikhu Parekh, 125.52. London: Cambridge University Press, 1968.

Intersubjectivity, Evolutionary-Ethics and J. Dewey's Political Philosophy

Chung, Hyeonchul

Abstract

This Article discusses how J. Dewey conceptualizes the intersubjectivity in terms of evolutionary ethics. He suggests that it is possible to open the horizon of intersubjectivity from the empirical contexts without any metaphysical assumptions. His theory allows a new critical approach to the political philosophy. Public sphere, the government and finally the state, according to his theory, can originate and constitute themselves through the transaction and its empirical contexts. This evolutionary approach of J. Dewey can highlight the interdependence of the individuals with one another and criticize some theoretical strands of contemporary political philosophy.

Key Words : Evolution, Intersubjectivity, Communitarianism, Prozeduralism, Public Sphere

• 투고일: 2011.10.08. 심사완료일: 2011.10.19. 게재확정일: 2011.10.21.

역사와 발전*

백 훈 승**

Ⅰ. 서론
Ⅱ. 발전이란 무엇인가?
Ⅲ. 목적이란 무엇인가?
Ⅳ. 역사 · 발전 · 목적론
Ⅴ. 역사는 발전하는가?
Ⅵ. 결론

요약문

'역사', '발전', 그리고 '역사의 발전'이란 무엇을 의미하는가? 발전 개념은 목적 개념이 전제되지 않고는 이해될 수 없는 개념이며, '목적' 또한 상이한 의미를 지니고 있다. 그리고 목적을 고정된 것으로 보는 입장과 유동적인 것으로 보는 입장인 teleology와 teleonomy의 의미를 밝힐 필요가 있다.

이 글은 또한, 역사 개념이 지니고 있는 상이한 의미들을 제시함으로써 "역사는 발전하는가?"라는 물음이 올바로 제기된 물음이 아니라는 점을 드러낸다. 구체적이고 정확한 대답을 얻기 위해서는 구체적으로 물어야 하기 때문이다. 그리하여 우리는, 인간의 역사는 어떤 면에서는 발전했지만 다른 어떤 면에서는 정체 내지는 퇴보했다고 말해야 할 것이다.

● 주요어: 역사, 발전, 목적론, 목적율, 역사법칙주의

---

* 이 논문은 2011년도 전북대학교 연구기반 조성비 지원에 의하여 연구되었음.
** 전북대학교 철학과 교수. 전북대학교 부설 「비판적 사고와 논술 연구소」 논술연구 분과장.

Ⅰ. 서론

우리는 "한국경제는 지난 30년간 괄목할만한 발전을 이룩했다", "그는 조류독감을 예방하는 새로운 백신을 개발했다"는 등의 표현을 자주 듣는다. 그런데 과연 발전이란 무엇인가? 그리고 그것은 '개발', '진보', '진화' 등, 유사한 의미를 지니고 있는 것으로 생각되는 개념들과 어떤 관계에 있는가? 이 문제를 해명하기 위해서는 이들 각 용어의 어원적 의미뿐만 아니라, 현실에서 실제로 사용되고 있는 의미에 대한 탐구가 필요할 것이다.

발전과 퇴보의 기준은 무엇인가? 이 기준이 설정되지 않고서는 무엇이 발전했다거나 퇴보했다고 말할 수 없을 것이다. 그 기준은 바로 '목적' 내지 '목표'다. 따라서 목적이나 목표를 무엇으로 보느냐에 따라서 발전과 퇴보가 결정될 것이다. 여기서 중요한 것은 그것이 '누구의 목적인가?' 혹은 '어떤 목적인가?' 하는 것이다. 목적은 어떤 주체가 스스로 자신의 내부에 설정한 것일 수도 있고(내적 목적), 외부의 다른 주체에 의해 어떤 사물에 설정된 것(외적 목적)일 수도 있다. 또한 목적은 고정된 것이거나 아니면 고정된 것으로 간주되는 것일 수도 있고(teleology), 유동적인 것일 수도 있다(teleonomy). 전자는 결정론과 연결되고 후자는 자유론과 결합된다. 또한 전자가 역사법칙주의(historicism)과 연관된다면, 후자는 역사주의(historism)과 근접한 사상이라 할 수 있다.

흔히 우리는 "역사는 발전하는가?"라는 물음을 던지고, 또 이 물음에 대하여 긍정적인 대답이나 부정적인 대답을 제시하거나 혹은 유보적인 태도를 취하기도 한다. 그러나 이 물음은 올바로 제기된 물음이 아니다. 왜냐하면 '역사'는 여러 의미를 지니고 있고, '역사'의 의미 가운데 하나인 '사건(사실)'으로서의 역사에도 실로 다양한 영역이 존재하기 때문이다. 구체적으로 묻지 않으면 구체적으로 대답할 수 없다. 구체적인 견지에서 보면 인간의 역사는 어떤 면에서는 진보했지만 다른 어떤 면에서는 정체(停滯) 내지는 퇴보했다고 말해야 할 것이다. 이런 문제들을 이 글에서 다루려고 한다.

Ⅱ. 발전이란 무엇인가?

우선 발전 개념을 살펴보면, 그것은 변화 개념의 하위개념이라는 사실을 알 수 있다. 변화는 단순변화와 위계적 변화의 두 종류로 구분된다. 단순변화란, 액체가 고체나 기체 등의 상태로 변화하는 경우나, 모발이 흑발에서 백발로 변화한다든지, 신호등의 색깔이 푸른색에서 빨간색이나 노란색으로 변한다든지 하는 경우, 지폐의 녹색이 색깔이 바래서 조금 옅은 녹색으로 바뀌는 경우 등을 말한다. 이러한 변화에서는 변화 이전의 상태와 변화된 상태 사이의 우열(優劣)을 가릴 수가 없으므로, 이를 가리켜서 단순변화라고 한다.1) 두 번째의 경우인 위계적 변화는 다시 두 종류로 구분되는데, 첫 번째는 상향적 · 위계적 변화이고, 두 번째는 하향적 · 위계적 변화다. 전자의 예로는 286 컴퓨터에서 펜티엄(Pentium) 컴퓨터로의 변화나 열등생이 우등생이 되는 변화 등을 들 수 있고, 후자의 예로는 우등생이 열등생으로 변하는 경우를 들 수 있다. 발전이란 단순변화에는 해당되지 않으며, 위계적 변화 중에서도 '상향적 변화'를 가리키는 표현이며, '하향적 변화'에는 '퇴보'라는 표현을 사용한다.2)

그런데 위계적 변화 중에서 어떤 것이 상향적 변화이고 어떤 것이 하향적 변화인지를 가리기 위해서는 기준점이 있어야 하는데, 그 기준점은 바로 '목적'이나 '목표'다. 즉, 상향과 하향은 목적(telos) 내지는 '목표점'이 어디 있느냐에 따라 결정된다. 따라서, 발전은 목적 개념이 전제되지 않으면 말할 수 없는 개념이다. 예컨대 내가 자동차를 후진하여 주차하는 경우, 이것은 자동차의 '공간적인 후퇴'이지만 나의 삶에 있어서의 하나의 발전이라고 할 수 있다. 왜냐하면, 나의 목적은 '주차(駐車)'이기 때문이다. 주차가 목적인데도, 주차하지 않거나 못하고 다른 곳으로 계속 전진한다 해도, 그것은 발전이 아닌 후퇴(퇴보)인 것이다. 그래서 여기서 중요한 개념이 바로 목적이며, 이제 우리는 목적 개념이 지닌 의미를 살펴보려고 한다. 그 전에, '발전'과 유사한 의미를 지니고 있는 용어들을 살펴보기로 하자.

그러한 용어들에는 '발달(發達)', '진보(進步)', '개발(開發)', '계발(啓發)', '진화(進化)' 등이 있는데, 이 가운데 '발전'(development), '발달'(development), '진보'(progress), '개발'(development), '계발'(enlightenment; illumination, edification), 진화'(evolution)는 같거나 유사한 의미를 지니고 있다. 다만, '개발'은 '열어서(開) 드러낸다(發)'는 뜻이며, 타동사로 사용되므로 항상 목적어가 동반되거나 수동태의 문장으로 사용되어야 하고, '계발'은 '열거나 가르쳐서(啓) 드러낸다(發)'는 뜻으로, 역시 타동사로 쓰이면서, 정신적인 면의 함양이나 고양이라는 의미로 사용된다. 그리고 '진화'는 '나아가(進) 변화한다(化)'는 뜻으로, 유기체(생명체)의 발전을 가리킨다.

또한, 발전과 발달과 진보는 한편으로는 동의어로 사용되기도 하지만, 다른 한편으로는 의미상의 차이를 지니고 있다. '發展'이라는 용어 자체를 분석해보면, 어떤 것이 '피어나서(發)' '펼쳐지는(展)' 것, 혹은 어떤 것이 '펼쳐져(展)' '드러나는

---

1) 박이문, 『문명의 미래와 생태학적 세계관』, 당대, 1998, 131 참조. 박이문이 이곳에서 든 몇 개의 예는 적절치 않다는 점이 앞으로의 논의에서 밝혀질 것이다.

2) 저차적인 단계로부터 고차적인 단계로의 운동이 전진적 운동으로서의 발전이다(Kuno Fischer, *Logik und Metaphysik oder Wissenschaftslehre*. hg. und eingeleitet von Hans-Georg Gadamer, Heidelberg, 1998, 49 참조.)

(發)' 것을 뜻한다. 예를 들면 나뭇가지에서 싹이 나고 꽃망울이 맺혔다가 그것이 활짝 '피어나서 펼쳐지는 것'을 가리킨다. 이것이 무생물에 적용되는 경우는 예컨대 말려있는 두루마리나 양피지를 펼치는 경우[3], 접혀 있던 병풍(屛風 folding screen)을 펴는 경우, 포장된 선물의 포장을 벗기는 경우, 그리고 컴퓨터의 폴더(folder)를 클릭하여 여는 경우 등이다. 그런데 이 경우, 접힌 상태에서 펼쳐진 상태로 이행할 때에 과연 '새로운 것이 발생하는가?' 하는 문제와 관련되어 이론(異論)이 존재할 수 있다. 접힌 두루마리, 병풍, 폴더를 펴서 그 속에 있던 글이나 그림이 드러나게 될 때에, 그 글이나 그림은 이미 그 안에 있던 것들이지 결코 새로 생긴 것이 아니다. 이런 면에서 보면, 접힌 상태로부터 펼쳐진 상태로의 이행에서 새로운 것이 발생한 것은 아니다.[4] 그러나－그 안의 내용을 모르는 사람에게는－접힌 상태에서는 그 안에 무엇이 있는지 알 수 없는 반면에, 그것이 펼쳐짐으로써 그 안의 내용이 '펼쳐 드러나게' 되므로, 새로운 것이 발생했다고 할 수도 있다. 또한 연역논증에서 전제가 결론을 '함의하고' 있다고 말할 때, 영어로는 'imply'라고 한다. 그런데 imply라는 용어는 '～속에'[im (=in)] '주름 잡혀 있다'[ply < plicare (=fold)]는 의미를 지니고 있다. 즉, 대전제의 내용이 아직은 펼쳐지지 않았지만, 이미 결론의 내용이 대전제 속에 주름 잡혀(포함되어) 있다는 뜻이다.[5] 'imply'가 생명체에 적용되면, 축소된 배종(胚種)은 성숙한 식물이나 동물의 전체를 포함하고 있다는 이론, 그리고 온전히 성장한 식물이나 동물의 형상(形相)이나 생명원리(psyche)는 씨(精蟲) 속에 집약된 상태로 존재한다는 이론[6]에 적용된다.

---

3) 두루마리 책을 풀 경우[이것이 바로 'evolution'의 문자 그대로의 의미임 : e (=out) + volvere (=roll)]. 책의 제 1권(劵), 제2권 등을 가리키는 용어가 영어로는 volume인데, 이 말은 '감다'를 뜻하는 'volvere'라는 라틴어에서 나왔다. 서양에서는 종이가 발명되기 이전에 양피지 같은 곳에 글을 쓴 후에 그것을 둘둘 말아서 보관한 데서 나온 용어다. 이에 반해, 책(冊 혹은 策)은 쪼갠 대나무를 끈으로 엮어 만든 죽간(竹簡)을 가리킨다. '진화'를 가리키는 'evolutio'(영어: evolution)이라는 단어는, 말았던 두루마리 책을 펼치는 행위를 가리키는 용어에서 전화(轉化)된 것이다.

4) 위의 경우, '새로운 것'이 발생했다고 보기 어렵다면, 이때의 '발전'은 감추어져있던 것이 드러나게 되었다는 의미의 '전개(展開)'에 불과할 것이다. 예컨대, 수학에서 괄호로 묶여있는 수식을 전개하거나 논리학에서 드 모르강(De Morgan)법칙을 이용하여 괄호를 전개하는 것과 마찬가지다.

5) 이런 맥락에서 베이컨(Francis Bacon)은 아리스토텔레스의 연역논증에서의 결론은 대전제 속에 이미 포함되어 있는 내용을 단지 제시할 뿐이어서 우리의 지식을 확장시켜 주지 못하므로－그리하여 베이컨에 의하면 아리스토텔레스의 연역논리는 '낡은' 도구(Organon)다－우리에게 세계에 대한 새로운 정보를 가져다 줄 수 있는 새로운 도구(Novum Organum)인 귀납을 자신의 새로운 학문방법으로 제시하였다.

6) Alan R. White, *Methods of Metaphysics*, NY., 1987, 60 참조. 라이프니쯔는 자신의 『자연 및 은총의 원리』와 『단자론』에서 이러한 사상을 전개하고 있다. 예컨대 다음과 같은 구절을 참고하시오: "현재는 미래를 품고 있으며, 우리는 과거의 사실로부터 미래의 사실을 읽을 수 있고, 보다 멀리 떨어진 것은 보다 가까이 있는 것을 통하여

'발전'에 대응하는 영어 'development'도, 말려있는 것(envelop)을 푼다(de)는 의미이고, 독일어 'Entwicklung' 또한 '말려있는 것'(wickeln)을 '푼다'(ent)는 의미다.[7]

'진보'는 '앞으로(進) 걸음을 내딛는 것(步)'을 뜻하는데, 글자 그대로는 '전진(前進)'과 대동소이한 의미를 지니고 있다고 할 수 있다. 이들과 반대되는 용어로는 '퇴보(退步)', '후퇴(後退)', '후진(後進)' 등을 들 수 있다. 앞에서 말했듯이 여기서 '앞'과 '뒤'의 기준이 되는 것은 바로 '목표'나 '목적'이다. 목표나 목적에 다가서는 것은 진보이고, 그것들로부터 멀어지는 것은 퇴보다. '진보'에 해당하는 영어는 progress인데, 글자 그대로, '앞으로(pro)' '나아간다(gress)'는 뜻이다. 독일어는 'Fortschritt'인데, 마찬가지로 '앞으로(fort)' '나아간다(schreiten)'는 동사에서 나온 말이다.[8]

Ⅲ. '목적'이란 무엇인가?

목적은 크게 다음 두 가지 의미를 갖는다. 첫 번째로는 '의도'나 '뜻'(intention, purpose)이라는 의미를 지니고 있다. 그런데 무생물이나 식물, 그리고 사실(사건)이나 현상은 의도를 가질 수 없다. 의도를 갖는 것은 정신적인 현상이므로 의도는 동물 이상의 수준에서만 이루어질 수 있다. 예컨대 "담쟁이 넝쿨은 무엇인가를 감

표현되기 때문이다. 만일 시간이 경과해야 비로소 감각할 수 있도록 전개되는 그의 주름들을 우리가 모두 펼칠 수 있다면, 우리는 모든 영혼 속에서 우주의 아름다움을 인식할 수 있을 것이다."[빌헬름 라이프니츠, 「자연과 은총의 이성적 원리」, 『형이상학 논고』, 윤선구 역 (225~248), (§ 13), 아카넷, 2010, 241 f.] 또한 같은 글의 § 6과 『단자론』 §§ 66-7, 74[「단자론」, 라이프니쯔, 같은 책 (249~298), 285 ff.]도 참조하시오. 여기서 "주름들"['enfolded' (접혀진)]과 "펼칠 수"['unfold' (접힌 것을 풀다)]의 대비에 주목할 것.

7) 무(無)로부터의 산출인 '창조'와는 대립되게, 그리고 또한 형상(形相) 없는 질료로부터의 발생과는 대립되게, 'Entwicklung'은, 그 마지막 상태가 그 최초의 상태 속에 이미 잠재적으로 포함되어 있어야 하는, 계열 속에서의 다른 상태로부터 어떤 상태의 점진적인 출현을 나타낸다. 이 개념은 'explicatio'의 비교적 최근의 번역어인데, explicatio는 쿠자누스(Nikolaus von Kues, 1401-1462)가 사용한, 세계의 접힘(Einfaltung)인 complicatio의 전개(Entfaltung)를 시사하고 있다. 그리고 플라톤주의에서 유래하는, 이 두 개념의 공속성 속에서 보자면, 근거의 통일 속에서 접혀져있는 것(말려있는 것, Eingefalteten)의 펼쳐짐(Entfaltung)을 의미한다. 그것으로부터, 그리고 그 속에 머물러있으면서 다(多)와 다양한 것들이 펼쳐지는 복합적인 통일체라는 개념은 근대의 문턱에서 쿠자누스 철학의 핵심부분이 된다[Joachim Ritter (hg.), *Historisches Wörterbuch der Philosophie*, Bd. 2, Basel/Stuttgart, 1972, 550, 그리고 Martin Gessmann (hg.), *Philosophisches Wörterbuch*, Stuttgart, 2009, 199 참조.]

8) Progreß, Fortschritt, Fortgang 등의 용어의 다양한 용례에 대해서는 라인하르트 코젤렉·크리스티안 마이어, 『코젤렉의 개념사 사전 2. 진보』, 황선애 역, 푸른역사, 2010을 참조하시오.

고 올라가려고 한다"고들 말한다. 그러나 담쟁이 넝쿨이라고 하는 식물 혹은 그것의 일부분이 그러한 의도를 가지고 "~하려고" 할 수 있는가? 과연 담쟁이 넝쿨은 어떤 것을 감고 올라가려는 <목적>을 지니고 있는가? 그러나 우리는 담쟁이 넝쿨에 대하여, 그것이 '어떤 것을 감고 올라가려는 목적(혹은 욕망)'을 가지고 있는 것이 아니라 그런 '경향(傾向, inclination)'이나 '성향(性向, disposition)'을 갖고 있다고 말하는 것이 타당할 것이다. 전자처럼 말할 수도 있겠으나, 그것은 식물을 의인화하는 경우다. 또한 뉴튼 물리학의 운동법칙 중 첫 번째 법칙인 '관성(慣性, inertia)의 법칙'에 의하면, "모든 물체는 가해진 힘에 의해 자신의 상태가 변하도록 강제되지 않는 한, 정지해 있는 상태나 등속의 직선운동을 고수한다"[9]고 하는데, 여기서 "고수한다, 고집한다"에 해당하는 "perseverare"를, 물체가 자신의 현재 상태를 지속적으로 유지하려는 의도를 갖고 있는 것으로 해석해서는 안 될 것이다. 의식이 없는 물체가 '~을 하려고' 할 수 있는 것은 아니고, 단지 물체가 지니고 있는 그런 성향을 의인화한 표현이라고 할 수 있을 것이다. '목적'이 지니고 있는 두 번째의 의미는, '운동의 도달점(종착점, end, terminal)이라는 뜻이다. 예컨대 "이 열차의 목적지는 서울입니다"라고 열차의 기관사나 승무원이 말할 때, 열차라고 하는 물체가 서울에 가려는 목적을 가지고 스스로 움직인다고 생각하는 사람은 아무도 없을 것이다. 그렇다면 위의 진술은 무엇을 말하고 있는가? 그것은 바로, "이 열차는 내적·외적 장애가 발생하지 않는 한, 서울에서 운동을 멈출 것입니다"라는 의미일 것이다. 또는 주어를 사람으로 바꾸면 다음과 같은 문장으로 변형할 수 있을 것이다: "지금 여러분에게 말하고 있는 本 기관사는 서울까지 갈 의도로 열차를 운행하고 있습니다."

그런데 목적과 관련하여 생각할 점들이 몇 가지 있다. 우선, 목적의 주체와 관련해서 발생되는 문제들이 있다. 첫째, 누구(무엇)의 목적인가에 따라 위에 든 예들 중의 '단순변화'도 발전으로 이해될 수 있다. 예컨대 자동차라는 교통수단이 비행기로 변화하는 경우에 교통수단의 발전이 이루어진 것인가? 일반적으로는 그렇다고들 말할 것이다. 만약에 이런 주장이 옳다면, 과연 그것을 발전이라고 생각하는 이유가 무엇인가? 자동차에 비해서 비행기의 기계장치가 더 정교해지고 복잡해지고 더 많은 기능들을 가지고 있기 때문인가? 그러나 더 복잡하고 많은 기능들은 과연 무엇을 위한 것인가? 같은 거리를 좀 더 빠르고 안전하게 가고자 하는 목적에 비행기가 자동차보다 더욱 적합하기 때문인가? 물론 그런 점이 있다는 것도 부정할 수는 없다. 그러나 비행기-일반 여객기의 경우-가 못 가는 곳을 자동차로

9) Isaac Newton, Newton's *Principia: The Mathematical principles of natural philosophy*, tr. by Andrew Motte, NY., 1848, 83. 라틴어 원문은 다음과 같다: "Corpus omne perseverare in statu suo quiescendi vel movendi uniformiter in directum, nisi quatenus a viribus impressis cogitur statum illum mutare."

는 갈 수 있는 경우도 많지 않은가? 또한 비행기는 이용가격이 비싸고 여러 사람이 함께 이용해야만 하지만 자동차는 혼자서도 사용할 수 있다는 점에서 비행기보다 더욱 편리하고 유용한 점도 있지 않은가? 비행기과 자동차와의 이런 관계는 또한 자동차와 오토바이 혹은 자전거와의 관계에서도 유사하게 적용될 수 있을 것이다. 그렇다면 비행기는 어떤 특정한 목적이나 용도 면에서는 발전한 것이지만 다른 목적이나 용도 면에서는 자동차보다 못한 교통수단이 아닌가?

이 예의 경우는 무생물의 경우이고, 자동차로부터 비행기에로의 변화에 있어서 자동차가 시간이 지나면 비행기로 변화하는 것이 아니므로, '운동의 종점'이라는 의미로 '목적'을 해석해서는 안 되고, 이러한 기계나 도구를 사용하는 '인간의 목적'이라는 의미로 해석해야 할 것이다. 그리고 인간의 목적이 구체적으로 무엇인가에 따라서 발전 여부를 판단해야 할 것이다.

또한 진보냐 퇴보냐의 문제를 가르는 기준이, '인간에게 얼마만큼의 유용성을 주느냐' 하는 것이라면, 따라서 비행기가 자동차보다 인간에게 더 많은 유용성을 가져다주었기 때문에 자동차보다 발전된 것이라고 말한다면, 보통은 단순변화라고 간주되는 '물로부터 얼음에로의 변화'는 어떠한가? 물과 얼음 그 자체로만 놓고 본다면, 전자로부터 후자에로의 위계적 변화를 인정할 수는 없을 것이다. 그런데 한 여름에 빙상경기를 하기 위하여 물을 얼려 얼음을 만드는 경우, 위의 변화는 발전이라 할 수 있지만, 반대로 강물이 필요한데 강이 얼어붙어서 물을 사용할 수 없는 경우에는 퇴보라 할 수 있다.

지금까지 말한 예들은 목적(의도)을 어떤 존재자의 외부에서 찾는 경우들이고 (외적 목적), 이와는 달리 목적을 존재자의 내부에서 찾을 수 있는 경우들도 있다 (내적 목적). 그런데 내적 목적은 적어도 의식을 지닌 존재자, 즉 동물 이상의 수준에서만 찾을 수 있을 것이다.

Ⅳ. 역사 · 발전 · 목적론

역사의 발전과 관련된 몇 가지 입장을 살펴보자. 대체로 말하자면, 헬라인은 순환적 역사관을 가졌다고 할 수 있다. 이것은 원형회귀의 반복으로서의 시간관을 가리킨다. 헬라인은 봄, 여름, 가을, 겨울이라는 계절이 바뀜에 따라 식물이 싹터서 성장하고 꽃을 피워 결실을 맺고 시들어 가는 것이 반복되는 일련의 과정에서 보는 시간의 흐름을, 지상에서 보는 천체의 순환하는 모습처럼 생각했다. 해가 뜨면 다시 지고 다음날 다시 뜨는 것처럼, 봄여름이 가고 가을 겨울이 지나면 다시 봄이 오게 마련이어서 하나의 원형의 회귀성(回歸性)을 갖는 것으로 본 것이다.

헬라인은 역사 속에서는 같은 것이 끊임없이 되풀이 될 뿐이라는 생각을 함으로써, 역사의 발전을 인정할 수 없게 되었다.10) 헬라의 사유에는 본질적으로 '역사의 요소'11)가 빠져있다. 유대·기독교에서 나타나는 '구원사(救援史)적인 시간이해'를 받아들인 다음에야 비로소 역사적 사유가 가능하게 된다.12)

헬라의 헤시오도스(기원 전 8세기)는 『일과 나날』(*Works and Days*)에서, 이미 헬라인들에게 잘 알려져 있던 역사의 유형에 관한 신화들을 소개하고 있다. 거기서 그는 역사의 시대를 황금(黃金)시대, 은(銀)시대, 청동(靑銅)시대, 영웅시대, 철(鐵)시대의 다섯으로 나누고 있는데, 최초의 황금시대가 가장 좋은 시기이고, 뒤따라오는 단계들은 앞선 단계보다 쇠퇴해 있고 살기 힘든 시대다. 이러한 구분은 헤시오도스 이전의 네 시대와 헤시오도스나 다른 어떤 선구자가 제 3의 시대와 마지막 시대 사이에 삽입해 넣은 '영웅들의 시대'에 관한 전설을 융합한 것이며, 히브리의 사유에서는 예컨대 「다니엘서」에서는 다시 '영웅의 시대'가 빠지고 네 시대의 유형으로 분류된다.

헬라인들에 의하면 역사는 황금시대에만 최초의 완벽한 질서를 유지한 후, 그 다음의 시대부터는 쇠락의 과정을 밟아왔다. 결국 우주는 궁극적인 혼돈을 향해 가고, 이때 神들이 다시 나타나서 태초의 완벽한 상태를 회복시킴으로써 모든 과정이 처음부터 다시 시작된다. 그러므로 역사는 완벽을 향한 발전이 아니라, 질서에서 혼돈으로 나아가는 과정의 영원한 반복이다.

이러한 순환사상은 각기 구체적인 내용에 있어서는 차이가 있지만, 헤라클레이토스(Herakleitos), 피타고라스(Pythagoras), 엠페도클레스(Empedokles), 플라톤(Platon)과 아리스토텔레스(Aristoteles) 등에게서도 발견된다.13)

이에 반해, 유대·기독교의 직선적 역사관은 목표 지향적이다. 예컨대 기독교인에 있어서 시간은 직진하는 직선으로 인식되어, 분명한 시작과 끝이 있다. 즉, 신의 세계창조와 더불어 역사와 시간이 시작되고 아담과 이브의 타락(범죄) 후에 육화(肉化)한 신인 예수의 대속(代贖)의 죽음, 그리고 부활한 예수의 재림(Parousia) 후의 종말을 향해 역사는 진행된다. 다시 말하면 구원사(Heilsgeschichte)를 통하여 새로운 지향점이 들어서는데, 앙에른(Angehrn)에 의하면 이 지향점은 세 가지로

---

10) 그러나 모든 헬라인이 이렇게 똑같이 생각한 것은 아닐 것이며, 대부분이 그렇게 생각했다는 말이다. 마찬가지로 모든 히브리인들이 직선적 시간관을 가진 것은 아니라고 말하는 것이 옳을 것이다.

11) 즉, '새로운 것의 출현'(Das Auftreten des Neuen)이 빠져 있다.

12) 에밀 앙게른, 『역사철학』, 유헌식 역, 민음사, 1997, 37 참조.

13) 그레이스 E. 케언스, 『역사철학』, 이성기 역, 대원사, 1994, 199 ff. 그리고 제레미 리프킨, 『엔트로피』, 이창희 역, 세종연구원, 2000, 21 참조. 리프킨은 엔트로피 법칙이 역사가 진보의 과정이라는 가설 및 과학과 기술이 질서 있는 세계를 창조할 것이라는 가설을 파괴한다고 주장한다(제레미 리프킨, 같은 책, 17 참조).

요약된다. 첫째로, 직선적인 진행의 통일성과 一回性이다. 즉, 동일한 사건이 반복되는 일은 없다. 모든 사건은 '유일무이한', '전무후무한', '단 일회적인', '처음이자 마지막인' 사건일 뿐이다('once for all', 'ein für allemal'). 두 번째, 시간의 비가역성(非可逆性)이다. 즉, 우리는 과거로 되돌아갈 수 없다. 세 번째, 목적지향성,－이것은 나중에 발전・진보사관의 기초가 된다－그리고 이와 관련된, '미래를 중시하는 태도'[사태의 기원(起源)에 사로잡히거나 반복을 강요하는 태도와는 대립한다는 점에서]를 지닌다.[14] 그러나 유대・기독교적 사유에는 순환적인 시간관도 발견된다. 예컨대 유대・기독교의 경전인 「전도서」에서는 다음과 같이 말하고 있다: "전도자가 가로되, 헛되고 헛되며, 헛되고 헛되니 모든 것이 헛되도다."(전 1:2). "이미 있던 것이 후에 다시 있겠고, 이미 한 일을 후에 다시 할지라. 해 아래는 새 것이 없나니."(전 1:9). 그런데 여기서, "이미 있던 것"은 인간사 및 자연사에 해당되고, "이미 한 일"은 인간사에 해당된다. 따라서, 니체의 영원회귀 사상을 연상케 하는 이 구절에서는 헬라인과 같은 순환적 시간관이 발견된다.

기독교의 역사관은 헬라의 역사관과는 달리 순환적이지 않고 직선적이기는 하지만, 그렇다고 해서 인간의 역사가 완벽한 상태를 향해 발전해 나가는 것은 아니다. 오히려 종말의 상태는 인류가 모든 면에서 발전의 정점(頂点)에 도달한 상태가 아니라 혼란과 무질서가 지배하는 것으로 대체로 이해할 수 있다.[15] 고대 헬라의 세계관과 중세 기독교의 세계관은 역사를 질서로부터 쇠락으로 가는 과정으로 파악했다는 점에서 공통되며, 둘 다 시간의 화살이 날아가는 방향과 엔트로피 과정을 올바로 이해하고 있는 점에서도 같다.[16]

세 번째로 생각할 수 있는 시간관은 헤겔의 변증적 시간관이다. 사실, 헤겔의 사상 속에는 헬라의 철학(Hellenism)과 히브리의 종교(Hebraism)라는 두 가지의 큰 요소가 포함되어 있고, 이 둘의 역사관이 변증적으로 통일되어 있다고 말할 수 있다. 여기에서는, 역사 속에서는 동일한 것이 반복되면서 새로운 것이 발생하며 전진하는 나선형적(spiral) 역사관을 발견할 수 있다.[17] Hegel은 역사를 "자유의 의식

14) 에밀 앙게른, 위의 책, 39 참조.

15) 기독교의 종말론과 관련된 입장은 전(前)천년설(premillenialism: 천년왕국 이전에 예수의 재림, 즉 parousia가 있다는 주장)과 후(後)천년설(postmillenialism), 그리고 무(無)천년설(amillenialism)의 세 가지로 정리된다. 그리고 천년왕국도, 지상에서의 천년왕국인가 아니면 지상이 아닌 새로운 세계(하늘나라)에서의 천년왕국인가에 따라 여러 가지 경우의 수가 발생하게 된다.

16) 제레미 리프킨, 같은 책, 67 f. 참조.

17) 헤겔에 앞서 비코(Giambattista Vico, 1668～1744)도 이런 나선형적 역사관을 표명한 바 있다. 그에 의하면 인간의 역사는 신들의 시대, 영웅의 시대, 인간들의 시대라는 세 시대가 반복되어 나타나는데, 이 반복은 단순한 순환이 아닌 나선형적 순환이라고 한다. 즉, 시간의 진전에 따라 인간정신이 확장되고 역사는 보편사에 가까운 상태로 확장되어 가는 순환으로 보았다. 이러한 발전적 순환은 순류(順流, corso)와 역류

속에서의 진보"["(…) der Fortschritt im Bewusstsein der Freiheit"[18)]라고 보았으므로 시간의 진행에 따라 결국에는 인간의 자유의식이 진보한다고 혹은 자유의식에 의해서 역사가 진보한다고 그는 주장하고 있는 것이다.

역사에 목적이 있다고 보는 견해를 목적론적 역사관이라고 할 수 있는데, 그러나 여기에도 앞의 문제와 마찬가지로 고려해야 할 점들이 있다. 즉, 여기서 '역사'와 '목적'이 각각 무엇을 말하고 있는지가 우선 결정되어야 한다. 첫 번째로, '역사'를 '사실, 사건'의 의미로 보고, '목적'을 '의도, 뜻'으로 보면, "역사에 목적이 있다"는 진술은 성립되지 않는다. 왜냐하면 의도를 갖는 것은 인간이지, 사실이나 사건이 아니기 때문이다. 두 번째로, '역사'를 '사실, 사건'의 의미로 보고, '목적'을 운동의 '도달점, 종착점'으로 보면 목적론이 성립하는데, 이 경우 목적론은 다시 둘로 나뉜다. 즉, 이 도달점을 '고정된 것'으로 볼 경우, Teleology[19)]가 되고, 이 도달점을 '유동적인 것'으로 볼 경우 Teleonomy[20)]가 된다. 인간이 살고 있는 지구가 무한히 존속하는 것이 아니라면 당연히 역사의 종착점이 있을 것이다. 그러나 그 종착점이 무엇이며, 어떤 것으로 나타날는지는 아무도 모른다. 그러므로 목적론적(teleological) 사고는 옳지 않을 것이고, 도달점을 유동적인 것으로 보는 목적율적(teleonomical) 사고가 옳을 것이지만, 이 경우에도 문제를 오해해서는 안 되고, 사건이나 사실의 도달점이 고정되어 있지 않다는 의미로 목적율을 이해할 경우는 별 문제가 없겠으나, 마치 어떤 사건이 스스로 목적을

(逆流, ricorso)의 반복을 통해 이루어진다. '순류'와 '역류'라는 표현은 헤겔에 있어서 자아의식으로서의 인간이 타자와 관계할 때에 발생하는 '전진적 추가규정'(das vorwärtsgehende Weiterbestimmen)과 '시원(始元)의 후진적 정초'(das rückwärtsgehende Begründen des Anfangs) [*Wissenschaft der Logik 2.* GW, 251]를 연상케 한다.

18) *Vorlesungen über die Philosophie der Geschichte.* TW 12, 32.

19) 이것은 곧 역사결정론(Determinism)이다.

20) 1958년에 이 용어를 만든 미국의 생물학자 C.S. Pittendrigh에 의하면 teleonomy란, 형이상학이 없는 자연과학을 새로운 정의(定義)를 통해 완성하려는 계획의 부분이다. 그러나 teleology는 형이상학이 없는 teleonomy로 대치된 것이 아니라, 형이상학으로부터 전혀 자유롭지 않은 진화론으로 대치되었고, 이 개념은 진화론 속에서 비로소 해석될 수 있다. 모노(Jacques Lucien Monod)는 이 개념이 이전에 이미 '적응하는'(angepaßt)이라는 말로 표현된 것 이상을 뜻하지 않는다고 보았고, Ernst Mayr는 유기적 자연 속에서의 종말을 향한 과정들은 목적을 향한 것이라 하면서 이것을 teleonomisch라는 개념으로 특징짓는데, 이러한 과정 내지 행동은 어떤 프로그램의 작용에 힘입고 있기 때문에 Teleonomie를 이해하기 위해, 그리고 Teleologie와는 명확한 경계를 이해하기 위해 필요한 모든 것은 이제 프로그램이라는 개념에 달려 있다고 본다.[Joachim Ritter (hg.), *Historisches Wörterbuch der Philosophie*, Bd. 10, Basel/Stuttgart, 1998, 978 ff. 그리고 Bernhard Hassenstein, "Biologische Teleonomie," in: *Neue Hefte für Philosophie*. Heft 20. Teleologie, Göttingen, 1981 (60-71), 60 참조]. 'teleology'에 대해서는 '목적론'이라는 번역어가 확정되어 있으나, 'teleonomy'에 대해서는 아직 확정된 번역어가 없다. 'teleonomy'라는 용어가 'telos'와 'nomos'로 구성되었다는 점에서 필자는 잠정적으로 이를 '목적율'로 부르기로 한다.

설정했다고 변경하고, 그에 따라 달라진 행동을 취하는 것으로 생각하면 잘못이다. 이 경우에는 '목적'이 '의도'라는 뜻으로 사용된 것으로서, 의도를 갖는 것도 인간이요, 그 의도를 수정 · 변경하는 것도 인간이지, 사건이나 사실이 아니므로, 이 경우에는 "역사 속의 인간들은 어떤 고정된 목적을 갖는가 아니면 유동적인 목적들을 갖는가?"라고 묻고 대답해야 할 것이다.

또한, '누구의 목적인가'가 중요하다. 즉, 인간 개개인의 목적들인가, 인류 전체의 공통적인 목적인가, 아니면 종교인의 경우 신(神)의 목적인가에 따라 그 대답이 달라질 것이다. 예컨대 사람의 코 속에 이물질이 들어왔을 때 재채기를 하게 되는데, 그것은 이물질을 몸 밖으로 밀어내려는 목적을 가지고 사람이 하는 행위인가? 우리 모두는 그런 목적을 갖고 있지도 않고 의도하지도 않지만 자연스럽게 그런 행위를 하게 된다. 그것은 자연 혹은 신이 인간에게 프로그램화 해 놓은 대로 일어나는 행위에 불과한 것이 아닌가? 그렇다면 이런 경우에는 인간의 목적론이 아니라 자연(신)의 목적론을 말해야 할 것이다.

진보에 대한 신념은 낡은 우주론을 파괴함으로써 인간으로 하여금 진보의 원리를 인식할 수 있게 해 준 새로운 과학의 출현과 더불어 처음으로 명시적으로 나타나기 시작했고, 이 신념의 씨앗은 새로운 학문을 대변하는 위대한 두 철학자의 저작에서 발견할 수 있다. 인류의 운명에 대한 낙관주의적 조류는 18세기에 처음으로 일어나기 시작하고 또 그 절정에 도달했는데, 이때에는 부(富)와 문명과 사회조직, 예술과 문예, 그리고 심지어는 인간성과 인간의 생체구조에 있어서까지도 진보가 반드시 이루어지게 될 것이라는 굳은 신념이 나타났다.21) 역사에서의 진보는 필연적인가 라는 문제와 관련하여, 역사의 도달점이 고정되어 있다고 보는 목적론적 사고 혹은 결정론의 입장, 역사에 (필연적) 법칙이 존재한다고 보는 입장이 있는데, 포퍼(Karl Popper)는 이것을 '역사법칙주의'(historicism)라고 부르고 이를 다음과 같이 정의한다:

> "(…) 역사법칙주의란, 역사적 예언을 사회과학의 주요목적으로 생각하고 이러한 목적은 역사발전의 근저에 놓여있는 율동이나 유형, 법칙이나 경향을 발견함으로써 달성될 수 있다고 보는 사회과학에의 한 접근법을 의미한다."22)

---

21) 시드니 폴라드, 『진보란 무엇인가』, 이종구 역, 한마당, 1983, 18, 31 참조. 또한 Donald M. Borchert (editor in chief), *Encyclopedia of Philosophy*. 2nd edition, Farmington Hills, Vol. 8, 2006, 46 참조.

22) "(…) I mean by 'historicism' an approach to the social sciences which assumes that historical prediction is their principal aim, and which assumes that this aim is attainable by discovering the 'rhythms' or the 'patterns', the 'laws' or the 'trends' that underlie the evolution of history." K. Popper, *The Poverty of Historicism*, London and Henley, 1976, 3.

포퍼는 자신의 역사법칙주의와 전통적 역사주의(historism)[23]를 구별한 후에, 전통적 역사주의를 지식 사회학과 같은 인식의 상대주의로서 해석한다. 다양한 사회학적 이론과 학파들이 특수한 역사적 시기에 지배적인 편애(偏愛)와 이해관계와 관련된다고 보는 입장은, 때때로 역사주의(historism)라고 불려온 접근법이며, 자기가 역사법칙주의(historicism)라고 부르는 것과 혼동해서는 안 된다고 포퍼는 강조하고 있다.[24]

포퍼는 열린사회를 파괴하고 사회개조에 대한 합리적인 접근을 가로막고 있는 장애요소들 가운데 가장 강력한 적(敵)은 '역사법칙주의'라고 주장하는데, 그에 의하면 역사결정론이나 운명의 신화(myth of destiny)라고도 규정될 수 있는 역사법칙주의의 기원은 고대의 유신론적 역사법칙주의에까지 소급되고, 이것의 가장 단순하고 오래된 형태의 하나가 고대의 선민(選民)사상이다. 그리고 철학사에서의 역사법칙주의는 헤라클레이토스, 플라톤, 아리스토텔레스, 헤겔, 맑스 등으로 이어진다고 주장한다. 그런데 이들은 사회과학의 임무는 우리에게 장기적인 역사적 예언을 제시하는 것인데, 그들 자신이 미래의 역사적 사건의 진행과정을 예언하게 해주는 역사법칙을 발견한 것으로 믿고 있다고 한다.[25] 그러나 포퍼는 이들의 주장은 과학적 예측과 역사적 예언을 혼동함으로 발생하는 것이라고 하면서 역사법칙주의를 비판하며[26] 이러한 역사법칙주의는 '역사 결정론'(historical determinism) 및 전체주의로 귀결될 수밖에 없다고 주장한다. 또한 그는 『역사법칙주의의 빈곤』의 서문에서, 인간의 지식은 성장해가는 것이기에, 우리가 내일에 가서야 알게 될 일을 오늘 미리 알 수는 없으며 어떠한 과학적 예측자도 과학적 방법에 의하여 자기 자신의 미래의 성과를 예측할 수는 도저히 없다고 강조한다.[27] 그래서 미래가 우리 인간에게 달려있는 것이지, 우리가 역사적 필연성에 매달려 있는 것이 아니라고 한다.[28]

이러한 목적론적 사고에 반대하여, 역사의 진행이 정해진 목적을 향해 필연적으

---

23) 역사주의는, 특정한 역사적 상황을 떠나서는 진리를 생각할 수 없으므로 진리는 시간과 무관할 수도, 보편적일 수도 없다고 보는 이론이다.

24) K. Popper, 같은 책, 17 참조. 패스모어(John Passmore)는 전통적 역사주의를 '시대적 역사주의'(periodic historicism)로, 포퍼의 역사법칙주의를 '예언적 역사주의'(prophetic historicism)로 구분해서 표현하기도 한다(이한구, 『역사주의와 역사철학』, 문학과 지성사, 1986, 35 참조). 이한구는 전자를 '전통적 역사주의'로, 포퍼의 견해를 '역사주의'로 부르는데, 필자는 양자의 차이점을 부각하기 위하여, 전자를 '역사주의'로, 후자를 '역사법칙주의'로 부르기로 한다.

25) 예컨대 맑스는 인류역사전개의 5단계설을 제시하면서 역사가 원시공산제로부터 고대노예제, 중세봉건제, 근대자본주의 체제를 거쳐 마침내 사회주의(공산주의)로의 필연적인 발전을 이루게 된다고 주장하였다.

26) 칼 R. 포퍼, 『열린사회와 그 적들Ⅱ』, 이명현 역, 민음사, 1996, 16 ff. 참조.

27) K. Popper, 같은 책, Preface 참조.

28) 칼 R. 포퍼, 같은 책, 17 참조.

로 전진한다고 보지 않고, 인간의 의지와 자율적인 선택에 의하여 목표점은 언제든지 변경될 수 있다고 보는 입장인 목적율적 사고 내지는 자유주의의 입장이 존재한다. 역사에 법칙이 존재하지 않는다고 보는 이런 입장을 살펴보자. 사건으로서의 역사에는 두 종류가 있다. 즉, 인간의 의식(意識)과 의지(意志)가 개입된 역사와, 무의식적으로 행하거나 일어난 일 혹은 자신의 의지와는 관계없이 일어나는 일이 그것이다.[29] 첫 번째의 경우, 우리의 물음을 "인간의 의식이나 의지와, 이를 통해 일어나는 사건 사이에 어떤 법칙이 있는가?"라는 물음으로 이해한다면, 예컨대 우리가 선한 의지를 가지면 반드시 선한 행위를 하게 되고, 그 행위는 반드시 선한 결과를 낳는다는 식의 법칙화는 불가능할 것이다. 이것은 그 반대의 경우도 마찬가지일 것이다. 즉, 악한 의지를 갖게 되면 반드시 악한 행위를 하게 되고, 그 행위는 반드시 악한 결과를 초래하게 된다고도 말할 수 없다. 인간사에는 여러 가지 우연이 개입하기 때문이다.

V. 역사는 발전하는가?

우리는 "역사는 발전하는가?"라고 묻기도 하고, 이 물음에 대하여, "역사는 발전하고 있다", "역사는 발전과 퇴보를 거듭하고 있다"는 등의 대답을 하기도 한다. 그러나 결론적으로 말하면, 이 물음 자체가 제대로 제기된 물음이 아니라는 것을 알 수 있다. 이 물음은 과연 무엇을 뜻하고 있는가? 이 물음의 의미를 알기 위해서는 우선 여기서의 '역사'가 무엇을 가리키고 있는지, 그리고 '발전'이란 무엇을 뜻하는지를 먼저 알아야 할 것이다. '발전'의 의미에 대해서는 이미 앞에서 고찰하였으므로 '역사'의 의미를 확정하면 될 것이다. '역사'는 넓게는 세 가지의 의미 즉 '사건으로서의 역사', '기록으로서의 역사', 그리고 '역사학으로서의 역사'라는 의미를 지니고 있다. 그렇다면 위의 물음 속의 '역사'는 위의 세 가지 의미 중 어느 것을 가리키는가? 두 번째와 세 번째의 의미는 아닐 것이다. '사건'이나 '사실'에 발전이 있는지 없는지를 물어보는 것일 것이다. 그러나 보통 사람들이 말하고 있는 발전의 주어(주체)는 모든 사건이 아니라 사건들 가운데서도 특히 인간의 노동의 산물인 문명(civilization)과 문화(culture)[30]를 가리키는 것으로 보아야 할 것

29) 헤겔도 자신의 『역사철학 강의』에서 소위 미필적 고의(未畢的 故意)의 예로, 자신에게 해를 입힌 사람에 대한 원한으로 가해자의 집에 불을 질렀으나, 의도하지 않게 그 옆집에까지 불이 번지게 되는 상황의 예를 들고 있다. *Vorlesungen über die Philosophie der Geschichte*, in: Theorie Werkausgabe in zwanzig Bänden, Redaktion von Eva Moldenhauer und Karl Markus Michel, Ffm., 1969 ff. (=TW)., TW 12, 43 참조.

이다. 그러나 사건(사실)은 실로 무수히 많고 그 종류도 다양하며, 문명이나 문화가 지시하는 범위는 너무도 넓기 때문에, 이 가운데 어떤 '사건(사실)' 또는 어떤 사건으로 인해 형성된 결과(성과물)를 가리키는 것인지가 먼저 확정되어야만 한다. 예를 들면 이들 중에 사회제도를 말하는 것인지 경제제도를 가리키는 것인지, 아니면 학문을, 그 중에서도 자연과학을 가리키는 것인지 인문과학을 가리키는 것인지, 또는 과학기술의 발전문제를 이야기하려고 하는 것인지 아니면 도덕(윤리)의식의 발전을 문제 삼는 것인지가 확정되어야 한다. 이렇게 구체적으로 묻지 않으면 구체적으로 답변할 수가 없다. 그리고 이러한 구체적인 물음의 견지에서 보면 인간의 역사는 어떤 면에서는 진보했지만 다른 어떤 면에서는 정체 내지는 퇴보했다고 말할 수 있을 것이다.

이에 대한 예를 생각해보자. (과)학과 기술(분야)에서 인간의 지식은 자연·사회·인간에 관한 지식을 축적해 가면서 점진적으로, 때로는 비약적인 발전을 이루었고, 기술면에 있어서도 인간은 지식을 적용한 결과인 발명을 통해 오랜 세월에 걸쳐 발전을 이루어 온 것이 사실이다. 기술문명의 측면에서 보면, 전체적으로는 과거보다 현재의 과학기술이 진보된 것이라고 말할 수 있을 것이다. 그러나 이에 반대되는 사례들도 있다. 어떤 고대문명이나 초(超)고대문명은 오늘날의 과학기술의 수준을 능가했다고도 할 수 있다. 예컨대 이집트의 피라미드는 현대과학 기술로도 재현하지 못하고 있다. 경제면에서는 어떠한가? 과거에는 많은 인력의 노동을 통해 상품을 생산하였으나 생산의 자동화를 통하여 노동시간의 단축을 초래하였고, 힘든 노동으로부터 인간을 해방함으로써 여가시간의 증가를 가져왔다.[31] 정치제도의 측면에서 보면, 일종의 부족 추장에 의한 전제정치에서 입헌정치로 변했다는 점에서 발전을 이루었다고 할 수 있다. 그러나 아직도 일부 국가에서는 전제정치가 시행되고 있는 것도 사실이다. 사회제도의 측면에서 보면, 대체로 인류의 역사가 원시공산제로부터 고대노예제, 중세봉건제, 근대자본주의 체제를 거쳐 왔다고 할 때에,[32] 이 경우에도, 사회제도가 직선적·상향적인 발전만을 이룬 것이 아니고, 발전했다가 퇴보하기도 하고 다시 발전하는 과정이 반복되는 것으로 보아야 할 것이다. 예컨대, 근대의 자본주의가 분명 중세 봉건주의 보다는 발전된 사회라

30) 문명과 문화는 한편으로는 동일한 의미로 사용되지만, 다른 한편으로는 의미의 차이를 두고 사용된다. 즉, 문명은 예컨대 '물질문명'이라는 표현에서 나타나듯이, 주로 물질적인 측면을 가리키는 데 반해서, 문화[문치교화(文治敎化)의 준말]는 주로 정신적인 측면을 가리킨다. 문화에 해당하는 독일어 Kultur는, 독일인들이 프랑스인들의 '도시화'(civilization)이라는 의미의 물질문명에 대립하여, 자신들의 '정신적인 우수성'을 강조하기 위해 사용한 표현이다.

31) 반면에 실업자의 증가라든가, 인간의 소외라는 부정적인 결과를 함께 초래한 것도 사실이다.

32) 이 도식이 꼭 들어맞는 것은 아니다. 대체로 이렇게 볼 수 있다는 말이다.

고 할 수 있을 것이다. 그러나 근대 자본주의가 사회주의로 변화하는 방향이 있었고, 현대 자본주의로 변화하는 방향도 있었다. 그러면 전자의 변화와 후자의 변화 모두 발전이라고 할 수 있는가? 아닐 것이다. 사회주의자나 공산주의자가 보면 전자의 변화를 진보 내지는 발전이라 하겠지만, 자본주의자의 눈에는 퇴보로 보일 것이다. 그러면 '이념의 발전'이라는 측면에서 보면 어떤가? 예컨대 자유라는 이념면에서 보면 전자의 변화는 퇴보다. 그러나 평등이라는 측면에서 보면 진보로 보는 사람도 있을 것이다. 이처럼, "진보냐 퇴보냐?"하는 문제도, 어떤 것을 진보 또는 퇴보의 주어(주체)로 보느냐에 따라 다르고, 또한 어떤 목적을 기준으로 보느냐에 따라 그 답이 달라질 수가 있으므로, 한마디로 단언할 수 없을 것이다.

도덕의 측면에서 보면, 예컨대 노예제의 폐지는 인간의 도덕성 진보의 증거라 할 수 있는가? 그렇게 생각할 수도 있으나, 기술의 진보가 노예소유를 불필요하게 만든 결과일 수도 있다.[33] 현대의 경우만 보더라도, 양차(兩次) 세계대전, 나치의 유태인 학살과 강제수용소의 운영, 발칸반도에서의 인종청소, 세계 도처에서 일어나는 갖가지 비도덕적이고 패륜적인 범죄행위 등을 보면, 과거보다 인간의 도덕성이 발전했다고 보기는 어렵다. 현대사회가 더욱 복잡해지고 생존경쟁이 치열해짐에 따라, 인간성이 더욱 메말라가고 도덕의식 수준이 더욱 낮아지고 있다고 생각할 수도 있다. 심지어는 살인을 저지르고도 양심의 가책도 별로 느끼지 않는 사람들도 발견된다. 따라서 도덕의식도 시간의 흐름에 따라 직선적으로 상향 발전했다거나 하향적으로 퇴보했다고 말할 수는 없을 것이고, 결코 직선적이지 않은 진보와 퇴보를 거듭하면서 결국 오늘날과 같은 모습으로 형성된 것으로 보아야 할 것이다. 이와 아울러 공간적(지역적)인 문제도 생각해야 한다. 즉, 도덕의식의 문제도 동양과 서양에 따라, 그리고 그 중에서도 또 나라와 민족에 따라 각각 구체적으로 고찰해야 할 것이다.

Ⅵ. 결론

이상에서 우리는 발전개념 및 그와 유사한 의미를 지닌 개념들을 분석하고, 그들 상호간의관계를 살펴보았다. 그리고 발전 개념은 목적 개념이 전제되지 않고는 이해될 수 없는 개념이라는 점을 드러내는 한편, '목적'이 상이한 의미로 사용될

33) 링컨의 노예해방도 도덕의식의 고양의 증거로 제시될 수도 있지만, 당시의 사회·경제적 측면의 필요에 의한 조치라고 생각될 수도 있다. 즉, 노예를 사용하던 남쪽에는 목화밭을 위한 노예의 노동력이 필요했으나, 북쪽에는 공장이 많아 공장노동자가 많이 필요했으므로 이런 필요를 충족시키기 위한 방편으로 노예해방이 단행된 것이라는 시각도 있다.

수 있다는 사실, 그리고 목적과 관련된 두 용어인 목적론과 목적율의 의미를 밝혔다. 또한 상이한 의미들을 지니고 있는 역사 개념들을 제시함으로써 "역사는 발전하는가?"라는 물음이 올바로 제기된 물음이 아니라는 점을 드러냈다. 올바로 제기된 구체적인 물음을 통해 우리는 구체적으로 대답할 수 있는 입장에 설 수 있을 것이다. 그리하여 우리는 인간의 역사는 어떤 면에서는 진보했지만 다른 어떤 면에서는 정체 내지는 퇴보했다고 말해야 할 것이라는 점을 주장하였다.

발전이나 진보는 전통을 기반으로 하되, 그 가운데 잘못된 것을 개혁하고 관습의 타성을 극복하는 가운데 이루어진다. 발전은 결코 저절로 이루어지는 것이 아니라 인간 스스로 목표를 설정하고 그것을 실현하기 위해 노력함으로써 이루어진다. 우리가 해야 할 일은 먼저 자기가 이루고자 하는 올바르고 명확한 목표를 설정하고, 그 목표를 이루기 위한 효과적이고 정당한 방법을 찾은 후, 최대의 노력을 다해 그 길을 가는 것이다. 그러나 그 목표가 내게 맞지 않는 것이거나, 잘못된 것임을 깨닫게 될 경우에는 새로운 목표를 수립하고, 그 새로운 목표를 달성하기에 적합한 수단을 모색한 후, 그 길을 다시 열심히 달려가는 일이다. 그러나 그 목표는 달성될 수도 있지만 성취되지 않을 수도 있다. 미래는 우리에게 열려있고, 그 책임 또한 우리가 지지 않으면 안 된다.

참고 문헌

김용준 외 공저, 『현대과학과 윤리』, 민음사, 1988.

김일방, 「진보에 대한 성찰」, 『철학연구』, 대한철학회, 2007.11.

김재희 편, 『신과학 산책』, 김영사, 1994.

라이프니쯔, 『형이상학 논고』, 윤선구 역, 아카넷, 2010.

리프킨, 제레미, 『엔트로피』, 이창희 역, 세종연구원, 2000.

박이문, 『문명의 미래와 생태학적 세계관』, 당대, 1998.

앙게른, 에밀, 『역사철학』, 유헌식 역, 민음사, 1997.

우드필드, 앤드류, 『목적론』, 유원기 역, 계명대학교출판부, 2005.

유헌식, 『역사이성과 자기혁신』, 철학과 현실사, 2009.

이영호, 「진보적 역사관과 순환적(회귀적) 역사관, 『인문과학』 Vol. 27, No. 1 (pp. 297~321), 성균관대 인문과학 연구소, 1997.

이한구, 『역사주의와 역사철학』, 문학과 지성사, 1986.

정재식, 「과학의 가치와 인간화」, 김용준 외, 『현대과학과 윤리』, 1998.

케언스, 그레이스 E., 『역사철학』, 이성기 역, 대원사, 1994.

코젤렉 · 마이어, 『코젤렉의 개념사 사전 2. 진보』, 황선애 역, 푸른역사, 2010.

포퍼, 칼 R., 『열린사회와 그 적들Ⅱ』, 이명현 역, 민음사, 1996.

폴라드, 시드니, 『진보란 무엇인가. 진보사관과 진보적 사회사상』, 한마당, 1983.

Borchert, Donald M. (editor in chief), *Encyclopedia of Philosophy*. 2nd edition, Farmington Hills, Vol. 8, 2006.

Fischer, Kuno, *Logik und Metaphysik oder Wissenschaftslehre*, hg. u. eingeleitet v. Hans-Georg Gadamer, Heidelberg, 1998.

Gessmann, Martin (hg.), *Philosophisches Wörterbuch*, Stuttgart, 2009.

Hassenstein, Bernhard, "Biologische Teleonomie," in: *Neue Hefte für Philosophie*. Heft 20. Teleologie, Göttingen (60-71), 1981.

Hegel, G.W.F., *Die Vernunft in der Geschichte*, hg. v. J. Hoffmeister, fünfte Aufl., Hamburg, 1955.

Ders., *Vorlesungen über die Philosophie der Geschichte*, in: Theorie Werkausgabe in zwanzig Bänden, Redaktion von Eva Moldenhauer und Karl Markus

Michel, Ffm., 1969 ff. (=TW)., TW 12.

Ders., *Wissenschaft der Logik 2*, in: Gesammelte Werke, In Verbindung mit der Deutschen Forschungsgemeinschaft. hg. von der Rheinisch-Westfälischen Akademie der Wissenschaften, Hamburg, 1968 ff. (=GW). GW, 12.

Newton, Isaac, *Newton's Principia: The Mathematical principles of natural philosophy*, tr. by Andrew Motte, NY., 1848.

Popper, K., *The Poverty of Historicism*, London and Henley, 1976.

Ritter, Joachim (hg.), *Historisches Wörterbuch der Philosophie*, Bd. 2, Basel/Stuttgart, 1972.

Ders., *Historisches Wörterbuch der Philosophie*, Bd. 10, Basel/Stuttgart, 1998.

White, Alan R., *Methods of Metaphysics*, NY., 1987.

History and Development

Paek, Hunseung

Abstract

What are the meanings of 'history', 'development', and 'the development of history'? The concept of development cannot be understood without the concept of purpose or end (telos). The concept of end also has different meanings. We need to explicate the standpoint of teleology, which regards end as fixed, and the connotation of teleonomy, in which end is flexible.

The question: "Is history in the process of progressing?" is not rightly asked. A concrete and exact answer can be acquired, only when a question is concretely and accurately asked. Thus we have to say that human history has been developed in some respects, while in other respects retrograded.

Key Words : history, development, teleology, teleonomy, historicism

• 투고일: 2011.10.14. 심사완료일: 2011.10.26. 게재확정일: 2011.10.27.

제3부

부록

편집후기

운명이냐 자유냐

윤 병 태

평생 철학의 외길을 걸어온 노교수가 팔순을 앞두고 수필집을 내면서 제목으로 『자유도 운명도 아니라는 이야기』를 달았다. 아마 살아온 인생역정을 한마디로 요약한 결론일 것이다. 젊어서는 운명이니 숙명이니 하는 말에 별난 거부감과 저항을 가졌으나 인생 결론의 나이가 되어서는 자신의 생이 결코 자유의지와 결단의 산물로만 보기에는 너무도 필연과 우연의 중첩된 그물망으로 짜인 것 같다는 회고인 셈이다. 자유인가 하면 자유가 아니고 운명인가 하면 운명이 아닌 삶, 자유인가 하면 운명이고 운명인가 하면 자유인 삶, 이 이율배반의 해소는 살아온 길을 되돌아보는 것 이외에 다른 방법이 없는 것인지도 모르겠다. 노철학자는 인생을 기차여행에 비유하면서 어떤 이는 경부선을, 어떤 이는 호남선을, 또 다른 이는 경의선을 타야 했고, 탈 때 미리 출발역과 내릴 역이 정해져 있다는 것과, 그럼에도 각자의 기차에서 옆 사람과 환담을 나눌 수도, 창밖을 내다보거나 잠을 청할 수도, 음식을 사 먹거나 신문을 읽을 수도 있다는 것을 예시하면서, 전자를 운명으로 후자를 자유의지로 규정한다. 이미 방향도 갈 곳도 정해져 있으니 기차가 운명이라면, 그 안에서 할 수 있는 무엇을 하든 열려 있으니 자유라는 것이다. 운명이라는 감옥 속의 자유라는 표현이 이에 적절할 것이다.

인류 탄생과 더불어 종교가 함께 생긴 것으로 추정되는 것을 보면, 운명의 주재 역사가 자유의 그것보다 앞선 것으로 여겨진다. 자유의지로 생겨난 어떤 존재도 생명체도 없다는 사실은 인간들로 하여금 창조의 주체로 초월자 신이나 필연적 자연법칙을 상정하게 한다. 고대 그리스 신화나 비극은, 한 개인 또는 한 민족이 스스로는 아무것도 알지 못하면서 자기 생각대로 한 것으로 여긴 인식이나 행동들이 사실은 은밀히 숨어서 조종하는 신 또는 운명에 의한 것이라는 믿음의 묘사이다. 고대에는 인간을 지배하는 신과 운명의 크기가 워낙 웅장해서 그 밑에서 인간 또는 개인의 자유와 자율을 감히 내세우지 않았다. 오히려 신과 운명의 숭고한 위대함과 권능에 속수무책인 인간의 무기력을 가르치고 거기 기대어 개인과 사회의 도덕과 윤리를 확립하는 문화 예술적 성과에 만족할 뿐이었다. 이런 사정은 소크라테스를 시점으로 하는 로고스 철학과 더불어 새로운 전기를 맞는 듯한데, 그 이후 두 세기 남짓한 시기의 철학적 산물은 서양 철학 전반의 진수로 회자된다. 그러나 아직 인간의 본질은 인간 자신이며 그 실체는 이성이요 자유라는 이념이 확립되지 않은 상황에서 중세로 접어들고 중세는 다시 신화의 시대로 퇴행한다. 신의 섭리에 인간의 모든 것, 존재의 모든 것이 포섭되며, 그 안에서 자유는 단지 운신의 자유이며 섭리 속의 자유일 뿐이다. 이 시기 이 믿음에 의문을 제기하는 것 역시 불가능했다. 신과 인간관계의 재정립을 요구하게 된 것은 근대를 여는 관문에서 터진 몇 가지 사건들, 즉 페스트의 습격, 과학기술의 발전과 지리상 유럽 외의 발견, 종교개혁 등의 일련의 사건들이다. 이런 사건들을 통해 사람들은 신의 초월적 지위를 인간의 내재적 원리로 격하시키면서 신에 속하는 자유의지를 인간 행위의 내적 추진력으로 자리 매기게 된다. 교회와 그 권위가 와해되면서 대중 지배의 권력 추가 영주와 그 연합체인 세속적 국가로 이동하게 되면서 이런 상황은 더욱 가속화된다. 세속적 국가가 권력을 유지하기 위해서는 민심을 얻어야 하고 민심을 얻기 위해서는 민이 무엇을 원하고 필요로 하는지를 파악하고 그 요구를 채워주어야 한다. 그러기 위해서는 재정이 필요하다. 종교적 공동체에서 믿음이 희석되면서 하나로 통일되어 있던 무수한 서로 다른 종족들이 독자성을 확립하면서 분화하고 분열해간다. 이들이 다시 통합하려면 각자의 자연적·인륜적 공동성을 토대로 한 그들만의 국가가 필요하다. 자연적 공동성은 동일 지역, 동일 언어, 동일 성향 등이겠고 인륜적 공동성은 동일 도덕이나 법(권리) 의식 등인데, 어느 지역 어느 종족을 막론하고 최고의 관심사는 각 개인들이 먹고사는 문제였고 이것은 지금도 그렇고 앞으로도 그럴 것이다. 대부분의 백성들은 교회의 예속 아래 있던 중세 영주들에게 신분적으로 예속되어 있었지만 세월이 흐르자 그 착취에서 벗어나기 위한 몸부림으로 신분 계약을 벗어난 자유시민이 형성된다. 이들은 돈이 되는 일이면 어디에나 뛰어드는 현대인의 조상이라 하겠다. 하여간 무역, 금융, 광산 등의 사업 등에서 성공한 갑부들은 영주 및 세속의 왕들에게 돈을 빌려주고 이권을 매수하면서 서서히 절대왕권에 도전한다. 이 흐름 속에서 왕권과 시민권에 대한 새로운 관계를 요구하는 정치적 계몽주의가 정착하는데 그 위대한 성과가 자연권론이다. 자연권 이론은 개인의 생존권은 하늘이 준 타고난 권리라는 것, 노동권과 소유권은 생존의 기초이고 그것을 추구하는 일체의 활동은 자유라는 것, 다만 이 자유가 타인의 권리 영역을 침해하는 것은 허용되지 않는다는 것, 그리고 이런 사회적 질서 확립과 그 실현의 최후 수단으로 국가가 필요하다는 것, 따라서 국가권력의 최고 정점은 시민의 생존권과 그 자유의 실현자라는 것이 그 요지이다. 이 학설은 단지 책상 위의 사고 실험이 아니라 계몽으로 깨어나는 시민들의 줄기찬 저항과 혁명에 대한 반성의 결과물이기도 하다. 아무튼 18세기에 이르러 개인과 국가의 관계에 대한 정치철학적 이론은 서구 전역에 뿌리를 내린다. 이 이론은 개인의 자유와 생존권 보장을 약속하는 한에서만 국가는 그 존립의 정당성을 확보할 수 있고 또 그러기 위해서만 개인으로부터 조세와 병역의 의무를 부과할 권리를 가질 수 있다는 사회계약론에서 절정을 이룬다.

그러나 개인의 자유의지와 그 실현의 필연으로서 국가의 관계는 철학적으로 해결해야 할 근본적 문제, 즉 자유는 무엇이며 그 범위는 어디까지인가 하는 문제에 부딪힌다. 이 문제에 대한 모범 답안은 칸트와 헤겔에 의해 작성된다. 칸트는 자연계에는 필연적 법칙이 지배하므로 그 안에는 자유가 생각될 수 없다는 것, 이에 비해 인간의 윤리적 실천 세계에는 비록 논리적으로 그 구조나 내용을 인식할 수는 없어도 자유가 요청되고 그 실천적 의미가 정당화된다는 것을 강조한다. 인간이 자연의 일부이고 또 육체가 물리적 요소들로 구성되어 있는 한 자연 필연성의 지배 아래 있으나, 생이란 육체로만 되는 것이 아니라 영혼과 함께함으로써만 실재하고 그 영혼은 자유를 본성으로 한다는 점에서 인간은 두 세계의 시민이다. 게다가 인간에게 자유가 본성으로 주어진다고 여겨질 때에만 그 행위에 책임을 부여할 수 있다. 헤겔 역시 이 생각을 기초로 자유의 개념 진화론을 전개한다. 그에게 자유는 이성의 이념이다. 이 이념의 출발점은 자유가 없는 상태이나 그 완결점은 자유가 만개한 곳, 즉 역사의 종점이다. 출발과 종점 사이에는 무수한 과정적 간이역들이 있고 그 간이역들을 몇 개로 묶어 범주화할 수 있다. 자유 진화의 역사 이성은 그 수단으로 개인을 사용하나 개인은 자기 자신이 어떤 역사도 고려하지 않고 자유의지로 행동하며 살아간다고 착각한다. 따라서 역사 진화는 이성을 담지한 개인(사회 또는 민족)의 삶의 결실과 그 연속으로 이루어지나 역사의 종점에서 최종 결산해보면 이 진행은 신의 섭리, 즉 운명이다. 그러니까 자유는 운명 속의 자유인 셈이다. 운명 속의 자유라는 이율배반은 국가 형성의 논리에도 그대로 적용된다. 국가는 개인의 자유와 생존권의 보호라는 사회적 목적으로 형성되는 것이나 일단 국가가 생겨나면 개인은 그 아래 예속된다. 개인의 자유와 생존의 보호뿐 아니라 그 자유와 생존을 방해하거나 손상시키는 범죄에 대한 형벌, 보다 안전하고 윤택하게 생활을 진보시키기 위한 온갖 조건들 등에 대한 법제화와 그에 대한 보호의 국가적 강제성은 시민국가의 전형이다. 개인이 이제 국가법과 시민법의 한계 내에 갇히게 되고 자유는 이 한계 안에서의 자유이다. 다만 시민법과 국가법이 개인 또는 사회 구성원들의 권리에 심각한 침해 요소가 있을 경우 그 법은 저항을 통해 수정 또는 폐기되어야 하며 이 때문에 법과 국가의 강제성의 제한 조건이 함축된다. 어쨌거나 개인의 자유와 그 한계에 대한 철학적 논의는 독일 관념론 철학의 형이상학적 이해를 기초로 하면서, 예술 특히 문학의 영역에서 활

기차게 만개한다.

셰익스피어, 괴테와 실러는 물론 그 밖의 이름 없는 수많은 작가의 작품들에서 이야기 골격은 거의 예외 없이 시민적 개인의 자유와 그 운명이 근대적 국가 체제와 법 내에서 어떤 방식으로 나타나고 전개되는지를 함축하고 있다. 개인의 자유와 신적 운명의 대결에서 운명에 깨끗이 승복하는 것이 개인의 영웅성을 결정하던 고대 신화시대와 달라진 점은, 신적 운명과 사회적 국가 체제 및 법의 질서 아래 어떤 영웅도 범부가 될 수밖에 없는 근대적 상황이 부각된다는 것이다. 이 새로운 시대에는, 자신의 운명적 삶의 과정으로 영웅성을 대표할 수 있는 개인은 더 이상 존재하지 않는다. 개인의 자유는 기껏해야 국가 체제와 법의 테두리 내에서 직업을 선택하여 생계를 꾸리고, 또 그러기 위해 이 도시에서 저 도시로 옮겨 다닐 자유에, 또 이렇게 저렇게 생각하고 말할 자유에, 또 나보다 덜 바쁘고 더 잘났다고 여겨지는 이에게 내 권리를 위탁할 자유와 다른 것이 아니다. 이 시기 예술과 문학은 철두철미 개인의 소시민적 세속성의 자잘한 묘사에 집중된다. 이것은 운명과의 맞대결이나 회피에서 개인을 패배시키는 운명의 숭고함이나 위대함을 묘사하던 고대 그리스 비극 시대와는 판이한 특징이다. 개인을 지배하는 초월적 어떤 것, 가령 출생 신분, 신체적·정신적 상태, 이미 결정된 성향 등은, 비록 그것들이 개인의 삶을 근본적으로 움직이는 동인으로서 그리스적 운명의 또 다른 형태임에도 불구하고, 철저하게 자유로운 개인 스스로 창조한 개성으로 설명된다. 더 이상 진정한 운명도 영웅도 존재하지 않는 시대가 된 것이다. 영웅의 비극도 운명의 장난도, 신과 운명의 위대성도, 영웅의 결단과 함몰도 더 이상 시민과 사회교육의 현장이 되지 못하는 시기가 도래한 것이다.

이 시기 유럽에서 아마도 최초이자 마지막일 수 있는 근대적 영웅의 전형이 나타난다. 프랑스 혁명은 근대적 이념의 정치적 선언이며, 이 선언은 이미 진행하고 있던 경제적 산업혁명의 사회적 정당화이다. 만민 평등과 자유가 확립되고 이것을 어기거나 방해하는 일체의 구습과 제도들은 사라져야 한다. 무명 범부의 자식으로 태어나 혁명을 자신의 것으로 교묘하게 이용하면서 황제로 등극하고 혁명 이념의 확립과 법제화를 주도한 나폴레옹은 이 시대 최고의 영웅으로 평가된다. 전쟁과 정복을 통해 자신의 의도대로 유럽의 지도를 제멋대로 그리면서 말굽 아래 시민 법전을 전파한 그는 단지 한 나라의 탁월한 전략가나 지도자가 아니라 '세계정신'의 찬사를 받을 만큼 위대한 영웅이었다. 이 영웅의 출현과 활동과 몰락의 파노라마는 고대 그리스 비극의 위대한 주인공들 중 하나로 평가받을 만한 것이다. 이것은 그가 운명의 주인공이기도 하고 그 희생자이기도 하다는 말이다. 철두철미 자신의 자유의지를 따라 행동했고 그 결과에 의해 황제도 되고 전쟁도 하고 정복도 했으며, 패전과 귀양과 복권과 몰락과 죽음을 맞게 되었다는 점에서 그는 자유인이었다. 그의 자유는 일반적 합리성과 필연성이 아니라 그때그때 주어지는 상황에 대한 고유의 개인적 기질에 기초한 점에서, 또 이 기질이 합리성과 필연성을 이기적 목적에 이용한다는 점에서 일종의 장난이다. 그의 영웅적 일생은 그의 자유의 장난으로 채워진 것이다. 실재야 어떻든 이 시대에 신적 운명은 더 이상 이야깃거리가 되지 못한다. 그의 기질의 탁월함과 상황 판단의 천재적 명민함과 결단성이 성공적 성과를 가져왔거나, 실수와 착오와 어리석음이 부정적 결말을 가져온 것으로 그의 생은 묘사된다. 평가의 기준은 전통이나 역사가 아니라 법과 규범과 인간관계, 국제관계의 보편적 권리이다. 이 원리가 근대적 영웅의 기질과 행동의 결과를 판정하고 그 판정의 주체가 영웅보다 더 강한 권력을 가질 때 영웅은 자신의 자유의 장난을 멈추며 이 장난은 그를 운명의 노리개로 전락시킨다. 나폴레옹 이후 오늘에 이르기까지 개인이 고유의 자유의지에 따라 행동할 수 있다고 믿는 이는 흔하지 않다. 대부분의 사람들은 자유는 주어진 지정된 법적 한계 내에서의 자유일 뿐이라 믿으며, 이를 어길 경우 개인은 단지 범죄자로 낙인 찍혀 그 사회 또는 집단에서 제거된다. 이것은 민족을 단위로 하는 개별 국가도 마찬가지이다. 다만 개인이든 국가든 자신들을 평가하고 심판하는 권력을 초월하는 권력을 가지는 경우에는 처벌의 굴레에서 벗어날 수 있다. 이것이 보다 더 강해지려는 이유, 절대권력을 가지려는 이유이며, 모두가 영웅이 되고자 하지만 하나도 영웅이 될 수 없는 이유이기도 하다. 이런 상황을 고스란히 상속받은 현대인은 고전적 운명이 아니라, 자유와 책임의 이름 아래 소시민으로 생활하다 죽어야 하거나 그것을 벗어나는 이방인이거나 범죄자의 운명을 짊어진다.

굴곡이 많은 이들의 삶을 극적이라 한다. 누구나 언덕과 굽이와 폭풍우를 겪는다는 점에서 극적이지 않은 삶을 사는 사람이 없겠지만, 스스로 생각해도 남이 보아도 그 강도가 약한 경우도 있고 강한 경우도 있다. 곱게 살다 곱게 죽었다는 평가를 받는 사람들은 운 좋게도 적대적 운명의 길에서 벗어난 삶을 살았다 하겠다. 이런 이들은 자연의 흐름에 자연스럽게 맡겨지고 그 운행에서 자신에게 주어진 재능과 활동력으로 자기의 특수하고도 독자적인 생을 가꾸었으니 운명 대신 섭리라는 말이 더 어울릴지 모르겠다. 역사적 인물이든 무명인이든 극적으로 산 사람들은 문학과 예술의 훌륭한 주인공이 된다. 당사자에게야 그런 삶이 결코 내세울 것이 없을지라도 구경꾼의 입장에서는 좋은 볼거리, 이야깃거리의 재미를 주기 때문이다.

요즘 화제의 인물 스티브 잡스는 단연 현대적 운명의 주인공으로 볼 수 있다. 미혼모의 아들로 태어나 한 달도 되기 전 낯선 양부모에게 맡겨졌고, 어린 시절에는 배고픔 때문에 음식을 얻어먹으려고 결코 가깝지 않은 거리에 있는 교회를 수없이 찾아갔다는 것까지야 극적이라 할 것도 없다. 지구 위에 얼마나 많은 고아와 사생아가 있고 그들이 얼마나 끔찍한 고통으로 죄 없이 죽어갔는지를 생각해보는 것만으로도 충분하기 때문이다. 극적인 것은 그가 성인이 되면서 보여준 창조적 행위와 배신과 사회적 성공을, 스스로 선택하지 않은 어린 시절의 생활과 연결하는 데서 생긴다. 그는 "나는 태어나자마자 버려졌다"고 했다. 버림받음은 인간에게는 운명의 제일 조건이다. 인간 아닌 동물들도 제 새끼를 버리지 않는 것이 본능이다. 본능은 신의 도장이라는 점에서 버려진다는 것은 단지 어미로부터 버려진다는 것이 아니라, 신으로부터 버림받음, 자연으로부터 버림받음이다. 버림받음에 대한 자각은 인간을 성숙시킨다. 이 자각은 자신의 운명을, 자신에게 주어진 생을 합리화하는 특징을 가진다. 어차피 생이란 내 의지와 상관없이 이 세상에 내동댕이쳐진 것, 거기에 무슨 원리가 있고 법칙이 있으며, 실상이 있고 기쁨이 있겠는가? 이리저리 떠다니다 운 좋게 순풍을 만나면 순조롭고, 예측 못 한 폭풍을 만나면 추풍낙엽이 되기도 하고 매달려 대롱거리기도 하는 것, 인생사 좋은 일 싫은 일 이것저것 더하고 빼면, 영(零)이 됨은 고사하고 대부분 아픈 쪽이 많이 남는다는 것, 그러니 제행은 무상이고 제법은 무아이고 일체는 모두 고통이라 하지 않던가? 나뿐 아니라 다른 모든 중생들도 나보다 크게 나을 것이 없다는 것은 참으로 큰 위안이다. 잡스가 불교도가 된 것은 아마 이런 위안 때문일 것이다.

신이 버렸든 운명이 버렸든 버림받았다는 것을 자각할 때 두 가지 상반되는 반응을 우리는 흔히 본다. 하나는, 주위 환경에 바람 부는 대로 물결치는 대로 내맡기는 수동적 반응이다. 애초부터 내 의지와 상관없이 태어났고 재능 또한 내 의지와 무관하게 주어졌으니, 생 또한 내 것이나 실은 내 것이 아닌 수레이다. 이 수레에 그냥 올라타 어느 쪽을 향하든 어떻게 가든 상관없이 두리번거리며 최소의 노력을 하는 것, 이것이 내가 할 수 있는 최선이라 여긴다. 다른 하나는, 주어진 환경에 저항하고 끝없이 새로운 것에 도전하면서 버림받음에 항거하는 것이다. 아마도 잡스의 사과는 자신의 버림받음에 대한 항거의 상징일지 모른다. 인간에게 주어진 최초의 금지를 어긴 이는 최초 인간인 아담과 이브이다. 어길 것을 뻔히 알면서 선악과를 따 먹지 말라는 금지 명령을 신이 왜 내렸는지는 자명하다. 너희들은 나의 작품이니 너희들의 생 전체 또한 나의 것이지 너희들의 것이 아니다. 그런데 너희들이 이 선악과를 따 먹으면 마치 자기들이 제 스스로 힘으로 태어나고 성장하고 생각한다고 믿게 되니 그 창조주를 망각하게 된다. 하지만 아담과 이브는 처음부터 그들 스스로 몸을 놀려 자연에서 먹을 것을 구했으니 앞으로도 그럴 것이라 여겼다. 게다가 망각은 인간 고유의 특권이다. 아마 당시 그들이 배고프거나 목마르지 않았다면, 사과는커녕 그보다 더 맛좋은 어떤 다른 과일이 그 옆에 있다 해도 따 먹지 않았을 것이다. 분명한 사실은 선악에 대한 판별을 할 수 있는 자유의 획득과 더불어 인간은 자신의 생을 누가 주었든 상관없이 자신의 것으로 믿게 되었다는 것이다. 한입 물어뜯은 사과, 칼로 자른 것이 아니라 이빨로 물어뜯은 사과는 대부분의 정상인들에게는 쓰레기이다. 남이 먹다 버린 사과는 바라보는 것만으로도 혐오감을 준다. 그러나 그런 사과조차 먹을 수밖에 없는 이들이 있다. 진짜 배고프고 목마른 사람들이다. 거지가 아니고는 남이 먹다 버린 사과를 주워 먹지 않는다. 모자람을 극복하고 새로움을 창조하는 데 배고픔과 목마름보다 명약은 없다. 남이 먹다 버린 사과를 주워 먹어 본 자만이 그것을 먹어서 안 된다는 사실, 자신과 자신의 처지에 대한 혐오감을 뼈저리게 자각할 수 있다. 한입 떼어 먹은 애플사의 사과는 잡스 자신의 버리고 싶은 과거이고 극복하고 싶은 현재였는지도 모른다. "뒤돌아보는 일은 이제 그만하자, 버려졌거나 아니거나 그것이 무슨 소용이란 말인가? 어제를 고민하느니 차라리 내일을 발명해나가자." 이런 그의 말은 잊어버리고 싶은 강도가 강하면 강할수록 그 사안은 마음의 화석이 되어 남고, 그것의 반대를 얻고자 하는 욕망이 강해지는 것은 인지상정이라는 평범한 진리의 역설적 표현이다. 잊고 싶은, 버려짐과 배고픔의 기억은, 세상에는 버려지기 싫음을, 밥통에는 포만감을 욕구하고, 그것을 성취하고자 노력하게 한다. 바로 이 욕망과 성취의 노력이 던져진 생을 스스로 기획하고 설계하는 능동적 태도를 만들어낸다. 운명이나 환경이 아니라 자기가 자신의 주인이며, 따라서 자신을 자유롭게 그려나간다는 자유의지를 확고하게 정립한다.

한두 해 전만 해도 같은 직종 종사자들에게 말고는 이름조차 알려지지 않았던 잡스가 수개월 전 시한부 생의 몸으로 자회사 제품을 단출하게 설명하는 것이 언론에 보도되면서, 그리고 며칠 전 그의 타계 소식이 알려지면서, 지금 그의 이름은 지구를 온통 풍미한다. "현대인의 예수", "21세기의 다빈치", "새로운 아인슈타인", "오늘의 에디슨"이라는 찬사가 그에게 쏟아지며 대중매체를 온통 장식한다. 그리고 그가 했던 농담 한마디, 일상적 습관 등이 화려하게 치장되어 소개된다. "인류의 라이프스타일을 바꾼 위대한 천재", "개인용 컴퓨터와 스마트폰 시대를 열고 컴퓨터 그래픽의 새 장을 연 위대한 혁명가"는 오십도 되기 전에 불치의 암 선고를 받고 투병과 업무를 병행하다가 83억 달러의 유산을 남기고 세상을 뜬다. 태어나자마자 버려져 입양된 아이는 초등학교 입학에서 대학 중퇴까지의 학교생활에서 조퇴와 무단결석과 정학을 밥 먹듯 하는 문제아요 열등생이면서도 자신의 감성과 생각을 사로잡은 문제들에 대해서는 탁월한 집중력을 보였다 한다. 청년기 밥 딜런과 비틀스의 노래에, 히피적 평화주의와 저항 문화에 심취하고 불교를 자신의 종교로 받아들이면서 오락과 게임과 놀이 또한 생의 중요한 활력임을 체험한다. 사업에 어느 정도 성공하고 돈도 모으자 찾아온 죽음의 징표인 암은 그로 하여금 다시 이승에서 저승으로 버려질 수밖에 없음을 깨닫는 계기가 된다. 일상인이라도 자신의 죽음을 골똘히 그러나 진지하게 생각하는 순간 정신은 갑자기 한 단계 성숙한다. 인생의 중요한 일을 결단할 때 자신에게 가장 도움이 되는 지표는 내 생이 얼마 남지 않았다는 사실의 인식과 반성이다. 이제 장난과 환락과 유희로 남은 생을 소진할 것이 아니라, 자신의 자유로운 선택과 결단으로 자기 고유의 창조적 작품으로서의 생을 만드는 것, 이것이 과제이다. 요컨대 어느 누구도 죽음을 피할 수 없으며 그것은 남의 일이 아니라는 것, "죽음이야말로 삶의 진정한 발명품"이니 새롭게 그 사실을 내 몸과 마음속에 매 순간 새겨 넣어야 한다는 것을 재인식하는 것이다. 매 순간 죽음의 발자국 소리가 가까이 오고 있음을 들을 때, 그 크기에 대적하는 생을 자기 고유의 것으로 조각해내는 것, 이것이 세인의 눈에는 물론 운명의 눈에도 조롱거리로 여겨질지 모른다.

잡스의 죽음과 더불어 그의 생활신조가 알려지면서 젊은이들에게 잡스 신드롬이라는 증상이 생겨났다고 한다. 멀쩡하게 다니던 대학을 그만두거나, 처우 좋은 직장을 팽개치고 무엇인가 자신에게 좀 더 새롭고 의미 있는 일을 해보자는 이들이 적지 않게 생겨났다는 것이다. 그러나 잡스의 생애와 그의 작품들이 순전히 그 자신의 것이라고 할 수 있는지는 의심스럽다. 그가 태어난 배경에서부터 그의 재능과 품성, 그리고 그의 인생 역정은 우연의 연속이지 그 자신의 의지의 결과가 아닐 수 있기 때문이다. 그가 다른 때 다른 곳이 아닌 현대의 미국에서 백인으로 태어났다는 것, 이것은 우연이다. 이런 우연이 아니었다면 그는 아마도 고아원을 전전하다 범죄자로 전락할 수도, 또는 농촌의 외가에 맡겨져 자라서 소작농부가 될 수도 있었다. 그의 타고난 성향으로 얘기되는 외고집과 이기주의, 집중력과 기술에 대한 호기심과 응용력 또한 그가 원하거나 노력으로 얻은 것이 아니라 타고난 것이다. 그가 발명하고 응용한 온갖 전자제품과 기기들 역시 그의 노력이 들어간 것은 틀림없지만, 그 자신이 의도하지 않았던 무수한 우연적 계기들의 절묘한 조합의 산물이기도 하다. 우연을 필연으로 만드는 운명의 장난이되 우호적 장난이 잡스의 생애에 연극을 한 것은 아닐까?

천재성과 재능을 가지고 생각하는 대로 만들고 만드는 대로 모두가 환호하거나 행동하는 대로 박수를 쳐준다면, 이것은 운명의 우호적 장난이다. 거지로 태어나 왕이 되거나 평범한 부모에게서 성장하여 정복자나 영웅이 되는 수많은 역사적 인물들의 이야기가 여기 속한다. 이름 없이 살다 이름 없이 죽어가는 대부분의 민초들도 운명의 우호적 장난감으로 볼 만하다. 점점 좋아지는 인생이나 무덤덤한 인생은 자신이 보기에도 남이 보기에도 삶의 고통 강도가 견딜 만하다고 여겨지기 때문이다. 이에 비해 운명의 적대적 장난의 주인공은 전자와는 반대의 궤적을 그린다. 고대 그리스 비극은 신의 위대함과 인간의 나약함을 운명의 적대적 장난을 매개로 보여준다. 아마도 그 대표적 주인공은 오이디푸스 왕과 그 가족의 이야기일 것이다. 친부 살해와 친모 상간의 신탁을 피하기 위해 온갖 노력을 다하지만 결국은 예언대로 아버지를 죽이고 어머니와 결혼하게 되는 것, 이 사실을 뒤늦게 알게 되자 속죄의 뜻으로 두 눈을 찔러 장님이 되고 왕좌를 버리고 길거리를 헤매는 거지로 몰락하는 것, 이에 충격으로 아내가 된 어머니가 자살하는 것, 오이디푸스의 비참함을 조금이라도 덜어주려고 따라나서는 누이이자 딸 안티고네와 달리 권력에 눈먼 두 동생이자 아들이 결투 끝에 결국은 형제들을 서로 죽이는 것,

새 왕이 된 오이디푸스의 처남이자 자식들의 외삼촌이 적을 도왔던 오라비 시신을 들짐승 날짐승의 먹이가 되도록 명령하는 것과 안티고네가 천륜이라며 그 시신을 기꺼이 묻어주고 국법에 의해 생매장되는 것, 그녀가 생매장되는 것을 보고 그녀를 사랑하던 외사촌이 목매달아 죽는 것, 이것이 오이디푸스의 슬픈 가족사이다. 이것은 자연과 하늘의 필연적 법칙과 계획을 알지 못하는 인간이 우연의 사건으로 그 법칙과 계획을 만나는 드라마이다.

비록 자신의 생의 시작부터 끝까지 자신이 아니라 운명이 기획하고 설계하는 것이 사실이라 해도 기력이 남아 있는 이들은 이 사실을 믿어서는 안 된다. 믿음은 사실조차 바꿀 수 있다. 비록 필연적 운명의 꼭두각시가 개인의 생이라는 것이 사실이라 해도, 내가 생각하고 계획한 대로 경작하고 가꾼 것은 나의 것이지 운명의 것일 수 없다. 나의 처지가 나락으로 떨어져 더 이상 희망을 가질 수 없는 상황에 몰렸을 때도 나는 희망을 가질 수 있고 또 가져야 한다. 인간이 산다는 것은 각자의 위치와 흔적을 고유의 색깔로 자유로이 표시하고 그 내용을 고유의 독자적 그림으로 그려 채우는 것이다. 사막의 자식으로 태어나 리비아의 왕 아프리카의 황제로 등극하여 황금 궁전을 짓고 살다가 자신의 실정과 열강의 이권이 하나 되어 비참하게 맞아 죽어 푸줏간의 냉장고에 도살된 염소들과 함께 고깃덩이로 누워 있는 어떤 독재자나, 조국의 근대화를 이끌었다고 칭송받으면서 술판에서 부하에게 사살된 어떤 영웅이나 당사자에게 운명은 적대적이라 여겨질지 모르나 그것은 각자 본인의 자유의지의 작품이요 행동의 결과물이다. 이렇게 보면 운명이란 그것이 적대적이든 우호적이든, 희극을 연출하든 비극을 연출하든, 결국 자기 자신 이외에 다른 것이 아니다.

필자약력(가나다순)

나종석

독일 에센 대학교 철학박사. 현재 연세대학교 국학연구원 HK교수. 대표 저서로는 『차이와 연대』(길, 2007)가 있고, 역서로는 『존재와 가상』(용의 숲, 2008) 등이 있다. 「민족주의와 세계시민주의」, 「탈민족주의 담론에 대한 비판적 성찰」, 「신자유주의적 시장 유토피아에 대한 비판」, 「학회를 통해 본 공공성과 학문성의 결합 가능성－한국 사회와 철학연구회를 중심으로」 등 여러 편의 논문을 발표하였다.

백훈승

총신대학교 신학과와 전북대학교(문학석사)를 졸업하고, Siegen대학교에서 철학 박사학위를 취득하였다(1999). 저서에는 『자아의식과 욕망. 헤겔에 있어서의 욕망의 구조, 발생 및 전개에 관한 연구』(*Selbstbewußtsein und Begierde. Eine Untersuchung zur Struktur, Entstehung und Entwicklung der Begierde bei Hegel*, Peter Lang, 2002), 『피히테의 자아론: 피히테철학 입문』(2004)이 있고, 역서로는 『시간과 시간의식』(2006), 『피히테, 쉘링, 헤겔』(2008)이 있고, 논문에는 「헤겔 『정신현상학』의 생 개념」, 「존재론적 신 존재 증명에 관한 칸트와 헤겔의 견해」, 「"이성적인 것은 현실적이고, 현실적인 것은 이성적"인가?」, 「헤겔과 사변적 진술: 『정신현상학』 서문 §§ 58～66의 분석과 비판」 등이 있다.

서정혁

연세대학교 철학과를 졸업하고, 동대학원에서 칸트 철학으로 석사 학위를, 헤겔 철학으로 박사 학위를 받았다. 현재 숙명여자대학교 교양교육원 조교수로 재직 중이다. 저서로 『철학의 벼리』, 『논술 교육, 읽기가 열쇠다－선생님을 위한 읽기 교육의 방법과 활용』, 『논증과 글쓰기』(공저) 등이 있고, 역서로 『헤겔 예나 시기 정신철학』, 헤겔의 『법철학 강요』, 헤겔의 『미학 강의』, 헤겔의 『세계사의 철학』, 헤겔의 『교수 취임 연설문』, 피히테의 『학자의 사명에 관한 몇 차례의 강의』, K. 뒤징의 『헤겔과 철학사』가 있다. 그 외 독일 관념론과 교양교육 및 사고와 표현 교육에 관한 다수의 논문이 있다.

유헌식

독일 프랑크푸르트 괴테 대학 철학박사. 현재 단국대학교 교양학부 교수. 주요 저서로 『통합적으로 철학하기』 1권 고독, 2권 성장, 3권 죽음아 날 살려라, 『역사 이성과 자기혁신』, 『한국인의 일상행위에 나타난 의미구조 연구』 등이 있다.

윤병태

연세대학교 철학과 교수. 연세대학교 철학과 졸업. 독일 마부르크대학교 졸업. 괴팅겐대학교 철학박사. 저서 『개념 논리학』, 『삶의 논리』, 『청년기 헤겔철학』, 『칸트 그리고 헤겔』외 논문 다수.

이광모

숙명여자대학교 의사소통센터 조교수. 성균관대 철학과와 같은 대학교 대학원 석사과정을 졸업하고, 독일 빌레펠트 대학에서 철학박사학위를 받았다. 주요 논문으로 「헤겔 논리학, 범주론인가 아니면 신지학인가」, 「개념이란 무엇인가－객관적 논리학과 주관적 논리학의 관계에 대하여」, 「철학적 증명에 관하여－칸트로부터 헤겔로의 전개를 중심으로」, 「철학의 원리에 관하여－아리스토텔레스와 헤겔을 중심으로」, 「그리스 비극의 공동체적 의사소통기능」 등이 있고, 저서로는 『헤겔철학과 학문의 본질』 등이 있다.

이정은

연세대학교에서 학사, 석사, 박사 학위 취득. 현재 사단법인 한국철학사상연구회 전문연구원, 연세대학교 인문학연구원 전문연구원이다. 그리스도대, 백석대, 상명대, 연세대, 한양대에 출강하고 있다. 박사논문은 『헤겔 대논리학의 자기의식 이론』(한국학술정보주식회사에서 출간)이다. 저서로는 『사랑의 철학』, 『사람은 왜 인정받고 싶어하나』가 있다. 그 외 공저가 다수 있다. 헤겔 법철학, 역사철학, 여성철학 관련 논문들을 계속 생산하고 있다.

이종철

연세대 법학과를 졸업하고 동대학원 철학과에서 석사와 박사를 받고 현재 연세철학연구소 선임연구원으로 있음. J. 이뽈리뜨, 『헤겔 정신현상학 1,2』와 J. 맥타가레트, 『헤겔 변증법의 쟁점들』등의 역서가 있고, 주요 논문으로는 예나 시기 「헤겔의 '인륜성'에 관한 연구」, 「헤겔 정신현상학에서의 '이성과 광기'의 문제」등이 있다.

이충진

성균관대학교에서 헤겔 공부를 한 후(석사), 독일 마부르크 대학교에서 칸트 법철학 연구로 박사학위를 받았다.(1997년) 사회철학, 윤리학, 서양 근대 실천철학 등에 관심을 갖고 작업 중이다. 『칸트의 正義論 Gerechtigkeit bei Kant』(박사논문), 『이성과 권리』(논문집), 『독일 철학자들과의 대화』(대담집), 『헤겔 정신현상학, C. Nink 저』, 『정언명령－쉽게 읽는 칸트, R. Ludwig 저』 등의 저서와 번역서를 발표했다. 현재 한성대 교양학부에서 철학 관련 강의를 하고 있다.

임홍빈

고려대학교 철학과 교수. 국제 그리스 철학회 명예회장(Honorary President of the International Association of Greek Philosophy, Greece, 2011-현재), 국제 헤겔 학회 학술이사(Wissenschaftlicher Beiratsmitglieder der Internationalen Hegel Gesellschaft, Germany: 2010- 현재), 한국 철학회 간행 '철학' 편집이사 역임. 저서로는 『기술문명과 철학』, 『헤겔철학과 근대적 이성』, 『세계화의 철학적 담론』, 『인권의 이념과 아시아가치론』 등이 있고, 편저는 『새로운 공적 합리성의 모색』 『동서철학의 공적합리성』등이 있으며, 실천철학과 헤겔, 니체, 생태주의 철학 등에 대한 다수의 논문을 발표했음.

정현석

연세대학교 철학과에서 학사와 석사학위를 취득하였고 프랑스 파리 IV-소르본느 대학에서 중세철학으로 DEA, 그리고 2010년 중세철학사 박사학위를 취득했다. 현재 연세대학교 철학연구소에서 학사후 연수과정 연구과정에 있다. 발표논문으로는 「보나벤투라는 천사주의자인가?」(중세철학 제16호 2010)과 「보나벤투라 인간학에서 영혼의 자립가능성과 인간의 통일성의 관계」(가톨릭철학 제15호 2010), "Hylémorphisme universel" in I. Atutza et als.(eds) *Mots Medievaux*, Brepols Press: Porto, 2011등이 있다.

정현철

연세대학교와 동 대학원에서 학사와 석사. 독일 국가장학생(DAAD)으로 독일에 유학하여 베를린 자유대학을 거쳐 프랑크푸르트 괴테대학에서 철학 박사과정 수료. 그 후 연세대학교 대학원에서 철학박사 학위 취득. 이화여자대학교에서 한국연구재단 후원으로 박사 후 과정. 현재는 연세대학교 인문학연구원 철학연구소 상임연구원으로 있으면서 한국연구재단 단독 연구 과제를 수행 중. 연세대와 성균관대 등에 출강. 여러 차례 최우수강사상 수상. 박사학위 논문인 『하버마스의 담론적 이성과 이성적 담론』외에 「아도르노의 미학적인 이론에 있어서의 부정성 개념」,

「이성 비판의 니체적 근거설정에 관한 일 고찰」등 다수의 논문 발표.

황설중

현재 대전대학교 교양학부대학 전임강사로 재직 중이다. 근세 인식론에서 회의주의가 갖는 철학적 중요성을 철학사적으로 통괄하고 체계적으로 파악하는 데 관심을 쏟고 있다.

『헤겔연구』 목차 _ 제20호부터 29호까지

제20호 낭만주의 쟁점과 헤겔(2006. 12. 용의 숲)

제21호 철학의 고전적 담론들(2007. 6. 용의 숲)

- 고대 희랍철학의 존재-신-논리적 구조와 관계해서 • 양태범 151
자기인식의 역설 - 고·중세의 정신 철학적 관점을 중심으로 • 이상섭 229
피히테의 승인이론의 구조 • 김준수 265
니체의 『비극의 탄생』에 나타난 음악론
- 본문 16~25를 중심으로 • 윤병태 301
칼 슈미트의 정치적 낭만주의 비판
- '주관화된 기연주의' 를 중심으로 • 이병옥 329
데리다의 '문자론'과 '장르구분의 평준화'에 대한
하버마스의 비판 • 정대성 355
대학 교육의 목적에 대한 비판적 고찰 • 서정혁 381

편집후기 - 헤겔 『정신현상학』 출현의 역사적 배경 되돌아보기 • 윤병태 405

第22호 로고스인가 사튀로스인가(2007. 12. 용의 숲)

발간사 • 이창환 7

1부 헤겔에 대한 새로운 이해
헤겔 『정신현상학』의 '종교 장'의 위치와 체계 내적 의미 • 이정은 13
헤겔과 들뢰즈에서의 기억의 형이상학과 주체의 문제 • 연효숙 47
근원적 얽힘(Ursprüliche Verschräung)
- 물질과 정신의 관계에 대하여 헤겔과 로티에게서 얻을 수 있는 교훈 • 전대호 85

2부 일반 논문
그리스 비극의 공동체적 의사소통 기능 • 이광모 121
범주의 기원에 관한 스콜라철학의 두 이론
- 토마스 아퀴나스와 프라이베르크의 디트리히를 중심으로 • 이상섭 149
안셀무스의 존재론적 신 존재증명과 무로부터의 창조 • 양태범 189
니체의 사튀로스 예찬론 비판 • 윤병태 221
하버마스에 있어서 탈형이상학적인 이성 기획으로서의 담론적 이성 (diskursive Vernunft) 기획 • 정현철 251
동양의 초(超)합리주의와 접경(接境)의 문명론 • 유헌식 289
민족에 대한 변증법적 접근 • 허정수 337

편집후기 -1831년 전후 독일의 시대 상황과 헤겔의 그림자 • 윤병태 373

第23호 오늘 우리에게 헤겔철학은 무엇인가(2008. 6. 용의 숲)

1부 특집 -헤겔의 『정신현상학』 출간 200주년 기념 학술대회 발표 논문
헤겔과 구조주의 • 김상환 9

제24호 주체와 타자(2008. 12. 용의 숲)

셸링 유기체론의 생태학적 함의 • 조영준 277
니체 사유에서 디오니소스의 정체 • 윤병태 301
이성 비판의 니체적 근거설정에 관한 일 고찰 • 정현철 331
'의사소통적 합리성'과 논증적 글쓰기
- 논증적 글쓰기의 다양한 유형에 관한 고찰 • 이광모 357

第25호 개인과 사회(2009. 6. 용의 숲)

1부 헤겔의 이해
헤겔 『정신현상학』에 나타난 사물과 사태의 구분 • 김옥경 9

『정신현상학』 이성 장에 나타난 헤겔의 자연법칙관
- 자연의 관찰 연구 (1) • 강순전 33
헤겔 지능론의 근본적 운동방향으로서의 내향적 상기 • 권대중 55
헤겔 법철학에서의 범죄와 형벌의 근거 • 남기호 79
히포크라테스와 헤겔의 질병(疾病)론
- 병에 대한 철학적 성찰 시론 • 윤병태 113

2부 일반 논문
플라톤의 『국가』 편에서 "좋은 것"(善)의 이데아와
『파르메니데스』 편에서 "하나인 것"(一者) 사이의 관계에 관하여
- 신플라톤주의의 동일성 주장에 반하여 • 양태범 143
'이성학문'의 한계와 독일관념론의 몰락 • 이광모 181
후기 셸링의 '순수 이성학'에서 포텐츠론과 사유의 지평
- 그의 『신화철학 I』 제2부를 중심으로 • 심철민 205
'정치적인 것'의 본질과 칼 슈미트의 자유주의 비판 • 나종석 227
공백으로서의 부정성 - 지젝(S. Zizek)의 헤겔 독해를 중심으로 • 김현 255

第26호 욕망과 문화(2009. 12. 용의 숲)

1부 헤겔의 이해
정신현상학 이성 장에 나타난 헤겔의 유기체관
- 자연의 관찰 연구 (2) • 강순전 9
헤겔의 욕망 개념 • 남기호 33
헤겔의 문화 - 역사 발전과 악의 관계 • 이정은 65
희극적인 것과 사변적인 것
- 아리스토파네스의 희극에 대한 헤겔의 해석 • 서정혁 95

제27호 감성과 이성(2010. 6. 용의 숲)

제28호 역사와 예술 그리고 이성(2010. 12. 용의 숲)

제29호 예술의 생명성(2011. 6. 용의 숲)

한국헤겔학회 윤리 장전

한국헤겔학회의 회원은 학술 연구를 수행함에 있어 연구 윤리를 준수하고 바람직한 연구 문화 정착에 앞장 서 나갈 것이다. 이를 위해 아래와 같이 연구 윤리 장전을 실천해 나갈 것을 서약한다.

1. 학회 임원진 및 모든 회원은 회칙에서 규정한 연구윤리 규정을 성실히 이행한다.

2. 학회 회원은 연구 활동 및 그 결과 발표에 있어서 학자의 본분과 양심에 따라 거짓없이 진실되게 행동한다.

3. 학회 회원은 타인의 연구 성과를 존중하며, 표절 금지 원칙에 준하여 어떤 경우에도 표절하지 않는다.

4. 학회 편집위원은 학회지 [헤겔 연구]의 제반 업무를 학회 규정에 의거하여 공평하고 공정하게 집행한다.

5. 학회 회원은 각종 논문 및 연구 관련 심사시 학자의 양심에 따라 공정하게 심사한다.

2007년 12월 30일

한국헤겔학회

한국헤겔학회 윤리 규정

제1조(목적 및 구성)

한국헤겔학회(이하 학회)의 윤리 규정은 학회의 모든 회원이 연구, 결과물 발표, 심사를 포함한 모든 학술적 행위에서 준수해야 할 연구윤리의 원칙과 기준을 제시한다. 본 윤리규정은 학회의 모든 회원이 학문 연구의 가치를 상호 인정하고, 학문의 진보와 윤리문화 정착에 기여하려는 목적으로 마련된 것이다. 본 윤리규정은 학회의 윤리위원회 구성 및 운영에 관한 조항, 연구 윤리에 관한 조항, 심사 윤리에 관한 조항, 편집위원회에 관한 조항, 그리고 윤리규정 시행지침으로 구성된다.

제2조(윤리위원회 구성 및 운영)

1. 학회는 윤리 규정의 목적을 달성하기 위해 '윤리위원회'를 설치한다.
2. 윤리위원회는 위원장을 포함하여 5명으로 구성하며, 이사회의 추천을 받아 학회장이 임명한다.
3. 윤리위원의 임기는 2년으로 하며, 재임에 관한 제한은 없다.
4. 윤리위원장은 윤리위원들의 호선으로 선출한다.
5. 윤리위원회는 윤리규정 위반으로 제소된 사안에 대해 제보자, 피조사자, 증인, 참고인 및 증거자료 등을 포괄적으로 심의하고 의결하는 권한을 지닌다.
6. 윤리위원회는 제소된 사안에 대해 접수된 날로부터 30일 이내에 심의 결과를 의결하여 회장에게 통보한다.
7. 윤리위원회의 징계 건의가 있을 경우, 학회장은 이사회를 소집하여 징계 여부 및 내용을 결정한다.

제3조(연구 윤리)

1. 타인의 연구 결과물(저서, 논문 게재 및 학술대회 발표 등)을 자신의 것처럼 보이게 하는 모든 행위는 원칙적으로 '표절'로 간주한다.
2. 어떤 이유에서건 인용 및 참고 여부를 밝히지 않는 행위는 '표절'로 간주한다.
3. 타인의 연구 결과물을 직, 간접적으로 인용할 때 학회가 제시한 원고 작성 요령에 준하여 인용 및 참고 여부를 분명히 밝혀야 한다.

4. 이미 발표된 연구 결과물을 중복해서 발표하는 것도 '표절'로 간주한다. 다만, 특별한 사정에 의해 중복 발표할 경우, 이전에 발표한 연구 결과물의 출처를 명확히 밝혀야 한다.

제4조(심사 윤리)

1. 모든 회원은 학회가 규정한 심사 규정에 의거 모든 심사를 객관적이고 공정하게 심사해야 한다.
2. 심사자는 연구자 및 심사 결과에 대한 비밀을 준수해야 한다.
3. 심사자는 심사 대상물의 표절 여부를 면밀히 판정하여야 한다.
4. 만일 심사자의 심사 결과에 대해 추후 문제가 제기될 경우, 윤리위원회의 심의를 거쳐 차후 심사 자격을 박탈할 수 있다.
5. 모든 회원은 각종 심사 결과를 통보받은 후 1주일 내로 재심을 의뢰할 수 있다.
6. 연구 결과물 재심은 기존 심사자를 제외한 3인 이상의 심사자에게 의뢰해야 한다.

제5조(편집위원회)

1. 편집위원회는 학회의 [헤겔 연구] 지 편집 및 발행에 관련된 모든 일에 책임있는 결정을 내려야 할 의무가 있다.
2. 편집위원회는 투고논문의 공정한 심사를 위해 관련 전문 분야의 심사자 3인 이상에게 심사를 의뢰해야 한다.
3. 편집위원회는 투고논문의 심사결과 및 그 사유를 반드시 정해진 기한 내에 투고자에게 통보하여야 한다.
4. 재심을 의뢰받은 경우, 편집위원회는 기존 심사자를 제외한 3인 이상의 심사자에게 재심을 의뢰하고, 재심 결과를 의뢰자에게 정해진 기한 내에 통보하여야 한다.

제6조(시행지침)

1. 모든 회원은 연구 윤리 위반으로 제소되었을 경우 윤리위원회의 조사에 성실히 임할 의무가 있다.
2. 윤리 규정 위반으로 제소된 회원에게는 충분한 소명 기회가 주어져야 한다. 소명 방식은 당사자의 의견을 수렴하여 윤리위원회가 결정한다.
3. 윤리위원회는 모든 심의 및 의결과정에서 회원의 신원을 노출해서는 안된다.
4. 윤리 규정을 위반한 회원에 대해서는 윤리위원회의 결정에 따라 경고, 투고 및 발표 제한, 임원 해촉, 회원 자격 정지 및 박탈 등의 징계를 할 수 있고,

이 조치를 여타 개인 기관과 공유할 수 있다.

5. 윤리 규정의 수정은 본 학회의 회칙 개정 절차에 준하여 정기 총회에서 결정한다.

부칙

본 규정은 2008년 1월 1일부터 시행한다.

『헤겔연구』 논문투고 및 심사규정

Ⅰ. 『헤겔연구』 논문 투고 규정

1. 발간 시기: 연 2회(6월 15일 여름호, 12월 15일 겨울호)
   원고 접수: 연중 수시

2. 원고 종류
   1) 철학(哲學)과 사상사(思想史) 전반에 관련된 자유 주제, 특히 독일 관념론 및 헤겔 사상과 관련성이 있는 미발표 논문(특별 주제의 경우 별도로 공고한다.)
   2) 서평: 최근 3년 이내에 출간된 국문 저서 혹은 번역서, 연구사적 의의가 있는 외국문 저서
   3) 논문평: 최근 2년 이내에 발표된 국내외 주요 연구 성과, 특히 이미 『헤겔연구』에 수록된 논문 및 국내 주요 연구 동향에 대한 논쟁적 언급
   4) 번역: 헤겔 및 독일관념론 전반과 관련 있는 원서(분량 등 기준은 일반 논문 투고의 기준에 따른다.)

3. 분량
   1) 논문 기본 게재료: 참고 문헌을 포함하여 200자 원고지 80매 이상 130매 이하, 전임 이상 회원: 20만원, 비전임 회원: 13만원.
   2) 131매 이상의 초과분에 대해서는 원고지 장당 3,000원의 초과 게재료를 납부한다.(정해진 게재료 미납시 편집위원회의 결정에 따라 논문 게재를 보류할 수 있다.)
   3) "… 연구비 지원에 의한 연구 결과물임"이 표시된 투고 논문에 대해서는 게재료 30만원을 징수하고, 게재료 수납 때 영수증을 발부함.
   4) 서평: 200자 원고지 50매 내외
   5) 논문평: 200자 원고지 30매 내외

4. 투고 요령
   1) 워드프로세서(아래아 한글 프로그램)로 작성

2) 디스켓과 함께 출력 원고 4부 제출: 디스켓과 출력물에는 반드시 논문 제목(한글/외국어), 저자 성명(한글/외국어), 저자 약력, 주요 검색어(한글/외국어), 논문 요약문(한글/외국어), 논문, 참고 문헌 순서로 포함되어 있어야 한다.
3) 저자 약력에는 투고자의 소속, 주소, 전화번호, 이메일 주소를 정확하게 명기해야 한다.

5. 접수처
- 서울특별시 서대문구 신촌동 134 연세대학교 외솔관(제1인문관) 508호 윤병태 교수 연구실 (한국헤겔학회 편집위원회)
- 전화: 02-2123-2399/휴대폰: 010-2910-4215
  e-mail: kuri345@hanmail.net

6. 투고 시 주의 사항
1) 논문 투고의 기본 자격은 본 학회의 회원으로 한다.(회원이 아닌 경우 투고 전 회원에 가입해야 한다. 회원이더라도 회비 미납 사실이 있을 경우에는 회비를 완납한 후 투고할 수 있다.)
2) 동일 제목의 논문을 1, 2, 3 등의 형태로 연속적으로 투고할 수 없다.
3) 외국어로 작성된 논문은 편집위원회의 심사를 거쳐 번역 게재한다.
4) 분량이나 주제가 본 연구지의 기준이나 취지에 전혀 부합하지 않을 경우 심사 대상에서 제외한다.
5) 다른 학술지나 출판 등록된 저서에 이미 게재된 논문은 심사 대상에서 제외한다.

7. 원고 작성 시 주의 사항
- 원고를 투고할 때에는 반드시 다음 사항을 주의하여 작성하여야 한다.
1) 투고자는 논문 작성 시 단독연구인지 공동연구인지를 명기해야 한다. 접수 시 1명의 성명이 기재되어 있을 경우, 이를 단독연구로 접수한다. 공동연구의 경우, 책임연구자와 공동연구자를 구분하여 명기해야 한다.
2) 논문의 마지막 부분에 참고문헌을 반드시 첨가하여야 한다. 참고 문헌의 수록 순서는 국한문 문헌 다음에 외국 문헌을 싣되, 각각 저자 이름의 가나다와 알파벳 순서로 기재한다.

참고 문헌 작성법 예

Hegel, G. W. F., *Phänomenologie des Geistes, in: Gesammelte Werke*, Bd. 9, hrsg. von W. Bonsiepen & R. Heede, Hamburg 1980.
Hegel, G. W. F., 임석진 옮김, 『정신현상학』, 지식산업사, 1988.
Gadamer, H. G., Hegel und die antike Dialektik, in: *Hegel-Studien*, Bd. 1, hrsg. von F. Nicolin & O. Pöggeler, Bonn 1961.
홍길동, 「헤겔의 자유개념」, 『헤겔연구』, 제9호, 한길사, 2001.

3) 각주의 경우 다음과 같은 작성법의 예를 따른다.

각주 작성법 예

G. W. F. Hegel, *Phänomenologie des Geistes, in: Gesammelte Werke*, Bd. 9, hrsg. von W. Bonsiepen & R. Heede, Hamburg 1980, 13-14쪽 참조.
G. W. F. Hegel, 임석진 옮김, 『정신현상학』, 지식산업사, 1988, 17쪽.
H. G. Gadamer, Hegel und die antike Dialektik, in: Hegel-Studien, Bd. 1, hrsg. von F. Nicolin & O. Pöggeler, Bonn 1961, 10쪽 이하 참조.
홍길동, 「헤겔의 자유개념」, 『헤겔연구』, 제9호, 한길사, 2001, 18쪽.

4) 각주에서 이미 앞에서 인용된 논문에는 <저자 이름, 같은 글, 쪽수>로 표기하고, 저서에는 <저자 이름, 같은 책, 쪽수>로 표기한다. 만일 동일한 저자의 논문이나 저서 등이 중복될 경우에는 <저자, 논문명 혹은 저서명, 쪽수>로 표기한다. 그리고 바로 이전의 각주와 동일한 논문이나 저서가 인용될 경우에는 <같은 곳, 같은 글 혹은 같은 책, 쪽수>로 표기한다.
5) 주요 저작의 경우 필자가 약호 규정을 사용하여 본문이나 각주에서 표기할 수 있다. 가능한 한 각주 1에서 약호 규정을 구체적으로 명기해야 한다.
6) 편집의 일관성을 위하여 가능한 한 장, 절, 항, 목을 I, 1, 1), ①로 표시한다.
7) 강조는 ' ' 부호로 표기하고, 인용문에서 가운데 단어나 구절의 일부 생략은 '…'로 표기하고, 완전한 문장의 생략은 '(……)'로 표기한다.
8) 논문 투고 시에는 본 학회에서 정한 작성 요령에 따라 논문 요약문 및 주요 검색어를 함께 제출하여야 한다. 외국어(영문 및 독문) 요약문 및 주요 검색어는 국문에 준해 함께 제출하여야 한다.

논문 요약문 및 주요검색어 작성요령

- 요약문 원고는 주제 분류(학술진흥재단에서 제공하는 학문 분류표 참조), 5 단어 이내의 주요 검색어, 논문의 요약문으로 구성된다.
- 분량은 500자 정도(원고지 3매 정도)
- 주요 검색어는 논문에서 논의되는 주요 개념들이나 주제들 또는 인물들을 언급하되, 다섯 개념 이내로 한다.
- 요약문은 논문 전체의 핵심 내용을 논문 내용에 부합하게 작성한다.

9) 투고된 원고와 디스켓은 반환하지 않는다.

Ⅱ. 『헤겔연구』 논문 심사 규정

1. 논문 심사 및 게재 원칙

1) 투고 논문 심사는 원고 마감 후 4월과 10월 연 2회 실시한다.
2) 각 논문은 편집위원회에서 위촉한 심사위원 2~3인이 심사한다.
3) 심사 시 논문 투고자의 성명과 소속 등을 알 수 없도록 한다.
4) 각 심사위원은 투고 논문들을 본 편집위원회에서 규정한 아래의 '개별 심사 항목'에 따라 종합적으로 검토 평가한다.

개별심사항목

- 논문의 주제 의식이 명확하며 논리적이고 타당한 근거들이 제시되었는가?
- 창의적이고 비판적인 논제, 개념, 논거, 관점 등이 제시되었는가?
- 관련 분야에 대한 기초 문헌과 2차 문헌에 대한 적절한 논의가 이루어졌는가?
- 국내의 선행 연구 논저들에 대한 논의가 이루어졌는가?
- 논문의 형식적 요건(각주 인용, 참고 문헌 표기, 분량 등 본 학회에서 요구한 논문 작성에 관련된 사항)을 정확히 갖추었는가?[논문 요약문 및 주요검색어 작성요령]

5) 종합 평가는 개별 항목에 대한 평가를 근거로 '게재 가', '수정 후 게재 가', '게재 불가'로 판정한다.
6) 2인 이상으로부터 '게재 가' 판정을 받은 논문은 수정 없이 바로 게재할 수 있다.
7) 심사에서 수정이 요구된 사항은 필자에게 <심사 결과 통보서>에 첨부된 <수정 요구서>를 통해 고지하여 반드시 수정 후 게재한다.

2. 편집위원 선정 기준과 절차
1) 본 학회의 편집위원회는 위원장 1명, 위원 15명 이내로 구성한다.
2) 편집위원은 반드시 본 학회의 정회원이어야 하며, 학회 발전에 공이 많은 자로 학회 이사들의 추천으로 후보가 된다.
3) 추천된 후보들 중 학회 이사들의 과반수 이상의 찬성으로 선정한다.
4) 가급적 지역 안배를 고려하여 각 도에 최소 1명씩 위원을 두며, 다양한 연구 분야를 고려하여 선정한다.
5) 편집위원의 임기는 2년으로 하며 연임할 수 있다.

한국헤겔학회 임원 명단 (2010. 12.-2012. 12.)

회장_최신한(한남대)
명예회장_임석진(명지대)
고문_송병옥(건국대), 이강조(경북대)
이사_위상복(전남대), 이창환(서울대), 임홍빈(고려대),
임재진(조선대), 이병창(동아대)

(상임이사)
부회장_ 유헌식(단국대)
총무이사_ 이정은(연세대)
연구이사_ 권대중(계명대)
편집이사_ 윤병태(연세대)
국제교류이사_ 이광모(숙명여대)
학술지평가준비위원장_ 서정혁(숙명여대)

연구위원_조종화(고려대), 정대성(연세대), 박배형(서울대),
이종철(연세대), 소병일(고려대), 이재성(계명대)
편집위원_이광모(숙명여대), 강순전(명지대), 유헌식(단국대),
서정혁(숙명여대) 권정임(강원대), 권대중(계명대),
김준수(부산대), 백훈승(전북대), 김귀룡(충북대)
국제교류위원_연효숙(상명대), 김옥경(서강대), 나종석(연세대),
황설중(고려대), 양우석(증상연)
학술지평가준비위원_남기호(서울여대), 양희진(한남대)
감　　사_정미라(전남대), 심철민(서울대)
총무간사_양희진(한남대)
편집간사_남기호(서울여대)

헤겔연구 제30호

칸트와 헤겔

1판 1쇄 인쇄 2011년 12월 14일
1판 1쇄 발행 2011년 12월 15일

편집 한국헤겔학회
펴낸이 윤병태
펴낸곳 도서출판 용의숲
주소 서울시 서대문구 신촌동 134 연세대학교
제1인문관 508호 한국헤겔학회 편집위원회
전화 02-2123-2399
휴대폰 010-2910-4215
E-mail kuri345@hanmail.net
출판등록 2004년 3월 29일 제 313-2004-00078호
주문처 한국출판협동조합(일원화공급처)
전화 02-716-6032 | 팩스 02-716-3819-20

ISSN 1598-9410(29)
가격 18,000원